第3版

判例講義
民法 I
総則・物権

佐久間毅
松岡久和 編

勁草書房

〔第3版〕発刊にあたって

佐久間毅・松岡久和

　本書には、ユーザー・オリエンテッドな発想による、「新しい判例学習」の構築・提供という明確なコンセプトがある。

　本書の母体となったのは、奥田昌道＝安永正昭＝池田真朗編『判例講義　民法I・II』（悠々社、2002年）である。その後両書は、民法現代語化（2004年）を受けて2005年に補訂版を出し、『民法I・II』は2014年には判例を大きく入れ替えて第2版を世に送った。そしてこれらは、大学法学部および法科大学院の学生諸君によって愛用されてきたのだが、出版元の悠々社が廃業となって、刊行が途絶えてしまった。このたびその『民法II　債権』に続いて『民法I　総則・物権』が、後続を引き受けられた勁草書房から、新たに佐久間毅＝松岡久和の2名を編著者として、収録判例も全体に見直して、第3版として上梓することになった。

　ことに総則編および物権編は、2017年の民法（債権関係）改正（平成29年法律第44号）、成年年齢の引下げ（平成30年法律第59号）および所有者不明土地等関連改正（令和3年法律第24号）によって、対象分野の大規模な改正があったため、これを機会に、収録判例の大幅な見直しや追加を行った。今回は177判例を収録したが（第2版は183判例）、うち26判例が新規収録判例である。教育現場を離れられた方を中心に執筆者の交代を行い、執筆者27名（第2版は30名）中、新たなメンバーが13名と、かなり若返ることになった。もっとも、民法総則編と物権編の全分野をブロックに分け、執筆者にそのブロックごとの複数の判例の解説を依頼し、解説に一貫性を持たせようとする方針（それが本書の『判例講義』という書名の由来にもなっている）は、初版以来のものを第3版でも維持した。

　また、事実の要約→裁判の流れ→判旨→判例の法理→判例を読む、という、初版の出版当時斬新と評された構成はそのままにし、なるべく多くの項目に関係図をつけるやり方も踏襲したが、執筆者の大幅な交代もあり、判型も変更されたので、第2版からの継続執筆者にも、主として記述の圧縮やアップデートなどの大幅な見直しをお願いした。民法改正により判例法理が意味を持たなくなった判例はほとんど差し替えた。また、収録した判例についても、解説中でできるだけその改正の影響等に触れることにしたが、もとより2024年初頭の本書校了時においては、数次にわたる民法改正の評価はまだ定まっておらず、また今後、改正法に基づく新しい判例の登場も予想される。

　なお、本書を利用した新しいかつ多様な判例学習法の推奨については、後掲の「本書を利用した『マルチ判例学習法』」をお読みいただきたい。

　本書の出版にあたっては、勁草書房編集部の竹田康夫さんに大変にお世話になった。ここに記して感謝の意を表したい。また、私共2名での後継書出版にご快諾をくださった、奥田昌道、安永正昭の両先生、ならびに先行する『民法II　債権』において基本方針を示してくださった池田真朗先生、片山直也先生および北居功先生に、心より御礼を申し上げます。さらに、編者や編集部からの度重なる多様な要請にお応えくださった執筆者各位にも厚く御礼を申し上げる次第である。今後、民法改正後の判例の形成等があれば、さらにそれらを紹介して改訂をしていきたい。

　2024年3月

CONTENTS

〔第3版〕発刊にあたって
――――――――佐久間毅・松岡久和　i

目　　次――――――――――――――iii

凡　　例――――――――――――――xiii

本書を利用した「マルチ判例学習法」
――――――池田真朗・佐久間毅・松岡久和　xvii

判例および判例評釈等へのアクセス（民事関係）
――――――――――――――――xx

総　則

Chapter 1　一般条項

●信義則――――――――――――――西内康人　1

1　弁済として給付した額の些少な不足と信義則◆大判昭9・2・26民集13巻366頁…1

2　クリーンハンズの原則◆最判昭44・7・4民集23巻8号1347頁…3

●権利の濫用――――――――――――西内康人　4

3　権利の濫用【宇奈月温泉事件】◆大判昭10・10・5民集14巻1965頁…4

Chapter 2　人―――――――――鶴藤倫道　6

4　胎児の権利能力【阪神電鉄事件】◆大判昭7・10・6民集11巻20号2023頁…6

5　一般的人格権【北方ジャーナル事件】◆最大判昭61・6・11民集40巻4号872頁…7

6　制限行為能力者の詐術◆最判昭44・2・13民集23巻2号291頁…9

7　住所――生活の本拠【星嶺寮事件】◆最大判昭29・10・20民集8巻10号1907頁…10

Chapter 3　法　人

●法人の能力――――――――――――後藤元伸　11

8　農業協同組合の員外貸付けと法人の目的の範囲◆最判昭41・4・26民集20巻4号849頁…11

9　会社による政治資金と定款所定の目的【八幡製鉄政治献金事件】

◆最大判昭 45・6・24 民集 24 巻 6 号 625 頁…12

10　税理士会による政治資金の寄付と法人の目的の範囲◆最判平 8・3・19 民集 50 巻 3 号 615 頁…13

11　法人の代表者の不法行為◆最判昭 50・7・14 民集 29 巻 6 号 1012 頁…14

●権利能力のない社団 ─────────────────────────── 佐久間毅　16

12　権利能力のない社団の成立要件◆最判昭 39・10・15 民集 18 巻 8 号 1671 頁…16

13　権利能力のない社団の財産の帰属◆最判昭 32・11・14 民集 11 巻 12 号 1943 頁…18

14　権利能力のない社団の債務についての構成員の責任◆最判昭 48・10・9 民集 27 巻 9 号 1129 頁…20

●法人格の否認 ─────────────────────────────── 佐久間毅　22

15　法人格の否認◆最判昭 44・2・27 民集 23 巻 2 号 511 頁…22

Chapter 4　物 ─────────────────────────────── 佐久間毅　23

16　海面下の土地◆最判昭 61・12・16 民集 40 巻 7 号 1236 頁…23

17　建築中の建物が独立の不動産になる時期◆大判昭 10・10・1 民集 14 巻 1671 頁…24

Chapter 5　法律行為

●総　則 ─────────────────────────────── 山下純司・竹中悟人　25

18　動機の不法◆大判昭 13・3・30 民集 17 巻 578 頁〔山下〕…25

19　暴利行為◆大判昭 9・5・1 民集 13 巻 875 頁〔山下〕…26

20　良俗違反◆最判昭 61・11・20 民集 40 巻 7 号 1167 頁〔山下〕…27

21　男女別定年制の公序良俗違反◆最判昭 56・3・24 民集 35 巻 2 号 300 頁〔山下〕…28

22　損失保証契約の無効◆最判平 9・9・4 民集 51 巻 8 号 3619 頁〔山下〕…29

23　ホステスの保証◆最判昭 61・11・20 判時 1220 号 61 頁〔山下〕…30

24　公序良俗違反の判断基準時◆最判平 15・4・18 民集 57 巻 4 号 366 頁〔山下〕…31

25　任意の脱退を許さない組合契約◆最判平 11・2・23 民集 53 巻 2 号 193 頁〔竹中〕…33

26　非弁行為に当たる和解契約の効力　◆最判平 29・7・24 民集 71 巻 6 号 969 頁〔竹中〕…35

27　内心の意思の不一致と契約の成立◆大判昭 19・6・28 民集 23 巻 387 頁〔竹中〕…37

28　慣習の効力【塩釜レール入事件】◆大判大 10・6・2 民録 27 輯 1038 頁〔竹中〕…38

29　修正的解釈◆最判昭 62・2・20 民集 41 巻 1 号 159 頁〔竹中〕…39

●意思表示 ─────────────────────────────── 大中有信　41

30　民法 94 条 2 項の「第三者」◆最判昭 48・6・28 民集 27 巻 6 号 724 頁…41

31　売買目的物の性質の錯誤◆最判昭 33・6・14 民集 12 巻 9 号 1492 頁…43

32　動機（法律行為の基礎とした事情）の錯誤◆最判平 28・1・12 民集 70 巻 1 号 1 頁…45

33 動機（法律行為の基礎とした事情）の黙示の表示◆最判平元・9・14 判時 1336 号 93 頁…47

34 詐欺取消しから保護される「第三者」の登記の要否◆最判昭 49・9・26 民集 28 巻 6 号 1213 頁…48

35 強迫による意思表示◆最判昭 33・7・1 民集 12 巻 11 号 601 頁…50

36 意思表示の到達◆最判昭 36・4・20 民集 15 巻 4 号 774 頁…51

●代　理　　　　　　　　　　　　　西内康人・野々上敬介・岩藤美智子　53

37 親権者の代理権濫用◆最判平 4・12・10 民集 46 巻 9 号 2727 頁〔西内〕…53

38 代理権濫用の相手方からの転得者◆最判昭 44・11・14 民集 23 巻 11 号 2023 頁〔西内〕…55

39 実質的な利益相反行為◆大判昭 7・6・6 民集 11 巻 1115 頁〔西内〕…57

40 名義の使用許諾と民法 109 条◆最判昭 35・10・21 民集 14 巻 12 号 2661 頁〔野々上〕…58

41 白紙委任状の濫用と民法 109 条◆最判昭 39・5・23 民集 18 巻 4 号 621 頁〔野々上〕…60

42 取引勧誘の代行権限と民法 110 条の基本代理権◆最判昭 35・2・19 民集 14 巻 2 号 250 頁〔野々上〕…62

43 登記申請の代理権と民法 110 条の基本代理権◆最判昭 46・6・3 民集 25 巻 4 号 455 頁〔野々上〕…64

44 夫婦の日常家事代理権と民法 110 条の基本代理権
　　　　　　　　　　　◆最判昭 44・12・18 民集 23 巻 12 号 2476 頁〔野々上〕…65

45 民法 110 条の「正当な理由」◆最判昭 51・6・25 民集 30 巻 6 号 665 頁〔野々上〕…66

46 無権代理人の責任◆最判昭 62・7・7 民集 41 巻 5 号 1133 頁〔岩藤〕…68

47 無権代理人による本人の共同相続◆最判平 5・1・21 民集 47 巻 1 号 265 頁〔岩藤〕…70

48 本人による追認拒絶後の無権代理人による本人相続
　　　　　　　　　　　◆最判平 10・7・17 民集 52 巻 5 号 1296 頁〔岩藤〕…72

49 本人による無権代理人相続◆最判昭 48・7・3 民集 27 巻 7 号 751 頁〔岩藤〕…73

50 第三者による無権代理人と本人の双方相続◆最判昭 63・3・1 判時 1312 号 92 頁〔岩藤〕…74

51 後見人による追認拒絶◆最判平 6・9・13 民集 48 巻 6 号 1263 頁〔岩藤〕…75

●無効および取消し　　　　　　　　　　　　　　　　　尾島茂樹　76

52 法定追認の要件◆大判大 12・6・11 民集 2 巻 396 頁…76

53 無権利者の処分の追完◆最判昭 37・8・10 民集 16 巻 8 号 1700 頁…78

54 現受利益の範囲◆大判昭 7・10・26 民集 11 巻 1920 頁…79

55 取消しによる原状回復と同時履行◆最判昭 47・9・7 民集 26 巻 7 号 1327 頁…80

●条件および期限　　　　　　　　　　　　　　　　　　尾島茂樹　81

56 出世払いの合意◆大判大 4・3・24 民録 21 輯 439 頁…81

57 条件成就の妨害◆最判昭 45・10・22 民集 24 巻 11 号 1599 頁…82

58 不正な条件成就◆最判平 6・5・31 民集 48 巻 4 号 1029 頁…83

Chapter 6 時 効

● 時効の援用 ─────────────────────────── 齋藤由起　84

59 詐害行為の受益者による時効の援用◆最判平 10・6・22 民集 52 巻 4 号 1195 頁…84

60 後順位抵当権者による時効の援用◆最判平 11・10・21 民集 53 巻 7 号 1190 頁…85

61 地上建物の賃借人による時効の援用◆最判昭 44・7・15 民集 23 巻 8 号 1520 頁…87

62 時効の援用の効果◆最判昭 61・3・17 民集 40 巻 2 号 420 頁…88

63 時効完成後の債務承認◆最大判昭 41・4・20 民集 20 巻 4 号 702 頁…89

● 時効の更新・完成猶予 ─────────────────── 大久保邦彦　90

64 被告としての応訴◆最大判昭 43・11・13 民集 22 巻 12 号 2510 頁…90

65 明示的一部請求◆最判平 25・6・6 民集 67 巻 5 号 1208 頁…92

66 連帯保証債務の物上保証人に対する抵当権の実行◆最判平 8・9・27 民集 50 巻 8 号 2395 頁…93

67 仮差押え◆最判平 10・11・24 民集 52 巻 8 号 1737 頁…95

● 取得時効・消滅時効 ─────────────────────── 原田昌和　96

68 賃借権の取得時効◆最判昭 43・10・8 民集 22 巻 10 号 2145 頁…96

69 二重譲渡の第一譲受人による時効取得◆最判昭 46・11・5 民集 25 巻 8 号 1087 頁…97

70 自主占有の推定に対する反証◆最判昭 58・3・24 民集 37 巻 2 号 131 頁…99

71 消滅時効の起算点◆最判平 6・2・22 民集 48 巻 2 号 441 頁…101

72 消滅時効の進行◆最判昭 42・6・23 民集 21 巻 6 号 1492 頁…102

物　権

Chapter 1　総　則

● **物権的請求権** ─────────────────────────── 田中康博　103

73　物権的請求権行使の相手方(1)──侵害物件の所有者の変更

◆大判昭 12・11・19 民集 26 巻 1881 頁…103

74　物権的請求権行使の相手方(2)──侵害建物の所有権譲渡

◆最判平 6・2・8 民集 48 巻 2 号 373 頁…104

75　物権的請求権の内容──行為請求権◆大判昭 5・10・31 民集 9 巻 1009 頁…105

● **物権法定主義** ─────────────────────────── 田中康博　107

76　慣習法上の物権──湯口権【鷹の湯事件】◆大判昭 15・9・18 民集 19 巻 1611 頁…107

● **意思主義** ───────────────────────────── 田中康博　108

77　所有権移転の時期◆最判昭 33・6・20 民集 12 巻 10 号 1585 頁…108

78　所有権移転時期についての合意◆最判昭 38・5・31 民集 17 巻 4 号 588 頁…109

● **登記を要する物権変動** ───────────────────── 石田　剛　110

79　登記を要する物権変動の範囲◆大連判明 41・12・15 民録 14 輯 1301 頁…110

80　法律行為の取消しと登記◆大判昭 17・9・30 民集 21 巻 911 頁…112

81　契約の解除と登記◆最判昭 35・11・29 民集 14 巻 13 号 2869 頁…114

82　共同相続と登記◆最判昭 38・2・22 民集 17 巻 1 号 235 頁…115

83　相続放棄と登記◆最判昭 42・1・20 民集 21 巻 1 号 16 頁…117

84　遺産分割と登記◆最判昭 46・1・26 民集 25 巻 1 号 90 頁…118

85　取得時効と登記◆最判昭 35・7・27 民集 14 巻 10 号 1871 頁…119

86　再度の時効期間経過◆最判昭 36・7・20 民集 15 巻 7 号 1903 頁…121

87　再度の時効期間経過と抵当権の消滅◆最判平 24・3・16 民集 66 巻 5 号 2321 頁…122

● **民法 177 条の第三者** ───────────────────── 松岡久和　123

88　民法 177 条の第三者の客観的基準◆大連判明 41・12・15 民録 14 輯 1276 頁…123

89　背信的悪意者の排除◆最判昭 43・8・2 民集 22 巻 8 号 1571 頁…125

90　登記のない地役権と承役地の譲受人◆最判平 10・2・13 民集 52 巻 1 号 65 頁…127

91　取得時効完成後の譲受人と背信的悪意者◆最判平 18・1・17 民集 60 巻 1 号 27 頁…128

92 背信的悪意者からの転得者◆最判平8・10・29民集50巻9号2506頁…130

● **明認方法** ─────────────────────── 七戸克彦　131

93 手続要件に違反した登記の効力◆最判昭41・11・18民集20巻9号1827頁…131

94 旧建物の登記の流用◆最判昭40・5・4民集19巻4号797頁…132

95 旧担保権の登記の流用◆最判昭49・12・24民集28巻10号2117頁…133

96 中間省略登記の効力◆最判昭35・4・21民集14巻6号946頁…134

97 中間省略登記請求◆最判昭40・9・21民集19巻6号1560頁…135

98 真正な登記名義の回復を原因とする移転登記請求◆最判平22・12・16民集64巻8号2050頁…136

● **民法94条2項の類推適用** ─────────────── 武川幸嗣　137

99 民法94条2項の類推適用(1)──事後承認の場合◆最判昭45・9・22民集24巻10号1424頁…137

100 民法94条2項の類推適用(2)──他人による外形の拡張の場合
　　　　　　　　　　　　　　　◆最判昭45・11・19民集24巻12号1916頁…139

101 民法94条2項と民法110条の類推適用──承認がなく重過失がある場合
　　　　　　　　　　　　　　　◆最判平18・2・23民集60巻2号546頁…140

102 民法94条2項と177条◆最判昭42・10・31民集21巻8号2232頁…142

● **明認方法** ─────────────────────── 藤澤治奈　143

103 明認方法とその存続◆最判昭36・5・4民集15巻5号1253頁…143

104 立木の留保と明認方法◆最判昭34・8・7民集13巻10号1223頁…145

● **動産の物権変動と即時取得** ─────────────── 藤澤治奈　146

105 間接占有と占有改定◆最決平29・5・10民集71巻5号789頁…146

106 占有改定による引渡し◆最判昭35・2・11民集14巻2号168頁…148

107 善意・無過失の認定◆最判昭42・4・27裁判集民87号317頁…150

108 民法194条の善意占有者の目的物使用収益権◆最判平12・6・27民集54巻5号1737頁…151

Chapter 2　**占有権** ──────────────── 石口　修　153

109 法人の機関による所持と占有◆最判昭32・2・15民集11巻2号270頁…153

110 相続は「新たな権原」か？◆最判昭46・11・30民集25巻8号1437頁…154

111 他主占有者の相続人と所有の意思◆最判平8・11・12民集50巻10号2591頁…155

112 占有の承継◆最判昭53・3・6民集32巻2号135頁…157

113 交互侵奪の場合の占有訴権◆大判大13・5・22民集3巻224頁…158

114 占有訴権と本権に基づく訴え◆最判昭40・3・4民集19巻2号197頁…159

Chapter 3 所有権

●所有権の限界 ————————————————————————————— 秋山靖浩　160

115　美術著作物の所有権と著作権◆最判昭 59・1・20 民集 38 巻 1 号 1 頁…160

116　建築確認のための隣地通行権の拡幅◆最判昭 37・3・15 民集 16 巻 3 号 556 頁…161

117　自動車通行のための隣地通行権の拡幅◆最判平 18・3・16 民集 60 巻 3 号 735 頁…163

118　隣地通行権の対抗◆最判昭 47・4・14 民集 26 巻 3 号 483 頁…164

119　210 条と 213 条の隣地通行権◆最判平 2・11・20 民集 44 巻 8 号 1037 頁…165

120　境界線付近の建築の制限◆最判平元・9・19 民集 43 巻 8 号 955 頁…166

●所有権の取得 ————————————————————————————— 神田英明　167

121　建物増築部分の付合◆最判昭 44・7・25 民集 23 巻 8 号 1627 頁…167

122　植栽樹木の付合◆最判昭 35・3・1 民集 14 巻 3 号 307 頁…169

123　建物の合体と抵当権の帰趨◆最判平 6・1・25 民集 48 巻 1 号 18 頁…170

124　付合か加工か（建前の仕上げと所有権の帰属）◆最判昭 54・1・25 民集 33 巻 1 号 26 頁…172

125　金銭の所有権◆最判昭 39・1・24 判時 365 号 26 頁…174

●共　　有 ————————————————————————————— 鎌野邦樹　175

126　持分権に基づく不実の持分登記の是正方法◆最判平 22・4・20 判時 2078 号 22 頁…175

127　持分権に基づく登記請求◆最判平 15・7・11 民集 57 巻 7 号 787 頁…176

128　協議を経ない共有物の単独使用⑴——多数者による明渡請求
　　　　　　　　　　　　　　　　◆最判昭 41・5・19 民集 20 巻 5 号 947 頁…178

129　協議を経ない共有物の単独使用⑵——無償使用の合意の推認
　　　　　　　　　　　　　　　　◆最判平 8・12・17 民集 50 巻 10 号 2778 頁…179

130　共有物の管理行為の例◆最判昭 39・2・25 民集 18 巻 2 号 329 頁…180

131　共有物分割——価格賠償による調整◆最大判昭 62・4・22 民集 41 巻 3 号 408 頁…181

Chapter 4 地役権 ————————————————————————————— 田中康博　183

132　地役権の時効取得◆最判昭 30・12・26 民集 9 巻 14 号 2097 頁…183

Chapter 5 入会権 ————————————————————————————— 関　武志　184

133　入会権を有することの確認請求◆最判平 20・7・17 民集 62 巻 7 号 1994 頁…184

134　入会権⑴——総有権確認請求◆最判平 6・5・31 民集 48 巻 4 号 1065 頁…185

135　入会権⑵——入会権の成立◆最判昭 40・5・20 民集 19 巻 4 号 822 頁…186

136　入会権の処分についての慣習の効力◆最判平 20・4・14 民集 62 巻 5 号 909 頁…187

Chapter 6　留置権 ─────────────────── 関　武志　188

137 留置権の成立要件──被担保債権と物との牽連関係◆最判昭 43・11・21 民集 22 巻 12 号 2765 頁…188

138 留置権の不成立──不法行為による占有開始◆最判昭 51・6・17 民集 30 巻 6 号 616 頁…190

139 債務者の承諾による留置物の使用◆最判平 9・7・3 民集 51 巻 6 号 2500 頁…191

Chapter 7　先取特権 ────────────── 鳥山泰志・占部洋之　192

140 一般債権者の差押え後の物上代位権行使◆最判昭 60・7・19 民集 39 巻 5 号 1326 頁〔鳥山〕…192

141 動産買主が取得する請負代金債権に対する動産売主の物上代位権
◆最決平 10・12・18 民集 52 巻 9 号 2024 頁〔占部〕…193

142 動産の先取特権に基づく物上代位権の行使──差押えの意義
◆最判平 17・2・22 民集 59 巻 2 号 314 頁〔占部〕…195

Chapter 8　抵当権

● 総　　則 ─────────────────── 鳥山泰志・占部洋之　197

143 抵当権に基づく動産の返還請求◆最判昭 57・3・12 民集 36 巻 3 号 349 頁〔鳥山〕…197

144 抵当権に基づく転々借人に対する明渡請求◆最判平 17・3・10 民集 59 巻 2 号 356 頁〔鳥山〕…198

145 物上保証人による事前求償権行使の可否◆最判平 2・12・18 民集 44 巻 9 号 1686 頁〔占部〕…200

● 抵当権の効力の及ぶ範囲 ───────────────── 占部洋之　201

146 抵当権の効力の及ぶ目的物の範囲◆最判昭 44・3・28 民集 23 巻 3 号 699 頁…201

147 抵当権の効力の及ぶ範囲──従たる権利◆最判昭 40・5・4 民集 19 巻 4 号 811 頁…203

148 買戻代金債権に対する物上代位◆最判平 11・11・30 民集 53 巻 8 号 1965 頁…204

149 賃料債権に対する物上代位◆最判平元・10・27 民集 43 巻 9 号 1070 頁…205

150 転貸賃料に対する物上代位◆最決平 12・4・14 民集 54 巻 4 号 1552 頁…206

151 物上代位──賃料債権への物上代位と賃借人による相殺
◆最判平 13・3・13 民集 55 巻 2 号 363 頁…207

152 担保不動産収益執行──賃料債権と賃借人の賃貸人に対する債権との相殺の可否
◆最判平 21・7・3 民集 63 巻 6 号 1047 頁…209

153 賃料債権への物上代位と敷金充当◆最判平 14・3・28 民集 56 巻 3 号 689 頁…210

● 法定地上権 ───────────────────── 山野目章夫　211

154 法定地上権の成立要件──建物と敷地同一所有の時期◆最判平 2・1・22 民集 44 巻 1 号 314 頁…211

155 法定地上権の成否──建物敷地所有者異別時の先順位抵当権と同一時の後順位抵当権があるとき
前者消滅後の抵当権実行◆最判平 19・7・6 民集 61 巻 5 号 1940 頁…214

156 建物の再築と法定地上権の成否◆最判平 9・2・14 民集 51 巻 2 号 375 頁…214

157 土地・建物が共有である場合の法定地上権◆最判平 6・12・20 民集 48 巻 8 号 1470 頁…216

●共同抵当 ──────────────────────────────── 山野目章夫　217

158 共同抵当(1)◆最判平 4・11・6 民集 46 巻 8 号 2625 頁…217

159 共同抵当(2)◆最判昭 53・7・4 民集 32 巻 5 号 785 頁…219

●抵当権の消滅 ──────────────────────────────── 鳥山泰志　221

160 抵当権の時効消滅◆最判平 30・2・23 民集 72 巻 1 号 1 頁…221

Chapter 9　譲渡担保

●特定財産の譲渡担保 ─────────────────────────── 池田雅則　222

161 買戻特約付売買契約と譲渡担保◆最判平 18・2・7 民集 60 巻 2 号 480 頁…222

162 不動産譲渡担保権の設定と火災保険契約の締結◆最判平 5・2・26 民集 47 巻 2 号 1653 頁…224

163 動産譲渡担保権に基づく物上代位◆最決平 11・5・17 民集 53 巻 5 号 863 頁…225

164 譲渡担保(1)──清算義務◆最判昭 46・3・25 民集 25 巻 2 号 208 頁…226

165 譲渡担保の清算基準時◆最判昭 62・2・12 民集 41 巻 1 号 67 頁…228

166 受戻権◆最判平 6・2・22 民集 48 巻 2 号 414 頁…229

167 譲渡担保と差押債権者◆最判平 18・10・20 民集 60 巻 8 号 3098 頁…230

168 受戻権行使と第三者◆最判昭 62・11・12 判時 1261 号 71 頁…232

●流動財産譲渡担保 ─────────────────────────── 古積健三郎　234

169 集合動産譲渡担保の成立と対抗要件◆最判昭 62・11・10 民集 41 巻 8 号 1559 頁…234

170 集合動産譲渡担保目的物の設定者による処分◆最判平 18・7・20 民集 60 巻 6 号 2499 頁…236

171 集合動産譲渡担保に基づく物上代位◆最決平 22・12・2 民集 64 巻 8 号 1990 頁…238

172 集合債権譲渡担保の対抗要件◆最判平 13・11・22 民集 55 巻 6 号 1056 頁…240

Chapter 10　所有権留保・代理受領

古積健三郎・田中博康　242

173 留保所有権の主張と権利濫用◆最判昭 50・2・28 民集 29 巻 2 号 193 頁〔古積〕…242

174 自動車所有権を留保する信販会社の責任◆最判平 21・3・10 民集 63 巻 3 号 385 頁〔田中〕…244

175 信販会社による留保所有権の行使と対抗要件
　　　　　　　　　　　　　　　　◆最判平 29・12・7 民集 71 巻 10 号 1925 頁〔古積〕…245

176 所有権留保と集合動産譲渡担保の優劣◆最判平 30・12・7 民集 72 巻 6 号 1044 頁〔古積〕…246

177 代理受領の効力◆最判昭 44・3・4 民集 23 巻 3 号 561 頁〔古積〕…247

判例索引　249

編者・執筆者紹介　254

凡　例

(1) 法令・条文の引用は、民法については条文数のみで表記し、他の法令については『六法全書』（有斐閣）の法令略語表に従った。
(2) 判例集、雑誌、基本書等の略語は、以下によるほか、一般の慣例による。大学の紀要は正式名称を使用したが、特定しにくいものは（　）内に大学名を記載した。

判　例

大連判	大審院連合部判決
最大判	最高裁判所大法廷判決
最大決	最高裁判所大法廷決定
最判	最高裁判所小法廷判決
最決	最高裁判所小法廷判決
高判	高等裁判所判決
高決	高等裁判所決定
地判	地方裁判所判決
地決	地方裁判所決定
家審	家庭裁判所審判
簡判	簡易裁判所判決
簡決	簡易裁判所決定

判例集

民録	大審院民事判決録
刑録	大審院刑事判決録
民集	大審院民事裁判例集（明治憲法下）
刑集	大審院刑事裁判例集（明治憲法下）
民集	最高裁民事判例集（日本国憲法下）
刑集	最高裁刑事判例集（日本国憲法下）
裁判集民	最高裁判所裁判例集民事
高民集	高等裁判所民事裁判例集
東京高民報	東京高等裁判所民事判決時報
下民集	下級裁判所民事裁判例集
裁時	裁判所時報
行集	行政事件裁判例集
訟月	訟務月報
行月	行政裁判月報
家月	家庭裁判月報
新聞	法律新聞
評論	法律評論

雑　誌

金判	金融・商事判例
金法	金融法務事情
銀法	銀行法務 21
自正	自由と正義
ジュリ	ジュリスト

曹時	法曹時報
判セ	判例セレクト
判時	判例時報
判タ	判例タイムズ
判評	判例時報綴込みの「判例評論」
判民	判例民法（大正 10 年度、11 年度、民法判例研究会）
判例民事法	判例民事法（大正 12 年度～昭和 21 年度、民事法判例研究会。昭和 22 年度以降、東京大学判例研究会）
ひろば	法律のひろば
別判タ	別冊判例タイムズ
法協	法学協会雑誌
法教	法学教室
法時	法律時報
法セ	法学セミナー
民研	みんけん（「民事研修」・誌友会）
民商	民商法雑誌
論究	論究ジュリスト

判例解説

最判解民平成○年度	最高裁判所判例解説民事篇平成○年度（法曹会）
リマークス	椿寿夫＝奥田昌道＝徳田和幸＝櫻田嘉幸＝森本滋編『私法判例リマークス』（法時別冊、年 2 回、日本評論社）
速報判例解説	新・判例解説編集委員会編『速報判例解説』（法セ増刊、日本評論社）
平成○年度重判	『平成○年度重要判例』（ジュリ臨増、有斐閣）
平成○年度主判解説	『平成○年度主要判例解説』（判タ臨増、判例タイムズ社）
判例講義民法 I、II	奥田昌道＝安永正昭＝池田真朗編『判例講義民法 I 総則・物権〔第 2 版〕』『同 II 債権〔第 2 版〕』（悠々社、2014）（第 1 版 2002 年、補訂版 2005 年）
判プラ I、II	松本恒雄＝潮見佳男編『判例プラクティス民法 I 総則・物権〔第 2 版〕』（信山社、2022）『同 II 債権〔第 2 版〕』（信山社、2022）
百選 I	潮見佳男＝道垣内弘人編『民法判例百選 I 総則・物権〔第 9 版〕』（別冊ジュリ、有斐閣、2023）
百選 II	窪田充見＝森田宏樹編『民法判例百選 I 総則・物権〔第 9 版〕』（別冊ジュリ、有斐閣、2023）
百選 II 8 版	中田博康＝窪田充見『同 II 債権〔第 8 版〕』（別冊ジュリ、有斐閣、2018）（初版、新版、I〈第 3～第 5 版、第 5 版補正、第 6 版、第 7 版も、それぞれ版数を明記〉
百選 III	大村敦志＝沖野眞已『民法判例百選 III〔第 3 版〕』（別冊ジュリ、有斐閣、2023）

基本書

生熊・物権	生熊長幸『物権法〔第 2 版〕』（三省堂、2021）
生熊・担保物権	生熊長幸『担保物権法〔第 2 版〕』（三省堂、2013）
幾代・総則	幾代通『民法総則〔第 2 版〕』（青林書院新社、1984）
石口・物権	石口修『物権法（民法講論 2）』（信山社、2015）
石田・総則、物権	石田穰『民法総則（民法体系 1）』（2014）、『物権法（民法体系 2）』（2008）（信山社）
内田 I、II、III、IV	内田貴『民法 I 総則・物権総論〔第 4 版〕』（2008）、『民法 II 債権各論〔第 3 版〕』（2011）、『民法 III 債権総論・担保物権〔第 4 版〕』（2020）、『民法 IV 親族・相続〔補訂版〕』（2004）（東京大学出版会）
梅・総則	梅謙次郎『民法要義巻之一総論編』〔改訂増補 1905〕（有斐閣）
近江・I、II、III	近江幸治『民法講義 I 民法総則〔第 7 版〕』（2018）、『民法講義 II 物権法〔第 4 版〕』（2020）、『民法講義 III 担保物権法〔第 3 版〕』（2020）（成文堂）

大村・基本民法 I	大村敦志『基本民法 I』（有斐閣、2001）
大村・読解	大村敦志『民法読解　総則編』（有斐閣、2009）
加藤 I，II	加藤雅信『民法総則（新民法大系 I）〔第 2 版〕』（2005）、『物権法（新民法大系 II）〔第 2 版〕』（2005）（有斐閣）
鎌田・民法ノート物権法	鎌田薫『民法ノート物権法 1〔第 4 版〕』（日本評論社、2022）
川井 1，2	川井健『民法概論 1　民法総則〔第 4 版〕』（2008）、『民法概論 2 物権〔第 2 版〕』（2005）（有斐閣）
河上・総則講義	河上正二『民法総則講義』（日本評論社、2007）
河上・民法学入門	河上正二『民法学入門——民法総則講義・序論〔第 2 版増補版〕』（2014）
川島・総則	川島武宜『民法総則』（有斐閣、1965）
佐久間・民法の基礎 I、II	佐久間毅『民法の基礎 I 総則〔第 5 版〕』（2020）、『民法の基礎 II 物権〔第 3 版〕』（2023）（有斐閣）
佐久間ほか・民法 I 総則	佐久間毅＝石田剛＝山下純司＝原田昌和『民法 I 総則〔第 2 版補訂版〕』（有斐閣、2020）
潮見・総則	潮見佳男『民法総則講義』（有斐閣、2005）
七戸・物権 I、II	七戸克彦『基本講義物権法 I（総論・占有権・所有権・用益物権）』（2013）、『基本講義物権法 II（担保物権）』（2014）（新世社）
四宮＝能見・総則	四宮和夫＝能見善久『民法総則〔第 9 版〕』（弘文堂、2018）
末川・物権	末川博『物権法』（日本評論社、1988）
鈴木・総則、物権	鈴木禄弥『民法総則講義〔二訂版〕』（2003）、『物権法講義〔五訂版〕』（2007）（創文社）
高木・担保物権	高木多喜男『担保物権法〔第 4 版〕』（有斐閣、2005）
道垣内・担保物権	道垣内弘人『担保物権法〔第 4 版〕』（有斐閣、2017）
星野・総則、物権	星野英一『民法概論 I 序論・総則』（1971）、『民法概論 II 物権・担保物権〔合本再訂〕』（1983）（良書普及会）
中田・契約法	中田裕康『契約法〔新版〕』（有斐閣、2021）
中舎・総則、物権	中舎寛樹『民法総則〔第 2 版〕』（2018）、『物権法』（2022）（日本評論社）
平野・総則、物権	平野裕之『民法総則』（2017）、『物権法〔第 2 版〕』（2022）（日本評論社）
広中・物権	広中俊雄『物権法〔第 2 版増補〕』（青林書院、1987）
舟橋・物権	舟橋諄一『物権法』（有斐閣、1960）
松岡・物権	松岡久和『物権法』（成文堂、2017）
松岡・担保物権	松岡久和『担保物権法』（日本評論社、2017）
松岡ほか・コンメン	松岡久和＝松本恒雄＝鹿野菜穂子＝中井康之『改正債権法コンメンタール』（法律文化社、2020）
安永・物権	安永正昭『講義物権・担保物権法〔第 4 版〕』（有斐閣、2021）
山田ほか・民法 1	山田卓生・河内宏・安永正昭・松久三四彦『民法 I 総則〔第 4 版〕』（有斐閣、2018）
山野目 1、2	山野目章夫『民法概論 1 民法総則〔第 2 版〕』、『民法概論 2 物権法』（有斐閣、2022）
吉田 I～III	吉田克己『物権法 I～III』（信山社、2023）
山本 I	山本敬三『民法講義 I 総則〔第 3 版〕』（有斐閣、2011）
米倉・総則	米倉明『民法講義総則 1』（有斐閣、1995）
我妻ほか・民法 1	我妻榮＝有泉亨＝川井健＝鎌田薫『民法 1 総則・物権法〔第 4 版〕』（勁草書房、2021）
我妻・講義 I～V 4	我妻栄『新訂民法総則（民法講義 I）』（1965）、『新訂物権法（民法講義 II・有泉亨補訂）』（1983）、『新訂担保物権法（民法講義 III）』（1971）、『新訂債権総論（民法講義 IV）』（1964）、『債権各論上巻（民法講義 V 1）』・『債権各論中巻一（民法講義 V 2)』・『債権各論中巻二（民法講義 V 3)』・『債権各論下巻一（民法講義 V 4)』（1954～1972）（岩波書店）

講座・コンメンタール等

新版注民(1)〜(9)	『注釈民法(1) 総則(1)』(1964)、『注釈民法(6) 物権(1)』(1967)、『注釈民法(4) 総則(4)』(1967)、『注釈民法(7) 物権(2)』(1968)、『注釈民法(3) 総則(3)』(1973)、『注釈民法(2) 総則(2)』(1974)、『注釈民法(5) 総則(5)』(1967)、『注釈民法(8) 物権(3)』(1965)、『注釈民法(9) 物権(4)』(1965)、『新版注釈民法(1) 総則1〔改訂版〕』(2002)、『(2) 総則2』(1991)、『(3) 総則3』(2003)、『(4) 総則4』(2015)、『(6) 物権1〔補訂版〕』(2009)、『(7) 物権2』(2007)、『(9) 物権4』(2015)(有斐閣)
新注民(1)・(5)〜(7)	『新注釈民法(1) 総則(1)』(2018)、『新注釈民法(5) 物権(2)』(2020)、『新注釈民法(6) 物権(3)』(2019)、『新注釈民法(7) 物権(4)』(2019)
判民	『判例民事法』(民事法判例研究会編)(有斐閣)
民法講座1〜6	星野英一編集代表『民法講座1 民法総則』(1984)、『同2 物権(1)』(1984)、『同3 物権(2)』(1984)、『同4 債権総論』(1985)、『同5 契約』(1985)、『同6 事務管理・不当利得・不法行為』(1988)(有斐閣)
潮見・概要	潮見佳男『民法(債権関係)改正法の概要』(金融財政事情研究会、2017)
一問一答	筒井健夫=村松秀樹編著『一問一答 民法(債権関係)改正』(商事法務、2018)
重要論点	鎌田薫=内田貴=青山大樹=末廣裕亮=村上祐亮=篠原孝典『重要論点 実務 民法(債権関係)改正』(商事法務、2019)
平野・論点	平野裕之『新債権法の論点と解釈〔第2版〕』(慶應義塾大学出版会、2021)
争点	加藤ほか編『民法の争点1』(有斐閣、1985)
新争点	内田ほか編『民法の争点』(有斐閣、2007)

法務省部会（配布）資料

これらの2017年以降の民法改正については、法務省のWebページに掲載されたpdfで引用し、個々のURLは省略する。

法制審議会民法（債権関係）部会	https://www.moj.go.jp/shingi1/shingikai_saiken.html
法制審議会民法成年年齢部会	https://www.moj.go.jp/shingi1/shingi_seinen_index.html
法制審議会民法（相続関係）部会	https://www.moj.go.jp/shingi1/housei02_00294.html
法制審議会民法・不動産登記法部会	https://www.moj.go.jp/shingi1/housei02_00302.html

本書を利用した「マルチ判例学習法」

池田真朗・佐久間毅・松岡久和

I 「判例の学び方」と「判例集の（マルチ）利用法」

本書冒頭の「発刊にあたって」で、「本書には、ユーザー・オリエンテッドな発想による、「新しい判例学習」の構築・提供という明確なコンセプトがある」と書いた。もちろん、「判例の学び方」と言っても、目的に応じ、また学習者の学習段階ないし知識のレベルに応じて、さまざまな方法があってよいのだが、読者の皆さんには、本書が提供する、「（マルチ）利用法」をぜひ試してみていただきたい。

本書のコンセプトの第1のポイントは、判例学習が学説学習になってはいけない、ということである。類書によっては、事実関係や裁判の流れが圧縮ないし捨象されて、もっぱら学説の展開部分が詳細に書かれているものがある。このような判例解説書を読み込むことは、実は判例の学びではなく学説の学びになってしまう。第2のポイントは、「紛争事実」から最後の判例の結論に至る「流れ」をつなげて解説することである。つまり、裁判は個々の紛争の解決なのであるから、結論の判例法理だけを覚えても正しい判例学習にはならない。第3には、判例学習書は、単に個々の判例の知識・情報を提供するだけでなく、学習に資する「複数の利用法」を提供するものであるべき、ということである。これが本書のめざす「付加価値」である。「ひつまぶし」という、一つの料理を複数の食べ方で味わうものがあるが、判例学習書にもそういう利用が可能なものがあってもよいはずなのである。これらの点を順次記述していこう。

II 本書を利用したマルチ判例学習法

1 事実の確認と関係図の作成

本書の推奨する判例学習の最初の手順は、事実の確認と関係図の作成である。判例は紛争の解決なのであるから、どういう紛争事実に端を発しているのか、から学ぶ必要がある。そしてそれを関係図にして理解するのである。実はこの作業は、期末試験から司法試験など各種の資格試験に至るまで、それらに対処するための学習に直結する。本書が、多くの判例に関係図を付したのはそのためである。紙幅の関係で省略したものについては、ご自分で作成してみていただきたいし、関係図が掲載されているものについても、（先に見ないで）ご自分で作成して、掲載されているものとの巧拙を比較してみていただきたい（より優れた図ができた場合には、ぜひ編集部にご教示をいただきたい）。まずこれが、本書を活用したアクティブ・ラーニングというわけである（関係図の書き方のノウハウは、債権債務関係を直線の→で表現するとか、→と⇒の使い分けなどのルールをご自分で決め、登場人物の関係をバラバラにせず、関係者が必ず一つの図の中につながるようにする、などということである。参考として、池田真朗『新標準講義 民法債権総論〔全訂3版〕』（慶應義塾大学出版会、2019年）244〜245頁、247〜249頁）。

なお、ケースによっては、「当事者関係図」というより、「時系列」の直線を描くことが有効な場合もある（時効の問題の場合など。本書 **62・63・72・86** を参照）。

2 事実評価と条文のあてはめの想定——判例法理の生まれる基礎の理解

できればここで、先を読まずに考えていただきたい。事実を理解し関係図を描いた段階で、使える法律の条文はどれか、と考えるわけである（これは、「事実評価と法文のあてはめ」という、司法試

験などの答案作成に必須の作業の訓練にもなる）。つまり、そこで想定した法文の示すルールで足りないところがあるからこそ、判例法理ができるわけである。この予測が、最後まで読んだ時の納得につながる。それが判例学習の楽しみにつながるのである。

3 1審からの裁判の展開の理解

いわゆる「判例」というのは、最高裁判所での、先例拘束性を持った判断である。これに対して、1審、原審は事実審として、文字通り個別紛争の解決を図るのであるから、「裁判例」と呼んで区別する。そこでは、事実審から法律審に進んで判例となるそのプロセスが興味深く観察されなければならない。本書が「裁判の流れ」という項目を置いているのはそのためである。

そこで注意すべきは、だれが何を訴えているのか、ということである。1審で負けた側が原審（2審）で勝ち、さらに最高裁で逆転敗訴する、というケースもある。本書では、紙幅の関係で1審・原審の結論とその理由の要点くらいしか書かれていないが、本来は、1審・原審における原告・控訴人（通常、1審原告にXをあてる）の主張事実、請求内容と法的構成、それに対する被告・被控訴人（1審被告にYをあてる）の主張、認否や抗弁などの反論を確認し、それを事実審裁判所がどのように整理し、事実認定を行い、どのような法的判断（法令の解釈・適用）を行って結論を下しているのか、を検討する必要がある。また、1審と原審とで結論が異なっている場合には、それが事実認定の違いに由来するのか、それとも当事者が原審において新たな事実を主張立証したことによるのか、あるいは1審と原審とでは主張された事実関係は違わないのに証拠の評価やものの見方の相違から異なる認定がなされるに至ったのか、などが問題となりうる。もちろん、共通の事実を前提としながらも法令の解釈適用の点で1審と原審とが反対の結論を下すこともある。たとえば、**91**では、1審・2審・最高裁の論理も結論も異なり、差戻し後の解決はさらに異なる。

法科大学院生などの場合は、以上の論点を想像して学習することも有益である。そして疑問点は判例のオリジナルにあたって確認すればベストといえる。

4 最高裁の判旨

ここまでの学習をして、初めて最高裁の判旨を読んでいただく（ここまでの手順を省いて判旨にショートカットすることはお勧めできない）。以下は、本書の前身である悠々社版第2版において、編者の代表であった奥田昌道京都大学名誉教授（元最高裁判所判事）のお書きになった「判例の学び方」からそのまま引用させていただこう。

「上告審（最高裁）では原審の適法に確定した事実を前提として法令の解釈適用という点にしぼって原判決の当否が検討されるとともに、当事者の論旨（上告理由、上告受理申立て理由）に応えるという形で判断が示されるために、それ以外の点に立ち入って判示することは原則として差し控えられることになる。一つの最高裁判例を検討対象とする場合には、最低限、以上のことを念頭においた上でさまざまな角度から判例の分析、検討がなされることになる。一つの判例は、具体的事件に対する裁判所の判断を示すにすぎないものという面では、その事件限り、その当事者間限りの一回的な判断でありながら、それにとどまらない普遍性をもつものとしてその後の法的解決、法的判断にとっての規準としての役割を担わせられるところに、いかなる法理によって当該事件の法的解決をはかるべきかについて最高裁の裁判官は頭を悩ますことになる。判例評釈や判例研究は、こうした背景を踏まえた上で個々の判例につき、先例や学説との関係、当該判例の提示した新たな視点や法解釈、その問題点、将来のあるべき方向などについて論評を行うものである。」

5 判例の法理

というわけで、繰り返すが、「判旨」と解説だけ読むというのは、正しい判例学習ではない。その解説も、本書では二段に分けた。まずは、「判例の法理」として、その判例の客観的な意味や、そこに示された論理、前後の判例との位置づけ等を学んでいただく。

ただ、それらの判例の中には、単に条文の文言ではその含意が不明なところを明らかにした、という判例もあれば、なぜこういう判例法理を構築しなければならなかったのかという背景から理解するべきものもある。結論を暗記するのではなく、常に「なぜ」という問いを用意しながら読んでいただきたい。たとえば、**79** と **88** という 115 年も前の同日の判決が現在でも基本的に維持されているのはなぜか、物権変動につき広く登記を要するとした **79** の判断が、その後の **80-87** において登記がなくても物権変動を対抗できるとする多くの例外を生じているのはどうしてか、第三者の客観的資格を限定した **88** は第三者の主観的態様にどういう影響を与えたか、など多くの判決の相互関係が問題になる。多くの場合、それが次の「判例を読む」で解き明かされる。

6　判例を読む

　多くの判例には物語がある。単なる条文解釈の問題に見えるものも、そこに関係する取引に対する評価（規制すべきか容認すべきか等）があり、また、社会状況の変遷など、その判例を生み出す理由や必然性があるものもある。それらがここで解き明かされる。たとえば、**99-102** で取り上げる 94 条 2 項の類推適用の発展が 177 条の判例の動きと関係していることが理解できよう（それゆえに 94 条 2 項の類推適用は物権編に配置している）。

　さらに、今回の本書の場合は、2017（平成 29）年の民法債権法改正（2020 年 4 月 1 日施行）を初めとする近時の相次ぐ民法改正が、既存の判例法理にどう影響を与えたか、ということを示すのもこの「判例を読む」の項目の重要な役割である。もちろん、改正によっても何ら意義を失っていない判例もあれば、判例法理が全くその意義を失ったものもある。今後類似の事案が出ればおそらく結論が逆転するであろう判例もある。本書では、改正によって判例法理の意義を失った判決は差し替えた。もとより、民法改正の評価はなお定まっておらず、今後の判例法理がどう対応していくかも注視していく必要がある（たとえば、**38** や **64** 事件）。

Ⅲ　本書を利用したマルチ学習法上級者編

　以上、本書を利用したマルチ学習法を説いてきたが、最後にその上級者編を紹介しておきたい。それは、本書に収録された判例を単に学習対象として固定して学ぶのではなく、別の解決の論理（別の争い方）がなかったかとか、登場する利害関係者の中の別の人物が訴えたらどうなるか、など、収録判例を学習素材として、シチュエーションを変化させたりしながら活用する、という演習教材的な利用法である。判例学習に限らず、法律学の勉強は、一人で学習するのではなく、ゼミの仲間など複数で議論を重ねて学習するのが良いのだが、この利用法の場合はとくにそうである。高度ではあるが、司法試験受験希望者などに推奨したい学習法である。

　また、一般に法律学の学生は、学んだことを解答に再現することには長けていても、想像力と創造力に欠ける人が比較的多い。しかしそれらの能力は、紛争解決にたずさわる法書に一番必要なものなのである。そのような能力を開発するためにも、本書を様々な角度から活用する方法をぜひ考究していただきたいと思う次第である。

　なお、最後に注意しておきたいのは、判例は決して「説を立てている」のではない、ということである。A 説、B 説などと学説を紹介する中で、判例は C 説であるなどと解説するものがあれば、それは正しくない。判例は、あくまでも現実の紛争の解決のために最も適切な解決方法とその論理を案出しているだけなのである。裁判官は決して、「どの説を取る」というスタンスで判断を下しているわけではない。そのことを正しく理解して、本書での学びを深めていただきたい。

判例および判例評釈等へのアクセス（民事関係）

　本書中の各解説には、判例・下級審裁判例、その解説あるいは評釈が引用されている。直接参照したい場合、どのようにそれらにアクセスするか。判例・判例評釈は、いったんは書物または雑誌（紙媒体）で発行されるが、今日では、それらはデジタル情報（電子データ）化され、データベース（DB）にアクセスすることにより参照することができる。

Ⅰ　判例・下級審裁判例

　(1) 公式判例集　　『最高裁判所民事判例集』（「民集」と略称）が極めて重要である。最高裁としての新判断が含まれる重要な判例が登載される（最判（決）平〇年〇月〇日民集〇巻〇号〇頁、と引用される）。最高裁の判断およびその理由（法廷意見）、個々の裁判官の補足意見、反対（少数）意見、上告（抗告）理由、および、第1審、第2審（原審）の判断が載せられる。大審院時代のものは、初期は『大審院民事判決録』（「民録」）に、大正11年以降は『大審院民事判例集』（「民集」）に収録されている。民事関係ではその他、『高等裁判所民事判例集』、『下級裁判所民事判例集』、『家庭の法と裁判』等がある。

　(2) 法律雑誌　　判例・下級審裁判例を紹介する一般の法律雑誌として『判例時報』、『判例タイムズ』が、また、金融法関係の判例・裁判例を紹介する『金融法務事情』『金融商事判例』がある。これらの特色としては、掲載する判例・裁判例につき解説（無署名）が付せられており、大変便利である。

　(3) 判例データベース（判例検索）　　過去の判例を検索する最も簡便な方法は、判例付六法（Windows版、iOS／iPadOS版もある）を参照することである。しかし、本格的に調べるためには、オンラインのデータベースを用いるのが一般的である。判例検索が可能なデータベースとして、『LEX/DBインターネット』、『LLI判例秘書』、『Westlaw Japan』などが知られている。有料ではあるが、大学生・大学院生であれば、所属の大学の図書館やメディア・センターからアクセスが可能である（登録をすれば自宅からのアクセスを認める大学も多い）。また法科大学院では、大学院生一人ひとりに、上記の1つまたは複数のデータベースへのアクセス権を付与している。また、裁判所のHP（https://www.courts.go.jp/index.html）の「裁判例情報」において、最高裁判所判例集、高等裁判所判例集、下級裁判所裁判例速報などの6種類の判例（裁判例）集または速報に掲載された判例を検索することができる（解説は付いていない）。

Ⅱ　判例解説・判例評釈

　判例の勉強に際し欠かすことのできない文献として判例解説、判例評釈がある。

　(1) 判例解説　　民集登載の最高裁判例の解説として、当該事件担当の最高裁判所調査官による解説がある。最初、月刊の『法曹時報』に載り、後に、年単位で『最高裁判所判例解説（民事篇）〇年度』として出版される。当該判例の事実関係、判例上の位置づけ、判決の判断の根拠などが紹介解説され、最高裁判所の考えを知るための最重要、必読文献である。この短縮バージョンが雑誌『ジュリスト』に掲載され、ほぼ同じ内容のものが判例時報、判例タイムズ、金融法務事情などの判例紹介の冒頭解説になる。

　(2) 判例評釈　　学者、実務家等の手になる判例評釈等はいろいろな雑誌に掲載される。判例時

報の綴込みである『判例評論』（月刊）、『法学協会雑誌』（東京大学）の判例研究、『民商法雑誌』の判例批評・紹介は、定評のあるものである。ほかに、年刊形式の、『重要判例解説』（ジュリスト）、『主要民事判例解説』（判例タイムズ）、学生向けの『判例セレクト』（法学教室）があり、年間の重要判例を知ることができる。本書の類書として『民法判例百選』（ジュリスト）がある。また、『私法判例リマークス』（〈年2回〉法律時報）も重要判例を年度単位で概観するのに便利である。

(3) データベース　　上記雑誌の大半はDB化されており（LLI判例秘書アカデミック版など）、契約をすることでインターネット上で閲覧できる。

弁済として給付した額の些少な不足と信義則

大審院昭和 9 年 2 月 26 日判決　民集 13 巻 366 頁

【1 条 2 項】

論点　弁済した金額にわずかに不足がある場合にその不足額を根拠に相手方に過大な不利益を負わせる法的地位の行使に対する信義則の適用

事実の要約

　Yは訴外Aに 15000 円を貸し渡すのと引換えに、Aからその所有する土地に抵当権の設定を受けて、当該抵当権の登記を経由した。その後、Aの一部弁済が行われ、AのYに対する債務残額は約 14000 円となっていた。その後の事実関係は、XとYの主張が以下のように一部食い違っている。

　Xの主張によると、次のような事実関係である。すなわち、①Xは、Yから、Aに対する債権を 10000 円で譲り受けて、その日のうちに 5000 円を支払済みである。②Yは、Xに対して、Aに対する借用証書の押収が解け次第引き渡すとともに（借用証書は別件の刑事事件のために押収されていた）、抵当権の移転登記手続きをすることを約した。そして、③XがYに対して①の債務残額 5000 円のうち 4900 円を支払った後、XはYに対して 100 円の支払と引換えに②の義務の履行（借用証書の引渡し、および、抵当権移転登記と同じ機能をXにとって持つ抵当権抹消登記手続）を催告した。④にもかかわらず、②の義務をYはXに対して履行していない。したがって、⑤XはYとの契約を履行遅滞により解除し、XはYに対して支払済み代金 9900 円の返還と損害賠償を求める、と。

　これに対し、Yの主張によると次のような事実関係になる。③と④はXの主張と一致する。しかし、②はXが主張するような無条件のYの義務ではなく、①は実際には①'AのYに対する債務をXが債務額を 10000 円とする形で債務引受する契約だったから、その先履行を条件として②が履行される関係にある。そして、①'のXの債務 10000 円につき元本残額 100 円は履行の提供が行われたが、利息相当額 79 円の提供はないから、Yは②に応じる必要がなく、⑤の履行遅滞による解除は失当である、と。

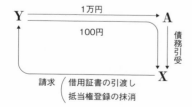

裁判の流れ

　1 審（秋田地判 判決日不明）：一部認容　2 審（宮城控訴院 判決日不明）：原判決一部取消・控訴棄却　大審院：破棄差戻

　2 審は、Yの主張通り①'ＸＹ間契約が債務引受であ

ったとして、Xの履行の提供は利息分の不足があるから、Yは履行遅滞に陥っておらず、⑤の解除は失当だとした。そこでXから上告したところ、大審院はYの②の義務履行拒絶は信義則に反すると判断した。

判旨

　〈破棄差戻〉「債務者の現に支払ひ又は提供したる金額が極めて少額の不足あるに過ぎざるときは、債権者が其の不足に藉口して証書の引渡及登記手続の履行を拒絶するは信義誠実の原則に反するものと謂わざるを得ざるを以て、此場合に於て債務者が債権者に履行の催告を為したるときは、債権者は遅滞に付せらるるものと解するを相当とす。本件に於て上告人の既に支払ひたる金額は元金 1 万円中僅に百円の不足あるに過ぎず、而も金円は既に支払の準備を調へたること原判決認定の其の如くなれば、被上告人が単に其の不足を口実として上告人の請求を拒むものとせば、信義誠実の原則に反し不当なるものと謂はざるを得ず。」

判例の法理

●先例との関係

　本事案は、信義則のリーディングケースである大判大正 9・12・18 民録 26 号 1947 頁を拡張したものである（詳細な事案や位置づけは後掲・吉政 134 頁）。その事案では、買戻し特約付き売買での債務者が、契約費用について債権者に照会したものの回答が得られなかったので、契約費用を推定してその額と売買代金を提供して買戻権を行使した。しかし、その段階になって債権者は契約費用が提供額より多いと主張して買戻権行使を拒絶した。そこで、大審院はこの買戻権行使拒絶を信義則違反とした。

　その事案との比較では、本事案では相手方に悪性がなく（債権額問い合わせに対応しないという悪性がない）、また、買戻権付売買という非典型担保ではなく抵当権という典型担保につきその実行を阻止する権能を債務者側に与えている意味がある。

●3 事件との比較

　本事案では 3 事件と同様に、わずかな利益を得るために相手方に重大な不利益を与える法的地位の行使を阻止できるかどうかが問題となっている。しかし、3 事件とは異なり、主観的要件のような相手方の悪性は不要である。本事案は契約当事者間の問題であり、第三者間の問題である 3 事件とは異なり、相手方に過度の不利益を与えないことで契約利益を最大化する法律関係に入っていることが重視されているのだと思われる。というのは、契約当事者間であれば、履行不能の場面のように、一方

当事者の過大な負担で他方当事者が利益を得ること、つまり契約当事者の総利益を大きく減少させることは主観的要件を問わず禁じられているからである（潮見佳男『新債権総論』（信山社、2017）285-287頁参照）」

判例を読む

●信義則の機能（規範構造面）

信義則の機能に関する議論は、既存の規範との関係でどのような機能を営むのかという点が中心である（後掲・石川54〜55頁、後掲・吉政139頁）。具体的に、①規範具体化、②（規範を形成しないままでの具体的ケースでの）衡平実現、③規範修正、④規範欠缺補充という機能がある。このうち、②は個別的な衡平実現が積み重なって規範となれば、④になるとしてその連続性を指摘する見解もある（後掲・山本629頁）。

このうち、本事案は、①の規範具体化に分類されるのが通常である。

●信義則の機能（価値実現・規範実現の側面）

信義則の機能につき、どういった価値やどういった規範を実現するために信義則が使われるのか、という観点からの議論は少ない。例外的に、（ア）衡平実現を参照すべき一つの価値基準と見たうえで、これと対比的な観点として（イ）契約法規範の拡大や（ウ）政策目的実現という軸を抽出する議論がある（たとえば、後掲・吉政142頁以下の枠組みを参照）。網羅的ではないが、この分類にしたって以下で概観しよう。

このうちの（ア）には、（a）矛盾行為禁止（無権代理と相続（最判昭37・4・20民集16巻4号955頁など）・無権代理と後見（最判平6・9・13民集48巻6号1263頁）・無権代理と保証（最判昭41・11・18民集20巻9号1845頁）、消滅時効の援用（最判昭41・4・20民集20巻4号702頁（時効完成後の承認）、最判昭57・7・15民集36巻6号1113頁（時効完成前の行動との矛盾））、自ら設定した法律関係不存在や無効の主張（**2事件**など）、限定承認した相続人による受贈者の権利主張（最判平10・2・13民集52巻1号38頁））、（b）クリーンハンズ（対抗要件具備妨害（最判昭33・10・17民集12巻14号3149頁など）、違法通達による債権行使妨害（最判平19・2・6民集61巻1号122頁）、無限連鎖講での配当の返還拒絶（最判平26・10・28民集68巻8号1325）））、（c）不均衡な権利主張（本事案など）、（d）権利失効原則（最判昭30・11・22民集9巻12号1781頁（傍論））が含まれる。

（イ）には、（e）契約前責任の拡大（契約交渉不当破棄（最判昭和59・9・18判タ542号200頁など）、契約締結時の説明義務や情報提供義務（最判平成23・4・22民集65巻3号1405頁など））、（f）契約中責任の拡大（契約やこれに準じた関係にある安全配慮義務（最判昭59・4・10民集38巻6号557頁など）、契約締結後の情報提供義務、債務への履行協力義務）、（g）事情変更原則、（h）契約責任主体の拡大（第三者に対する保護効、契約関係にない者の間の安全配慮義務）がある。

（ウ）には、（i）不動産賃貸借における信頼関係破壊法理、（j）背信的悪意者法理、（k）保証人保護法理（継続

的保証での特別解約権）、（l）消費者保護法理（消費者契約法10条、約款解釈）、（m）715条3項で発生する使用者からの求償権の制限法理がある。

●一般条項に関する議論動向との関係

明示的には論じられていないが、信義則と同様に、一般条項的意味を持つ公序良俗、あるいは、衡平実現にあたる不当利得との対比で見た場合、法秩序との関係を意識することも有用である。たとえば、不当利得における衡平説と同様に法秩序の外にあって法秩序の評価を覆す王者的意味を信義則に認めるか、それとも、類型論と同様に法秩序から導かれる規範内容を反映してこれを実現する機能を信義則に認めるか、こうした根本的な立場の違いがありうる。

そして、多くの論者は、前者の立場に黙示的に立っているように思われる。というのは、信義則の適用やこの正当化の際に他の部分の法秩序に言及されることは、不当利得や公序良俗との比較で少ないからである。

しかし、後者に整合的な議論もある。たとえば、信義則の一適用事例である上記（i）不動産賃貸借における信頼関係破壊の法理は、2017年債権法改正前ですら徐々に解除の要件である契約目的達成不能や義務違反軽微性の中に吸収されてきた。こうした立場を反映して、2017年債権法改正後はより明確に信頼関係破壊の法理は542条1項5号の契約目的達成不能や541条但書の義務違反軽微性の中に位置づけられることになった。そうだとすれば、政策実現のための規範修正と見られてきたこの信頼関係破壊の法理ですら、法秩序全体の中での異物というより、法秩序の反映物に過ぎない。また、（イ）の契約法規範の拡大は、時間的・内容的・主体的な契約規範の拡大が信義則を通じて実現しているとみることができる。さらに、（a）の矛盾行為禁止の一種である無権代理と相続では、悪意・有過失の相手方との関係で無権代理人が責任を免れられることとのバランスをとるために相手方の主観的要件を問題とすべきとの主張があり（佐久間毅『代理取引の保護法理』（有斐閣、2001）353頁以下）、この主張は法秩序内在的な価値の実現としての信義則解釈を目指すものである（後掲・吉政145頁）。

この後者のように見る場合、些細な不利益を理由に相手方に過大な不利益を与えることは許されないという比例原則がわが国の契約法秩序を貫く原理として存在していることの証左として、本判決を理解することも可能であろう（後掲・吉政157頁は、比例原則の一例として本判決を位置付ける）。そうした比例原則の実定法上の裏付けとしては、たとえば、得られる利益との比較で過大な費用が掛かる追完を否定する改正前民法634条1項ただし書を挙げることができ、改正後はこれを実質的に引き継いだ412条の2第1項の履行不能規定を挙げることができよう。

【参考文献】　基本書として、争点54〜55頁〔石川博康〕、新注民(1) 131〜180頁〔吉政知宏〕、山本Ｉ・619〜634頁。

西内康人

2 クリーンハンズの原則

最高裁昭和 44 年 7 月 4 日判決　民集 23 巻 8 号 1347 頁、判時 565 号 53 頁、判タ 238 号 114 頁

【1 条 2 項】

論点　労働金庫の員外貸付け・抵当権設定契約の効力とこの無効主張の可否

事実の要約

　Xは、A労働金庫の前身である信用組合から融資を受けていたが、信用金庫から労働金庫への改組に伴い法令上Xへの融資は員外貸付けとして禁止されるのに伴い、Xは自己を代表者として架空の従業員組合を設立し、X所有の甲不動産に抵当権を設定して融資を受けていた。その後、XがAへの弁済を怠ったことから甲が競売され、Y_1 が競落人となって甲の所有権移転登記を経由して、Y_2 が甲を賃借した。Xは、Aの貸付けが員外貸付として無効になるとともに、この貸付債権を被担保債権とする抵当権も無効であって、したがって Y_1 の競落は無効になりXが甲所有権を有することを根拠に、Y_1 に対しては甲所有権移転登記の抹消を、Y_2 には甲の明渡しを求めた。

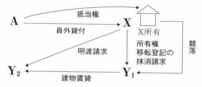

裁判の流れ

　1 審（岡山地判昭 37・9・21 民集 23 巻 8 号 1353 頁）：請求棄却　2 審（広島高岡山支判昭 43・6・2 民集 23 巻 8 号 1359 頁）：控訴棄却　最高裁：上告棄却
　1 審と 2 審は貸付契約を有効としてXの請求を棄却したため、Xから上告。

判　旨

　〈上告棄却〉「原審の確定するところによれば、Xは自ら虚無の従業員組合の結成手続をなし、その組合名義をもつて訴外Aから本件貸付を受け、この金員を自己の事業の資金として利用していたというのであるから、仮りに右貸付行為が無効であつたとしても、同人は右相当の金員を不当利得として訴外Aに返済すべき義務を負つているものというべく、結局債務のあることにおいては変りはないのである。そして、本件抵当権も、その設定の趣旨からして、経済的には、債権者たるAの有する右債権の担保たる意義を有するものとみられるから、Xとしては、右債務を弁済せずして、右貸付の無効を理由に、本件抵当権ないしその実行手続の無効を主張することは、信義則上許されないものというべきである。ことに、本件のように、右抵当権の実行手続が終了し、右担保物件が競落人の所有に帰した場合において、右競落人またはこれから右物件に関して権利を取得した者に対して、競落による所有権またはこれを基礎とした権原の取得を否定しうるとすることは、善意の第三者の権利を自己の非を理由に否定する結果を容認するに等しく、信義則に反するものといわなければならない。」

判例の法理

●法人の目的外行為の効力

　本判決は、非営利法人の目的外行為についてその効力がどうなるかという観点から取り上げられる（後掲・山本 491 頁以下など）。

●信義則上の位置づけ

　本判決は、**1 事件**解説で示した制定法に対する位置づけとの関係だと、制定法を修正しないまま個別的事案について衡平実現を図るものと位置付けられている（後掲・山本 627 頁）。また、どのような意味での衡平実現に該当するかにつき、クリーンハンズ原則の適用例とされることも多いものの（判例講義民法 I 3 頁〔後藤巻則〕）、義務違反で取得された権利主張が問題となる事案ではないため矛盾行為禁止の方で説明する立場もある（後掲・吉政 148 頁）。

判例を読む

●矛盾行為禁止

　矛盾行為禁止と見た場合、矛盾行為禁止として信義則を適用した類型には相手方の信頼を要件とする類型と要件としない類型があるところ（新版注民改訂版(1) 98 頁以下〔安永正昭〕）、本事案はそうした信頼を要件としない類型となる。信頼を要しない理由は、無権代理人の責任など信頼保護を要件とする制度とのバランスで矛盾行為の責任を問う類型とは異なり、本事案では利益を受けつつ対価の提供を失効させるという不公平さが問題となっており信頼を問題としなくてもよいからである。

●クリーンハンズ

　本判決は、抵当権を無効とする立場を前提としているものの、有効説もある（百選 I 162 頁〔鳥山泰志〕）。無効＋信義則説と有効説との違いは、後順位抵当権者など第三者も抵当権の無効を主張できるか否か、という点にある。たとえば、前者なら無効主張できる結果として後順位抵当権者は順位上昇の利益を享受できるが、後者だとそうはいかない。このように無効＋信義則説だと、有効説よりも抵当権者の保護は弱くなる。本事案においてこのような結論でよいとする理由としては、抵当権設定者のみならず抵当権者も法律違反を犯している結果とみることができよう。つまり、本事案ではクリーンハンズの一環として、抵当権の設定を受けた者は悪性のより強い設定者との関係では抵当権を主張できるが（708 条ただし書における違法性の衡量を参照）、法令違反を犯していない者との関係では権利主張できないわけである（百選 II 8 版 167 頁〔水津太郎〕参照）。

【参考文献】　基本書として、新注民(1) 131 ～ 180 頁〔吉政知宏〕、山本 I・483 ～ 493 頁・619 ～ 634 頁。判例解説として、千種秀夫・最判解民昭和 44 年度 464 ～ 472 頁。

西内康人

3 権利の濫用【宇奈月温泉事件】

大審院昭和10年10月5日判決　民集14巻1965頁

【1条3項】

論点 所有権に基づく妨害排除請求権の行使が権利濫用とされる場面

事実の要約

宇奈月温泉では、約7.5キロメートルにおよぶ引湯管によって温泉を引き込み、営業が行われていた。訴外Aによって作られた本件引湯管は、その後、Y鉄道会社によって運営されていた。しかし、本件引湯管は、訴外Bの土地112坪のうち約2坪の部分を通過していたところ、本件土地の利用権設定をBからAもYも受けていなかった。

この事実を知ったXは、Bから本件土地を買い取り、自己が所有する隣接地3000坪と合わせて買取りをYに対して要求した。Xの提示した代金は1坪当たり7円、総額20000円強というものだったが、本件土地も隣接地も利用価値に乏しく、利用価値のある部分でも1坪当たり30銭弱の価値しかなかった。YがXからの買取要求を拒絶すると、Xは本件土地の所有権に基づく妨害排除請求権を根拠に、Yの所有する本件引湯管の撤去を求めた。

本件引湯管について、別の土地を通そうとすると工事に約12000円を必要とし、かつ、この工事のために温泉は数カ月休業せざるを得ない状況である。

裁判の流れ

1審（魚住区判 判決日不明）：請求棄却　2審（富山地判 判決日不明）：控訴棄却　大審院：上告棄却

2審は、Xの権利行使が不当な利益を得ようとして所有権に名を借りたものであって、このような所有権行使は権利濫用に該当するとして、Yを勝訴させた。Xから上告。大審院は上告を棄却した。

判旨

〈上告棄却〉「所有権に対する侵害又は其の危険の存する以上、所有者は斯る状態を除去又は禁止せしむる為め裁判上の保護を請求し得べきや勿論なれども、該侵害に因る損失云ふに足らず而も侵害の除去著しく困難にして縦令之を為し得とするも莫大なる費用を要すべき場合に於て、第三者にして斯る事実あるを奇貨とし不当なる利得を図り殊更侵害に関係ある物件を買収せる上、一面に於て侵害者に対し侵害状態の除去を迫り、他面に於ては該物権其の他の自己所有物件を不相当に巨額なる代金を以て買取られたき旨の要求を提示し他の一切の協調に応ぜずと主張するが如きに於ては、該除去の請求は単に所有権の行使たる外形を構ふるに止まり真に権利を救済せむとするにあらず。即ち、如上の行為は、全体に於て専

ら不当なる利益の掴得を目的とし所有権を以て其の具に供するに帰するものなれば、社会観念上所有権の目的に違背し其の機能として許さるべき範囲を超脱するものにして、権利の濫用に外ならず。従て、斯る不当なる目的を追行する手段として、裁判上侵害者に対し当該侵害状態の除去並将来における侵害の禁止を請求するに於ては、該訴訟上の請求は外観の如何に拘らず其の実体に於ては保護を与ふべき正当なる利益を欠如するを以て、此の理由に依り直に之を棄却すべきものと解するを至当とす。」

判例の法理

●物権的請求権の要件

本事案で問題となった物権的請求権の一種たる妨害排除請求権は、占有以外の態様による所有権侵害があれば認められると解されており、所有者の被害の少なさや加害者の悪性の小ささは問題とならない。本判決もこの点を確認している。

●物権的請求権行使が権利濫用とされる場面

本判決は、被害者の損害の小ささと相手方の損害の大きさという客観的な利益衡量に加えて、不当な利益を獲得する意図という背信的悪意者類似の主観的悪性を考慮して権利濫用を認めている。ただし、客観的利益衡量に加えて本事案のような主観的悪性があれば権利濫用の十分条件になると述べているだけであり、主観的悪性が権利濫用を認めるための必要条件かは判然としない。

判例を読む

●権利濫用が問題となる場面概観

権利濫用が問題となる場面には大別して、①物権的請求権その他これに類する原状回復または差止めを排除または制限する場面、②不法行為の成立範囲を画する場面、③その他の場面の3つがある（後掲・平野208頁以下参照）。

本判決は、①について権利濫用が問題となっている。こうした①の類型は権利濫用の典型例である。これに対し、まず②は、過去においてこれを権利濫用の問題として扱う裁判例があったものの（大判大正8・3・3民録25号356頁（信玄公旗掛松事件））、現在では加害者側の権利と被害者側の権利の調整として過失要件または権利侵害要件・違法性要件の問題として処理すれば足りると考えられている。また、③については各権利の射程の問題や別法理での処理で足りると考える見解がある（後掲・平野218頁以下）。

●原状回復や差止めを否定する機能

①につき権利濫用を根拠に権利行使を否定した場合の機能は、強制調停機能と呼ばれることがある（後掲・平野207頁以下）。つまり、裁判所の判決により、調停に基づく利用権を設定したのと同じ状態になる。

●原状回復や差止めを否定するための考慮要素

①につき権利濫用を根拠に権利行使を否定するための

利益衡量について、3つの観点から論じられるのが通例である（後掲・山本628頁以下）。

第1に、(a)利益衡量が許されない利益があるのではないか、という点である。つまり、本判決で問題となった財産権であればともかく、生命・身体のような衡量になじみづらいと一般に考えられている権利については本判決の射程は直ちには及ばないと考えられている（後掲・山本629頁）。

第2に、(b)利益衡量について公共の利益をも取り込めるかである。この点は、1条1項の「公共の福祉」の解釈とも関係して議論されており、最近の有力説は差止めやこれに類する権利につき次のように見る（争点48頁以下〔吉田克己〕、新注民(1)129頁以下〔吉田克己〕。後掲・平野197頁以下にも紹介がある）。すなわち、一方で、公共の利益を理由に権利濫用で原状回復や差止めを否定すること、ないし、縮小することはできないが、他方、「市民全体の生活利益」など個人的権利には還元しづらい公共の利益を理由に原状回復や差止めを認めること、ないし、拡大することはできるとする。これに対し、判例は公共の利益を取り入れて原状回復や差止めの範囲を縮小できることを認めている（(ア)最判昭40・3・9民集19巻2号233頁（国が占領軍のために借りていた土地賃貸借期間満了後に、更新を求めた国に対して更新を拒絶してされた土地所有者からの妨害排除を否定））。

第3に、(c)利益衡量の客観面に加えて、権利濫用と評価される者への追加的要件として害意や悪意などの一定の主観面の考慮が必要かである。これについては、被侵害者の権利を侵害者に対する関係で権利濫用として否定するためには主観的悪性といった利益衡量より強い正当化が必要となるとして（後掲・山本629頁）、あるいは、単なる利益衡量で権利濫用を導くと既成事実が優先されてしまうとの不都合が生じるため（佐久間・民法の基礎1 448頁）、主観的態様の考慮が必要であるとの見解が多い。ただし、利益衡量だけで権利濫用を認める判決群（(イ)大判昭11・7・10民集15巻1481頁（無断で開設されたトンネルの、土地所有者からの妨害排除を否定）、(ウ)大判昭13・10・26民集17巻2057頁（線路開設のための無断埋立工事につき、埋立工事禁止の仮処分が出されたがこれが取り消されたために続行された埋立工事について、土地所有者からの妨害排除を否定）、前掲(ア)最判昭40・3・9）があり、これら判決群と本事案との調和的理解に学説は苦慮している（なお、このうちの(イ)と(ウ)は原状回復不能法理によっており、(ア)は公共性を根拠にする（後掲・平野195頁以下））。

●一般条項に関する議論動向との関係

1事件解説で見たように、一般条項の解釈にあたっては、一般条項に法秩序全体の価値を覆す権能を認めるか、それとも、一般条項が法秩序全体の価値を実現するに過ぎないとみるか、という軸での判断が有用である。

ここで、本事案で問題となっている①では、原状回復や差止めの根拠となる権利が、いかなる価値によって支えられているかが、法秩序全体の価値を反映させてその実現を阻止できるかにとって重要となる。すなわち、一方で、権利が純粋に私的な価値によって支えられているのなら公共の利益による制約は外在的となりうる。他方、権利が私的な価値のみならず公共の利益によっても支えられて認められているとみるなら、公共の利益による制約は内在的となりうる（たとえば、財産的側面をもつ契約の自由は、自己決定権という私的価値のみならず、効率的社

会の実現という公共的価値にも支えられているとみることができる。所有権も、社会の発展という公共的側面に影響を受けて成立するものである（加藤雅信『「所有権」の誕生』（三省堂、2001）））。

このような観点から見ると、上記(a)の利益考量を許さない利益の存在については、生命等のように純粋に私的な利益に支えられた権利とは異なり、財産権のような公共的側面をも持ちうる権利では他者を考慮した衡量が内在的に行いやすい点から説明できる。また、上記(b)の公共的利益との衡量を許容するかという観点は、有力説は所有権を主として私的利益に基づくものとみて外在的制約に警戒感を示すのに対し、判例では所有権が公共的利益にも支えられておりその内在的制約が許されるとの理解が背景にあるとみることができる。

では、上記(c)のような害意や悪意などの一定の主観面の考慮が必要かはどう考えるか。判例の態度は割れているが、次のような説明が可能かもしれない。まず、前掲(ア)最判昭40・3・9は公共性ゆえに権利制約が認められた事案だから、所有権が公共的利益にも支えられていることを前提に当該場面での所有権行使の反公共性が理由になることにより、主観的要件を要しないとされたとみることができる。次に、前掲(イ)大判昭11・7・10と前掲(ウ)大判昭13・10・26は、原状回復不能が理由となっているところ、所有権には私的利益の衡量を根拠に原状回復に否定的態度をとる添付制度があることから、この制度趣旨に基づき主観的要件がなくても利益衡量だけで権利行使を否定したとみることができる（ただし、原状回復義務の制約については、判決の後の精緻な議論展開も考慮すべきである（瀬川信久『不動産附合法の研究』（有斐閣、1981）332頁以下参照））。最後に、本事案のような場面では、こうした公共性や原状回復不能の問題は当てはまらないため、所有権の機能に照らして考えるべきである。つまり、所有権は物権的請求権を背景に正当な交渉を通じて侵害者との合意による所有権者の価値実現を担保できる機能をもつところ、所有権者の主観に照らして正当な価値実現とは言い難い場面や（本事案）、あるいは、侵害者に事前交渉をしなかったことの帰責性がなく、かつ、侵害判明後に遅滞なく侵害者が正当な交渉しようとしている場面では（千葉恵美子ほか『民法2物権〔第四版〕』（有斐閣、2022）31頁〔千葉恵美子〕のほか、田村善之『知財の理論』（有斐閣、2019）367頁参照）、客観的な利益衡量を基礎に権利濫用を認める余地があろう。

【参考文献】 基本書として、新版注民(1)181〜237頁〔平野裕之〕、山本Ⅰ・619〜634頁。判例解説として大村敦志・百選Ⅰ8版4〜5頁。

西内康人

4 胎児の権利能力【阪神電鉄事件】

大審院昭和7年10月6日判決　民集11巻20号2023頁、新聞3507号15頁

【3条、709条、710条、711条、721条】

論点 ①胎児の権利能力は、胎児の段階で認められるのか
②胎児を代理して行った行為の効力は、出生後の胎児に及ぶのか

事実の要約

　X₁はAと事実上の婚姻、同棲をしていたところ、AがY会社の踏切を通過中、Yの運転する電車に衝突、その翌々日に死亡した。当時、X₁はAの子を懐胎して臨月であり、A死亡の翌月X₂が出生した。X₁、Aの実父Bらは、A死亡による損害賠償請求に関する権限を訴外Cに授与し、CがYとの間で、1000円を交付すること、爾後Yに対し何らの請求もしないことを約定し、YからBに1000円が交付された。その後、X₁X₂は、Yに対し、A死亡による財産上の損害（扶養利益の喪失）と慰謝料の賠償を求め、訴えを提起した。

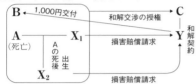

裁判の流れ

　1審（神戸地判 判決日不明）：請求棄却　2審（大阪控判 判決日不明）：請求棄却　大審院：X₁については上告棄却、X₂については破棄差戻

　1審は、X₁X₂がAから扶養を受ける権利がないことを理由に財産上の損害賠償請求を、Aとの間に711条所定の身分関係がないことを理由に慰謝料請求を棄却。原審も、慰謝料につき同様の理由から、また、財産上の損害につき、Yの被用者の故意・過失を認定できないとして請求を棄却し、さらに、Yとの和解が成立しているからX₁X₂の請求は失当とする。

判旨

〈X₁については上告棄却、X₂については破棄差戻〉
　X₁の請求については、その請求権の成立を容認し得るとしても和解契約により消滅したとして上告棄却。これに対し、X₂の請求について、民法は、胎児が不法行為のあった後生きて生れた場合に、不法行為による損害賠償請求権の取得について、「出生の時に遡りて権利能力ありたるものと看做さるべしと云ふに止まり、胎児に対し此の請求権を出生前に於て処分し得べき能力を与へんとするの主旨にあらざるのみならず、仮令此の如き能力を有したるものとするも、我民法上出生以前に其の処分行為を代行すべき機関に関する規定なきを以て、前示Cの交渉は之を以てX₂を代理して為したる有効なる処分と認むる」理由はないとする。

判例の法理

●胎児の権利能力

　私権の発生時期は出生時とされ（3条1項）、胎児には権利能力がないと解される（同項の反対解釈）が、個別に胎児は「既に生れたものとみな」される（不法行為による損害賠償請求〈721条〉、相続〈886条〉、遺贈〈965条〉）。この意味につき、胎児中には権利能力はなく、生きて生まれた場合に、遡って権利能力があったものとみなされるのか（停止条件説）、それとも、胎児中にすでに権利能力があったものとみなされ、死産の場合にそれが遡って否定されるのか（解除条件説）が問題となる。本判決は、一般に、停止条件説を採ったものと解されている。

●胎児に代理人を付すことができるか

　停止条件説によれば、胎児中には権利能力がないから、代理人を付すことはできない。本判決はこの立場を採るものと解されている。これに対し、解除条件説によれば、胎児中でも制限的に権利能力が認められるから、これに代理人（一般に母を想定するが、自明ではない）を付すことができるとの理解が多数であるが、本判決は、仮に、後者の立場を前提に権利能力を認めたとしても、胎児の代理に関する規定がない以上、Cのなした和解の効力は、X₂に対しては及ばないとする。

判例を読む

●胎児の権利能力に関する学説

　死産の多い時代は、遡及的無効による混乱を避けるため停止条件説が多数であったが（近時では平野裕之・民法総則［日本評論社、2017］37頁）、現在では胎児が生きて生まれる可能性が高いことから（川井Ⅰ・24頁など）、解除条件説が通説である（我妻・講義Ⅰ52頁、幾代・総則28頁、潮見・総則41頁など）。そして、胎児中に代理人を付すことのできない停止条件説に対し、解除条件説によればこれが可能であるため、一般に、後説の方が、代理人による胎児の権利保護につながると指摘される（近江・Ⅰ38頁、山野目Ⅰ・45頁など。胎児に権利能力を認めるだけで、代理人を付すことはできないとするのは、小池泰・新注民(1)349、351頁）。

　本件事案では、停止条件説を採ることで、和解の効力が及ばないX₂は改めて賠償請求でき、その保護が可能となる（四宮和夫『民法総則〔第4版補正版〕』〔弘文堂1996〕40頁）。しかし、解除条件説であっても、胎児の代理に関する規定がない以上、X₂に和解の効力を及ぼすことができないとして（本判決の指摘）、あるいは、胎児の代理人は保存・管理行為しかなし得ないとすれば（四宮・前掲40頁、鈴木・総則6頁、米倉・総則65頁、石田・総則125頁、山野目・前掲45頁など）、妥当な解決となる（児玉・後掲13頁）。もっとも、解除条件説を前提に代理権の範囲を限定するには、その根拠が不十分であり（川井Ⅰ・24頁）、立法論として、保存・管理行為に限りなし得る胎児のための財産管理人を設けることもあるが（我妻・講義Ⅰ52頁、鈴木・後掲11頁、河上・民法学入門52頁など）、代理人による費消等の危険は出生後も同様であり、胎児のみを保護すべき理由はないとも指摘される（佐久間・民法の基礎Ⅰ20頁）。

【参考文献】　鈴木ハツヨ・百選Ⅰ3版10頁、児玉寛・百選Ⅰ4版12頁、幡野弘樹・百選Ⅰ6版8頁。

鶴藤倫道

一般的人格権【北方ジャーナル事件】

最高裁昭和 61 年 6 月 11 日大法廷判決　民集 40 巻 4 号 872 頁、判時 1194 号 3 頁、判タ 605 号 42 頁
【2 条、198 条、199 条、709 条、710 条、憲 13 条・21 条】

論点
①人の名誉権を侵害する出版物の頒布などの事前差止めは認められるか
②事前差止めが認められるとして、どのような要件の下で認められるか

事実の要約

Y₁ は、かつて旭川市長の地位にあり、その後北海道知事選挙に立候補する予定であったところ、雑誌発行者 X は、Y₁ に関する本件記事の原稿を作成し、昭和 54 年 2 月 23 日頃発売予定の雑誌「北方ジャーナル」（同年 4 月号、予定発行部数第 1 刷 2 万 5000 部）に掲載することとし、印刷その他の準備を進めていた。本件記事は、北海道知事たる者は聡明で責任感が強く人格が清潔で円満でなければならないと立言したうえで、Y₁ が、その適格要件を備えていないとするのであるが、「嘘と、ハッタリと、カンニングが巧みな」少年であったとか、「言葉の魔術者であり、インチキ製品を叩き売っている（政治的な）大道ヤシ」「天性の嘘つき」等々の表現をもって Y₁ の人物論を評するなどしていた。

これを知った Y₁ が、昭和 54 年 2 月 16 日、札幌地裁に、名誉権の侵害を予防するとの理由で、本件雑誌の印刷、製本および販売または頒布の禁止等を命ずる旨の仮処分決定を求める仮処分申請をしたところ、同日、仮処分の決定がなされ、その後、その執行がなされた。そこで、X は、右仮処分およびその申請が違法であると主張して、Y₁ Y₂（Y₁ の選挙運動従事者）および国に対して、逸失利益等（1 審での請求を原審で縮減）の損害賠償を請求した。

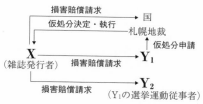

裁判の流れ

1 審（札幌地判昭 55・7・16 民集 40 巻 4 号 908 頁）：請求棄却　2 審（札幌高判昭 56・3・26 民集 40 巻 4 号 921 頁）：請求棄却　最高裁：上告棄却

1 審、2 審は X の請求を棄却。これに対し X は、本件仮処分による本件記事の事前差止めが検閲に当たり、憲法 21 条 2 項に違反し、言論・出版の自由を保障する同条 1 項にも違反するなどとして上告。最高裁は大法廷において、多数意見により、上告を棄却した（補足意見・意見がある）。

判　旨

〈上告棄却〉①「人の品性、徳行、名声、信用等の人格的価値について社会から受ける客観的評価である名誉を違法に侵害された者は、損害賠償（民法 710 条）又は名誉回復のための処分（同法 723 条）を求めることができるほか、人格権としての名誉権に基づき、加害者に対し、現に行われている侵害行為を排除し、又は将来生ずべき侵害を予防するため、侵害行為の差止めを求めるこ

とができるものと解するのが相当である。けだし、名誉は生命、身体とともに極めて重大な保護法益であり、人格権としての名誉権は、物権の場合と同様に排他性を有する権利というべきであるからである」。

②「表現行為に対する事前抑制は、表現の自由を保障し検閲を禁止する憲法 21 条の趣旨に照らし、厳格かつ明確な要件のもとにおいてのみ許容されうるものといわなければならない」。「出版物の頒布等の事前差止めは、このような事前抑制に該当するものであって、とりわけ、その対象が公務員又は公職選挙の候補者に対する評価、批判等の表現行為に関するものである場合には、そのこと自体から、一般にそれが公共の利害に関する事項であるということができ、前示のような憲法 21 条 1 項の趣旨…に照らし、その表現が私人の名誉権に優先する社会的価値を含み憲法上特に保護されるべきであることにかんがみると、当該表現行為に対する事前差止めは、原則として許されない」。「ただ、右のような場合においても、その表現内容が真実でなく、又はそれが専ら公益を図る目的のものでないことが明白であって、かつ、被害者が重大にして著しく回復困難な損害を被る虞があるときは、当該表現行為はその価値が被害者の名誉に劣後することが明らかであるうえ、有効適切な救済方法としての差止めの必要性も肯定されるから、かかる実体的要件を具備するときに限って、例外的に事前差止めが許される」。

判例の法理

●名誉侵害について差止請求が認められるか

民法上、名誉侵害に対する救済手段として、金銭賠償（709, 710 条）、名誉回復処分（723 条—謝罪広告が一般的）があるが、事後的な救済手段であるため必ずしも十分な実効性をもたない。そこで、明文の規定がなくとも、名誉侵害に対する差止請求を認めることができるかが問題となった本判決は、これを肯定し、人格権としての名誉権は、物権と同様に排他性を有する権利であるから、差止請求（侵害の排除・予防の請求）も認められるとする（判旨①）。

●名誉侵害についての事前差止請求の実体的要件

名誉侵害についての差止請求はどのような実体的要件の下で認められるのか。本判決は、憲法 21 条の趣旨に照らし、事前抑制は厳格かつ明確な要件の下でのみ許され、公務員または公職選挙の候補者に対する評価・批判などの表現行為については、原則として事前差止めは許されないが、例外的に、①(i)表現内容が真実でなく、または、(ii)もっぱら公益を図る目的のものでないことが明白であり、かつ、②被害者が重大にして著しく回復困難な損害を被るおそれがある場合には、事前差止めが許されるとする（判旨②）。

なお、本判決では、出版物に対する仮処分による事前差止めが憲法 21 条 2 項前段にいう検閲に当たるか、事前差止めの仮処分を行うのに、口頭弁論または債務者の

審尋を経ることを要するか、という問題についても判示しているが、省略する（阪口・後掲148頁以下、笠井・後掲180頁以下、宍戸・後掲148頁以下参照）。

判例を読む

●人格権概念の承認

人格権概念はもともと大陸法で発展したものである。わが国では当初の学説が、個別的な人格権（生命・身体・自由・名誉──710・711条）を、709条の「権利」に包摂し、範囲拡大に努めていたが、大正14年に大審院（大判大14・11・28民集4巻12号670頁（いわゆる「大学湯事件」））が、権利概念を弾力的に解すると、人格権概念導入の必要性が少なくなり、学説も人格権概念を否定する傾向にあった。ところが、第2次大戦中の人格無視に対する反省、戦後増加したマスコミによる人権侵害、比較法の影響などを原因とし、学説・裁判例において、再び人格権概念が高揚されるようになる（五十嵐清『人格権論』（一粒社、1989）178頁以下。従来の判例・学説の変遷については、大塚・参考文献民商505頁以下参照）。最高裁は昭和44年判決（最大判昭44・6・25刑集23巻7号975頁）で初めて人格権という言葉を使うが、実質的意味を伴うものではなく、むしろ本判決が人格権概念を承認し、ここから差止請求権を導き出したことにこそ意味がある（五十嵐・前掲179頁）。もっとも、本判決が「名誉権」を「個別的人格権」の1つとして認めたにすぎないのか、名誉権を含む「一般的人格権」概念まで認めたのかについては、評価が分かれている（「一般的人格権」概念まで認めたものと解するのが五十嵐・前掲180頁、これに否定的なのが加藤・後掲288頁）。

●人格権侵害行為の差止めの根拠

学説上、排他性を有する物権類似の絶対権ないし支配権としての人格権に基づき妨害排除・予防請求権を認める見解が、通説であったが、理論上は、排他的支配性のない権利（利益）に差止請求を認めることは困難となるし、侵害行為の態様を考慮する余地はないはずである。これに対し、不法行為の効果としてこのような請求を認める見解では、排他的支配性のない権利（利益）に差止請求を認めることは困難となるし、侵害行為の態様を考慮する余地はないはずである。これに対し、不法行為の効果としてこのような請求を認める見解では（末川博『民法上の諸問題』（弘文堂、1936）351頁など）、排他的支配性のない権利（利益）も保護し得ることになり、侵害行為の態様を不法行為の要件の中で考慮できるが、事後的な救済手段である不法行為法を根拠にして、損害発生前の差止請求を認める困難さがある（三島宗彦『人格権の保護』（有斐閣、1965）346頁以下は事前の差止めに異を唱える。差止請求権の発生根拠に関する従来の学説の詳細な分析につき、根本尚徳『差止請求権の理論』（有斐閣、2011）23頁以下を参照）。

裁判例においては、プライバシー権侵害に対する差止めを認めるもの（東京地判昭39・9・28下民集15巻9号2317頁─傍論）、一般論として事前差止めの可能性を認めるもの（東京地決昭45・3・14判時586号41頁、東京高決昭45・4・13判時587号31頁）があるなか、本判決は、人格権としての名誉権を物権と同様に排他性を有する権利であると性格づけて、差止請求権を認めている（判旨①）。ただし、「排他性を有する権利」が侵害される場合に差止請求を認めているのであって、何らかの人格的利益の侵害があれば、人格権に基づく差止請求が認められる、とまで述べているいるわけではない。

近時の学説には、物権類似「権利」でなくとも差止請求を認める根拠として、人格権を憲法上の基本権（憲法13条参照）と理解し、国家（裁判所）にはこれを保護する憲法上の義務があるという観点から差止請求の正当化を説く立場や（山本敬三「人格権」新争点44頁以下、同・後掲11頁）、不法行為法に依拠することなく、私人の権利または利益に対する違法な侵害が現に存在し、あるいは目前に迫っている場合に、それらの法益を保護するために付与されるのが差止請求権だと理解する立場が有力に唱えられ（根本・前掲118頁以下、417頁以下）、どちらの立場であっても、事前差止めは認めることになる。

●表現の自由の保障との調整

人格権としての名誉権が物権同様、排他性を有することを根拠に差止請求を認める本判決は、対抗する権利である表現との自由との調整を図ることで、実質的に妥当な結論を図ろうとしている。近時の学説も、例えば、人格権を憲法上の基本権と理解し、それに対する保護として差止請求を認める立場によれば、対抗する権利もまた基本権である以上、双方の基本権の衡量を行う必要があると理解し（山本敬三・前掲「人格権」47頁）、不法行為法に依拠せず、侵害の違法性に根拠を求める立場によれば、差止請求権の発生要件としての侵害の違法性判断において、被侵害法益の要保護性の程度、侵害行為の態様などを総合的に衡量することになる（根本・前掲417頁以下）。

では、本件事案における差止めの要件は、具体的にどのようなものであったか（従来の学説については、横田・後掲38頁以下、大塚・後掲539頁以下参照）。本判決では、公務員または公職選挙の候補者に対する評価・批判などの表現行為については、原則として事前差止めが許されないことを前提に、例外的に一定の場合には差止めを肯定するとしている。

本判決で、事前抑制が厳格かつ明確な要件のもとでのみ許されるとするのは、表現行為に対する事前抑制が、事後制裁の場合よりも表現の自由に対する侵害の程度が高いことに基づく（判旨②）（山本・後掲11頁）。もっとも、例外的に事前差止めが許される場合の要件①のうち、（i）と（ii）とが択一的となっており、そのどちらかにあたれば、①の要件は満たされることになるのだが、（ii）は表現者の意図を問題としており、裁判所の恣意が働く余地のあること、また、迅速に行われることとなる事前抑制の場合には、不明確な基準であり問題があること（本判決における谷口裁判官の意見）など、学説上は、疑問を呈する者が多い（竹田稔・ジュリ867号27頁以下、横田・後掲39頁以下、平川・後掲117頁以下など）。

【参考文献】 加藤和夫・最判解民昭和61年度278頁、平川宗信・法教73号113頁、横田耕一・判評338号34頁、斉藤博・百選I3版14頁、山本敬三・百選I8版10頁、阪口正二郎・憲法判例百選I7版148頁、宍戸常寿・メディア判例百選2版148頁、笠井正俊・民事執行・保全判例百選3版180頁。その他、大塚直「人格権に基づく差止請求」民商116巻4＝5号501頁以下、藤岡康宏「人格権」『新・現代損害賠償法講座②』（日本評論社、1998）21頁以下、山口いつ子・論究ジュリ1号50頁。

鶴藤倫道

6 制限行為能力者の詐術

最高裁昭和44年2月13日判決　民集23巻2号291頁、判時551号44頁、判タ233号75頁

【13条、21条】

論点　制限行為能力者（1999年の民法改正前の「無能力者」）であることを「黙秘」することが21条の「詐術」に当たるか

事実の要約

X₁は知能の程度が低く、賭事等のために財産を処分し、蕩尽するおそれがあったので、準禁治産宣告（現在の保佐開始の審判に相当し、浪費者も対象に含む）を受け、妻X₂（原審係属中X₁は死亡）が保佐人となった。X₁は借金の清算のため、保佐人である妻X₂に秘して、X₁が所有する本件土地110坪をY₁に売却し、所有権移転登記がなされた。さらに、本件土地は、Y₁からY₂に売り渡され、所有権移転登記がなされた。そこでX₁は、X₂の同意を得ていなかったことを理由に、Y₁との本件土地売買契約を取り消し、Y₁Y₂のためになされた各所有権移転登記の抹消登記を請求した。

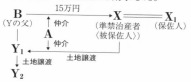

裁判の流れ

1審（京都地判昭35・6・20民集22巻2号299頁）：請求棄却　2審（大阪高判昭42・2・17判時483号45頁）：請求認容　最高裁：上告棄却

1審は、詐術とは積極的術策を用いる場合はもちろん、単に相手方の誤信を誘起しまたは誤信を強める行為であっても足りるとした上で、Xが詐術を用いたものと認め、取消しを認めず、請求は棄却された（杉田・後掲23頁以下参照）。これに対し、2審は、「黙秘が具体的状況のもとにおいて詐術として積極的意味をもつものと評価すべき特段の事由がある場合は別として、一般的にはこれに該当しないものと解するのが相当である」として、1審判決を取り消し、Xの請求を認容した。Y₁Y₂が上告。

判旨

〈上告棄却〉民法20条［現21条］にいう「『詐術を用いたるとき』」とは、無能力者が能力者であることを誤信させるために、相手方に対し積極的術策を用いた場合にかぎるものではなく、無能力者が、ふつうに人を欺くに足りる言動を用いて相手方の誤信を誘起し、または誤信を強めた場合をも包含すると解すべきである。したがって、無能力者であることを黙秘していた場合でも、それが、無能力者の他の言動などと相俟って、相手方を誤信させ、または誤信を強めたものと認められるときは、なお詐術に当たるというべきであるが、単に無能力者であることを黙秘していたことの一事をもって、右にいう詐術に当たるとするのは相当ではない。」

判例の法理

●制限行為能力者であることの「黙秘」は「詐術」に当たるか

本判決はまず、21条の「詐術」を積極的な術策を用いた場合に限らないものとする。次に、制限行為能力者であることを「黙秘」することが「詐術」に当たるかにつき、制限行為能力者であることを単に黙秘していただけでは詐術に当たらないが、その黙秘が他の言動などと相まって詐術に当たる場合があるとする。

判例を読む

●従来の判例

初期の判例は、詐術とは、制限行為能力者が相手方をして行為能力者であることを信じさせるため、「積極的に詐欺の手段を用ふる」ことをいうとしていたが（大判大5・12・6民録22輯2358頁。大判大6・9・26民録23輯1495頁も同旨）、その後、要件を緩和し、自己が行為能力者であると述べ（疑念を抱いた相手方に対し市役所・裁判所に問い合わせよと述べた事案－大判昭2・11・26民集6巻11号622頁）、あるいは、制限行為能力者であることを隠す目的で（能力の有無については触れずに）、相当の資産信用を有するので安心して取引してもらいたいと述べた事案（大判昭8・1・31民集12巻24頁）で、詐術の成立を認めている。

●本判決の意義

判例は、制限行為能力者の保護を重視し、詐術を厳格に解する立場から、取引の安全をも保護し、両者の調和を図るべく、詐術を緩やかに解する立場へと変遷してきており、学説も同様である（中山・後掲844頁など参照）。本判決が黙秘もまた詐術たり得ることがあることを示したものと解する立場もあるが（於保・後掲1056頁）、本判決の黙秘もまた他の言動と相まって詐術たり得る場合があるとの部分は傍論であって、単なる黙秘は詐術には当たらないとの判断を下した判決とみられる（鈴木・総則31頁、米倉・総則145頁、石田・総則234頁）。

●「他の言動など」

本判決は、黙秘と相まって詐術となり得るような「他の言動」は行為能力に関するものでなければならないと解している（於保・後掲1057頁以下、佐久間・民法の基礎Ⅰ112頁。反対、石田・後掲19頁）。

従来の紛争事案は準禁治産者（特に浪費者）に関するものが大半であったが、準禁治産者に含まれていた浪費者は1999年改正後の被保佐人に含まれておらず、今後問題となり得るのは、被補助人、被保佐人の一部、年長の未成年者などとなり、その能力の程度、取引の際の事情に応じ、判断していくことになろう（四宮＝能見・総則81頁、新井・後掲15頁、『法学講義民法1総則3版』（勁草書房、2018）122頁〔安永正昭〕、新注民(1)397頁以下〔磯村保〕）。

【参考文献】杉田洋一・最判解昭和44年度22頁、金山正信・同志社法学113号83頁、於保不二雄・民商61巻6号1052頁、中山信弘・法協87巻7＝8号842頁、石田喜久夫・百選Ⅰ3版18頁、森島昭夫・不動産取引判例百選2版10頁、新井誠・百選Ⅰ6版14頁。

鶴藤倫道

7 住所——生活の本拠【星嶺寮事件】

高裁昭和 29 年 10 月 20 日大法廷判決　民集 8 巻 10 号 1907 頁、判時 37 号 3 頁、判タ 42 号 43 頁

【22条】

論点　実家から離れ学生寮に居住する学生の選挙法上の住所は、郷里か学生寮の所在地か

事実の要約

X ら 47 名は、基本選挙人名簿に登録されなかったため、渡里村選挙管理委員会に対して異議の申立てをした。同委員会は、X らが父母の仕送りに依存し、独立して生活を営むものではないから、その住所は両親の住家の所在地にあって、学生寮のある渡里村に存するものとは認められないとの理由の下、X らの異議申立てを棄却した。そこで、X らは、選挙法上の住所は民法上の住所とは別個にその目的に照らして考えるべきであると主張して、Y（同委員会委員長）を被告とし、上記決定の取消しを求める訴えを提起した。

$$X ら \xrightarrow{\text{①異議申立}} 選挙管理委員会$$

$$X ら \xrightarrow[\text{棄却の決定}]{\text{②異議申立}}$$

$$X ら \xrightarrow{\text{③取消請求}} Y（選挙管理\\委員会委員長）$$

裁判の流れ

1 審＝ 2 審（水戸地判昭 29・3・18 判時 24 号 3 頁）：請求認容　最高裁：上告棄却

2 審は、具体的な法律関係を離れて、「住所」「生活の本拠」の存否を認定するというのは不合理であり、公職選挙法の関係においても、X らの住所は、前記寮のあるところにほかならないなどとして、請求を認容。Y が上告（公選法 24 条 2 項（現 25 条 3 項）により、控訴できない）。

判旨

〈上告棄却〉「およそ法令において人の住所につき法律上の効果を規定している場合、反対の解釈をなすべき特段の事由のない限り、その住所とは各人の生活の本拠を指すものと解するを相当とする。X 等は、「休暇以外は、しばしば実家に帰る必要もなく又その事実もなく、…住民登録法による登録も、本件名簿調製期日には…同村においてなされていたものであり、…X 等の生活の本拠は、いずれも、…渡里村内星嶺寮にあったものと解す」べきであるから、原判決が「Y 委員会のした決定を取り消したのは正当である」。

判例の法理

●住所の個数

公選法上の住所と民法上の住所とを別個とみるか（法律関係ごとに定められればよいか）（複数説）、住所は民法上の概念に統一すべきか（単一説）につき、原審は、明瞭に複数説をとり、公選法上の住所が学生寮にあるとするのに対し、本判決は、公選法上の住所と民法上の住所を区別すべきかどうかを明言せず、「各人の生活の本拠」が住所であり、住所は学生寮にあるとする。

●生活の本拠

「生活の本拠」というためには、定住の事実だけで十分か（客観説）、定住の意思をも要するのか（主観説）につき、民法は何等触れていないが、原審は、公選法上の住所を、その立法趣旨から、選挙権が最も適切に行使さ

れるところとするのに対し、本判決は、必ずしもこれとは関係のない学資・生活費の出所や家族との関係をも重視して判断している。

判例を読む

●従来の判例・学説

住所の認定に定住の意思を必要とするかにつき、判例は、主観説（大決昭 2・5・4 民集 6 巻 5 号 219 頁）であったが、客観説の傾向を示している（最判昭 27・4・15 民集 6 巻 4 号 413 頁）。学説も、意思の有無を外部から認識することは困難であり、意思を住所の要件とすれば取引の安全を害するおそれがあるなどの理由から、客観説が通説であるが（我妻・講義 I 94 頁以下、幾代・総則 81 頁など）、本人の意思を含めた諸事情により住所を認定すべきだとするものもある（石田喜久夫＝石田剛・新版注民(1) 404 頁、川井 I・52 頁など）。

住所の個数につき、通説は単一説（梅・総則 60 頁、松本・前掲 225 頁以下など）から複数説（我妻・講義 I 95 頁、川島・総則 79 頁以下、幾代・総則 82 頁、星野・総則 114 頁、川井・総則 53 頁、内田 I 130 頁、石田・総則 245 頁、四宮＝能見・総則 84 頁など）へと移行している（ここで複数とは、同一の法律関係につき複数あるという意味ではない）。近時、住所は氏名などとともに人の同一性を保証するものであるとの立場から、複数説に懐疑的なもの（大村・基本民法 I 225 頁、同・読解 86 頁以下）、単一説をとるもの（山野目 I・38 頁）がある。

●本判決の意義

本判決は、一方、住所を「生活の本拠」に求め、複数説を否定したとの疑念があり（石田喜久夫＝石田剛・新版注民(1)407 頁など）、他方、公選法の精神に従って判定したものと考えれば、複数説に親しみやすいもの（四宮＝能見・総則 85 頁）、どちらを採っても同じ結論を導くことができ、住所の個数について、直接は判断していないと解される（田中・後掲 158 頁）。

●本判決以後

本判決以後、住所の個数につき、単一説を採るかのような判例（最判昭 35・3・22 民集 14 巻 4 号 551 頁）がある（川井 I・53 頁は懐疑的）。また、定住の意思との関係では、公選法上の住所（最判平 9・8・25 判時 1616 号 52 頁）、住基上の住所（最判平 20・10・3 判時 2026 号 11 頁）につき、判例は、客観説に立つものと解される（早川眞一郎・新注民(1)567 頁）。

【参考文献】 田中真次・最判解民昭和 29 年度 156 頁、乾昭三・民商 32 巻 3 号 334 頁、中川高男・百選 I 3 版 20 頁、大村敦志・百選 I 4 版 20 頁。

鶴藤倫道

8 農業協同組合の員外貸付けと法人の目的の範囲

最高裁昭和 41 年 4 月 26 日判決　民集 20 巻 4 号 849 頁、判時 452 号 34 頁、判タ 194 号 79 頁

【34 条】

論点　①法人における「目的の範囲内」による権利・義務の帰属制限
②協同組合における「目的の範囲内」の判断基準

事実の要約

農業協同組合 X の代表理事 Y_1 は、自らが取締役となっている会社の代表取締役 Y_2 からの要請で、X を代表して、組合員でない Y_2 に対して 250 万円を貸し付けた。非組合員への貸付け（員外貸付け）は X の定款で禁止されていた（現行法は、定款の定めがあれば、一定の範囲での員外利用を可能とする〔農協 10 条 17 項〕）。Y_2 が弁済しなかったので、責任を追及された Y_1 は、Y_2 の債務を保証し、抵当権設定契約を締結した。X は、Y_2 に対し貸金の返還（また、予備的請求として不当利得の返還）を求め、Y_1 に対し保証債務の履行と抵当権の設定登記を求めて訴えを提起した。

裁判の流れ

1 審（大阪地判昭 37・2・21 民集 20 巻 4 号 857 頁：請求認容　2 審（大阪高判昭 39・11・30 金法 396 号 9 頁）：予備的請求を認容　最高裁：上告棄却

2 審は Y_2 への員外貸付けを無効とし、Y_2 に対する不当利得返還請求のみを認めた。Y_2 への員外貸付けは協同組合の目的の範囲内に属さず（旧 43 条、現 34 条）、その結果、員外貸付け（金銭消費貸借契約）が無効なら、担保の附従性から、保証契約および抵当権設定契約もまた無効となり、残るのは法律上の原因がないのを知りながら 250 万円を利得した悪意の受益者（704 条）Y_2 への不当利得返還請求権のみであるとする。また、Y_1 の保証契約はこの不当利得返還請求権を担保する趣旨を含まないとする。

判旨

〈上告棄却〉「…原審は、…X 代表理事であった Y_1 も右貸付が X の目的事業とは全く関係のないものであり、従って、右貸付が組合定款に違反することを承知して貸し付け、また Y_2 も右事情を承知してこれを借り受けたものであって、右貸付が組合の目的範囲内に属しないことが明らかであることを理由に、右貸付が無効であると判断し」ており、原審の判断は是認できる。

判例の法理

●旧 43 条（現 34 条）は一般法であり、権利能力の制限規定であること

本判決は、法人の目的による権利・義務の帰属制限をいう旧 43 条（現 34 条）が、法人に関する一般法（総則）としてすべての法人に適用され、法人の権利能力を制限するものであることを前提とする（権利能力制限説。→「判例を読む」）。「目的の範囲内」にない行為は絶対的に無効となる。

●協同組合における「目的の範囲内」の判断規準

法人の目的の範囲内には目的遂行に必要な行為も含まれるが、それは非営利法人とされている協同組合では、その時の具体的事情をも考慮して実質的に判断される（具体的事情説。→「判例を読む」）。本件員外貸付けは、X の事業目的と全く関係がなく、かつ、Y_1 Y_2 がともに定款違反を知っていたことから、目的の範囲外とされた。

判例を読む

●34 条（旧 43 条）の「目的の範囲内」による権利・義務の帰属制限の意味

通説・判例である権利能力制限説は、法人は社会的作用を担うがゆえにその法的存在を認められているのだから、法人の権利能力はその社会的作用、つまり、「目的の範囲内」に制限されるとする（我妻・講義 I 155 頁。→ 9 事件）。民法学説は、34 条（旧 43 条）を法人代表者の代理権の制限と解する（四宮＝能見・総則 118〜119 頁、山本 I 485 頁、佐久間・民法の基礎 I 356 頁。商法学説につき、→ 12 事件）。

●目的の範囲外の行為の効力

34 条（旧 43 条）を法人の権利能力の制限と解すると、目的の範囲外の行為は絶対的に無効となる。相手方が善意であっても保護されない（34 条を代表者の代理権の制限であると解すれば、理論上は表見代理成立の可能性がある）。なお、本件のような消費貸借の場合には、無効でも貸金は不当利得として返還請求しうるが、もともとの担保は不当利得返還請求権をカバーしない（これに対しては、内田 III 412〜414 頁）。

●非営利法人における「目的の範囲内」

通説・判例は、「目的の範囲内」には、定款に目的として掲げられた事項だけでなく、目的を遂行するのに必要な行為が含まれるとする（我妻・講義 I 156 頁、最判昭 27・2・15 民集 6 巻 2 号 77 頁）。判例はそれを、営利法人（会社）では、現実に必要かどうかではなく、「客観的抽象的に必要であり得べきかどうか」で判断する（客観的抽象的規準説）（前掲昭和 27 年判決。→ 9 事件）。非営利法人では、その時の具体的諸事情をも考慮して判断するものとされている（具体的事情説）（新版注民(2)260 頁〔高木〕、新注民(1)736 頁〔後藤〕参照）。営利法人とは異なり、非営利目的の追求にかかる構成員や一般の利益を考慮してのことであろう。

非営利法人とされる協同組合に関するものとしては、本判決のほかに最判昭 33・9・18 民集 12 巻 13 号 2027 頁がある。それは、リンゴ移出業者への員外貸付けを、協同組合の経済的基礎の確立を図るためであったとして、事業目的の範囲内とした（非営利法人に関する判決とされるものとして他に、→ 13 事件）。

もっとも、伝統的に非営利法人とされてきた協同組合は、営利法人に準ずる法人ともいえ（剰余金の分配を目的とはしないが可能であり〔農協 52 条等〕、また、協同組合法は株式会社の規定を多く準用している）、協同組合に関する本判決を非営利法人に関する先例とすることができないのではないか（百選 I 7 版 17 頁〔後藤〕）。

【参考文献】　文中引用の他に、松尾弘・百選 I 6 版 16 頁、上柳克郎『会社法・手形法論集』（有斐閣、1980）55 頁。

後藤元伸

9 会社による政治献金と定款所定の目的【八幡製鉄政治献金事件】

最高裁昭和 45 年 6 月 24 日大法廷判決　民集 24 巻 6 号 625 頁、判時 596 号 3 頁、判タ 249 号 116 頁
【34 条】

①会社における「目的の範囲内」の判断規準
②会社への 34 条（旧 43 条）の適用否定・代表権制限説

事実の要約

定款所定の目的を鉄鋼の製造・販売およびその附帯事業とする八幡製鉄株式会社（現日本製鉄）の代表取締役 Y ら 2 名は、昭和 35 年、会社を代表して自民党に 350 万円の寄附（政治献金）をした。株主 X は、本件寄附が、定款の目的の範囲外の行為であり、かつ、取締役の忠実義務（商旧 254 条ノ 3。現会社 355 条）に反するから、商法旧 266 条 1 項 5 号（現会社 423 条 1 項参照）の「法令又ハ定款ニ違反スル行為」にあたるとして、Y らに会社に対する損害賠償を求めて、株主代表訴訟（商旧 267 条。現会社 847 条参照）を提起した。

裁判の流れ

1 審（東京地判昭 38・4・5 下民集 14 巻 4 号 657 頁）：請求認容　2 審（東京高判昭 41・1・31 高民集 19 巻 1 号 7 頁）：請求棄却　最高裁：上告棄却
X の上告理由は、本件献金が目的の範囲内（旧 43 条、現 34 条）に属するものではないなどとする点にある。

判旨

〈上告棄却〉①会社は定款所定の目的の範囲内で権利能力を有するが、そこには目的を遂行するために直接または間接に必要な行為も含まれ、「行為の客観的な性質に即し、抽象的に判断」される（最判昭 27・2・15 民集 6 巻 2 号 77 頁、最判昭 30・11・29 民集 9 巻 12 号 1886 頁）。会社は自然人と等しく社会の「構成単位たる社会的実在なのであるから、それとしての社会的作用を負担せざるを得ない」。社会的作用に属する活動は間接的であっても目的遂行上必要であり、災害救援への寄附等はその適例である。政党への政治資金の寄附も同様である。
②（松田二郎裁判官らの意見）「会社の権利能力は個別的、具体的に決せられ、その範囲も狭小というべきであろう。…会社は各個の具体的場合によって「応分」の寄附が認められるに過ぎない…」。（大隅健一郎裁判官の意見）会社の取引行為については、「定款所定の目的の範囲内に属すると否とを問わず、会社をして責任を負わせるのでなければ、取引の安全を確保し、経済の円滑な運営を期待することは困難であって、いたずらに会社に責任免脱の口実を与える結果となるのを免れない」。「会社の権利能力は定款所定の目的によっては制限されないものと解するのが、正当である」。43 条（注…現 34 条）は、商法（注…現会社法）が準用していないから、公益法人にのみ関する規定と解すべきである。社員の利益の保護は、「株主の有する取締役の違法行為の差止請求権（商法 272 条〔注…現会社 360 条〕）・取締役の解任請求権（商法 257 条 3 項〔注…現会社 854 条〕）、取締役の会社に対する損害賠償責任（商法 266 条〔注…現会社 423 条〕）などの会社内部の制度にゆだねるべきであり、また、定款所定の目的は会社の代表機関の代表権を制限するものとして（ただし、その制限は善意の第三者には対抗できないが。）意味を有する」。

判例の法理

●会社における「目的の範囲内」の判断規準と政治献金

本判決は通説・判例に則り、旧 43 条（現 34 条）を会社に適用して、会社は定款所定の「目的の範囲内」で権利能力を有するとする（→ 11 事件）。目的の範囲内には目的遂行上、直接・間接に必要な行為も含まれ、会社においては行為の客観的な性質から抽象的に判断されるとする（客観的抽象的規準説）。そして、会社も社会的作用を担う社会的実在であり（法人実在説の一変種である社会的作用説。我妻・講義 I 126 頁）、社会的作用に属する活動は間接的に目的遂行上必要であるとして、災害救援への寄附等と同様に、政党への政治資金の寄附（政治献金）も「目的の範囲内」であるとする。
判例では、客観的抽象的規準説によって目的の範囲が広く解されるために、目的の範囲外だとされることは実際上ほとんどない。これは 34 条の適用を事実上制限しているに等しい（四宮＝能見・総則 119 頁）。

●税理士会による政治献金

最高裁平成 8 年判決は、税理士会が目的の法定された「公的な目的を有する」法人であるとして、その政治献金を目的の範囲外とした。税理士会は「公的な性格を有する」法人であり、その目的の範囲を会社のように広範なものと解することができないからである（→ 10 事件）。

判例を読む

●会社への 34 条（旧 43 条）不適用説

従前からの商法学説は、営利法人である会社には 34 条（旧 43 条）が（類推）適用されないとしていた（大隅裁判官の意見参照）。34 条（旧 43 条）その根拠は、明文の規定のないこと、会社に責任逃れの口実を与えないこと、および、会社は取引の場面に頻繁に現れること等にある。これに対しては、一般社団法人法の制定に伴い民法から公益法人に関する規定が削除された今日、34 条が公益法人のみに関する規定であるとの解釈は困難であるとされている（後掲『逐条解説会社法(1)』80 頁）。

●代表権制限説・内部的制約説

34 条の会社への（類推）適用を否定する商法学説においては、定款所定の目的を権利能力ではなく、代表取締役の代表権の制限と解する見解が有力である（龍田節＝前田雅弘『会社法大要〔第 3 版〕』〔有斐閣、2022〕55-56 頁。大隅裁判官の意見参照）。したがって、定款所定の目的による代表権の制限は、善意（・無重過失）の第三者に対抗できない（会社 349 条 5 項）。さらに、代表権も制限されず、業務執行権限の内部的制約にすぎないとする見解まである（上柳・後掲 40-41 頁）。

【参考文献】　文中引用の他に、後藤元伸・百選 I 6 版 18 頁、北村雅史・会社判例百選 4 版 6 頁、川口恭弘・会社判例百選 4 版 8 頁。上柳克郎『会社法・手形法論集』（有斐閣、1980）31 頁以下、酒巻＝龍田編集代表『逐条解説会社法 第 1 巻』（中央経済社、2008 年）80 頁〔森本滋〕。

後藤元伸

10 税理士会の政治献金の寄付と法人の目的の範囲

最高裁平成8年3月19日判決　民集50巻3号615頁、判時1571号16頁、判タ914号62頁

【34条】

論点 税理士会における「目的の範囲内」の判断規準

事実の要約

　Y税理士会（南九州税理士会）は、南九州4県の税理士を構成員として税理士法（判旨中では、「法」という）に基づき設立された法人である。Yは、税理士法改正運動のためとして、各会員から特別会費5000円を徴収し、政治資金規正法上（判旨中では、「規正法」という）の政治団体である4県の各税理士政治連盟へ配付するとの総会決議をした。会員の税理士Xは、税理士政治連盟への金員の寄付がYの目的の範囲外の行為であるから、上記決議が無効であるとして、特別会費の納入義務を負わないことの債務不存在確認等を求めて提訴した。

裁判の流れ

　1審（熊本地判昭61・2・13判時1181号37頁、判タ584号76頁）：請求一部認容　2審（福岡高判平4・4・24判時1421号3頁、判タ786号119頁）：請求棄却　最高裁：破棄一部自判・一部差戻

　1審は債務不存在確認請求について、これを容認した。2審は目的の範囲内の行為であるとして、同請求を棄却した。X上告。

判　旨

　〈原判決破棄、確認請求につき自判〔請求認容〕・その他につき差戻〉「…税理士は、国税局の管轄区域ごとに一つの税理士会を設立すべきことが義務付けられ（法49条1項）、…税理士会の目的は、会則の定めをまたず、あらかじめ、法において直接具体的に定められている。すなわち、法49条2項〔現6項〕において、税理士会は、税理士の使命及び職責にかんがみ、税理士の義務の遵守及び税理士業務の改善進歩に資するため、会員の指導、連絡及び監督に関する事務を行うことを目的とする…とされている。…さらに、税理士会は、税理士の入会が間接的に強制されるいわゆる強制加入団体であり、法に別段の定めがある場合を除く外、税理士であって、かつ、税理士会に入会している者でなければ税理士業務を行ってはならないとされている（法52条）」。「税理士会は…会社とはその法的性格を異にする法人であり、その目的の範囲についても、これを会社のように広範なものと解するならば、法の要請する公的な目的の達成を阻害して法の趣旨を没却する…」。「前記のような公的な性格を有する税理士会が…政党など規正法上の政治団体に対して金員の寄付をすることは、たとい税理士に係る法令の制定改廃に関する要求を実現するためであっても、法49条2項所定の税理士会の目的の範囲外の行為といわざるを得ない」。「本件決議は……Yの目的の範囲外の行為を目的とするものとして無効である」。

判例の法理

●税理士会の政治献金

　法人の定款所定の目的の範囲内（34条）にはその目的遂行に必要な行為も含まれ、それについて会社（営利法人）では客観的・抽象的に判断し（→9事件）、協同組合等の非営利法人では具体的諸事情をも考慮して判断する

のが判例であるとされている（→8事件）。本判決は、税理士会につき、公的な目的の法定性（税理士49条6項）・設立強制（49条1項）・事実上の強制加入（52条）から（→判旨参照）、「公的な性格を有する」法人であるとして、政治献金を目的の範囲外であるとした。

●司法書士会の震災復興支援金の寄付

　最判平14・4・25判時1785号31頁は司法書士会につき、それを税理士会と同じく、目的の法定された「公的な性格を有する」法人であるとしながらも、他の司法書士会への震災からの復興支援拠出金の寄付を目的の範囲内であるとした。すなわち、「司法書士会は、司法書士の品位を保持し、その業務の改善進歩を図るため、会員の指導及び連絡に関する事務を行うことを目的とするものであるが（司法書士法14条2項〔現52条2項〕）、その目的を遂行する上で直接又は間接に必要な範囲で、他の司法書士会との間で業務その他について提携、協力、援助等をすることもその活動範囲に含まれる…」。

判例を読む

●非営利法人の判例？

　一般的には協同組合や税理士会・司法書士会に関する諸判決（8事件および本項に掲げた判決等）が非営利法人に関する先例とされてきたが、検討を要する（新注民(1)736〜740頁〔後藤〕）。

　第1に、各種の協同組合や、税理士会・司法書士会等の強制設立法人では目的が列挙され、限定的に法定されている（例えば、農協10条、税理士49条6項、司書52条2項）。これに対して、非営利法人の基本的法律である一般法人法に基づく一般社団法人では、その目的につき非営利（剰余金分配の禁止〔一般法人11条2項〕）であること以上の法律による限定がない。

　第2に、協同組合は伝統的には非営利法人とされているが、現在ではこれを非営利法人に分類することには難があり（→8事件「判例を読む」参照）、また、税理士会・司法書士会は目的の法定された「公的な性格を有する」法人であるから、それらに関する諸判決を非営利法人の先例とすることはできない。

●経費の賦課

　一般法人法を類推適用すれば、社員に経常活動費用である経費の支払義務を課すについてすら定款の定めが必要であるから（同法27条）、ましてや特別の負担金を定款の定めなく社員に課すのは問題である（なお、税理士法49条の2第2項12号・司法書士法53条11号によれば、会費に関する規定は会則に記載しなければならない）。社員有限責任の原則に反する（新注民(1)660頁〔後藤〕参照）。

【参考文献】 文中引用の他に、後藤元伸・百選I8版16頁、二本柳高信・憲法判例百選I7版80頁、甲斐道太郎・リマークス15号6頁、渡辺康行・平成8年度重判13頁。

後藤元伸

11 法人の代表者の不法行為

最高裁昭和 50 年 7 月 14 日判決　民集 29 巻 6 号 1012 頁、判時 797 号 98 頁、判タ 329 号 121 頁
【旧 44 条 1 項、一般法人 78 条、会社 350 条】

論点
①代表者の行為についての法人の損害賠償責任規定の公法人への類推適用
②職務ないし事業執行性の要件に関する外形理論と相手方の悪意または重過失
③代表権の制限に関する法人規定、表見代理規定および代表者の行為についての法人の責任規定の関係

事実の要約

Y 町の町長 A は、自己の借金の返済のために、A が代表取締役をしている B 会社名義で約束手形を振り出し、それに、町長の公印を不正に使用して Y 町名義で裏書きしたうえ（裏書人は支払担保責任を負う〔手形 77 条 1 項、15 条 1 項〕）、手形割引を受けるために C に交付した。C は自身を第二裏書人としてさらに裏書きして、X に手形割引を依頼した。

X は、本件手形の振出人である B 会社の代表取締役と第一裏書人である Y 町の町長がともに同一人の A であり、かつ C がこれを所持していることに疑念をいだき、C にその理由を問い質した。C は、本件手形は B 会社が Y 町から町有地の払下げを受けた際、その代金として Y 町に差し入れたもので、その後、自分が施工した Y 町の河川工事の代金としてこれを受領したものであると虚偽の事実を告げた。X は、A に電話して C の言に沿う趣旨の回答を得るとともに、A が作成した Y 町長名義の確認書を受け取って、それ以上の調査をすることもなく、本件手形が Y 町によって適法に裏書交付されたものと誤信し、割引金 128 万余円を C に交付した。しかし、本件手形は支払いを拒絶されたため、X は 128 万余円の損害を被ったとして、Y 町に対し旧 44 条 1 項（現行では、一般法人法 78 条が同旨の規定）により損害賠償を求めて訴えを提起した。

裁判の流れ

1 審（横浜地判昭 48・7・20 民集 29 巻 6 号 1020 頁）：請求棄却　2 審（東京高判昭 49・5・29 民集 29 巻 6 号 1025 頁）：請求棄却　最高裁：上告棄却

第 1 審・控訴審ともに、X は A の行為がその職務行為に属さないことを知らなかったことにつき重大な過失があったとして、旧 44 条 1 項による責任を追及できないとし、請求を棄却。X 上告。

判旨

〈上告棄却〉「地方公共団体の長のした行為が、その行為の外形から見てその職務に属するものと認められる場合には、民法 44 条 1 項〔2006 年削除前の旧規定〕の類推適用により、当該地方公共団体は右行為により相手方の被った損害の賠償責任を負うものというべきところ（最高裁昭和…37 年 9 月 7 日第 2 小法廷判決・民集 16 巻 9 号 1888 頁、同昭和…41 年 6 月 21 日第 3 小法廷判決・民集 20 巻 5 号 1052 頁）、地方公共団体の長のした行為が、その行為の外形から見てその職務行為に属するものと認められる場合であっても、相手方において、右行為がその職務行為に属さないことを知っていたか、又はこれを知らないことにつき重大な過失のあったときは、当該地方公共団体は相手方に対して損害賠償の責任を負わない。」

「…Y 町が町有地払下の代金として約束手形の交付を受け、更に業者である C に対する河川工事代金の支払方法としてこれを裏書交付するというが如きは極めて異例であり、まして本件のように手形の振出人である B 会

社の代表者と第一裏書人である Y 町の町長が同一人の A であることにより右手形の原因関係に疑念を生ぜしめる場合にあっては、…少なくとも Y 町の会計事務担当の収入役、出納員など、疑念の対象である A 以外の者について、…問い合わせるべきであり、しかもそのことは容易になしうることである…ところ、X は、…ただ A 本人に電話で手形の原因関係を問い合わせ、かつ…A の作成した…確認書を受け取っただけで、右手形の取得及び裏書が Y 町によって適法にされたものと軽信してその割引の依頼に応じたというのであ…るから、X は、A のした右手形の裏書交付が Y 町の町長としての職務行為に属さないことを知らなかったことにつき重大な過失があ」り、原審の判断は正当である。

判例の法理

●地方公共団体の長の権限と手形行為

判旨中の最高裁昭和 41 年判決は、手形の振出行為が、現金の支払自体ではないから出納官吏〔現行は会計管理者〔地方自治 170 条〕）の権限に属さず、その原因たるべき行為として、地方公共団体の長の抽象的権限に属するとする。もっとも、振出・裏書等の手形行為については、債務負担行為であるから予算で定められていなければならず（地方自治 214 条）、予算措置のない限り、代表権が法令により原始的に制限されている。

●代表者の行為についての法人の損害賠償責任規定（旧 44 条 1 項・一般法人 78 条）の公法人への類推適用

原始的に制限された代表行為の効力が地方公共団体に帰属することはないが、判例・通説は、地方公共団体に、代表者の行為についての法人の損害賠償責任を定める旧 44 条 1 項を適用ないし類推適用することを認めていた（判旨中の最高裁昭和 37 年判決および本判決。なお、代表機関の行為が公権力の行使にあたる場合は、国家賠償法 1 条が適用される）。地方公共団体等の公法人も一経済主体として取引界で活動する以上、私法人と異なるところはなく、また、旧 44 条 1 項が相手方の保護に資する結果、法人の信用を高め、その活動が保障されることになるからである（新版注民(2)290 頁〔前田達明＝窪田充見〕）。

現行法においては、2006 年の一般法人法の成立に伴って旧 44 条 1 項が民法典から削除されているので、代表者の行為についての法人の損害賠償責任に関する規定が法人の総則規定としてはもはや存在しない。旧 44 条 1 項と同旨の規定が、一般法人法 78 条・会社法 350 条等の新設規定として各法律に分散して移植されるに至っている。これらの規定は、民法と異なり法人の総則規定ではないから、準用規定のない限り（例えば、NPO 法 8 条は一般法人法 78 条を、農協法 35 条の 4 第 2 項は会社法 350 条を準用）、他の法人に適用されるものではない。もっとも、一般法人法には非営利法人の基本的法律としての意義が認められ、非営利法人へのその類推適用が可能である（新版注民(1)639、648 頁〔後藤元伸〕）。この意味において現行法上は、旧 44 条 1 項と同旨の一般法人法

78条が地方公共団体等の公法人に類推適用されることになる。

●代表者の行為についての法人の責任（旧44条1項・一般法人78条等）および使用者責任（715条1項）における外形理論

代表者の行為についての法人の責任規定（旧44条1項・一般法人78条等）の要件にいう代表者がその「職務を行うについて」（職務執行性の要件）とは、使用者責任の規定（715条1項）にいう被用者がその「事業の執行について」（事業執行性の要件）と同義である。使用者責任における事業執行性の要件について、判例は、被用者の職務の執行行為そのものには属しないが、その行為の外形から観察して、あたかも被用者の職務の範囲内の行為に属するものと見られる場合をも包むとしている（外形理論ないし外形標準説。最判昭36・6・9民集15巻6号1546頁など）。

●外形理論と相手方の悪意または重過失

このような外形理論の根拠は、取引的不法行為における行為の外形に対する第三者の信頼の保護にある。したがって、判例はまず、たとえ被用者の行為が、その外形から観察して、その者の職務の範囲内に属するものと見られるからといって、それが被用者の権限濫用行為であることを知っていた第三者に対してまでも使用者の責任を認めることはできず、当該被用者の行為は事業の執行につきなされた行為には当たらないとした（最判昭42・4・20民集21巻3号697頁）。ついで、被用者の行為が被用者の職務権限内において適法に行われたものでなく、かつ、その行為の相手方が右の事情を知りながら、または、少なくとも重大な過失により右の事情を知らないで、当該取引をしたと認められるときも同様であるとした（最判昭42・11・2民集21巻9号2278頁）。このように判例は、取引的不法行為における外形理論の趣旨から、相手方が悪意または重過失の場合に事業執行性の要件を欠くとして、使用者責任（715条1項）による相手方の保護を認めない。本判決も、代表者の行為についての法人の損害賠償責任（旧44条1項。一般法人法78条は同旨の規定）における職務執行性の要件について、これに従う。

●―損害賠償責任の追及と履行請求の関係

法人の代表者が、職務の範囲内に属さず、また、代表権の範囲内にない取引的行為を第三者との間で行った場合については、相手方である第三者が、代表者の行為についての法人の損害賠償責任規定（一般法人78条等・旧44条1項）の類推適用によって法人に損害賠償を請求すること以外に、より本来的に、代表権の制限は善意の第三者に対抗することができないとする法人規定（一般法人77条5項・会社349条5項等。旧54条）の適用または類推適用によって、行為の効果が法人に帰属することを主張して、法人に履行責任を追及することも考えられる。

もっとも、本件においては、この手段は採りえなかった。善意の第三者に対抗することができない代表権の制限は、法人内部での制限を意味し、法令によって原始的に制限される場合（本件では予算措置なしに町長は町を代表して手形行為をすることができない。地方自治214条）を含まないからである。

判例を読む

●代表者の行為についての法人の損害賠償責任と表見代理

一般法人78条等の法人の損害賠償責任（および715条1項の使用者責任）においては外形理論が、110条の表見代理（権限外の行為の表見代理）においは権利外観法理が基礎にあり、ともに行為の外形ないし外観に対する相手方の信頼保護という点で共通している。そこでは、善意の第三者が保護に値する。もっとも、無過失まで要求されるのか（110条についての判例・通説。最判昭44・6・24判時570号48頁）、あるいは善意のみでよいのか（一般法人78条等の法人の責任規定。最判昭60・11・29民集39巻7号1760頁参照）という点では異なる解釈が生じる。これについては、表見代理責任においては、過失の有無によって法人の履行責任が認められるか否かのオール・オア・ナッシングの判断となるのに対して、損害賠償責任においては責任成立を見たうえで、過失相殺によって過失を斟酌することのあること（722条2項）が指摘できよう。

●代表権の制限に関する法人規定、表見代理規定および代表者の行為についての法人の責任規定の関係

法人の代表者が特定の事項につき代表権を行使するには、総会・理事会決議等の特別の手続を履践することが必要であるとされている場合についてはまず、表見代理に関する110条ではなく、代表権の制限を善意の第三者に対抗することができないとする法人規定（一般法人77条5項・会社349条5項等〔旧54条〕）が適用される（本判決の事案に見られる法令による代表権の原始的制限は、第三者に対抗することができる）。なぜなら、代表者の代表権は、法人の業務に関する一切の裁判上または裁判外の行為に及ぶ包括的なものであり（一般法人77条4項・会社349条4項等）、法人内部で特別の手続が必要とされていることは代表権の制限にほかならないからである。

代表権の制限について、第三者が悪意で、対抗することができる場合であっても、特別の手続が履践されて、適法に代表権を有するものと信じたときには、表見代理規定である110条が適用される（前掲最高裁昭和60年判決。→15事件）。

以上のような、代表者の行為の効果が法人に帰属するという法人の履行責任とは別に、第三者は、代表者の行為についての法人の責任規定（一般法人78条・会社350条等〔旧44条1項〕）により、法人に損害賠償を請求することも考えられる（なお、内田Ⅰ253頁以下・258頁以下参照）。ただし、本判決が判示するように、第三者が悪意または重過失のときはこの限りでない。

●代表権の濫用

代表権の濫用の場合、つまり、法人の代表者が自己または第三者の利益を図る目的で代表権の範囲内の行為をした場合においては、代表権が制限されているものではないから、代表権の濫用にあたる行為であっても、法人にその効果が帰属するのが原則である。ただし、相手方が代表者の目的を知り、または知ることができたとき（悪意または有過失のとき）は、当該行為は無権代理行為とみなされ（107条）、法人にその効果が帰属しない（113条1項）。

【参考文献】　本文中に引用したもののほかに、森泉章・百選Ⅰ3版26頁、道垣内弘人・百選Ⅰ4版70頁。

後藤元伸

12 権利能力のない社団の成立要件

最高裁昭和 39 年 10 月 15 日判決　民集 18 巻 8 号 1671 頁、判時 393 号 28 頁、判タ 169 号 117 頁　【33 条】

論点　権利能力のない社団の成立要件は何か

事実の要約

　Aは、昭和 21 年 7 月頃、社団法人B（外地引揚者の相互協力により、生活の維持安定および更生を図ることを目的として設立されたもの）の支部名義で、特に引揚者の更生に必要な各種の経済的行為をする目的のもとに、杉並区内に居住する引揚者によって結成された団体である。Aは、マーケットの設置と運営を主な事業とし、同マーケットに店舗を有する者はBと関係なくAの構成員であり、構成員の異動があったときはその承認をし、構成員の変更にかかわらず同一性を維持して存続していた。Aは、事務所を杉並区におき、正会員と特別会員をもって組織され、意思決定は総会の決議による、代表者として総会が過半数の議決をもって選任する支部長 1 名を置き、その他の役員として副支部長、理事等を置く旨の定めをしていた。これら会員、役員、内部における意思決定、外部に対する代表、その他の業務執行等に関する定めは、Bの定款と全く同じであった。

　Aは、昭和 21 年 9 月、本件土地をその所有者Cから賃借した。Aは、本件土地に南北 3 列の店舗を建築して会員にその店舗の小間を分与し、その敷地の使用を認め、会員から徴収した会費をもってCへの賃料の支払をしていた。

　Aは、マーケットの営業不振を打開するため改装計画を立て、昭和 25 年 3 月、総会の決議により、上記店舗の中間列の建物を撤去して通路を拡張し、東西両側の店舗のためその通路を使用すること、中間列の店舗所有者は店舗を収去して敷地を明け渡すこと、その店舗の時価相当額の補償を東西両側の店舗所有者の負担とすることを決定した。中間列建物の小間の分与を受け営業をしていたYは、当初これに協力的であったが、撤去する建物の評価額をめぐって対立が生じ、昭和 28 年 3 月、以後地代分担金をCに直接支払う、Aとは関係がない旨をAの代表者に通告した。

　昭和 29 年 1 月、Aは株式会社Xに改組し、Xが本件土地の賃借権を含むAの権利義務一切を承継した。Xは、この賃借権の譲渡につき、Cの相続人Dから承諾を得た。Xが、Dに代位して、Yに対し、その所有する建物を収去し、同建物の敷地を明け渡すことを請求した。

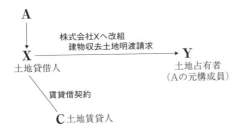

裁判の流れ

　1 審（東京地判昭 31・4・9 民集 18 巻 8 号 1685 頁）：請求棄却　2 審（東京高判昭 35・6・21 民集 18 巻 8 号 1694 頁）：請求認容

　1 審は、AはBと異なる独自の定款その他の根本規則を備えていたといえないため、権利帰属の主体たりえないとして、Xの請求を棄却した。これに対し 2 審は、「Aは、社団法人たるBとは別に、法人格こそ有しないが、社会生活上独立せる組織体として、その名で法律行為をし、かつ権利を取得し、義務を負担することができる」、その規約としてBの定款を準用していることも、AがBとその支部という名称を使用する関係にあったことを考慮すればこの認定を妨げるものではないとした上で、AC間で本件土地の賃貸借契約が締結されたこと、XはAからその賃借権を譲り受けたこと、YはAから脱退したと認められるため本件土地の使用権原を失ったことを認定し、Xの請求を認めた。

判旨

　〈上告棄却〉「法人格を有しない社団すなわち権利能力のない社団については、民訴 46 条〔現 29 条〕がこれについて規定するほか実定法上何ら明文がないけれども、権利能力のない社団というためには、団体としての組織をそなえ、そこには多数決の原則が行なわれ、構成員の変更にもかかわらず団体そのものが存続し、しかしてその組織によって代表の方法、総会の運営、財産の管理その他団体としての主要な点が確定しているものでなければならないのである。しかして、このような権利能力のない社団の資産は構成員に総有的に帰属する。そして権利能力のない社団は『権利能力のない』社団でありながら、その代表者によってその社団の名において構成員全体のため権利を取得し、義務を負担するのであるが、社団の名において行なわれるのは、一々すべての構成員の氏名を列挙することの煩を避けるために外ならない（従って登記の場合、権利者自体の名を登記することを要し、権利能力なき社団においては、その実質的権利者たる構成員全部の名を登記できない結果として、その代表者名義をもつて不動産登記簿に登記するよりほかに方法がないのである。）。」本件の「事実関係によれば、いわゆるAは、支部という名称を有し、その規約はBの定款と全く同旨のものであったが、しかし、それ自体の組織を有し、そこには多数決の原則が行なわれ構成員の変更に拘らず存続をつづけ、Bとは異なる独立の存在を有する権利能力のない社団としての実体をそなえていたものと認められるのである。従って、Cと右権利能力のない社団であるAの代表者との間で締結された本件土地賃貸借契約により、いわゆるAの構成員全体はAの名の下に本件土地の賃借

権を取得したものというべ」きである。

判例の法理

本判決より前に、ある団体を権利能力のない社団と認めた大審院判決（大判昭10・7・31法学5巻347頁）、最高裁判決（最判昭32・11・14民集11巻12号1943頁。→13事件）が存在した。もっとも、それらにおいては、どのような団体が権利能力のない社団と認められるかが明確には示されていなかった。この点、本判決は、団体が権利能力のない社団と認められるためには、①団体としての組織を備えていること、②多数決の原則が行われていること、③構成員の変更にもかかわらず団体そのものが存続すること、④その組織によって代表の方法、総会の運営、財産の管理その他団体としての主要な点が確定していることが必要であるとした。

本判決は、権利能力のない社団における権利帰属の在り方、構成員の権利、不動産登記名義についても述べているが、これらについては、次の**13事件**で取り上げる。

判例を読む

本判決は、権利能力のない社団の成立要件を明示した最初の最高裁判決である。その要件は、後の最高裁判決においても一貫して維持されている。すなわち、最判昭42・10・19民集21巻8号2078頁、最判平14・6・7民集56巻5号899頁は、本判決を引用して上記①～④を権利能力のない社団の成立要件とし、当該事案で問題となった団体が権利能力のない社団に当たるか否かを判断している（いずれも肯定）。最判平6・5・31民集48巻4号1065頁は、本判決を引用こそしていないが、ある入会団体について、上記①～④を充たす事実を挙げ、権利能力のない社団に当たるとしている。また、最判昭55・2・8民集34巻2号138頁は、沖縄独特の血縁団体である門中の1つについて、原審確定の事実に基づき、不文の規約として確立した慣行による代表機関と日常業務の執行機関が存在すること、構成員が毎年定期に集まり総意によって業務執行をする当番員を定めている点で多数決原則に従ったともみうる組織運営がされていること、構成員の範囲の確定が可能であること、祭祀およびこれに附随する事業を上記組織の下で継続していることなどを認定し、権利能力のない社団に該当すると認めている。その認定には微妙な点もあるが、むしろそのような認定をして当該門中が権利能力のない社団と認められたことにおいて、上記①～④が権利能力のない社団の成立要件とされていることが現れているということができる。

もっとも、判断の実質をみれば、これと異なる評価も可能である。

まず、上記①～④が充たされているともみうるのに、権利能力のない社団であることを否定し、民法上の組合とされた例がある。すなわち、最判昭36・7・31民集15巻7号1982頁、最判昭38・5・31民集17巻4号600頁および最判昭50・7・14金判472号2頁は、いずれも事業者の協同組合を、上記①～④は充たされていると十分評価しうるにもかかわらず民法上の組合であるとし、代表者名義でされた取引につき構成員の個人責任（675

条2項参照）を認めている。民法上の組合についても上記①～④が充たされることは珍しくないところ、上記諸判決で問題となった事業者団体では、構成員に対する剰余金の配当や脱退時の持分払戻しがされており、活動の実体は構成員の共同事業の域を出ないと考えられるものであった。そこで、上記諸判決は、上記①～④の要件について逐一判断することなく、当該団体を民法上の組合であるとして構成員の個人責任を認めたとみることができる。

次に、前掲昭和55年最高裁判決は、ある門中を権利能力のない社団であると認めたが、上述のとおり、その認定には微妙な点が少なからずある。同判決の調査官解説においても、同判決は（権利能力のない社団の成立要件である上記①～④を不十分な点はあるが充たすものと判断したとしつつ）、当該門中における資産の保有・管理処分の状況と過去および現在の活動の実質を考慮して、当該門中を権利能力のない社団に当たると認めたと評されている（岨野悌介・最判解民昭和55年度106頁）。

これと同じように、ある団体を権利能力のない社団と認めるにあたって、上記①～④の要件以外の事情を考慮したとみられる最高裁判決はほかにもある。たとえば、前掲最判平6・5・31は入会団体について、前掲最判平14・6・7は預託金会員制ゴルフクラブについて、権利能力のない社団に当たるとし、訴訟の当事者適格を有するとしている。ただ、訴訟における当事者適格は、最大判昭45・11・11民集24巻12号1854頁を踏襲して、「特定の訴訟物について、誰が当事者として訴訟を追行し、また、誰に対して本案判決をするのが紛争の解決のために必要で有意義であるかという観点から決せられるべき事柄である」（前掲最判平6・5・31、最判平26・2・27民集68巻2号192頁）とされており、民法上の組合であっても、代表者が存在すれば当事者適格が認められることがある（大判昭和10・5・28民集14巻1191頁、最判昭37・12・18民集16巻12号2422、前掲最大判昭45・11・11等）。また、前掲最判平14・6・7では、上記①～④の権利能力のない社団の成立要件の充足を示したうえで、さらに、諸々の事情から当該ゴルフクラブがゴルフ場運営会社や会員個人とは「別個の独立した存在としての社会的実体を有している」と認定し、当事者適格が肯定されている。

以上によると、判例は、一貫して、上記①～④を充たす団体を権利能力のない社団とし、その団体について組合と異なる効果を認めて法律関係を処理するという体裁をとっているものの、それは、争われている事項について権利能力のない社団に認められる効果を団体の実体からして肯定すべきか否定すべきかを判断した結果を正当化するためのものとみることが適当ではないかと思われる（河内・後掲27頁が述べる「判例を整理する2つの方法」中の第2の方法を参照）。

【参考文献】 本判決の解説として、宮田信夫・最判解民昭和39年度408頁、河内宏・判例講義民法Ⅰ25頁、山口敬介・百選Ⅰ16頁。

佐久間毅

13 権利能力のない社団の財産の帰属

最高裁昭和 32 年 11 月 14 日判決　民集 11 巻 12 号 1943 頁、判時 131 号 23 頁、判タ 78 号 49 頁

【33 条】

論点　権利能力のない社団において、財産は誰にどのように帰属するか

事実の要約

Xら 510 名は、労働組合Yの組合員であったが、Yを逐次脱退し、昭和 25 年 7 月 23 日、Yに 101 人の組合員を残して別個に労働組合を結成するに至った。X（選定当事者）は、これは通常の意味の脱退ではなく、いわゆる分裂の現象として取り扱うべき場合であり、権利能力のない社団であるYに対し脱退当時の組合財産の分割請求権を有するとし、同年 10 月 12 日、この請求権を保全するために、Yが銀行Aに対して有する預金債権の仮差押命令の申請をした。同月 14 日、その旨の仮差押決定がされた。Xはその認可を求め、Yはその取消しを求めた。

裁判の流れ

1 審（岡山地判昭 26・3・12 民集 11 巻 12 号 1949 頁）：仮差押決定取消、Xの仮差押申請却下　2 審（広島高岡山支判昭 26・12・28 民集 11 巻 12 号 1957 頁）：控訴棄却

2 審は、上記脱退の態様はある程度集団的脱退の様相を呈してはいるが、組合分裂と把握することは行き過ぎの観があり、組合分裂の結果としてXらに組合財産分割請求権が発生したことを前提とする仮差押決定には理由がないとした。

判旨

〈上告棄却〉Yは、「法人格なき組合であり、昭和 25 年 7 月 23 日当時及びその前後にわたり、その実体がいわゆる権利能力なき社団であつた」。「権利能力なき社団の財産は、実質的には社団を構成する総社員の所謂総有に属するものであるから、総社員の同意をもって、総有の廃止その他右財産の処分に関する定めのなされない限り、現社員及び元社員は、当然には、右財産に関し、共有の持分権又は分割請求権を有するものではないと解するのが相当である。（なお、法人格を有する労働組合については、労働組合法 12 条 2 項により、民法 72 条が準用せられ、組合解散の場合の残余財産の帰属については、民法 72 条 3 項の準用により、定款をもって帰属権利者を指定せず又はこれを指定する方法を定めなかったときは、主務官庁の許可を得、且つ総会の決議を経て、其の法人の目的に類似した目的の為に其の財産を処分するものとせられているところと比照し〔現在では、民法 72 条は廃止されており、労働組合法において解散時の残余財産の帰属については 13 条の 10 に規定されている。もっとも、同条は旧労組法 12 条 2 項が準用していた民法 72 条と実質的に同じ内容の規定である〕、本件のごとき法人格なき労働組合についても、たとえ、所論のような解散に準ずる分裂の場合であったとしても、その残余財産を脱退

した元組合員に帰属せしめることについては、すくなくとも分裂当時における総組合員の意思に基づくことが必要であって、これなくしては、脱退した元組合員が当然にその脱退当時の組合財産につき、共有の持分権又は分割請求権を有するものと解することはできない。）しかるに、本件においては、原審の事実摘示によれば、昭和 25 年 7 月 23 日当時又はその頃Yの組合員全員により組合財産の処分に関し何らの決議をしたことのないことは当事者間に争がないのであるから、組合員全員の同意をもってY財産の総有の廃止その他の処分のなされなかったことは明らかであって、従って、X外 510 名の各自が、所論のように、当然にY財産の上に共有の持分権又は分割請求権を有するものということはできない。」

判例の法理

本判決は、XらがYに対し脱退当時の組合財産の分割請求権を有することを前提とするXの請求を、Yは権利能力のない社団であり、その財産は構成員全員の総有に属するため、総有の廃止その他その財産の処分に関する定めがされない限り、構成員はその財産に共有の持分権または分割請求権を当然には有するものではないとして、退けた。

本判決は、権利能力のない社団の財産は構成員全員の総有に属するとした最初の最高裁判決である。

もっとも、Xは、（Xら 510 人の脱退を組合の分裂として取り扱うべきであることを理由にしてであるが）分割請求権を根拠としているところ、かりにYが権利能力のない社団でなく、民法上の組合であったとしても、組合員は、清算前に組合財産の分割を求めることができず（676 条 3 項〔本判決当時は 676 条 2 項〕）、脱退した場合に持分の払戻しを 681 条に従って受けられるだけである。したがって、本件の組合員の集団脱退がX主張のとおり実質的に組合の分裂であり、分裂の場合に組合財産は分裂後の各組合に分割されるならば格別（もっとも、本判決は、労働組合が法人となっている場合との比較においてこれを否定しており、その後の判例においてもその分割を認めるものはない）、そうでなければ、Yが権利能力のない社団であるか否かにかかわらず、Xらが組合財産の分割請求権を有すると認められることはない。

判例を読む

●社団の財産の総有的帰属

本判決は、「権利能力なき社団の財産は、実質的には社団を構成する総社員の所謂総有に属するものである」とする。ここにいう「総有」の場合、判例によれば、権

利能力のない社団は、「その代表者によってその社団の名において構成員全体のため権利を取得」し、たとえば社団の代表者が締結した賃貸借契約により、構成員全員が社団の名の下で土地賃借権を取得する（最判昭39・10・15民集18巻8号1671頁〔→ **12事件**〕）。構成員は、総有の廃止その他財産の処分に関する定めがされない限り、社団の財産に関し共有の持分権または分割請求権を有しない（本判決、最判昭49・9・30民集28巻6号1382頁）。

●**不動産登記名義**

権利能力のない社団の財産が構成員全員の総有に属することを前提として、特に問題とされてきたのが、不動産の登記を誰の名義ですることができるか、である。

権利者は構成員全員であるから、構成員全員の名義でされることが本来である。ただ、構成員が通常多数に上ること、構成員に変動があることを考えると、その登記は現実的でない。最も簡便であるのは社団名義で登記をすることであるが、これは実務上認められておらず、判例においても明確に否定されている（最判昭47・6・2民集26巻5号957頁。以下、「昭和47年判決」という）。権利を有するのは構成員全員であって、社団は権利主体となりうるものではないからである。その結果、誰か個人の名義で登記をするほかない。そこで、代表者個人（社団の構成員の1人であっても、そうでなくてもよい）の名義（昭和47年判決）または社団において規約等に定められた手続によって登記名義人とすることとされた構成員の名義（最判平6・5・31民集48巻4号1065頁。以下、「平成6年判決」という）で登記をすることができるとされている。

個人名義での登記が認められる理由について、昭和47年判決は、代表者名義とすることについて、「社団構成員の総有に属する不動産は、右構成員全員のために信託的に社団代表者個人の所有とされる」としている。しかしながら、不動産が信託的にせよ代表者個人の所有に属するとすることは、不動産以外の財産において問題なく認められている社団の財産は構成員全員の総有に属するということと相容れないこと、平成6年判決が不動産についても構成員全員の総有を前提として構成員の一部の名義とすることを認めたことから、現在では否定されているといってよいと思われる。平成6年判決によれば、登記名義人となる構成員は、規約等に定められた社団内の手続により登記名義人となること、「構成員全員のために」登記名義人となることから、構成員全員から委任を受けて登記名義人になると解することが素直である。代表者の個人名義での登記についても、同様に解することは妨げられないと思われる（森泉章・昭和47年度重判42頁、吉井・後掲627頁参照）。

代表者が登記名義人となる場合、社団の代表者である旨の肩書を付すことはできない（昭和47年判決）。そのような登記を許すことは、「実質において社団を権利者とする登記を許容することにほかならない」こと（同判決）、登記官に実質的審査権がないため架空名義の登記がされ、財産隠匿のために悪用されるおそれがあること

（吉井・後掲623頁）がその理由である。代表者でない構成員の名義で登記がされるときも、同じ理由が妥当するため、社団との関係を示す何らかの肩書を付すことは認められないと解される。

学説では、社団名義での登記を認めるべきであるとする見解、少なくとも肩書付きでの登記を認めるべきであるとする見解も有力に主張されてきた（河内・後掲29頁参照）。法人格の取得が可能な社団（財団）は法人格を取得して登記すべきであると説かれていたものの（吉井・後掲623頁）、かつては公益や営利（団体財産からの構成員への利益分配）も目的としない団体の中に法人格を取得することがおよそできないものが少なからずあったため、上記学説にも相応の説得力があった。しかしながら、現在では、一般社団・財団法人法のもと、目的を特段限定されることなく準則主義により法人の設立が可能になっており、必要であれば法人格を取得し、その法人の名義で登記をすべきであるとして差し支えないと思われる。

●**登記請求**

個人名義での登記の場合、名義人である代表者または構成員が任期満了、脱退、死亡等によりその地位を失ったときは、登記名義を別の個人（新たに代表者となった者、社団において新たに登記名義人と定められた構成員）に移転する必要があり、この移転の請求を誰がどのようにしてすることができるかが問題になる。これについては、変遷があり、理論構成はいまだ定かではないものの、結論としては、構成員全員が全員の共有名義への所有権移転登記手続を請求することができるほか（いずれも入会団体に関するものであるが、最判昭41・11・25民集20巻9号1921頁、最判昭57・7・1民集36巻6号891頁）、新代表者（昭和47年判決）または社団において新たに登記名義人と定められた構成員（平成6年判決）が自己の個人名義への所有権移転登記手続を請求すること、社団が新代表者または新たに登記名義人と定めた構成員の個人名義への所有権移転登記手続を請求すること（最判平26・2・27民集68巻2号192頁）ができる。異論もあるが（武藤・後掲114頁以下）、登記請求権は構成員全員に総有的に帰属しており、社団は、その請求権を自己の名で行使すること、代表者の選任またはある構成員を登記名義人と定めることにより、その者に登記名義人になることとともに（とくに除外しない限り）登記請求権の行使をゆだねることができるとされていると解される（青木・後掲38頁以下参照）。

【参考文献】　本判決の解説として、長谷部茂吉・最判解民昭和32年度253頁、河内宏・判例講義民法Ⅰ28頁。昭和47年判決について、吉井直昭・最判解民昭和47年度614頁参照、河内宏・判例講義民法Ⅰ29頁。前掲最判平26・2・27に関して、武藤貴明・最判解民平成26年度101頁、青木哲・金法2043号34頁、西内康人・平成26年度重判67頁。

佐久間毅

14 権利能力のない社団の債務についての構成員の責任

最高裁昭和 48 年 10 月 9 日判決　民集 27 巻 9 号 1129 頁、判時 722 号 57 頁、判タ 302 号 143 頁

【33 条】

論点　①権利能力のない社団において、債務は誰にどのように帰属するか
②社団の構成員は、その債務の履行について個人的責任を負うか

事実の要約

Aは、秋田県内の集団給食の栄養管理の向上、県民に対する栄養知識の普及、合理的な食品の消費の指導および食生活の改善を図ることを目的として、秋田県内の栄養士らによって設立された権利能力のない社団である。Aの常務理事Bは、Aの名において、X_1からラーメン等の食品を継続的に購入し、X_2からAの事業運営資金にあてるため金銭の貸付けを受けた。Aは不渡手形を出して事業活動を継続することができなくなり、Bも行方をくらませたため、X_1は上記売掛代金債権について、X_2は上記貸付金債権について、Aの構成員の一部であるYら 17 名に対し連帯して支払うことを請求した。

裁判の流れ

1 審（秋田地判昭 44・2・18 民集 27 巻 9 号 1139 頁）：請求棄却　2 審（仙台高秋田支判昭 45・7・22 民集 27 巻 9 号 1141 頁）：控訴棄却

2 審は、権利能力のない社団の財産はその構成員に総有的に帰属し、構成員の「責任の範囲は原則として社団財産の範囲に限定される」とする。「取引の安全、衡平ならびに取引当事者としての意思等の観点から」、特段の事情がある場合、例えば、定款等において構成員個人が責任を負担する旨が定められている場合のほか、構成員が主として当該社団から利益の配分を受けることを目的とするもの（以下、「営利社団」という）であるときは、「自ら社団を営利の手段としながらその損失の危険から免れしめるのは衡平の観念に反するから、構成員をして社団の債務を支払わしめる余地はあろうと思われるが、かかる特段の事情が存しない場合には、社団の名において直接第三者と取引をした者以外の構成員にとって、自己の個人財産を提供までして社団の債務を負担しなければならないということは全く予期せず、他方社団と取引行為をする相手方にしてみても、社団の構成員個人に着目することなく、社団自体ないしは直接の行為者を対象として取引することが常態であると認められるから、かかる取引に基づく社団の債権者としては、社団の資産の範囲において弁済を受け、場合によっては直接の行為者個人の責任を追及すれば足り」るとし、特段の事情が存在しない本件では「YらはX₁らに対してその個人的財産をもって右債務を履行すべき義務がない」とした。

判　旨

〈上告棄却〉「権利能力なき社団の代表者が社団の名においてした取引上の債務は、その社団の構成員全員に、一個の義務として総有的に帰属するとともに、社団の総有財産だけがその責任財産となり、構成員各自は、取引の相手方に対し、直接には個人的債務ないし責任を負わないと解するのが、相当である。」「Aが権利能力なき社団としての実体を有し、Yらはいずれもその構成員であること、Aの代表者であるBがAの名においてX₁らと取引をし、X₁らが本訴で請求する各債権は右取引上の債権であることは、原判決…が適法に確定するところである。右事実のもとにおいて、Yらが、X₁らの本訴各請求債権について、X₁らに対し直接の義務を有するものでないことは、叙上の説示に照らし、明らかであるといわなければならない。」

判例の法理

本判決より前に、最判昭 39・10・15 民集 18 巻 8 号 1671 頁（→ **12 事件**）が、権利能力のない社団においては、その代表者が社団の名においてした行為によって構成員全員のため権利を取得し、義務を負担し、そのようにして取得された財産は構成員全員に総有的に帰属するとしていた。本判決は、債務も構成員全員に総有的に帰属するとした。これにより、社団の財産（構成員全員に総有的に帰属する財産）がその債務（以下、「社団の債務」という）についての引当てとなり、債権者は、民訴 29 条により社団を相手方として訴訟を提起すること、社団に対する債務名義により社団の財産に強制執行をすることができることになる。

そのうえで、特に社団の財産が十分でない場合などに、社団の構成員が（自ら保証等をした場合は別として、社団の債務について当然に）個人として債務または責任を負うかが問題になるところ、本判決はこれを否定した。

Yは、現在は廃止された民法上の社団法人となることを目指していたものの、結局、法人設立に至らなかったものである。かりに現在、一般社団法人の設立を目指して活動中の団体の債務が生じた場合において、その後に一般法人が成立しなかったときは、団体の構成員のうち設立時社員に当たる者は、連帯して、一般社団法人の設立に関してした行為について責任負う（一般法人法 26 条）。ただし、本件のYの債務は、2 審において「社団の設立に関係ない取引行為から生じた債務である」とされており（民集 27 巻 9 号 1146 頁）、そうであるならば、現行法のもとでも結論は変わらないことになる。

判例を読む

●社団の債務についての構成員の責任

民法上の組合の場合、組合の債権者は、組合財産についてその権利を行使することができる（675 条 1 項）ほか、

組合員個人に対しても権利を行使することができる（同条2項）。これに対し、本判決は、権利能力のない社団の場合、社団の債権者は、社団財産についてその権利を行使することはできるが、構成員個人に対して権利を行使することはできないとした。その基礎には、権利能力のない社団の場合、構成員の個性（誰が構成員であるか）が問題とされず、構成員は社団の財産について持分をもたず管理処分の権限もないという実体があること、そのような場合には、構成員は個人責任を予期せず、取引の相手方は構成員個人に対する請求を想定していないのが通常であり、債務の引当てが社団の財産に限定されることを覚悟すべきであること、相手方は個人財産をあてにする必要があるならば、その者に（物上）保証等をさせることで足りること、といった考え方があると思われる（東條・後掲41頁以下）。

この点に関し、2審は、営利社団の場合には構成員の個人責任が認められる余地があるとしている。これは、権利能力のない社団を営利社団とそうでないものとに分け、後者について構成員の個人責任を否定する当時の有力学説（星野英一「いわゆる『権利能力なき社団』について」法協84巻9号1171頁）を意識したものと思われる。それに対し、本判決は、目的による区別をしていない。Yは営利社団ではないため、結論に影響がないことから区別に言及しなかった可能性を否定することはできないものの、判例は、他の問題も含めて、権利能力のない社団である場合には当然に一定の効果が認められるとの態度を一貫してとっていることから、上記有力学説の立場に与するものではないと考えられる。

もっとも、このことは、団体の債務についての構成員の個人責任の有無につき、構成員が団体の財産から利益分配を受けるか否か等の事情は無関係であるということを意味しない。判例において、権利能力のない社団であるとの認定は、権利能力のない社団の場合に生じる効果を認めるためにされており、その効果を認めるべきでない場合にはされていないと解されるからである（森泉・後掲3頁以下、横山・後掲21頁以下。なお、権利能力のない財団に当たるかどうかの認定について、権利能力のない財団が成立する場合には債権者に対し財団の財産のみが責任を負い、代表者等の個人は責任を負わないことになるため、債権者の保護を慎重に考慮しなければならないことから、権利能力のない財団の成立要件が充足されるかどうかの認定に慎重な態度が要求されるとの指摘がある〔千種・後掲836頁〕）。たとえば、権利能力のない社団の成立要件（団体としての組織をそなえ、多数決の原則が行なわれ、構成員の変更にかかわらず団体が存続し、その組織において代表の方法、総会の運営、財産の管理等団体としての主要な点が確定していること）を充たしているともいえるにもかかわらず、当該の団体を民法上の組合であるとし、代表者名義でされた取引につき構成員の個人責任を認めた最高裁判決がある（本書17頁参照）。これは、そこで問題となった団体が事業者の団体であり、構成員に対する剰余金の配当や脱退時の持分払戻しがされ、活動の実体が構成員の共同

事業の域を出ない（その意味で、構成員の個性が意味をもつ）と考えられるものであったことによると思われる。そのような場合、団体の財産は構成員個人の財産から十分に独立性があるものとはいえず、また、団体の組織も構成員の個人的利益または共同の利益から独立した目的を追求するためのものと評価することができないために、構成員の個性が意味をもたないからこそ認められるべき構成員の個人責任の否定という、権利能力のない社団であれば認められる効果を認めるべきでないことから、民法上の組合であるとされたとみることができる。それに対し、本件のYのように、構成員に対する利益分配を予定せず、構成員の個人的利益または共同の利益とは異なる目的のために財産の管理処分がされ、組織が運営されているときは、その団体は構成員の個性が意味をもたない独立した実体を有するものと認められ、したがって、実質的に構成員から独立した権利義務関係を認めることが適当である。そこで、その団体は権利能力のない社団であるとされ、実質的に団体が権利主体であるのと同様の法律関係が認められていると解される。

● 社団を代表して行為をした者の責任

社団の債務について、構成員は個人責任を負わないとしても、社団を代表してその債務の発生原因となる行為をした者（以下、「代表者」という）の責任はどうか。本判決の2審は、その責任の可能性を認めている。これに対し、権利能力のない財団について、代表者は、代表者として行為をしたことを理由に個人として責任を負わないとするのが判例である（最判昭44・11・4民集23巻11号1951頁）。当該の財団が「個人財産から分離独立した基本財産を有し、かつ、その運営のための組織を有していたものといえるのであるから、いわゆる権利能力なき財団として、社会生活において独立した実体を有していた」ということができ、その場合には、債権者は財団の財産のみをあてにしていることが通常と考えられること、保証または物上保証等の代表者個人に債務または責任を負わせる方法もあることが、その理由と考えられる。社団の場合も、構成員の個人財産から分離独立した財産があり、構成員の個人的利益や共同の利益の実現を図ろうとするものではなく、運営のための組織を有しているという実体があると認められるときは、債権者は社団の財産のみが引当てになると通常考えており、代表者に債務または責任を負わせる方法もある。したがって、権利能力のない社団の代表者も、代表者として行為をしたことを理由に個人として責任を負うことはないと考えられる（河内宏・百選Ⅰ5版補正版31頁）。

【参考文献】 本判決の解説として、東條敬・最判解民昭和48年度38頁、森泉章・金判435号2頁、横山長・金法721号18頁、河内宏・判例講義民法Ⅰ30頁、西内康人・百選Ⅰ18頁。前掲最判昭44・11・4の解説として、千種秀夫・最判解民昭和44年度827頁、河内宏・判例講義民法Ⅰ31頁。

佐久間毅

15 法人格の否認

最高裁昭和44年2月27日判決　民集23巻2号511頁、判時551号80頁、判タ233号80頁　【33条】

論点 法人とその構成員の別人格性が否定される場合とその効果

事実の要約

　Xが、Yを賃借人として本件店舗を賃貸した。YはAがその経営する電気屋の税金軽減の目的で設立した株式会社であり、Aが代表取締役となり、実質はAの個人企業にほかならないものだった。Xは、「電気屋のA」に賃貸したと考えていた。Xが期間満了による本件店舗の明渡しを請求した際、Aは、必ず明け渡す旨の個人名義の書面をXに差し入れた。Aがその明渡しをしなかったため、XはAを被告として明渡請求訴訟を提起し、XとAの間に、Aが所定の期日までに明渡しをすべき旨の裁判上の和解が成立した。ところがその後、Aが本件店舗の賃借人はYであるとして明渡しを拒んだ。Xが、本件店舗の明渡しをYに請求した。

裁判の流れ

　1審（東京地判昭43・1・19民集23巻2号517頁）：請求認容　2審（東京高判昭43・6・3民集23巻2号523頁）：控訴棄却

　1審・2審とも、上記和解により、Aはもとより、Yも代表取締役Aを通じて本件店舗の明渡しをXに約したと認められるとし、Xの請求を認容した。

判旨

　〈上告棄却〉「法人格の付与は社会的に存在する団体についてその価値を評価してなされる立法政策によるものであって、これを権利主体として表現せしめるに値すると認めるときに、法的技術に基づいて行なわれる」。「従って、法人格が全くの形骸にすぎない場合、またはそれが法律の適用を回避するために濫用されるが如き場合においては、法人格を認めることは、法人格なるものの本来の目的に照らして許すべからざるものというべきであり、法人格を否認すべきことが要請される場合を生じる」。「会社という法的形態の背後に存在する実体たる個人に迫る必要を生じるときは、会社名義でなされた取引であっても、相手方は会社という法人格を否認して恰も法人格のないと同様、その取引をば背後者たる個人の行為であると認めて、その責任を追求することを得」、「個人名義でなされた行為であっても、相手方は…その行為を会社の行為であると認め得る」。Yは株式会社の形態をとるが、実態はA個人にほかならないため、「XはA個人に対して右店舗の賃料を請求し得、また、その明渡請求の訴訟を提起し得るのであって（もっとも、訴訟法上の既判力については別個の考察を要し、Aが店舗を明渡すべき旨の判決を受けたとしても、その判決の効力はYには及ばない）、XとAとの間に成立した前示裁判上の和解は、

A個人名義にてなされたにせよ、その行為はYの行為と解し得る」。

判例の法理

　法人とその構成員や関連法人は別個の法主体であり、法人に対する権利を構成員等に対して行使すること、構成員等に対する権利を法人に対して行使することはできない。ところが、そのような扱いが不当と認められる場合がある。その場合に、法人と構成員等を同一視して法律関係を処理することを、法人格否認の法理という。本判決によれば、この法理は、法人格が全くの形骸にすぎない場合と、法律の適用を回避するために法人格が濫用される場合に適用される。前者の例に、本判決のほか、最判昭47・3・9判時663号88頁がある。後者の例に、最判昭48・10・26民集27巻9号1240頁がある。

判例を読む

　法人格否認の法理により、法人との契約の効果が構成員等に及び、構成員等との契約の効果が法人に及ぶなど、法人とその構成員等が別個の法主体であることが問題の処理に必要な限りで否定される。もっとも、既判力（本判決）および執行力（最判昭53・9・14判時906号88頁。旧会社の債務の支払を免れる目的でされた新会社の設立が法人格の濫用とされる場合でも、旧会社に対する債務名義による新会社の財産への強制執行はできない）の拡張は認められない。「権利関係の公権的な確定及びその迅速確実な実現を図るために手続の明確、安定を重んずる」必要があるという訴訟手続・強制執行手続の性格による。これに対し、第三者異議の訴えは、「債務名義の執行力が原告に及ばないこと」ではなく、「強制執行の目的物について原告が所有権…を有するなど」実体法上執行の排除を求めうる地位にあることを異議事由とするため、法人格否認の法理の適用がある（最判平17・7・15民集59巻6号1742頁）。

　法人格否認の法理は、もっぱら会社について問題とされてきたが、準則主義により容易に設立でき、実質的に1人の者が運営し、その者と法人の財産が混同状態にされることもある一般法人が適用の対象になることも考えられる。

【参考文献】 本判決の解説として、野田宏・最判解民昭和44年度427頁、後藤元・会社法判例百選4版10頁。

佐久間毅

16 海面下の土地

最高裁昭和 61 年 12 月 16 日判決　民集 40 巻 7 号 1236 頁、判時 1221 号 3 頁、判タ 629 号 100 頁

【85 条、86 条 1 項】

論点　海は、所有権の客体たる土地に当たるか

事実の要約

干潮時に地表を海水上に表わすが、満潮時には水没する干潟である本件係争地につき、以下の事情があった。

Aが、江戸幕府から新田開発許可を受け、開発に失敗したものの明治 7 年に地券の下付を受けた。その後、地目を池沼として表題登記がされ、転々譲渡を経てXらの共有の登記がされた。また、昭和 38 年まで課税処分もされていた。埋立てを計画したB県の要請に応じて共有者の一部が滅失登記の申請をし、昭和 44 年、登記官Yらが、日付および原因を「年月日不詳海没」とする滅失登記処分をした。Xらが同処分の取消しをYらに請求した。

裁判の流れ

1 審（名古屋地判昭 51・4・28 判時 816 号 3 頁）：請求認容　2 審（名古屋高判昭 55・8・29 判時 977 号 15 頁）：控訴棄却

2 審は、事実的支配が可能で経済的価値を有する地表面であることを所有権の客体たる土地の要件とし、海水下の地盤も要件を充足すれば土地と認められるところ、本件係争地はその要件を充足し、Xらはその共有者と認められるとした。

判旨

〈破棄自判〉「所有権の客体となる物は、人が社会生活において独占的・排他的に支配し利用できるものであることを要する。」「海は、社会通念上、海水の表面が最高高潮面に達した時の水際線をもって陸地から区別されている。そして、海は、…公共用物であって、国の直接の公法的支配管理に服し、特定人による排他的支配の許されないものであるから、そのままの状態においては、所有権の客体たる土地に当たらない」。もっとも、「人の支配の及ばない深海を除き」、「国が行政行為などによって一定範囲を区画し、他の海面から区別してこれに対する排他的支配を可能にした上で、その公用を廃止して私人の所有に帰属させる」「措置をとった場合の当該区画部分は所有権の客体たる土地に当たる」。現行法に制度は存在しないが、過去に「国が海の一定範囲を区画してこれを私人の所有に帰属させたことがあったとしたならば、…当該区画部分は今日でも所有権の客体たる土地としての性格を保持している」。また、私有の陸地が自然現象により海没した場合、その「所有権が当然に消滅する旨の立法は現行法上存しないから、当該海没地は、人による支配利用が可能でありかつ他の海面と区別しての認識が可能である限り、所有権の客体たる土地としての

性格を失わない」。本件係争地は、海であり、海没地ではなく、国が過去に私人の所有に帰属させたこともないから、所有権の客体たる土地ではない。また、それゆえに、Xらがこれを時効取得することもない。

判例の法理

所有者は、物を自由に使用・収益・処分する権利を有し（206 条）、これに対する妨害を排除することができる。したがって所有権は物の排他的支配を内容とするため、その客体となる物は、排他的支配が可能で、かつ、その支配が許されるものである必要がある。本判決はこの前提に立ち、海は、排他的支配が可能な場合でも、公共用物として私人の排他的支配が許されないので所有権の客体たる土地に当たらないとする。そうすると、海も、排他的支配が可能な場合に、何らかの事情により公共用物とされず私人の排他的支配が許されるときは、所有権の客体たる土地となりうる。その例として、本判決は、国が（現行法に制度はないものの）その支配を認めたとき、自然現象による海没地につき排他的支配可能性が失われていないときを挙げている。

判例を読む

海が所有権の客体でない場合、埋立てにより出現した陸地に土地所有権は成立するか。埋立免許（公有水面法 2 条 1 項）を得た者は、工事を完了して竣功認可を受け、その告示がされたときは、その埋立地の所有権を取得する（同法 22 条、24 条 1 項）。それに対し、無免許の埋立てや竣功認可がない場合には、埋立てのために投入された土砂は、海が所有権の客体でないため海底地盤に付合せず独立の動産であり、公有海面上の妨害物として原状回復（除去）義務の対象となる（最判昭 57・6・17 民集 36 巻 5 号 824 頁参照）。もっとも、そのような埋立地も、公共用財産としての形態・機能が完全に失われ、公共用財産として維持すべき理由がなくなったときは、原状回復義務が消滅し、陸地としての存続が確定するため、所有権の客体たる土地になる。この土地は、所有者がなく国庫に帰属するが（239 条 2 項）、黙示的に公用が廃止されているので取得時効の対象になる（最判平 17・12・16 民集 59 巻 10 号 2931 頁）。

【参考文献】　本判決の解説として、青柳馨・最判解民昭和 61 年度 473 頁、鎌田薫・判例講義民法 I 32 頁、前田陽一・不動産取引判例百選（第 3 版）4 頁。

佐久間毅

17 建築中の建物が独立の不動産になる時期

大審院昭和 10 年 10 月 1 日判決　民集 14 巻 1671 頁

【86 条 1 項、不登規則 111 条】

 論点　建築中の建物（居住用建物）は、いつから土地と別個の独立の不動産になるか

事実の要約

昭和 5 年 9 月 29 日、Aが、建築中の居住用建物（屋根瓦を葺き荒壁を塗り終わり、床と天井は張られていない状態のもの）をXに譲渡した。Xは、工事を続行し、同年 11 月に本件建物を完成させた。ところが、YがAに対する債務名義に基づき本件建物の強制競売を申し立て、昭和 6 年 9 月 4 日、競売開始決定に基づきA名義で所有権保存登記がされた。同月 9 日、本件建物につきX名義での所有権保存登記もされたが、翌年 3 月 1 日、Yが上記競売手続において本件建物を競落した。Xは、不動産となる前の建築中建物をAから取得し、工事を続行して本件建物を原始取得したから 177 条は適用されず、Yは上記競落により本件建物の所有権を取得していないとして、本件建物のXの所有権の確認をYに請求した。

裁判の流れ

1 審（福知山区判年月日不詳民集 14 巻 1678 頁）：請求棄却　2 審（京都地判年月日不詳民集 14 巻 1681 頁）：請求認容　大審院：破棄差戻

2 審は、Xが取得した当時の状態では建築中建物は不動産になっていない、Xは本件建物を原始取得したとして、Xの請求を認容した。

判旨

〈破棄差戻〉「凡そ建物は其の使用の目的に応じて構造を異にするものにして、之を新築する場合には、建物が其の目的とする使用に適当なる構成部分を具備する程度に達せざる限り未だ完成したる建物と称する能はずと雖、建物として不動産登記法に依り登記を為すを得るに至るときは、当該有体物は已に動産の領域を脱して不動産の部類に入りたりと云はざるべからず。而して如上登記を為すを得るには、右に所謂完成したる建物の存在を必要とせず、工事中の建物と雖、已に屋根及周壁を有し土地に定著せる一個の建造物として存在するに至るを以て足れりとし、床及天井の如きは未だ之を具へざるも可なり。蓋此等は本件に於けるが如き住宅用建物の完成に役立つものに外ならざればなり。」

判例の法理

建築中の建物は、ある時まで（土地に付合せず）土地と別個の動産とされ、ある時以降、独立の不動産となる。では、そのある時とはいつか。建築中の建物が不動産か動産かにより、不動産登記の対象になるか否か、譲渡の対抗要件（不動産登記か引渡しか）、即時取得の可否、その物につき成立し得る権利（質権の場合に動産質か不動産

質か、抵当権の設定の可否等）、建築者が途中で代わった場合に 246 条 2 項が適用されるか（不動産になる前の交代〔最判昭 54・1・25 民集 33 巻 1 号 26 頁参照〕）、242 条が適用されるか（不動産になった時以後の交代）等、様々な点で違いがあることから問題になる。

本判決は、①不動産登記法による登記をすることができるに至ったときは不動産となる、その登記のために②建物の完成（その用途に適した構成部分を具備する程度に達すること）を要せず、③居住用建物については屋根および周壁を有し、土地に定着した 1 個の建造物として存在するに至っていることで足りる、床および天井をまだ備えていなくてもよいとした。なお、本判決より前に、木材を組み立てて屋根を張っただけの状態にある場合（大判大 15・2・22 民集 5 巻 99 頁）、瓦葺きの下地となる薄板は張られたが荒壁が設けられたか判然としない状態である場合（大判昭 8・3・24 民集 12 巻 490 頁）に、未だ不動産と認められないとする判例があった。

判例を読む

不登規則 111 条は、建物として登記がされるためには、「屋根及び周壁又はこれらに類するものを有し、土地に定着した建造物であって、その目的とする用途に供し得る状態にあるものでなければならない」とする。これによると、不動産となるための要件は用途により異なり、居住用建物については居住に供し得る状態にあることを要し、現代では、床と天井を備え、電気・水道・ガス等が引き込まれていることも必要となる。同条を上記判例と同旨とする見解（安永正昭・不動産取引判例百選 3 版 9 頁）、判例の趣旨から同条の用途は緩やかに解されうるとする見解（田高・後掲 23 頁）があるものの、本判決の上記①は維持されているが、不動産と認められるためには上記②にいう完成が必要であり、上記③の状態では不動産と認めるに足りないとみるのが素直と思われる。

また、建築中の建物が不動産となる時期は適用が問題となる法条の趣旨により異なりうるとの見解もあるが（我妻栄・法協 45 巻 2 号 386 頁）、不動産と動産の区別は所有権の客体の確定に関わり物権秩序の基礎をなすものであることから、疑問である。

【参考文献】　本判決の解説として、有泉亨・法協 54 巻 2 号 397 頁、田高寛貴・百選 I 22 頁。

佐久間毅

18 動機の不法

大審院昭和13年3月30日判決　民集17巻578頁

論点　不法な動機をもって行われた法律行為は、公序良俗違反により無効になるか

事実の要約

大正13、4年ごろ、YはXから金657円を利息および弁済期の定めなく借り受けた。この金員は、Yが賭博で負けたために負担した債務の弁済に充てるため借り受けたものであり、Xもそのことを了承のうえでYに貸与した。その後、XからYに貸金の返還を請求した。

裁判の流れ

1審（東京区判 年月日不詳）：Xの請求認容　2審（東京民地判 年月日不詳）：原判決取消　Xの請求棄却　最高裁：Xの上告棄却

2審は、Yが金員を「賭博の用に供する目的」で借り受ける旨を表示し、Xもまたこれを了承の上であえて貸与したことをうかがい知ることができるとして、この消費貸借は公序良俗に違背する事項を目的とする法律行為たるに帰着し無効であるとして、Xを敗訴させた。これに対してXが上告、上告理由は、XはYに賭博の資金として金を貸したわけではなく、賭博による債務の弁済に充てるために金を貸したのであるから、「賭博の用に供する目的」とはいえないというものである。

判　旨

〈上告棄却〉「借主をして賭博後の弁済の資に供せんが為め消費貸借契約を締結するは借主が賭博を為さんが為めに消費貸借を締結する場合と異なり毫も公序良俗に違反せざるが如き外観なきに非ずと雖も之を子細に考察するときは賭博後の弁済の資に供する為め貸金を為すことは之により借主をして賭博を為すことを容易ならしめ将来も亦其の資金の融通を受け得べきことを信頼して賭博を反復せしむるが如き弊を生ずるの虞なしと謂うを得ざるを以て其の借入が賭博行為の前なると後なるとを問わずいずれも之を以て公序良俗違反の法律行為として無効なるものと謂わざるを得ず。」

判例の法理

●動機の不法

本判決は、賭博により負った債務の弁済資金として金員を借りた借主と、そのことを知って金員を貸した貸主との間の消費貸借を、公序良俗に反する法律行為として無効とした。本判決の前提にあるのは、一見すると単なる金銭消費貸借に過ぎなくても、その金銭の使途（消費貸借の動機）が不法なことを契約両当事者が知っているような場合には、公序良俗違反により無効となるという考え方である。つまり、法律行為の内容だけではなく、その動機が不法な法律行為も、場合により公序良俗違反として無効になるという考え方が、本判決の前提となる判例法理といえる。

判例を読む

●学説

公序良俗違反の法律行為を無効とする民法90条について、通説は一貫して、法律行為の内容が不法な場合に限らず、法律行為をした動機が不法な場合であっても適用されると解してきた。民法90条は法律行為の社会的妥当性を評価する条文とされており、法律行為の社会的価値を判断するためには、動機を考慮する必要があるというのがその理由とされている（我妻・講義Ⅰ 284頁）。

もっとも、動機は表意者の内心にとどまるのが通常であり、意思表示の相手方からは関知し得ない。そのため、動機が不法な法律行為を全て公序良俗違反として無効にしてしまうと、取引の安全が害される。そこで学説は、動機の不法が考慮されるための要件をさまざまに提案している。有力説を挙げると、①動機が表示され法律行為の内容となった場合に表示された限りにおいて動機を考慮すべきだとする説（我妻・講義Ⅰ 285頁）、②相手方が不法性を認識していない場合には、公序良俗違反に反する取引を無効とする要請と（不法性の程度）、相手方の信頼保護や取引の安全といった要請との衡量により判断するべきだとする説（最近では、佐久間・民法の基礎Ⅰ 193頁など）、③動機の不法性が大きくても一方当事者の不法な動機を相手方が知らない場合は契約を無効とするべきではないが、契約を履行する前に相手方がこれを認識した場合には、履行時点での不法性の程度の判断によって履行請求を認めるか否かを判断する説（四宮＝能見・総則313頁）などがある。

●本判決の意義

本判決が直接に問題にしているのは、借主が賭博の資金を借りようとしている場合だけでなく、賭博により負った債務を弁済する資金を借りようとしている場合でも、貸主がそれを了承して貸付けをすれば、不法な動機による金銭消費貸借として無効となるという点である。この点で本判決は、単なる事例判決にすぎないが、本判決がそのように解した理由として、賭博後の弁済資金を貸し付けることは、借主が賭博をすることを容易にし、将来も賭博を繰り返す弊害が生じるおそれを指摘している点が興味深い。どうしてその法律行為の有効性を認めることが社会的に妥当でないといえるのか、仮に有効と認めた場合の社会的な悪影響を具体的に語っている。

【参考文献】　川角由和・百選Ⅰ6版32頁、幾代通・百選Ⅰ2版32頁。

山下純司

19 暴利行為

大審院昭和 9 年 5 月 1 日判決　民集 13 巻 875 頁

論点　暴利行為の要件

事実の要約

貸金業者 X は、1932（昭和 7）年 1 月 27 日 Y に対し金 500 円を無利息で、弁済期 1932 年 3 月 25 日の約定で貸し付けた。ただし、2 審の認定によると、X は上記の貸付金から手数料や利息、印紙代等の名目で金 87 円余を天引きしており、Y が現実に受け取ったのは 412 円余に過ぎなかった。さらに X は、この貸付けの担保として、Y の加入する保険金額 2000 円の生命保険の保険証券を Y から受け取り、Y との特約により、Y が弁済期に貸付金 500 円の弁済をしない場合は X は Y の交付した委任状により直接保険会社に対して保険契約を解約したうえで保険会社から解約返戻金を受け取ることができるものとすること、この解約返戻金が前記の貸付金に比して過不足を生ずることがあっても、Y は X に対して不足金を支払わなくてよいが、剰余金の請求もしないことを合意した（以下、本件特約という）。

Y は弁済期に至っても貸付金の支払をできなかったが、その後、保険会社から保険証券の再交付を受けてこれを担保に融資を受けて金 500 円を X に弁済した。しかし X は、Y は本件特約に基づく義務を履行していないとして、本件特約に基づき保険契約を解除した場合に得られる解約返戻金の額から X の弁済した 500 円を控除した差額を損害賠償として請求した。

なお、上記の生命保険は、1920（大正 9）年 11 月 30 日から 1932 年（昭和 7）年 11 月 30 日まで 12 年間の保険料を払込済みであり、その解約返戻金が 980 円になるため、X が Y に請求した損害額は 480 円にのぼる。

裁判の流れ

1 審（岡山区裁 年月日不詳）：請求棄却　2 審（岡山地裁 年月日不詳）：控訴棄却　最高裁：上告棄却

1 審から最高裁まで、いずれも X の請求を棄却する判断をした。その理由もほぼ最高裁判決と同じであるため、ここでは省略する。

判　旨

〈上告棄却〉「他人の窮迫軽率若は無経験を利用し著しく過当なる利益の獲得を目的とする法律行為は善良の風俗に反する事項を目的とするものにして無効なりと謂わざるべからず。然らば本件担保の目的たる保険契約に基く解約返戻金が金 980 円余を算することを業務上知悉せる X は農を業とする Y の此の点に関する無知と窮迫に乗じ貸金の倍額にも等しき返戻金あることを秘し特に短期間の弁済期を定め前記の如く貸金し Y に於てその返還を為さざるときは右返戻金が貸金に比し過不足を生ずるも Y は X に不足金を支払わざると共に剰余金の支払を請求せざる旨の特約を為さしめたるものなること明なるを以て斯の如き特約は民法第 90 条により無効なるものと断ずるを相当とす」

判例の法理

他人の窮迫、軽率もしくは無経験を利用し、いちじるしく過当な利益の獲得を目的とする法律行為は、公序良俗に反する法律行為として民法 90 条により無効となる。

判旨を読む

●暴利行為の要件

暴利行為は、民法 90 条の公序良俗違反の類型としてはやや特殊な位置づけであり、その要件がある程度まで具体化されている。本判決でも示されているように、①他人の窮迫、軽率（無思慮）、無経験等を利用することで、②著しく過大な利益の獲得を目的とすることであり、①は取引態様の不公正さを、②は取引内容の不公正さを問題としている。

①の取引態様の不公正さとは、契約当事者の一方が他方の弱みにつけこんだり、一方が他方よりも優位な状況を濫用したりといった不公正な方法により、自己に有利な契約を締結しようとする行為を捉えようとするものである。これに対して②の取引内容の不公正さとは、通常の取引では有償契約における双方の給付の客観的価値はある程度均衡が取れているはずのところ、いちじるしい対価不均衡の状況が発生していることを捉えようとするものといえる。

●譲渡担保の判例法理との関係

本判決の事案は、保険の解約返戻金債権を Y が X に担保目的で債権譲渡したものであり、いわゆる債権譲渡担保が設定されたものと解される。現在の判例法理によれば、譲渡担保権者である X は、被担保債権額の 500 円を超える部分（480 円）については、設定者 Y に清算金として支払う義務があり、これに反する特約は無効と解される。したがって現代であれば、X の請求は暴利行為を問題とするまでもなく認められないだろう。

最高裁判決でも、貸主が借主の窮迫に乗じ短期間の弁済期を定めて 5000 円を貸し付け、借主が期限に弁済しないときは 3 万円近い価額の不動産を代物弁済とする約束について、公序良俗違反としたものがあるが（最判昭和 27・11・20 民集 6 巻 10 号 1015 頁）、こちらも現在では、不動産譲渡担保の実行時の清算義務の問題として扱われることになろう。

【参考文献】　武田直大・百選 I 30 頁。このほか、公序良俗に関する代表的な研究書としては大村敦志『公序良俗と契約正義』（有斐閣、1995）、山本敬三『公序良俗論の再構成』（有斐閣、2000）があり、両教授の民法総則の教科書その他の文献も参考にするとよい。

山下純司

20 良俗違反

最高裁昭和 61 年 11 月 20 日判決　民集 40 巻 7 号 1167 頁、判時 1216 号 25 頁、判タ 624 号 89 頁

【90 条】

論点　不倫相手に対する遺贈は公序良俗に反し無効となるか

事実の要約

Y は、昭和 41 年春頃、大学教授だった亡 A と知人の紹介で知り合い、昭和 42 年頃から交際を始め、昭和 44 年 9 月頃からは、亡 A が所有していたマンションの一室で同棲を始めた。亡 A は、昭和 22 年 7 月 1 日に X₁ と婚姻していたが、昭和 40 年頃から亡 A と X₁ は別居状態にあった。昭和 43 年頃には、X₁ は亡 A と Y の交際を知っていた。

亡 A と Y の交際は、亡 A が死亡する昭和 50 年 10 月頃まで続いたが、この間に、亡 A と Y の間には喧嘩や別れ話なども時々あった。とくに昭和 45 年 10 月頃から昭和 46 年 1 月初め頃までの間に両者の間に別れ話が持ち上がった際は、しばらく両者の交際は止んでいる。しかし、その後まもなく亡 A と Y の交際は復活し、その後も両者は同居したり、別居して互いの住居を来訪したりと、半同棲の生活を続けていた。亡 A と Y との関係の継続は X₁ X₂（亡 A と X₁ の子）らも知っており、亡 A は Y を旅行や知人との食事に同伴するなど、その関係はなかば公然なものであった。

昭和 49 年 8 月 21 日、亡 A は、当時の Y の住居に来訪した際に、近くにあったノートを切り取って自筆の遺言書を作成し、将来安心して生活できるだろうなどと述べながら Y にそれを手交した。遺言は、亡 A の全遺産を Y、X₁、X₂ の 3 人に 3 分の 1 ずつ遺贈するという内容であった。

昭和 50 年 10 月 25 日に A が死亡し、それから 3 年以上経過した後、X₁ X₂ は Y に、本件遺言の無効の確認を求める訴えを提起するとともに、Y に対して不法行為に基づく慰謝料を請求した。

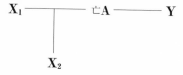

裁判の流れ

X₁ X₂ は、本件遺言について、①亡 A の真意に基づいて書かれていないから法的効力を有さない、あるいは、②Y の強迫によるものであり取り消しうる、仮にそうでないとしても、③単に不倫な関係の維持継続のためにのみなされたものであり公序良俗に反するもので無効であるなどと主張した。これに対して、1 審（東京地判昭 59・12・19 民集 40 巻 7 号 1193 頁）は、本件遺言は A の真意に基づくものであり、強迫の事実などはないとしたうえで、本件遺言は、不倫な関係の維持継続を目的としてなされたものではなく、被告の将来の生活が困らないようにとの配慮に出たものであり、被告に対する財産的利益の供与も必ずしもこれが社会通念上著しく相当性を欠くものともいえないなどとして、民法 90 条に違反しない有効な遺言だとした。他方で、X₁ は A により妻たる

権利を侵害されたとして、A の X₁ に対する不法行為の成立を認めたが、A の死後 3 年が経過しており慰謝料請求権は消滅時効にかかっているとした。2 審（東京高判昭 61・2・27 民集 40 巻 7 号 1203 頁）も 1 審判決をほぼそのまま引用し、X らの控訴を棄却した。X らが上告。

判　旨

〈上告棄却〉「原審が適法に確定した、(1)亡 A は妻である X₁ がいたにもかかわらず、Y と遅くとも昭和 44 年ごろから死亡時まで約 7 年間いわば半同棲のような形で不倫な関係を継続したものであるが、この間昭和 46 年 1 月ころ一時関係を清算しようとする動きがあったものの、間もなく両者の関係は復活し、その後も継続して交際した、(2)被上告人との関係は早期の時点で亡 A の家族に公然となっており、他方亡 A と X₁ 間の夫婦関係は昭和 40 年ころからすでに別々に生活する等その交流は希薄となり、夫婦としての実体はある程度喪失していた、(3)本件遺言は、死亡約 1 年 2 か月前に作成されたが、遺言の作成前後において両者の親密度が特段増進したという事情もない、(4)本件遺言の内容は、妻である X₁、子である X₂ 及び Y に全遺産の 3 分の 1 ずつを遺贈するものであり、当時の民法上の妻の法定相続分は 3 分の 1 であり、上告人 X₂ がすでに嫁いで高校の講師等をしているなど原判示の事実関係のもとにおいては、本件遺言は不倫な関係の維持継続を目的とするものではなく、もっぱら生計を亡 A に頼っていた Y の生活を保全するためにされたものというべきであり、また、右遺言の内容が相続人らの生活の基盤を脅かすものとはいえないとして、本件遺言が民法 90 条に違反し無効であると解すべきではないとした原審の判断は、正当として是認することができる」。

判例の法理

不倫相手に対する遺贈であっても、その目的が不倫関係の維持継続を目的とするものではなく、またその内容が法定相続人の生活の基盤を脅かすようなものでない場合には、当該遺贈は公序良俗に反するとはいえない。

判例を読む

民法 90 条の「善良の風俗」は、性風俗のことを指す。したがってたとえば、売買春の契約や、愛人関係を継続する対価として財産を与える契約は、同条に反して無効と考えられる。本判決は事例判断であるが、不倫相手に対する遺贈であっても、贈与の目的や範囲によっては、公序良俗に反しないということを認めた点が重要である。

【参考文献】　学生向けの解説として、原田昌和・百選 I 24 頁、松川正毅・家族法百選 7 版 176 頁、より深い判例研究として、内田貴・法協 107 巻 9 号 1573 頁等がある。

山下純司

21 男女別定年制の公序良俗違反

最高裁昭和56年3月24日判決　民集35巻2号300頁、判時998号3頁、判タ440号53頁

【90条】

論点　憲法理念と公序良俗違反の関係

事実の要約

会社Yの就業規則は、定年年齢を男子55歳、女子50歳と規定していた。XはYに勤務していた女子であり、1919（大正8）年1月15日生まれであったため、1969（昭和44）年1月14日の経過により満50歳に達する。このため1968（昭和43）年12月25日、Yは、Xに対して、就業規則により1969（昭和44）年1月31日をもって退職を命ずる旨の予告を行った。その後1973（昭和48）年4月1日、Yは男子の定年年齢60歳、女子の定年年齢を55歳に改めた。

Xは、Yの就業規則における定年制が、定年年齢に男女の差別があるため民法90条に規定する公序良俗に反して無効であるとして、雇用関係存続の確認を求めてYを訴えた。

```
A会社 ──営業譲渡──> B会社 ──吸収合併──> Y会社
 │
解雇
 ↓
 X
```

裁判の流れ

1審（東京地判昭48・3・23民集35巻2号325頁）は、Yの就業規則が男女の定年年齢に5年の差を設けていることについて、合理的な理由もなく不利益に女子従業員を差別するものとして民法90条に反し無効であるとして、XとYとの雇用契約は、上記の解雇予告によって終了しないとした。2審（東京高判昭54・3・12民集35巻2号356頁）は、「全ての国民が法の下に平等で性による差別を受けないことを定めた憲法14条の趣旨を受けて、私法の一般法である民法は、その冒頭の1条ノ2において、『本法は個人の尊厳と両性の本質的平等を旨として解釈すべし。』と規定している。かくして、性による不合理な差別を禁止するという男女平等の原理は、国家と国民、国民相互の関係の別なく、全ての法律関係を通じた基本原理とされたのであって、この原理が、民法90条の公序良俗の内容をなすことは明らかである」との前提をとり、Yが男女別定年制をとることに合理性があるかを検討し、合理性なしとしてYの控訴を棄却した。Yが上告。

判旨

〈上告棄却〉「Yの就業規則は男子の定年年齢を60歳、女子の定年年齢を55歳と規定しているところ、右の男女別定年制に合理性があるか否かにつき、原審は、Yにおける女子従業員の担当職種、男女従業員の勤続年数、高齢女子労働者の労働能力、定年制の一般的現状等諸般の事情を検討したうえ、Yにおいては、女子従業員の担当職務は相当広範囲にわたっていて、従業員の努力と上告会社の活用策いかんによっては貢献度を上げうる職種が数多く含まれており、女子従業員各個人の能力等の評価を離れて、その全体をYに対する貢献度の上がらない

従業員と断定する根拠はないこと、しかも、女子従業員について労働の質量が向上しないのに実質賃金が上昇するという不均衡が生じていると認めるべき根拠はないこと、少なくとも60歳前後までは、男女とも通常の職務であれば企業経営上要求される職務遂行能力に欠けるところはなく、各個人の労働能力の差異に応じた取扱がされるのは格別、一律に従業員として不適格とみて企業外へ排除するまでの理由はないことなど、Yの企業経営上の観点から定年年齢において女子を差別しなければならない合理的理由は認められない旨認定判断したものであり、右認定判断は、原判決挙示の証拠関係及びその説示に照らし、正当として是認することができる。そうすると、原審の確定した事実関係のもとにおいて、Yの就業規則中女子の定年年齢を男子より低く定めた部分は、専ら女子であることのみを理由として差別したことに帰着するものであり、性別のみによる不合理な差別を定めたものとして民法90条の規定により無効であると解するのが相当である（憲法14条1項、民法1条の2参照）」。

判例の法理

本判決は、「企業経営上の観点から定年年齢において女子を差別しなければならない合理的な理由は認められない」という2審の認定判断を是認したものとなっており、合理的な理由のない差別的な就業規則は、公序良俗に反し民法90条により無効となるという前提を採っている。その際に、参照条文として、法の下の平等を掲げる憲法14条1項と、個人の尊厳と両性の本質的平等を民法の解釈基準とする民法1条の2（平成16年改正後の同2条に対応）を挙げている。

判例を読む

1985年に成立した男女雇用機会均等法6条4号は、事業主が定年等について、男女間で差別的取扱いをしてはならない旨を規定しているが、この当時は、定年年齢に男女間の差を設ける企業は少なくなかった。「公序」を世間一般に通用する社会ルールとのみ解するなら、本件就業規則が民法90条違反といえるかは微妙だった。憲法の規定が私人間に直接適用されるかについては諸説あるが、本判決は少なくとも、憲法の理念は間接的には民法解釈に反映する前提を採っている点が重要である。

【参考文献】　桑村裕美子・百選Ｉ28頁、水野紀子・百選Ｉ8版30頁。判決当時の詳細な分析としては、星野英一・法協99巻12号162〜170頁。

山下純司

22 損失保証契約の無効

最高裁平成9年9月4日判決　民集51巻8号3619頁、判時1618号3頁、判タ956号149頁

【90条、91条】

論点 損失保証契約の無効

事実の要約

　Xは、証券会社Yと昭和62年8月から証券売買取引を継続していた。Xの主張によれば、Yの支店長Aは、平成2年8月15日ころ、Xに対して株式売買取引を勧める際に、当該株式取引についてのXの損失を保証する契約（損失保証契約）を、さらに平成2年10月、Xが株式の買付注文をする際に、株価下落等によって生じるXの損失につき穴埋めをする契約（損失補填契約）をXとの間で締結した。XはYに対して、主位的に損失保証契約の履行請求を行い、また予備的に、損失補填契約の履行請求、およびAの違法な勧誘行為（断定的判断の提供）を原因とする不法行為に基づく損害賠償請求を行った。

　なお、平成3年改正前の証券取引法においても、株式売買の取引につき証券会社が顧客に対して、損失の全部または一部を負担することを約束して勧誘することは禁止されていたが、同改正後は、懲役刑を含む刑罰をもって、損失保証の申込みや約束、および損失保証のための財産上の利益の授受を禁じたうえ、授受された財産上の利益を剥奪するという厳罰化が図られた。

Y会社
│
支店長
X ← 損失保証

裁判の流れ

　1審（大阪地判平4・8・25金判1032号18頁）は、損失保証契約等の成立そのものを認めず、Xの請求は棄却された。これに対して2審（大阪高判平5・8・26民集51巻8号3636頁）は、損失保証契約および損失補填契約が公序良俗に反するとしたほか、不法行為の成立も否定した。これに対してXが上告した。

　最高裁は損失保証契約の部分についてXの上告を棄却し、不法行為の成立については、原審に差し戻した。なお損失補填契約については、Xが上告理由書を提出しなかったとして不適法却下されている。

判旨

　〈上告一部棄却、一部差戻し、一部却下〉以下では、損失保証契約についての判示部分を引用する。

　「ところで、損失保証は、元来、証券市場における価格形成機能をゆがめるとともに、証券取引の公正及び証券市場に対する信頼を損なうものであって、反社会性の強い行為であるといわなければならず、このことは、右改正証券取引法の施行前においても、異なるところはなかったものというべきである。

　もっとも、旧証券取引法の下においては、損失保証は違法な行為とされていたものの、行政処分を科せられていたにすぎず、学説の多くも損失保証契約は私法上有効であると解していたことからすれば、従前は、損失保証が反社会性の強い行為であると明確に認識されてはいなかったものといえる。しかし、前記のとおり、平成元年

11月に、証券会社が損失補てんをしたことが大きな社会問題となり、これを契機として、同年12月には、大蔵省証券局長通達が発せられ、また、日本証券業協会も右通達を受けて同協会の規則を改正し、事後的な損失補てんを慎むよう求めるとともに、損失保証が法令上の禁止行為であることにつき改めて注意が喚起されたなどの経過からすれば、この過程を通じて、次第に、損失保証が証券取引の公正を害し、社会的に強い非難に値する行為であることの認識が形成されていったものというべきであり、遅くとも、XがYとの間で損失保証契約を締結したと主張する平成2年8月15日当時においては、既に、損失保証が証券取引秩序において許容されない反社会性の強い行為であるとの社会的認識が存在していたものとみるのが相当である」。

判例の法理

●損失保証契約の公序違反性

　本判決は、旧証券取引法のもとでも損失保証は反社会性の強い行為であったと述べてはいるが、以前はそのことが明確に認識されておらず、損失保証契約は行政処分の対象にはなっても私法上は有効であるという認識が一般的だったことを認めつつ、遅くとも平成2年8月15日当時には、損失保証の反社会性についての社会認識が存在していたとして、損失保証契約を公序違反で無効とした2審の判断を追認した。

　なお、損失保証〈損失補填〉の禁止は現在、金融商品取引法39条に規定されている。

判例を読む

●行政法規違反の公序違反性

　行政法規違反の法律行為が、常に無効になるわけではないことは、確立した判例になっている。したがって、平成3年改正前の証券取引法が損失保証を禁じていたからといって、そのことだけではXY間の損失保証契約が無効にならない。行政法規違反の法律行為が無効であるといえるためには、当該法規が私法上も強行規定だと解するか（民法91条の反対解釈として無効となる）、あるいは当該法律行為が公序良俗に違反する反社会性の強い行為である（民法90条により無効となる）必要がある。近時は後者の道筋をとるものが多く本判決もその道筋をとった。

●公序良俗概念の変遷

　本判決では、民法90条の公序概念が社会認識の変化により変遷しうることを示唆する。これは経済的公序（取引秩序に関する公序）では特によく見られるところである。

【参考文献】　尾崎安央・平成9年度重判103頁、滝沢昌彦・リマークス(18)〈1999〔上〕〉10頁。

山下純司

23 ホステスの保証

最高裁昭和 61 年 11 月 20 日判決　判時 1220 号 61 頁、判タ 627 号 75 頁

【90 条】

論点　クラブが、そこで働くホステスに客の債務の保証させる保証契約は、公序良俗に反して無効といえるか

事実の要約

Xは、クラブの経営者である。Xの店では、飲食をした客が掛売を希望したときは、X自身が信用のおける客であると判断した場合か、またはホステスがXとの間で、その客の支払債務を保証した場合に限って、掛売を認めていた。ホステスは、自分独自の客がXの店で飲食をした場合には、その売上金の一部をバックマージンとして受け取ることができた。

Yは、Xの店で働くホステスであり、AはXの店のY独自の客である。Aは、昭和54年6月から昭和55年5月までの期間、計52回約322万円分の飲食についてXの店から掛売を受けており、その飲食代金債務はYがXに保証した。しかし、Aは約31万円しか支払わなかったため、XはYに対して、未払金約291万円の支払を求めた。これに対して、YはXとの間の保証契約が公序良俗により無効であると主張して争った。

Xは、AとYは単なる客とホステス以上の関係があると思っていたようであり、このため多額の掛売を容認していた。実際にYは、Aから総額200万円にも及ぶ宝飾品や時計をもらったり、Aの財布から勝手に札を取り出し他のホステスにチップをやったりするなど、他の客と異なる親密な関係をAとの間にもっていた。

裁判の流れ

1審（京都地判昭58・12・23公刊物未登載）は、保証契約は公序良俗に反して無効であるというYの主張が認められたようである。Xが控訴したところ、控訴審（大阪高判昭59・12・13判タ549号192頁）では次のように述べて、保証契約は公序良俗に反するものではなく有効であるとして、XのYに対する請求を認容した。

「本件保証債務はAに関する部分を含めて、Xが経営者として負担すべき掛売によって生ずる未収金の回収不能の危険を回避し、客の飲食代金を被用者たるホステスに支払わせて容易にこれを回収しようとする内容を有していることを否定できないとしても、被用者のホステスも独自の客（A）という無形の財産を維持して自己の収入源を確保する必要があって、自己の判断で本件保証契約を締結した訳であるから、本件保証契約は必ずしも経営者の利益のためだけに締結されたとはいい切れない一面を有し、かつ経営者のXは、ホステスの独自の客につき、その客の住所・名前・職業等を知らなくて売掛代金を請求できない場合があり、また掛売を拒否してホステス独自の客を失わせることもできないので、本件保証契約の締結それ自体が、経営者の一方的利益に偏し極めて不当であるとまではいえない。」

「そしてYとAとの関係、Yの雇用条件等によれば、経営者のXが雇主の地位を不当に利用し、被用者たるYの…Aに関する本件保証契約を締結させたとは解し難いところである」。

これに対してYが上告した。

判旨

〈上告棄却〉「事実関係によれば、Yは自己独自の客としてのAとの関係の維持継続を図ることによりXの経営するクラブから支給される報酬以外の特別の利益を得るため、任意にXに対してAに対する掛売を求めるとともに本件保証契約を締結したものであり、その他原判示の事情を総合勘案すれば、本件保証契約がいまだ公序良俗に反するものとはいえないとした原審の判断は、正当として是認することができる。」

判例の法理

前提にあるのは、相手方の無思慮、無経験、窮迫に乗じて不当の利益を得る法律行為は公序良俗に反し無効だとする、いわゆる暴利行為の考え方である。本判決は、「…原判示の事情を総合勘案すれば、本件保証契約がいまだ公序良俗に反するものとはいえない…」と述べていて、その際に重視するのは、Yが「任意にXに対してAに対する掛売を求めるとともに本件保証契約を締結した」という事情である。これを逆に言えば、契約締結の際の事情如何によっては、本件保証契約は公序良俗に反して無効になることがあるということでもある。その際には、Yが任意にAへの掛売を認めてXとの保証契約を締結したとはいえないような事情がないかが問われることになるだろう。

判例を読む

2審が前提とした暴利行為の理論は、相手の弱みにつけ込んで、過大な利益を不当に得るような行為を公序良俗に反し無効とする。ホストやホステスが、店側から要求されて客の債務を保証する行為は、雇用者と被用者という対等でない関係を利用し、店側に有利な契約の締結を迫る点で、暴利行為に当たらないかが問題とされてきた。本判決では、保証契約は公序良俗に反しないとされたが、YがAの間の特別な関係を強調している点、例外的な事案という評価もできる。実際にそれ以降の下級審裁判例では、公序良俗違反の判断が出た例が複数存在する。

【参考文献】 最高裁調査官解説として瀬戸正義・ジュリ882号82頁があるほか、幾代通・百選Ｉ3版36頁、中舎寛樹・百選Ｉ5版補正版34頁は、ホステスの保証についての下級審裁判例と本判決の関係などを解説する。また松本恒雄『民法の基本判例〔第2版〕』14頁は、暴利行為論など公序良俗論との関係が詳しい。

山下純司

24 公序良俗の判断基準時

最高裁平成 15 年 4 月 18 日判決　民集 57 巻 4 号 366 頁、判タ 1123 号 78 頁、判時 1823 号 47 頁

【90 条、91 条、金融商品取引法 39 条】

論点　①公序良俗の判断をする基準時はいつか
②有効な損失保証契約に基づく履行請求の可否

事実の要約

　昭和 60 年 6 月 14 日、企業 X は、証券会社 Y を通じて、信託銀行 A との間で、30 億円の自己資金を年 8％の利回りで運用する内容の特定金銭信託契約（本件特金契約）を締結し、Y は X に対して、本件特金契約の運用益から費用や報酬を控除した金額が保証利回りを達成できない場合にはその差額分相当額を X に支払うという損失保証契約（本件保証契約）を締結した。平成 2 年 3 月 20 日には、本件特金契約の信託期間は同 5 年 3 月 10 日まで延長され、Y は X に対して、本件保証契約についても期間を延長するとともに、保証利回りを年 8.5％に変更した（本件追加保証契約）。

　X は、Y に対し、主位的請求として、本件保証契約および本件追加保証契約の履行として、23 億円超の支払を求めるなどし、さらに予備的請求として、Y の投資勧誘が不法行為に当たるとして損害賠償請求をした。

　なお、平成 3 年改正前の証券取引法のもとにおいては、損失保証は違法な行為とされてはいたものの、平成元年 11 月ころまでは、損失保証が反社会性の強い行為であると明確に認識されてはいなかった。ところが、同月に、証券会社が損失補てんをしたことが大きな社会問題になり、これを契機として、同年 12 月 26 日、大蔵省証券局長が、日本証券業協会会長宛に通達を発し、損失保証による勧誘や特別の利益提供による勧誘はもとより、事後的な損失補てんや特別の利益提供も厳に慎むべきこと等について、所属証券会社に周知徹底させるよう要請した。これを受けて同協会は、内部規則を改正するなど、次第に、損失保証が証券取引の公正を害し、社会的に強い非難に値する行為であるとの認識が形成されていった。

裁判の流れ

　1 審（東京地判平 10・7・13 民集 57 巻 4 号 408 頁）は X の請求を棄却。2 審（東京高判平 11・9・29 民集 57 巻 4 号 433 頁）は、大蔵省通達が出された平成元年 12 月 26 日より後に締結されている損失追加保証契約については、公序良俗に反して無効であるが、その前にされた損失保証契約は、公序良俗に反して無効であるとまではいえないとして、X の請求について、本件保証契約の履行を求める限度で理由があるとした。

　Y が上告したところ、最高裁は以下で述べるように、本件保証契約が公序に反し無効であると解することはできないとする 2 審の判断を是認したが、本件保証契約の履行請求を認めることの可否については、2 審の判断を覆して履行請求を否定した。そして、予備的請求に関する部分に 2 審に差し戻した。差戻審（東京高判平 16・1・22 判時 1859 号 65 頁）は、X の請求を棄却した。

判旨

●損失保証契約の公序良俗違反の判断基準について

〈一部破棄自判、一部破棄差戻し〉「法律行為が公序に反することを目的とするものであるとして無効になるかどうかは、法律行為がされた時点の公序に照らして判断すべきである。けだし、民事上の法律行為の効力は、特別の規定がない限り、行為当時の法令に照らして判定すべきものであるが（…中略…）、この理は、公序が法律行為の後に変化した場合においても同様に考えるべきであり、法律行為の後の経緯によって公序の内容が変化した場合であっても、行為時に有効であった法律行為が無効になったり、無効であった法律行為が有効になったりすることは相当でないからである」。

　「本件保証契約が締結されたのは、昭和 60 年 6 月 14 日であるが、上記の経緯にかんがみると、この当時において、既に、損失保証等が証券取引秩序において許容されない反社会性の強い行為であるとの社会的認識が存在していたものとみることは困難であるというべきである。」

●本件保証契約の履行請求を認めることの可否について

　「平成 3 年法律第 96 号による証券取引法の改正によって、同法 50 条の 2 第 1 項 3 号の規定が新設され、証券会社が有価証券の売買その他の取引等につき、当該有価証券等について生じた顧客（信託会社等が、信託契約に基づいて信託をする者の計算において有価証券の売買等を行う場合にあっては、当該信託をする者を含む。）の損失の全部若しくは一部を補てんし、又はこれらについて生じた顧客の利益に追加するため、当該顧客に対し、財産上の利益を提供する行為が禁止された。そして、同号に違反した場合の罰則規定も設けられた。同改正法の附則には、同改正法の施行前にした行為に対する罰則の適用についてはなお従前の例による旨の規定が置かれたが、損失補てんや利益追加のために財産上の利益を提供する行為（以下「利益提供行為」という。）の禁止については、同改正法の施行前に締結された損失保証ないし利益保証契約に基づくものであっても、同改正法の適用を排除するための規定が置かれなかった。同法 50 条の 2 第 1 項 3 号の規定は、その後平成 4 年法律第 87 号による改正によって 50 条の 3 第 1 項 3 号に、平成 10 年法律第 107 号による改正によって 42 条の 2 第 1 項 3 号に変わったが、各改正法施行前に締結された損失保証ないし利益保証契約に基づく利益提供行為についても、禁止から除外していない点は、従前と同様である。…被上告人の主位的請求は、本件保証契約の履行を求めるものであり、同法 42 条の 2 第 1 項 3 号によって禁止されている財産上の利益提供を求めているものであることがその主張自体から明らかであり、法律上この請求が許容される余地はないといわなければならない。

判例の法理

●公序良俗の判断基準時

　本判決は、損失保証契約が証券取引秩序という公序に違反するかどうかの判断は、法律行為がされた時点の公

序に照らして行うべきとする。その理由付けとしては、「法律行為の後の経緯によって、…行為時に有効であった法律行為が無効になったり、無効であった法律行為が有効になったりすることは相当でないからである」と述べている。

● **損失保証契約の履行請求の可否**

しかし本判決は、結論としてはＸによる損失保証契約の履行請求は認めていない。判旨を見ると、平成３年改正以後の証券取引法が損失保証の禁止を徹底したところ、罰則規定については改正法施行前に締結された損失保証契約に遡及適用されない旨の規定が置かれたが、新たに設けられた顧客への利益提供行為の禁止については、改正法施行前の損失保証契約に基づくものであっても、改正法の適用を排除する規定を置いていないことに根拠に、「法律上この請求が許容される余地はない」としている。

判例を読む ▐▬▬▬▬▬▬▬▬▬▬▬▬

● **損失保証契約の公序良俗違反性**

損失保証とは、証券売買取引において証券会社が顧客に対して、取引から生じる損失の全部または一部を負担する旨を約束する行為である。損失保証は平成３年改正前証券取引法においても禁止されていたが、同法は行政法規なので、それに違反したからといって損失保証契約が直ちに公序違反として民法90条により無効違法になるわけではない。しかし、事実の要約において説明したように、平成元年11月ごろから損失保証は社会問題となり、最判平成９・９・４民集51巻８号3619頁→**22事件**においては、遅くとも平成２年８月15日の時点では、損失保証契約は証券取引秩序において許容されない反社会性の強い行為であるとの社会認識が存在していたとされる。したがって、原審判決のあった平成11年当時には、損失保証契約は単なる行政法規違反ではなく、公序良俗違反と評価される行為だったことになる。損失保証（損失補填）の禁止は、現在は金融商品取引法39条に規定されている。

● **公序良俗違反の判断時期**

(1) 行為時説

このように民法90条の「公の秩序」や「善良の風俗」という概念が時期により変遷することを認めると、いつの時点の公序良俗を基準にして法律行為の有効性を判断するべきかが問題となる。この点について本判決は「法律行為がされた時点」が基準時となることを明らかにした。これに対して、法律行為に基づく請求がされた時点での公序良俗を基準として判断するという説も考えられるが、そうした説をとると行為時には有効だったはずの法律行為が請求時点の公序良俗に照らして遡及的に無効になることを認めることになり、法的安定性の点で問題が生じる。このため、行為時説が妥当とされる。

(2) 請求の可否

もっとも本判決は、損失保証契約の有効性を認めながら、同契約に基づくＸの履行請求について、「許容される余地はない」とする。つまり行為としては有効だが、契約の未履行部分についての履行請求は認めないというのである。これは公序良俗の判断基準時について請求時説を採るのとは異なると考えられる。

理解のための設例として、昭和60年に締結された損失保証契約について、平成２年にＹがＸの請求に応じて、Ｘの損失３億円のうち１億円を損失保証としてすでに受

け取っていた場合を考えてみよう。単純に請求時説をとると、この損失保証契約は平成元年に形成された公序に照らして違法であり、昭和60年に遡って無効なるから、ＹはＸに対して未払いの２億円を支払わなくてよいだけでなく、支払った１億円を返還するよう請求できる。こうした返還請求を否定するためには、ＸはＹの支払った１億円が不法原因給付（708条）に当たることを論じる必要がある。

これに対して判例の立場によると、昭和60年の時点で締結された損失保証契約は有効であるから、ＹはＸに対して支払った１億円の返還を請求することはできない。ただしＸは、Ｙから受け取っていない２億円について、Ｙに履行を請求することもできない。このように、請求時説＋不法原因給付によるよりも、行為時説＋未履行部分の請求の制限という構成によった方が、損失保証契約に関わった当事者のいずれも自らの権利を裁判上主張できないという状況がより明確に作り出される。「法は不正に助力せず」という法格言があるが、その趣旨が貫徹される点で判例の立場が優れている。

(3) 履行請求否定の根拠

判例の立場を肯定する場合であっても、どのような理由付けによってＸの履行請求を否定するかについて複数の考え方がありうる。本判決では、平成３年改正後の証券取引法が、同法施行前に締結された契約に基づくものも含めて、利益提供行為を禁止しているという点に根拠を求めているようである。つまり、強行法規によって禁じられている行為について、履行請求をすることは許されないということである。

これを現行民法に則して考えると、損失保証契約の履行請求は法令で禁止された行為を請求するものであるから、Ｘは後発的な履行不能で請求ができないのだとも考えられる（412条の２第１項参照）。もっとも、単純な後発的履行不能であればＸからは契約を解除できることになるが（542条１項１号参照）、「前述のように法は不正に助力せず」という価値判断が前提にあるのであれば、Ｘによる解除権の行使等を認める必要もないだろう。こうした点からすれば、ＸのＹに対する履行請求が認められなかったのは、ＸがＹに対して履行請求権を行使すること自体の不当性を、法律行為時の公序良俗違反とは別個に把握したためだと考える方が素直であろう。そうだとすれば、これは信義則（１条２項）または権利濫用（同条３項）の問題だと捉える余地もある。

【参考文献】　本判決については、山本敬三・百選Ⅰ26頁がわかりやすく整理の視点を提供している。このほか、尾島明・ジュリ1256号179頁は、元最高裁調査官の立場から、本判決の根拠について内在的な視点で説明する。これに対して潮見佳男・平成15年度重判65頁は、本判決を外在的な視点から説明する。

山下純司 ◗

任意の脱退を許さない組合契約

最高裁平成 11 年 2 月 23 日判決　民集 53 巻 2 号 193 頁、判時 1671 号 71 頁、判タ 999 号 218 頁

【91 条、678 条】

論点　契約の条項はどのような場合に強行法規違反になるか

事実の要約

　X（原告、被控訴人、上告人）・Y（被告、控訴人、被上告人）ら 7 名は、1 口 100 万円の出資をして共同でヨットを購入し、ヨットクラブとして組合契約を締結した。①7 名と小規模なクラブであったため、資産としてヨットを有するのみで資金的な余裕がなく出資金の払戻しの財源がないこと、また会員数が少ないと月会費や作業の負担が増えるため会員数を減らさないようにする必要があること、から、クラブの規約には、会員の権利の譲渡および退会に関し、②「オーナー会議で承認された相手方に対して譲渡することができる。譲渡した月の月末をもって退会とする。（これは、不良なオーナーをふせぐ為である）」との規定があった。また、この組合契約には、クラブの存続期間についての定めはなかった。

　Xらは、Yらに対し、本クラブの脱会の意思表示をしたとして、クラブのために支払った立替金や組合財産に対する組合持分の払戻金等の支払を求める訴えを提起。

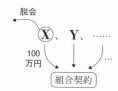

裁判の流れ

　1 審（大阪地判平 5・11・12 民集 53 巻 2 号 212 頁）は、「本件契約は、前記のとおり、要するに遊びを目的とするものに過ぎず、会員の任意の退会を禁止するような強制的な拘束をしなければならない合理的理由はなく、…また、本件全証拠をもってしても、会員間において任意の脱退を禁止することを協議して取り決めたという経緯は認められないから、組合員間に任意脱退禁止の合意が成立していたとは到底認めることはできず、また、存続期間の定めの点についてもこれを認めるに足りる証拠はなく、…原告らの脱退が本件組合にとって不利益な時期にあたるとはいえない」ため、そもそも任意脱退を禁じる合意（678 条と異なる合意）がされていない故本件当事者間の合意の内容は強行規定に反するものではなく、不利な時期にあたらない脱退は認められるとして、Yの払戻し義務を認めた。

　これに対し 2 審（大阪高判平 7・4・14 民集 53 巻 2 号 219 頁）は、組合の権利譲渡・退会に関しては規約にお

いて②が定められるのみであり、また②は①のような事情を考慮して作成されたものであるから、「出資金の清算・返還を伴う任意退会を認めることは」規約における②の趣旨に反するとし、②以外の方法による任意脱退は認められない、としてXらによる払戻請求を否定した。Xらが上告。

判旨

　〈一部破棄差戻、一部却下〉「1　民法 678 条は、組合員は、やむを得ない事由がある場合には、組合の存続期間の定めの有無にかかわらず、常に組合から任意に脱退することができる旨を規定しているものと解されるところ、同条のうち右の旨を規定する部分は、強行法規であり、これに反する組合契約における約定は効力を有しないものと解するのが相当である。けだし、やむを得ない事由があっても任意の脱退を許さない旨の組合契約は、組合員の自由を著しく制限するものであり、公の秩序に反するものというべきだからである。

　2　本件規定は、これを三 1（著者注：「本件規定は、本件クラブからの任意の脱退は、会員の権利を譲渡する方法によってのみすることができ、それ以外の方法によることは許さない旨を定めたものである。」に該当）のとおりの趣旨に解釈するとすれば、やむを得ない事由があっても任意の脱退を許さないものとしていることになるから、その限度において、民法 678 条に違反し、効力を有しないものというべきである。このことは、本件規定が設けられたことについて一 4（著者注：「本件規定が設けられたのは、本件クラブが、資産として本件ヨットを有するだけで、資金的・財政的余裕がなく、出資金の払戻しをする財源を有しないこと、本件クラブでは、会員の数が少ないと月会費や作業の負担が増えるので、会員の数を減らさないようにする必要があることによる」に該当）のとおりの理由があり、本件クラブの会員は、会員の権利を譲渡し、又は解散請求をすることができるという事情があっても、異なるものではない。

　五　右と異なる見解に立って、やむを得ない事由の存否について判断するまでもなくXらのYらに対する脱退の意思表示が効力を生じないものとした原審の判断には、法令の解釈適用を誤った違法がある」として「やむを得ない事由の存否等」について審理を尽くすため破棄差戻し。

判例の法理

678 条の一部は**強行規定**である。678 条は組合員が「やむを得ない事由がある場合には、組合の存続期間の定めの有無にかかわらず、常に組合から任意に脱退することができる旨」規定するが、本判決は、本件組合契約における②の規定は、そのような 678 条の趣旨に抵触するとし、無効であるとした。

判例を読む

● 強行法規違反

678 条は組合契約の規定である。私的自治の原則によれば、ひとはどのような内容の契約であっても自由に締結できる。しかし、法令のなかには、その内容に反するような法律行為（ここでは契約）をした場合には、それが無効となるような種類の法令がある。それが強行法規と呼ばれるものである。

民法には「強行法規」について定義する規定はない。しかし、「法律の当事者が法令中の公の秩序に関しない規定と異なる意思を表示したときは、その意思に従う」と定める民法 91 条の規定から、「公の秩序」に「関する」規定と異なる意思を表示した場合には無効となる、という趣旨が読み取れる。この「公の秩序に関する」規定が強行規定であり、強行法規に反する法律行為は無効となる（同趣旨の説明として山本敬三編『民法 I 総則』（有斐閣、2021）155 頁参照）。

本件で問題となった組合契約の規定（②）は、組合契約の当事者が合意した事項である。上の強行法規の説明に基づくと、その内容が「公の秩序に関する」ものでなければ、私的自治の原則に従い有効なはずである。実際 1 審はそのように認定した。2 審は、この規定は、X らが②に定められる方法以外での脱会を禁じる趣旨の規定であると解釈したが、それでも当該規定は有効であるとした上で、X らの脱会を認めなかった。

これに対し X らは、「②に定められる方法以外での脱会を禁じる趣旨」の②の規定は民法 678 条に反し、また、民法 678 条は強行規定であるとして、②の規定の無効を主張し上告した。ここで初めて、強行法規違反による無効の可否という問題が生じる。

最高裁は、②の規定の趣旨を上記のように解釈するならば、それは民法 678 条に抵触し、同条は強行規定であるから②の規定は効力を有しないとした。

● 強行法規と任意法規の区別

強行法規と対になるものが**任意法規**である。

任意法規とは、ある法令に定めがある内容について、当事者がそれは異なる内容の約束をしたとしてもその効力が認められるタイプの法令である。

以上の分類に基づくと、法令（民法も含まれる）には、強行法規と任意法規の二種類があることになるが、どの条文が強行法規で、どの条文が任意法規であるか、逐一

表示されているわけではない。例えば、利息制限法 1 条のように、「無効」とすると明確に書いてあれば、強行法規であることは明らかである。しかし、本件で問題となった 678 条のように、直ちに強行法規であるかどうか判然としない場合も多い。本判決は、そのような中で、678 条の一部が強行法規であることを明らかにした点に意義がある。

注意すべき点は、強行法規に抵触し無効とされた②の条項が、当初から強行法規違反のものとして認識されていたわけではない点にある。前述の通り、1 審判決は、②の条項を最高裁とは異なる形で解釈し、強行法規違反という結論は導き出してはいない。つまり、本件では、②の条項の解釈という問題がまず存在した上で、2 審により確定された解釈に基づきつつ、678 条の強行法規の部分に抵触するため無効が導かれる、という構造が取られている。ある条文が強行法規かどうかを判断する前に、問題となる条項を強行法規に抵触するような条項として捉えるか否か、という問題が先に存在しているのである（本件の事案に関し、契約の解釈が前提問題として存在することにつき、大村・後掲 35 頁）。

なお、条項の無効という観点からは、本判決のように強行法規たる 678 条により無効とされる場合のみならず、問題となる条項が公序良俗に違反するために無効とされる場合もあり得る（次の **26 事件**はこちらに該当する）。

本件では、民法 678 条という強行法規に違反する条項の無効が問題とされたが、678 条のような強行法規に違反していなかったとしても、公序良俗に反するとされ条項が無効となることもある。

実際、本判決でも、「やむを得ない事由があっても任意の脱退を許さない旨の組合契約は、組合員の自由を著しく制限するものであり、公の秩序に反する」と判示されており、②の条項が 90 条の公序良俗違反との関係で問題となる余地も残されているようにもみえる。

判旨は、上の「公の秩序」を 678 条との関係で捉えるが、今後、類似の条項が、強行法規違反ではなく、90 条の公序良俗における「公の秩序」との関係で捉えられる可能性は否定されない（大村敦志・後掲 35 頁参照）。強行法規違反の問題が、公序良俗違反の問題と連続線上に捉えうる点にも留意を要する。

【参考文献】 大村敦志・百選 I 34 頁、組合契約そのものの視点からの解説として、山田誠一・平成 11 年度重判 85 頁、関連判決に言及するものとして、吉田勝栄・判夕臨増 1036 号 94 頁（平 11 主判解）等。

竹中悟人

非弁行為に当たる和解契約の効力

最高裁平成 29 年 7 月 24 日判決　民集 71 巻 6 号 969 頁、判時 2351 号 3 頁、判タ 1441 号 28 頁
【90 条、弁護士法 72 条、司法書士法 3 条 1 項 7 号】

論点　認定司法書士の非弁行為とされた和解契約の有効性

事実の要約

　X（1審原告・1審原告の破産管財人、控訴人、被上告人）は、貸金業者Y（被告、被控訴人、上告人）からの借入れも含め、多重債務の状態にあったところ、司法書士会の総合相談センターから認定司法書士Z（補助参加人）を紹介された。Yからの借入金を利息制限法の制限利率で引き直し計算すると 330 万円余りの過払金が発生していたため、XはZの助力も得て、返還時期等に関しYと交渉のうえ、Yとの間で和解契約が締結された。

　なお、認定司法書士であるZが、140 万円を超える過払金の返還請求権につき裁判外の和解をすることを目的とした委任契約をXと締結することは、弁護士法 72 条に違反する。

裁判の流れ

　1審（富山地判平 27・12・25 民集 71 巻 6 号 982 頁）は、本件和解契約について、Zの手助けはあったものの、Zの意思を介在させずにXがYと直接締結したものである、と認定したうえで、200 万円の金額と引き換えにされた和解契約は有効であるとした。

　これに対し2審（名古屋高金沢支判平 28・5・18 民集 71 巻 6 号 995 頁）は、本件和解契約は、Zが、Xとの間の委任契約に基づく形で（Xの）代理人として締結したものであり、また過払金の価額が 140 万円を超えることが判明した後も辞任通知がZからYに出されているわけでもなく委任契約の内容が縮小されてもいないことからすると、ZがXの代理人として本件和解契約を締結したことは弁護士法 72 条に違反するとし、XZ間の委任契約は無効であり、さらに当該委任契約に基づきZが代理人として締結したXY間の和解契約も無効であるとした。Yが上告。

判　旨

　〈破棄自判〉「弁護士法 72 条は、弁護士又は弁護士法人でない者が、報酬を得る目的で法律事件に関して代理や和解等の法律事務を取り扱うことを業とすることができない旨を定めているところ、認定司法書士が、報酬を得る目的で業として司法書士法 3 条 1 項 7 号に規定する額である 140 万円を超える過払金の返還請求権につき裁判外の和解をすることについての委任契約を締結することは、弁護士法 72 条に違反するものであって、その委

任契約は、民法 90 条に照らして無効となると解される（最高裁昭和 37 年（オ）第 1460 号同 38 年 6 月 13 日第一小法廷判決・民集 17 巻 5 号 744 頁参照）。上記の場合、当該委任契約を締結した認定司法書士が委任者を代理して裁判外の和解契約を締結することも、弁護士法 72 条に違反するものであるが、その和解契約の効力については、委任契約の効力とは別に、同条の趣旨を達するために当該和解契約を無効とする必要性があるか否か等を考慮して判断されるべきものである。

　弁護士法 72 条の趣旨は、弁護士の資格のない者が、自らの利益のため、みだりに他人の法律事件に介入することを業とすることを放置するときは、当事者その他の関係人らの利益を損ね、法律事務に係る社会生活の公正かつ円滑な営みを妨げ、ひいては法律秩序を害することになるので、かかる行為を禁止するものと解されるところ（最高裁昭和 44 年（あ）第 1124 号同 46 年 7 月 14 日大法廷判決・刑集 25 巻 5 号 690 頁参照）、同条に違反する行為に対しては、これを処罰の対象とする（同法 77 条 3 号）ことによって、同法 72 条による禁止の実効性を保障することとされている。そして、認定司法書士による裁判外の和解契約の締結が同条に違反する場合には、司法書士の品位を害するものとして、司法書士法 2 条違反を理由とする懲戒の対象になる（同法 47 条）上、弁護士法 72 条に違反して締結された委任契約は上記のとおり無効となると解されるから、当該認定司法書士は委任者から報酬を得ることもできないこととなる。このような同条の実効性を保障する規律等に照らすと、認定司法書士による同条に違反する行為を禁止するために、認定司法書士が委任者を代理して締結した裁判外の和解契約の効力まで否定する必要はないものと解される。また、当該和解契約の当事者の利益保護の見地からも、当該和解契約の内容及びその締結に至る経緯等に特に問題となる事情がないのであれば、当該和解契約の効力を否定する必要はなく、かえって、同条に違反することから直ちに当該和解契約の効力を否定するとすれば、紛争が解決されたものと理解している当事者の利益を害するおそれがあり、相当ではないというべきである。以上によれば、認定司法書士が委任者を代理して裁判外の和解契約を締結することが同条に違反する場合であっても、当該和解契約は、その内容及び締結に至る経緯等に照らし、公序良俗違反の性質を帯びるに至るような特段の事情がない限り、無効とはならないと解するのが相当である。」

判例の法理

　認定司法書士であるZが、司法書士法 3 条 1 項 7 号に規定する額である 140 万円を超える額について、Xとの

間の委任契約に基づき、Ｘの代理人としてＹと和解契約を締結することは、弁護士法72条に違反し、その結果、ＸＺ間の委任契約は、民法90条の公序良俗に反するものとして無効となる。しかし、同委任契約に基づきＺがＸの代理人としてＹとの間で締結した和解契約については、委任契約の無効とは別に、弁護士法72条の趣旨を考慮してその効力について判断する必要がある。弁護士法72条の趣旨に照らすと、認定司法書士がＸを代理して締結した裁判外の和解契約の効力までも否定する必要はなく、当該和解契約が、その内容および締結に至る経緯等に照らし、公序良俗違反の性質を帯びるに至るような特段の事情がない限り、無効とはならない。

判例を読む

　ＸがＺとの間で締結した委任契約は、140万円を超える部分についての過払金返還請求権につき裁判外の和解をするという内容を含むものであり、弁護士法72条に違反する。①「弁護士法72条の趣旨は、弁護士の資格のない者が、自らの利益のため、みだりに他人の法律事件に介入することを業とすることを放置するときは、当事者その他の関係人らの利益を損ね、法律事務に係る社会生活の公正かつ円滑な営みを妨げ、ひいては法律秩序を害することになるので、かかる行為を禁止するもの」であるが、この趣旨に鑑み、ＸＺ間の委任契約は無効となり、ＺはＸから報酬を請求することができなくなる。

　では、当該委任契約を前提に締結されたＸＹ間の和解契約の効力はどうか。上の委任契約の無効は和解契約の効力にも影響を及ぼすのか。

　前提となる委任契約が無効なのであるから、同契約により与えられたＺの代理権も無効となり、その結果、Ｚが代理したＸＹ間の和解契約も当然に無効となりそうにもみえる。実際、2審は、「本件和解契約は、ＺがＸ（著者注：1審原告）の代理人として、Ｙとの間で和解条件の交渉をした結果、成立したものであり」、「Ｘは、Ｚに対し、委任契約に基づいてＹとの交渉を一任し」、「紛争の目的の価額が140万円を超えることが判明しても、辞任の通知がＹにされることはなく、ＸとＺとの委任契約についても、その限度で委任の内容が縮小されたり、変更されたことを認めるに足りる証拠はない（以上、民集71巻6号998頁））」という点、及び、「ＺもＹも、弁護士でないＺがＸを代理すれば弁護士法72条本文に抵触するという問題が生ずることを知悉してい」たという点を挙げたうえで、「Ｚが代理人として本件和解契約を締結した行為は、公益規定である弁護士法72条本文に違反したものというべきであり、この点に関するＸとの委任契約は無効であって、本件和解契約も、そのような委任契約に基づいて締結されたという点において、無効であるというべきである」と判示しており、委任契約の無効から和解契約の無効を素直に導き出している。

　しかし、弁護士法72条（のような法令）に違反する行為（＝**法令違反行為**、本件では委任契約）があったからといって、それを前提に締結された和解契約の効力までをも連鎖的に直ちに無効にする必要があるのかは、それほ

ど明確な問題ではない。

　そもそも、弁護士法72条は、非弁護士の法律事務の取扱い等を禁止する規定である。同条は、「弁護士又は弁護士法人でない者は、報酬を得る目的で訴訟事件、非訟事件及び審査請求、再調査の請求、再審査請求等行政庁に対する不服申立事件その他一般の法律事件に関して鑑定、代理、仲裁若しくは和解その他の法律事務を取り扱い、又はこれらの周旋をすることを業とすることができない。」と定め、司法書士に対しては「公法的な」規制として作用する（**取締法規**と表現されることもある）。

　そのため、その弁護士法72条に違反して委任契約が締結されたことに対するサンクションとしては、（最高裁も詳細に説示するように）司法書士に対する懲戒処分や、報酬請求が不可能となるという点で対処がなされればよい。

　これに対し、Ｚを介して締結されたＸＹの和解契約は、確かに違法な委任契約によって支えられたものではあるものの、あくまでもＸＹ間の「私法上の」契約に過ぎない。そのため、委任契約の違法性と連動させて考える必要はない。

　実際、弁護士法のような取締法規に違反して締結された法律行為（本件では和解契約）については、取締法規に違反しただけで直ちに無効になるとは考えられておらず、取締法規の立法趣旨、違反行為の倫理的非難可能性、一般取引への影響、当事者間の信義・公正といった視点を検討したうえで、その効力が決定されなければならないと考えてきた（我妻・講義Ⅰ264頁）。

　本件に即して考えるならば、本件での和解契約の効力を認めたとしても、①の弁護士法の趣旨が直ちに失われるとまではいえず、また、実際に締結された和解契約の内容自体も社会的な非難を浴びるようなものではなく、さらに、委任契約の効力が自動的に和解契約を無効とするとなると、むしろ和解契約に付随した取引の安全が害されるおそれもあり、そして、本件契約が当事者間の信義や公平を失わせるような性質の和解契約でもないと評価できるならば、弁護士法に違反したからといって、和解契約の効力を否定せずとも、不都合は生じないことになる。

　この点を重視した上で、最高裁は、弁護士法に反する委任契約は無効とするものの、当該委任契約を前提とした代理権に基づき締結された和解契約の効力は有効とする結論を導いた。

　法令違反行為の効力が、それによってなされた法律行為のどの部分にまで及ぶのかという点に関して、一つの具体例を提示しているという意味で、本判決は重要な判決といえる。

【参考文献】　田中洋・平成29年度重判63頁以下、関連判決の分析も含む解説として、中野琢郎・ジュリ1516号86頁、桑岡和久・民商154巻2号330頁等。

竹中悟人

27

内心の意思の不一致と契約の成立

大審院昭和 19 年 6 月 28 日判決　民集 23 巻 387 頁

論点　契約不成立となる場合はどのような場合か

事実の要約

　X（被上告人、被控訴人、原告、反訴被告）は生糸製造販売業者で岩手県製糸業組合の組合員であり、Y（上告人、控訴人、被告、反訴原告）は絹紡原料問屋業者である。

　第 2 次世界大戦中、政府は生糸製造業者数を制限するため繰糸釜の数を減少させる方針とした。これを受け、全国製糸業組合総合会は、生糸製造業者所有の繰糸釜の一定数の使用を禁止し補償金を交付することとした。また、これに併せ、使用禁止とされた釜数以上の繰糸設備を廃棄する業者及び営業廃止をする業者に対しても、補償金を交付することとなった。業者の中には、使用禁止の免除を受けようとするものもいたため、同会は、廃棄業者の釜数に対応する分だけ、免除希望者に対し、免除料を同会に支払わせることを条件に製造を許可することとし、当該免除料を上記補償金に充てることとなった。しかし、使用禁止免除希望者が多かったため、手続簡素化のため、後に、廃棄業者と免除希望者間に直接の合意があれば、廃棄釜数につき直ちに免除希望者に許可を与えるということになり、それに基づき、生糸製造権利の売買が行われることとなった。Xは、生糸製造権利（昭和 16 年度割当額 343 貫匁相当）を同業者である訴外 Z に譲渡するかわり、代金相当額 10290 円を絹紡原料問屋業者 Y が代わりに支払うこととなり、まず内金 1000 円、X の営業廃止後に 7290 円が X に支払われたが、残金が支払われないため X が本訴で残余金を請求。Y は、残金は製糸業組合総合会から補償金として支払われるはずで X とは支払金について意思の合致がないか錯誤があるのだから契約は不成立もしくは無効であるとして反訴。

裁判の流れ

　1 審（盛岡地判年月日不明）は、本件譲渡契約は、生糸業者が繰り糸釜使用の利益を他の生糸業者に譲渡し、非業者が代金支払を約するという構造の契約で、無名契約で有効であるとして Y の反訴請求を棄却。2 審（宮城控判年月日不明）は、本件譲渡契約においては、X は繰り糸釜に関する権利の譲渡を契約の目的に含めておらず、したがって補償金を譲渡代金に含めないという意思を持っていたのに対し、Y は繰り糸釜に関する権利も契約目的に入っていると考え、補償金を譲渡代金の一部とする意思であった、と認定した上で、「当事者の表示行為自体に付て観るときは X は生糸製造権利を訴外会社に譲渡し Y は X にその譲渡代金の支払をなすべきことを約したる点に付双方の意思一致せり」として、「本件生糸製造権利の譲渡は当然繰糸釜に関する権利の譲渡を包含し補償金は譲渡代金に包含するものなり」と認定し、X には錯誤があるが「法律行為の要素に錯誤ありしものにあらず」とし、契約の有効を認めた。Y が上告。

判旨

　〈破棄差戻〉「本件契約に当り X に於ては契約の文言の通り生糸製造権利のみを譲渡し其の代金として Y より 1 万 290 円全額の支払を受くる意思を以て右契約を為したるに反し Y に於ては生糸製造権利と共に繰糸釜に関する権利も共に譲渡せられ之に対し Y より代金として 1 万 290 円中右補償金を控除したる残額のみを支払うべき意思を以て右契約を為したること亦原判決の確定せる所なれば此等原判示事実に依れば本件契約の文言に付ては当事者双方に於て互に解釈を異にし双方相異れる趣旨を以て右文言の意思表示を為したるものにして両者は契約の要素たるべき点に付合致を欠き従って契約は成立せざりしものと云わるべからず。然るに原判決は此点に付当事者双方の内心の意思は合致せざりしも当事者双方の表示行為自体は X が生糸製造権利を譲渡し之が代金として Y が 1 万 290 円を支払うと云ふ点に於て合致し双方の意思表示に何等の不合致なしと判示し契約の成立を肯認したるは原審の自ら判示したる契約文言の解釈及之と同趣旨を以て為されたる Y の表示行為を無視して契約の合意成立を認定したる違法あるものにして上告は理由あり」として、原判決破棄。

判例の法理

　契約文言につき解釈が異なり契約の要素の合致がない場合には契約は不成立である。

判例を読む

　契約が成立するためには、申込みと承諾の意思表示の合致が必要である。しかし、当該意思表示の内容につき、当該契約で欠かすことのできない部分について一致していない場合には、契約は成立しない。本契約は一見したところ、売買目的物と代金の一致があるため単純な売買契約のようでもある。その場合、X Y の主張の違いは、契約の付款の解釈の相違のようにもみえる。そのため、古い有力な学説において、生糸製造権利を目的物とし代金 10290 円とする単純な売買契約についての意思が「表示」され、当該「表示」は当事者において合致しているのだから、補償金・免除料についての認識の違いは表示行為の解釈の違いに過ぎない、そして、表示行為の解釈とは「取引社会において有する客観的意味内容」を確定することであるから、原審が指摘するように、契約の成立を前提とし要素の錯誤が排斥された判断として捉えるべきである、との批判がなされ、その後長らく強い影響力をもった（川島・後掲 114 頁以下）。ただ、本件の事実関係を眺めると、政府の規制に基づき全国製糸業組合が仲介する補償金・免除料の取扱いについての業界の慣行に関する認定事実が不明瞭であり、本件契約の契約目的は製造ライセンスの売買のようにもよめる。そのため、判旨のように、本契約の主要構成要素についての意思表示の合致（「要素」についての合意と言われることもある）自体がないと観る余地もなお残る。この点は、契約の成立に必要な本質的要素は何かという点にも関わる。

【参考文献】　古典的な解説として、川島武宜・判民昭和 19 年度 113 頁以下、本文で言及した表示行為の解釈方法に関し、その視点も含めた詳細な解説として、大中有信・百選 I 36 頁。

竹中悟人

28 慣習の効力【塩釜レール入事件】

大審院大正 10 年 6 月 2 日判決　民録 27 輯 1038 頁、大審院民事判決抄録 92 巻 23218 頁

【92 条】

論点　慣習の効力とその立証の方法

事実の要約

　大正 6 年 4 月 21 日、X（原告・控訴人・被上告人）は Y 会社（被告、被控訴人、上告人）と大豆粕の売買契約を締結し、引渡期日につき、貨車 10 両分につき 4 月 30 日、貨車 1 両分につき直ちに引渡、とした。Y が履行しないため、X は 6 月 22 日に催告し、その後履行遅滞を理由として契約を解除し、債務不履行に基づく損害賠償を請求。Y は同時履行の抗弁を主張し、その際、同契約に含まれた「塩釜レール入り」という特約の文言が問題となった。

裁判の流れ

　Y 会社は、「塩釜レール入り」という文言は「単に契約の目的物と代金とその目的物の引渡場所とを定める」ものに過ぎず、同時履行の原則を変更する趣旨ではないとしたが、2 審（宮城控判大 9・10・27）は、Y 会社が貨車にて肥料を送ることは引渡義務の履行のための準備行為にとどまるものではなく、Y に対する「義務の一内容」を構成するものであり、X に対する代金請求は（貨車にて肥料を送るという）送荷義務履行後に初めて請求しうるものであるとした上で、「塩釜レール入り」という文言は以上の内容を意味する商慣習に対応するものであり、また、本件では当事者がこの商慣習による意思が認められるとして、Y 会社の請求を棄却。Y 会社は、「塩釜レール入り」という特約に関し上記のような商慣習が認められるとしても、当事者が同慣習に依拠する意思があるかどうかという点が本件契約の趣旨を左右するものである以上、慣習による意思があると主張する X の側において（当事者に当該慣習に依拠する旨の意思があることを）立証しなければならない、として上告。

判　旨

　〈上告棄却〉「然れども意思解釈の資料たるべき事実上の慣習存する場合に於ては法律行為の当事者が其慣習の存在を知りながら特に反対の意思を表示せざるときは之に依る意思を有せるものと推定するを相当とす…従て其慣習に依る意思の存在を主張する者は特に之を立証するの要なきものとす」

判例の法理

　本件契約における「塩釜レール入り」という契約文言のような、契約の効力に関わる条項に関する（商）慣習が存在する場合、契約の当事者が、当該慣習の存在について知っており、また、その慣習を適用することにつき反対の意思表示をしていない場合には、当事者が、問題となる契約文言を当該慣習に基づき解釈する意思を有するものと推定される。

判例を読む

　本件事案は、「塩釜レール入り」という契約文言をどのように読むかで、Y 会社による同時履行の主張が成立するかどうかが決まるというものであった。

　商慣習に基づく、ということになれば、大豆粕が貨車に乗せられて塩釜駅に到着して初めて買主に代金支払債務が発生することになるため、未だ履行を終えていない Y 会社は、同時履行の抗弁権は使えないということになる。

　これに対し Y 会社主張のとおり、「塩釜レール入り」という契約文言が単なる目的物の引渡場所の取決めに過ぎないとすると、X が代金の提供をしない以上、同時履行の原則ゆえ履行遅滞に陥らないこととなる。

　そのため、本件では、慣習との関係で、「塩釜レール入り」という契約文言の解釈方法が問題となった。

　そもそも、契約の解釈の方法には様々なものがありうるが、大別して 2 つの解釈態様が指摘されることが多い。**狭義の契約解釈**と**補充的解釈**である。論者によって定義は異なるものの、本件のような契約条項の「文言の意味」を確定する場合は、前者に含まれるとされることが多い。これに対し、契約書には記載がない部分につき当事者の合意内容を補充・修正する場合の契約解釈は、後者に含まれるとされる。ただし、両者の定義は多義的であるため、一義的に明瞭な区別を見いだしうるわけではない。

　慣習に関しては民法 92 条に規定されているところ、本判決は、そのうち狭義の契約解釈について、具体的な判示をしている点が重要である。

【参考文献】　古典的解説として、穂積重遠「慣習―法律行為の当事者が慣習に依る意思を有せるものと認むべき場合」判民大正 10 年度（**89 事件**）272 頁。慣習は、民法 92 条とともに、法の適用に関する通則法 3 条においても問題となるが、相互の関係に関する議論も含めた解説として、上田誠一郎・百選Ⅰ 38 頁。

竹中悟人

論点　契約条項の修正的解釈

事実の要約

訴外会社 A は、A が保有する自動車（以下、本件自動車）につき、保険会社 Y（被告、控訴人、上告人）との間で保険契約（以下、本件保険契約）を締結していたが、訴外 B が訴外 C により本件自動車でひき殺されるという事故が起きた（本件事故）。B を相続した X（原告、被控訴人、被上告人）は、本件自動車の保有者である A に対し、自賠法 3 条に基づく損害賠償の支払を求める訴えを提起し（以下、別訴）判決が確定した。これに対し、X らは本訴で、別訴により A は X に対し損害賠償債務を負ったところ、Y は本件保険契約に基づき同債務と同額の保険金を支払うべきであると主張。Y は、本件保険契約は、自家用自動車保険普通保険約款（以下、本件約款）に基づき締結されたところ、同約款 6 章 12 条 2 号は、保険契約者または被保険者が事故の発生を知ったときには事故発生の日時、場所、事故の状況、損害または傷害の程度、被害者の住所、氏名等を遅滞なく書面で保険者に対して通知すべきである旨規定し（以下、この通知を「事故通知」という）、また、同 14 条は、対人事故の場合の特則として、保険者が保険契約者または被保険者から 12 条 2 号による事故通知を受けることなく事故発生の日から 60 日を経過した場合には、保険契約者または被保険者が過失なくして事故の発生を知らなかったときまたはやむを得ない事由により右の期間内に事故通知できなかったときを除いて保険者は事故に係る損害をてん補しない旨規定するが、A は本件事故後 1 年 8 カ月経過後になって初めて Y に本件事故を通知し、同約款の定める期間を徒過しているから、Y は保険金の支払義務を負わないと主張。

```
        B
     被害者(死亡)
        ‖        不法行為に基づく
        ‖        損害賠償請求権
       Xら ───────────→ A会社(無資力)
   (Bの相続人)          保険金請求権?
                        (1年8ヵ月後に事故通知)
        債権者代位権
        の行使
        ↓
       Y保険会社
```

裁判の流れ

1 審（仙台地判昭 58・10・14 民集 41 巻 1 号 159 頁）も 2 審（仙台高判昭 60・7・19 民集 41 巻 1 号 184 頁）も「約款において事故発生の通知義務が設けられたのは、右通知によって Y がなるべく早期に事故発生を知り、損害の発生を最小限度にくいとめるために必要な指示を保険契約者、被保険者等に与えることができるようにするとともに、Y 自体としても事故状況・原因の調査、損害の費目・額の調査、てん補責任の有無の検討などを行なうこ

とにより適正なてん補額を決定することができるようにすることを目的」であるとし、この「趣旨からすれば、通知義務の違反があった場合であっても、Y において適正なてん補額を決定するうえで支障がない限り、免責されることはなく、てん補責任を負う」として、「本件においては、事故が即死に近く被保険者等において損害の拡大をくいとめる余地は殆どな」く、「損害額が確定判決により適正に算定されている」ため、「X の通知義務の違反が Y の適正なてん補額の決定に支障を来たしたものとは認めがた」いとして、支払義務を認めた。

Y が上告。

判旨

〈上告棄却〉「本件保険契約に適用される自家用自動車保険普通保険約款…6 章 12 条 2 号は、保険契約者又は被保険者が事故の発生を知ったときには事故発生の日時、場所、事故の状況、損害又は傷害の程度、被害者の住所、氏名等を遅滞なく書面で保険者に対して通知すべきである旨規定し（以下この通知を「事故通知」という。）、また、同 14 条は、対人事故の場合の特則として、保険者が保険契約者又は被保険者から 12 条 2 号による事故通知を受けることなく事故発生の日から 60 日を経過した場合には、保険契約者又は被保険者が過失なくして事故の発生を知らなかったとき又はやむを得ない事由により右の期間内に事故通知できなかったときを除いて、保険者は事故に係る損害をてん補しない旨規定しているのであるが、この規定をもって、対人事故の場合に右の期間内に事故通知がされなかったときには、右例外に当たらない限り、常に保険者が損害のてん補責任を免れうることを定めたものと解するのは相当でなく、保険者が損害のてん補責任を免れうる範囲の点についても、また、事故通知義務が懈怠されたことにより生じる法律効果の点についても、右各規定が保険契約者及び被保険者に対して事故通知義務を課している目的及び右義務の法的性質からくる制限が自ら存するものというべきであるところ、右各規定が、保険契約者又は被保険者に対して事故通知義務を課している直接の目的は、保険者が、早期に保険事故を知ることによって損害の発生を最小限度にとどめるために必要な指示を保険契約者又は被保険者等に与える等の善後措置を速やかに講じることができるようにするとともに、早期に事故状況・原因の調査、損害の費目・額の調査等を行うことにより損害のてん補責任の有無及び適正なてん補額を決定することができるようにすることにあり、また、右事故通知義務は保険契約上の債務と解すべきであるから、保険契約者又は被保険者が保険金

を詐取し又は保険者の事故発生の事情の調査、損害てん補責任の有無の調査若しくはてん補額の確定を妨げる目的等保険契約における信義誠実の原則上許されない目的のもとに事故通知をしなかった場合においては保険者は損害のてん補責任を免れうるものというべきであるが、そうでない場合においては、保険者が前記の期間内に事故通知を受けなかったことにより損害のてん補責任を免れるのは、事故通知を受けなかったことにより損害を被ったときにおいて、これにより取得する損害賠償請求権の限度においてであるというべきであり、前記14条もかかる趣旨を定めた規定にとどまるものと解するのが相当である。」

判例の法理

　自家用自動車保険の保険契約者又は被保険者が保険者に対してすべき対人事故の通知を懈怠したときには保険者は原則として事故に係る損害を填補しない旨定める自家用自動車保険普通保険約款14条の規定は、同条に定める例外に当たらない限り常に保険者の免責を認めるものではなく、制限的に理解されなければならない。

判例を読む

　本件で問題となっている自家用自動車保険普通保険約款14条は、その規定を素直に読むと、「事故発生から60日以内に保険者が事故通知を受けない場合」には、①「保険契約者又は被保険者が過失なくして事故の発生を知らなかったとき」又は②「やむを得ない事由により右の期間内に事故通知できなかったとき」を除き、保険者のてん補責任が免責されると読める。

　逆に言えば、「事故発生から60日以内に保険者が事故通知を受けない場合」で保険者が免責されない場合とは、同条が明示する①および②の、「保険契約者又は被保険者が過失なくして事故の発生を知らなかったとき又はやむを得ない事由により右の期間内に事故通知できなかったとき」の場合以外には、存在しないはずである。

　しかしながら本判決は、上記①・②以外の場合でも、なお保険者が免責されない場合を認めた点が注目される。

　これは、本判決が、同約款14条により保険者が免責される場合につき、より制限的な修正を施して解釈している（**修正的解釈**をしている）、ということを示している。

　本件最高裁判決の結論によれば、この修正の結果、以下のように解釈すべきことになる。

　まず、事故発生から60日以内に保険者に対し事故通知がない場合につき、「保険契約者又は被保険者が保険金を詐取し又は保険者の事故発生の事情の調査、損害てん補責任の有無の調査若しくはてん補額の確定を妨げる目的等保険契約における信義誠実の原則上許されない目的のもとに事故通知をしなかった」場合には、Yの全部免責が認められるが（α）、そのような状況が認められず、「事故通知を受けなかったことにより損害を被ったとき」には、部分免責しか認められず（「これにより取得する損害賠償請求権の限度において」免責）（β）、①「保険契約者

又は被保険者が過失なくして事故の発生を知らなかったとき」、又は②「やむを得ない事由により右の期間内に事故通知できなかったとき」には、Yの免責は認められない。

　このような修正の意味については、2つの方向からの理解が可能である。

　第1は、本判決は、保険者が免責される部分を制限しているが、そのような制限がなされた部分については、同部分が一部無効として扱われた、と理解するものである。

　第2は、上記の制限は一部無効としてではなく、同条の規定のありうべき（規範的な）読み方がなされた結果生じたものと理解するものである。後者は、判旨が「右各規定が保険契約者及び被保険者に対して事故通知義務を課している目的及び右義務の法的性質からくる制限が自ら存するものというべきである」と判示する部分に着目した上で、同条についての上記のような「趣旨に基づいた」読み方に従った結果、同条の解釈は結果的に制限的に理解されることになると捉えることになる。

　いずれも、同条の解釈の仕方に内在的制約があるということを前提とする点で共通する。

　本判決は、同条を制限的に解釈する根拠につき、同条の目的や法的性質に遡っているが、これとは別に、解釈の方法としては、類似の内容をもつ規定の解釈と対照させて理解するという方法もある。

　例えば、旧商法658条（平成20年の保険法14条に引き継がれている）は、本件で問題となった条項と同様に保険契約者に通知義務を課す規定であり、本約款の条項と類似の内容をもつものであった。そのため、本件で問題となった条項の解釈を、旧商法658条という法令の規定の解釈から導き出す（同じような解釈が妥当であるとの判断を導き出す）という方向性もありうる。

　実際、学説の中には、旧商法658条の解釈論から、本条項に関する最高裁の判断の妥当性を説明しようとしているものもある（柴田保幸・最判解民昭和62年度91頁）。このように制限的に修正して解釈する方法には、いくつかの考え方が存在しており、今も議論が続いている領域であるといえる。

　なお、約款に関しては、2017年民法改正において、定型約款に関する規定が導入された点も重要である。今なお議論のある規定ではあるが、本判決における約款条項の解釈の方法についての判断が、定型約款に関する規定の制定及び解釈にも影響を与えた点についても、留意する必要がある。

【**参考文献**】旧商法658条の視点も含む解説として、山下友信・法教82号85頁、柴田保幸・最判解民昭和62年度91頁、契約の解釈の視点から問題の全体像を見渡す解説として、石川博康・百選Ⅰ40頁。

竹中悟人

30 民法 94 条 2 項の「第三者」

◆最高裁昭和 48 年 6 月 28 日判決　民集 27 巻 6 号 724 頁、判時 708 号 33 頁、判タ 298 号 217 頁

【94 条 2 項】

論点　虚偽表示の第三者の保護とその類推適用による不動産取引の保護

事実の要約

Xは 1956 年本件家屋を建築し所有したが、保存登記をしていなかった。1959 年、本件家屋は職権によって固定資産税課税台帳に登録されたが、所有名義はXの夫であるA名義とされた。そして、それ以降、Aに対して固定資産税が課されてきた。Xは固定資産税課税台帳にA名義で登録されていることを知っていたが、特に異議を唱えることなくA名義で固定資産税を納入してきた。

ところが、1969 年Aの債権者であるYが、Aに対する強制執行として本件家屋の強制競売を申し立て、競売開始決定がなされた。これに対して、Xは本件家屋の所有権に基づき強制執行の排除を求めて第三者異議の訴えを提起した。

裁判の流れ

1 審（大阪地判昭 44・12・16 民集 27 巻 6 号 731 頁）：Xの請求を認容　2 審（大阪高判昭 47・7・13 民集 27 巻 6 号 733 頁）：民法 94 条 2 項を類推適用して 1 審判決を取り消した。　最高裁：上告棄却

1 審は本件家屋がXの所有であることを認めて、Xの請求を認容した。2 審においてYは固定資産税課税台帳上本件家屋がAの所有名義で登録されており、Yはこれを信じて差押えを行ったのであるから、民法 94 条 2 項の類推適用により保護されるべきであると主張した。2 審判決は、固定資産税課税台帳の家屋の登録は登記簿の表題部の表示に基づきこれと同一事項を記載することになっているから、課税台帳上の名義は権利の外観であること、またXは本件家屋がA名義で登録されていたことを承認していたのであるから、民法 94 条 2 項の類推適用適用により保護されるべきであるとして、1 審判決を取り消した。Xは、強制執行の申立ての時点では、本件家屋の表示の登記はなされておらず、固定資産税課税台帳の登録のみによって、本件家屋がAの所有に属すると信じたこととなるが、固定資産税課税台帳を登記と同様に権利の外観とみて、民法 94 条 2 項を類推適用することはできないとして上告した。

判旨

〈上告棄却〉「原審の認定した事実によると、Xは、その所有の未登記建物である本件建物が固定資産課税台帳にXの夫Aの所有名義で登録されていたのを知りながら、長年これを黙認していたところ、Yは右所有名義により本件建物がAの所有に属するものと信じて、Aに対する債権に基づきこれを差し押えたというのであり、右事実の認定は原判決挙示の証拠に照らし、首肯することができる。

ところで、未登記建物の所有者が旧家屋台帳法（昭和 22 年法律第 31 号）による家屋台帳にその建物が他人の所有名義で登録されていることを知りながら、これを明示または黙示に承認していた場合には、民法 94 条 2 項の類推適用により、所有者は、右台帳上の名義人から権利の設定を受けた善意の第三者に対し、右名義人が所有権

を有しないことをもつて対抗することができないと解すべきことは、当裁判所の判例とするところである（最高裁昭和 42 年（オ）第 1209、1210 号同 45 年 4 月 16 日第一小法廷判決・民集 24 巻 4 号 266 頁）。そして固定資産課税台帳は、本来課税のために作成されるものではあるが、未登記建物についての同台帳上の所有名義は、建物の所有権帰属の外形を表示するものとなっているのであるから、この外形を信頼した善意の第三者は右と同様の法理によって保護されるべきものと解するのが相当である。」

判例の法理

●民法 94 条による無効と第三者の範囲

虚偽表示は、表意者が相手方と通じて行った真意のない意思表示であり、意思表示の当事者間においては表示の外形に対する効果が発生しないことについて了解が存在するのだから、効果発生を認める必要がない。したがって虚偽表示は無効であるが（94 条 1 項）、意思表示の外形を信頼した第三者をいかに保護するかが問題となる。民法は善意の第三者には虚偽表示の無効を対抗できないと規定する（同条 2 項）。

第三者とは一般的には当事者およびその包括承継人以外の者であるが、判例はこれを限定して、意思表示の目的について法律上の利害関係を持つに至った者（大判大正 5・11・17 民録 22 輯 2089 頁）と定義したうえで、個別に判断をしている。

●第三者に該当する者

これまでに第三者に該当する者とされた典型的な例は、虚偽表示により目的物の譲渡を受けた者からの転得者（最判昭和 28・10・1 民集 7 巻 10 号 1019 頁）、目的物について抵当権の設定を受けた者（大判大正 4・12・27 民録 21 輯 2124 頁）、仮装譲渡された不動産について賃貸借契約を締結した賃借人（大判昭和 18・12・22 民集 22 巻 1263 頁）、実際には存在しないが発生を仮装された金銭債権を譲り受けた者から、さらに債権を譲り受けた者（大判明治 40・6・1 民録 13 輯 620 頁）である。このような第三者は、虚偽表示の無効の主張が許されれば、自らの法律関係（所有権や抵当権、賃借権、金銭債権）も消滅することになるから、法律上の利害関係を持ったといえるだろう。

例えば、所有権の譲渡についてみれば、虚偽表示無効の主張が許されるなら虚偽表示の相手方は無権利となり、その者から所有権の譲渡受けた第三者も無権利者となるからである。また、第三者が抵当権の設定を受けた場合、虚偽表示の相手が当該抵当権の設定の時点で所有権を有していなかったのだから、設定を受けた抵当権は無効となる。さらに賃貸借契約も所有者でない者から賃借した場合、真正の所有者が不動産の返還を求めた場合、履行不能によって消滅する可能性がある。

●第三者に該当しない者

他方、第三者に該当しないとされた者は、代理人が相手方と通じて虚偽表示をなす場合の本人（大判大正 3・3・16 民録 20 輯 210 頁）、債権の仮装譲受人から取立ての

ために債権譲渡受けた者（大決大正9・10・18民録26輯1551頁）である。これらの者は虚偽表示の外形について自ら法律上の利害関係を有しているとはいえないからである。

●**差押債権者の第三者該当性**

本件で第三者であることが認められたのは、差押債権者である。判例は仮装譲受人に対して債権を有するに過ぎない一般債権者は第三者に当たらないとしている（大判大正9・7・23民録26輯1171頁）。仮装譲渡の目的物に着目して債権者となったとしても、それは事実上の期待に過ぎず、法律上の利害関係を現実に有しているとはいえないからである。これに対して、債権者が債務者の財産を現実に差し押えた場合は、その財産が債務者の所有物でないとされると強制執行手続は排除され、その財産から債権を回収することができなくなる点に違いを見いだしているものと考えられる。同様に、仮装譲渡受けた者が破産した場合の破産管財人も第三者に当たる（大判昭和8・12・19民集22巻1263頁）。破産管財人は仮装譲渡を受けた者の財産を包括的に差し押えたのと同様に考えることができるからである。

●**民法94条2項類推適用による不動産取引における信頼保護**

民法94条2項は、虚偽表示によって意図的に生み出された仮装の法律関係の虚偽の外形について、善意の第三者を保護する規定である。この規定の基礎にある原理は、虚偽の外形を意図的に作出した真実の権利者の帰責性とそれによって生み出された権利の外形、そしてそれを正当に信頼した第三者の信頼を保護するという点にある。判例は、厳密には虚偽表示が行われたといえない場合にも、虚偽の登記が帰責性のある真実の権利者によって作出された場合に、虚偽の登記を信頼した第三者の信頼が保護に値するときに、民法94条2項を類推して善意の第三者を保護し、あるいは民法94条2項と110条の法意もしくは両条を重畳的に類推適用することによって善意無過失の第三者を保護するという法理を展開した（詳細は→**99事件**～**101事件**参照）。

●**民法94条2項類推適用**

94条2項を単独で類推する場合の要件は、①真実の権利者以外の者に権利が帰属するとの虚偽の外形が存在すること、②真実の権利者がその外形を作出したかその外形を承認ないしあえて放置したこと、③第三者の善意である。

①の虚偽の外形として、本件では通常と異なり、登記ではなく固定資産税課税台帳の登録が権利の外形とされた。判例は、すでに未登記建物について固定資産税課税台帳が唯一の公簿であるときは権利の外形となり民法94条2項の類推を認めていた（最判昭和45・4・16民集24巻4号266頁）。本件はその流れを一歩進めたものである。

②の要件についてはどうか、Xは課税台帳に自己の所有する建物が夫であるA名義で登録されていたが、これは職権によって行われたものであってX自身が作出したものではない。しかし、A所有名義で登録されていることを知りながら、積極的に約8年間A名義で固定資産税を納入してきた事実によってAとXは虚偽の登記を放置しただけでなく、承認したと認めたものと考えられる。

最後に、③の善意であるが、判例は一貫して、94条2項単独の類推適用のケースにおいて、第三者の無過失を

要求していない。真正の権利者の事後的な承認による虚偽の外形に対する帰責性は、自らそれを作出した場合と同等とみており、本来の94条適用の場合と同じく善意のみで第三者を保護してよいとするものであろう。学説上は、94条2項の本来的な適用についても第三者の過失を要求する立場も有力であるうえ（石田喜久夫編『現代民法講義I』（法律文化社、1985）134頁〔磯村保〕、内田I・54頁）、真正の権利者が自ら外形を作出したのではなく、他人が作出した場合には無過失を要求すべき主張も有力である（四宮＝能見・241頁、近江I・200頁、209頁、加藤I・250頁）。

判例を読む

●**差押債権者の第三者性**

差押債権者の第三者性を承認した点は、一貫した判例法理ということができるが、差押債権者は通常の取引行為におけると異なり、対価的出捐もしておらず、一般の債権者が債務者に当該財産が帰属すると信じて債権を取得した場合には、単に事実上の利害関係があるに過ぎないと捉えていることとの均衡上も、第三者性を否定したうえで、手続費用が無駄になったとこによる損害の賠償を認めれば足りるとの指摘がある（石田編・前掲133頁）。差押債権者は差し押えた対象が債務者の所有物でなかった場合には、さらに別の物を差し押さえる可能性も残されていることからすると、通説・判例の立場にはなお疑問の余地があるだろう。

●**権利の外形としての固定資産税課税台帳と真正の権利者の帰責性**

本件では固定資産税課題台帳が権利の外形とされた。しかし、固定資産税課税台帳は課税の前提として原簿を作成することが制度の目的であり、不動産の権利関係の公示を目的とするものではない。

さらに、真正の権利者の帰責性の点でも問題がある。固定資産税課税台帳に権利者でない者が権利者として登録された場合、自己の所有物ではないことを理由としてその登録について不服申立てをする者は誤って名義人とされた者である（本件ではXではなくAが不服申立てをすることになる）。自己の所有する不動産ではないのに納税の義務を負わされるのは不当だからである。さらに本件においては、AとXは夫婦であって家計を同じくするから、結局いずれの名義で登録されていたとしても、経済的には大きな意味を持たない。そうすると、A名義でXが納税したとしても、そのことからXが本件建物の所有権の帰属について虚偽の名義を放置したとしても高い帰責性があるとはいえないとの評価がある（藤原弘道・民商70巻3号129頁）。

判例は未登記の建物については、固定資産税課税台帳が唯一の公簿であり、かつそれが真性の権利関係を示す高度の蓋然性を持ち、所有者を認識するための有力な手がかりであることから、権利の外形性を認めたが、この点は首肯できるとしても、固定資産税課税台帳の本来的な機能からするとA名義での納税によって帰責性をも承認した点には問題があるといわざるを得ない。

【参考文献】　本文中に注記したものの他、判例解説として田尾桃二・最判解民昭和48年度10頁、判例評釈として米倉明・法協90巻2号171頁がある。

大中有信

31 売買目的物の性質の錯誤

◆最高裁昭和 33 年 6 月 14 日判決　民集 12 巻 9 号 1492 頁

【95 条、562 条】

論点　①法律行為の目的物の性質に錯誤した表意者はどのような場合に法律行為を取り消すことができるか
②和解契約と錯誤
③錯誤と契約責任の関係

事実の要約

　XはYに対して、商品代金として62万円あまりの債権を有すると主張して本件訴訟を提起したが、1審の訴訟継続中に裁判上の和解を行った。和解の内容は、次のようなものであった。

　まず、①Yは、Xに対して62万円あまりの債務を負っていることを認める。そして、②62万円あまりのうち40万円の支払方法として、Yは、Xが既に仮差押えしていたYの所有するイチゴジャム150箱を債務の支払に代えてXに引き渡す（代物弁済）。③イチゴジャムの引渡しを受けたXは、Yに対して5万円を支払い、残債務22万円あまりの支払については免除するというものであった。両当事者の交渉において、XとYは、ともにこのイチゴジャムが特選金菊印ジャムであり、45万円（1缶62円50銭相当）と評価していた。ところが、この特選金菊印であると考えられたジャムは実際にはリンゴや杏の入った粗悪品であり27万円あまり（1缶38円程度）の価値に過ぎないものであった。

　そこで、Xは当該和解契約が無効であることを根拠として、当初XがYに対して有していた商品代金債権とその遅延利息の支払を求めた。

裁判の流れ

　1審（大阪地判民集12巻9号1498頁）：Xが勝訴　2審（大阪高判昭32・9・16民集12巻9号1500頁）：和解契約の無効をみとめてYの控訴は棄却された。Yが上告
最高裁：上告を棄却

判　旨

　〈上告棄却〉「上告理由第一点について。しかし、原判決の適法に確定したところによれば、本件和解は、本件請求金額62万9777円50銭の支払義務あるか否かが争の目的であって、当事者であるX（被控訴人、被上告人）、Y（控訴人、上告人）が原判示のごとく互に譲歩をして右争を止めるために仮差押にかかる本件ジャムを市場で一般に通用している特選金菊印苺ジャムであることを前提とし、これを一箱当り3000円（一罐平均62円50銭相当）と見込んでYからXに代物弁済として引渡すことを約したものであるところ、本件ジャムは、原判示のごとき粗悪品であったから、本件和解に関与したXの訴訟代理人の意思表示にはその重要な部分に錯誤があったというのであるから、原判決には所論のごとき法令の解釈に誤りがあるとは認められない。

　同第二点について。しかし、原判決は、本件代物弁済の目的物である金菊印苺ジャムに所論のごとき瑕疵があったが故に契約の要素に錯誤を来しているとの趣旨を判示しているのであり、このような場合には、民法瑕疵担保の規定は排除されるのであるから（大正10年12月15日大審院判決、大審院民事判決録17輯2160頁以下参照）、所論は採るを得ない」。

判例の法理

●目的物の性質の錯誤（論点①）──判例法理による動機表示構成の形成

　表意者が法律行為の目的物の性質、とりわけ特定物の性質について錯誤した場合、民法95条は適用されるか。改正前民法の起草者は、いわゆる動機錯誤による法律行為の無効を承認しないとの原則を採用したうえで、目的物の性質錯誤は動機錯誤の典型である以上、原則として民法95条の適用を否定されるものと解していた（広中俊雄編『民法修正案（前三編）の理由書』（有斐閣、1987）146頁以下）。

　ところが判例は、通常動機に属する事実であっても、表意者が意思表示の内容に加える意思を明示または黙示したときは意思表示の内容を組成すると述べ（大判大3・12・15民録20輯1101頁）、さらに特定の馬を購入するに際して、売買目的物である馬が受胎した良馬であると考えて購入することにしたが、実際にはごく普通の血統で受胎もしていなかったという事例について、物の性質は通常動機に過ぎないが、当事者が意思表示の内容とした場合には、錯誤により法律行為が無効となる可能性があることを承認した（大判大6・2・24民録23輯284頁）。

　最高裁も、この立場を基本的に承継し「意思表示をなすについての動機は表意者が当該意思表示の内容としてこれを相手方に表示した場合でない限り法律行為の要素とはならないものと解するを相当とする」（最判昭29・11・26民集8巻11号2087頁）と述べ、いわゆる動機表示構成の原型が形成された。

●動機表示構成と目的物の性質の錯誤

　しかし、この動機表示構成には注意が必要である。判例の抽象的な定式を見る限り、動機が表示されれば意思表示の内容となり法律行為の内容を形成するように見えるが、判例の中には動機が表示された場合であっても法律行為の内容となっていないことを理由に錯誤を適用しなかったものがある（例えば比較的近時のものとして最判平28・1・12民集70巻1号1頁→**32事件**、最判平28・12・19判時2327号21頁）。

　これとは逆に動機の表示に特に言及することなく錯誤の適用を認めたものも存在し、目的物の性質の錯誤においては特にその傾向がある。本件においても、判決は、単に当事者が「特選金菊印苺ジャムであることを前提とし」たことから、ただちに「Xの訴訟代理人の意思表示にはその重要な部分に錯誤があった」としており、動機の表示にふれるところはない。ただ「特選金菊印苺ジャム」という目的物の性質が備わっていないなら、その金額を45万円相当として見積もり、それをもとに和解契約の内容を決定したことは明らかであるから、その限りで代物弁済の対象とされた苺ジャムの性質が「特選金菊印であること」は表示されていたものとみることができるだろう。同様に、造材事業のために山林を購入するに際して、当該山林には伐採した立木の運送に便利な林道

が既に存在するものと誤信したが、現実には林道はなかったという事案について「右北側山麓道路が存在することは本件売買契約の要素をなすものであつて、右契約締結に際し北側道路の存在するものと誤信した被上告人に錯誤があるとの原審の判断は相当であるといわねばならない」と述べたものがあり（最判昭 37・11・27 判時 321 号 17 頁）、さらに高名な画家の手になる絵画二枚を本物であるとして売買契約を締結したが、実際には贋作であったという事例について、最高裁は「両者の間の売買契約においては本件油絵がいずれも真作であることを意思表示の要素としたもの」とだけ判示して改正前民法 95 条に該当することを是認したものがある（最判昭和 45・3・26 民集 24 巻 3 号 151 頁）。

本件と同じく、いずれの事件においても、契約の交渉過程において「林道が存在すること」、「当該絵画が真作であること」は当事者間に了解が成立している。

目的物の性質は、目的物の価値を決める決定的な要素であり、売買をはじめとする有償契約においては、対価と目的物の価値との均衡が図られることからすると、締結された契約の内容から、目的物がどのような性質を有するものとして観念されたかは比較的容易に推知され、契約書等において明確な動機表示がない場合にも民法 95 条が適用されてきたものと評価できよう。

● 和解契約と錯誤（論点②）

本件においては、和解契約の錯誤が問題とされている。和解契約は争いを解決するために行われる契約である以上、和解で争いを解決した後に、争いとなっていた点について当事者に錯誤があっても、錯誤を主張することはできないと解されている。いわゆる和解の確定効である（696 条）。例えば、当事者間で建物賃貸借の存否に争いがあって、それを和解によって解決した後で、賃貸借契約が既に消滅していたことがわかった場合にも、和解契約の無効を主張することはできない（最判昭和 36・12・27 民集 15 巻 12 号 3092 頁）。

他方で、和解契約も契約である以上、民法 95 条の適用があることについては疑いがない。そこで、和解の確定効にもかかわらず錯誤によって和解契約の効力が生じない場合があるのかが問題となる。

伝統的な通説は、和解の確定効が及ぶのは和解の対象となった事項そのものであり、争いの対象である事項の前提もしくは基礎として当事者が予定した事項、すなわち和解における互譲はその点についての不利益を認容することに及んでいない事項について錯誤があった場合には、錯誤による和解の無効を認めるべきであると主張してきた（我妻栄「和解と錯誤との関係について」法協 56 巻 4 号 726 頁以下）。

当初判例は、上記 2 つの場合を区別しないで、両者共に錯誤は和解の効力に影響を与えないと解した（大判明治 37・10・1 民録 10 輯 1223 頁）。しかし、その後態度を改めて、後者の争いの前提につき錯誤があった場合については、錯誤無効を承認するに至った（大判大正 6・9・18 民録 23 輯 1342 頁）。本判決は、和解によって争点とされた債務の額ではなく、和解契約の前提である代物弁済の目的物の性質について錯誤したことを根拠に、上述の通説・判例の立場に従って、錯誤による無効を承認したものと考えられる。

● 錯誤と契約不適合責任の関係（論点③）

和解契約は両当事者の互譲によって成立する契約であ

るから有償契約であり、民法 562 条以下が規律する契約責任規定の準用（559 条）が認められる。したがって売買と同様、民法 95 条と契約責任規定との適用関係が問題となりうる。目的物の性質について錯誤して民法 95 条が適用される場合は、問題となる目的物の性質は動機の表示を通じて法律行為の内容を形成していると考えられるから、そのような性質を欠いている場合には、多くの事例で当該目的物は同時に契約不適合となることが考えられるからである。

本判決は大正 10 年判決を引用しつつ、両者が競合する場合に、瑕疵担保責任（改正前民法 570 条）の規定は排除されてもっぱら民法 95 条が適用されると述べて、上告を棄却した（いわゆる錯誤優先説）。改正前民法 95 条は法律行為の無効を効果として規定しており、無効な契約に基づく担保責任は考えることができないとの理由による。

判例を読む

● 民法 95 条と動機表示構成

現行民法 95 条は表示錯誤と動機錯誤との区別を明確に規定し、同条 1 項 2 号は「表意者が法律行為の基礎とした事情についてのその認識が真実に反する錯誤」といわゆる動機錯誤を定式化している。そして民法 95 条 2 項は、表意者が法律行為の基礎とした事情についてのその認識が真実に反する錯誤がある場合、表意者が錯誤取消しを主張できるのは、その事情が法律行為の基礎とされていることが表示されていたときに限る。事情についての表示が要求されるのは、判例の動機表示を踏まえたものであって、この要件が従来の判例法理と錯誤が承認される範囲を変更するものではないことを明確化している。本件では和解の内容それ自体から、代物弁済の目的物であるジャムが「金菊印苺ジャム」という性質を備えていることが法律行為の基礎となると評価されることになろう。

● 民法 95 条と民法 562 条以下の優先関係

本判決は、いわゆる錯誤優先説を採用したにもかかわらず、多くの判決例は、両者が競合すると見られる場合にも、当事者の主張に従ってある場合には錯誤の適用を認め、別の場合には瑕疵担保の適用を認めてきたことから、判例は全体として、錯誤が主張されている場合には錯誤規定の適用を優先しているに過ぎないものと評価されている。現行民法 95 条の効果が無効ではなく取消しとなったことで、このような解釈に親和的になったものと考えられる。

他方、契約責任規定は、一般法である錯誤に対して特別規定であること、改正前民法 95 条の無効主張には期間制限がなかったことから、取引関係の早期終息のために、改正前の担保責任規定の適用を優先すべきであるとの見解も有力に唱えられていた。民法改正によって民法 95 条の効果は取消しに改められ、取消権の行使には期間制限があることから（民法 126 条参照）、その必要性は若干緩和されたが、民法 566 条による期間制限とはなお隔たりがあり、取引関係の早期終息の要請をどの程度重視すべきかは、今後の検討課題となろう。

【参考文献】 主として和解と錯誤および契約不適合責任との競合問題という観点から、本件判決を解説したものに曽野裕夫・百選 II 136 頁がある。

大中有信

32 動機（法律行為の基礎とした事情）の錯誤

◆最高裁平成28年1月12日判決　民集70巻1号1頁、判時2293号47頁、判タ1423号129頁

【95条】

論点 目的物の性質以外の動機の錯誤

事実の要約

政府は、2007年6月、企業において暴力団を始めとする反社会的勢力とは取引を含めた一切の関係を遮断することを基本原則とする「企業が反社会的勢力による被害を防止するための指針」を策定し、これを受けて、金融庁は、2008年3月、「主要行等向けの総合的な監督指針」を一部改正し、また、同庁および中小企業庁は、同年6月、「信用保証協会向けの総合的な監督指針」を策定し、本件指針と同旨の反社会的勢力との関係遮断に関する金融機関および信用保証協会に対する監督の指針を示していた。

そのような状況下、X銀行はA社に対して、2008年7月から2010年8月までに、計3回合計8000万円の融資を行った。この各貸付けについて、Y信用保証協会は、事前の本件基本契約に基づいて、X銀行との間で各連帯保証契約を締結した。本件基本契約および各連帯保証契約には、X銀行が「保証契約に違反したとき」は、Y信用保証協会はX銀行に対する保証債務の履行につき、その全部または一部の責めを免れるものとする旨が定められていたが、保証契約締結後に主債務者が反社会的勢力であることが判明した場合の取扱いについての定めは置かれていなかった。

2010年12月、A社について、暴力団員であるBが同社の代表取締役を務めてその経営を実質的に支配している会社であることが判明した。2011年3月A社は本件各貸付けについて期限の利益を喪失し、X銀行はY信用保証協会に対して本件各保証債務の履行を求めた。これに対して、Y信用保証協会は、A社が反社会的勢力であることを知らずに保証契約を締結したのであるから、本件各保証契約は要素の錯誤に該当し、無効であると主張した。

裁判の流れ

1審（東京地判平25・4・24判時2193号28頁）：Xが勝訴　2審（東京高判平26・3・12金法1991号116頁）：A社が反社会的勢力関連企業であったことで、Yの意思表示が要素において錯誤があったとはいえず、本件各保証契約が錯誤により無効であるとは認められないとしてYの控訴は棄却された。Yが上告　最高裁：2審のYの本件各保証契約の意思表示に錯誤があったとはいえないとの判断は是認することができるとし、他方、本件各貸付けについて、本件免責条項にいう原告が「保証契約に違反したとき」に当たらないとした点について、原判決を破棄差戻。差戻控訴審（東京高判平28・4・14）：本件免責条項にいう金融機関が保証契約に違反したときに当たるとは認められないとしてYの主張を棄却。

判旨

〈破棄差戻〉「信用保証協会において主債務者が反社会的勢力でないことを前提として保証契約を締結し、金融機関において融資を実行したが、その後、主債務者が反社会的勢力であることが判明した場合には、信用保証協会の意思表示に動機の錯誤があるということができる。意思表示における動機の錯誤が法律行為の要素に錯誤があるものとしてその無効を来すためには、その動機が相手方に表示されて法律行為の内容となり、もし錯誤がなかったならば表意者がその意思表示をしなかったであろうと認められる場合であることを要する。そして、動機は、たとえそれが表示されても、当事者の意思解釈上、それが法律行為の内容とされたものと認められない限り、表意者の意思表示に要素の錯誤はないと解するのが相当である」。

「XおよびYは、本件各保証契約の締結当時、本件指針等により、反社会的勢力との関係を遮断すべき社会的責任を負っており、本件各保証契約の締結前にA社が反社会的勢力であることが判明していた場合には、これらが締結されることはなかったと考えられる。しかし、保証契約は、主債務者がその債務を履行しない場合に保証人が保証債務を履行することを内容とするものであり、主債務者が誰であるかは同契約の内容である保証債務の一要素となるものであるが、主債務者が反社会的勢力でないことはその主債務者に関する事情の一つであって、これが当然に同契約の内容となっているということはできない。そして、Xは融資を、Yは信用保証を行うことをそれぞれ業とする法人であるから、主債務者が反社会的勢力であることが事後的に判明する場合が生じ得ることを想定でき、その場合にYが保証債務を履行しないこととするのであれば、その旨をあらかじめ定めるなどの対応を採ることも可能であった。それにもかかわらず、本件基本契約および本件各保証契約等にその場合の取扱いについての定めが置かれていないことからすると、主債務者が反社会的勢力でないということについては、この点に誤認があったことが事後的に判明した場合に本件各保証契約の効力を否定することまでをXおよびYの双方が前提としていたとはいえない。また、保証契約が締結され融資が実行された後に初めて主債務者が反社会的勢力であることが判明した場合には、既に上記主債務者が融資金を取得している以上、上記社会的責任の見地から、債権者と保証人において、できる限り上記融資金相当額の回収に努めて反社会的勢力との関係の解消を図るべきであるとはいえても、両者間の保証契約について、主債務者が反社会的勢力でないということがその契約の前提または内容になっているとして当然にその効力が否定されるべきものともいえない。

そうすると、A社が反社会的勢力でないことというYの動機は、それが明示または黙示に表示されていたとしても、当事者の意思解釈上、これが本件各保証契約の内容となっていたとは認められず、Yの本件各保証契約の意思表示に要素の錯誤はないというべきである。」

判例の法理

●動機表示と法律行為の内容化

判例は、動機錯誤であっても動機が表示されて意思表

示の内容となった場合には、改正前民法95条の適用を認める態度を示してきた（→31事件参照）。しかし、その後に続く最高裁判所の諸判決はこの点の表現について帰一しておらず、明確な基準を見いだすことは困難であった。

本件では、まず表意者が保証契約の締結に際して考慮した事情のうち、主債務者が反社勢力ではないとの観念を動機と位置づけたうえで「動機は、たとえそれが表示されても、当事者の意思解釈上、それが法律行為の内容とされたものと認められない限り、表意者の意思表示に要素の錯誤はない」と述べて、動機を相手方に陳述しただけでは法律行為を解消することはできないとした。こうした説示は、本件が引用するように、最高裁判例の一部に既に見られた立場であった。既に最判昭37・12・25（裁判集民63号953頁）は「動機が表示されても意思解釈上動機が法律行為の内容とされていないと認められる場合には、動機に存する錯誤は法律行為を無効ならしめるものではない。」と述べて、本件とほぼ同様の判断構造を示している。昭和37年判決は、土地の売主が買主である国から「税務署と折衝して法律上可能な限り税額を低きに留めるよう努力する」と言われたが、期待したほど税額が低くならなかったために、錯誤を主張して契約の無効を主張したが、その主張が排斥された事案である。

●**本件判決の引用する判例の意義**

昭和37年判決では、現実には売主の期待に反して税額が相当程度高額になったとしても、売主は締結時点で、税額が買主の努力にもかかわらず、一定以内にとどまらない可能性があることについて認識しており、そのことを理解したうえで契約を締結したのである。そうすると、税額の多寡は将来の不確実な事実であるから、これが契約内容となるためには、「譲渡所得税を税務署に対する被上告人側〔買主〕の折衝によりできるだけ上告人〔売主〕主張の程度に低額に決定徴収させる約束を含むことや、かような言明がなかったならば上告人は本件売買契約を締結しなかつたであろうという如き関係において、右言明が本件売買契約の内容にまでされていたこと等については、これを認めるに足る証拠がない」として排斥している。両当事者が不確実だと考えていた事情は、その不確実性ゆえにあらかじめ期待に反した結果に対応する契約内容とすることが可能であり、それがない場合には、契約内容となったとはいえない。

これに対して、本件判決の引用するもうひとつの事件である最判平元・9・14（家月41巻11号75頁→33事件）は、離婚に際して夫から妻に全財産を与える財産分与契約を締結したが、その際両者共に分与を受ける妻に課税されるものと考えていたが、実際には夫が税金を納めなければならないことが後に判明した事案であるが、妻に課税されるという観念は契約締結の動機であって、かつ黙示の表示によってこの動機が契約内容となっていることから、錯誤無効が承認された例である。昭和37年判決との差異は、財産分与に伴っていずれが課税されるかについて不確実だと考えられたわけではなく、妻に課税されるということを当然の前提として契約が締結されたという点にある。

●**本件判決における契約内容化**

本判決は業として融資を行いまた保証を行う者同士の契約である以上「主債務者が反社会的勢力であることが

事後的に判明する場合が生じ得ることを想定でき、その場合にYが保証債務を履行しないこととするのであれば、その旨をあらかじめ定めるなどの対応を採ることも可能であった」ことから契約内容化を否定している点で、主債務者が反社会的勢力ではないことを当然の前提として契約内容とされているのではなく、むしろ不確実であることを認識しつつ行われた契約であるにもかかわらず、反社会的勢力であることが判明した場合の契約上の規律が置かれていないことをもって、契約内容化を否定している点で、先にあげた昭和37年判決に近接しているものと捉えることができる。

さらに最高裁は、主債務者が中小企業者の実体を有する者ではないことが判明し、保証人が錯誤を主張したという事案で、本判決と同様に、動機は表示されているものの、法律行為の内容とされていないことを理由に錯誤の主張を退けている（最判平28・12・19判時2327号21頁）。

これに対して、動機の表示にそもそも言及せず法律行為の内容となったか否か、そしてその重要性を問題とした最高裁判決がある。事案は、保証契約書において実体のあるクレジットである旨の記載がなされており、保証人も、主たる債務が空クレジットではなく実体のあるクレジット契約上の債務であると信じて保証契約を締結したというものであるが、これについて最高裁は「保証契約は、特定の主債務を保証する契約であるから、主債務がいかなるものであるかは、保証契約の重要な内容である」と述べ（最判平14・7・11判時1805号56頁）、動機の表示の有無を問題とすることなく、錯誤の主張を認めている。どのような事情が契約内容となるかについては、契約類型と問題となる事情との関係性によって個別的に確定されることが分かる。

判例を読む

●**動機の表示と法律行為の内容化**

すでに、下級審判例の分析を通じて、判例が動機の表示のみが決め手になるのではなく、法律行為の内容になったか否か（「法律行為の内容型」）と相手方によって動機の錯誤が惹起されたかもしくは動機の錯誤を利用したこと（「相手方の態様型」）が決め手となっているとの指摘が有力になされていた（山本敬三「『動機の錯誤』に関する判例の状況と民法改正の方向(上)(下)」NBL1024号15頁以下、1025号37頁以下『『契約法の現代化』（商事法務、2022）61頁以下所収）。本件判決は、主債務者が反社会的勢力ではないことが当然の前提とされたのではなく、不確実な事情であることを十分考慮することができたにもかかわらずそれから生ずるリスクを回避することをしなかったことから契約内容化を否定し、そのことから生ずるリスクを保証人に負わせた。本判決の契約内容化要件と民法95条1項2号および同条2項の「法律行為の基礎」となることがどのような関係に立つかは、今後の事例の集積に待たざるを得ないが、いずれにせよ動機の表示のみでは、錯誤取消しは認められないという判断構造を有するから、本判決の判断構造は重要な示唆を持つものといえよう。

【参考文献】 本判決の判例評釈としては、石川博康・金法2049号33頁、大中有信・金法2047号81頁、佐久間毅・金法2035号21頁、山下純司・百選I 46頁等がある。

大中有信

33 動機（法律行為の基礎とした事情）の黙示の表示

最高裁平成元年9月14日判決　家月41巻11号75頁、判時1336号93頁、判タ718号75頁

【95条】

論点 動機が黙示で表示された場合の錯誤の成否

事実の要約

銀行に勤めるXは、妻であったYと協議離婚をするに際して、Yの意向に沿う形で、婚姻中XYが同居していたXの固有の財産である土地甲と甲の上に立つ建物乙を、財産分与としてYに全部譲渡すると約束し、離婚協議書にその旨記載したうえで離婚が成立した。その際Xは、Yに課税されることを気遣っていたが、両者の間でXに課税されることは特に話題にのぼらなかった。ところがXは、離婚後上司の指摘によって、実際には分与者であるXに課税されることを知り、その税額は2億2224万余円であることが判明した。Xは、錯誤による財産分与契約の無効を主張して、Yに対して、乙建物につき所有権移転登記の抹消登記手続を求めた。

裁判の流れ

1審（東京地判昭62・7・27家月41巻11号84頁）、2審（東京高判昭62・12・23判時1265号83頁）ともにXの請求を棄却。2審は、Xに対する課税の有無は当事者間において全く話題にもならなかったのであって、課税のないことが合意の動機として表示されたものとはいえない、としてXの錯誤主張を排斥した。これに対してXが上告。最高裁はXの錯誤の主張を認めて2審を破棄し、要素の錯誤の成否およびXの重過失の有無についてさらに審理を尽くすよう2審に差し戻した。差戻控訴審（東京高判平3・3・14判時1387号62頁）は、重過失を否定し、Xの請求を認容した。

判旨

〈破棄差戻〉「意思表示の動機の錯誤が法律行為の要素の錯誤としてその無効をきたすためには、その動機が相手方に表示されて法律行為の内容となり、もし錯誤がなかったならば表意者がその意思表示をしなかったであろうと認められる場合であることを要するところ、右動機が黙示的に表示されているときであっても、これが法律行為の内容となることを妨げるものではない。」

「Xは、その際、財産分与を受けるYに課税されることを心配してこれを気遣う発言をしたというのであり、記録によれば、Yも、自己に課税されるものと理解していたことが窺われる。そうとすれば、Xにおいて、右財産分与に伴う課税の点を重視していたのみならず、他に特段の事情がない限り、自己に課税されないことを当然の前提とし、かつ、その旨を黙示的には表示していたものといわざるをえない。そして、前示のとおり、本件財産分与契約の目的物はXらが居住していた本件建物を含む本件不動産の全部であり、これに伴う課税も極めて高額にのぼるから、Xとすれば、前示の錯誤がなければ本件財産分与契約の意思表示をしなかったものと認める余地が十分にあるというべきである。」

判例の法理

●黙示の表示による動機表示

判例は、動機錯誤であっても動機が表示されて意思表示の内容となった場合には、改正前民法95条の適用を認める態度を示してきたが（→**31事件**参照）、本判決は、このような定式を動機が黙示的に表示された場合にも適用したものである。

判例を読む

●法律状態の錯誤

本判決の判断対象は、財産分与における分与者に対する譲渡所得課税の有無という、法律状態に関する錯誤である。当該法律行為に対して，法規が適用された結果生ずる法律効果に関して生じた錯誤を事実についての錯誤と同様と見ることができるかについては、やや疑問が残る。例えば，売買契約に契約不適合責任の規定が適用されたからといって，錯誤を主張することはできない。判決はおそらく，既にある財産の清算という、財産分与の特質に鑑みて財産分与によって企図された分与者に生ずる負担の実質を、財産分与に対する課税処分を含めた上で全体としてとらえ，法律行為の内容となることを承認したものと思われる。

●重過失の判断基準

2審判決は、そもそも動機表示を認定しなかったので、本判決は原審判決を破棄し、錯誤の要素性と表意者に重過失があったといえるかどうかについて再度審理を尽くさせるべく差し戻したから、差戻審において上記2点について、判断が行われることになった。ここでいう重過失とは、当該具体的な事情のもとで、表意者の職業、行為の種類・目的に応じて、普通人に期待される注意を著しく欠くことを意味する（大判大正6・11・8民録23輯1758頁）。本判決のXは、長年にわたって銀行につとめていたため譲渡所得課税が分与者に対して行われることについて容易に知ることができたかのかどうかが争点となったが、差戻審判決は、Xは銀行員であるが法務もしくは税務を専門とする仕事をしていなかったこと、突然の履行の申入れを受けて数日間で本件財産分与契約を締結したという経緯があったということを理由として、重過失を否定しており、相当程度具体的な事情に踏み込んだ判断が行われている。

もっとも、黙示の動機表示の認定について差戻控訴審は、XがYに対して「本件土地建物を取得するYに税金が課されることを気遣い，大丈夫かと尋ねた。」のに対して、妻は「何とかなるというような返事をした。」ことを認定している 。両当事者は誤って「妻に課税される」という法律状態の認識を前提として財産分与契約を締結している。したがって、改正後の民法では、民法95条3項2号によって、仮にXに重過失があったとしても錯誤の主張が許される可能性があったといえよう。

【参考文献】　本判決の判例評釈としては、山下純司・百選Ⅰ7版50頁、鹿野菜穂子・ジュリ956号110頁、小林一俊・民商102巻4号488頁、山田二郎・リマークス（1990）132頁等がある。

大中有信

34 詐欺取消しから保護される第三者の「登記」の要否

最高裁昭和 49 年 9 月 26 日判決　民集 28 巻 6 号 1213 頁

【96 条】

論点　詐欺による取消前に取引関係に入った第三者は登記が必要か

事実の要約

A 会社は 1966 年 6 月 24 日、本件農地を含む 6 筆の土地を原告 X から買い受けた。そのうち 5 筆の土地については所有権移転登記を行ったが、本件土地は農地であるため農地法 5 条の許可を条件とする条件付所有権移転仮登記をし、代金支払のために 3 通の手形を振り出した。A はかねて債務を負っていた Y の要求に応じて、同年 7 月になって Y に対して 5 筆の土地および本件農地を譲渡担保として譲渡し、7 月 6 日に 5 筆の土地については所有権移転登記を行い、本件農地については仮登記移転の付記登記を行った。ところが A 会社は倒産し、X に対する約束手形の支払をすることもできなくなった。そこで、X は A が代金支払の能力も意思も持っていなかったにもかかわらず、X を欺罔して本件土地の売買契約を締結したものとして、7 月 27 日に売買契約取消しの意思表示を行い、Y に対して、5 筆の土地については所有権移転登記を、本件農地については付記登記の抹消登記を求めて本訴に及んだものである。なお、X は A に対しても本件農地についての所有権移転仮登記の抹消を請求しているが、A はこれを認諾している。

裁判の流れ

1 審（浦和地判昭 43・7・9 民集 28 巻 6 号 1232 頁）：請求棄却　2 審（東京高判昭 45・1・29 判タ 247 号 274 頁）：請求一部認容　最高裁：破棄自判

1 審は A に欺罔の故意がなかったと認定して、X の請求を棄却した。これに対して 2 審判決は、A の詐欺と Y がこれにつき善意であることを認定した上で、「目的物の所有権を取得せずにその物についての債権を有するだけの場合およびその所有権を取得した場合でも対抗要件を備えないときは」取消しの結果を対抗し得るとして、5 筆の土地については X は Y に対して取消しを対抗し得ないが、本件農地については A も Y も所有権移転登記請求権を取得したにすぎず、仮に所有権を取得していたとしても対抗要件を備えたとはいえないから、X は Y に対して取消の結果を対抗できると判示し、本件農地についてのみ X の請求を認容した。Y が上告。最高裁は原審の X 勝訴部分を破棄し、自判した。

判　旨

〈破棄時判〉「民法 96 条第 1 項、3 項は、詐欺による意思表示をした者に対し、その意思表示の取消権を与えることによって詐欺被害者の救済をはかるとともに、他方その取消の効果を『善意の第三者』との関係において制限することにより、当該意思表示の有効なことを信頼して新たに利害関係を有するに至った者の地位を保護しようとする趣旨の規定であるから、右の第三者の範囲は、同条のかような立法趣旨に照らして合理的に画定される

べきであって、必ずしも、所有権その他の物権の転得者で、かつ、これにつき対抗要件を備えた者に限定しなければならない理由は、見出し難い。

ところで、本件農地については、知事の許可がないかぎり所有権移転の効力を生じないが、さりとて本件売買契約はなんらの効力を有しないものではなく、特段の事情のないかぎり、売主である X は、買主である A 会社のため、知事に対し所定の許可申請書手続をなすべき義務を負い、もしその許可があったときには所有権移転登記手続をなすべき義務を負うに至るのであり、これに対応して、買主は売主に対し、かような条件付の権利を取得し、かつ、この権利を所有権移転請求権保全の仮登記によって保全できると解すべきことは、当裁判所の判例の趣旨とするところである」。「そうして、本件売渡担保契約により、Y は、A が本件農地について取得した右の権利を譲り受け、仮登記移転の附記登記を経由したというのであり、これにつき X が承諾を与えた事実が確定されていない以上は、Y が X に対し、直接、本件農地の買主としての権利主張をすることは許されないとしても」、「本件売渡担保契約は当事者間においては有効と解しうるのであって、これにより、Y は、もし本件売買契約について農地法 5 条の許可があり A 会社が本件農地の所有権を取得した場合には、その所有権を正当に転得することのできる地位を得たものということができる。

そうすると、Y は、以上の意味において、本件売買契約から発生した法律関係について新たに利害関係を有するに至った者というべきであって、民法 96 条 3 項の第三者にあたると解するのが相当である」。

判例の法理

●民法 96 条 3 項における第三者の範囲

判例は、民法 96 条 3 項によって保護される第三者の範囲について、古くは詐欺の事情を知らず善意をもって新たに権利を取得した者（大判明治 33・5・7 民録 6 輯 5 巻 15 頁）としていたが、本判決はこれを「当該意思表示の有効なことを信頼して新たに利害関係を有するに至った者」と規定したうえで、具体的にはこのような者を保護しようとする法の趣旨に照らして合理的に確定すべきであると述べた。そして、この第三者は「所有権その他の物権の転得者で、かつ、これにつき対抗要件を備えた者に限定しなければならない理由は、見出し難い」として、本件の Y が仮登記の付記登記を取得したという地位を得たということを確認したうえで、「新たに利害関係を有するに至った者」として民法 96 条 3 項の第三者に当たることを認めた。

判例を読む

●取消前の第三者の保護

A が B に欺罔され不動産を B に売却し、B がこれを C に譲渡した後に、A が A B 間の売買契約を取り消した場合、A B 間の売買契約は A の取消権行使によって遡及的に無効となるから（121 条参照）、取消しによって、B は

さかのぼって所有権を取得しなかったことになる。そうするとBから所有権を譲り受けたCもさかのぼって所有権を喪失することになる（CがAB間の契約が取り消された後にBから譲渡を受けた場合については→ **80事件**参照）。

しかし、詐欺にあったとはいえ欺罔されたAにも一定の落ち度があり、かつ、Bに権利があることを信頼した第三者Cを保護すべき要請がある。そこで、民法96条3項は第三者Cに対しては、遡及効が及ぶことを制限した。同様の趣旨は民法94条2項の第三者にも当てはまるが、第三者Cの保護要件にはちがいがある。

虚偽表示の場合には真の権利者であるAの帰責性が強いため、第三者の保護要件は善意のみである。これに対して、詐欺の場合にはAの帰責性が弱いために第三者Cは善意のみならず無過失を要求されている。AB間の売買契約の取消原因が強迫の場合には、Aに帰責性はないから第三者は保護されないのと対照的である。

●登記不要説

善意無過失の第三者が保護されるためには、登記まで取得している必要があるか。伝統的な通説は、民法96条3項の解釈としては登記を要するものと解していた（我妻・講義Ⅰ312頁、同・講義Ⅱ102頁）。しかし、現在の学説は、AとCの関係を対抗問題と構成することを困難とみている。

一般に学説はいわゆる対抗問題を、AとCが両者共に相容れない権利を有している場合に両者の優劣を決する場合であるのに対して、善意無過失の第三者Cに対抗することのできないAは無権利者となるのだから、対抗要件として登記を要求することは不要だと解する（舟橋諄一・民商17巻3号315頁、四宮和夫「遡及効と対抗要件」『四宮和夫民法論集』〔弘文堂、1990年〕10頁、下森定・注民（3）231頁）。本判決は保護される第三者を「対抗要件を備えた者に限定する必要は無い」としており、判決の文理から見れば対抗要件を不要としたものと理解できると指摘されている（石田喜久夫編『現代民法講義Ⅰ』（法律文化社、1985）168頁〔磯村保〕、石田・総則361頁）。

●虚偽表示の場合

以上の見解に立てば、虚偽表示の第三者も同様に考えることができる。判例は、AからBに不動産が虚偽表示によってB名義とされ、さらにBから第三者Cに転売したとき「登記が第三者に対する対抗要件とされているときでも、右仮装行為者としては、右第三者の登記の欠缺を主張して、該物権変動の効果を否定することはできないものと解すべきである」として、明確に対抗関係を否定して、第三者の保護のために登記不要と解している（最判昭和44・5・27民集23巻6号998頁）。

●権利保護資格要件としての登記（登記必要説）

これに対して、ここでの問題が厳密な意味での「対抗問題」ではないことは前提として、なお第三者保護の要件として登記を要求すべきことも有力に主張されている（川井・総則・190頁、内田Ⅰ・85頁、河上・総則講義383頁）。取消しによって権利を回復する者の保護とそれに対応する第三者の保護の調和を図るためには、権利回復者の帰責性の大きさに応じて第三者側が保護されるために必要とされる主観的・客観的要件の内容・程度を決定すべきであり、第三者の権利取得に高度の確実性を要求する趣旨で、対抗要件の具備等を求めることができ、判例が帰責性の大きい虚偽表示の場合は対抗要件を不要とし（前掲昭和44年決判）、他方帰責性がそれほど大きくない解

除前の第三者については（民法545条1項ただし書）、登記を必要とするのと適合する（最判昭和36年6月14日民集12巻9号998頁）と指摘する（鎌田薫・百選Ⅰ6版49頁）。本判決についても、第三者Yは権利の保全のためになし得るすべてを行っていたことから、まったく登記を取得していない第三者まで保護すべきとしたものと理解すべきであるか疑問であると指摘されている（星野英一・法協93巻5号823頁、須永醇・昭和49年度重判・56頁）。

●登記の必要性の意義

以上のように、登記の要否については、見解が分かれた状況にある。さらに、本判決が農地の売買であって、通常の不動産取引と異なり、複雑な法律状態であることも相まって、判決の理解そのものも対立した状況にある。不要説は判旨が「所有権その他の物権の転得者で、かつ、これにつき対抗要件を備えた者に限定しなければならない理由は、見出し難い」と述べたことを根拠として、対抗要件を不要と解するのに対して、必要説はむしろ後半の「本件売買契約について農地法五条の許可がありAが本件農地の所有権を取得した場合には、その所有権を正当に転得することのできる地位を得たものということができる。」と述べたことを重視して、第三者Yを実質的には法制度上登記を取得することは出来ないものの、Yとして所有権を保全するために可能な法的手段を講じていることを、実質的に見て登記を得たのと同等と評価しているからである。

両説ともこの問題をいわゆる対抗問題と構成すべきでないと解する点では一致している。注意しなければならないのは、登記必要説は、画一的に登記の有無によって第三者の保護を検討するのではなく、民法94条の場合と比較すると帰責性の弱い詐欺被害者であるXの保護の要請と第三者Yの要保護性を、Yの善意・無過失という主観的態様のみならず、取引の経緯全体を「権利取得の態様、占有状態、対価支払いの有無等をも勘案して総合的に判断すべき」（鎌田・前掲書）だとしている点にある。

民法96条3項は、第三者の保護要件として、第三者の善意・無過失のみを要件とするに過ぎないが、第三者が詐欺取消しの遡及効が及ぶことによって被る実質的な損失は、詐欺者と第三者の間の法律行為の内容、履行の状況等によって大きく変わりうる。例えば、善意無過失の第三者が目的不動産について売買契約を締結したが、単に契約書を交わしたのみで、未だ代金の支払いはおこなっておらず、登記も取得していない段階と、既に代金を取得して登記を取得した段階では、保護の必要性は異なる。このように信頼に基づく法律関係の形成が第三者にとって不可逆なものであるかを考慮すべきであるとする指摘には傾聴すべきものが含まれている。

【参考文献】 本文中に引用したものの他、本判決の判例評釈として、宇佐美大司・別冊ジュリ13巻3号232頁、生熊長幸・民商73巻1号102頁、金山正信・法事47巻3号108頁、川井健＝岡孝・判評196号27頁がある。また、取消しと登記に関する立法史と学説の全体像については、武川幸嗣「法律行為の取消における第三者保護の法的構成序説」法研69巻1号542頁以下、中舎寛樹「民法96条3項の意義」南山法学15巻3＝4号47頁以下に新たな角度からの分析が行われている。

大中有信 ⚫

35 強迫による意思表示

最高裁昭和33年7月1日判決　民集12巻11号601頁

【96条1項】

論点
①強迫行為と意思表示の因果関係
②強迫の要件を満たす畏怖の程度

事実の要約

被告Y会社は本件土地・家屋を、徴用工員として雇用していた原告Xらに賃貸していた。終戦と同時にXら徴用工員は解雇された。Y会社はこれらの住宅はY会社の労働組合によって管理されることとなり、かつ退職者に明渡しを求める旨掲示したところ、居住に不安を覚えた徴用工員の代表者が、Y会社の代表取締役であるAと労働組合の関係幹部であるBに別々に事情の説明を求めたところ、AとBの説明に食い違いがあったため、Bの立会いのもとAの説明を受け、この機会に本件土地・家屋の譲渡を受けようと考えて、Y会社の工場事務室で面談した。Aらは総務部長など12名を伴って面談に訪れたが、Xらは30名以上が参加し、加えてAに反感を持つ労働組合員十数名が事務室に押し寄せ、Aらはこれに取り囲まれた。交渉においては、BがAの説明は間違っていると難詰し、Xらもこれに呼応してわめき立て、Bはついにはその顔を殴打したが、Xらはこれを制止、救助することもなく、かえってこのような険悪な情勢の下で住宅の売買についての交渉に入った。Aらはいったん会談を打ち切り、再び警察官数名の同行を得た上で、事務所に戻ってきたが、Aが到着するや遅いとか、警察官を連れてきたとかの不満をぶちまけ、Xらの要求を容れなければ、危険の身に及ぶは避けがたい情勢にあり、Aはやむなく本件土地建物を現居住者たるXらに売り渡す旨述べた。XはY会社との間で、本件土地建物につき売買契約が成立したとして、売買代金の支払と引替えに所有権移転登記手続をなすべきことを求めて本訴を提起した。

裁判の流れ

1審（千葉地判民集12巻11号1605頁）：請求棄却　2審（東京高判昭31・9・11民集12巻11号1608頁）：控訴棄却　最高裁：上告棄却

1審は、売買契約の成立は認めたが、Y会社は1審において売買契約の意思表示の取消しを行い、これを認めて、Xの請求を棄却した。2審も売買契約の成立を認めながらも、Y会社が1審で行った取消しの効力を認めて、控訴を棄却した。Xは選択の自由が許され、Yが利害得失を考慮した上で意思決定をしたとすれば、強迫の意思表示であるというべきではなく、再開後の会談では警官の護衛もあり、安全かつ自由な立場にあったのだから、たとえ、表意者において主観的に畏怖を生じた結果なされたものであったとしても強迫に基づく意思表示とすることはできないとして上告した。

判旨

〈上告棄却〉「民法96条にいう『強迫に因る意思表示』の要件たる強迫ないし畏怖については、明示若しくは暗黙に告知せられる害悪が客観的に重大なると軽微なるとを問わず、苟くもこれにより表意者において畏怖した事実があり且右畏怖の結果意思表示をしたという関係が主観的に存すれば足りるのであって、原判決確定の事実からすれば、原審が本件につき強迫による意思表示の成立

を認めたのは何等違法ではない。所論は、強迫の結果選択の自由を失わない限り強迫に因る意思表示ありといい難いとするものであるが、完全に意思の自由を失った場合はむしろその意思表示は当然無効であり、民法96条適用の余地はないのである」。

判例の法理

●強迫行為と意思表示との因果関係

強迫の要件としては通常、他人の強迫行為によって表意者が畏怖を生じ、その畏怖によって意思を決定・表示したことが必要であると解されているが（下森定・注民(3)238頁など）、本判決はこの因果関係要件につき主観的なもので足りるとした。

●畏怖の程度

強迫行為によって生ずる畏怖の程度についても本判決は論じており、意思の自由を失うに至らなくともよいと判示した。学説にはそれを越えて、本判決をもって表意者が完全に意思の自由を失った場合には意思表示が当然無効になる旨の先例であると理解するものもあるが（我妻・講義I 314頁、川島・総則305頁、下森・前掲注1）242頁など）、上告理由が強迫による取消の要件として完全に意思の自由を失った場合にのみ強迫が成立すると主張したのに対して、本判決はこれを排斥したのみであるから、この点についての判旨は傍論というべきであろう（これについて詳述するのは須永醇・百選I 3版54頁である）。

判例を読む

●強迫行為による取消しと無効

学説上は意思の自由を全く欠いて行われた意思表示は当然に無効であると解されており、本判決は傍論ではあるが、その場合には96条の適用はないものと述べている（同じく傍論であるが、すでに大判明39・12・13刑録12輯1360頁）。この点は、無効と取消しとの二重効問題と関連する（四宮＝能見・総則277頁）。東京高判昭52・5・10判時856号87頁は、同様に傍論であるが意思の自由を喪失していた状況で行われた手形行為を無効ないし不成立とした上で、強迫による取消しでも結論に変わりはない旨を述べている。

本判決は、意思の自由を完全に欠く場合には、強迫の要件は充足しないとしているから、意思の自由が完全に失われたことによる当然無効と強迫による取消しとは、そもそも競合しないとの立場をとっている。しかし、強迫によって意思の自由を完全に欠くにいたった場合と、それには至らないが強迫に該当する場合の区別それ自体きわめて曖昧なものであるから、救済競合説（二重効）を認めるべきであろう。

【参考文献】 本判決の評釈・解説として、小林亀郎・自由と正義10巻6号38頁、川添利起・最判解昭和33年度177頁（曹時10巻9号82頁）、谷田貝三郎・民商40巻2号103頁、須永醇・別ジュリ10巻4号56頁、同・別ジュリ77号62頁、田中教雄・百選I 5版新法対応補正版50頁がある。

大中有信

36 意思表示の到達

最高裁昭和 36 年 4 月 20 日判決　民集 15 巻 4 号 774 頁、判時 258 号 20 頁、判タ 118 号 76 頁

【97 条】

論点 意思表示に準ずる催告が相手方に到達したといえるのはどのような場合か

事実の要約

　X 社は Y 社に土地を賃貸し、Y 社は土地の上に建物を建設して、所有していた。ところが、Y 社が賃料を支払わないので、X 社の従業員 A は 1951 年 9 月 27 日に、同年 10 月 3 日までに同年 4 月から 9 月まで 6 ヶ月分の未払い賃料を支払うよう催告する内容の書面を Y 社の事務室に持参し、その日たまたま遊びに来ていた X 社の代表取締役 B の娘 C に交付した。C は催告書を通常の請求書だと考えて、A の持参した送達簿に B の印を押印し、Y 社の他の従業員に特に告げることなく、B の机の引き出しに入れた。その後、同年 10 月 5 日 X 社から賃貸借契約を解除する旨の書面が来てはじめて、X 社の従業員らは催告書が事前に送られていることを知った。X 社は賃貸借契約が解除されたと主張して、建物収去土地明渡しを求めて本訴を提起した。

裁判の流れ

　1 審（大阪地判 民集 15 巻 4 号 789 頁）：X の請求容認、2 審（大阪高判昭 32・12・20 民集 15 巻 4 号 793 頁）：本件催告書は受領権限のない者に交付されたものであるから、Y 社がこれを了知することができる状態におかれたものとはいえず、催告は契約解除の前提としての効力がないとして、契約解除の意思表示の無効を認定し、無断転貸、特約違反を原因とする賃貸借契約解除の主張も排斥して、X 社の請求を棄却。最高裁は、2 審を破棄差し戻した。

判　旨

　〈破棄差戻〉「隔地者間の意思表示に準ずべき右催告は民法 97 条により Y 社に到達することによつてその効力を生ずべき筋合のものであり、ここに到達とは Y 社の代表取締役であつた B ないしは同人から受領の権限を付与されていた者によつて受領され或は了知されることを要するの謂ではなく、それらの者にとつて了知可能の状態におかれたことを意味するものと解すべく、換言すれば意思表示の書面がそれらの者のいわゆる勢力範囲（支配圏）内におかれることを以て足るものと解すべきところ（昭和 6 年 2 月 14 日、同 9 年 11 月 26 日、同 11 年 2 月 14 日、同 17 年 11 月 28 日の各大審院判決参照）、前示原判決の確定した事実によれば、Y 社の事務室においてその代表取締役であつた B の娘である C に手交され且つ同人において A の持参した送達簿に B の机の上に在つた同人の印を押して受取り、これを右机の抽斗に入れておいたというのであるから、この事態の推移にかんがみれば、C はたまたま右事務室に居合わせた者で、右催告書を受領する権限もなく、その内容も知らず且つ Y 社の社員らに何ら告げることがなかつたとしても、右催告書は B の勢力範囲に入つたもの、すなわち同人の了知可能の状態におかれたものと認めていささかも妨げなく、従つてこのような場合こそ民法 97 条にいう到達があつたものと解するを相当とする。」

判例の法理

●催告と意思表示の到達

　民法 97 条 1 項は、意思表示は相手方に到達して効力を持つことを規定している（到達主義）。本判決で問題となった催告は、意思表示ではなく意思の通知であるが、一般に意思表示に準じて 97 条が適用されるものと解されている。

●到達の基準

　民法 97 条 1 項は、到達によって意思表示の効力が生ずることを規定するのみで、どのような基準によって到達が認められるかについては、特に規定していない。判例・通説は、到達の基準を抽象的には「意思表示が相手方によって了知可能な状態におかれること」であり、すなわち「それが相手方の勢力範囲（支配圏）におかれること」と解してきた。本判決は、最高裁としてはじめて、大審院判例および通説の立場を踏襲し、催告について到達を認めたものである。

判例を読む

●判例おける中間者が介在する場合の到達法理

　本判決においては、Y 社の代表取締役 B の娘 C が会社の事務所内で催告書を受領したという事例が問題となっており、表意者と相手方との間に中間者が介在している。判例において、到達の有無が争われた事案の多くが中間者が介在して表示を受領した場合である（小林一俊『意思表示了知・到達の研究』108 頁以下参照（日本評論社、2008）。

　最上級審判例にあらわれた事例を具体的に見るとおおよそ次のような状況にある。

●同居の親族が介在する場合

　まず、同居の親族が介在した例として、①夫と同居する内縁の妻が夫宛の賃貸借契約解除の郵便を受領した後に差出人に返還したという事例で、大審院は到達を認めた（大判昭和 17・11・28 新聞 4819 号 7 頁）。②債権譲渡の通知書が債務者の同居の親族に交付された事例で、書面を受領する機関となるべき者が受領したことをもって、到達が認められた（大判明治 45・3・13 民録 18 輯 193 頁）。

●居住地以外の第三者が介在する場合

　次に、本人の居住地以外の場所で第三者が受領した場合として、③居住する住所地とは異なる本籍地に送られた債権譲渡の通知を本籍地に居住していた弟が受領した事例で、到達を否定したものがある（大判昭和 6・2・14 新聞 3236 号 9 頁）。④相手方は既に転居していたが、転居前の住所地に賃貸借契約の解除の内容証明郵便が配達された場合に、到達が認められた（大判昭和 9・11・26 新聞 3790 号 11 頁）。到達を認めるにあたって、判旨は内容証明郵便を受領したのは転居前に同居していた同居人であったが、相手方はときどき転居前の住居を訪れており、相手方宛の郵便物については相手方に交付していたという事実を認定している。⑤電話加入権の譲受人 A（譲渡担保権者）が、譲渡人 B（譲渡担保設定者）に対して、譲

渡人の営業所で引き続き電話機を使用することを了承していたところ、譲受人Ａの住所として譲渡人Ｂの営業所の住所を記載して譲受人宛の電話会社Ｃが電話代金の支払を求める通知を行ったという事例で、譲受人に対する通知が認められた。判決は「Ａ自らは右の場所に居住していなくても、右の場所に居住する者によつて、本件電話加入契約、本件専用契約に関してＣより加入電話加入者たるＡに対して発せられた意思表示、その他の通知を記載した書面が受領されたときは、右書面はＡのいわゆる支配圏内におかれたものと解して妨げなく、このような場合には、右意思表示その他の通知が、Ａに到達したものと解するを相当とする。」としている（最判昭和43・12・17民集22巻13号2998頁）。

● **会社宛書面が問題となった場合**

本判決と同様に、会社宛の書面が問題となった事例として⑥最判昭和42・7・20（民集21巻6号1583頁）がある。この判決では、合名会社が倒産して、代表社員であるＡＢ2名は失踪したが、Ａの実母Ｃが放置された印等を保管していた場合に、会社宛の代物弁済予約完結の意思表示をＣに受領することができたが問題とされた。会社がすでに倒産し、代表者が行方不明になっていることを知りながら、受領者に聞いて代理権の有無を確かめるなどの措置に出なかつた場合は、同人に右意思表示を受領する代理権があると信ずべき正当の理由がないとして、民法110条の適用を否定し、意思表示の到達も否定した。

● **判決例の傾向**

判例は、了知可能性を比較的広く認めてきたといわれるが、①②の相手方の同居の親族が受領した事例では到達を認めているが、③の別居の親族については否定している。④においては別居しており親族でもないが、連絡が継続しており郵便物を交付するなどの事情が見られる場合には、到達を認めている。了知可能性を相当程度具体的に認定しているものと思われる。

他方で⑤では、受領者と相手方の関係は譲渡担保権者と設定者であり、電話の使用を担保権者が設定者に許容していたという事情があるのに対して、⑥では意思表示の相手方と受領者の間には特段の法的関係はなく、また表意者は表示の受領者に受領権限がないことを十分知り得るという状況の下で到達を否定している。

● **本判決における判断**

本判決においては、「たまたま遊びに来た」と認定されていることからうかがえるように、催告の通知を受領した表示の相手方の娘には受領権限はなかったものと思われるが、当該通知の受領が会社事務所で行われたこと、通知を持参した使者から見て外形上受領者に受領権限があると見えたことも到達が認められた要因であろう（注民(3)〔須永醇〕・533頁以下参照）。したがって、表示の受領者が、外形上会社の事務員であると通常考えられる状況が存在したことも判断の要素として重要であると思われる（平井宜雄・法協80巻1号37頁）。

このように中間者が介在する判例おいては、表意者が中間者の受領によって相手方に到達したと考えることが許されるかどうかを、中間者と相手方の関係ごとに具体的な了知可能性が存在するか否かにつき、表意者と受領者双方の事情を総合して了知可能性を判断している。

● **到達障害が生じた場合**

以上のように、到達の意義を了知可能性すなわち支配

圏内に入ったこと捉えるなら、通知が受取りを要する郵便物のような形で発信された場合、支配圏内に入ることを阻止することで、到達を妨害することが可能となる。

既に大審院は、賃貸人が延滞賃料の催告・条件附解除の意思表示を書留郵便で発信したのに対して、賃借人の内縁の妻が本人の不在を理由にその受領を拒絶し、本人の不在中に受領する準備を故意に怠ったという事案で、故意に受領を拒絶したものとして、到達を認めるべきであるとしていた（大判昭和11・2・14民集15巻158頁）。

その後最高裁でも、相手方の事情で到達障害が生じた事案について、信義則によって到達を認める判断を行った（最判平成9・6・17民集51巻5号2154頁）。事実関係は、次の通りである。Ａ社の代表取締役Ｂが、Ｂを被保険者、Ａ社を保険金の受取人とする生命保険契約をＣ保険会社との間で締結したが、Ｂの死亡後、Ｂには告知義務違反があった。Ｃ社は、告知義務違反を知った時から1ヶ月以内に解除をしなければ、解除権が消滅する旨の契約条項があったために、ただちに告知義務違反に基づく保険契約の解除の意思表示をしようとしたが、Ａ社では取締役が選任されず、正当な受領権限を持つ者がなかったため、Ａ社の住所地に意思表示を送付し、さらにＡ社を被告とする訴えを提起して、その代理人に送付する訴状に解除の意思表示を記載するなどしていた。最高裁は、Ｃ社が「解除の意思表示をするために採るべき方法について非常に苦慮しながらもそれなりの努力を尽くしてきた」こと、他方、Ａ社は「法人の基本的な責務ともいうべき取締役の選任を怠るなど専らＣ社の解除の意思表示の到達を妨害するに帰する行為に終始した」として、信義則に照らし、到達した場合と同視することができるとした。

さらに最高裁は、遺留分減殺請求権（民法改正前の事例）を行使する旨の記載がある内容証明郵便の受取りを拒絶して、当該内容証明郵便が差出人に還付されたという事例で、「本件内容証明郵便の内容が遺留分減殺の意思表示または少なくともこれを含む遺産分割協議の申入れであることを十分に推知することができたというべきである。また、被上告人は、本件当時、長期間の不在、その他郵便物を受領し得ない客観的状況にあったものではなく、その主張するように仕事で多忙であったとしても、受領の意思があれば、郵便物の受取方法を指定することによって、さしたる労力、困難を伴うことなく本件内容証明郵便を受領することができたものということができる。そうすると、本件内容証明郵便の内容である遺留分減殺の意思表示は、社会通念上、被上告人の了知可能な状態に置かれ、遅くとも留置期間が満了した時点で被上告人に到達したものと認めるのが相当である。」（最判平成10・6・11民集52巻4号1034頁）と判示して、了知可能性を認めて到達を肯定した。

受領拒絶（大判昭和11年）、不作為による到達不能（最判平成9年判決、平成10年判決）のいずれも、民法97条2項の「正当な理由なく意思表示の到達を妨げた」場合にあたるものといえる。

【参考文献】 本文中に引用したものの他、谷口知平・民商45巻5号110頁、内池慶四郎・法学研究34巻10号98頁、倉田卓次・判解民昭和36年度122頁がある。

大中有信

37 親権者の代理権濫用

最高裁平成4年12月10日判決　民集46巻9号2727頁、判時1445号139頁、判タ807号265頁
【824条、826条1項、107条】

論点
①民法826条1項にいう利益相反行為の意味
②親権者の法定代理権行使が代理権濫用に該当する場合の本人保護法理
③親権者の法定代理権行使が代理権濫用に該当する基準。

事実の要約

　未成年者Xに対して親権を行使する者は親権者たるAであったところ、AはXの代理人としてXの土地にY信用保証協会のために根抵当権を設定する契約を行い、当該根抵当権の登記を経由した。この根抵当権の被担保債権となっていたのは、B会社（Xの亡き父Cの弟Dが経営する会社）が訴外E銀行から借入れを行う際に、YがBの借入債務を保証し、当該保証債務をYがE銀行に履行した際にYがBに対して取得することになる将来の求償権だった。これに付随して、以下の（ア）から（ウ）の事実があった。

　（ア）まず、以上のBがEから借り入れる資金の使途は、Bの事業資金であって、Xの生活資金、事業資金その他Xの利益のために使用されるものではなかった。また、B会社とXとの間に格別の利害関係はなかった。

　（イ）次に、Yは、Aによる代理行為の際に、上記（ア）のような事実を知っていた。

　（ウ）なお、本件土地をXが取得するに至ったのは、Xの祖父の遺産分割の際にDを中心にしてAらの遺産についての分割協議がされ、本件土地ならびにAの住居であった建物およびその敷地などをXが取得し、賃貸中の集合住宅およびその敷地などをAが取得することを内容とする協議が成立したからである。そして、Dは、その後、Aの依頼を受けて、当該協議に基づく各登記手続を代行し、Aが取得した以上の集合住宅の管理をするなど、諸事にわたりAら母子の面倒をみていたとの事情もある。

　Xは成人後、Yに対して本件土地に関する根抵当権設定登記の抹消を求めた。この根拠として、Aの代理行為はX以外の利益を図るものであるから代理権濫用に該当すること、および、Yはこの事実につき悪意であるから民法93条ただし書類推適用にXに代理行為の効力は及ばないこと、以上を主張した。

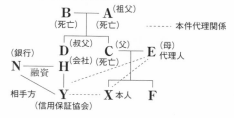

```
            B ———— A（祖父）
          （死亡） （死亡）
              ┃（叔父）（父）  （母）
（銀行）   D ———— C ———— E 代理人
         H（会社）（死亡）         ---- 本件代理関係
 N融資
相手方    Y ———— X本人  F
（信用保証協会）
```

裁判の流れ

　1審（大阪地判昭62・5・19民集46巻9号2738頁）：請求棄却　2審（大阪高判平元・2・10民集46巻9号2746頁）：原判決取消　最高裁：破棄差戻

　1審では、法定代理権の濫用には該当しないと判断してYが勝訴。2審は、本件代理行為が第三者たるBの利益を図る行為であるから代理権の濫用行為に該当し、相手方たるYはこの事実を知っていたから、民法93条ただし書類推により本件代理行為の効力がXに及ばないと

して、Xが勝訴。Yから上告。

判旨

　〈破棄差戻〉「1　親権者は、原則として、子の財産上の地位に変動を及ぼす一切の法律行為につき子を代理する権限を有する（民法824条）ところ、親権者が右権限を濫用して法律行為をした場合において、その行為の相手方が右濫用の事実を知り又は知り得べかりしときは、民法93条ただし書〔現93条1項ただし書〕の規定を類推適用して、その行為の効果は子には及ばないと解するのが相当である（最高裁昭和39年（オ）第1025号同42年4月20日第一小法廷判決・民集21巻3号697頁参照）。

　2　しかし、親権者が子を代理してする法律行為は、親権者と子との利益相反行為に当たらない限り、それをするか否かは子のために親権を行使する親権者が子をめぐる諸般の事情を考慮してする広範な裁量にゆだねられているものとみるべきである。そして、親権者が子を代理して子の所有する不動産を第三者の債務の担保に供する行為は、利益相反行為に当たらないものであるから、それが子の利益を無視して自己又は第三者の利益を図ることのみを目的としてされるなど、親権者に子を代理する権限を授与した法の趣旨に著しく反すると認められる特段の事情が存しない限り、親権者による代理権の濫用に当たると解することはできないものというべきである。したがって、親権者が子を代理して子の所有する不動産を第三者の債務の担保に供する行為について、それが子自身に経済的利益をもたらすものでないことから直ちに第三者の利益のみを図るものとして親権者による代理権の濫用に当たると解するのは相当でない。

　3　そうすると、前記（〔事実の要約〕の（ウ）段落）の事実の存する本件において、右特段の事情の存在について検討することなく、（〔事実の要約〕の（ア）段落）の事実のみから、AがXの親権者として本件各契約を締結した行為を代理権の濫用に当たるとした原審の判断には、民法824条の解釈適用を誤った違法があるものというべきであり、右違法が判決に影響することは明らかである。」

判例の法理

●利益相反行為の解釈

　本件では直接には問題となっていないが、826条1項にいう利益相反行為の解釈について本判決は形式的判断説と呼ばれる立場を踏襲したと考えられている。この立場は、代理行為の外形から見て本人と代理人の利益相反を要求するものである。たとえば、本件のようなX土地への代理人Aによる抵当権設定の場合、（a）外形上本人の利益を図る場合（Xの借入に伴い抵当権を設定）、（b）外形上代理人の利益を図る場合（Aの借入に伴い抵当権を設定）、（c）外形上第三者の利益を図る場合（本事案）が考えられる。形式的判断説は、（b）でなければ利益相反行為に該当しないとみるわけである。

ただし、本事案に関していえば、代理人と本人の利益相反を実質に遡って判断する実質的判断説を採用しても、結論は変わらなかったとの評価が有力である（後掲・米倉410頁など）。

●代理権濫用の法的根拠

この形式的判断説を採用する場合、（ａ）や（ｃ）に該当する場合にも、たとえば、（ａ）において借入金をＡが浪費する目的を有して行った場合など本人に不利益を与える結果として代理権授与の趣旨に反する行為の規律が問題となる。

こうした代理権を濫用した代理行為の効力につき、判例は現93条1項ただし書類推で本人への効果帰属を否定する余地を認めてきた（任意代理につき最判昭42・4・20民集21巻3号697頁、法人代理につき最判昭38・9・5民集17巻8号909頁）。本判決は、法定代理についてもこれを認めた判決となる。

また、債権法改正により代理権濫用について定めた現107条はこうした判例法理を受けたものだと考えられており、したがって、法定代理にも107条が適用されると解されている（後掲・佐久間251頁）。

●親権者の代理権濫用の判断基準（一般論）

代理権濫用について107条は「代理人が自己又は第三者の利益を図る目的で代理権の範囲内の行為をした場合」と定める。このような定義になっているのは、たとえば、任意代理では本人の利益を図る目的で代理行為を行うのが代理権付与の趣旨だと考えることによるものであり、代理権付与の趣旨に反するかどうかが究極的な判断基準である。

本判決は、親権者への法定代理権付与の趣旨について、利益相反行為に該当しない限りは広範な裁量を認めることにあるとしている（この背景として、学説上は、広範な代理権付与が子の福祉または保護に役立つことが指摘されている（後掲・佐久間251頁））。このため、代理権濫用に該当するためには、「①子の利益を無視して自己又は第三者の利益を図ることのみを目的とされるなど、②親権者に子を代理する権限を授与した法の趣旨に著しく反すると認められる特段の事情」が必要だとされる。①は②の例示であり、どのような事案が②に該当するかは明確な基準を示していない。

判例を読む

●親権者の代理権濫用の判断基準（具体論）

以上のように、本判決は代理権濫用に該当するためには、「①子の利益を無視して自己又は第三者の利益を図ることのみを目的としてされるなど、②親権者に子を代理する権限を授与した法の趣旨に著しく反すると認められる特段の事情」が必要だとしている。しかし、どのような状態が②が該当するのか具体的に述べるところはない。

一方で、②の「特段の事情」を認める積極的事情としては、親権濫用の大審院裁判例が参考となりうる（大判明35・2・24民録8輯2巻110頁は、親権者が遊興費に充てる目的でした子の借入れについての子の不動産への抵当権設定につき、親権の濫用と判断した。後掲・田中519頁以下も参照）。

他方、本判決が代理権濫用を否定する上で重視したのは、〔事実の概要〕で示した（ウ）の事実である。つまり、Ｂを運営するＤに対して、ＡＸ親子が世話になってきたとの事実である。そして、こうした事情がある場合には、②の「特段の事情」の検討が必要となるとされていることからして、上記（ウ）のような事実は代理権濫用を否定する事情として働くことになる。

このような（ウ）の事情を考慮すべき根拠としては、親権者代理権の保障が子の利益のためにあることを考える場合、次の3点が特徴的であろう（後掲・石田109頁以下参照）。第1に、包括代理性からして、個別の代理行為から受ける子の利益が重視されたというよりその前後に受ける子の利益も含めて子の利益になるかどうかが考えられている点である（利益の時間的拡大）。第2に、子自身のみならず、親権者の利益も（相続や扶養を通じて間接的に利益を受けるという形かもしれないが）考慮されうるということである（利益の人的拡大）。第3に、身上監護など経済的利害得失以外の利益も考慮して親権者が権限行使すべきことからして、狭い意味での経済的利害得失に限定されない、たとえば、将来の人間関係のような利益も考慮されうるという点である（利益の内容的拡大）。

●判例の射程

以上のように本判決自体から導ける考慮事情をまとめたとして、こうした事情の考慮は別の法定代理でも妥当しうるか問題としうる。特に、親権と同様の法的関係が多く認められる未成年後見について、議論されている（後掲・米倉409頁参照）。

ここで、一方で、上記（ウ）に注目すべき根拠として掲げたもののうち、第1の点（利益の時間的拡大）と第3の点（利益の内容的拡大）の基礎は、未成年後見にも当てはまりやすい。というのは、個別の取引について経済的利害関係があるかどうかを決定だとせずに自由に取引させることで、代理権者の総合的な判断の正しさをもたらそうとした包括代理権の趣旨は、親権者のみならず未成年後見人にも妥当するからである（後掲・石田110頁）。

他方、第2の点（利益の人的拡大）の基礎は、親権とは異なり未成年後見では相続や扶養が問題とならない以上、妥当しえない。また、未成年後見では親権の場合ほどには法定代理人の判断の無条件の正しさは想定されておらず、この表れとしての制度的制約が未成年後見に多く置かれている（後掲・石田110頁）。こうした未成年後見の裁量行使の正しさへの懐疑からして、第1の点（利益の時間的拡大）や第3の点（利益の内容的拡大）が本人利益に関係する度合いは、未成年後見では小さいとみるべきである。このように考えると、本判例の射程は未成年後見には直ちには及ばないと考えた方がよさそうである。

【参考文献】 基本書として、佐久間・民法の基礎1 246〜255頁。判例解説として、田中豊・最判解民平成4年度508〜524頁、米倉明・法協111巻3号400〜420頁（1994）、石田剛・法教404号106〜114頁（2014）、石綿はる美・百選Ⅲ初版98〜99頁。

西内康人

38 代理権濫用の相手方からの転得者

最高裁昭和 44 年 11 月 14 日判決　民集 23 巻 11 号 2023 頁、判時 580 号 76 頁、判タ 242 号 177 頁

【107 条、93 条 2 項】

論点　①法人代理における代理権濫用の本人保護法理
②代理権濫用の第三者保護法理

事実の要約

本事案は、訴外A振出の手形につき訴外Bが代理人として Y 信用金庫のために行った手形保証につき、X₁、X₂、X₃が責任追及した事案である。ここでは、以下の（ア）（イ）（ウ）の事実があった。

（ア）訴外A会社は、訴外Bをして自由に他から金融を得させるため、同訴外人に、本件約束手形八通を金額、満期、振出日、受取人各白地のまま振り出し交付し、あわせてその白地補充権を与えていた。訴外Bは、本件手形に金額、満期、振出日を各記入したうえ、右手形のうち 6 通については被上告人X₁を、2 通については同X₂を、それぞれ受取人として表示し、訴外Dを介し、同被上告人X₂の代理人でもある被上告人X₁に右手形 8 通を引き渡した。

（イ）訴外Bは、当時同人が上告人Yの専務理事（代表理事）であり、同金庫理事長（代表理事）Eから同人の名義で手形行為をすることを含む同金庫の業務執行一切をする包括的代理権を与えられていた。そこで、この権限を濫用し、自己の利益を図る目的をもって、本件手形に同金庫理事長Eの名義を用いて手形上の保証をなした。しかし、被上告人X₁は、本件各手形の交付を受けるに際し、本件手形保証がAにおいて自己の利益を図るためにされたことを知らなかった点につき過失があった。

（ウ）その後、被上告人X₃（国）は、被上告人X₁に対する所得税の滞納処分として、本件手形のうち 1 通の満期後にこれを差し押さえて占有するに至った。

裁判の流れ

1 審（福井地判昭 36・2・26 民集 23 巻 11 号 2042 頁）：請求棄却　2 審（名古屋高金沢支判昭 42・3・29 民集 23 巻 11 号 2061 頁）：原判決取消　最高裁：破棄差戻

2 審は、X₁とX₂に対する責任について、法人の代表者がその権限を濫用し自己の利益を図るために手形行為をした場合においては、相手方にこの点につき悪意または重過失のない限り、法人において相手方に対し手形上の債務の履行を拒絶することができないと判断した。また、X₁に対する手形保証責任がこれにより成立する以上、X₃は所得税の滞納処分としてYに対する権利を取得したと判断されている。Yから上告。

判旨

〈破棄差戻〉「〔〔事実の要約〕の（ア）（イ）の〕事実関係のもとにおいては、被上告人X₁および同人を代理人とする被上告人X₂は、上告人の手形保証について、同人の直接の相手方というべきであるから、民法九三条但書〔現 93 条 1 項ただし書〕の規定の類推適用により、右被上告人両名に対しては、上告人Yが右手形上の保証人とし

ての責を免れることができると解すべきことは、当裁判所の判例の趣旨とするところである（最高裁昭和 39 年（オ）第 1025 号同 42 年 4 月 20 日第一小法廷判決民集 21 巻 3 号 697 頁、昭和 42 年（オ）第 602 号同 44 年 4 月 3 日第一小法廷判決民集 23 巻 4 号 737 頁参照）。」

「〔〔事実の要約〕の（ウ）の〕事実関係のもとにおいては、被上告人X₃は、手形法 77 条 1 項 1 号、17 条の規定によつて保護されるべき者ではないから、上告人Yは、被上告人X₁に対して有する人的関係に基づく抗弁をもて、被上告人X₃に対抗できるものといわなければならない。しかるときは、上告人Yは、被上告人X₁において、Bが自己の利益を図る目的のもとに権限を濫用して本件手形保証をしたことを知りうべきであつた事実を主張立証したのであるから、上告人Yは、被上告人X₃に対しても、右手形上の保証人としての責を免れるものである。もつとも、被上告人X₃が、右差押当時、右事実を知らなかつたことを主張立証した場合には、民法 94 条 2 項の規定を類推し、上告人Yは、善意の第三者である同被上告人X₃に対し、前記民法 93 条但書の類推による本件手形保証の無効を対抗することができないものと解すべきであるが（最高裁昭和 32 年（オ）第 335 号同 35 年 2 月 2 日第三小法廷判決民集 14 巻 1 号 36 頁、昭和 40 年（オ）第 969 号同 41 年 12 月 22 日第一小法廷判決民集 20 巻 10 号 2168 頁参照）、記録によつても、同被上告人X₃がその主張立証をしたことを認めることはできないのである。したがつて、原判決中、被上告人X₃の上告人Yに対する本訴請求をたやすく認容した部分には、この点において、審理不尽ないし理由不備の違法があるものというべく、論旨は理由がある。」

判例の法理

● 法人代理と代理権濫用

本判決は、法人代理についても現 93 条 1 項ただし書の類推適用により本人の保護を図るとの最判昭和 44・4・3 民集 23 巻 4 号 737 頁で採用した立場を確認している。つまり、悪意または有過失の相手方は保護されないとの立場である。そして、この立場は、任意代理、法定代理（→ **37 事件**）でも採用されてきた立場である。こうした一般性を反映して、債権法改正では任意代理・法定代理・法人代理のすべてに適用されることを念頭に悪意または有過失の相手方保護を排除する現 107 条が作られている。

この立場は、原審が採用した有力説の立場とは異なっている。つまり、法人については、代理取引の有効性を通常より広く認めることで取引の円滑を図ることが法人本人の利益保護につながるとの法人代理の趣旨から、悪意または有重過失の相手方のみが信義則法理や権利濫用

法理により保護対象外となるとの立場があった。この立場は、上記最判昭和44・4・3で大隅意見が主張しているところ、本判決はこの立場を採用しないことを確認している。

●**代理権濫用と第三者保護**

本判決は、代理権濫用における直接の相手方ではない第三者保護の可能性について、手形をはじめとする有価証券法特有の法理と、こうした場面に限定されない一般的な法理との2つの点について、検討している。

前者の手形をはじめとする有価証券法特有の法理として、抗弁の性質が検討されている。すなわち、前提として、本事案で問題となった手形保証債権は一種の債権である。また、債権については自由譲渡性が認められている。そして、一方で、通常の債権であればこれが譲渡されたとしても、不成立や無効、弁済等による消滅、同時履行の抗弁等による履行拒絶といった債務者が譲渡人に支払いを拒絶できる地位（抗弁）は、民法468条によれば譲受人にも主張可能である。他方、手形をはじめとする有価証券では、こうした債務者の履行を拒絶できる地位（抗弁）を物的抗弁と人的抗弁に分けた上で、物的抗弁は譲受人にも広く対抗できるが、人的抗弁は手形法17条（民法520条の6と同趣旨）により一定の場合にしか対抗できないとされている。

ここで、一方で、93条1項ただし書類推に基づく代理権濫用の抗弁は、人的抗弁の一種だとするのが判例である（前掲最判昭和44・4・3）。他方、本判決で問題となった滞納処分は、手形法17条で保護される裏書譲渡等ではないから、人的抗弁が切断されないとして処理する。しかしこのような判例に対し、学説からは、代理権濫用により代理行為の効果が本人に帰属しないのなら物的抗弁の一種だと考えるのが素直だとの批判がある（後掲・箱井33頁）。これに対し、上記2審が採用した信義則や権利濫用により履行拒絶を認める立場では、人的抗弁の一種として説明しやすい。というのは、信義則や権利濫用を根拠にした場合、代理行為は有効であるとしたうえで、悪意または有重過失の相手方だけが信義則等によりこの地位を主張できないとみることができるからである。

後者の手形等に限定されない一般的法理としては、94条2項類推適用が検討され、この可能性が認められている。もっとも、この法理の射程は、債権法改正により代理権濫用の根拠条文が現93条1項ただし書から現107条になったことで変化した可能性があり、後に詳しく検討する。

判例を読む

●**法人代理における代理権濫用の相手方保護**

現107条のもとでの法人代理の代理権濫用における相手方保護の可能性としては、次の2つの可能性がある。

1つは、**37事件**と同様に問題となったのが包括代理権であることに注目して「濫用」判断につき絞りを掛けることである。しかし、**37事件**で問題となった親権者とは異なり扶養や相続を通じた代理人との利益一体性は問題とならないこと、および、親権者や未成年後見人とは異なり経済的利害関係以外の本人利益に広く配慮するこ

とは法人代理では求められづらいことからすれば、「濫用」判断に絞りをかけることは難しい。

もう1つは、主観的要件に絞りをかけることである。この構成につき、相手方の過失の有無を判断するにあたっては法人代理一般と同様に相手方の調査義務を前提とするべきではなく、よって過失判断を重過失判断に近づける可能性が指摘されている（後掲・吉永23頁とそこに掲げられた文献を参照）。

●**債権法改正後の代理権濫用における第三者保護法理**

上記のように本判決は代理権濫用における第三者保護につき94条2項類推を用いている。判例では一般に94条2項類推適用では虚偽外観に対する本人の意思的関与や承認が必要となると解されてきたところ、意図的な虚偽外観作出である93条1項の事案では本人の帰責性を当然に充足できる。このため、債権法改正でも94条2項と同趣旨の規定が93条2項に追加された。

この93条1項の規律内容は、一方で、債権法改正で代理権濫用に関する107条に取り込まれた。他方、93条2項・94条2項に準じた第三者保護規定は、107条には置かれなかった。このため、代理権濫用での第三者保護は依然として94条2項類推によるしかない。ここで、94条2項の類推適用可能性については以下のように、①必要とされる帰責性の程度と、②本人有責の根拠の2つが問題となる。

●**①必要な帰責性の程度**

必要とされる帰責性の程度は、110条も併せて類推適用した最判平成18・2・23民集60巻2号546頁を素直に読むと、虚偽外観への意思的関与や承認までは必要なくこれに対する重過失でよいようにも思える。しかし、この読み方には有力な反対説があり（後掲・佐久間144頁以下）、本人帰責性が重過失でよいかは予断を許さない。また、110条も類推する場合、相手方保護要件が善意無重過失ではなく善意無過失に上がる。

●**②本人有責の根拠**

本人有責の根拠は、まず、代理権の濫用が代理権の範囲内行為であるために意思的関与が当然に認められるとの構成がありうる（後掲・佐久間255頁）。また、上記帰責性の程度問題ともかかわるが、不動産登記や本件で問題となった有価証券のように対象となった外観の特質を考慮して、外観解消を怠る本人の帰責性を重大なものと判断する方策もあり得よう（不動産登記につき佐久間毅・百選I8版47頁のまとめを参照。また、有価証券については、本判例や代理権濫用を人的抗弁と理解して取引の安全を強く図ろうとする上述の判例の趣旨から、本人の帰責性を一律に重大なものと判断する方向性が導けよう）。

【参考文献】　基本書として、佐久間・民法の基礎I 140〜147頁・246〜255頁、森田宏樹監修『ケースで考える債権法改正』（有斐閣、2022）17〜32頁〔吉永一行〕。判例解説として、柳川俊一・最判解民集昭和44年度855〜862頁、箱井崇史・手形小切手法判例百選7版32〜33頁。

西内康人

39 実質的な利益相反行為

大審院昭和7年6月6日判決　民集11巻1115頁

【108条1項・2項】

論点　当事者の一方が他方当事者に代理人の選任を委託した場合の代理行為の効力

事実の要約

　Xは、Yから家屋を賃借するにあたり、白紙委任状を差し入れた。Xが家賃を滞納した際に、Yは白紙委任状を用いて知人AをXの代理人として選任した。このAと、Yの代理人Bとの間で和解交渉が行われ、Xに不利な内容の和解が成立した。Xは、AB間で行われた和解について、XY間に争いがなく民法696条に定める和解契約の成立要件を欠くことを理由に、無効確認を求めた。

裁判の流れ

　1審（東京区判 年月日不詳）：請求認容　2審（東京地判年月日不詳）：原判決取消　大審院：破棄差戻

　1審はXY間に争いがなく和解契約の成立要件を欠くとのXの主張を認めたが、2審は家賃値下げや家屋明渡しについて争いがあるとしてXを敗訴させた。そこで、AがXを代理する権限がないと主張して、Xが上告した。

判旨

　〈破棄差戻〉「代理人をして相手方と交渉して契約事項を商議協定せしむるが如き場合に於て、相手方に其の選任を委任するときは、相手方は他の一方の当事者と反対の利害関係を有する為、之に不利益なる者を代理人に選任することなきに非ず。又其の選任せられたる者も誠意正心を以て本人たる他の一方の為に任務を尽くすや否やに付疑あるのみならず往々相手方と通謀して故らに本人の不利益を図ることなきに非ず。然るときは相手方が一方の当事者の代理人として法律行為を為すと結果に於て大差なきを以て民法第108条〔現108条1項〕の趣旨に準拠して斯る委任は無効にして其の選任せられたる者は代理権を有せず。従て其の者が代理人として為したる契約は本人の追認あるに非ざれば之に対して其の効力を生ぜざるものと解するを相当とす。」

判例の法理

●判示内容

　本判決は、代理人の選任を相手方に委任する契約について、この委任に基づき代理人が選任されると本人の利害に反する代理人選任や代理人行動が導かれやすい点で「民法108条」（現民法108条1項）の利害状況と類似すると判断する。そのうえで、現民法108条1項の趣旨によりこうした委任の効力を否定し、代理人による契約を無権代理とする。したがって、当該代理行為については本人の追認がなければ本人に効果帰属しないと判断している。

判例を読む

●本判決の難点

　本判決は、これだけ読むと利益衡量上妥当なように思える。しかし、以下のような難点を抱えている。

　すなわち、一方で、本判決の言う「民法第108条」（現民法108条1項）の本文は、代理人が自分を相手方とする法律行為をした場合（自己契約の場合）に、これを無権代理とすると定めている。同項のただし書には当初、債務の履行を例外とする定めがあっただけであった。しかし、後に2004年の現代語化でただし書には通説的解釈を反映した形で、本人の許諾がある場合を例外と規定が追加された。このように本人が現108条1項本文の利益を放棄できることになっている以上、同条1項本文は本人利益を保護するための任意規定だと考えられてきた。なお、2017年民法改正後は本判決を同条2項に位置付けることも可能だが（後掲・佐久間ほか203〜204頁参照）、2項本文も同様の論理により任意規定である。

　他方、本人の同意を得た代理人選任委託の効力を否定する本判決の結論は、現108条を実質的に強行規定化するものである。このため、現108条の任意規定性と矛盾が生じる。

　以上の矛盾の解決策を巡って、学説ではさらに議論がある。

●難点の解決策

　以上の矛盾の解決策の1つとして、現108条1項本文は任意規定であることを維持しつつ、追加的根拠によりこの趣旨に反する委任の効力を一定の場合に排除する構成が提案されている。代表的には、暴利行為に準じて相手方の窮迫等に乗じて不当な権限を授与させる場合に、現108条1項本文の趣旨を反映させた90条により委任を無効とする提案がある（後掲・我妻343頁以下）。関連して、交渉力の格差がある場合には、任意規定の半強行規定化を認めて委任を無効とする方策も提案されている（後掲・石田770頁）。この任意規定の半強行規定化の実定法的裏付けとして、消費者契約法10条や民法548条の2第2項を使うことも考えられよう。そして、これら現108条1項を念頭に置いた論理は、現108条2項にも使える。

　別の解決策として、本事案のような代理行為（和解契約）は代理権濫用に該当するところ、代理行為の相手方は悪意だから無権代理になるとの処理がある（辻正美『民法総則』（成文堂、1999）292頁以下）。この派生形として、本事案では代理人選任行為（YによるAの選任）を代理権濫用と理解することも考えられよう。

【参考文献】　基本書として、佐久間・民法の基礎Ⅰ 246〜255頁、我妻栄『新訂民法総則』（岩波書店、1965）341〜344頁、石田穣『民法総則』（信山社、2014）765〜774頁、佐久間ほか・民法Ⅰ　総則202〜204頁。

西内康人

40 名義の使用許諾と民法 109 条

最高裁昭和 35 年 10 月 21 日判決　民集 14 巻 12 号 2661 頁、判時 239 号 4 頁

【109 条、商 14 条、会社 9 条】

 論点 ①自己の名義の使用を許諾した者の法律行為上の責任
②表見代理の規定を官公庁の取引に（類推）適用することの可否
③民法 109 条の表見代理の成立において問題とされる相手方の主観的要件

事実の要約

東京地方裁判所には、戦時中からその職員の福利厚生を図るため、「厚生部」と呼ばれる、生活物資の購入配給活動を続けてきた一種の組織体があった。その運営はもっぱら同裁判所の職員によって行われてきたが、昭和 23 年 8 月に、下級裁判所事務処理規則の施行に伴い、東京地方裁判所事務局総務課に厚生係が置かれることになったので、同裁判所では、従来この「厚生部」の事業に携わっていた職員 A らをそのまま厚生係にあて、同裁判所の事務としての職員の健康管理レクリエーション等厚生に関する本来の事項を分掌させるとともに、従前どおり「厚生部」の事業の担当者としてこれを継続処理することを認めた。A らは、同裁判所内の「事務局総務課厚生係」の表札を掲げた一室において「東京地方裁判所厚生部」という名義で他と取引を継続してきた。そして、「厚生部」の事務に従事する職員らは、X ら第三者と物資購入等の取引をするにあたっては、発注書、支払証明書というような官庁の取引類似の様式を用い、これら発注書や支払証明書には庁用の裁判用紙を使用し、発注書の頭書には「東地裁総厚第〇〇号」と記載し、また支払証明書には東京地方裁判所の庁印を使用する等の方法をとっていた。

繊維製品等の販売を営む X 会社は、昭和 26 年に、「東京地方裁判所厚生部」からの注文を受けて繊維製品の売買契約を結び、製品を納品したが、「厚生部」がその代金を支払わなかった。そこで、X は、Y（国）に対して、①「厚生部」はその内部的法律関係はともかく外部的には東京地方裁判所にほかならない、②かりに東京地方裁判所が「厚生部」が東京地方裁判所の一部局でないとしても、東京地方裁判所は、「厚生部」がする取引について責任を負う旨を外部に対して表示したものにほかならず、X はその表示を信じて取引をしたものであるから、Y は「厚生部」のした取引について責任を負うべきである、として、代金約 374 万円の支払を請求した（そのほか、予備的請求として Y の不法行為責任も主張されたが、1 審・2 審とも、下記のとおり主位的請求を退けたうえで、この予備的請求も退けている）。

裁判の流れ

1 審（東京地判昭 29・9・13 民集 14 巻 12 号 2684 頁）：請求棄却　2 審（東京高判昭 31・6・29 民集 14 巻 12 号 2691 頁）：控訴棄却　最高裁：破棄差戻

2 審は、次のような理由で原告の請求を棄却した。「厚生部」が東京地方裁判所の正規の一部局であるとする法令上の根拠はなく、事実上の一部局と解すべき事情もない。また、民間の事業体におけるのと異なり、官庁の場合は、その組織・権限・事務内容が法令によって定められており、「厚生部」との名称から一般に理解しうるところの官庁職員のための生活物資購入の事務が当該官庁自身の事務であることは通常あり得ないことであるから、「東京地方裁判所厚生部」との名称には、その「厚生部」

が東京地方裁判所の一部局であることを示す表示力があると認めることはできない。

判旨

〈破棄差戻〉「およそ、一般に、他人に自己の名称、商号等の使用を許し、もしくはその者が自己のために取引する権限ある旨を表示し、もってその他人のする取引が自己の取引なるかの如く見える外形を作り出した者は、この外形を信頼して取引した第三者に対し、自ら責に任ずべきであって、このことは、民法 109 条、商法 23 条［両規定とも本判決当時のもの。以後の両規定の変遷については後掲「判例を読む」を参照——筆者注］等の法理に照らし、これを是認することができる。

本件において、東京地方裁判所は、「厚生部」が「東京地方裁判所厚生部」という名称を用い、その名称のもとに他と取引することを認め、その職員 A らをして「厚生部」の事務を総務課厚生係にあてた部室を使用して処理することを認めていたことは前記のとおりである。

ところで、戦後、社会福祉の思想が普及するとともに、当時の経済事情と相まって、会社銀行等の事業体は競って職員のための厚生事業や厚生施設の拡充に意を用いるにいたった。これは当時の一般的社会的風潮であったと云ってよい。官庁においても、遅ればせながら、当然その影響を受けたのであって、前示のごとく昭和 23 年にいたり東京地方裁判所事務局総務課に厚生係がおかれたのも、この影響の一たんを示すものに外ならない。このような社会情勢のもとにおいて、一般に官庁の部局をあらわす文字である「部」と名付けられ、裁判所庁舎の一部を使用し、現職の職員が事務を執っている「厚生部」というものが存在するときは、一般人は法令によりそのような部局が定められたものと考えるのがむしろ当然であるから、「厚生部」は、東京地方裁判所の一部局としての表示力を有するものと認めるのが相当である。

殊に、事務局総務課に厚生係がおかれ、これと同じ部室において、同じ職員によって事務の処理がなされている場合に、厚生係は裁判所の一部局であるが、「厚生部」はこれと異なり、裁判所とは関係のないものであると一般人をして認識せしめることは、到底難きを強いるものであって、取引の相手方としては、部と云おうが係と云おうが、これを同一のものと観るに相違なく、これを咎めることはできないのである。」

「東京地方裁判所当局が、「厚生部」の事業の継続処理を認めた以上、これにより、東京地方裁判所は、「厚生部」のする取引が自己の取引なるかの如く見える外形を作り出したものと認めるべきであり、若し、「厚生部」の取引の相手方である X が善意無過失でその外形に信頼したものとすれば、同裁判所は X に対し本件取引につき自ら責に任ずべきものと解するのが相当である」。

「もっとも、公務員の権限は、法令によって定められているのであり、国民はこれを知る義務を負うものであるから、表見代理等の法規を類推適用して官庁自体の責

を問うべき余地はないとの見解をとる者なきを保し難いが、官庁といえども経済活動をしないわけではなく、そして、右の法理は、取引の安全のために善意の相手方を保護しようとするものであるから、官庁のなす経済活動の範囲においては、善意の相手方を保護すべき必要は、一般の経済取引の場合と少しも異なるところはないといわなければならず、現に当裁判所においても、村長の借入金受領行為につき、民法110条の類推適用を認めた判例が存するのである（昭和34年7月14日第三小法廷判決、民集13巻7号960頁参照）」。

判例の法理

他人に自己の名称・商号等の使用を許した者、あるいは、自己のために取引する権限ある旨を表示することで、その他人のする取引が自己の取引であるかのように見える外形を作り出した者の責任について、本判決は、そうした者はこの外形を善意無過失で信頼して取引した第三者に対して、民法109条等の法理に照らし、自らその責任を負うべきである、とした（論点①・③）。さらに、名義使用許諾等により当該取引が自己の取引であるかのように見える外形を作り出したのが官庁であっても、同じ理が妥当しうる、とした（論点②）。

判例を読む

●論点①・②について

本判決は、自己の名義の使用を許諾した者が、被許諾者のした行為の取引上の責任を負うべきことを基礎づけるにあたり、民法109条に言及しているが、同条の「法理に照らし」て是認することができるとしており、同条を直接適用しているわけではないようにみえる。

民法109条は代理権授与表示をした本人の表見代理責任を定めているところ、本人が自己の名義の使用を他人に許諾したときは、代理権を授与した旨が表示されるわけではない。しかし、本人の名義を用いて被許諾者が法律行為をする場合、その効果は本人に帰属することを推測させることになるから、自己の名義の使用許諾は、自己が効果を引き受けることを推測させる表示であるといえ、この点で代理権授与表示に類するものとみうる。そこで、代理権授与表示をしたとは評価することができない場合であるとしても、自己の名義の使用許諾をした者は、代理権授与表示者と同じく、その行為の効果を引き受けるべきである。民法109条の「法理」に言及する本判決の趣意は、このように理解することが可能であるように思われる。

そして、本判決は、官庁の名義使用許諾が問題となる場合でも、官庁が行う経済活動の範囲においては以上のような準則が妥当すると述べており、この点の判示も、現在においても先例として参照されうるものと思われる。名義の使用許諾者の責任について定めていた本判決当時の商法23条は、平成17年商法改正・会社法制定により改められ、現在は、商法14条と会社法9条が、それぞれ、自己の商号を使用して営業または事業を行うことを他人に許諾した商人と会社の責任について定めている。しかし、商人とも会社ともいえない者の責任が問題とされる場合――本件も、そのような場合であると考えられる――には、商法14条も会社法9条も適用することが難しいと解される。そのため、名義使用許諾者一般について、被許諾者がした取引上の責任を負うべきであることを民法109条に依拠して認める、との法律構成は、現行の法規定のもとでも意味をもつ場合がありえよう。

以上のような準則のもとでは、現実の行為者が用いた名義が、その行為の取引上の責任を負うかどうかが問われる別の者を指し示す表示力を有するかどうか、および、当該別の者が、名義使用許諾等により、現実の行為者がした取引が自己の取引であるかのように見える外形を作出したといえるかどうか、が問題となる。前者について、本件では、「東京地方裁判所厚生部」名義が東京地方裁判所の一部局を指し示すと評価できるかどうかが問題となったが、本判決は、本件の事情のもとで一般人にどのように認識されえたか、という観点から、その表示力を肯定した。また、後者については、東京地方裁判所が、「厚生部」がその名称のもとに他と取引をすることを認め、「厚生部」の事業の継続処理を認めた、といった事情から、東京地方裁判所は「厚生部」のする取引が自己の取引であるとの外形を作出したと認められるとした。

ところで、先にも述べたとおり、本判決は、本件の事実関係のもとで、民法109条を直接適用するという法律構成は採らなかったようにみられる。もっとも、学説では、本件のような場合に端的に民法109条の適用が認められると説明されることが一般的であると目され、たとえば次のように説明される。本件のように、Yと現実の行為者が別人格であることを相手方が知っているときに、現実の行為者ではなくYに効果帰属すると相手方が信じたということは、相手方は、現実の行為者がYから代理権を授与されたと信じたのだとみることが可能であり、そうだとすると、そのように相手方が信じた代理権授与表示をYがしたと評価できるときは、端的に民法109条の適用を認めることができる、というわけである（佐久間・民法の基礎I274頁以下参照）。

●論点③について

本判決当時の民法109条は、現行の民法109条1項本文に対応する規定であって、現行の同項ただし書に対応する定めは当時の同条には存在しなかった。もっとも、本判決より前から、学説では、同条につき悪意または過失のある相手方は保護に値しないと説かれており（たとえば、同旨を述べる我妻・講義I366頁は、新訂前の版（1933年）376頁でも同旨の見解を採用していた）、本判決は、同条の「法理」が問題となった事案であるが相手方の善意無過失を求めたものである。その後、同条の直接適用が問題となった事案で、本人が相手方の悪意または過失を主張立証したときは本人は同条の責任を免れるとする最高裁判決が現れ（最判昭和41・4・22民集20巻4号752頁）、この判例法理が、平成16年の民法改正にあたり、同条にただし書を付加するかたちで条文化された（さらにその後、平成29年の民法改正において、民法109条2項の新設に伴い、同改正前の民法109条が109条1項となっている）。

本判決は、Xが善意無過失であったかをさらに審理判断すべきものとして、原判決を破棄し原審に差し戻した。本判決の評釈では、本件取引の目的物など取引の経緯に照らすと、Xに少なくとも過失が認められる可能性を指摘するものが少なくない（たとえば、三淵・後掲388頁、浜上・後掲31頁、吉田・後掲2110頁など）。

【参考文献】　本判決の評釈として、遠田新一・民商44巻5号878頁、浜上則雄・民法の判例1版27頁、三淵乾太郎・最判解民昭和35年度381頁、吉田邦彦・法協103巻10号2100頁、野澤正充・百選I56頁など。

野々上敬介

41 白紙委任状の濫用と民法 109 条

最高裁昭和 39 年 5 月 23 日判決　民集 18 巻 4 号 621 頁、判時 379 号 26 頁、判タ 164 号 74 頁

【109 条】

論点　白紙委任状が濫用された場合における民法 109 条の表見代理責任の成否

事実の要約

Ｘは、Ａから 12 万円を借り受けるにあたり、この貸金返還債務の担保としてＸ所有の本件土地・建物にＡのために抵当権を設定することとし、その抵当権設定登記手続のため、Ａに対して、本件土地・建物の権利証、Ｘ名義の白紙委任状および印鑑証明書を交付した。

ところがＡは、自らのために抵当権設定登記手続をせず、Ｂを介して金融を得る目的で、上記の権利証・白紙委任状・印鑑証明書をＣに交付した。その後、Ｃは、Ｙとの間で、継続的商品取引契約を結ぶこととなったが、その際Ｃは、上記の権利証・白紙委任状・印鑑証明書をＹに示し、Ｘの代理人であると偽って、Ｙとの間で、Ｃ・Ｙ間の継続的商品取引契約から生じる将来の債務の担保として、本件土地・建物につき根抵当権設定契約およびＣの債務不履行を停止条件とする代物弁済契約を締結し、上記の権利証・白紙委任状・印鑑証明書をＹに交付した。各書類の交付を受けたＹは、これらを用いて、本件土地・建物について根抵当権設定登記および所有権移転請求権保全仮登記をした。なお、以上のようなかたちでＡやＣが本件の権利証・白紙委任状・印鑑証明書を使用することについて、Ｘが承諾を与えたことはなかった。

Ｘは、Ｙに対して、本件土地・建物について根抵当権および代物弁済契約上の権利が存在しないことの確認と、上記の根抵当権設定登記および所有権移転請求権保全仮登記の抹消を求めた。

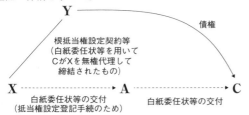

裁判の流れ

1 審（横浜地川崎支判昭 37・2・21 民集 18 巻 4 号 626 頁）：請求棄却　2 審（東京高判昭 38・4・28 民集 18 巻 4 号 632 頁）：控訴認容　最高裁：上告棄却

1 審は、Ｘは民法 109 条（平成 29 年改正後の 109 条 1 項本文に対応。条項の変遷については **40 事件**の解説を参照——筆者注）の表見代理の法理に従い本人として責任を負う、として、Ｘの請求を棄却した。2 審は、ＡやＣが前記各書類を使用することにつきＸが承諾を与えた事実はないなどの本件の事実関係のもとでは、Ｃが前記各書類を所持していたからといって、Ｘが、Ｃその他の者に本件各契約締結の代理権を与えた旨を第三者に表示したものと認めることはできない、として、Ｘの請求を認容した。

そこでＹが、本件の事実関係のもとではＸは民法 109 条にいう代理権授与表示をした者にあたる旨を主張して

上告した。

判旨

〈上告棄却〉「論旨は、以上の場合において、Ｘは民法 109 条にいわゆる「第三者ニ対シテ他人ニ代理権ヲ与ヘタル旨ヲ表示シタル者」に当るという。しかしながら、不動産所有者がその所有不動産の所有権移転、抵当権設定等の登記手続に必要な権利証、白紙委任状、印鑑証明書を特定人に交付した場合においても、右の者が右書類を利用し、自ら不動産所有者の代理人として任意の第三者とその不動産処分に関する契約を締結したときと異り、本件の場合のように、右登記書類の交付を受けた者がさらにこれを第三者に交付し、その第三者において右登記書類を利用し、不動産所有者の代理人として他の第三者と不動産処分に関する契約を締結したときに、必ずしも民法 109 条の所論要件事実が具備するとはいえない。けだし、不動産登記手続に要する前記の書類は、これを交付した者よりさらに第三者に交付され、転輾流通することを常態とするものではないから、不動産所有者は、前記の書類を直接交付を受けた者において濫用した場合や、とくに前記の書類を何人において行使しても差し支えない趣旨で交付した場合は格別、右書類中の委任状の受任者名義が白地であるからといって当然にその者よりさらに交付を受けた第三者がこれを濫用した場合にまで民法 109 条に該当するものとして、濫用者による契約の効果を甘受しなければならないものではないからである」。

判例の法理

白紙委任状が交付された場合においてその白紙委任状が濫用されたとき、その交付者が民法 109 条にいう代理権授与表示者として同条による表見代理責任を負うかは、事情により異なる。

まず、白紙委任状の直接の被交付者が濫用した場合は、代理権授与表示の存在が認められる（本判決は、傍論ではあるが、こうした理解を前提としているとみられる判示をしている）。

これに対して、直接の被交付者でない者（転得者）が白紙委任状を濫用した場合——本判決も、そのような事案に関するものである——において、代理権授与表示の存在が認められるかどうかは、さらに分かれる。

この点について本判決は、本件の事案で問題となった白紙委任状等の各書類が「これを交付した者よりさらに第三者に交付され、転輾流通することを常態とするものではないから…とくに前記の書類を何人において行使しても差し支えない趣旨で交付した場合は格別」、本件ではそうした事情がなく、本人による代理権授与表示の存在を否定して民法 109 条の適用を認めなかった（本判決以後のものとして、最判昭和 50・11・14 金法 779 号 27 頁は、代理権授与表示の存在を否定したものであるが、判決文中で本判決を引用している）。

一方で、本判決以後の最高裁判決のなかには、白紙委任状の転得者が白紙委任状を濫用した場合に代理権授与表示の存在を認めたものもある（最判昭和42・11・10民集21巻9号2417頁、最判昭和45・7・28民集24巻7号1203頁。また、最判昭和41・4・22民集20巻4号752頁は、結論として表見代理の成立を否定したものであるが、原審において代理権授与表示の存在が認められていたところ、その判断を前提としつつ、相手方の過失を認定して表見代理の成立を否定したもののようにみられる）。

なお、白紙委任状が交付された場合でも、被交付者に代理権が与えられており、その代理権の範囲内で代理行為がされたときは、有権代理となる。転得者に交付された場合でも、それを正当に取得した者であれば誰が行使しても差し支えない趣旨で交付された白紙委任状であるときは、転得者は、白紙委任状の交付者のための代理権を有すると認められうる（たとえば、大判大正7・10・30民録24輯2087頁）。

判例を読む

●判例法理の整理・分析をめぐる議論

上述のように、白紙委任状が転得者により濫用された場合において、本判決より後の最高裁判決で白紙委任状の交付者による代理権授与表示の存在を肯定するものもある。しかも、たとえば前掲最判昭和42・11・10は本判決を引用していないなど、判例法理がどのように把握されうるかを各判決の判示から直接読み取ることが容易でない面がある。

この点に関する議論として、学説では、白紙委任状の濫用者、および委任事項の濫用の程度に着目して、次のように判例法理を捉える見解（四宮・後掲1120頁以下）が有力である。すなわち、判例は、特定の者による行使が予定されていた白紙委任状について、直接の被交付者が濫用した場合は、代理権授与表示の存在を認める。次に、転得者が濫用した場合については、委任事項の濫用の程度に着目し、委任事項欄の濫用の程度が顕著でない場合には、代理権授与表示があったと認める傾向にある。これに対して、委任事項欄の濫用の程度が相当な程度である場合には、代理権授与表示を否定している、というわけである。そして、本判決は、この中で一番最後の類型にあたるものだ、というように整理されている。

●代理権授与表示の存在を否定するとの法律構成の評価

本判決では、白紙委任状の交付者の代理権授与表示の存在が否定され、その結果、交付者の民法109条に基づく表見代理責任が否定された。その判断にあたり、本判決は、本件で問題となった白紙委任状等の書類が、「これを交付した者よりさらに第三者に交付され、転輾流通することを常態とするものではない」ことを指摘しており、この点を「第三者がこれを濫用した場合にまで民法109条に該当するものとして、濫用者による契約の効果を甘受しなければならないものではない」との評価と結びつけているものとみられる。本判決の調査官解説では、この点について、民法109条は「特定の者に代理権を与えた旨を表示した本人の表示行為上の責任を問うことを主眼としているものである以上、本人において当該の内容の表示行為をなすべき意思の存する限度内においてのみ」第三者が保護されるのであり、「本件のように特定人に書類を交付することを通じてその意思の存在が認定される場合は、その書類の性質も考慮すべき材料とな

る」ところ、不動産処分に関する書類が輾転流通することは一般的でなく、「本人の全く関知しないその書類の転得者が本人の代理人名義でなした行為については、本人はその転得者を通じて表示行為をなすべき意思を有したものと解釈するわけにはゆくまい」と述べられている（坂井・後掲143頁以下）。

他方で、本件各書類に対する上記のような判示に対しては、代理人欄を空白にして交付された白紙委任状は輾転流通する可能性をそもそも内包しているとみることができるから、転得者が白紙委任状を濫用した場合であっても、そうした性質をもつ白紙委任状を自らの意思により交付した者について、転得者が濫用したことを理由に民法109条の表見代理責任を否定すべきでなく、代理権授与表示の存在をこの場合にも肯定すべきである、として、本判決が代理権授与表示の存在を否定したことに対する批判も有力である（河上・後掲431頁以下、四宮・後掲1126頁以下など。なお、佐久間毅・判例講義民法Ⅰ78頁は、前掲最判昭和42・4・22を受任者欄・委任事項欄の双方が濫用された事例と捉えたうえで、同判決が代理権授与表示の存在を肯定する判断を前提としつつ相手方の過失を認定して民法109条の表見代理の成立を否定したことと、本件で代理権授与表示が否定されて表見代理の成立を否定したことについて、「判例は、委任事項欄の濫用により本人に責任を負わせるのが酷に過ぎると考える場合には本人の責任を否定しているのであり、本件における代理権授与表示の否定はそのための便法にすぎない……判例は、相手方の悪意・過失を認定できる場合にはそれにより本人の責任を否定し、相手方の悪意・過失の認定が難しい場合には代理権授与表示の存在を肯定しているにすぎない、とも考えられる」とする）。

●表見代理責任を否定する別の構成

本件のような事案で代理権授与表示の存在が認められると考えるべきであるとして、その代理権授与表示は濫用された白紙委任状によるものであるから、白紙委任状の交付者の認識と、交付者がしたと評価される代理権授与表示の内容とが一致しない。代理権授与表示はそれにより私人間の権利変動が生ずるわけではないため意思表示ではないと解されているが、意思表示類似のもの（いわゆる観念の通知）として意思表示の規定を代理権授与表示に類推適用することが認められるとすると、ここでの代理権授与表示を交付者の意思と異なる表示であると捉えて錯誤の規定の類推し、代理権授与表示の効力を否定して民法109条の表見代理責任を免れえないかが問われてよいとも考えられそうである（このような法律構成の可能性を説くものとして、三宅正男・不動産取引百選1版21頁、幾代・総則373頁、佐久間・民法の基礎Ⅰ272頁・282頁以下など。四宮・後掲1127頁は、代理権授与表示に錯誤法理を妥当させることに否定的とみられる）。この構成は、本件のような事案において、代理権授与表示の存在を否定するのではなく、その存在は肯定しつつ錯誤の法理の類推により、本判決と同じ結論を導きうるものとみることができる。

【参考文献】　本判決の評釈として、河上元康・神戸法学15巻2号427頁、坂井芳雄・最判解民昭和39年度140頁、四宮和夫・法協91巻7号1116頁、谷口知平・民商52巻1号108頁、野々上敬介・百選Ⅰ54頁など。

野々上敬介

42 取引勧誘の代行権限と民法 110 条の基本代理権

最高裁昭和 35 年 2 月 19 日判決　民集 14 巻 2 号 250 頁、判時 217 号 12 頁

【110 条】

論点 民法 110 条にいう「権限」には、事実行為の代行権限も該当するか

事実の要約

　A社は、勧誘外交員を用いて一般人を勧誘し、銀行・郵便局等の預金より利回りのよい利息で金員を借り入れ、これを資金として高利で貸金業を営んでいた。Yは、A社の金員の借入れにつき、健康上の理由により、自らは勧誘行為をせず、その一切を自身の長男Bに事実上委ねてきた。Xは、昭和 28 年 7 月、Bの勧誘により、A社に対して、返済期を 6 か月後として、Yの保証名義のもとに合計 30 万円を貸し付けた。その後、Bの勧誘により、A社のC支店長も立会いのうえ、先の貸借をそのまま再契約することにして、先の貸付契約の各満期である昭和 29 年 1 月に、金員の授受を省略して、Yが再びA社に対して返済期を各 6 か月後として合計 30 万円を貸し付けた。その後、A社がXに対して負担する債務についてYが保証の責に任ずる旨のY名義の同月 22 日付契約書が作成され、これにYの印鑑証明書が添付されてXに差し入れられたが、この契約書は、BがYの不知の間にYの印鑑を使用しYの氏名を冒用して作成されたものであり、添付された印鑑証明書も、Bが勝手にYの印鑑を持ち出して下付を受けたものであった。その後、Xが、Yに対して、保証債務の履行を請求した（なお、Xは、A社に対しても貸金返還請求をしており、Aに対する請求については、これを認容した 1 審が確定している）。

裁判の流れ

　1 審（神戸地豊岡支判例年月日不明民集 14 巻 2 号 259 頁）：請求棄却　2 審（大阪高判昭 31・12・20 民集 14 巻 2 号 260 頁）：控訴認容　最高裁：破棄差戻

　1 審は、XのYに対する請求を棄却した。2 審は、本件の勧誘行為はBがYから与えられた代理権限に基づいてされたものであることは明らかである一方、BがY名義で作成した契約書によりされた本件の個人保証契約は、その権限を超越してしたといわなければならないとしたうえで、Xには、当該個人保証契約をBがYを代理して行う権限があるものと信ずるにつき正当の事由があったものと認めるのを相当とする、とした。

判　旨

　〈破棄差戻〉「本件において、民法 110 条を適用し、Yの保証契約上の責任を肯定するためには、先ず、Yの長男AがYを代理して少くともなんらかの法律行為をなす権限を有していたことを判示しなければならない。しか

るに、原審がるる認定した事実のうち、Aの代理権に関する部分は、Yは、勧誘外交員を使用して一般人を勧誘し金員の借入をしていた訴外株式会社B本社の勧誘員となったが、その勧誘行為は健康上自らこれをなさず、事実上長男Aをして一切これに当らせて来たという点だけであるにかかわらず、原審は、Aの借入金勧誘行為はAがYから与えられた代理権限に基きこれをなしたものであることは明らかである旨判示しているのである。しかしながら、勧誘それ自体は、論旨の指摘するごとく、事実行為であって法律行為ではないのであるから、他に特段の事由の認められないかぎり、右事実をもって直ちにAがYを代理する権限を有していたものということはできない筋合であ」る。

判例の法理

　民法 110 条では、代理人として行為した者が、その行為以外の事項について「権限」を有していたことが要件の 1 つとされているところ、本判決は、この「権限」は、**何らかの法律行為をする代理権であることが必要**であり、勧誘のような事実行為の代行を委ねられたことを基礎として民法 110 条の適用を認めることはできないとした。

　一方で判例は、民法 110 条の適用において、代理権限内の行為と実際にされた代理行為は同種のものである必要はないとしており、両者がいかに異なるものであっても、「代理人がその権限外の行為をした場合」にあたるということができるとしている（最判昭 16・2・28 民集 20 巻 264 頁）。

判例を読む

●本判決の多数意見と少数意見

　民法 110 条は、表見代理の成立のために、代理人として行為をした者が当該行為以外の事項につき「権限」を有していたことを、要件の 1 つとしている。本判決は、この要件について、「少くともなんらかの法律行為をなす権限を有していたこと」が必要であるとし、たんに事実行為の代行を委ねられていたにすぎないときはこの要件を充たさないとしている。

　もっとも、本判決は、そのように解する理由を詳しく述べているわけではない。ただ、民法 110 条は、「代理人……の権限」を問題としているところ、民法でいう代理人の権限、つまり代理権とは、意思表示（を要素とする法律行為）を本人に代わってする権限のことをいうと解される（民法 99 条 1 項を参照）。そうすると、本判決が採った上記の解釈は、**民法の規定の文言からは十分にありうる**ものだということができそうである。

　一方で、本判決には、民法 110 条の「表見代理の基礎たる代理行為は必ずしも厳格な意味における法律行為に限定するの要はないと信ずる」との藤田八郎判事の少数意見が付されている。同判事によれば、そのように考えることが「取引の安全保護を主眼とする同条の趣意に沿

うものである」とされる（この少数意見が引用する、最判昭和34・7・24民集13巻8号1176頁の同判事の少数意見）。こうした考え方は、条文の文言に忠実な解釈かどうかという点で多数意見にかりに一歩を譲るとしても、類推適用という解釈手法もありうることもふまえると、同判事の少数意見で示された見解に対してどのような反論が考えられるのかは問題となりうるようにも思われる。

　そのような視点もふまえて本判決をみるならば、本判決は、事実行為の代行を委ねられた者がした法律行為について、民法110条の直接適用はもとより、類推適用も認められないとの立場が採られたと捉えることもできそうである。もっとも、そのような立場が民法110条のいかなる制度趣旨からどのようにして正当化されるのかについて、本判決ではっきりと述べられてはいない。また、本判決より後の最高裁判決でも、「取引の安全を目的とする表見代理制度の本旨に照らせば、民法110条の権限踰越による表見代理が成立するために必要とされる基本代理権は、私法上の行為についての代理権であることを要し、公法上の行為についての代理権はこれに当らないと解するのが相当である」とするものがある（最判昭和39・4・2民集18巻4号497頁）。けれども、「取引の安全を目的とする表見代理制度の本旨」から、民法110条にいう「権限」が法律行為をする権限に限られることがどのように正当化されているのかは、当該判決においても、その判示内容から必ずしも明確でない。

　本判決の少数意見が、自説の基礎づけとして、民法110条の趣旨を「取引の安全保護」としていることからしても、**本条を取引安全の保護を図る趣旨の規定であるというだけでは、事実行為の代行委託の事案に本条の（類推）適用が可能かどうかについて、ただちに一定の結論を導くことは難しいように思われる。**

●学説における議論の展開

　学説に目を転じると、学説上も、単に事実行為の代行を委ねたのみでは、民法110条の適用は認められない、との理解が伝統的に通説と目されてきた。たとえば、「全然代理権のない者の代理行為は……本条の表見代理は成立しない」のであり、何らかの代理権の存在が、「本人の静的保護のための最小限度の要件」である（我妻・講義I 368頁）、などと説かれた。

　もっとも、本人が無権代理行為の効果の引受けを拒めないことを正当化する事情が必要であるとして、その事情があるというには無権代理人が代理権を有していたことが必要である——事実行為の代行を委ねることでは十分でない——のはなぜか、いい換えれば、「本人の静的安全のための最小限度の要件」が何らかの代理権の有無により画される実質的理由は何か、がこの説明で十分明らかにされているとは必ずしもいい難い。

　そこで、たとえば次のような反対説が主張される。すなわち、ひとくちに事実行為や法律行為といっても、その重要性はさまざまであるから、委託事項が事実行為か法律行為かで民法110条の適用を一律に画するのは適当でない。民法110条において問題となる「権限」は、法律行為をする権限であることは必ずしも必要でなく、対外的な行為をすることの委託で足りると解すべきである、というわけである（幾代・総則381頁）。

　以上にみられる議論は、民法110条による表見代理の成否の判断にあたり、本人の保護と相手方の保護という観点がともに顧慮されるべきとの観点は共有されつつも、

その2つの観点を調整する具体的な考え方が異なっている、と整理することができそうである。そして、その考え方の相違は、結局のところ、価値判断の違いに求められるとみることもできるかもしれない。たとえば、判例の立場を支持しうるとする側から、反対説の立場は「本人の利益保護の確実な保障が弱すぎる」ことになり、事実行為の代行の委託の場合に民法110条の適用を認めるのは「行き過ぎ」であると論じられる（川井健「基本代理権の存否と110条の表見代理」柚木馨ほか編集『判例演習〔民法総則〕』（有斐閣、1963）176頁、181頁以下）のに対して、反対説の側からは、判例の立場によれば事実行為の代行の委託の場合には相手方に正当理由があるかどうかを判断するまでもなく一律に民法110条の適用が否定されるということになり、何らかの代理権が代理行為者にあった場合と比較したときの相手方の保護の可能性の不均衡は、「どうみても」妥当でない（幾代・前掲381頁）と論じられていることに、その一端が現れているということができるようにも思われる。

　このように、以上のような見解の対立は、条文の文言解釈という手がかりをのぞいては、本人と相手方のどちらを保護すべきかについての価値判断の対立に帰着しているようでもあり、決め手を見いだし難いようにもみられる。そうだとすれば、**民法110条にいう「権限」に該当するというためにはどのような事情が必要か、それはどのように正当化されうるのか、を掘り下げる分析が必要となるように思われる。**

　そこで、たとえば次のように判例の立場を説明することが考えられるのではないか、との見解が主張されている。すなわち、民法110条の適用が認められると、本人は、無権代理人によりされた法律行為の効果を引き受けなければならないことが予定されている。そうであるとすれば、無権代理であるにもかかわらず民法110条により代理行為の効果の引受けを拒めなくなる本人について、そうした効果の引受けを拒めないことを正当化するには、本人が、代理行為に対応する代理権は委ねていなかったとしても、法律行為による自身の法律関係の変動を基礎づける何らかの権限を少なくとも委ねていた——それにより、自らの法律関係を代理行為者による法律行為によって変動させることを意図していた——ことが要求される。事実行為の代行を委ねただけでは、それがいかなる内容であったとしても、本人が自身の法律関係の変動を意図していたとはいえないため、民法110条による本人の効果引受けを正当化する事情として十分でない、というわけである（佐久間毅・判例講義民法I 82頁。佐久間・民法の基礎I 286頁も参照）。

【参考文献】　本判決の評釈として、三淵乾太郎・最判解民昭和35年度39頁、川島武宜・法協80巻4号511頁、谷口知平・民商43巻1号122頁、伊藤進・民法の判例3版33頁、北居功・百選I 58頁など。

野々上敬介

43 登記申請の代理権と民法110条の基本代理権

最高裁昭和46年6月3日判決　民集25巻4号455頁、判時636号45頁、判タ265号129頁、金法620号53頁、金判272号12頁　　　　　　　　　　　　　　　　　　　　【110条】

論点　民法110条にいう「権限」には、登記申請行為の代理権も該当するか

事実の要約

Yは、自己所有の土地一筆をAに贈与し、Aの求めに応じて、この土地につきAへの所有権移転登記手続をするため、実印、印鑑証明書およびこの土地の登記済証をAに交付した。ところがAは、Yの承諾を得ることなく、上記実印等を使用して、X会社との間で、AがXに対して負う現在および将来の債務についてYが連帯保証をする旨の契約を、Yの代理人として締結した。Xが、Yに対して、連帯保証債務の履行を請求した。

裁判の流れ

1審（津地判四日市支部昭44・3・19民集25巻4号463頁）：請求棄却　2審（名古屋高裁昭44・12・24民集25巻4号465頁）：控訴棄却　最高裁：破棄差戻

2審は、YがAに上記実印等を交付したのは、YがAに贈与した土地の所有権移転登記手続という公法上の行為をすることを委任したためであることが明らかであり、YがAに私法上の代理権を授与したこと、ないしは本件連帯保証につき代理権授与の表示をしたことを認めるに足りる証拠はないから、Yが表見代理責任を負う旨の主張は採用できない、などと述べて控訴を棄却した。

判旨

〈破棄差戻〉「YがAに委任したという所有権移転登記手続は、Yにとっては、Aに対する贈与契約上の義務の履行のための行為にほかならないものと解せられる。すなわち、登記申請行為が公法上の行為であることは原判示のとおりであるが、その行為は右のように私法上の契約に基づいてなされるものであり、その登記申請に基づいて登記がなされるときは契約上の債務の履行という私法上の効果を生ずるものであるから、その行為は同時に私法上の作用を有するものと認められる。そして、単なる公法上の行為についての代理権は民法110条の規定による表見代理の成立の要件たる基本代理権にあたらないと解すべきであるとしても、その行為が特定の私法上の取引行為の一環としてなされるものであるときは、右規定の適用に関しても、その行為の私法上の作用を看過することはできないのであって、実体上登記義務を負う者がその登記申請行為を他人に委任して実印等をこれに交付したような場合に、その受任者の権限の外観に対する第三者の信頼を保護する必要があることは、委任者が一般の私法上の行為の代理権を与えた場合におけると異なるところがないものといわなければならない。したがって、本人が登記申請行為を他人に委任してこれにその権限を与え、その他人が右権限をこえて第三者との間に行為をした場合において、その登記申請行為が本件のように私法上の契約による義務の履行のためになされるものであるときは、その権限を基本代理権として、右第三者との間の行為につき民法110条を適用し、表見代理の成立を認めることを妨げないものと解するのが相当である」。

判例の法理

民法110条にいう「権限」は、法律行為についての代理権であることを要し（→42事件など）、公法上の行為についての代理権は民法110条にいう「権限」にあたらない（たとえば、印鑑証明書下付申請行為の代理権は同条にいう「権限」にあたらないとしたものとして、最判昭和39・4・2民集18巻4号497頁）。これをふまえつつ、本判決は、公法上の行為である登記申請行為について、その行為が私法上の契約による義務の履行のためにされるものであるときは、その行為についての代理権を基本代理権として民法110条の適用が認められうるとした。

判例を読む

本判決は、公法上の行為についての代理権は民法110条にいう「権限」にあたらない、との従来の判例の立場をふまえたうえで、本件で問題となった登記申請行為の私法上の作用を顧慮して、その行為についての代理権を同条にいう「権限」にあたるとしている。その趣意は、本件の登記申請行為は贈与契約上の債務の履行のための行為であり、登記がされることにより、債務の弁済とその受領という私法上の効果を生ずることから、こういった場合の登記申請行為の代理権は法律行為についての代理権に準ずるものとみることができる、というものであると解される（野田・後掲169頁を参照）。

本判決について、民法110条の「権限」に関する従来の判例の立場を緩和する方向を示し、「権限」を法律行為についての代理権に限る必要は必ずしもないとする学説上の見解に実質的に近づくものと評価する可能性も指摘されている（野田・後掲172頁を参照）。ただ、本判決は、本件で民法110条の適用可能性を認めるにあたり、本件の登記申請行為がもつ私法上の効果あるいは作用を手がかりとしているようであり、法律行為についての代理権に当たらない権限を基礎に民法110条の適用を認める場面を慎重に画する姿勢が看取されうるようにも思われる（野田・後掲172頁以下は、上記の指摘とあわせて、「今後に対する本判決の判例としての妥当範囲は……なお各事案ごとに検討を要するものと思われる」とも指摘している）。

【参考文献】　本判決の評釈として、川村フク子・民商66巻6号1080頁、野田宏・最判解民昭和46年度164頁、辻正美・百選I3版66頁、五十川直行・百選I5版新法対応補正版62頁、佐久間毅・不動産取引判例百選3版22頁など。

野々上敬介

44 # 夫婦の日常家事代理権と民法 110 条の基本代理権

最高裁昭和 44 年 12 月 18 日判決　民集 23 巻 12 号 2476 頁、家月 22 巻 4 号 34 頁、判時 582 号 58 頁、判タ 243 号 195 頁

【761 条、110 条】

論点　民法 761 条は夫婦相互の日常家事代理権を定めるものか、そうであるとしてその代理権を基礎に民法 110 条の表見代理が成立するか

事実の要約

本件不動産（土地・建物）は、Ｘの特有財産であった。昭和 37 年 3 月にＸの夫Ａが経営していたＢ商店が倒産したことから、Ｙの経営するＣ社がＢに対して有していた債権の回収を図るために、同年 4 月 2 日、ＹとＡとの間で、本件不動産の売買契約が締結され、同年 4 月 12 日、本件不動産につきＸ名義からＹ名義への所有権移転登記がされた。昭和 39 年にＡと離婚したＸは、本件不動産の売渡しや上記移転登記の申請手続をしたことはないとして、Ｙに対して、上記移転登記の抹消登記手続を求めた。これに対してＹは、ＡとＸは本件売買契約当時に婚姻関係にあったため、Ａは民法 761 条により日常の家事に関してＸを代理する権限（日常家事代理権）を有していたから表見代理が成立する、等と主張した。

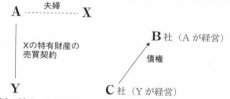

裁判の流れ

1 審（東京地判昭 41・7・14 民集 23 巻 12 号 2482 頁）：請求認容　2 審（東京高判昭 43・6・26 民集 23 巻 12 号 2489 頁）：控訴棄却　最高裁：上告棄却

1 審・2 審はいずれも、民法 761 条は夫婦相互の日常家事代理権を認めたものと解するのが相当であり、第三者において問題の行為が日常家事の範囲内に属すると信ずるにつき正当の理由があるときは、日常家事代理権を基礎として表見代理の法理を適用するのが相当であるとしたうえで、Ｙにはこの正当の理由が認められない、とした。

判　旨

〈上告棄却〉「民法 761 条……は、その実質においては」、同条が明文で定める「効果の生じる前提として、夫婦は相互に日常の家事に関する法律行為につき他方を代理する権限を有することをも規定しているものと解するのが相当である」。

「民法 761 条にいう日常の家事に関する法律行為とは、個々の夫婦がそれぞれの共同生活を営むうえにおいて通常必要な法律行為を指すものであるから、その具体的な範囲は、個々の夫婦の社会的の地位、職業、資産、収入等によって異なり、また、その夫婦の共同生活の存する地域社会の慣習によっても異なるというべきであるが、他方、問題になる具体的な法律行為が当該夫婦の日常の家事に関する法律行為の範囲内に属するか否かを決するにあたっては、同条が夫婦の一方と取引関係に立つ第三者の保護を目的とする規定であることに鑑み、単にその法律行為をした夫婦の共同生活の内部的な事情やその行為の個別的な目的のみを重視して判断すべきではなく、さ

らに客観的に、その法律行為の種類、性質等をも充分に考慮して判断すべきである」。

このようにして判断される日常家事代理権の範囲を越えて夫婦の一方が第三者と法律行為をした場合、「その代理権の存在を基礎として広く一般的に民法 110 条所定の表見代理の成立を肯定することは、夫婦の財産的独立をそこなうおそれがあって、相当でないから、夫婦の一方が他の一方に対しその他の何らかの代理権を授与していない以上、当該越権行為の相手方である第三者においてその行為が当該夫婦の日常の家事に関する法律行為の範囲内に属すると信ずるにつき正当の理由のあるときにかぎり、民法 110 条の趣旨を類推適用して、その第三者の保護をはかれば足りるものと解するのが相当である」。

判例の法理

本判決は、民法 761 条が夫婦相互の日常家事代理権をも定めた規定であるとした。そのうえで、**日常家事代理権を基礎として民法 110 条の表見代理の成立を肯定することは認められず、ただ、当該行為が当該夫婦の日常の家事に関する法律行為の範囲内に属すると第三者が信じたことにつき正当の理由のあるときには、民法 110 条の趣旨の類推により第三者が保護されうる**とした。

判例を読む

本判決によると、ある行為が日常家事の範囲内であるかの判断においてその行為の客観面が顧慮される。そうすると、客観的に日常家事行為に該当しないにもかかわらず民法 110 条の趣旨の類推により相手方が保護されるのはどのような場合なのかが問題となりそうだが、この点については、行為者が説明・表明した目的等から相手方がその範囲内に属すると正当に信じた場合が考えられる、とされる（齊木敏文「日常家事代理権と表見代理」判タ 650 号 67 頁、山本・後掲 71 頁）。

また、本件で問題となったのは一方配偶者による他方配偶者の特有財産たる不動産の処分行為であるが、本判決は、上記「判旨」で引用した箇所に続けて、当該行為は当時夫婦であったＡ・Ｘの日常家事行為であったとはいえず、その日常家事行為の範囲内に属すると信ずるにつきＹに正当理由があったともいえないとした。他方配偶者名義の不動産の処分行為が日常家事行為に該当しないとした最高裁判決は本判決より前にもあり（最判昭和 43・7・19 判時 528 号 35 頁）、判例上、不動産の処分行為について民法 761 条に依拠して相手方の保護をはかることには否定的な傾向がうかがわれるようにも思われる。

【参考文献】　本判決の評釈として、奥村長生・最判解民昭和 44 年度（下）991 頁、山本敬三・百選 I 5 版新法対応補正版 70 頁、滝沢聿代・家族法百選 6 版 14 頁、吉政知広・家族法百選 7 版 18 頁、合田篤子・百選Ⅲ 20 頁など。

野々上敬介

45 民法 110 条の「正当な理由」

最高裁昭和 51 年 6 月 25 日判決　民集 30 巻 6 号 665 頁、判時 820 号 65 頁、判タ 339 号 264 頁、
金法 801 号 30 頁、金判 504 号 18 頁
【110 条】

論点　民法 110 条にいう「正当な理由」の意義とその判断枠組みはいかなるものか

事実の要約

　電気器具等の販売を業とするX社は、A社との間で継続的取引をしていたが、A社との取引の継続に不安を感じる事態となり、A社の代表取締役であるBに対して、A社のX社に対する取引上の債務につきBの父の個人保証をつけるよう求めたところ、Bから、Bの父は保証人になってくれないがBの妻の父（実際には妻の伯父）であるYが保証人になる旨の連絡があり、X社はこれを了承した。一方、その頃Bは、Yから、A社が社員寮を賃借するについて保証人となることの承諾を得て、その保証契約締結の権限と印鑑証明書の交付権限を付与されてYの実印の貸与を受けていた。Bは、X社から交付された「A社がX社に対して負担する現在・将来の商取引上の一切の債務について連帯して支払う」旨の連帯保証人欄が空欄の根保証約定書を、Yの名で作成してYの実印を押捺し、この実印の印鑑証明書を添付のうえX社に差し入れた。X社は、添付された印鑑証明書により上記約定書の印影がYの実印によるものであることを確認し、Yが自らの意思に基づき上記約定書に記名押印をして約定書記載の根保証契約を締結したと信じた。

　その後、X社はA社との取引を継続していたが、約1年後にA社が倒産した。そこでX社は、Yに対して、Aに対する約束手形上の債権につき連帯保証人としての責任を追及した。

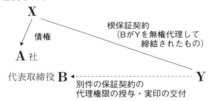

裁判の流れ

　1審（大阪地判昭 49・2・27 金判 504 号 23 頁）：請求棄却　2審（大阪高判昭 50・5・29 金判 504 号 21 頁）：控訴認容　最高裁：破棄差戻

　1審から最高裁までの主たる争点は、X・Y間の連帯保証契約について、民法 110 条にいう「正当な理由」（平成 16 年改正前の同条では「正当ノ理由」）がXに認められるかどうかであった。

　1審は、金融取引や商取引一般において、本人の実印が押捺された書面を本人の印鑑証明書とともに所持する者がした代理行為について、その相手方は、特段の事情の認められない限り民法 110 条にいう正当の理由が認められるというべきであるが、契約締結の結果、本人に極めて酷な結果を生ずることが予見される場合、諸般の状況から本人の契約締結の意思に疑問が持たれる場合、他方、相手方において本人の意思確認につき困難な事情がない場合には、相手方に本人の意思確認の義務があるものというべきであるとし、本件では、問題の契約が保証

限度額のない根保証であることや、YがA・Bとの間に何らかの利害関係があるとは当然には認められないこと、Bの父による保証拒否によりYの保証に変更されるとの事態が生じた等の事情から、XはYの保証意思を確認すべき義務があったのにこれを怠ったとして、正当理由は認められない、とした。

　2審は、まず、代理人が直接本人の名でした権限外の行為についても、相手方がその行為を本人自身の行為であると信じたときは民法 110 条が類推適用されうるとしたうえで、日常の取引において、個人の印鑑証明書により証明された実印による行為は本人の意思に基づくものと評価され、行為者の意思確認の機能を果たしていることは経験則上明らかであること、本件約定書に保証金額の明記がないことはそのことだけで正当理由の有無の結論を左右するものでないこと、また、Xは金融業者でないから、金融機関と同様の本人の保証意思を確認すべき義務があると解することはできないこと、を挙げて、Xの正当理由を認めた。

判　旨

　〈破棄差戻〉「いわゆる署名代理の方法により本人名義の契約書を作成したうえ、これを相手方に差し入れることにより本人のために契約を締結した場合であっても、相手方において右契約書の作成及び右契約の締結が本人の意思に基づくものであると信じたときは、代理人の代理権限を信じたものというには適切ではないが、その信頼が取引上保護に値する点においては代理人の代理権限を信じた場合と異なるところはないから、右のように信じたことについて正当な理由がある限り、民法 110 条の規定を類推適用して、本人がその責に任ずるものと解するのが相当であ」るところ、

　「印鑑証明書が日常取引において実印による行為について行為者の意思確認の手段として重要な機能を果たしていることは否定することができず、被上告人会社としては、上告人の保証意思の確認のため印鑑証明書を徴したのである以上は、特段の事情のない限り、前記のように信じたことにつき正当理由があるというべきである。

　しかしながら、原審は、他方において、（一）X社がBに対して本件根保証契約の締結を要求したのは、A社との取引開始後日が浅いうえ、A社が代金の決済条件に違約をしたため、取引の継続に不安を感ずるに至ったからであること、A社は、当初、Bに対し同人及び同人の実父（原判決挙示の証拠関係によれば、A社の親会社であるCの経営者でもあることが窺われる。）に連帯保証をするよう要求したのに、Bから「父親とは喧嘩をしていて保証人になってくれないが、自分の妻の父親が保証人になる。」との申し入れがあって、これを了承した（なお、YはBの妻の父ではなく、妻の伯父にすぎない。）こと、Yの代理人として本件根保証契約締結の衝にあたったBは右契約によって利益をうけることとなるA社の代表取締

役であることなど、X社にとって本件根保証契約の締結におけるBの行為等について疑問を抱いて然るべき事情を認定し、（二）また、原審認定の事実によると、本件根保証契約については、保証期間も保証限度額も定められておらず、連帯保証人の責任が比較的重いことが推認されるのであるから、Yみずからが本件約定書に記名押印をするのを現認したわけでもないX社としては、単にBが持参したYの印鑑証明書を徴しただけでは、本件約定書がYみずからの意思に基づいて作成され、ひいて本件根保証契約の締結がYの意思に基づくものであると信ずるには足りない特段の事情があるというべきであって、さらにY本人に直接照会するなど可能な手段によってその保証意思の存否を確認すべきであったのであり、かような手段を講ずることなく、たやすく前記のように信じたとしても、いまだ正当理由があるということはできないといわざるをえない。

しかるに、原審は、X社が金融業者ではないことの故をもって、右のような可能な調査手段を有していたかどうかにかかわらず、民法110条の類推適用による正当理由を肯認できると判断しているのであるが、右の判断は同条の解釈適用を誤り、ひいて審理不尽、理由不備の違法がある」。

判例の法理

判例は、民法110条にいう「正当な理由」とは、「無権代理行為がされた当時存した諸般の事情を客観的に観察して、通常人において右行為が代理権に基づいてされたと信ずるのがもっともだと思われる場合、すなわち、第三者が代理権があると信じたことが過失とはいえない（無過失な）場合」をいうとしている（最判昭和44・6・24判時570号48頁）。

そのうえで、このような意味での正当理由が認められるかは、本判決で示された判断過程を手がかりにすると、次のような枠組みで判断される。すなわち、**代理行為に対応する代理権を代理人が有することを推測させる適切な資料・書類（たとえば、本人の実印や印鑑証明書）などの徴表が認められる場合には、原則として正当理由の存在が認められる**。もっとも、正当理由があると原則として認められるべき場合であったとしても、**代理行為に対応する代理権の存在を相手方が疑うべき事情があるときは、特段の事情がある**とされる。本判決では、そのような事情として、代理行為がされた経緯に不審な点があったこと（Yは当初、A社の親会社の経営者でもあるBの実父に連帯保証をするよう要求したのにこれを拒まれたこと）や、代理行為の内容に不審な点があったこと（本件根保証によりその主たる債務者であるA社の代表取締役であるBが利益を受けると解されることや、本件根保証が保証期間も保証限度額も定められておらず本人の負う責任が重いこと）が認定されている。そして、**特段の事情があるとされる場合には、相手方は、代理行為に対応する代理権の存在を確認するしかるべき調査手段をとることが求められ、これを怠ったときは正当理由ありと認められないことになる**。

判例を読む

上述のように、判例は、「民法110条の正当理由＝相手方の善意無過失」と定式化している（以下、善意無過失説という）とみられ、この枠組みによると、民法110条の正当理由の判断は、相手方にそのような事情が認められるかどうかが問題とされるべきこととなると思われる。

これに対して、民法110条の正当理由において判断されるべき事情は、相手方の事情には限られず、同条により表見代理責任を負うことになる本人側の事情と、同条により保護されることになる相手方の保護すべき事情を総合し、本人と相手方のどちらを保護するかを判断するための要件であると位置づける見解も、学説上有力に主張されている。こうした見解は、民法110条にいう「権限」の意義とも結びつけて展開されており、たとえば次のように論じるものがみられる。すなわち、一方で、民法110条にいう代理人の「権限」を、法律行為の代理権に限定することは必ずしも必要でなく、他方で、そのように解したとしても、正当理由の判断において合理的な判断がされさえすれば、相手方が過当な保護を受けるおそれはないと考えられる。そして、基本権限の内容と現実の無権代理行為との間の牽連性の程度は、正当理由の判断において当然考慮されるべき因子であろうから、事実行為の委託や公法上の行為が基本権限であることは、一般論として、表見代理の成立を認める結論に対する1つのマイナス要因となりやすい、というわけである（幾代・総則381頁以下。こうした見解は、総合判断説とも呼ばれる）。

民法110条にいう代理人の「権限」の意義をどう捉えるかにかかわらず、本人の委託事項と実際の無権代理行為の内容との齟齬が大きい場合に民法110条の成立を認めることは、本人の意図と大きく食い違う代理行為の法律行為上の責任を本人が問われうることを意味する。このことを問題視するとして、総合判断説の立場からは、その内容との食い違いの程度を、正当理由の判断で考慮することが想定されているが、善意無過失説からは、そうした本人側の事情を考慮するとしても、正当理由の要件で考慮しうるのは、本人側の事情が客観的に看取できる形で表れている限りということになりそうである。

この点について、善意無過失説による場合、正当理由の存否は相手方から看取しえた事情のみを考慮して判断すべきである一方、本人側の事情は、正当理由の要件とは別の法律構成によることが考えうるとする見解がある。すなわち、ここで問題となっているのは、委任事項との食い違いが大きいことを理由に、問題の代理行為について表見代理の成立を否定し、本人がその法律行為上の責任を免れることを認めるということであるが、このように、意思と異なる結果が生じる場合にその者の法律行為上の責任の否定を許すというのは、錯誤による法律行為の効力否定と同じ判断であるとみることができる。そこで、民法110条によって生じうる責任を、民法95条の類推適用によって免れうるとすることが考えられるのではないか、というわけである（見解の詳細は、佐久間・民法の基礎I 292頁以下を参照）。

【参考文献】　本判決の評釈として、遠田新一・民商76巻5号723頁、星野英一・法協95巻2号437頁、友納治夫・最判解昭和51年度257頁、安永正昭・民法の基本判例2版32頁、早川眞一郎・百選I 8版62頁、山下純司・百選I 60頁など。

野々上敬介

46 無権代理人の責任

最高裁昭和 62 年 7 月 7 日判決　民集 41 巻 5 号 1133 頁、判時 1251 号 98 頁、判タ 647 号 101 頁

【117 条】

論点 ①民法 117 条 2 項の「過失」は、重過失に限定されるか
②相手方は、表見代理の要件が満たされる場合に、それを主張せずに、無権代理人の責任（117 条）を問うことができるか

事実の要約

X 信用組合は、信用組合取引約定書に基づいて、A 社に対して貸付けを行った。後に、A は倒産した。X は、本件約定書において連帯保証人とされている B に対して、連帯保証債務の履行を求める訴え（前訴）を提起したところ、B による保証の事実は認められないとして、請求は棄却された（判決確定）。本件約定書における B 名義の署名押印は、B の妻 Y の無権代理によるものであった。X は、Y は代理権なしに B を連帯保証人とする連帯保証契約を締結したとして、Y に対して、無権代理人の責任として、連帯保証債務の履行（117 条 1 項）を求めて、訴えを提起した。

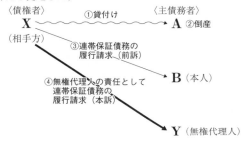

裁判の流れ

1 審（仙台地判昭 58・7・29 民集 41 巻 5 号 1138 頁）：X の請求認容。2 審（仙台高判昭 59・12・10 民集 41 巻 5 号 1141 頁）：Y の控訴棄却（X 勝訴）。最高裁：破棄差戻

1 審は、X の請求を認容した。Y が控訴した。Y は、X は代理権不存在につき善意有過失であるとして、117 条 2 項の免責を主張したが、2 審は、「民法第 117 条は、無権代理人に当該代理行為による契約の履行又は損害賠償の責任を負わせることによって、本人側の責任を原因とする表見代理によっては保護を受けることのできない場合の相手方を救済し、もって取引の安全を確保しようとするもので、無権代理人の責任を原因とするものであるから、同条第 2 項にいう『相手方が過失により代理権がないことを知らなかったとき』とは、相手方を保護することが、却って信義則ないし公平の原理に反することになる場合、すなわち、相手方に悪意に近いほどの重大な過失がある場合を指すものと解される」と述べたうえで、本件においては、相手方 X に重過失があったとは認められないとして、控訴を棄却した。Y は、117 条 2 項の「過失」を重過失とする原判決の解釈は違法であるとして、上告した。

判旨

〈破棄差戻〉「117 条による無権代理人の責任は、無権代理人が相手方に対し代理権がある旨を表示し又は自己を代理人であると信じさせるような行為をした事実を責任の根拠として、相手方の保護と取引の安全並びに代理

制度の信用保持のために、法律が特別に認めた無過失責任であり、同条 2 項が『前項の規定は相手方が代理権なきことを知りたるとき若しくは過失に因りて之を知らざりしときは之を適用せず』と規定しているのは、同条 1 項が無権代理人に無過失責任という重い責任を負わせたところから、相手方において代理権のないことを知っていたとき若しくはこれを知らなかったことにつき過失があるときは、同条の保護に値しないものとして、無権代理人の免責を認めたものと解されるのであって、その趣旨に徴すると、右の『過失』は重大な過失に限定されるべきものではないと解するのが相当である。また、表見代理の成立が認められ、代理行為の法律効果が本人に及ぶことが裁判上確定された場合には、無権代理人の責任を認める余地がないことは明らかであるが、無権代理人の責任をもって表見代理が成立しない場合における補充的な責任すなわち表見代理によっては保護を受けることのできない相手方を救済するための制度であると解すべき根拠はなく、右両者は、互いに独立した制度であると解するのが相当である。したがつて、無権代理人の責任の要件と表見代理の要件がともに存在する場合においても、表見代理の主張をすると否とは相手方の自由であると解すべきであるから、相手方は、表見代理の主張をしないで、直ちに無権代理人に対し同法 117 条の責任を問うことができるものと解するのが相当である（最高裁昭和・・・33 年 6 月 17 日第三小法廷判決・民集 12 巻 10 号 1532 頁参照）。そして、表見代理は本来相手方保護のための制度であるから、無権代理人が表見代理の成立要件を主張立証して自己の責任を免れることは、制度本来の趣旨に反するというべきであり、したがつて、右の場合、無権代理人は、表見代理が成立することを抗弁として主張することはできないものと解するのが相当である」。

判例の法理

●民法 117 条 2 項の「過失」の意義（論点①）

無権代理人は、「相手方の選択に従い、相手方に対して履行又は損害賠償の責任を負う」（117 条 1 項）ものの、代理権不存在について、「相手方が知っていたとき」あるいは「過失によって知らなかったとき」は、免責される（同条 2 項）。この「過失」が、文字通り過失（軽過失も含む）であるのか、重過失に限られるのかが問題となる。過失であると解すると、無権代理人は、軽過失ある相手方に対しても、免責を主張できるのに対して、重過失に限定されると解すると、無権代理人は、軽過失しかない相手方に対しては、免責を主張できないこととなる。

本判決は、同条項（改正前）の「『**過失**』は、**重大な過失に限定されるべきものではない**」という見解を、最高裁として初めて明らかにしたものである。

なお、同条項（改正前）の規律のうち、相手方に「過失」のある場合については、改正後は、同条項 2 号に定められている。本判決の見解は、同号の「過失」の解釈

として維持されるものと考えられる（同号ただし書については、後で言及する）。

● 無権代理人の責任と表見代理との関係（論点②）

無権代理によって締結された契約は、本人の追認がなければ、原則として、本人に効果帰属しない（113条）。相手方は、表見代理の要件（109条、110条、112条）が満たされるとして、本人への効果帰属を主張することが考えられ、また、無権代理人の責任（117条）を追及することも考えられる。相手方は、表見代理の要件が満たされる場合に、それを指摘し本人への効果帰属を主張することなしに、無権代理人の責任を問うことができるのか（無権代理人は、表見代理の成立を主張して、責任を免れることができるのか）が問題となる。

本判決の引用する最高裁昭和33年判決は、手形行為の無権代理人の責任（手形法8条：民法117条の特別規定）について、**相手方（手形所持人）は、表見代理が成立する場合でも、これを主張しないで、無権代理人の責任を問うことができる**とした。本判決は、傍論ではあるが、民法117条の無権代理人の責任について、同様の見解を明らかにした。

判例を読む

● 無権代理人の責任の意義

論点①について、2審判決のように117条2項の「過失」を重過失に限る見解の基礎には、本判決のように解すると、相手方は、善意無過失の場合には、表見代理による本人への効果帰属を主張できるのでそれで足り、善意無過失でない場合には、表見代理成立の主張も、無権代理人の責任追及もできないこととなり、無権代理人の責任（117条）は、存在意義を失うのではないかとの危惧がある。

しかしながら、表見代理については、相手方が自らの善意無過失を基礎づける立証ができず、無権代理人の責任については、無権代理人が相手方の悪意・有過失を基礎づける立証ができないことがあり得る。また、無権代理人の責任は、表見代理とは異なり、本人の帰責事由を要件としない。さらに、表見代理の要件が満たされる場合にも、相手方は無権代理人の責任を問うことができると解される（論点②についての本判決の見解）。つまり、「過失」を過失と解しても、無権代理人の責任（117条）には、存在意義があるといえる。

● 無権代理人の態様と相手方の態様との衡量

論点①について本判決のように解すると、代理権不存在につき悪意の無権代理人も、（軽過失を含む）有過失の相手方に対して免責を主張できることとなり不当である。他方で、2審判決のように「過失」を重過失と解すると、善意の無権代理人も、軽過失の相手方に対して免責を主張できないこととなる。そこで、「過失」は過失と解しつつ、悪意の無権代理人が相手方の過失を指摘し、免責を主張することは、信義則に反するという見解（辻・後掲85頁）が主張された。これを踏まえて、改正民法は、**悪意の無権代理人は、「過失」ある相手方に対しても、免責を主張できないと定める規定を置いた**（117条2項2号ただし書）。

ところで、論点①について、本判決の見解を支持する学説が一般的であるが、無権代理人の責任を無過失責任であるとする理解には、疑問が呈されている（安永・後掲30頁、佐久間・民法の基礎Ⅰ300頁）。無権代理人の責

任を無過失責任ではない（善意無過失の無権代理人は、責任を負わない）と解すると、117条2項の規律は、相手方の態様と善意無過失ではない無権代理人の態様とを衡量し、バランスを図るものと位置付けられる。また、**有過失の相手方は（無権代理人が悪意でなければ）、無権代理人の責任（117条）は問えないものの、無権代理人が無過失でない限り、一般的な不法行為責任（709条）を問い得る**（ただし、過失相殺の可能性はある）と解される（安永・後掲31頁、佐久間・後掲336頁）。このように考えると、相手方の態様（過失の有無）が、救済内容（履行ないし履行利益賠償か信頼利益賠償か）に反映されることとなる。

● 無権代理人の責任と表見代理との関係

117条は、表見代理の不成立を無権代理人の責任の要件として定めておらず、また、表見代理の主張が認められるか否かは、訴訟をしてみなければ分からないものである。そこで、相手方は、表見代理の要件が満たされる場合にも、それを主張せずに、無権代理人の責任を問うことができる（無権代理人は、表見代理の成立を指摘して免責を主張できない）とする見解が、通説である（安永正昭「表見代理」民法講座1 520頁）。論点②に関する本判決の見解は、これに沿うものである。

本判決は、**「表見代理の成立が認められ、代理行為の法律効果が本人に及ぶことが裁判上確定された場合には、無権代理人の責任を認める余地がない」**と述べる（魚住・後掲404頁は、両請求が併合請求された場合については、さらに考察を要すると述べる。併合を維持するならば、主観的予備的併合の認められることが、望まれる一例である）。そのような場合には、本人への効果帰属は確実なものとなっており、「本人の追認を得たとき」（117条1項）と同様であると考えることができる。この段階に至ると、本人が無資力であるような場合には、相手方は、本人からも無権代理人からも満足を受けられないこととなるが、このことは、本人が追認した場合と同様である。

これとは反対に、無権代理人の責任が裁判上確定された場合に、相手方は表見代理による本人への効果帰属を主張できるかが問題となる。否定する見解（安永・後掲32頁）が多数であるが、無権代理人の責任追及では実現できない救済（本人所有の特定物売買における目的物の所有権取得など）が、表見代理によって可能となることを積極的に評価し、肯定する見解（四宮＝能見・総則380頁）もある。後者に対しては、本人の財産と無権代理人の財産の両方が引当てとなり得るという（有権代理でも認められない）救済は、過大ではないのか（難波・後掲65頁は、二重の救済と同様ではないかという）や、無権代理人の責任を問うことを選択した相手方は、これが裁判上確定された場合には、本人への効果不帰属を受け入れることを前提としているのではないか（矛盾挙動に当たらないか）といった疑問が考えられる。

【参考文献】 佐久間毅『代理取引の保護法理』（有斐閣、2001）297頁以下。本判決の解説・評釈として、魚住庸夫・最判解民昭和62年度395頁、安永正昭・判評351号28頁、辻正美・百選Ⅰ3版84頁、難波譲治・百選Ⅰ64頁。

岩藤美智子

47 無権代理人による本人の共同相続

最高裁平成5年1月21日判決　民集47巻1号265頁、判時1478号107頁、判タ833号131頁
【113条、896条】

論点 ①無権代理人が本人を単独相続した場合、無権代理行為の効果は、どのようなものとなるか
②無権代理人が本人を他の相続人とともに共同相続した場合、無権代理行為の効果は、どのようなものとなるか

事実の要約

　AがBに対して有する850万円の貸金債権について、Yは、代理権を有していないにもかかわらず、父Cの代理人として、Cを連帯保証人とする連帯保証契約をAとの間で締結した。その後、当該債権は、AからXに譲渡された（保証債務は随伴し、Xが保証債務の債権者となる）。Xは、Yに対して、無権代理人の責任（117条）として保証債務の履行を求めて、訴えを提起した。

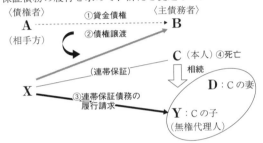

裁判の流れ

　1審（仙台地判昭62・4・16民集47巻1号296頁）：Xの請求棄却。2審（仙台高判昭63・8・31民集47巻1号298頁）：Xの請求一部認容。最高裁：破棄自判（2審判決中Y敗訴部分を破棄、当該部分につきXの控訴棄却：Xの請求棄却）

　1審は、Xの請求を棄却した。これに対して、Xが控訴した。1審判決後にCが死亡し、その妻Dと子Yとが1／2ずつの割合で、これを相続した。そこで、Xは、主張を一部変更し、連帯保証債務の1／2については、無権代理人Yが本人Cを相続したことにより効果帰属が生じるとして、主位的に連帯保証契約に基づいて、予備的に無権代理人の責任として、残りの1／2については、無権代理人の責任として、支払を求めた。2審は、相手方Aの有過失を認定して無権代理人の責任を否定したが、「無権代理人と他の者とが共同で本人を相続した場合であっても、その無権代理人が承継すべき『被相続人』（本人）の法的地位の限度では、本人自らしたのと同様の効果が生ず」ると述べて、請求を一部（連帯保証債務の1／2について）認容した。Yが上告した。

判　旨

　〈破棄自判〉「無権代理人が本人を他の相続人と共に共同相続した場合において、無権代理行為を追認する権利は、その性質上相続人全員に不可分的に帰属するところ、無権代理行為の追認は、本人に対して効力を生じていなかった法律行為を本人に対する関係において有効なものにするという効果を生じさせるものであるから、共同相続人全員が共同してこれを行使しない限り、無権代理行為が有効となるものではないと解すべきである。そうすると、他の共同相続人全員が無権代理行為の追認をして

いる場合に無権代理人が追認を拒絶することは信義則上許されないとしても、他の共同相続人全員の追認がない限り、無権代理行為は、無権代理人の相続分に相当する部分においても、当然に有効となるものではない。そして、以上のことは、無権代理行為が金銭債務の連帯保証契約についてされた場合においても同様である」。

　なお、「無権代理人は、相手方から、自己の相続分に相当する限度において、その行為の効果を主張された場合には、共同相続人全員の追認がないことを主張して、その効果を否定することは信義則上許され」ないとする三好裁判官の反対意見がある。

判例の法理

●無権代理人による本人の単独相続（論点①）

　本人が、追認も追認拒絶もせずに死亡し、これを無権代理人が単独で相続した場合、無権代理行為の効果はどうなるのかが問題となる。判例は、結論としては、**無権代理行為は当然に有効となる**（本人を相続した無権代理人に効果帰属する）とするが、考え方は2通りある。

　1つは、「無権代理人が本人を相続し本人と代理人との資格が同一人に帰するにいたった場合においては、本人が自ら法律行為をしたのと同様な法律上の地位を生じたものと解するのが相当」（最判昭40・6・18民集19巻4号986頁）とする見解（資格融合説）である。もう一つは、「無権代理人たる資格と本人たる資格とが同一人に帰属」しても両者は併存するとする見解（資格併存説）を前提として、「無権代理人が本人を相続した場合においては、自らした無権代理行為につき本人の資格において追認を拒絶する余地を認めるのは信義則に反する」（最判昭37・4・20民集16巻4号955頁。ただし、傍論である）と解するもの（信義則説）である。この見解によると、追認を拒絶する余地が認められない無権代理人は、追認の意思表示をしなくても、追認したものとして扱われることとなる。

●無権代理人による本人の共同相続（論点②）

　本判決は、無権代理人が、他の相続人とともに本人を共同相続した事案について、信義則説を前提としたうえで、**無権代理行為の追認権は、共同相続人全員に不可分的に帰属する**（共同相続人全員が共同で行使しなければ無権代理行為は有効にならない）という見解を、最高裁として初めて明らかにしたものである。

　共同相続人全員が共同で追認権を行使する場合とは、無権代理人を含む共同相続人全員が追認をする場合のほかに、「他の共同相続人全員が無権代理行為の追認をしている場合に無権代理人が追認を拒絶することは信義則上許されない」ことから、（追認を拒絶する余地のない）無権代理人が追認したものと扱われる場合も含まれる。それ以外の場合、すなわち、無権代理人ではない共同相続人のうちの一人でも追認をしないと、共同での追認権の行使はできず、無権代理行為は、本人を相続した共同

相続人全員（無権代理人を含む）に効果不帰属となる。相手方としては、無権代理人の責任（117条1項）を追及することが考えられるが、相手方が悪意であるなど一定の場合には、無権代理人は免責されることとなる（同条2項）。

判例を読む

●追認権が共同相続人全員に不可分に帰属することの意義

本人が追認をし、無権代理行為の効果帰属を受けた（113条1項）状態で死亡すると、当該行為に基づく債権債務が相続の対象となり得る（896条）。これに対して、本人が追認をしなければ、原則として、無権代理行為に基づく債権債務は、本人に帰属しないことから、本人が死亡しても、当該債権債務は相続の対象とはならないものの、本人は、追認拒絶をしていなければ、なお追認をすることができる地位にあり、それが相続されることとなる。そして、共同相続の場合には、そのような本人の地位を承継した共同相続人への、追認権の帰属の態様が、問題となる。

本判決は、「無権代理行為を追認する権利は、その性質上相続人全員に不可分的に帰属する」と述べる。調査官解説によると、「追認権の準共有関係が生じ…（民法264条）」「追認は未確定的無効を有効化するという処分的効果を生じさせるものであるから、無権代理行為を有効とするには無権代理人を含む共同相続人全員の同意が必要…（同法251条）」とされる（井上・後掲91頁）。これは、追認権の分割行使を一律に（無権代理行為に基づいて生じる債務の性質を問わず）認めないとするものであり、追認権の分割行使を一律に認めることの不当性が、消極的な理由づけとして背後にあるものと考えられる。

すなわち、追認権を可分であると解し、無権代理人の相続分に相当する部分について、（資格融合説を前提とすると、本人が法律行為をしたのと同様の法律上の地位が生じると解される結果として、資格併存説〔信義則説〕を前提とすると、追認の拒絶が信義則に反するとされる結果として）当然に有効となるとすると、例えば、不動産売却の無権代理の事案において、目的不動産は、無権代理人以外の共同相続人（本件事案におけるDに当たる者）と相手方との共有となる。このことは、①これを望まない他の共同相続人の利益を害するものであるし、②これを望まない相手方の利益を害するものでもある（契約全体が効果帰属するのでないならば、契約全体につき取消権〔115条〕を行使したいと考えても、行使の機会は与えられない）。なお、三好裁判官の反対意見によると、②の問題は回避できるものの、①の問題は、なお残ることとなる。

●無権代理行為によって生じる債務が金銭債務であることの意義

本判決は、追認権が共同相続人全員に不可分に帰属するという見解を根拠として、「他の共同相続人全員の追認がない限り、無権代理行為は、無権代理人の相続分に相当する部分においても、当然に有効となるものではない」と述べる。このような見解によると、無権代理行為によって生じる債務が、債務者死亡による相続開始と同時に、各共同相続人によって分割承継されるものであるか否かによって、結論は異ならないこととなる。すなわち、特定物の所有権移転義務を生じさせる契約（不動産の売買など）を、無権代理で締結した場合はもちろんの

こと（本判決と同一年月日の最高裁判決〔判タ815号121頁〕は、不動産の譲渡担保契約の無権代理の事案について、本判決と同様の見解を明らかにした）、本件事案におけるように、可分な金銭債務（最判昭34・6・19民集13巻6号757頁は、「被相続人の金銭債務その他の可分債務は、法律上当然分割され、各共同相続人がその相続分に応じてこれを承継する」とする）を生じさせる契約を、無権代理で締結した場合であっても、本人を相続した無権代理人の相続分に相当する部分についても、無権代理行為が一部有効とはならないこととなる。

これに対して、本判決とは異なり、追認権を可分であると解したうえで、無権代理行為に基づいて生じる債務の性質に応じて、追認権の分割行使が認められる場合と、認められない場合とがあるとすることも考えられる（道垣内・後掲143頁、佐久間・民法の基礎I308頁以下）。このような見解によると、例えば、不動産売買の（売主側の）無権代理とは異なって、本件のように、無権代理行為が金銭債務を生じさせるものである場合には、債務の一部帰属を認めても、先にみた①②の問題は生じないことから、無権代理人が、自己の相続分に相当する部分について、追認を拒絶することは、信義則に照らして許されず、その結果、無権代理行為は当該部分について一部有効となる（無権代理人に効果帰属する）と解することができる。

●本人が追認拒絶後に死亡した場合

本件におけるC（本人）は、Xを被告として、本件連帯保証契約が無権代理によるものであることを理由として、Cを連帯保証人とする本件金銭消費貸借契約の公正証書について、執行力の排除を求める請求異議の訴え（別訴）を提起しており、同事件の本人尋問の中で、本件連帯保証契約締結の代理権をYに与えたことはない旨を供述していたという事情がある（民集47巻1号297頁）。

これについては、2審判決も本判決も言及していないものの、本人による追認拒絶の意思表示があったと解されるならば、無権代理行為は、本人への効果不帰属に確定し、追認権の相続は問題となり得ないのではないかとの指摘がなされている（奥田・後掲22頁以下、潮見・後掲72頁、安永・後掲百選75頁、後藤・後掲75頁）。

なお、本人が追認拒絶をした後に、無権代理人が本人を相続した事案については、最判平10・7・17民集52巻5号1296頁（→48事件）が、見解を明らかにした。

【参考文献】　安永正昭「『無権代理と相続』における理論上の諸問題」曹時42巻4号773頁以下、佐久間毅『代理取引の保護法理』（有斐閣、2001）348頁以下。本判決の解説・評釈として、井上繁規・最判解民平成5年度72頁、道垣内弘人・法教152号142頁、奥田昌道・リマークス1994（上）18頁、潮見佳男・平成5年度重判70頁、安永正昭・百選I6版74頁、後藤巻則・百選I8版74頁、髙秀成・百選I68頁。

岩藤美智子

48 ## 本人による追認拒絶後の無権代理人による本人の相続

最高裁平成 10 年 7 月 17 日判決　民集 52 巻 5 号 1296 頁、判時 1650 号 77 頁、判タ 983 号 173 頁
【113 条】

論点　本人が無権代理行為の追認を拒絶した後に死亡し、無権代理人が本人を相続した場合、無権代理行為の効果は、どのようなものとなるか

事実の要約

　Aは、意思無能力者である母Bを無権代理して、Aが経営するC社がYらに対して負う債務の担保として、B所有の甲不動産について根抵当権を設定した（本件登記を経由）。Aが死亡し、相続人である妻Dと子Xらが限定承認した。その後、Bにつき禁治産宣告（現民法下の後見開始の審判にあたる）がなされ、Dが後見人に就職した。Dは、Bの法定代理人として、本件登記の抹消を求めて訴えを提起した（追認拒絶）。1審係属中にBが死亡し、Xらが代襲相続して、訴訟を承継した。

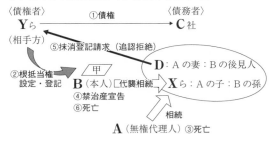

〈債権者〉　①債権　　　　　〈債務者〉
Yら　━━━━━━━━→　**C社**
（相手方）
　⑤抹消登記請求（追認拒絶）
②根抵当権　　　甲　　　**D**：Aの妻：Bの後見人
設定・登記　　┌──┐
　　　　　B（本人）└代襲相続┘**X**ら：Aの子：Bの孫
④禁治産宣告
⑥死亡　　　　　　　　相続
A（無権代理人）③死亡

裁判の流れ

　1審（神戸地判平5・3・26民集52巻5号1320頁）：Xの請求棄却、2審（大阪高判平6・2・22民集52巻5号1357頁）：Xの控訴棄却（X敗訴）、最高裁：破棄自判（Xの請求認容）

　1審は、Xの請求を棄却した。Xが控訴した。2審は、「本人が訴訟上の攻撃防御方法のなかで追認拒絶の意思をも表明していると認められる場合であっても、その訴訟係属中に本人と代理人の資格が同一人に帰するにいたった場合、無権代理行為は当然に有効となる」として、Xの控訴を棄却した。Xが上告した。

判旨

　〈破棄自判〉「本人が無権代理行為の追認を拒絶した場合には、その後に無権代理人が本人を相続したとしても、無権代理行為が有効になるものではないと解するのが相当である。けだし、無権代理人がした行為は、本人がその追認をしなければ本人に対してその効力を生ぜず（民法113条1項）、本人が追認を拒絶すれば無権代理行為の効力が本人に及ばないことが確定し、追認拒絶の後は本人であっても追認によって無権代理行為を有効とすることができず、右追認拒絶の後に無権代理人が本人を相続したとしても、右追認拒絶の効果に何ら影響を及ぼすものではないからである。このように解すると、本人が追認拒絶をした後に無権代理人が本人を相続した場合と本人が追認拒絶をする前に無権代理人が本人を相続した場合とで法律効果に相違が生ずることになるが、本人の追認拒絶の有無によって右の相違を生ずることはやむを得ないところであり、相続した無権代理人が本人の追認拒絶の効果を主張することがそれ自体信義則に反するものであるということはできない。…前記事実関係の下にお

いては、その他にXらが右追認拒絶の効果を主張することが信義則に反すると解すべき事情があることはうかがわれない」。

判例の法理

　判例は、本人が追認も追認拒絶もせずに死亡し、①無権代理人が本人を単独相続した場合（→ **47 事件**〔「判例の法理」参照〕）、②無権代理人を相続した者が本人を相続した場合（→ **50 事件**）について、無権代理行為は当然に有効となるとする。本判決は、同様の見解を前提としつつ（無権代理人による相続前の本人による追認拒絶の有無によって「法律効果に相違が生ずる」とする）、②に当たる事案について、①と区別することなく、**本人が追認拒絶をして死亡した場合には、追認拒絶によって無権代理行為は、本人への効果不帰属に確定する（本人も追認できなくなる）**ことから、「**その後に無権代理人が本人を相続したとしても、無権代理行為が有効になるものではない**」という見解を、最高裁として初めて明らかにしたものである。

判例を読む

　本判決は、無権代理人が、本人による追認拒絶の効果を主張すること「それ自体」は、信義則に反しないと述べる。例外的に、追認拒絶の効果を主張することが信義則に反して許されない場合のあることが、含意されていると考えられる（春日・後掲700頁）。本判決は、追認拒絶の効果を主張するのが、無権代理人自身であることを、信義則違反を基礎づける事情とはとらえていない（本件は、前述の②に当たる事案であるが、本判決は①と区別していない）。信義則違反の判断を基礎づける事情としては、無権代理であると知りつつ無権代理行為をした悪意の無権代理人が、自ら追認拒絶の効果を援用することを指摘するものや（山本・後掲13頁）、無権代理行為後の無権代理人の態度（無権代理発覚後に、相手方に、何とかして履行を得させる旨を約束していたこと）を指摘するもの（佐久間・後掲85頁）がある。

　なお、本件における追認拒絶は、意思無能力者である本人Bの後見人Dが行ったものである。Dは、無権代理人Aの妻であり相続人であることから、そもそも本人Bの法定代理人の資格で追認拒絶をすることが許されるのかが問題となり得た（磯村・後掲57頁）。無権代理行為に関与した者が、本人の後見人になった事案については、最判平成6・9・13民集48巻6号1263頁（→ **51 事件**）が、後見人による追認拒絶が信義則に反するかどうかの判断要素を明らかにしている。

【参考文献】安永正昭『『無権代理と相続』における理論上の諸問題」曹時42巻4号773頁以下。本判決の解説・評釈として、春日通良・最判解民平成10年度696頁、佐久間毅・百選Ⅰ5版補正84頁、山本敬三・リマークス1999(下)10頁、磯村保・平成10年度重判56頁。

岩藤美智子

49 本人による無権代理人の相続

最高裁昭和 48 年 7 月 3 日判決　民集 27 巻 7 号 751 頁、判時 713 号 57 頁、判タ 299 号 288 頁

【113 条、117 条、896 条】

論点 ①本人が無権代理人を相続した場合、無権代理行為の効果は、どのようなものとなるか
②本人が無権代理人を相続した場合、無権代理人の責任（117 条）に基づく債務を承継するか

事実の要約

AがXに対して負う金銭債務について、Bが子Yを無権代理して、Yを連帯保証人とする連帯保証契約をXと締結した。XがYに連帯保証債務の履行を求めたところ、Yは無権代理であるとして、追認を拒絶した。そこで、Xは、Bに対して無権代理人の責任として、連帯保証債務の履行を求め、Bが死亡したので、相続人Yら（Yを含む8名）に対して、連帯保証債務の履行を求めて、訴えを提起した。

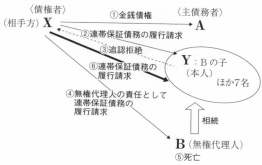

裁判の流れ

1 審（鳥取地判昭 42・9・5 民集 27 巻 7 号 757 頁）：Xの請求認容、2 審（広島高松江支判昭 45・11・27 民集 27 巻 7 号 759 頁）：Yの控訴棄却（X勝訴）、最高裁：Yの上告棄却（X勝訴）

1 審は、Xの請求を認容した。Yが控訴した。2 審は、無権代理人の責任は、「当然相続の対象となるものであって、このことは相続人の一人または全員が無権代理人たる被相続人に対する関係で本人の立場にあることによってなんら影響を受けるものではない」と述べて、控訴を棄却した。Yが上告した。

判　旨

〈上告棄却〉「民法 117 条による無権代理人の債務が相続の対象となることは明らかであって、このことは本人が無権代理人を相続した場合でも異ならないから、本人は相続により無権代理人の右債務を承継するのであり、本人として無権代理行為の追認を拒絶できる地位にあったからといって右債務を免れることはできないと解すべきである」。

判例の法理

●本人による無権代理人相続の効果（論点①）

無権代理の本人が、追認も追認拒絶もしない間に、無権代理人が死亡し、本人がこれを相続した場合について、判例は、無権代理人が本人を相続する場合（→ 47 事件「判例の法理」参照）とは異なり、「**相続人たる本人が被相続人の無権代理行為の追認を拒絶しても、何ら信義に反するところはないから、被相続人の無権代理行為は一般に本人の相続により当然有効となるものではない**」とする（最判昭 37・4・20 民集 16 巻 4 号 955 頁）。本判決は、

同様の見解を前提とする。

●本人による無権代理人の責任の承継（論点②）

本判決は、**無権代理人の責任（117 条）に基づく債務は相続対象となる**と述べたうえで、**無権代理人の相続人は、無権代理行為の本人であっても当該債務を相続する**という見解を、最高裁として初めて明らかにしたものである。

判例を読む

●無権代理人を相続した本人の負う責任の内容

本人が無権代理行為の追認を拒絶すると、本人への効果不帰属が確定する。相手方は、117 条の要件が満たされる場合には、無権代理人に対して、履行または損害賠償を請求するという選択肢があるが、債務の内容が特定物の給付（例えば、本人所有の甲土地の引渡し）である場合には、一般的には履行不能であり、履行請求はできない（412 条の 2 第 1 項。損害賠償請求はできる）。もっとも、本人が無権代理人を相続した場合には、このような債務の履行も可能となることから、相手方は、無権代理人の責任として、履行（甲土地の引渡し）を請求できるのかが問題となる。

本判決は、金銭債務（保証債務）の履行請求を認めたものであり、この問題を扱っていない。本判決後に、最大判昭 49・9・4 民集 28 巻 6 号 1169 頁は、他人物売買の売主が死亡し、目的物の権利者が売主を相続した事案について、「権利者は…その権利の移転につき諾否の自由を保有し、信義則に反すると認められるような特別の事情のないかぎり…売買契約上の売主としての履行義務を拒否することができる」とした。他人の所有する特定物について、権限なしに売買契約を締結した者を、特定物の所有者が相続するという類似の事案相互の整合性を根拠として、**無権代理人を相続した本人も、債務の内容が特定物の給付である場合には、履行を拒絶できると解すべきである**との主張がなされた（星野・後掲 1230 頁以下）。同様に解する見解が、現在では通説である（四宮＝能見・総則 382 頁）。無権代理人を相続した本人が、特定物の給付を拒めないとすると、追認の拒絶（甲土地の引渡義務を負わない。所有権を失わない）が認められること（論点①）が、無意味になってしまうことや、本人による無権代理人の相続という偶発事がなければ得られなかった利益を（本人の犠牲のもとで）相手方に与えてしまうことなどが、実質的な根拠として考えられる。

【参考文献】　安永正昭「『無権代理と相続』における理論上の諸問題」曹時 42 巻 4 号 773 頁以下。本判決の解説・評釈として、田尾桃二・最判解民昭和 48 年度 100 頁、星野英一・法協 92 巻 9 号 1227 頁、安永正昭・百選 I 5 版補正 80 頁、潮見佳男・家族法百選 7 版 126 頁。

岩藤美智子

第三者による無権代理人と本人の双方相続

最高裁昭和 63 年 3 月 1 日判決　判時 1312 号 92 頁、判タ 697 号 195 頁

【113 条、896 条】

論点
無権代理人を相続した者が、本人を相続した場合、無権代理行為の追認を拒絶することができるか

事実の要約

A 所有の甲土地について、妻 B が、代理権なしに、A の代理人と称して C との間で売買契約を締結した。その後、C は、Y に対して、買主たる地位を譲渡した（Y は、所有権移転登記を具備した）。B が死亡し、A と子 X らが相続し、その後、A が死亡し、X らが相続した。X らは、Y に対して、相続により甲土地の共有持分権を取得したとして、所有権移転登記の抹消登記手続を求めて、訴えを提起した。

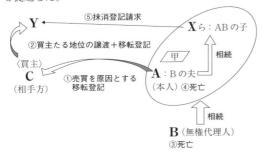

裁判の流れ

1 審（名古屋地判昭 55・2・26 公刊物未搭載）：X の請求認容、2 審（名古屋高判昭 58・8・10 判時 1106 号 80 頁）：Y の控訴棄却（X 勝訴）、最高裁：破棄差戻

1 審は、X の請求を認容した。Y が控訴した。2 審は、無権代理行為を「自らなしていない」相続人が追認を拒絶することは、信義則に反しないとして、Y の控訴を棄却した。Y が上告した。

判旨

〈破棄差戻〉「無権代理人を本人とともに相続した者がその後更に本人を相続した場合においては、当該相続人は本人の資格で無権代理行為の追認を拒絶する余地はなく、本人が自ら法律行為をしたと同様の法律上の地位ないし効果を生ずるものと解するのか相当である。けだし、無権代理人が本人を相続した場合においては、本人の資格で無権代理行為の追認を拒絶する余地はなく、右のような法律上の地位ないし効果を生ずるものと解すべきものであり（…最高裁昭和…40 年 6 月 18 日…判決・民集 19 巻 4 号 986 頁参照）、このことは、信義則の見地からみても是認すべきものであるところ（最高裁昭和…37 年 4 月 20 日…判決・民集 16 巻 4 号 955 頁参照）、無権代理人を相続した者は、無権代理人の法律上の地位を包括的に承継するのであるから、一旦無権代理人を相続した者が、その後本人を相続した場合においても、この理は同様と解すべきであって、自らが無権代理行為をしていないからといって、これを別異に解すべき根拠はなく…、更に、無権代理人を相続した者が本人と本人以外の者であった場合においても、本人以外の相続人は、共同相続であるとはいえ、無権代理人の地位を包括的に承継していることに変わりはないから、その後の本人の死亡によって、結局無権代理人の地位を全面的に承継する結果になった

以上は、たとえ、同時に本人の地位を承継したものであるとしても、もはや、本人の資格において追認を拒絶する余地はなく、前記の場合と同じく、本人が自ら法律行為をしたと同様の法律上の地位ないし効果を生ずるものと解するのが相当であるからである」。

判例の法理

判例は、本人が、追認も追認拒絶もせずに死亡し、これを無権代理人が単独相続した場合、無権代理行為は当然に有効になるとする（→ 47 事件「判例の法理」）。本判決は、これを前提としたうえで、「無権代理人を相続した者は、無権代理人の法律上の地位を包括的に承継する」ことを根拠として、その者が、その後、本人を相続すると、無権代理人が本人を相続した場合のように、「本人が自ら法律行為をしたと同様の法律上の地位ないし効果を生ずる」（相続人は本人の資格で無権代理行為の追認を拒絶する余地はない）という見解を、最高裁として初めて明らかにしたものである。本件は、無権代理人を本人とともに共同相続した者（X ら）が、本人を相続した事案であり、X らが無権代理人の地位を全面的に承継したのは、本人を相続した時であるが、本判決は、無権代理人を相続した者が、本人を相続する場合（無権代理人を相続した時に、無権代理人の地位を全面的に承継する）と「同じ」であるとする。

判例を読む

判例の考え方を前提とすると、**第三者が、本人を相続した後に無権代理人を相続した場合、本人による無権代理人相続の事案（→ 49 事件）**と同様に、**追認を拒絶することは、信義則によって制限されないものと解される**（判例は、まだない）。そうすると、本人と無権代理人のいずれを先に相続するかによって、結論が異なることとなる。これを不当であるとする見解（いずれの順序での相続事案においても、第三者は、追認の拒絶ができるとする）が、多数であるが（山本・後掲 269 頁以下、辻・後掲 22 頁、石田・後掲 63 頁、四宮 = 能見・総則 383 頁）、正当であるとする見解もある（佐久間・民法の基礎 I 314 頁は、複数人の死亡の順序によって法律関係が変わることは、現在の相続法の下では当たり前のことであるという）。

なお、判例（本判決のほかに、→ 48 事件）は、本件 2 審判決とは異なり、矛盾挙動（自ら無権代理行為をしつつ、追認を拒絶したり、追認拒絶の効果を援用したりすること）の禁止（のみ）を理由として、信義則違反の判断をしてはいないと解することができる。

【参考文献】 安永正昭「『無権代理と相続』における理論上の諸問題」曹時 42 巻 4 号 773 頁以下、佐久間毅『代理取引の保護法理』（有斐閣、2001）297 頁以下。本判決の解説・評釈として、山本敬三・民商 99 巻 2 号 264 頁、辻正美・リマークス 1990 年 18 頁、石田喜久夫・昭和 63 年度重判 62 頁。

岩藤美智子

51 後見人による追認拒絶

最高裁平成6年9月13日判決　民集48巻6号1263頁、判時1513号103頁、判タ867号159頁
【1条2項、113条、859条】

論点
①無権代理行為に関与した者が本人の後見人に就職した場合に、無権代理行為の効果は、どのようなものとなるか
②上記の場合に、後見人が、無権代理行為の追認を拒絶することが、信義則に反するか否かを判断する際の考慮要素は、どのようなものか

事実の要約

意思無能力者Yの所有建物甲は、主に長姉Aが事実上の後見人として管理し、Xとの賃貸借契約の締結などを行っていた。賃借人Xが甲から立ち退く代わりに、Yが取得する乙建物について賃貸借の予約がなされ、本件予約には、Yの都合で本契約を締結できない場合には、Xに4000万円を支払う旨の合意（損害賠償額の予定の合意）が含まれていた。本件予約は、Aの無権代理によるものであったが、次姉Bも、契約書の作成に立ち会い、その合意内容を知っていた。Aが本契約の締結を拒んだことから、Xは、Yに対して、4000万円の支払を求めて、訴えを提起した。

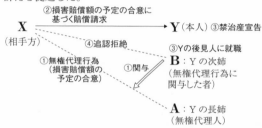

裁判の流れ

1審（東京地判昭61・2・19）：Xの請求認容、2審：1審判決取消・差戻、差戻後1審（東京地判平元・7・18民集48巻6号1288頁）：Xの請求棄却、差戻後2審（東京高判平4・6・17民集48巻6号1292頁）：Xの請求認容、最高裁：破棄差戻

1審は、Xの請求を認容した。Yが控訴した。控訴審係属中にYに禁治産宣告（現民法下の後見開始の審判に当たる）がなされ、Bが後見人に就職した。控訴審は、Yの意思無能力の主張を容れて、1審判決を取り消し、1審に差し戻した。差戻後1審は、Xの請求を棄却した。Xが控訴した。2審は、後見人Bが本件予約の追認を拒絶することは信義則に反し許されないとして、Xの請求を認容した。Yが上告した。

判旨

〈破棄差戻〉「禁治産者の後見人が、その就職前に禁治産者の無権代理人によって締結された契約の追認を拒絶することが信義則に反するか否かは、(1)右契約の締結に至るまでの無権代理人と相手方との交渉経緯及び無権代理人が右契約の締結前に相手方との間でした法律行為の内容と性質、(2)右契約を追認することによって禁治産者が被る経済的不利益と追認を拒絶することによって相手方が被る経済的不利益、(3)右契約の締結から後見人が就職するまでの間に右契約の履行等をめぐってされた交渉経緯、(4)無権代理人と後見人との人的関係及び後見人がその就職前に右契約の締結に関与した行為の程度、(5)本人の意思能力について相手方が認識し又は認識し得た事実、など諸般の事情を勘案し、…例外的な場合に当たるか否かを判断して、決しなければならない」。

判例の法理

● 無権代理行為の効果（論点①）

本判決は、無権代理行為に関与した者が本人の後見人に就職した場合にも、原則として、無権代理行為の追認を拒絶することができるという見解を明らかにした。

● 信義則違反の考慮要素（論点②）

本判決は、無権代理行為に関与した者が本人の後見人に就職した場合、無権代理行為の追認を拒絶することが例外的に信義則に反するか否かは、(1)から(5)など諸般の事情を勘案して決すべしという見解を明らかにした。

判例を読む

後見人は、被後見人（平成11年改正前民法下の禁治産者にあたる）の財産に関する法律行為について包括的な代理権（追認を拒絶する権限も含む）を有する（859条）。後見人は、被後見人の利益のために善管注意をもって後見事務を処理する義務を負うことから（869条、644条）、無権代理行為の追認を拒絶することが被後見人の利益に適う場合には、追認拒絶をすることが要請される。このことは、誰が後見人に就職するかによって変わるものではない。確かに、無権代理行為に関与した者（無権代理人、助力した者）が本人の後見人に就職する場合、追認対象となる行為に関与した者が、追認を拒絶できる立場となる点で、無権代理人が本人を相続する場合（最判昭37・4・20民集16巻4号955頁は、追認の拒絶は信義則に反すると述べる。→47事件「判例の法理」）と共通する。しかし、後見人就職事案において追認の拒絶が許されないとすると、無権代理行為の効果帰属を受けるのは被後見人であり、無権代理人による本人相続の事案において、効果帰属を受けるのが無権代理人であるのとは異なる。

以上のことから、論点①については、本判決の見解は正当と評されるが（無権代理人自身が後見人に就職した事案にも、射程は及ぶと解される）、論点②については、後見人の矛盾挙動（考慮要素(4)。田中・後掲513頁参照）を被後見人の不利益に勘案することは、不当であると批判されている（佐久間・後掲368頁、熊谷・後掲15頁、新井・後掲60頁、中舎・後掲9頁）。具体的な考慮要素について、安定した理解は示されていないものの、被後見人に保護に値しない事情のあること（例えば、中舎・後掲9頁は、制限行為能力者の詐術に匹敵する自己矛盾行為をしたことをあげる）に加えて、相手方の要保護性が大きいことをあげる見解が、説得的である（佐久間・民法の基礎I 315頁）。

【参考文献】　佐久間毅『代理取引の保護法理』（有斐閣、2001）360頁以下。本判決の解説・評釈として、田中豊・最判解民平成6年度494頁、熊谷士郎・百選I 12頁、新井誠・平成6年度重判58頁、中舎寛樹・リマークス1996（上）6頁。

岩藤美智子

法定追認の要件

大審院大正 12 年 6 月 11 日判決　民集 2 巻 396 頁

【124 条（旧 124 条）、125 条（旧 125 条）】

論点　取消権を有することを知っていることは法定追認の要件か

事実の要約

　Xは、Y（未成年者）に対し、金銭を貸し付けた。当時の制度では、Yの親権者である母Aは、Yの借財について親族会の同意を得る必要があったが（旧 886 条 2 号）、その同意を得なかったので、Yの借入は取り消し得る法律行為であった（旧 887 条 1 項前段）。Yが成年となった後、Xの支払命令の申請に対し、Yは利子および費用の弁済を行った。Xは、この一部履行が 125 条（現 125 条：一部改正あり。以下、同様）の法定追認に当たることを前提に、Yに対し残額の支払を請求した。これに対し、Yは、一部履行を行った際、取消しの原因を知らなかったので法定追認には当たらず、借入行為を取り消す意思表示をした（なお、知・不知の対象について、取消権を有すること、取り消し得ること、取消しの原因と表現されるが、ひとまず同一のものを指すこととする）。

A（Yの母）

（親族会の同意なし）

X ‐‐‐‐‐‐‐‐ 金銭貸付け ‐‐‐‐‐‐‐▶ **Y**

未成年者

成年となった後、利子、費用を弁済（一部履行）

- XがYに対し、一部履行が法定追認に当たるとして、残額の支払いを請求した。
  これに対し、Yは、取り消し得ることを知らなかったので、法定追認には当たらないと主張した。

裁判の流れ

　（詳細は不明だが、控訴、上告の関係から）1 審（神戸地姫路支判判例年月日不明）：Xの請求棄却　2 審（大阪控判判例年月日不明）：Xの請求認容　最高裁：上告棄却

　2 審は、取消しの原因を知っていると否とを問わず、一部の履行により法律上追認をなしたものとみなすべきであると判示した。これに対し、Yが上告した。

判旨

　〈上告棄却〉「民法第 125 条〔現 125 条〕の『追認を為したるものと看做す』とは、取消し得べき行為に付、法律上、取消権の放棄ありたるものと看做し、取消権者が取消権の存することを知りたると否とを問わざる趣旨なりと解するを相当とす。蓋し民法第 125 条〔現 125 条〕列記の事実は、通常、其の取消し得べき行為の効力を有効に確定するの意思なくしては存在せざるものなるを以て、苟も右列記の事実ありたるときは行為者に於て追認を為したるものと看做したるものと為すべければなり。」

判例の法理

●現在の法制度への置き換えと判例法理

　本判決は、家制度を前提とする戦前の民法の旧規定による取消しとその法定追認を扱うものである。現在の法制度では、未成年者が親権者の同意を得ずに借財をした場合に、その未成年者が成年に達した後、貸主からの請求に対し、取消権を有することを知らずに一部弁済をしたとき、法定追認の要件を満たすか、という問題に置き換えられる。

　本判決は、未成年者取消しに限定せず、一般論として、**法定追認に関する行為を行った者が取消権を有することを知らなくても法定追認の要件を満たす**と判示した。

●改正前の条文

　改正前 125 条の法定追認の要件に関する本判決の判例法理そのものは、上記のとおり明確である。加えて、改正前 124 条 1 項（議論を簡潔にするため、改正前 124 条 2 項 3 項は扱わない）の追認の要件に関し、判例は、明文の要件である取消しの原因となっていた状況が止んだこと（消滅したこと）のほかに、法律行為を取り消し得ることを知ってする必要があるとしていた（大判大 5・12・28 民録 22 輯 2529 頁）。このように、取り消し得ることを知っていることが要件となるかについて、判例法理上、追認と法定追認で異なっていた。ただ、条文上は、改正前 125 条は「前条〔改正前 124 条〕の規定により追認をすることができる時以後に」法定追認に係る事実があったときに法定追認が生ずるとしていたので、条文の形式文言上は、追認と法定追認とで同様に解釈する（すべき）ことも十分導き得た。

判例を読む

●現行法上の本判決の位置づけ

　学説は、追認を取消権の放棄であると解している。これを前提とすると、取消権があることを知らなければ、論理上、その取消権を放棄できないのだから、上記の改正前 124 条に関する判例法理は当然ということになる。現行法は、判例法理を明文化し、追認は「取消権を有することを知った後にしなければ、その効力を生じない」（改正後 124 条 1 項）として要件を追加した。

　このように、改正後 124 条 1 項は、追認は取り消し得ることを知ってする必要があることを明文化したので、改正前 125 条の「前条の規定により」を残すと、法定追認についても取り消し得ることを知っている必要があるという解釈に緊密につながる。この解釈は、本判決の法理の否定である。改正の際の議論では、この判例法理を否定して、法定追認についても取消権を有することを知っていることが要件となる解釈を採ることを前提にしたこともあった。しかし、結局、議論が分かれている問題について十分な検討なく判例法理を否定することはできないとして、**法定追認において取り消し得ることを知っていることが要件となるかという問題は、今後の解釈に委ねることとされた。** そこで、一方の立場に有力な条文上の根拠を与えないという趣旨から、改正前 125 条の「前条の規定により」という文言が削除された（改正後 125 条）。この改正により、本判決の法理は、現行法上も否定はされない、という位置づけとなった。

●法改正の理解

　上記のように、改正後125条で「前条の規定により」が削除されたが、このこと自体は、「取消権を有することを知っていること」が法定追認の要件となるかについては、決定的ではない。一方で、削除されたからこそ、追認と法定追認を別に扱うことが正当化されたと解釈できるとの主張があり得るが、他方で、改正後125条の「追認をすることができる時以後」の「追認」はまさしく改正後124条の「追認」なのであって、追認と法定追認を同様に扱う必要があるから本判決の判例法理は否定されたと解釈できるとの主張があり得るからである。結局、**条文の改正はいずれの考え方に対しても決定的な根拠を与えない。**

●法定追認と「取消権を有することを知った後」

　上にみたとおり、追認は取消権の放棄とされる。これに対し、法定追認の制度趣旨については、従来、十分な議論がされたとはいえず、その理解が取消権の認識を法定追認の要件とするか否かを分けているのではないか。

　第1に、法定追認を、追認の推定または黙示の追認と評価する考え方があり得る。たとえば、取り消し得る行為に関する履行は、追認の意思表示（123条）ではないが、追認の意思表示がなされたと一応、扱う。しかし、追認の意思表示と認められない場合には、追認とは扱わないと考えるのである。効果は「みなす」であるが、要件としては取消権の認識が必要だと読むことになる。この場合は、追認の意思表示が法定追認該当事由とされる行為によってなされているとみることになるから、法定追認が認められるためには、取消権の認識が必要だということになる。

　第2に、法定追認を、相手方の信頼保護の制度とする考え方があり得る。たとえば、取り消し得る行為について取消権者が一部履行をした場合、相手方は、もはや取消権は行使されないとの期待をもつだろう。この期待は、追認の意思表示がされただけの場合に比べ、すでに一部でも履行があるのだからより強い保護に値する。このような期待を保護する制度として法定追認があると考えるのである。この場合は、外形的に見て法定追認に該当する行為がなされたこと自体が問題であるから、取消権の認識いかんにかかわらず、相手方の信頼保護のため法定追認を認めるのが制度趣旨にかなうことになる。「みなす」という効果に対して、取消権の認識がなかったという反証は認められないことになる。

　第3に、法律関係の早期安定（追認の有無をめぐる紛争の回避）とそれに伴う取引の安全の保護が法定追認の制度趣旨としてあげられる。これを強調すれば、広く法定追認が認められることが望ましいから、取消権の認識は法定追認の要件とはならないとすべきことになる。ただ、結局は、取消権の喪失という取消権者の犠牲において、いかに法律関係を確定し、取引の安全を保護すべきか、という問題となるから、これらの制度趣旨は、取消権の認識が法定追認の要件となるかについては、直接、決定的な示唆を与えないだろう。また、取消権の認識が法定追認の要件となれば、その有無をめぐって紛争が生じ得る。この要件は、少なくとも、この点では、法律関係の早期安定には逆行することになる。

　第4に、近時、帰責性の観点から法定追認をとらえる考え方が主張されている。第2で述べた相手方の信頼保護に加え、履行済みの場合には法律関係の清算が必要に

なることから取引の安全に対する配慮がより必要になるとの理由を挙げ、取消原因が消滅して取消権の存在を知り得たにもかかわらず知らなかったことを取消権者の帰責事由ととらえ、取消権の認識如何にかかわらず、法定追認を認めるとする。

　この問題に関する今後の議論は、以上のような考え方を軸として展開されることになる。なお、信頼保護についての判例の考え方については、まったく別の制度であり、ここで参照すること自体問題だとの指摘があるかもしれないが、参照可能な判例が2つある。第1の判例は、時効の利益の放棄は時効の利益の存在を知ってする必要があるとしつつ、時効完成後の自認行為については、時効完成を知らなくても、その後、時効の援用することは信義側上、認められないとし、その理由として相手方の信頼を挙げる（最大判昭41・4・20民集20巻4号702頁）。法定追認事由と時効における承認には意思的な関与において相違があるともいえるが、本判決の考え方に通じるものがあるといえるのではないか。

　他方で、第2の判例は、相続の法定単純承認（民法921条1号本文）について、その立法趣旨を、黙示の単純承認があるものと推認し得ること、第三者からみて単純承認があったと信ずるのが当然であると認められること、としつつ、黙示の単純承認である点を強調し、相続開始の事実を知らなかったときは、相続人に単純承認の意思があったと認めることはできないので単純承認を擬制することはできないとする（最判昭和42・4・27民集21巻3号741頁）。ここでは、民法921条1項本文の法定単純承認を「黙示の単純承認」とするので、その論理的前提として、相続開始を知らなければ単純承認の意思を推測すべき論理的前提を欠くことになる。立法趣旨から結論が導かれる一例である。

　また、最近、上記の判例も含め、矛盾挙動禁止原則との比較を通じて、法定追認における取消権の認識の有無を検討する見解が現れている。この見解は、法定追認を、取消権者が債権債務の有効性を前提とする行為をしたにもかかわらず、後に意思表示を取り消そうとするのは矛盾した行為であるとして、それを封じるための制度であるとし、さらに信頼惹起型と返還不能型に分類する（上記の2判例は、信頼惹起型に分類される）。その上で、取消権者の取消権の認識と相手方・第三者の信頼が重要な判断要素になり得るとしつつ、取消権者の具体的な帰責性として取消権の認識を要求することで当事者間のリスク配分をはかるべきであるとする。

【参考文献】　本判決が下された当初から本判決に反対した批評として、菅原眷二「判批」法学論叢12巻1号93頁、本判決の解説として、潮見佳男「判批」百選Ⅰ74頁、民法（債権関係）改正について、潮見・概要33頁以下、一問一答37頁、松岡ほか・コンメン110頁以下、113頁以下、近時の考え方として、佐久間・民法の基礎Ⅰ226頁以下。矛盾挙動禁止原則の視点による検討として、野中貴弘「法定追認と取消権の認識」日本法学88巻1号1頁以下。

尾島茂樹

53 無権利者の処分の追完

最高裁昭和 37 年 8 月 10 日判決　民集 16 巻 8 号 1700 頁、判時 314 号 19 頁

【116 条、119 条】

論点　無権利者が抵当権の設定をし、後に権利者が追認した場合、その抵当権は設定時に遡って効力を生ずるか

事実の要約

Aは、Bが金銭を借り入れるにあたり担保が必要とされたので、Aの父Xが所有する不動産につき、偽造書類等を用いAへの贈与があったとし所有名義をAとしたうえ、Yを債権者、Bを債務者として抵当権を設定した。その後、それらの事実を知ったXは、その抵当権の設定を追認したが、後に、Xは、Yに対し、抵当権不存在確認および抵当権登記の抹消登記手続を求めた。

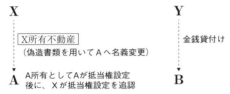

X

Y

X所有不動産
（偽造書類を用いてAへ名義変更）

金銭貸付け

A所有としてAが抵当権設定
後に、Xが抵当権設定を追認

A

B

- XがYに対し、抵当権不存在確認および抵当権登記の抹消登記手続を求めた。
  これに対し、Yは、追認により抵当権は遡って有効となったと主張した。

裁判の流れ

1 審（静岡地沼津支判昭 33・2・28 民集 16 巻 8 号 1705 頁）：Xの請求を認容　2 審（東京高判昭 34・3・23 民集 16 巻 8 号 1709 頁）：Xの請求棄却　最高裁：上告棄却

1 審は、抵当権設定の追認を問題とすることなく、贈与契約およびその追認が認められないことを理由として抵当権不存在および抵当権登記の抹消登記手続請求を認めた。2 審は、同様に贈与契約およびその追認は認められないとしたが、Xが、Yに対し、抵当権は当初から有効に存続するものとすることを承認し、抵当権の設定を追認したとし、ある物件につき何ら権利を有しない者が自己に属するとして処分した場合、真の権利者が後日これを追認したときは、無権代理行為の追認に準じ、その処分は権利者のために効力を生ずるとして、Xの請求を棄却した。これに対し、Xは、追認によって無効の抵当権設定行為が（遡及的に）効力を生ずるというのは民法 119 条に反するとして上告した。

判旨

〈上告棄却〉「或る物件につき、なんら権利を有しない者が、これを自己の権利に属するものとして処分した場合において真実の権利者が後日これを追認したときは、無権代理行為の追認に関する民法 116 条の類推適用により、処分の時に遡つて効力を生ずるものと解するのを相当とする（大審院昭和 10 年（オ）第 637 号同年 9 月 10 日云渡判決、民集 14 巻 1717 頁参照）。」

判例の法理

● **真実の権利者による無権利者処分の追認と遡及効**

無権利者が権利者として処分した場合、真実の権利者が後に追認したときは、民法 116 条の類推適用により、処分の時に遡って効力が生ずる。

判例を読む

● **追認による遡及効**

無権利者が処分行為をした場合、その行為は、その処分行為の内容の効果が生じないという意味で無効である。無効な行為は追認によっても効力を生じないが、真の権利者が無効であることを知って追認したときは、新たな行為をしたものとみなされる（119 条）。また、無効は、公序良俗違反のような確定無効と無権代理のような未確定無効に区別される。確定無効では、新たな行為がなされても依然として無効であるが、未確定無効では、新たな行為により無効原因が治癒されることにより有効となる。119 条は、未確定無効の行為について追認の遡及効を認めないとしたことになる。他方、本判決は、無権代理に関する規定で遡及効を認める 116 条の類推適用により、権利者の追認に遡及効を認めた。ここでは、**119 条と 116 条の関係**が問題となる。

無権利者は自己の権利として、無権代理人は本人の代理人として、処分行為をする点で異なるが、いずれも、権利者の関与（本人の代理権授与ないし権利者の授権）なしになされた処分行為の効果が権利者に帰属しないという点では同じである。また、無権代理における追認においても、116 条と異なり本人の意思により遡及効を認めない追認が認められる。無効行為の追認においても、119 条と異なり本人の意思により遡及効を認める追認を認めてもよい。**遡及効は、権利者がなした「追認」に遡及させる意思があるか否かによるが、116 条、119 条は、それぞれ原則を定めるとの理解が可能である。**

なお、本件のような法律関係を「授権」という概念を用いて説明することがある。たとえば、権利者が第三者に対し事前に処分権限を与える場合は「処分授権」、事後に同意する場合は「追完」と呼ばれる。民法（債権関係）改正において明文規定をおくことが検討されたが、合意が得られず断念された。

【参考文献】 授権について、わが国における端緒となる研究として、於保不二雄『財産管理権論序説』（有信堂、1954）27 頁以下、従来の判例理論の検討として、服部篤美「非権利者の処分行為と権利者による追認」判タ 551 号 142 頁以下、119 条の注釈として、奥田昌道＝平田健治・新版注民(4)461 頁以下、本判決の解説として、佐久間毅・百選Ⅰ 72 頁。

尾島茂樹

現受利益の範囲

大審院昭和 7 年 10 月 26 日判決　民集 11 巻 1920 頁

【121 条の 2 第 3 項後段・前段（旧 121 条ただし書）】

論点　制限行為能力者が法律行為を取り消したときに返還すべき「現に利益を受けている限度」は有形的利益に限られるか

事実の要約

　Xは未成年者Yに 4000 円を貸与したが、この貸借は、Yの親権者（母）AがYに代わって行ったものであり、親族会の同意を得ていなかったので取り消し得るものであった（本判決は、戦前の家制度を前提とする旧規定による。旧 886 条 2 号、旧 887 条 1 項前段）。Yは、これを取り消し、債務不存在確認の訴えを提起し、Xの敗訴が確定した。

　これを受け、XはYに対し、Yは現実に収受した 4000 円を他の債務の弁済に充て、残余は自己の生活費に費消したので 4000 円に相当する利益を現に受けているとして、その償還を請求した。これに対し、Yは、121 条ただし書（現 121 条の 2 第 3 項後段・前段）の現に利益を受けている限度とは無能力者（現、制限行為能力者）の受ける利益が有形的に存在する場合のみをいうので、利益が現存しないと主張した。

A（Yの母）
（親族会の同意なし）
│
X ‥‥‥‥‥金銭貸付け‥‥‥‥▶ **Y**
後に、Yが取消し　　未成年者

- XがYに対し、現受利益の返還を求めた。これに対し、Yは、利益が有形的に残っていないので現受利益はないと主張した。

裁判の流れ

　1 審（岡山地判 判例年月日不明）：詳細不明（請求一部認容？）　2 審（広島控判 判例年月日不明）：請求（一部？）認容　大審院：上告棄却

　貸与金額について異なる認定があるが、省略する。1 審は、判例集に判決主文と事実のみ掲載されている。2 審は、無能力者が受けた利益が現存する場合とは、受けた利益が有形的に現存する場合のみを指すのではなく、その無能力者のために有益に費消され、財産の減少を免れたことによりなお存在する場合も包含するとして、Xの請求を認容した。これに対し、Yが上告した。

判旨

　〈上告棄却〉「無能力者が取消し得べき法律行為に因り相手方より受領せし金員を以て自己の他人に対する債務を弁済し又は必要なる生活費を支弁したるときは無能力者は其の法律行為に因り現に利益を受け居るものと謂い得べきを以て当該法律行為を取消したる以上民法第 121 条〔現 121 条〕に依り其の弁済又は支弁したる金員を相手方に償還する義務を有するものとす。蓋し無能力者の負担する債務又は生活費は其の財産を以て弁済又は支弁することを要するものなれば、之に必要なる資金を自己の財産より支出することなく取消し得べき法律行為に因り受領せし金員を之に充てたるときは無能力者の財産は其の範囲に於て減少すべかりしもの減少せずして、尚存在するものにして無能力者は現に其の利益を受け居る

ものと謂うを得べきればなり。」

判例の法理

●無能力者（制限行為能力者）の現受利益の範囲

　無能力者が受けた利益が現存する場合とは、受けた利益が有形的に現存する場合のみでなく、その**無能力者のために有益に費消され、財産の減少を免れたことによりなお存在する**場合も含まれる。以上のような、本判決が示した判例法理の趣旨は、大審院で繰り返し判示され（大判大 5・6・10 民録 22 輯 1149 頁、大判昭 5・10・23 民集 18 巻 17 号 1157 頁）、確立した判例となっている。

判例を読む

●制限行為能力者の返還義務の範囲の限定の根拠

　行為能力の制限を理由とする取消しによる返還義務の範囲が現受利益に限定されるのは、判断能力が劣っているとされる制限行為能力者は手元にある金銭などをたやすく浪費するからと説明される。制限行為能力者が浪費したものについて返還義務がないものとすることで、**制限行為能力者を保護する**ことになる。浪費すれば返還義務がなく、生活費に費消すれば返還義務があるという結論には素朴な違和感もあり得るが、制限行為能力者の保護が優先されているといえる。

●旧 121 条ただし書（現 121 条の 2 第 3 項後段・前段）と 703 条・704 条

　703 条は善意利得者の返還義務を「利益の存する限度」に限定し、旧 121 条ただし書は制限行為能力者の取消しの返還義務を「現に利益を受けている限度」に限定する。支配的な考え方は、両者の返還義務の範囲は同一であるとする。そして、旧 121 条ただし書は、民法 703 条および 704 条の特則と位置づけられ、取消原因について制限行為能力者が悪意であっても善意利得者と同じ範囲の返還義務を負えば足りるという点に意義があるとする。この点に関し、債権法改正に伴う修正はない。

　なお、現受利益の立証責任について、浪費しがちな制限行為能力者の保護に鑑み、浪費を事実上推定するという主張もある。判例法理そのものは明確だが、その適用にあたり現受利益の存在の認定に関し、なお課題が残っている。

【参考文献】　少し古いが議論を概観できるものとして、遠藤浩「無能力者保護と不当利得」谷口知平教授還暦記念発起人『不当利得・事務管理の研究(3)』（有斐閣、1972）109 頁以下、不当利得との関係で、四宮和夫『事務管理・不当利得・不法行為(上)』（青林書院新社、1981）80 頁以下、本判決の解説として、奥田昌道・百選 3 版 90 頁、潮見佳男・I 選 I 5 版補正 88 頁。

尾島茂樹

取消しによる原状回復と同時履行

最高裁昭和47年9月7日判決　民集26巻7号1327頁　判時684号52頁、判タ283号130頁、金法662号25頁、金判337号14頁　【96条（旧96条）、121条（旧121条本文）、121条の2第1項、533条（旧533条）、546条】

論点　詐欺による売買契約の取消しに基づく当事者双方の原状回復義務は同時履行の関係にあるか

事実の要約

Xは、Aを代理人として、Xが所有する土地甲乙2筆をYに売り渡したが、これはAに騙されたからであり、他方、Yは、売買契約締結時までに、Aの詐欺をそれとなく知っていた。この売買契約に基づき、Yは、売買代金のうち100万円をXに支払い、甲についてはYに所有権移転の仮登記がなされ、乙についてはXの前主からYへ中間省略で所有権移転登記がなされた。Aに騙されたことを知ったXは、売買契約を取り消し、Yに対し、甲については仮登記の抹消登記手続を、乙についてはXへの移転登記手続を、それぞれ請求した（反訴は省略する）。

```
X ----- 甲乙をAの詐欺によりAを代理人として売却 ----▶ Y
 ┆      ◀---- 代金100万円を支払済み ----- Aの詐欺を知っていた
 ┆   X所有不動産甲 ---------------------▶ Yへ仮登記
 ┆   X所有不動産乙 ---------------------▶ 中間省略登記でYへ登記
 A （Xの代理人）
```

- Xは、詐欺により売買契約を取り消し、Yに対し、甲については仮登記の抹消登記手続を、乙についてはXへの移転登記手続を、それぞれ請求した。
  これに対し、Yは、支払済代金100万円の返還との同時履行を主張した。

裁判の流れ

1審（横浜地川崎支判昭44・4・17民集26巻7号1333頁）：請求認容　2審（東京高判昭46・7・20民集26巻7号1338頁）：請求一部認容（引換給付判決）　最高裁：上告棄却

1審は、判例集に主文および事実のみ記載されている。2審は、売買契約が詐欺を理由として民法96条2項により取り消された場合においても、売主、買主の原状回復義務については、特別の事情のない限り、民法533条を類推適用すべきとして、Yに対し、Xからの100万円の返還と引換えに登記手続をすることを命じた。これに対し、Xが上告した。

判　旨

〈上告棄却〉上のような事実関係のもとでは、売買契約は詐欺を理由とする取消しの意思表示により有効に取り消されたのであるから、原状に回復するため、YはXに対し登記手続をなすべき義務があり、XはYに対し100万円の返還義務を負うところ、「X、Yの右各義務は、民法533条〔現533条〕の類推適用により同時履行の関係にあると解すべきであ」る。

判例の法理

詐欺による売買契約の**取消し**に基づく当事者双方の原状回復義務は、533条の類推適用により同時履行の関係にある。

判例を読む

双務契約から生じた両債務の牽連性を理由として両債務の同時履行を定める533条は、同様の趣旨が妥当するものに準用される（546条、692条。改正により533条にかっこ書が入ったことにより571条、634条2項は削除された）。取消しに基づく原状回復義務について533条の準用規定はないが、判例は、大審院判決に否定するものがあるものの、最高裁は、未成年者取消しにつき、解除に関する546条に準じ533条の「準用」を認め（最判昭和28・6・16民集7巻6号629頁）、詐欺取消しについても、本判決で533条の類推適用を認めた。最高裁は、**取消原因のいかんを問わず、少なくとも双務契約の取消しに基づく原状回復義務について、同時履行関係を認める**方向にあると評価されている（もっとも、本判決が第三者による詐欺で、相手方が事情を知っていたという事例である点で、相手方の詐欺による場合も射程にあるかについては、問題が指摘されている）。

他方、学説では、同様に同時履行を認めるものが通説的といえるが、一部に異論がある。本判決のような詐欺による取消しの場合に物の引渡しが請求されると、詐欺による占有者の留置権は否定されることになる（295条2項）。そうだとすれば、同時履行と同様の機能を有する留置権が否定される場合に同時履行を認めることは疑問だということになる。これによれば、未成年者取消しのような不法行為と無関係な取消原因と、詐欺、強迫のような不法行為に該当する取消し原因を区別し、原状回復義務の同時履行関係の有無を決めることになる。しかし、通説的な見解は、533条も295条も公平を基礎とするものであるとしつつ、533条においては双務契約における両債務が1つの法律要件から生じたことを重視し、取消原因のいかんを問わず取消し一般について原状回復義務の同時履行を認める。

なお、双務契約が無効の場合にも同様の問題が生ずるが、この問題で取消しと無効を区別する理由はない。

【参考文献】　少し古いが、議論のまとめとして、椿寿夫「詐欺による取消と同時履行の抗弁権・留置権」奥田昌道ほか編『民法学3』（有斐閣、1976）1頁以下、澤井裕＝清水元・新版注民(13)569頁以下、近時のまとめとして、藤原正則・新注民(15)120頁以下、中田・契約法158頁以下、本判決の解説として、鈴木弘・最判解民昭和47年度669頁、本判決に批判的な評釈として、星野英一「判批」法協91巻3号534頁。

尾島茂樹

56 出世払いの合意

大審院大正4年3月24日判決　民録21輯439頁

【127条1項、135条1項、166条1項2号（旧166条1項）】

論点 ①この事件における出世払いという附款は、停止条件か不確定期限か
②不確定期限付債権の消滅時効（旧166条1項）の起算に、期限の到来について債権者が知ること、または知らないことについて過失が必要か

事実の要約

Xは、出世払いとしてYに金銭を貸し付けた（貸借年月日不明）。明治33年中に、Yは、債務を弁済してもなお多少の余裕のある生計を営むに足りる財産状態となった。後にこれを知ったXがYに対し貸金の返済を請求したが、Yは消滅時効を援用して返済を拒んだ。

X ┄┄┄ 金銭貸し付け、出世払い ┄┄→ Y

・Xは、Yが債務を弁済してもなお多少の余裕のある生計を営むに足りる財産状態となったとして貸金の返還を請求した。これに対し、Yは、消滅時効を主張した。

裁判の流れ

1審（米子区判年月日不明）：詳細不明　2審（鳥取地判大正3・5・21）：請求棄却　大審院：上告棄却
2審は、大審院と同様の判示をしたようである。これに対し、①出世というのは後日到来するか否かが不確定であるから停止条件であり、②不確定な事実である出世の事実を債権者が過失なく知らない間は消滅時効は進行しない、としてXが上告した。

判旨

〈上告棄却〉①「出世なる事実が後日到来するや否不確定のものなること勿論なるも、本件消費貸借契約の趣旨にして原判決認定の如く出世なる事実の到来に因りて債務の効力発生するものに非ずして、既に発生したる債務の履行を之に因りて制限し、債務者出世の時に至り其履行を為すべきものなるに於ては、其債務は不確定期限を附したるものと謂う可く、停止条件附の債務に非さる」。
②「債権の消滅時効は債権者が権利を行使し得べき時より其進行を始むるものにして、不確定期限の債務と雖も其到来の時より債権者は弁済を請求し得べく之と同時に消滅時効は当然進行すべく債権者が期限の到来を知ると否と又其過失の有無を問うことを要せざるものとす。蓋し債権が時効に因りて消滅するは債権者が権利を行使し得べくして之を行使せざるに基因し債権者の権利行使に過失あることを要するものにあらず」。

判例の法理

この事件における出世払いという附款は不確定期限であり、**不確定期限付債権の消滅時効は、債権者の知・不知、不知についての過失の有無を問わず、その到来の時から進行する。**

判例を読む

●契約の附款としての「出世払い」と当事者の意思

本判決は出世払いの附款を不確定期限としたが、**附款の効果が当事者の意思による**のは当然であり、「出世しなければ返済する必要がない」という意思であれば、条件と解すべきである。他方、「出世するか、又は出世する見込みがなくなった時点で返済する」という意思だとして不確定期限だと解したとしても、「出世する見込みがない」とはどういうことか、検討の必要がある。結局、出世払いの附款の効果は、個別に検討するしかなく、当事者の意思が不明である場合には、そもそも返還義務の存在を前提とする消費貸借という契約の性質上、常に返済義務が生ずる不確定期限と親和的といえそうである（大判明治43・10・31民録16輯739頁も参照）。本判決は、出世払いの附款を一般に不確定期限と解すべき積極的な理由は述べていない。

●消滅時効との関係

旧166条1項の消滅時効は、停止条件であれば、条件成就の時から進行し（厳密には翌日起算となるが（140条）、以下、この点は省略する）、不確定期限であれば、期限の到来の時から進行することについては異論がない。本判決では、債権者が出世の知・不知、過失の有無を問題とすべきと主張したが、起草者も問題としない。**条件成就、又は期限の到来とみられる事実があれば、消滅時効の起算との関係では、停止条件と期限は異ならない**（履行遅滞の生ずる時とは異なる。412条2項参照）。この意味では、出世の事実ありとされた本判決では、出世払いの附款が停止条件か、期限かは直接結論に影響しない。

他方で、出世の事実がなく、停止条件であれば、条件成就の可能性がある限り将来返済義務が生ずる可能性があり、出世の可能性がなくなれば、条件不成就が確定し、返還義務は消滅する。他方で、（上記の趣旨のような）期限であれば、出世の可能性がなくなると、期限の到来により返還義務が生ずる。結果が異なるのは、出世の可能性がない場合であるが、生きている限り出世の可能性は残されているといえるのではないか。

●民法改正

改正により、債権者が権利を行使することができることを知った時から5年間の消滅時効が立法された（新166条1項1号）。権利を行使できる時から10年間（新166条1項2号）のどちらか早い方の期間が満了するすることにより、消滅時効にかかることになる。本判決で問題となった旧166条1項の消滅時効は、現166条1項2号の消滅時効となっている。

【参考文献】　梅・総則419頁、我妻・講義Ⅰ407頁、安井宏・判プラⅠ〔初版〕156頁、平山也寸志・判プラⅠ155頁、五十川直行『新・判例ハンドブック民法総則』（日本評論社、2015）132頁〔五十川直行〕。出世について、石田喜久夫『判例に学ぶベーシック民法』（実務教育出版、1993）107頁、とくに114頁。

尾島茂樹

57 条件成就の妨害

最高裁昭和 45 年 10 月 22 日判決　民集 24 巻 11 号 1599 頁、判時 613 号 51 頁、判タ 255 号 150 頁、金判 241 号 6 頁
【130 条 1 項（旧 130 条）】

論点　不動産取引の仲介依頼がなされ、契約成立を停止条件として報酬を支払うことが約された場合に、契約成立（停止条件の成就）を妨げたとはどういう場合か

事実の要約

Y₂ は本件(1)から(4)の土地を所有または共有していた。(1)と(2)はAに賃貸され、(3)上の建物はBに賃貸され、(4)上の建物はCに賃貸されていた。Y₁ は、(1)から(4)を更地で取得できるようXに仲介を依頼し、Xは、Y₂ から本件土地の売却の承諾を得て、Aの建物収去、Bの建物を明渡しの承諾を得たが、契約締結には至らなかった。他方、Y₁ は、Y₂、A、B、Cと別途交渉を進め、Y₂ と土地の売買契約を締結し、Bと明渡しの合意をした。XがY₁、Y₂ に対し、報酬を請求した。

X
Y₁ はXに対し
Y₂ 所有土地(1)〜(4)を
更地で取得できるよう仲介依頼
ほぼ契約直前となった後、
Y₁、Y₂、A、B、Cは
直接交渉し、
Y₁、Y₂ で売買契約締結
・Xは、Y₁、Y₂ に対し、報酬を請求した。
これに対し、Y₁、Y₂ は、売買契約はXの仲介によるものではないと主張した。

Y₁
Y₂
Y₂ 所有土地(1)－賃貸→A
Y₂ 所有土地(2)－賃貸→A
Y₂ 所有土地(3)－地上建物賃貸→B
Y₂ 所有土地(4)－地上建物賃貸→C

裁判の流れ

1 審（東京地判昭 44・2・17 民集 24 巻 11 号 1604 頁）：請求一部認容　2 審（東京高判昭 45・4・14 民集 24 巻 11 号 1608 頁）：請求一部認容　最高裁：上告棄却

1 審は、条件成就妨害を認めたようである。2 審は、Y₁、Y₂ の条件成就妨害を認め、報酬の請求を認めた（1 審、2 審とも請求金額を減額して請求認容としているが、物件等の評価による）。Y₁ のみが、仲介契約は合意解除されているので、上記売買契約等は仲介によって成立していない、また仮に合意解除されていないとしても、130 条の適用には条件成就を妨げるべき結果を来すことを知って行為をしなければならず、Y₁ にその認識がない、として上告した。

判旨

〈上告棄却〉「Y₁ とY₂ らとの間において成立した本件(1)ないし(3)の土地売買契約は、成立時期において、Xの仲介斡旋活動と時期を接しているのみならず、その売買価額においても、Xの仲介活動によりあと僅かの差を残すのみで間もなく合意に達すべき状態であったところ、XがY₁ と下相談した価額を上廻る価額で成立しているのであるから、Y₁ およびY₂ ら契約当事者双方は、Xの仲介によって間もなく契約の成立に至るべきことを熟知しながら、Xの仲介による契約の成立を避けるためXを排除して直接当事者間で契約を成立させたものであつて、Y₁ およびY₂ にはXの仲介による土地売買契約の成立を妨げる故意があったものというべきであり、さらにまた、Y₁ とBとの間に成立した本件(3)の土地上の建物の明渡契約も、成立時期においてXのした仲介斡旋活動と接近しており、かつ、Xの仲介活動によってBの承諾した明渡契約の内容と全く同一の内容からなりたっているのであるから、これまたY₁ はXの仲介による

右建物明渡契約の成立を故意に妨げたものというべきである旨の原審の認定判断ならびにY₁ はXに対し本件(1)ないし(4)の土地を更地として取得することの仲介依頼をするにあたり、その取得契約の成立を停止条件として取引価額の 3 パーセントにあたる報酬を支払うことを約したものであり、Y₁ は右のとおり契約成立という停止条件の成就を妨げたものであるから、Xは停止条件が成就したものと看做して報酬を請求することができる旨の原審の認定判断は、原判決挙示の証拠関係に照らして首肯できる。」

判例の法理

買受人が宅地建物取引業者に土地買受の仲介を依頼し、買受契約の成立を停止条件として報酬を支払う旨の合意をしたのに、業者を排除して買受契約を成立させた場合に、その成立時期が業者の仲介活動の時期に近接し、また、わずかに価格を調整すればまもなく契約が成立するに至る状態にあり、成立した契約価額が業者が下相談した価額をわずかに上回る等の事情があるときは、買受人は、仲介によりまもなく契約が成立することを熟知して故意に仲介による契約成立（条件成就）を妨げたといえるので、業者は、停止条件が成就したものとみなし、約定した報酬の全額を請求することができる。

判例を読む

● 事例判決

本判決は、宅地建物取引業者の仲介契約において、報酬支払いが停止条件付きとされた場合に、「故意にその条件の成就を妨げた」といえるとする事例判決である。契約交渉の進行状況や契約締結の可能性、直接取引によって成立した契約の時期・内容との比較から、契約を妨げる故意があったとし、不当な（信義則に反する）妨害と評価された。

● 民法改正

改正により、成功報酬型の委任契約において、受ける利益の割合に応じた報酬の請求を認める規定が設けられた（648 条の 2 第 2 項）。本判決のように、旧 130 条によって報酬全額が請求できることとする見解との関係が問題となる。本判決は、改正によって改められたとする見解もあるが、不当な条件成就妨害は 130 条 1 項の適用場面となろう。

【参考文献】　調査官の解説として、鈴木重信・最判解民昭和 45 年度（上）428 頁、法律構成に詳しい解説として、滝沢昌彦・不動産取引判例百選 3 版 176 頁、従来の裁判例を詳しく検討するものとして、齊籐真紀「不動産仲介業者の報酬請求権」法学論叢 164 巻 1-6 号 572 頁、債権法改正からの検討として、都筑満雄「直接取引と不動産仲介業者の報酬請求権」法時 91 巻 3 号 132 頁。

尾島茂樹

58 不正な条件成就

最高裁平成 6 年 5 月 31 日判決　民集 48 巻 4 号 1029 頁　判時 1504 号 86 頁、判タ 857 号 91 頁

【130 条 1 項 2 項（旧 130 条）】

論点　条件成就により利益を受ける当事者が故意に条件を成就させたとき、旧 130 条の類推適用により、相手方は条件が成就したとみなすことができるか

事実の要約

　X₁・X₂（X₁の関連会社）（以下、Xらという）とYは、①Xらが櫛歯ピン（以下、「本件ピン」という）付き部分かつらを製造販売しない、②Xらが①に違反した場合には連帯してYに対し違約金 1000 万円を支払う、とする裁判上の和解をした。Yの指示のもと、Aが通常の客を装ってX₂の店舗に赴き、まず、本件ピンでないピンを付着した部分かつらを申込み、さらにAは、その制作作業がかなり進んだ段階で、Yの意を受けて、現状のピンでは解約したい、解約できないなら本件ピンのようなストッパーを付けてほしい旨をX₂に申し入れた。X₂は、Aの強い要望を拒みきれず、契約を変更し、本件ピンを付着した部分かつらをAに引き渡した。YがAに上記のような行為をさせたことについては、X₂の和解条項違反を確認するためのやむを得ないものと解すべき事情は認められなかった。

　Yは、X₂が和解条項に違反し条件が成就したとして執行文の付与を受けた。これに対し、Xらは、条件成就を争い、執行文付与に対する異議の訴えを提起した。また 2 審でXらは、Yの上記のような行為について権利濫用、信義則違反の主張を追加した。

$$X_1 \cdot X_2 \xrightarrow[\substack{\text{特定の櫛歯ピンを使ったかつらを製造販}\\ \text{売しない旨、違反した場合は、違約金}\\ \text{1000 万円を支払う旨の裁判上の和解}}]{} Y$$

$$A$$
Yの意を受けてX₂を
違反に誘導

・Yは、条件が成就したとして、和解条項に執行文の付与を受けた。これに対し、X₁・X₂は、条件成就を争い、執行文付与に対する異議の訴えを提起した。

裁判の流れ

　1 審（東京地判昭 63・2・26 民集 48 巻 4 号 1043 頁）：請求棄却　2 審（東京高判平元・11・29 民集 48 巻 4 号 1049 頁）：請求認容　最高裁：上告棄却

　1 審は条件成就を認め、請求を棄却したようである。2 審は、上記事実関係のもとでは、Yが条件成就したとして執行文の付与を受けることは信義誠実の原則に反し許されないとして請求を認めた。これに対し、Yが上告した。

判　旨

　〈上告棄却〉「X₂がAに櫛歯ピン付き部分かつらを販売した行為が本件和解条項第 1 項に違反する行為に当たるものであることは否定できないけれども、Xは、単に本件和解条項違反行為の有無を調査ないし確認する範囲を超えて、Aを介して積極的にX₂を本件和解条項第 1 項に違反する行為をするよう誘引したものであって、これは、条件の成就によって利益を受ける当事者であるXが故意に条件を成就させたものというべきであるから、

民法 130 条〔現 130 条 1 項〕の類推適用により、Xらは、本件和解条項第 2 項の条件が成就していないものとみなすことができると解するのが相当である。」

判例の法理

　条件成就により**利益を受ける当事者が故意に条件を成就させたときは、旧 130 条の類推適用により、相手方は条件が成就したとみなすことができる**。

判例を読む

●法律構成

　本件の事実を前提とした場合、改正前の民法では、大きく分けて①条項違反による債務不履行の有無への信義則の適用、②条件成就の有無への信義則の適用、③旧 130 条（現 130 条 1 項）の類推適用という法律構成が考えられる。YのAへの指示が認定されている本件では、①では債務不履行はないとされ、②では信義則上、条件は成就していないとされ、③では旧 130 条の類推適用が認められ、いずれもX勝訴となるだろう。この中でも、最高裁は、旧 130 条類推適用構成を採用することにした。条件事実への不正な関与が条件成就・不成就に影響を与える場合の処理を定めた点で旧 130 条（現 130 条 1 項）の趣旨が本質において本件に妥当すると評価できるからである。

●民法（債権関係）改正

　民法（債権関係）改正において、**130 条に 2 項が設けられ、本判決の法理が明文で定められた**。ただ、条文の文言は「不正にその条件を成就させた」となっている。ここでいう「不正に」というのは「信義則に反して行為に」という意味だとされている。「故意に」では、たとえば試験に合格したら贈与を受けられる条件付受贈者が条件成就のために努力する場合も含まれると解釈する余地があるためである。条件への不正な関与が問題である点は 130 条 1 項も同様であり、1 項の「故意に」は「不正に」という意味であると解されている。解釈としては、1 項 2 項のいずれも信義則に反することを内容とする。

【参考文献】　学説の整理として、沖野眞已・ジュリ 1068 号 61 頁、調査官解説として、三村量一・最判解民平成 6 年度 383 頁、民法（債権関係）にも言及する解説として、上野達也・百選 I 8 版 82 頁、結論が同じだが法律構成が異なる原審の評釈として、山本和彦・判評 386 号 44 頁（判時 1373 号 190 頁）。

尾島茂樹

59 詐害行為の受益者による時効の援用

最高裁平成 10 年 6 月 22 日判決　民集 52 巻 4 号 1195 頁、判時 1044 号 106 頁、判タ 979 号 85 頁

【145 条】

論点 詐害行為の受益者は、詐害行為取消権の被保全債権の消滅時効を援用することができるか

事実の要約

Xは、Aが代表取締役をするB社に対して、金銭消費貸借契約等に基づき合計 2150 万円の債権（債権α）を有し、Bの連帯保証人であるAに対して同額の連帯保証債務履行請求権（債権β）を有していた。また、Xは、Aに対し、Aの依頼で立て替えた費用合計 1189 万余円（債権γ）について求償債権を有していた。Aは多額の債務を負担していたところ、AとYは、他の債権者を害することを知りながら、A所有の本件不動産につき贈与契約を締結し、Yへの所有権移転登記を経由した。Xが、Yに対し、詐害行為取消権に基づきAY間の本件不動産贈与契約の取消しおよび所有権移転登記の抹消登記手続を求めて訴えを提起した。これに対し、Yは、①債権αにつき、期間の定めのない商事債権（商旧 522 条）であるとして貸付けから 5 年の経過により、②債権γにつき、立替えから 10 年の経過により、消滅時効を援用した。

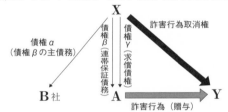

裁判の流れ

1 審（東京地八王子支判平 2・7・30 民集 52 巻 4 号 1207 頁）：請求認容　2 審（東京高判平 5・11・30 民集 52 巻 4 号 1217 頁）：控訴棄却　最高裁：破棄差戻

1 審および 2 審は、Yは詐害行為である贈与契約の受益者にすぎず、債権αおよび債権βの消滅時効を援用し得る立場にないとして、Xの請求を認容した。これに対し、Yが上告した。

判 旨

〈破棄差戻〉(1)「民法 145 条所定の当事者として消滅時効を援用し得る者は、権利の消滅により直接利益を受ける者に限定されるところ（最高裁平成 2 年（オ）第 742 号同 4 年 3 月 19 日第 1 小法廷判決・民集 46 巻 3 号 222 頁参照）、詐害行為の受益者は、詐害行為取消権行使の直接の相手方とされている上、これが行使されると債権者との間で詐害行為が取り消され、同行為によって得ていた利益を失う関係にあり、その反面、詐害行為取消権を行使する債権者の債権が消滅すれば右の利益喪失を免れることができる地位にあるから、右債権者の債権の消滅によって直接利益を受ける者に当たり、右債権について消滅時効を援用することができるものと解するのが相当である。これと見解を異にする大審院の判例（大審院昭和 3 年（オ）第 901 号同年 11 月 8 日判決・民集 7 巻 980 頁）は、変更すべきものである。」

(2)「これを本件についてみると、前示の事実関係によれば、Yは、Aから本件不動産の贈与を受けた詐害行為

の受益者であるから、詐害行為取消権を行使する債権者であるXのAに対する求償債権の消滅時効を援用し得るというべきであり、XのBに対する債権についても、右債権が消滅すればAに対する連帯保証債務履行請求権は当然に消滅するので、その消滅時効を援用し得るというべきである。」

判例の法理

● 詐害行為の受益者と被保全債権の時効の援用

時効の援用権者である「当事者」（145 条）について、本判決で変更された前掲大審院昭和 3 年判決は、詐害行為の受益者が被保全債権の時効の援用によって受ける利益は「時効ノ直接ノ結果ニ非サル」として、受益者の時効援用を否定していた。その背後には、受益者は、被保全債権の時効消滅によって自己の負担する債務から解放される者でないという考えがあった。これに対し、多数説は、受益者は被保全債権の効力として詐害行為の効力を否定されるので、直接の当事者として援用権を認められるべきである等としていた（我妻・講義 I 448 頁等）。受益者を詐害行為の加担者として信義則上援用権者から排除しようとする少数説もあったが（末広厳太郎「時効を援用しうる『当事者』」『民法雑記帳（上巻）』（日本評論社、1953）194 頁）、詐害行為をした債務者自身の援用権が肯定されることとの矛盾も指摘されていた。こうした中、**本判決は、受益者が詐害行為により取得した所有権の喪失を免れる地位にあることを「直接の利益」と評価して、受益者の被保全債権の時効援用権を肯定した。**このように、大審院と最高裁では「直接の利益」の内容が変化している（判例の大きな流れにつき→ **60 事件**解説参照）。

● 被保全債権＝連帯保証債務と主債務の時効の援用

債権γと異なり、Yによる債権αの時効援用（Yの主張①）を説明するのは単純でない。本件詐害行為取消権の被保全債権は債権βであるところ、債権βは債権αを主債務とする連帯保証債務であり、債権αの消滅に伴って付従性により消滅する。したがって、被保全債権である債権βを消滅させるためにYが債権αの時効を援用することが正当化されるわけである。

判例を読む

詐害行為の受益者は、現 145 条かっこ書に列挙されていないが、「その他権利の消滅について正当な利益を有する者」に含まれるものと考えられる。

本判決は、XA間の被保全債権の時効更新（現 152 条。旧：中断）の効力が受益者Yに及ぶことを前提に、原審に差し戻した。Yによる時効援用が可能となるのは、XA間で時効の援用も完成猶予・更新もされていない場合である。

【参考文献】　小野憲一・最判解民平成 10 年度 622 頁、松久三四彦・百選 I 5 版補正 94 頁、金山直樹・判例講義 民法 I **66 事件**等。

齋藤由起

後順位抵当権者による時効の援用

最高裁平成 11 年 10 月 21 日　民集 53 巻 7 号 1190 頁、判時 1697 号 53 頁、判タ 1019 号 88 頁

【145 条】

論点　後順位抵当権者は、先順位抵当権の被担保債権の消滅時効を援用することができるか

事実の要約

　Y 信用組合は、A 社と信用組合取引に関する契約を締結し、上記取引から生じる債権を担保するため、合計 17 の不動産に極度額を 1 億 5000 万円とする根抵当権の設定を受け、登記を経由した。Y は上記取引に基づき、A に 2 億 4300 万円を貸し付けたが、A は被担保債権の一部しか弁済しなかった。

　Y は、本件根抵当権の実行として、残金 1 億 2843 万円余を被担保債権とする本件不動産の競売を申し立て、平成 6 年 6 月 23 日、競売開始が決定され、翌 24 日、本件各不動産に差押登記が経由された。他方で、Y の主張によれば、この間 A は、Y による本件不動産の競売を妨害すること等を目的として、暴力団組長である B らに A の債務の整理を依頼し、B らは、本件不動産に実体のない根抵当権を設定し、あるいは実体のない所有名義の変更を行い、これを占有するなどしていた。X₁ 社は、Y に遅れて本件不動産に抵当権の設定を受けた後順位抵当権者であり、X₂ は B の妻であり、本件不動産の一部について所有権移転登記を了した者である。X₁ と X₂ は、本件貸付金債権が、猶予後の弁済期（昭和 53 年 12 月 31 日）から 5 年の経過により時効消滅したと主張して、本件根抵当権設定登記の抹消登記手続を求めて本訴を提起した。

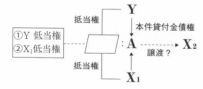

裁判の流れ

　1 審（和歌山地判平 8・10・17 公刊物未搭載）：請求棄却　2 審（大阪高判平 9・6・26 民集 53 巻 7 号 1201 頁）：控訴棄却　最高裁：上告棄却

　2 審は、Y の債権につき消滅時効が完成しているか否かを判断することなく、X₁ は後順位抵当権者にすぎず、「後順位担保権者にまで時効の援用を認めることは、後順位担保権者にその把握した以上の担保価値を与えることになって不合理であり」、民法 145 条の当事者に当たらないとした。また、X₂ について、本件不動産の所有名義取得に実体がないとして第三取得者に当たらないと判断した。X₁ らは、判例が抵当不動産の第三取得者と後順位抵当権者を区別する合理的根拠がない等と主張し、上告。

判　旨

　〈上告棄却〉(1)「民法 145 条所定の当事者として消滅時効を援用し得る者は、権利の消滅により直接利益を受ける者に限定されると解すべきである（最高裁昭和 45 年(オ)第 719 号同 48 年 12 月 14 日第 2 小法廷判決・民集 27 巻

11 号 1586 頁参照)。後順位抵当権者は、目的不動産の価格から先順位抵当権によって担保される債権額を控除した価額についてのみ優先して弁済を受ける地位を有するものである。もっとも、先順位抵当権の被担保債権が消滅すると、後順位抵当権者の抵当権の順位が上昇し、これによって被担保債権に対する配当額が増加することがあり得るが、この配当額の増加に対する期待は、抵当権の順位の上昇によってもたらされる反射的な利益にすぎないというべきである。そうすると、後順位抵当権者は、先順位抵当権の被担保債権の消滅により直接利益を受ける者に該当するものではなく、先順位抵当権の被担保債権の消滅時効を援用することができないものと解するのが相当である。」

　(2)続けて、上告理由に応える形で抵当不動産の第三取得者を引き合いに出して次のように述べる。抵当不動産の「第三取得者は、右被担保債権が消滅すれば抵当権が消滅し、これにより所有権を全うすることができる関係にあり、右消滅時効を援用することができないとすると、抵当権が実行されることによって不動産の所有権を失うという不利益を受けることがあり得るのに対し，後順位抵当権者が先順位抵当権の被担保債権の消滅時効を援用することができるとした場合に受け得る利益は、右に説示したとおりのものにすぎず、また、右の消滅時効を援用することができないとしても、目的不動産の価格から抵当権の従前の順位に応じて弁済を受けるという後順位抵当権者の地位が害されることはないのであって、後順位抵当権者と第三取得者とは、その置かれた地位が異なるものであるというべきである。」

判例の法理

● 時効の援用権者をめぐる判例法理と本判決の位置づけ

　時効を援用することができる「当事者」（145 条）について、判例は、古くから一貫して「直接利益を受ける者」という定式を用いていたが、大審院はこれを限定的に解していた。最高裁は、学説の批判を容れ、大審院判例を変更して消滅時効の援用権者の範囲を徐々に拡大してきた。本判決に引用される抵当不動産の第三取得者による被担保債権の消滅時効の援用（前掲最判昭和 48・12・14）、（所有権取得目的の）売買予約に基づく所有権移転請求権保全仮登記の経由された不動産に抵当権の設定を受けた者による予約完結権の消滅時効の援用（最判平成 2・6・5 民集 44 巻 4 号 599 頁）、さらに、詐害行為受益者による被保全債権の消滅時効の援用（**→ 59 事件**）等がこの流れに位置づけられる。**本判決は、後順位抵当権者に先順位抵当権者の被担保債権に関する消滅時効の援用を否定し、直接受益者性が認められる者に一定の限界があることを示したものである。**

● 後順位抵当権者の時効援用権を否定する本判決の理由づけ

　最高裁はすでに、抵当不動産の第三取得者による被担

保債権の消滅時効の援用を肯定していたところ（前掲最判昭和48・12・14）、本判決は、両者を対比し、後順位抵当権者の地位は目的不動産の価格から先順位抵当権によって担保される額を控除した価格について優先弁済を受けられる地位であり、①順位昇進の原則によって得られる利益は「反射的な利益」にすぎないこと、また、②時効を援用できないとした場合に、第三取得者は抵当権実行により所有権を失うが、後順位抵当権者は従前の地位を害されることがないこと、以上2点を理由として、後順位抵当権者の消滅時効の援用権を否定した。

判例を読む

●抵当不動産の第三取得者との対比のみによる理由づけの不十分さ

本判決の挙げる理由のうち、上記①については、一方で、第三取得者も後順位抵当権者も先行する抵当権に自己の権利が制約を受けている点で共通しており、抵当権の負担が消滅することによる利益は、いずれも反射的利益といい得るものであり（金山直樹・平成11年度重判64頁、森田宏樹・百選Ⅰ78頁）、他方で、後順位抵当権者も債務者の不動産に直接的な権利を有する以上、順位上昇は直接的利益とも評価できるのであり（古積健三郎・法教391号128頁）、いずれにせよ、両者を区別する決定打にはならない。

これに対し、②については、時効の目的を義務からの解放と捉え、時効の援用によって義務を免れることなく利益が増進するだけの者には、独自の援用権を認めるべきではないとの考えによれば（遠藤浩「時効の援用権者の範囲と債権者代位による時効の援用」手形研究475号106頁、松久三四彦「時効の援用権者」同『時効制度の構造と解釈』（有斐閣、2011）198頁、松井和彦・金判1087号58頁）、物的負担からの解放の有無が両者を区別する1つの根拠になる。この点で、物的負担からの解放のない後順位抵当権者は、消滅時効の完成した債権の一般債権者と同レベルのものとして扱われ、独自の時効援用権を否定することが正当化される（松久・前掲198頁）。もっとも、この区別に対しては、第三取得者も、時効を援用できなくても抵当権の負担を除いた剰余価値分の取得は可能である以上、所有権の喪失を強調することは第三取得者の不利益を過大評価するものであり、両者を区別する理由として十分ではないとの指摘もある（金山・前掲64頁、平田健治・金法1588号27頁、山本豊・セレクト'00・15頁、森田・百選Ⅰ79頁）。このようにみると、本判決のように第三取得者と対比するだけでは、後順位抵当権者についてのみ、その時効援用権を否定することを異論なく正当化するのは困難であるといえそうである。

後順位抵当権者の時効援用権を否定する学説では、上記②の理由に加え、後順位抵当権者に先順位抵当権の被担保債権の時効援用権を認めると、抵当権者が3人以上存在する場合、例えば、1番抵当権の被担保債権について、3番抵当権者が時効を援用したものの、2番抵当権者が時効を援用しないときには、援用の相対効によって1番抵当権の位置づけが異なるに至り、法律関係が複雑化することが挙げられている（松久・前掲215頁）。

また、判例による時効援用権の画定基準の定式化を試みる森田宏樹説は、②時効を援用しようとする者と相手方の間に、援用によって消滅する義務や負担といった「直接の法律関係」があり（直接性）、かつ、⑥その「直接の法律関係」が、他の援用権者の法律関係とは別個独立して、当該援用権者との相対的な関係においてのみ消滅したものとして扱うことができるとき（可分性）に固有の援用権が認められるとする（森田・前掲79頁、同・「時効援用権者の画定基準について（2・完）」曹時54巻7号1832・1859頁）。この基準によれば、第三取得者は、②抵当権の消滅により所有権に対する物的負担が消滅するので直接性があり、⑥当該第三取得者と抵当権者の間では、被担保債権の消滅に伴い抵当権が消滅するが、債務者と抵当権者の間では、被担保債権が存続したまま抵当権だけが消滅したと扱える。これに対し、後順位抵当権者は、②先順位抵当権の消滅により債務者の責任財産の増加を通じた配当額の増加しか観念できないので直接性がなく、また、⑥先順位の抵当権が、その被担保債権の時効を援用した特定の後順位抵当権者との相対的関係においてのみ消滅することは想定できないので可分性を欠くとして（森田・前掲曹時1828〜1831頁）、異なる扱いが正当化される。

●本判決の結論の妥当性

学説には、後順位抵当権者と抵当不動産の第三取得者を区別して、後順位抵当権者の時効援用権を否定することに反対する論者もいるが、このような論者も、本件事案の背景には暴力団の債務整理があったという事情に照らし（佐久間邦夫・判解民平成11年度589頁も参照）、本判決の結論の妥当性を認めている（古積・前掲125頁）。

●改正法における本判決の解釈の維持

現145条のかっこ書では、「当事者」に「保証人、物上保証人、第三取得者その他権利の消滅について正当な利益を有する者」が含まれることが明文化された。しかし、改正後も援用権者の具体的な範囲は引き続き解釈に委ねられているため、本判決の考えは維持されると考えられる。

●時効援用権の代位行使（423条）

判例は、一般債権者について、債務者の他の債権者に対する債務の消滅時効の固有の援用権を否定しつつ、債務者の有する時効援用権を民法423条により代位行使することを認めている（最判昭和43・9・26民集22巻9号2002頁）。このことから、後順位抵当権者が先順位抵当権者の被担保債権の消滅時効について固有の援用権を有しなくても、**後順位担保権者の有する抵当権の設定者と債務者が同一である場合に限り、債務者が無資力要件を満たすときには、先順位抵当権の被担保債権についての債務者の時効援用権を代位行使することが可能である。**この場合には、先順位抵当権の被担保債権について債務者自身の時効援用権を行使する以上、時効援用の効果として、当該被担保債権が債務者との関係で、ひいては債務者のすべての債権者との関係でも消滅するので、法律関係が複雑化するという問題が生じないことになる。

【参考文献】 本文中に掲げたもののほか、金山直樹・判例講義Ⅰ67事件等がある。

齋藤由起

61 地上建物の賃借人による時効の援用

最高裁昭和 44 年 7 月 15 日判決　民集 23 巻 8 号 1520 頁、判時 570 号 46 頁、判タ 242 号 158 頁

【145 条】

論点　建物賃借人は、建物賃貸人による敷地所有権の取得時効を援用することができるか

事実の要約

　Xは、昭和 27 年 12 月 8 日、本件土地をAから買い受けて所有権移転登記を経由したが、本件土地上の建物に居住しているYらが本件土地を不法に占有しているとして、Yらに対し、本件建物からの退去と本件土地の明渡しを請求した。

　Yらは 2 審で取得時効の抗弁を提出した。これによれば、本件土地は、昭和 18 年 2 月 2 日にAからBに贈与された後、B→C→D→Eと売却され、それぞれ所有権とともに本件建物が引渡され、いずれも所有の意思をもって平穏かつ公然、善意無過失に占有してきたので、B以降の各占有の承継人は自己の占有に前主の占有を合わせて主張し、Bの占有から起算して 10 年経過した昭和 28 年 2 月 2 日（C所有当時）に取得時効が完成し、仮にその間の占有に瑕疵があったとしても、20 年を経過した昭和 38 年 2 月 2 日（E所有当時）に取得時効が完成する。Yらは昭和 34 年 9 月 1 日にDから本件建物を賃借し、その後本件土地建物がDからEに譲渡されて賃貸借関係もEに承継されているので、Yらの本件建物への居住による本件土地の占有は正権原に由来するとして、Eの本件土地の取得時効を援用した。

裁判の流れ

　1 審（大阪地判昭 41・4・26 民集 23 巻 8 号 1524 頁）：請求認容　2 審（大阪高判昭 42・9・18 民集 23 巻 8 号 1528 頁）：控訴棄却　最高裁：上告棄却

　2 審は、時効の完成によって直接に利益を受ける者は取得時効では権利を取得する者に限られ、Yはこれに該当しないとして、Yの取得時効の抗弁を斥けた。これに対し、Yは、取得時効の援用権者を「時効によって当然に法律上の利益を取得する者」と解すべきである等として、上告した。

判　旨

　〈上告棄却〉「民法 145 条は、時効の援用権者は当事者である旨を規定している。しかるに、本件についてみるに、Yらの主張によれば、Yらは、本件係争土地の所有権を時効取得すべき者またはその承継人から、右土地上に同人らが所有する本件建物を賃借しているにすぎない、というのである。されば、Yらは、右土地の取得時効の完成によって直接利益を受ける者ではないから、右土地の所有権の取得時効を援用することはできない。また、第三者異議に関する所論は、判決の結果に影響を及ぼすものではない。」

判例の法理

　民法 145 条の「当事者」について、判例は、大審院以来、「時効により直接に利益を受ける者」という基準を用いて援用権者の範囲を画定し、戦後には援用権者の範囲を拡大してきたが、ほとんどが消滅時効に関する事案であった（→ 59・60 事件参照）。本判決は、取得時効の事案に関する数少ない判例・裁判例の 1 つであり、**取得時効の完成した土地上の建物の賃借人は、敷地の取得時効の完成によって直接利益を受ける者ではない**、と端的に述べて、援用権を否定した。

判例を読む

　取得時効が問題となるA所有の土地上にあるB所有の建物の賃借人Cは、建物賃貸人＝敷地占有者Bが土地を時効取得して建物収去を免れると、建物賃借権を失わずに済むため、敷地の取得時効の完成に強い利害関係を有することは、誰もが認めるところである。この観点から（河上・総則講義 539 頁）、また、これに加えてBが賃貸人としてCに建物を使用収益させる義務を負う以上、確定的な権利を取得させる義務を負っているとして（松久三四彦「時効の援用権者」同『時効制度の構造と解釈』（有斐閣、2011）200 頁）、CにBによる土地の取得時効の援用権を肯定する見解も学説上有力である。もっとも、Cに土地の取得時効の援用権を認めたとしても、Bが援用しない限り、CはAに対抗可能な土地自体の占有権限を取得せず（豊水道祐・最判解民昭和 44 年度 1123 頁）、Cが建物の賃借権を直接Aに対して有することもない（金山正信・民商 62 巻 6 号 1021 頁）。このように、建物賃借人の敷地との法的関係の間接性が時効援用権を認めた場合に複雑な法律関係を生じさせることが、時効援用権の肯定を困難にしている。

　建物賃借人に匹敵する利害関係は、時効取得の対象である土地自体の賃借人Dにも認められる。この問題に関する最高裁判決はなく、下級裁判所の判断は分かれている。Dは土地賃借人＝土地占有者Bの取得時効によって間接的な利益しか受けないとする裁判例がある一方（東京高判昭 47・2・28 判時 662 号 47 頁）、取得時効の対象となる土地の賃借人Dは時効により取得される権利に基づいて権利を取得する者として援用権者に含まれるとする裁判例（東京地判平成元・6・30 判時 1343 号 49 頁、東京高判平 21・5・14 判タ 1305 号 161 頁等）がある。この場合のDと当該土地との法的関係は先の事案よりも近く、学説には肯定説が多い。肯定説を前提とすると、DがAに対抗可能な占有権原を取得できるとして、権原の性質やBD間の賃貸借契約の帰すうが問題となるだろう。

【参考文献】　本文中に掲げたもののほか、石松勉・判プラ I 162 頁等がある。

齋藤由起

62 時効の援用の効果

最高裁昭和 61 年 3 月 17 日判決　民集 40 巻 2 号 420 頁、金法 1135 号 37 頁

【145、146、166 条（旧 167 条）】

論点　時効の効力は時効の完成によって当然に生じるのか、援用があって初めて生じるのか

事実の要約

Aは、昭和 31 年 12 月 15 日、本件土地をBに売却し（本件売買）、代金全額の支払を受けたが、本件土地は当時農地であったため直ちに所有権移転登記をできず、所有権移転請求権保全仮登記がなされた。しかし、本登記をするために本件売買に必要な農地法 3 条所定の許可が得られないまま、Aは昭和 37 年 3 月 4 日に死亡してXらが相続し、また、Bは昭和 43 年 11 月 4 日、本件売買契約上の買主の地位をCに譲渡し、上記仮登記にその旨の付記登記がされた。Xらは、昭和 51 年 2 月 9 日、Cに対して本訴を提起し、BのXらに対する許可申請協力請求権がAB間の売買契約から 10 年（昭和 41 年 12 月 15 日）の経過により消滅し、農地所有権が買主に移転するための法定条件＝許可の不成就が確定し、本件土地の所有権は確定的にXらに帰属すると主張し、本件土地の明渡しと上記付記登記の抹消登記手続を請求した。これに対し、Cは、本件土地は少なくとも昭和 46 年 8 月 5 日以降は原野（非農地）化しており、上記の許可なく所有権移転の効力が生じているなどと主張して、上記付記登記に基づく本登記手続を求める反訴を提起した。Cが原審係属中に死亡し、相続人Yらが訴訟を承継した。

S31.12.15　　　S41.12.15　　　？　　S51.2.9　　　？
A→B農地売買　　許可申請　　　　　　X時効援用
　　　　　　　　協力請求権
　　　　　　　　の時効完成
（非農地化）

裁判の流れ

1 審（神戸地龍野支判昭 56・7・22 民集 40 巻 2 号 427 頁）：本訴請求棄却・反訴請求認容　2 審（大阪高判昭 58・11・30 民集 40 巻 2 号 436 頁）：本訴請求認容・反訴請求棄却　最高裁：破棄差戻

2 審判決に対し、Yらは、本件土地の非農地化が許可申請協力請求権の時効消滅後であっても、AB間、BC間の売買契約は効力を失わず、農地法上の許可が不要となり無条件の売買として効力を生じるので、本件土地の所有権はC（Yら）に帰属したとして、上告した。

判旨

〈破棄差戻〉「民法 167 条 1 項は『債権は 10 年間之を行はざるに因りて消滅す』と規定しているが、他方、同法 145 条及び 146 条は、時効による権利消滅の効果は当事者の意思をも顧慮して生じさせることとしていることが明らかであるから、**時効による債権消滅の効果は、時効期間の経過とともに確定的に生ずるものではなく、時効が援用されたときにはじめて確定的に生ずるものと解**するのが相当であり、農地の買主が売主に対して有する県知事に対する許可申請協力請求権の時効による消滅の効果も、10 年の時効期間の経過とともに確定的に生ず

るものではなく、売主が右請求権についての時効を援用したときにはじめて確定的に生ずるものというべきであるから、右時効の援用がされるまでの間に当該農地が非農地化したときには、その時点において、右農地の売買契約は当然に効力を生じ、買主にその所有権が移転するものと解すべきであり、その後に売主が右県知事に対する許可申請協力請求権の消滅時効を援用してもその効力を生ずるに由ないものというべきである。」とし、Xらの本件許可申請協力請求権の時効援用時と本件土地の非農地化の時点の先後関係について審理すべく、2 審に差し戻した。

判例の法理

農地の所有権移転には農地法上の許可を要するところ、買主の売主に対する許可申請協力請求権は 10 年の消滅時効にかかる（旧 167 条 1 項。現 166 条 1 項 1 号により 5 年）。他方で、農地が非農地化すると上記許可が不要となり、その所有権は当然に買主に移転する。そこで本件では、許可申請協力請求権の消滅時効完成後かつ時効援用前に農地が非農地化した場合に、その所有権が当然に買主に移転するかどうかを判断するために、時効の効力がその完成のみで確定的に生じるかが問題とされた。

民法上、時効の効果発生（162、現 166 条など）のために時効完成のみならず援用が要求されること（145 条）の理由は、援用の性質と結び付いて論じられてきた（学説の整理は松久三四彦・百選 I 8 版 84 頁参照）。本判決は、大審院がとっていた確定効果説（大判明治 38・11・25 民録 11 輯 1581 頁）ではなく、時効消滅の効果は債務者の援用を停止条件として確定的に生じるとする不確定効果説の停止条件説をとることを明言した。そのうえで、農地売買について許可申請協力請求権が消滅すると売主の所有権移転債務も消滅するという理解を前提に（松久・前掲 85 頁）、許可申請協力請求権の存続中に当該農地が非農地化すると、許可が不要となるので、（元）農地の所有権が当然に買主に移転するとの結論を導いた。

判例を読む

本判決が、後に非農地化した農地の売買につき、代金を全額支払済みの買主の権利が許可申請協力請求権の時効消滅によって失われ得るという特殊な事案に関する判決であることには、注意が必要である。もっとも、本判決が、一般論として、145 条・146 条を根拠に不確定効果説の停止条件説に立つことを明言した意義は小さくないと思われる。

【参考文献】　本文中に掲げたもののほか、島津元・百選 I 76 頁等がある。

齋藤由起

63 時効完成後の債務承認

最高裁大法廷昭和 41 年 4 月 20 日判決　民集 20 巻 4 号 702 頁、判時 442 号 12 頁、判タ 191 号 81 頁
【1 条 2 項、145 条、146 条】

論 点　時効完成後に、時効の完成を知らずに債務を承認した債務者は、その後その時効を援用できるか

事実の要約

　木材商 X は、弁済期を昭和 24 年 8 月として Y から金銭を借り受け、公正証書作成のため Y に白紙委任状と印鑑証明書を交付したが、Y は、勝手に利息・手数料等を組み入れた公正証書を作成した。X は、昭和 33 年 3 月付の手紙で、本件借用金を元金だけに負けてもらいたい、そうしてくれると年内に分割払いで返済する旨を Y に申し入れた。その後、Y は、昭和 34 年 7 月、上記公正証書に基づいて X 所有の有体動産に対して強制執行をしてきた。そこで、X は、本件請求異議の訴え（民訴法旧562 条（現民執法 35 条参照））を提起し、上記公正証書の無効とともに、本件債務の 5 年の商事時効（商法旧 522条）による時効消滅を主張した。

〈承認による時効の更新と援用権の喪失の違い〉

裁判の流れ

　1 審（秋田地湯沢支判昭 35・9・28 民集 20 巻 4 号 712頁）：請求全部認容　2 審（仙台高秋田支判昭 37・8・29 民集 20 巻 4 号 715 頁）：請求一部認容　最高裁：上告棄却
　2 審は、公正証書を一部有効とし、本件債務には 5 年の商事時効が完成しているが、減額と弁済期猶予の懇請により、X が反証のない限り時効の完成を知って時効利益を放棄したと推定されるとして、貸金元本および旧利息制限法 2 条の定める利率（年 1 割）を超えない部分について Y の強制執行を許容した。X が上告し、X が商人であるというだけで商事時効とその完成の認識を推定し、時効利益の放棄を推定するのは経験則に反して違法である等と主張した。

判　旨

　〈上告棄却〉「債務者は、消滅時効が完成したのちに債務の承認をする場合には、その時効完成の事実を知っているのはむしろ異例で、知らないのが通常であるといえるから、債務者が商人の場合でも、消滅時効完成後に当該債務の承認をした事実から右承認は時効が完成したことを知ってされたものであると推定することは許されないものと解するのが相当である。したがって、右と見解を異にする当裁判所の判例（昭和 35 年 6 月 23 日言渡第一小法廷判決、民集 14 巻 8 号 1498 頁参照）は、これを変更すべきものと認める」。「しかしながら、債務者が、自己の負担する債務について時効が完成したのちに、債権者に対し債務の承認をした以上、時効完成の事実を知らなかったときでも、爾後その債務についてその完成した消滅時効の援用をすることは許されないものと解するのが相当である。けだし、時効の完成後、債務者が債務の承認をすることは、時効による債務消滅の主張と相容れない行為であり、相手方においても債務者はもはや時効の援用をしない趣旨であると考えるであろうから、その後においては債務者に時効の援用を認めないものと解するのが、信義則に照らし、相当であるからである。また、かく解しても、永続した社会秩序の維持を目的とする時効制度の存在理由に反するものでもない。そして、この見地に立てば、…X は本件債務について時効が完成したのちこれを承認したというのであるから、もはや右債務について右時効の援用をすることは許されないといわざるをえない。」

判例の法理

　民法 146 条の反対解釈により、時効完成後は時効利益を放棄できるが、放棄をするには時効完成を知っている必要がある。これを前提に、本判決以前の判例は、時効完成後の債務承認は時効完成を知って放棄したものと推定し、債務者による時効完成不知の証明（反証）をほとんど認めてこなかった。しかし、学説は、時効完成を知らないからこそ承認するという経験則に反するとして批判していた。こうした中、**本判決は判例を変更し、時効完成後に弁済期の延期や債務減額の懇請といった債務の存在を前提とする行為（債務の承認。学説上自認行為とも表現される）をした債務者は、時効完成を知らなかったときでも、信義則上時効を援用できないとした。**
　その後、最判昭和 45・5・21 民集 24 巻 5 号 393 頁が、時効完成後の債務承認後に新たな時効が進行して再度完成した時効を援用できることを認めたため、信義則により援用が「許されない」ことの意味が**援用権の喪失**であることが明らかになった。

判例を読む

　本判決は、信義則による援用権喪失の根拠を、①時効完成後の債務承認と時効援用の主張が矛盾挙動であること、②債務承認により爾後時効を援用されなくなるという債権者の信頼の保護、に求めている。判例の理由づけに対する賛否は分かれているが、多くの学説は援用権の喪失を一律に導く結論を支持している。
　もっとも、本判決の後、悪質な貸金業者が本判決を逆手にとり、時効完成後に威迫的・欺瞞的方法で債務者にごく少額の一部弁済や債務承認をさせて援用権を奪おうとする事案が現れた。これについて、上記②債権者の保護に値する信頼がないこと等を理由に、援用権の喪失を否定した多数の下級裁判所裁判例がある（東京地判平成7・7・26 金判 1011 号 38 頁等）。

【参考文献】　枡田文郎・最判解民昭和 41 年度 146 頁、四宮和夫・昭和 41 年度重版 30 頁、金山直樹・百選 I 8 版 88 頁、齋藤由起・百選 I 80 頁。

齋藤由起

64 被告としての応訴

最高裁昭和 43 年 11 月 13 日大法廷判決　民集 22 巻 12 号 2510 頁、判時 536 号 16 頁、
判タ 230 号 156 頁　　　　　　　　　　　　　　　　　　　　　　　　　　　**【147 条】**

論点　所有権に基づく移転登記等を請求する訴訟において、被告が答弁書によって自己に所有権が
あることを主張して請求棄却の判決を求めることは、原告の取得時効を中断するか

事実の要約

　本件係争物件（複数の土地・建物）はもとAの所有で
あったが、1938 年 6 月 27 日にAが隠居して X₁ が家督
相続した。その際、A と X₁ との間で本件係争物件を財
産留保する合意がなされたが、それは確定日付ある証書
によるものではなかった。その後、同年 7 月 1 日に X₁
が隠居して X₂ が家督相続し、1940 年 12 月 17 日に X₂
が隠居してBが家督相続した。1955 年 4 月 9 日にAが
死亡し、X₁～X₆ とBが相続したが、それまでAは本
件係争物件を自己の物として占有してきた。1957 年 9
月 20 日、BはY₁・Y₂ に本件係争物件を売却し、同月
21 日に所有権移転登記を経由し、Yらは同年 11 月 1 日
より本件係争物件を、Xらの主張によれば不法占有して
いる。そして、同月 27 日、XらはYらに対し、本件係
争物件につき持分に応じた所有権移転登記・建物退去明
渡し・不法占有後の賃料相当損害金の連帯支払を求めて
訴えを提起した。本件係争物件につきXらが持分を有す
る理由として、Xらは、①X₁ を他家へ嫁がせるために
なされた真意でないAの隠居の無効、②Aの財産留保、
③Aの隠居の翌日を起算日とする 20 年の取得時効を主
張した。このうち③の主張に対し、Yらは、1958 年 3
月 4 日の準備手続期日において、Yらの権利の存在を主
張しXらの請求を棄却するとの判決を求める旨の答弁書
を陳述したので、Xら主張の取得時効は中断した（中断
の意義については、後述「判例を読む」を参照）と主張した
（その後 2 審係属中の 1964 年 5 月 13 日にAの妻である X₆ が
死亡し、X₁～X₅ とBが X₆ の持分を承継した）。

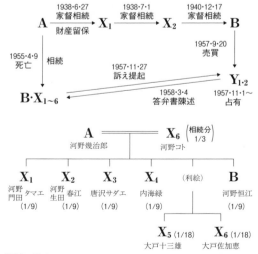

裁判の流れ

　1 審（広島地尾道支判昭 38・7・4 民集 22 巻 12 号 2515
頁）：請求棄却　2 審（広島高判昭 41・5・13 民集 22 巻 12
号 2520 頁）：控訴棄却　最高裁：上告棄却
　2 審は、①Aの隠居の効力を認め、②財産留保の合意

は当事者（A・X₁）とその一般承継人（X₂・B）の間で
は効力はあるが、確定日付のある証書によってなされた
ものではないから（明治民法 988 条に違反しており）第三
者たるYらに対しては主張しえないとした。③時効取得
の主張については、Aの隠居後、死亡に至るまではAが、
死亡後はその共同相続人（XらとB）が本件係争物件を
占有していたと述べたうえで、Yらによる時効中断の主
張を認め、Xらの請求を斥けた。

判　旨

　〈上告棄却〉「Yらの右答弁書による所有権の主張は、
その主張が原審で認められた本件においては、裁判上の
請求に準ずるものとして民法 147 条 1 号（現 147 条 1 項
1 号）の規定によりXらの主張する 20 年の取得時効を中
断する効力を生じたものと解すべきである。けだし、原
判決は、本件係争物件につき、Xらに所有権（共有権）
に基づく所有権移転登記請求権がないことを確定してい
るに止まらず、進んでYらにその所有権（共有権）があ
ることを肯定していると解されるのであるから、時効制
度の本旨にかんがみ、Yらの前示主張には、時効中断の
関係においては、所有権そのものに基づく裁判上の請求
に準じ、これと同じ効力を伴うものとするのが相当であ
るからである。したがって、取得時効の中断があったと
した原審の判断は正当であって、原判決に所論の違法は
なく、論旨は採用しえない。」

判例の法理

●「裁判上の請求」の意義

　「裁判上の請求」（旧 147 条 1 号、現 147 条 1 項 1 号）と
は、本来、訴えの提起を意味する（大判明 36・5・5 民録
9 輯 531 頁）。しかし、債権法改正前の通説は、時効中断
事由に関する民法の規定は限定列挙ではないと解してい
た（我妻・講義 I 458 頁など）。**判例も時効中断事由を拡
大し、「被告としての応訴」は「裁判上の請求に準ずる」
として時効中断効を認めてきた。**

●確認訴訟に対する応訴

　判例は当初、所有権確認訴訟において被告が所有者で
あることを理由にして原告の主張を争ったことは、裁判
上の請求に含まれず時効中断事由に当たらない（大判大
9・9・29 民録 26 輯 1431 頁〔ただし承認による時効中断を認
めた〕）、債務者による債務不存在確認訴訟に対して債権
者が応訴しても時効は中断しない（大判大 11・4・14 民集
1 巻 187 頁、大判昭 6・12・19 民集 10 巻 1237 頁）としてい
た。しかし、学説（我妻・後掲 274 頁）の批判を受け、
大審院はその後、債務不存在確認訴訟に対し被告として
自己の権利の存在を主張して原告の請求棄却の判決を求
めることは裁判上の請求に準ずべきものとして、時効中
断効を認める立場に転じた。この場合、時効中断効の発
生時期は、訴え提起時ではなく、被告の応訴時（請求棄
却判決を求める答弁書・準備書面を裁判所に提出した時）で
あり（大連判昭 14・3・22 民集 18 巻 238 頁〔債務不存在確
認訴訟で被告が勝訴した事案〕）、中断した時効は被告の勝

訴判決確定時から新たにその進行を始めるとされた（大判昭16・2・24民集20巻106頁）。

●請求異議訴訟

請求異議訴訟において、被告が債権の存在を主張し、その主張を認める被告勝訴の判決が確定したときは、被告の行為は裁判上の請求に準ずべきものとして時効中断効を生じる（大判昭17・1・28民集21巻37頁）。しかし、請求異議訴訟に債権者が応訴した場合であっても、債務名義たる公正証書の作成嘱託についての代表権欠缺を理由に請求が認容され、債権の存否について実体上の判断がされなかったときは、債権者の応訴は裁判上の請求に準ずる時効中断効を生じない（最判昭48・2・16民集27巻1号149頁）。

●担保物権の存否をめぐる訴訟における被担保債権の主張

判例は当初、債権者が債務者に対し処分清算のため譲渡担保目的物の引渡しを求めても被担保債権の時効は中断しないとしていたが（大判昭2・9・30新聞2771号14頁）、株券返還請求訴訟において被告が留置権の抗弁を提出し被担保債権の存在を主張した場合において、裁判所が被担保債権の存在を認めて引換給付判決をしたときは、**留置権の主張には、訴え提起に準ずる効力はないが、「裁判上の催告」の効力はある**という立場に転じた（最大判昭38・10・30民集17巻9号1252頁）。その後判例は、根抵当権設定者（債務者）が被担保債権の不存在を主張して提起した根抵当権設定登記の抹消登記手続請求訴訟において、被告債権者（根抵当権者）が確定債権の存在を主張して請求棄却判決を求めたときは、**その主張は「裁判上の請求に準ずる」ものとして被担保債権の消滅時効を中断する**とした（最判昭44・11・27民集23巻11号2251頁〔被告勝訴の事案〕）。最判昭44により最大判昭38が事実上変更されたかについては争いがある（肯定説：石田穰『民法と民事訴訟法の交錯』（東京大学出版会、1979）182頁、四宮・総則〔第4版補正版〕316頁。否定説：四宮＝能見・総則466頁、山野目1・347頁）。

●物権に基づく訴訟における物権の主張

判例によると、物権的請求権を認容した確定判決はその請求権を基礎付ける物権の存否について既判力を有しないが（最判昭30・12・1民集9巻13号1903頁、最判昭31・4・3民集10巻4号297頁）、物権的請求訴訟における物権の主張には、相手方たる占有者の取得時効を中断する効力がある。たとえば、所有権に基づく登記抹消請求の訴えは、被告占有者のその土地に対する取得時効を中断する（大判昭13・5・11民集17巻901頁〔原告勝訴の事案〕）。**本件最高裁**は、「被告による応訴」の事案において、所有権移転登記抹消請求訴訟における被告による所有権の主張は、裁判上の請求に準ずるものとして原告占有者の取得時効を中断すると判示した。また、AがBとCを被告として提起した共有物分割請求訴訟において、Cが自己に単独所有権があると主張し、その所有権取得の理由として予備的に取得時効を援用した場合に、BがAの請求原因事実を認め、これによって自らの共有持分があることを主張し、その主張が判決によって認められたときは、Bの主張は裁判上の請求に準ずるものとしてCが主張する取得時効を中断する（最判昭44・12・18判時586号55頁）。

判例を読む

●時効中断制度の改正

債権法改正前の民法は、①時効の完成が妨げられるという効力（旧153条）と、②それまでに進行した時効が全く効力を失い、新たな時効が進行を始めるという効力（旧157条）を、いずれも「中断」という同一の用語で表現しており、このことが時効制度を難解にしている一因となっていた。そこで改正法は、①の効力を「**時効の完成猶予**」、②の効力を「**時効の更新**」という表現を用いて再構成し（現147条、148条など）、効力面で「時効の中断」は「時効の完成猶予」と「時効の更新」とに二元化された（**時効中断効の二元化**）。他方、時効完成猶予・更新の効力を惹起する時効障害事由については、改正前、民事手続は時効中断事由とされていたが（旧147条1号・2号、149条〜152条）、改正後、**民事手続の申立ては時効完成猶予事由、民事手続の終了は時効更新事由**というように二元化された（現147条〜149条）（時効中断事由の二元化）。→66事件末尾の図も参照。

●時効障害事由の正当化

債権法改正前は、中断事由の正当化に関して**権利行使説と権利確定説**とが対立していたが、現行法は、**権利行使の意思を明らかにしたと評価できる事実を時効完成猶予事由に、権利の存在について確証が得られたと評価できる事実を時効更新事由に割り振る**という方針を基礎に据えている（潮見・概要37頁、平野・論点69頁、佐久間・民法の基礎Ⅰ418頁）。その方針に基づき、仮差押え・仮処分・催告は時効完成猶予事由となった（現149条、150条）。時効更新事由である民事執行の終了（現148条）によって権利の存在が確証されるかは問題だが、執行手続が取り消されることなく続行されたときは、権利の存在が公に確証される段階に達する（川島・総則491〜494頁、佐久間・前掲422〜423頁）という説明が可能である。

●債権法改正後の「裁判上の請求に準ずる場合」の規律

債権法改正により権利確定が時効更新の要件となることが明示されたため（現147条2項）、権利が訴訟物にならず既判力で確定されない場合には時効更新の効力が生じない、という解釈が、一部で提唱されている（平野・総則401〜405頁、山田ほか・民法1・269〜272頁〔松久三四彦〕）。しかし、法制審議会で「裁判上の請求に準ずる場合」に関する判例の規律を変更しようとした形跡はないので、**改正前に時効中断が認められた諸事例については、改正後は、権利主張により時効完成猶予の効力が生じ、訴訟の帰趨に本質的な影響を及ぼす論点につき裁判所が権利根拠事実を認定することにより時効更新の効力が生じる**と解すべきであろう（山野目1・346〜347頁）。改正前「裁判上の請求に準ずる時効中断効」は時効更新の効力のみを意味したが（→65事件も参照）、改正後は**時効障害事由たる「裁判上の請求に準ずる」事由により、時効更新の効力だけでなく、時効完成猶予の効力（「裁判上の催告」の効力）も生じる**ことになる。

【参考文献】 我妻栄「確認訴訟と時効中断」（初出1932）『民法研究Ⅱ』（有斐閣、1966）217頁、酒井廣幸『〔民法改正対応版〕続 時効の管理』（新日本法規出版、2020）171〜176頁、283〜287頁、大久保邦彦「民法（債権関係）改正による時効障害制度の再構成」阪大法学68巻3号483頁。

大久保邦彦

65　明示的一部請求

最高裁平成 25 年 6 月 6 日判決　民集 67 巻 5 号 1208 頁、判時 2190 号 22 頁、判タ 1390 号 136 頁
【147 条、150 条】

論点

①明示的一部請求訴訟において、判決で債権総額の認定がされた場合に、残部につき消滅時効が中断するか
②明示的一部請求訴訟において、残部につき「裁判上の催告」としての消滅時効中断の効力が生ずるか
③消滅時効期間の経過後、その経過前にした催告から 6 か月以内にした再度の催告によって、消滅時効が中断するか

事実の要約

　Aは死亡時にYに対して甲債権（消滅時効期間 5 年）を有していた。2000 年 6 月 24 日、YはAの遺言執行者Xに対し、甲債権につき残高証明書を発行し甲債務を承認した。Xは、2005 年 4 月 16 日到達の内容証明郵便で、Yに対し甲債権の支払の催告をした。同年 10 月 14 日、XはYに対し、甲債権のうち 5293 万 3243 円の支払を求める別件訴訟を提起した。Xは、別件訴訟において、甲債権の総額は 3 億 9761 万 2141 円であり、その一部である 5293 万 3243 円を請求すると主張した。これに対し、Yは、甲債権の上記総額には相殺処理によって既に消滅した分が含まれていると抗弁した。2009 年 4 月 24 日、大阪高裁はYの抗弁を認め、現存する甲債権の額は 7528 万 3243 円であると認定してXの請求を全部認容する旨の別件判決を言い渡した（別件判決は同年 9 月 18 日に確定）。同年 6 月 30 日、Xは本件訴えを提起し、別件判決の認定に沿って、現存する甲債権の額は 7528 万 3243 円であり、別件訴訟で請求していなかった残部の額は 2235 万円であると主張して、その支払を請求した。これに対し、Yは、残部については催告から 6 か月以内に旧 153 条所定の措置を講じなかった以上は消滅時効が完成していると主張して、これを援用した。

裁判の流れ

　1 審（大阪地判平 23・3・24 民集 67 巻 5 号 1237 頁）：請求認容　2 審（大阪高判平 23・11・24 民集 67 巻 5 号 1249 頁）：原判決取消、請求棄却　最高裁：上告棄却
　残部につき、1 審は時効中断の効力を認めたが、2 審は時効中断を否定し時効完成を認めた。

判　旨

　〈上告棄却〉①「数量的に可分な債権の一部についてのみ判決を求める旨を明示して訴えが提起された場合、当該訴えの提起による裁判上の請求としての消滅時効の中断の効力は、その一部についてのみ生ずるのであって、当該訴えの提起は、残部について、裁判上の請求に準ずるものとして消滅時効の中断の効力を生ずるものではない」。
　②「明示的一部請求の訴えに係る訴訟の係属中は、原則として、残部についても権利行使の意思が継続的に表示されているものとみることができる。／したがって、明示的一部請求の訴えが提起された場合、〔原則として〕当該訴えの提起は、残部について、裁判上の催告として消滅時効の中断の効力を生ずる」。
　③「もっとも、催告は、6 箇月以内に民法 153 条所定の措置を講じなければ、時効の中断の効力を生じない」。「消滅時効期間が経過した後、その経過前にした催告から 6 箇月以内に再び催告をしても、第 1 の催告から 6 箇月以内に民法 153 条所定の措置を講じなかった以上は、第 1 の催告から 6 箇月を経過することにより、消滅時効

が完成する…。この理は、第 2 の催告が明示的一部請求の訴えの提起による裁判上の催告であっても異なるものではない。」

判例の法理

●債権法改正前の判例と本件最高裁の意義

　論点①②につき債権法改正前の学説は分かれていたが（武藤・後掲 311 頁以下）、最高裁判例は、明示的一部請求訴訟が提起された場合、訴訟物となるのは債権の一部のみであり、確定判決の既判力は残部には及ばないため（最判昭 37・8・10 民集 16 巻 8 号 1720 頁）、訴え提起による裁判上の請求としての消滅時効中断の効力はその一部についてのみ生じ、残部についての消滅時効中断の効力は裁判上の請求に準ずるものとしては生じないと解していた（最判昭 34・2・20 民集 13 巻 2 号 209 頁、最判昭 43・6・27 訟月 14 巻 9 号 1003 頁）。本件最高裁はこの判例に従うものである（論点①）。論点②についても、「裁判上の催告」としての効力を認めた 2 審の判断を是認した最高裁判決があったが（最判昭 53・4・13 訟月 24 巻 6 号 1265 頁）、本件最高裁は論点②の問いを明示的に肯定した点で意義をもつ。
　債権法改正前民法には、催告が繰り返された場合の効果についての規定はなかったが、本件最高裁と同旨の大審院判例があった（大判大 8・6・30 民録 25 輯 1200 頁）。本件最高裁は論点③の問いを明示的に否定した点で意義をもつ。

判例を読む

●債権法改正の影響

　本件最高裁の直前に出された中間試案第 7、7(2)では、本件最高裁と同旨の準則を明文化する案が提示されていた。しかし、明文化すると、支払督促など他の事由について反対解釈のおそれがあることから、明文化は断念された（法制審議会民法（債権関係）部会第 79 回会議議事録 27 頁〔合田章子〕）。かかる経緯に鑑みれば、**論点①②に関する本件最高裁の判断は改正後も妥当し、残部については時効完成猶予の効力は生じるが、時効更新の効力は生じないことになる。**
　催告が繰り返された場合の効果については、**現 150 条 2 項が本件最高裁の判例法理を明文化したが**（論点③）、再度の催告が明示的一部請求訴訟の提起以外の「裁判上の催告」である場合には、時効完成猶予の効力を認めるべきである（松尾＝山野目・後掲 36-37 頁）。

【参考文献】　本件の解説として、武藤貴明・最判解民平成 25 年度 305 頁、松尾博憲＝山野目章夫『新債権法が重要判例に与える影響』（きんざい、2018）33 頁〔山野目〕。

大久保邦彦

連帯保証債務の物上保証人に対する抵当権の実行

最高裁平成 8 年 9 月 27 日判決　民集 50 巻 8 号 2395 頁、判時 1581 号 57 頁、判タ 922 号 204 頁

【148 条、154 条】

論点　連帯保証債務の物上保証人に対する抵当権の実行は、主債務の消滅時効を中断するか

事実の要約

　住宅ローン融資等を業とするＸ会社は、Ａ会社が販売・仲介する不動産を購入した顧客との間で住宅ローン取引を行っていたが、1984 年 2 月 8 日頃、ＡはＸに対し、Ａの顧客がＸから住宅ローンの融資を受けたことにより負担する債務につき合計 1 億 1000 万円を限度として包括して連帯保証する旨を約した。同月 9 日、ＺらはＸに対し、Ｚら各所有の不動産に、ＸのＡに対する連帯保証契約上の債権を被担保債権とする極度額 1 億 1000 万円の本件根抵当権を設定した。同年 6 月 27 日、ＸはＡの顧客であるＹ₁ との間で、1900 万円をＹ₁ に貸し付ける旨の本件ローン契約を締結し、同日、Ｙ₂ はＸに対し、本件ローン契約に基づくＹ₁ の債務を連帯保証する旨を約した。なお、Ｙ₁ は、真実マンションを購入する意思がないのにＡの資金繰りのためＡから 30 万円の謝礼を受け取る約束のもとにマンション購入者として本件ローン契約を締結し、Ｘから 1900 万円の交付を受けたものであり、Ｙ₂ もＡの勧誘に応じて連帯保証をしたものである。同年 8 月 7 日、Ｙ₁ は割賦金の返済を怠ったため、本件ローン契約所定の約定により期限の利益を喪失した。

　同年 10 月 26 日、Ｘは本件根抵当権の実行としての競売を各管轄裁判所に申し立て、東京地裁は同月 29 日Ｚら各所有の不動産について、千葉地裁佐倉支部は同月 30 日Ｚ₁ 所有の不動産について、それぞれ競売開始決定をし、各競売開始決定正本は、前者については同年 11 月 14 日、後者については同年 12 月 28 日、債務者であるＡに送達された。

　1989 年 10 月 25 日、Ｘは、Ｙ₁ に対しては本件ローン契約上の債務の履行を求め、Ｙ₂ に対してはその連帯保証債務の履行を求めて本件訴訟を提起し、Ｙらは本件訴訟において本件ローン契約上の債権についての 5 年の商事消滅時効を援用した。

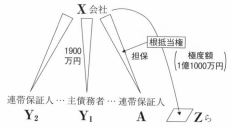

裁判の流れ

　1 審（東京地判平 2・8・23 民集 50 巻 8 号 2413 頁）：請求認容　2 審（東京高判平 7・5・31 民集 50 巻 8 号 2419 頁）：控訴棄却　最高裁：2 審破棄、1 審取消、請求棄却

　1 審・2 審とも、競売申立てに「裁判上の催告」としての効力を認め、Ｙらの時効消滅の主張を排斥した。2 審は次のように判断した。「物上保証人所有の不動産を目的とする抵当権の実行としての競売を申し立てた債権

者は、右手続において被担保債権の弁済を受けることを最終的な目的とするものであること、右手続の競売開始決定正本は債務者に送達されることになっており、被担保債権の弁済を求める債権者の意思を債務者に通知することが手続的に保障されていること、競売開始決定正本が債務者に送達されたときは、差押えの効力として、被担保債権についての消滅時効は中断すると解されるが、1 つの行為が効力を異にする 2 個の中断事由に重畳的に該当することを否定すべき理由はないこと等を考慮すれば、右競売の申立ては、債務者に対する関係で民法 147 条 1 号の『請求』に当たるものと解するのが相当である。そして、抵当権の実行としての競売手続は、請求権の存否を確定する効力を有するものではないから、右競売の申立ては、裁判上の請求に当たらず、催告としての効力を有するにすぎないものといわなければならないが、右競売の申立てによる催告は、その手続の進行中はその効力が継続的に維持され、そのことを前提に、債権者の弁済要求にこたえるための競売手続が行われるものというべきであるから、右催告は、手続終了後 6 箇月以内に債務者に対し裁判上の請求等をすることにより確定的に時効中断の効力を生じさせることができるいわゆる裁判上の催告に当たるものと解するのが相当である。」

判　旨

　〈2 審破棄、1 審取消、請求棄却〉「物上保証人所有の不動産を目的とする抵当権の実行としての競売の申立てがされ、執行裁判所が、競売開始決定をした上、同決定正本を債務者に送達した場合には、債務者は、民法 155 条〔現 154 条〕により、当該抵当権の被担保債権の消滅時効の中断の効果を受けるが〔最判昭 50・11・21 民集 29 巻 10 号 1537 頁参照〕、債権者甲が乙の主債務についての丙の連帯保証債務を担保するために抵当権を設定した物上保証人丁に対する競売を申し立て、その手続が進行することは、乙の主債務の消滅時効の中断事由に該当しないと解するのが相当である。

　けだし、抵当権の実行としての競売手続においては、抵当権の被担保債権の存否及びその額の確定のための手続が予定されておらず、競売開始決定後は、執行裁判所が適正な換価を行うための手続を職権で進め、債権者の関与の度合いが希薄であることにかんがみれば、債権者が抵当権の実行としての競売を申し立て、その手続が進行することは、抵当権の被担保債権に関する裁判上の請求（同法 149 条〔現 147 条〕）又はこれに準ずる消滅時効の中断事由には該当しないと解すべきであり、また、執行裁判所による債務者への競売開始決定正本の送達は、本来債権者の債務者に対する意思表示の方法ではなく、競売の申立ての対象となった財産を差し押さえる旨の裁判がされたことを競売手続に利害関係を有する債務者に告知し、執行手続上の不服申立ての機会を与えるためにされるものであり、右の送達がされたことが、直ちに抵

当権の被担保債権についての催告（同法153条〔現150条〕）としての時効中断の効力を及ぼすものと解することもできないことなどに照らせば、債権者が抵当権の実行としての競売を申し立て、その手続が進行すること自体は、同法147条1号の『請求』には該当せず、したがって、右抵当権が連帯保証債務を担保するために設定されたものである場合にも、同法458条において準用される同法434条〔現行法では削られた〕による主債務者に対する『履行ノ請求』としての効力を生ずる余地がないと解すべきであるからである。」

判例の法理

●競売申立ては催告か？

催告は、相手方に対し履行を請求する意思の通知なので、相手方への到達により効力を生じる（97条1項類推）。1審・2審は、競売申立てには履行請求の意思が含まれており、その意思は債務者にも向けられていると解したのに対して、**最高裁**は、「執行裁判所による債務者への競売開始決定正本の送達は、本来債権者の債務者に対する意思表示の方法ではな」いなどの理由で、**競売申立ては時効中断事由としての催告に当たらない**とした。

●競売申立ては「裁判上の催告」か？

「裁判上の催告」としての効力が認められる根拠は、手続の間、権利行使の意思が継続的に表示されていることに求められる（→**65事件**最高裁判決の判旨②）。1審・2審は、競売手続の進行中、催告も継続しているとみて、競売申立てに「裁判上の催告」としての効力を認めた。

判例を読む

●時効に関する債権法改正の影響

債権法改正前の判例・学説は、裁判上の請求・破産手続参加には「裁判上の催告」としての効力を認めていたが（最判昭45・9・10民集24巻10号1389頁）、差押え・仮差押え・仮処分が取消し・取下げによって終了した場合に「裁判上の催告」としての効力が認められるかについては見解が分かれていると、**立案担当者**は理解していた。しかも、最高裁は、本件だけでなく、物上保証人に対する不動産競売において債権者が不動産競売の申立てを取り下げた事例においても、本件最高裁を引用して「裁判上の催告」としての効力を否定していたので（最判平11・9・9判時1689号74頁）、**改正前の判例**は、差押え・仮差押え・仮処分の申立てに「裁判上の催告」としての効力を否定していたと考えられる。

しかるに、**現行法**は、差押え・仮差押え・仮処分の申立てにより時効完成猶予の効力（「裁判上の催告」の効力）が生じることを明文化したので（現148条1項、149条）、**本件最高裁判例の準則は否定された**ことになる。その理由として、立案担当者は、「差押え等は、権利の確定を予定しているものではないが、いずれも権利の満足に向けられた手続であるから、手続の申立ての中に義務者に対する権利行使の意思が包含されており、義務者への通知・送達によって催告がされたとみることができる」というように本件1審・2審と同旨を述べるが、本件最高裁を否定する理由を説明していない。

●連帯債務に関する債権法改正の影響

しかし、連帯保証債務を担保する物上保証人に対する債権者の担保権実行は、それが連帯保証人に通知されたとしても「請求」に該当しないため、旧458条→434条

による主債務者に対する履行の請求としての効力を生じる余地がないとする本件最高裁の結論は、民事執行の申立てに「裁判上の催告」の効力を認める一方で、旧434条を削り、連帯債務者の1人に対する履行の請求に絶対効を否定する現行法のもとにおいても、結果的に維持される。

●「裁判上の催告」の法理の否定？

現147条1項、148条1項、149条が「裁判上の催告」に関する判例法理を明文化したものであることは、**立案担当者が明言している**（後掲・部会資料16-17頁）。**学説上も**、改正民法は「裁判上の催告制度を明文で容認した」（平野・論点73頁）、「新法においては、『催告』（新法第150条）といわゆる裁判上の催告（新法第147条第1項柱書かっこ書・第1号）は別々の完成猶予事由として定められて」いる（重要論点220頁）と評価されている。しかるに、『**一問一答**』は「これまではおおむね、立案時の審議会の調査審議において共通の理解として獲得されたところを踏まえ、謙抑の記述に努めてきた」（山野目章夫「学界回顧2020民法（財産法）」法時92巻13号68頁）にもかかわらず、債権法改正のそれは、現147条1項1号につき、「新法においては、『催告』とは関係なく、『裁判上の請求』の効果として完成猶予の効力が生ずる」と述べ、訴状が被告に送達されない場合にも時効完成猶予の効力を認める（一問一答48頁）。「裁判上の催告」であれば履行請求の意思の相手方への到達が必要だが、それを不要とするのである。しかし、このような一問一答の解釈は、立法者（立案担当者）の意思のみならず、時効障害の効力発生要件として債権者の権利行使だけでなく債務者が債権者の権利行使を了知し得る状態に置かれることを要求する現153条、154条の評価にも抵触している（大久保・後掲354〜355頁）。**現行法は「裁判上の催告」に関する判例法理を維持しているとみるべきである。**

もっとも、債権法改正前に「裁判上の催告」が問題となった全ての場合が明文化されているわけではなく、たとえば、**本書65事件**については、明文の規定は用意されていない点に留意すべきである（道垣内弘人＝中井康之編著『債権法改正と実務上の課題』（有斐閣、2019）44〜47頁〔鹿野菜穂子＝高須順一〕、平野・論点72〜73頁）。

■債権法改正による時効障害制度の再構成■
（→64事件「判例を読む」を参照）

【参考文献】 伊藤進『民事執行手続参加と消滅時効中断効』（商事法務、2004）、大久保邦彦「判批」民商156巻2号341頁、立案担当者の考えにつき、法制審議会民法（債権関係）部会資料69A・13頁以下。

大久保邦彦

67 仮差押え

最高裁平成 10 年 11 月 24 日判決　民集 52 巻 8 号 1737 頁、判時 1659 号 59 頁、判タ 990 号 127 頁

【149条】

論点　仮差押えによる時効障害の効力は、いつ終了するか

事実の要約

　Yの亡夫であるAは、Xに対し、1973 年 1 月〜6 月の間、5 回にわたり合計 2750 万円を貸し渡した。弁済期後の 1976 年 11 月、Aは、本件貸金債権の内金 1000 万円を被保全債権として、X所有の甲・乙不動産に対する仮差押命令を得て、仮差押えの登記を了した。1979 年、AはXに対し本件貸金債権請求訴訟を提起し、1980 年 4 月、Aの請求を容認する判決が確定した。同年 10 月、Aは同判決を債務名義として甲不動産につき強制競売手続を申し立て、1982 年 10 月、同手続はAが配当を受けたことにより終了した。他方、乙不動産については仮差押えの登記が存続しており、仮差押命令の執行保全の効力が仮差押命令の取消し・申請の取下げ等によって消滅した事実はない。1993 年 9 月にAは死亡し、相続によりYが本件貸金債権を承継した。1994 年 1 月、Xは、本件貸金債務につき消滅時効を援用して、Yに対し債務不存在確認を求める本件訴訟を提起した。

裁判の流れ

　1 審（京都地判平 6・5・26 民集 52 巻 8 号 1752 頁）：請求認容　2 審（大阪高判平 7・2・28 民集 52 巻 8 号 1754 頁）：控訴棄却　最高裁：破棄差戻
　2 審は、時効中断事由としての不動産仮差押えの手続は、仮差押えの登記と仮差押命令の債務者への送達とが終わった時に終了し、その時から新たな時効が進行を開始するというべきであり、仮に、そうでないとしても、仮差押え後、被保全債権について本案の勝訴判決が確定した場合には、仮差押えによる時効中断の効力は、確定判決の時効中断の効力に吸収され、判決確定後 10 年の時効期間の経過により右債権は消滅するとして、本件貸金債権の時効消滅を肯定し、Xの請求を認めた。

判　旨

　〈破棄差戻〉「仮差押えによる時効中断の効力は、仮差押えの執行保全の効力が存続する間は継続すると解するのが相当である〔最判昭 59・3・9 裁判集民 141 号 287 頁、最判平 6・6・21 民集 48 巻 4 号 1101 頁参照〕。けだし、民法 147 条〔現 149 条〕が仮差押えを時効中断事由としているのは、それにより債権者が、権利の行使をしたといえるからであるところ、仮差押えの執行保全の効力が存続する間は仮差押債権者による権利の行使が継続するものと解すべきだからであり、このように解したとしても、債務者は、本案の起訴命令や事情変更による仮差押命令の取消しを求めることができるのであって、債務者にとって酷な結果になるともいえないからである。
　また、民法 147 条が、仮差押えと裁判上の請求を別個の時効中断事由と規定しているところからすれば、仮差押えの被保全債権につき本案の勝訴判決が確定したとしても、仮差押えによる時効中断の効力がこれに吸収されて消滅するものとは解し得ない。」

判例の法理

●債権法改正前の法状況

　債権法改正前は、仮差押えは時効中断事由とされ（旧 147 条 2 号）、中断した時効は中断事由の終了時から新たにその進行を始めた（旧 157 条 1 号）。そして、仮差押えの終了時については、①仮差押え時（不動産仮差押えの場合は仮差押登記時）とする**非継続説**と、②仮差押えによる執行保全の効力が存続する間（不動産仮差押えの場合は仮差押登記が存続する間）時効中断効は継続するという**継続説**とが対立しており、さらに②説に立ちつつ、仮差押えによる時効中断効は、②′後続する本案勝訴判決確定に吸収されて消滅するという**判決吸収説**、②″本執行の時効中断効に吸収されて消滅するという**本執行吸収説**も唱えられていた。判例の大勢は②継続説であったが、学説上は①非継続説が有力であり、下級審裁判例には本件 1 審・2 審判決のように①非継続説・②′判決吸収説に立つものがみられたところ（判例・学説につき片岡・後掲）、**本件最高裁は、②継続説を採り、②′判決吸収説を否定した。**

判例を読む

●債権法改正の影響

　債権法改正により、仮差押えは時効完成猶予事由となり、仮差押えの終了時から 6 箇月間、時効は完成しないこととなった（現 149 条。改正理由につき、法制審議会民法（債権関係）部会資料 69 A・19 頁）。そこで、改正後も、仮差押えの終了時に関する本件最高裁の解釈が維持されるかが問題となる。立案担当者はこの問いを肯定するが（法制審議会民法（債権関係）部会第 79 回会議議事録 24 頁〔合田章子〕）、反対説もある（戸根・後掲 62 頁）。

●本執行吸収説の可能性

　本件最高裁は、②継続説を採用し、②′判決吸収説を否定したが、本執行へ移行した場合の仮差押えの効力の消長については判断していない。しかし、判例は仮差押えによる処分禁止効と本執行による処分禁止効の併存を認めているので（最判平 14・6・7 判タ 1101 号 87 頁）、本執行へ移行した場合にも仮差押えの効力は消滅しないと解される可能性が高い。②″**本執行吸収説も否定され、②継続説＋非吸収説で実務は動く**ことが予想される。

【参考文献】　酒井廣幸『〔民法改正対応版〕時効の管理』（新日本法規出版、2018）285 〜 290 頁、野村秀敏「仮差押えによる時効中断の時期」判時 1566 号 10 頁、1568 号 3 頁、1569 号 7 頁、1571 号 3 頁、片岡宏一郎「本件判批」判タ 1004 号 80 頁、戸根住夫「民事執行、保全による消滅時効障害」判タ 1427 号 54 頁。

大久保邦彦

68 賃借権の取得時効

最高裁昭和43年10月8日判決　民集22巻10号2145頁、判時538号44頁、判タ228号96頁

【163条】

論点 土地賃借権を時効取得するための要件は何か

事実の要約

Xは、昭和21年3月頃Yの代理人A（Yの父）から甲乙丙の土地を一括して、建物所有の目的で賃借した旨を主張し（Xは、甲地の上に住宅を、乙地の上に物置を所有し、丙地は果樹園として使用している）、予備的に、賃貸借契約が無効であるとしても、係争地につき、昭和31年3月末日に賃借権を時効取得したと主張して、甲乙地について賃借権の確認、丙地の賃借権設定について農業委員会への許可申請手続きを求めて提訴した。これに対して、Yは、住宅等の撤去と甲乙丙地の明渡しを求めて反訴を提起した。

裁判の流れ

1審（名古屋地判昭41・3・25民集22巻10号2151頁）：甲乙地についてXの請求認容、丙地についてYの反訴請求認容　2審（名古屋高判昭42・4・28民集22巻10号2161頁）：甲地についてXの請求認容、乙丙地につきYの反訴認容　最高裁：一部破棄差戻、一部上告棄却

1審は、甲乙丙地につき一括して建物所有目的で賃貸借契約が締結されたことは認めたが、丙地について果樹園兼養耕用の目的で賃貸借契約が締結されたことはなく、賃借権の時効取得も認められないとした。2審は、甲地についてのみ賃貸借契約の成立を認め、乙丙地についての賃貸借契約の成立および賃借権の時効取得を否定した。最高裁は、判旨のように述べたうえで、乙土地について時効取得の主張に対する判断遺脱の違法、丙地について賃借権の時効取得の主張を排斥するにつき審理不尽、理由不備の違法があるとして破棄差戻しとした（なお、Xは、甲乙丙地と並ぶ丁地についても、農業委員会への許可申請手続を請求しているが、1、2審で棄却、最高裁でも上告理由として認めるに足りる記載がないとして、この部分につき、一部上告棄却となっている）。

判旨

〈一部破棄差戻・一部上告棄却〉「土地賃借権の時効取得については、土地の継続的な用益という外形的事実が存在し、かつ、それが賃借の意思に基づくことが客観的に表現されているときは、民法163条に従い土地賃借権の時効取得が可能であると解するのが相当である」。

判例の法理

土地賃借権も、「所有権以外の財産権」（163条）として時効取得が可能であり、その要件は、①土地の継続的な用益という外形的事実の存在と、②それが賃借の意思に基づくことが客観的に表現されていること、である。

判例を読む

本判決は、最高裁として初めて、土地賃借権の取得時効の可能性を肯定するとともに、その要件を明らかにしたリーディングケースである。本判決以前は、土地賃借権の時効取得を実際に肯定した判決はなかったが、本判決以後は、これを肯定する判決が現れている。最高裁判決だけでも、(a)無断転貸型—土地の無断転借人が、土地所有者たる賃貸人に対抗しうる転借権を時効取得しうるかに関するもの（①最判昭44・7・8民集23巻8号1374頁〔時効取得の可能性を認めて破棄差戻し〕、②最判昭62・10・8民集41巻7号1445頁〔結論としても時効取得を肯定〕）、(b)無断譲渡型−土地賃借権の無断譲受人が、土地所有者たる賃貸人に対して賃借権を時効取得しうるかに関するもの（③最判昭52・10・24金判536号28頁、④最判昭53・12・14民集32巻9号1658頁〔いずれも賃借意思が客観的に表現されていないとして時効取得を否定〕）、(c)他人物賃貸型−他人の土地を無権限者から賃借した者に、土地所有者に対する賃借権の時効取得を認めたもの（⑤最判昭62・6・5判時1260号7頁〔結論としても時効取得を肯定〕）、(d)契約無効型−賃貸借契約が無効だった場合に関するもの（⑥最判昭45・12・15民集24巻13号2051頁〔法令違反。結論としても時効取得を肯定〕、⑦最判昭52・9・29判時866号127頁〔無権代理。結論としても時効取得を肯定〕）などがある。

判例理論は、「土地の継続的な用益という外形的事実」と「賃借意思の客観的表現」を要件とすることで確立している。賃借意思を客観的に表現するものとして、判例は、賃料を継続的に支払ってきた事実を必要と考えているが、これに加えて、土地所有者にその事実の了知可能性があったことも必要かどうかについて、一般的にはこれを重要視していないものの、無断転貸型・無断譲渡型においては、これを必要とすると思われる③判決も存在する（②判決も、了知可能性を前提に時効取得を肯定した原審判決を維持している）。

近時、抵当権設定登記後に賃借権の時効取得に必要な期間、当該不動産を継続的に用益した者であっても、抵当権設定登記前に対抗要件を具備していなければ、賃借権の時効取得を当該不動産の買受人に対抗することはできない旨を判示する⑧最判平23・1・21判時2105号9頁が出ている。

【参考文献】 可部恒雄・最判解民昭和43年度（下）1179頁、野村豊弘・法協87巻1号120頁、遠藤浩・民商60巻6号901頁、藤原弘道『取得時効法の諸問題』（有信堂高文社、1999）218頁以下、尾島茂樹「土地賃借権の時効取得に関する覚書」名古屋大学法政論集254号125頁、大久保邦彦・百選I 88頁（⑤判決について）、阿部裕介・百選I 90頁（⑧判決について）。

原田昌和

69 二重譲渡の第一譲受人による時効取得

最高裁昭和 46 年 11 月 5 日判決　民集 25 巻 8 号 1087 頁、判時 652 号 34 頁、判タ 271 号 168 頁

【162 条】

論点 不動産二重譲渡における第一譲受人の取得時効の起算点はいつか

事実の要約

Xは、昭和 27 年 1 月、Aから本件土地を買い受け、同年 2 月 6 日にその引渡しを受け、以来これを占有してきたが、登記名義はAのままであった。Aの死亡後、本件土地は、Aの相続人から、B、C、Yへと転売されたが、登記名義については、昭和 33 年 12 月 27 日にB名義に、昭和 34 年 6 月 10 日に中間省略によりY名義にされた。そこでXは、Aから引渡しを受けた昭和 27 年 2 月 6 日から 10 年（162 条 2 項）の経過により本件土地の所有権を時効取得したと主張して、Yに対し、本件土地がXの所有であることの確認と、Xへの所有権移転登記手続を求めた。これに対して、Yは、反訴として、本件土地上の建物の収去、土地明渡、賃料相当損害金の支払を求めた。

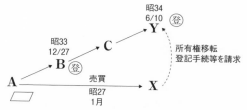

裁判の流れ

1 審（京都地判昭 41・3・15 民集 25 巻 8 号 1097 頁）：Xの請求認容、Yの反訴請求棄却　2 審（大阪高判昭 42・1・26 民集 25 巻 8 号 1113 頁）：Xの請求棄却、Yの反訴一部認容　最高裁：破棄差戻

1 審は、Xの時効取得を認めて、Xの請求を認容したのに対して、2 審は、二重売買があった場合に、第 1 買主も第 2 買主も、ともに所有権移転登記を経由しない間は、不動産を占有する第 1 買主は自己の物を占有するものであって、取得時効の問題を生ずる余地がないから、不動産を占有する第 1 買主が時効取得による所有権を主張する場合の時効の起算点は、第 2 買主が所有権移転登記をなした時と解すべきであるとして、Xの時効取得を否定してXの請求を棄却し、Yの反訴請求を一部認容（地上建物収去および本件土地明渡しと、損害金の一部を認容）した。最高裁は、判旨のように述べたうえで、Xの過失の有無や時効中断事由の存否等について審理させるため、破棄差戻しとした。

判旨

〈破棄差戻〉「不動産の売買がなされた場合、特段の意思表示がないかぎり、不動産の所有権は当事者間においてはただちに買主に移転するが、その登記がなされない間は、登記の欠缺を主張するにつき正当の利益を有する第三者に対する関係においては、売主は所有権を失うものではなく、反面、買主も所有権を取得するものではない。当該不動産が売主から第 2 の買主に二重に売却され、第 2 の買主に対し所有権移転登記がなされたときは、第 2 の買主は登記の欠缺を主張するにつき正当の利益を有

する第三者であることはいうまでもないことであるから、登記の時に第 2 の買主において完全に所有権を取得するわけであるが、その所有権は、売主から第 2 の買主に直接移転するのであり、売主から一旦第 1 の買主に移転し、第 1 の買主から第 2 の買主に移転するものではなく、第 1 の買主は当初から全く所有権を取得しなかったことになるのである。したがって、第 1 の買主がその買受後不動産の占有を取得し、その時から民法 162 条に定める時効期間を経過したときは、同法条により当該不動産を時効によって取得しうるものと解するのが相当である（最判昭和 42 年 7 月 21 日民集 21 巻 6 号 1643 頁参照）」。「してみれば、Xの本件各土地に対する取得時効については、Xがこれを買受けその占有を取得した時から起算すべきものというべきであり、二重売買の問題のまだ起きていなかった当時に取得したXの本件各土地に対する占有は、特段の事情の認められない以上、所有の意思をもって、善意で始められたものと推定すべく、無過失であるかぎり、時効中断の事由がなければ、前記説示に照らし、Xは、その占有を始めた昭和 27 年 2 月 6 日から 10 年の経過をもって本件各土地の所有権を時効によって取得したものといわなければならない（なお、時効完成当時の本件不動産の所有者であるYは物権変動の当事者であるから、XはYに対しその登記なくして本件不動産の時効取得を対抗することができることというまでもない。）」。

判例の法理

●二重譲渡と取得時効

本件の争点は、**不動産の二重譲渡のケースにおいて、未登記の第 1 買主は、登記を備えた第 2 買主に対して、取得時効による所有権取得を主張できるか**、すなわち、第 1 買主は登記を備えなかったことを取得時効で補うことができるかである。本判決の引用する前掲最判昭和 42 年 7 月 21 日（以下、昭和 42 年判決）は、類似の事案についてこれを肯定しているので、本判決はこれを再度確認したことになる。

●二重譲渡のケースにおける取得時効の起算点

次に、本判決は、**その取得時効の起算点は、第 1 買主の占有開始時であって、第 2 買主の登記時ではないこと**を明らかにしている。この点は、昭和 42 年判決も前提としていたところではあるが、これを改めて明言したところに本判決の意義がある。

●自己の物か他人の物か

本判決は、その理由づけとして、第 2 買主に所有権移転登記がなされたときは、その所有権は売主から第 2 買主に直接移転し、第 1 買主は当初から全く所有権を取得しなかったことになることを挙げる。これに対して、昭和 42 年判決は、自己物の時効取得を認める立場からの立論を行っているため、両判決の関係が問題となる。

判例を読む

●取得時効と登記に関する判例理論の概略

取得時効を主張する占有者は、任意に起算点を選択す

ることはできない。この点が議論されるのは、取得時効と登記という論点において、判例理論が、第三者の登場が時効完成の前か後かで登記の要否をたがえるという準則を立てているためである。取得時効と登記の論点についての詳細は→**85事件**を参照いただくこととして、ここでは判例理論の概略のみを確認しておく。①Aの不動産をBが時効取得した場合、BとAは物権変動の「当事者」と同視されるから、BがAに時効取得を主張するのに登記は不要である。②Aが不動産を時効完成前にCに譲渡した場合、Cは取得時効完成時の「当事者」であるから、BがCに時効取得を主張するのに登記は不要である。これは、Cへの移転登記が時効完成後であっても変わらない。③Aが不動産を時効完成後にCに譲渡した場合は、AからB、AからCへと二重譲渡がなされたのと同様になり、177条によって、Bは登記をしなければCに時効取得を対抗できない。④このように、第三者の登場が時効完成の前か後かで第2買主Cの地位に大きな違いが生じるため、取得時効の起算点はBによる占有開始時に固定され、Bが時効の起算点を任意に選択することはできない。仮に起算点の選択を許せば、BはCを常に時効完成前の第三者として扱い、登記なしに時効取得を主張できることになろう。さらに、起算点を自由に選択できるという考え方は、占有者の善意・悪意、過失の有無についての判定基準時を占有開始時に固定する判例理論とも相いれない（潮見・総則280頁）。⑤なお③の場合に、Cの登記の時からさらに取得時効に必要な期間、Bが占有を継続すれば、Bは登記なくして時効取得をCに主張できる。

● **起算点の固定に対する批判**

判例理論が起算点を固定することに対しては、現在から逆算して取得時効に必要な期間占有が継続しているかぎり、Cの登場の時期を問わず、Cを常に当事者とみて、Bは登記なしに時効取得を主張できるとする説（占有尊重説。川島・総則572頁）がある。しかし、これに対しては、登記を基礎に不動産取引を行うことが危険になりかねないという批判（佐久間・民法の基礎Ⅱ115頁）や、時効期間の逆算は長期取得時効には合理的だが、占有開始時の占有者の主観的態様を問題にする短期取得時効には妥当しない（松岡・物権177頁）などの批判がある。

● **登記の懈怠を取得時効で補えるか**

占有尊重説とは逆に、Cが時効完成後に登場した場合はもちろん、時効完成前に登場した場合でも、BがCに時効取得を主張するには登記を必要とし、Cが先に登記を備えた場合には、Bはその登記以後にさらに時効取得に必要な期間だけ占有を継続しなければ、時効取得を主張できないとする説（登記尊重説。我妻・講義Ⅱ118頁）もある。しかし、登記尊重説に対しては、この説は登記の具備を事実上時効の更新あるいは中断事由とするものであるが、民法は、第三者の登記を時効の更新事由としていないし（147条以下参照）、第三者が登記をすることによって占有が自然中断するわけでもないので、登記を更新あるいは中断事由とみるのは無理ではないかとの批判がある（佐久間・民法の基礎Ⅱ116頁）。

近年では、取得時効と登記の問題につき、事件類型ごとに異なる処理をすべきとする見解も登場している（星野英一「取得時効と登記」同『民法論集第4巻』〔有斐閣、1978〕315頁以下）。類型においてとくに重視されているのは、本件のような有効未登記型の二重譲渡類型と境界

紛争類型である。有効未登記型の二重譲渡類型について、類型論は、Bはそもそも登記をしようとすればできたわけであり、登記の懈怠を取得時効で補うことを認めるべきでないとして、BCの優劣は、177条により、登記の先後によって決めるべきとする。しかし、類型論が二重譲渡類型への取得時効の適用を否定することに対しては、二重譲渡類型においても第1買主が取得時効を原因とする登記が可能なのは時効期間満了時以降であり、有効な契約による登記を懈怠していたことは取得時効との関係では重要でない、契約が不存在や無効の場合であっても登記なくして短期取得時効を主張できることと対比すると、有効な取引により権利を取得した第1買主の保護がそれより弱くなることは妥当でない（松岡・物権178頁）、といった批判がある。

以上のように決定的な見解がない状況のもとで、最近では、必ずしも積極的ではないものの、判例法理を再評価する見解も現れている（鈴木・物権142頁、佐久間・民法の基礎Ⅱ115頁、松岡・物権177頁）。

● **「他人の物」要件との関係**

不動産の二重譲渡において、未登記の第1買主が登記の懈怠を取得時効で補うことができるかという問題は、取得時効における「他人の物」要件の要否ともかかわる。第1買主は、第2買主の所有権取得時または登記時までは自己の物を占有しているともみうるからである。これにつき、昭和42年判決は、自己物の時効取得を肯定する見解に立って、第1買主による時効取得の主張を認めた。これに対して、本判決の2審は、自己物の時効取得を否定する見解に立って、第1買主も第2買主もともに所有権移転登記を経由しない間は、不動産を占有する第1買主は自己の物を占有するものであって、取得時効の問題を生ずる余地がないから、第1買主が時効取得による所有権を主張する場合の時効の起算点は、第2買主が所有権移転登記をなした時と解すべきとしている（大久保邦彦「自己の物の時効取得について（2・完）」民商101巻6号794頁以下、松久三四彦『時効制度の構造と解釈』〔有斐閣、2011〕363頁も、自己物の時効取得を認めない立場から、この見解に立つ）。

他方、本判決は、結論としては、第1買主の占有開始時を起算点とする時効取得の主張を認めつつも、理由づけとしては、第2買主に所有権移転登記がなされたときは、その所有権は売主から第2買主に直接移転し、第1買主は当初から全く所有権を取得しなかったことになるとして、第1買主は当初から「他人の物」の占有者だったとする。類似の事案で、正反対の立場からの理由づけをして同様の結論に達したため、本判決の位置づけが問題になるが、昭和42年判決は、不動産の贈与後未登記の間に抵当権の設定・競落がされた事案に関するものであり、所有権の所在は争われておらず、その射程は本判決に及ばないといえるが（村田大樹・判例プラⅠ201頁）、二重譲渡類型における他人物要件についての最高裁の考えははっきりしないままである。

【参考文献】 本件の解説や評釈として、輪湖公寛・最判解民昭和46年度638頁、磯村保・民商80巻1号117頁、吉原節夫・判評171号13頁、松久三四彦・不動産取引判例百選3版88頁、村田健介・百選Ⅰ108頁。

原田昌和

自主占有の推定に対する反証

最高裁昭和 58 年 3 月 24 日判決　民集 37 巻 2 号 131 頁、判時 1084 号 66 頁、判タ 502 号 95 頁

【162 条、186 条 1 項】

論点　民法 186 条の所有の意思の推定を覆すためには何を立証すべきか

事実の要約

　Xは、昭和 33 年元旦に、本件各不動産の所有者である父Aからいわゆる「お綱の譲り渡し」を受け、本件各不動産の占有を取得した。この「お綱の譲り渡し」は、熊本県郡部で戦前から行われてきた隠居慣行の名残であるが（その実態については有地・生野・後掲 743 頁以下）、所有権を移転する面と家計の収支に関する権限を譲渡する面とがあって、その両面にわたって多義的に用いられている。Xは、以後農業の経営と共に家計の収支一切を取りしきり、農業協同組合に対する借入金等の名義をAからXに変更し、同組合から自己の一存で金融を得ていたほか、当初同組合からの信用を得るためその要望に応じてA所有の山林の一部をX名義に移転したりした。Aは昭和 40 年に亡くなり、その子であるXおよびY₁・Y₂（以下、Yら）が相続した。以上の事実のもと、Xは、Yらに対して、①Aからの贈与を理由とする、農地法 3 条の所有権移転許可申請手続と所有権移転登記手続、および、②10 年または 20 年の取得時効を理由とする、所有権移転登記手続を選択的に併合して訴えを提起した。

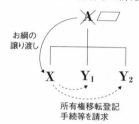

お綱の
譲り渡し

所有権移転登記
手続等を請求

裁判の流れ

　1 審（熊本地判昭 56・1・29 民集 37 巻 2 号 142 頁）：請求認容　2 審（福岡高判昭 57・1・27 民集 37 巻 2 号 148 頁）：控訴棄却　最高裁：破棄差戻

　1 審は、10 年の取得時効の成立を認め（理由中において、AからXへの贈与も認めている）、2 審は、「お綱の譲り渡し」をもって所有権の贈与があったとは断じがたいが、Xが本件各不動産の処分権能までも全面的に譲渡を受けたと信じたとしても無理からぬところであるとして、10 年の取得時効の成立を認めた。Yらが、Xが善意無過失であったとした 2 審は、法令の解釈適用を誤っているとして上告した。最高裁は、判旨のように述べて、破棄差戻しとした。

判旨

　〈破棄差戻〉「民法 186 条 1 項の規定は、占有者は所有の意思で占有するものと推定しており、占有者の占有が自主占有にあたらないことを理由に取得時効の成立を争う者は右占有が所有の意思のない占有にあたることについての立証責任を負うのであるが（最判昭 54・7・31 集民 127 号 317 頁参照）、右の所有の意思は、占有者の内心の意思によってではなく、占有取得の原因である権原又は占有に関する事情により外形的客観的に定められるべきものであるから（最判昭 45・6・18 集民 99 号 375 頁、最判昭 47・9・8 民集 26 巻 7 号 1348 頁参照）、占有者がその性質上所有の意思のないものとされる権原に基づき占有を取得した事実が証明されるか、又は占有者が占有中、真の所有者であれば通常はとらない態度を示し、若しくは所有者であれば当然とるべき行動に出なかったなど、外形的客観的にみて占有者が他人の所有権を排斥して占有する意思を有していなかったものと解される事情が証明されるときは、占有者の内心の意思のいかんを問わず、その所有の意思を否定し、時効による所有権取得の主張を排斥しなければならないものである。しかるところ」、「Xがいわゆる『お綱の譲り渡し』を受けたのち家計の収支を一任され、農業協同組合から自己の一存で金員を借り入れ、その担保とする必要上A所有の山林の一部を自己の名義に変更したことがあるとの」「事実は、いずれも必ずしも所有権の移転を伴わない管理処分権の付与の事実と矛盾するものではないから、Xの右占有の性質を判断する上において決定的事情となるものではなく、かえって、右『お綱の譲り渡し』後においても、本件各不動産の所有権移転登記手続はおろか、農地法上の所有権移転許可申請手続さえも経由されて」おらず、「また、記録によれば、Aは右の『お綱の譲り渡し』後も本件各不動産の権利証及び自己の印鑑をみずから所持していてXに交付せず、Xもまた家庭内の不和を恐れてAに対し右の権利証等の所在を尋ねることもなかったことがうかがわれ、更に審理を尽くせば右の事情が認定される可能性があったものといわなければならない」。「そして、これらの占有に関する事情が認定されれば、たとえ前記のようなXの管理処分行為があったとしても、Xは、本件各不動産の所有者であれば当然とるべき態度、行動に出なかったものであり、外形的客観的にみて本件各不動産に対するAの所有権を排斥してまで占有する意思を有していなかったものとして、その所有の意思を否定されることとなって、Xの時効による所有権取得の主張が排斥される可能性が十分に存するのである。」

判例の法理

●所有の意思の推定を覆す事実

　占有の権原だけでなく占有に関する事情もまた、所有の意思の推定を覆す事実に当たることを正面から認めた点に、本判決の意義がある。これにより、占有取得の原因である権原の性質を確定することが困難な場合には、占有者の占有中の態度、行動等の占有に関する事情によって、所有の意思を判定すれば足り、遠い過去の時点における不確かな証拠によって、権原の性質を判定しなければならないという困難から解放され、また、占有者に占有の権原がないことが明らかな場合において、その占有が所有の意思による占有であるか否かの判断基準が与

えられた（淺生・後掲75頁以下）。

判例を読む

●本判決の意義と位置づけ

占有が「所有の意思をもって」するものであること、すなわち自主占有は、取得時効が成立するための要件の一つであるが、民法186条1項により、占有者は所有の意思をもって占有するものと推定されるため、取得時効の成立を争う者の方で、占有者の占有が自主占有に当たらないことを立証しなければならない（最判昭54・7・31判時942号39頁）。

所有の意思については、「所有者として占有する意思であって、所有者であると信ずることではない」（我妻・講義Ⅱ471頁）などと説明されているが、立法者がこれを文字通り内心の意思とする主観説に立っていたのに対して、その後、所有の意思の客観化が図られ、現在では、その有無については、占有者の内心の意思によるのではなく、その占有を取得する原因である事実、すなわち権原の客観的性質によって定まるものとする客観説が通説・判例となっている（我妻・講義Ⅱ471頁、最判昭44・5・22民集23巻6号993頁など。以上につき、藤原弘道「さまよえる所有ノ意思」同『取得時効法の諸問題』〔有信堂高文社、1999〕80頁以下）。

本判決の意義は、客観説を前提に、民法186条1項の推定を覆す事由として、占有者がその性質上所有の意思のないものとされる権原に基づき占有を取得した事実が証明された場合だけでなく、占有者が占有中、真の所有者であれば通常はとらない態度を示し、もしくは所有者であれば当然とるべき行動に出なかったなど、外形的客観的にみて他人の所有権を排斥して占有する意思を有していなかったものと解される事情（他主占有事情）が証明された場合もまた、上記推定を覆す事由に当たることを認めた点にある（淺生・後掲75頁）。

もっとも、少なくとも本判決のころまでの実務では、民法186条1項の推定規定によって所有の意思を認定することは異例であり、所有の意思は取得時効を主張する者に主張立証させていたとの指摘があり（淺生・後掲73頁）、当時までの判例には大きく、①権原のみにとらわれることなく所持の外形的客観的な一般的態様を基準とするもの（大判昭18・7・26法学13巻389頁、最判昭47・9・8民集26巻7号1348頁など）と、②権原・占有取得原因の性質を基準として判定するもの（前掲最判昭44・5・22、前掲最判昭45・6・18など）の2つの流れがあり、本判決は、この2つの流れを総括的に明示した判決と評されている（田中・後掲60頁以下）。

●所有の意思のないものとされる権原

所有の意思のないものとされる権原としては、賃借権、使用借権、受寄者、留置権、質権などが挙げられる。かかる判断の前提として、ある権原が所有の意思を認定するのになじむかどうかが問題となるが、本件で問題となった「お綱の譲り渡し」という儀式によって取得された占有について、本判決は、2審の「所有権の贈与と断じ難い」という判示が積極的に贈与を否定した趣旨であるならば、占有取得の原因である権原の性質からは所有の意思のないものといわざるをえないし、そうではなく、単に贈与があったとまで断定することはできないとの消極的判断を示したにとどまる（＝所有の意思を認定するのになじまない権原である―筆者注）という趣旨であるなら

ば、権原の性質によって所有の意思の有無を判定することはできないが、その占有が所有の意思に基づくものではないと認めるべき外形的客観的な事情が存在しないかどうかについて特に慎重な検討を必要とすると述べる。

●外形的客観的にみて他人の所有権を排斥して占有する意思を有していなかったものと解される事情（他主占有事情）

かかる事情として、本判決は2つの場合を挙げるが、そのうち、占有者が占有中、真の所有者であれば通常はとらない態度を示した場合としては、占有者が係争地の一部を相手方から買い受けた事実がある場合（大判大4・3・10民録21輯257頁）、共同相続人の1人である占有者が相続人間で分割の話を持ち出してほしいと依頼した事実がある場合（東京高決昭42・4・12家月19巻11号83頁）が考えられ、所有者であれば当然とるべき行動に出なかった場合としては、本件のように、占有者による所有権移転登記手続や農地法上の所有権移転許可申請手続がなされていない場合や、占有者が公租公課を納付していない場合が考えられる（淺生・後掲76頁）。

ただし、後者については、その後、あくまで当該事案の具体的事実関係全体の文脈のもとではあるが、占有者が移転登記手続を求めなかったことおよび固定資産税を負担しなかったことは、それだけでは、他主占有事情として不十分であるとする最判平7・12・15民集49巻10号3088頁が出ており、これらの事情を過度に重視する下級審判決があったことに対する軌道修正と評されている（内田Ⅰ383頁）。なお、本判決についても、登記手続などがなされていないことや権利書が交付されていないことだけで農地承継につき所有者であれば当然とるべき行動に出なかったというのは、あまりにも農村の実情を無視した論拠であるとする評価もある（有地＝生野・後掲748頁、小山・後掲45頁注(1)）。

また、「他主占有事情」によっても所有の意思の推定が覆されるとする場合、悪意占有であることが、他主占有事情を形成する要素ないし契機となることがありえるが、判決の中には、所有の意思ある占有と善意占有を同視するかのような判示をするもの（最判昭50・4・11民集29巻4号417頁）も現れているとの指摘がある（松久三四彦『時効制度の構造と解釈』〔有斐閣、2011〕308頁。自主占有と善意占有の混同・交錯について田中・後掲61頁、藤原・前掲89頁以下も参照）。

●占有に関する権原と事情の関係

占有に関する権原と事情の関係については、所有の意思の有無は権原の性質のみによっては決定されず、売買等の通常は所有の意思があるとされる権原が証明されても、なお占有に関する事情により所有の意思が否定されることがありうるとされている（淺生・後掲79頁以下）。

【参考文献】 淺生重機・最判解民昭和58年度59頁、有地亨＝生野正剛・民商90巻5号722頁、小山昇・判評301号41頁、田中整爾・昭和58年度重判59頁、田尾桃二・金判694号53頁、本田純一・判タ514号177頁。

原田昌和

71 消滅時効の起算点

最高裁平成 6 年 2 月 22 日判決　民集 48 巻 2 号 441 頁、判時 1499 号 32 頁、判タ 853 号 73 頁

【166 条 1 項 2 号】

論点　雇用契約上の安全配慮義務違反によりじん肺にり患したことを理由とする損害賠償請求権の消滅時効の起算点はいつか

事実の要約

Yが経営していた各炭鉱の従業員として炭鉱労働に従事し、じん肺にり患した元従業員 63 名の本人または相続人であるXらが、Yに対して、雇用契約上の安全配慮義務の不履行に基づく損害賠償として、元従業員 1 人当たり一律 3000 万円の損害賠償を請求した。

裁判の流れ

1 審（長崎地佐世保支判昭 60・3・25 民集 48 巻 2 号 672 頁）：元従業員 63 名中 43 名の請求を認容、20 名につき請求棄却　2 審（福岡高判平 1・3・31 民集 48 巻 2 号 776 頁）：33 名の請求を認容、30 名につき請求棄却　最高裁：一部破棄差戻、一部上告棄却

1 審は、最終行政決定の日が消滅時効の起算点となるとして、元従業員 20 名につき消滅時効の完成を認めたのに対して（管理区分に応じて慰謝料額を算定した）、2 審は、Xらがじん肺（けい肺）に関する最初の行政上の決定を受けた日が起算点となるとして、さらに 10 名について消滅時効が完成しているとした（慰謝料額も大幅に減額した）。Xらより上告。最高裁は、判旨のように述べて、上記 10 名に係る損害賠償請求権が時効消滅したとする 2 審の判断を破棄し、損害と安全配慮義務違反との因果関係の有無や損害の額等についてさらに審理させるべく差戻しとした（慰謝料額が低すぎる点についても破棄差戻しとしている）。

判旨

〈一部破棄差戻・一部上告棄却〉「一般に、安全配慮義務違反による損害賠償請求権は、その損害が発生した時に成立し、同時にその権利を行使することが法律上可能となるというべきところ、じん肺に罹患した事実は、その旨の行政上の決定がなければ通常認め難いから、本件においては、じん肺の所見がある旨の最初の行政上の決定を受けた時に少なくとも損害の一端が発生したものということができる」。「しかし、このことから、じん肺に罹患した患者の病状が進行し、より重い行政上の決定を受けた場合においても、重い決定に相当する病状に基づく損害を含む全損害が、最初の行政上の決定を受けた時点で発生していたものとみることはできない」。「じん肺は、肺内に粉じんが存在する限り進行するが、それは肺内の粉じんの量に対応する進行であるという特異な進行性の疾患であって、しかも、その病状が管理 2 又は管理 3 に相当する症状にとどまっているようにみえる者もあれば、最も重い管理 4 に相当する症状まで進行した者もあり、また、進行する場合であっても、じん肺の所見がある旨の最初の行政上の決定を受けてからより重い決定を受けるまでに、数年しか経過しなかった者もあれば、20 年以上経過した者もあるなど、その進行の有無、程度、速度も、患者によって多様であることが明らかである」。「以上のようなじん肺の病変の特質にかんがみると、管理 2、管理 3、管理 4 の各行政上の決定に相当する病状に基づく各損害には、質的に異なるものがあるといわざ

るを得ず、したがって、重い決定に相当する病状に基づく損害は、その決定を受けた時に発生し、その時点からその損害賠償請求権を行使することが法律上可能となるものというべきであり、最初の軽い行政上の決定を受けた時点で、その後の重い決定に相当する病状に基づく損害を含む全損害が発生していたとみることは、じん肺という疾病の実態に反するものとして是認し得ない。これを要するに、雇用者の安全配慮義務違反によりじん肺に罹患したことを理由とする損害賠償請求権の消滅時効は、最終の行政上の決定を受けた時から進行するものと解するのが相当である」。

判例の法理

一般消滅時効の客観的起算点である「権利を行使することができる時」（改正前民法 166 条 1 項）とは、権利の行使につき法律上の障害がなく、さらに権利の性質上、その権利行使が現実的に期待できる時をいう（最大判昭 45・7・15 民集 24 巻 7 号 771 頁等）。雇用者の安全配慮義務違反による損害賠償請求権については、損害が発生したならば、その行使に法律上の障害がないといえるところ、じん肺については、その病気の特殊性に鑑みると、各行政上の決定に相当する病状に基づく各損害は質的に異なっており、重い決定に相当する病状に基づく損害は、その決定を受けた時に発生し、その時点から損害賠償請求権の行使が法律上可能となるというべきであるから、**安全配慮義務違反によりじん肺に罹患したことを理由とする損害賠償請求権の消滅時効は、最終の行政上の決定を受けた時から進行する**。なお、現行法上は、最終の行政上の決定を受けたことは被害者が通常知るはずであるから、被害者が最終の行政上の決定を受けたことを知った時から 5 年で、消滅時効が完成する（166 条 1 項 1 号）

判例を読む

その後、最高裁は、上記の判例法理を前提に、「最終の行政決定を受けた時」から 10 年以上を経て死亡した場合について、最終の行政決定を受けた時に発生した損害とは異質な損害と捉えることを明らかにしている（最判平 16・4・27 判時 1860 号 152 頁）。また、近時、最高裁は、B 型肝炎訴訟において、本判例と同様の法理によって、陰性肝炎による損害と陽性肝炎による損害は質的に異なるから、陰性肝炎を発症したことによる損害については、陽性肝炎発症の時ではなく、陰性肝炎発症の時が改正前民法 724 条後段（724 条 2 号）所定の除斥期間の起算点となるとした（最判令 3・4・26 民集 75 巻 4 号 1157 頁）。

【参考文献】　倉吉敬・最判解民平成 6 年度 224 頁、久保野恵美子・法協 112 巻 12 号 1774 頁、前田達明・民商 113 巻 1 号 70 頁、高橋眞・判評 433 号 40 頁、松本克美・百選 I 8 版 90 頁、秋山靖浩『STARTUP 民法①総則判例 30 ！』（有斐閣、2017）99 頁。

原田昌和

72 消滅時効の進行

最高裁昭和 42 年 6 月 23 日判決　民集 21 巻 6 号 1492 頁、判時 488 号 56 頁、判タ 209 号 141 頁
【166 条 1 項 2 号】

論点　期限の利益喪失特約付き割賦払い債務の消滅時効の起算点はいつか

事実の要約

　Ｘは、Ｙ他 2 名を連帯債務者として、「連帯債務者が半年賦払その他の約定に違反したときは債権者の請求により償還期限にかかわらず直ちに残債務の全部または一部を弁済する」旨の特約（期限の利益喪失特約）付きで、195,000 円を、利息年 5 分、元利金均等で半年賦払い（毎年 3 月および 9 月末日に 22,280 円支払。第 1 回弁済期は昭和 27 年 9 月 30 日、最終第 10 回弁済期は昭和 32 年 3 月 31 日）という返済条件で貸し付けた。しかし、第 3 回割賦金（昭和 28 年 9 月 30 日支払分）以降の支払がなかったため、昭和 34 年 7 月 8 日、Ｘは、Ｙに対して残債務全額の請求をした。

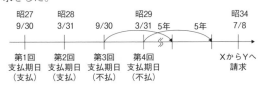

裁判の流れ

　1 審（鹿児島地名瀬支判昭 39・4・10 民集 21 巻 6 号 1499 頁）：請求認容　2 審（福岡高宮崎支判昭 40・5・10 民集 21 巻 6 号 1500 頁）：請求一部認容　最高裁：一部上告棄却、一部破棄自判

　1 審で、Ｙは連帯債務者ではなく保証人であると争ったのみであったため、Ｘの請求が全額認容された。2 審で、Ｙは、上記特約により昭和 28 年 10 月 1 日に残債務全額について履行期が到来し、5 年（改正前商 522 条）後の昭和 33 年 9 月 30 日の経過により消滅時効が完成したと主張したが、2 審は、残債務全額の消滅時効の起算点はＸが残債務全額の即時支払を請求した時点であり、それまでは、各割賦金債務ごとに消滅時効が進行するにとどまるとして、第 3 回割賦金債務の時効消滅のみを認めた。最高裁は、判旨のように述べたうえで、第 4 回割賦金債務についても、Ｘによる請求のあった昭和 34 年 7 月 8 日までに 5 年以上を経過しており消滅時効が完成しているとして、この部分についての原判決を破棄してＸの請求を棄却する一方、第 5 回支払分以降の各割賦金については、消滅時効はまだ完成していないとしてＹによる上告を棄却した。

判旨

　〈一部上告棄却、一部破棄自判〉「本件のように、割賦金弁済契約において、割賦払の約定に違反したときは債務者は債権者の請求により償還期限にかかわらず直ちに残債務全額を弁済すべき旨の約定が存する場合には、一回の不履行があっても、各割賦金額につき約定弁済期の到来毎に順次消滅時効が進行し、債権者が特に残債務全額の弁済を求める旨の意思表示をした場合にかぎり、その時から右全額について消滅時効が進行するものと解すべきである（大連判昭和 15 年 3 月 13 日民集 19 巻 544 頁参照）。」

判例の法理

　一般消滅時効の客観的起算点としての「権利を行使することができる時」（改正前民法 166 条 1 項）の解釈について、割賦払債務に関しては、「**割賦払の約定に違反したときは債務者は債権者の請求により償還期限にかかわらず直ちに残債務全額を弁済すべき旨の約定が存する場合**」には、1 回の不履行があっても、それによって直ちに残債務全額の履行期が到来することはなく、**債権者が特に残債務全額の弁済を求める旨の意思表示をした場合にかぎり、その時から残債務全額について消滅時効が進行する**。

判例を読む

　期限の利益喪失特約について、判例は、その趣旨が、①1 回の不履行があると当然に期限到来と同じ効果が発生するというものである場合には、その不履行の時から全額について消滅時効が進行し（当然喪失特約）、②1 回の不履行があると、債権者は一方的意思表示によって期限到来と同じ効果を生じさせることができるというものである場合には、債権者が期限の利益を失わせる旨の意思表示をした時から、残額全部についての消滅時効が進行するとする（請求時喪失特約）。本判決および本判決の引用する昭和 15 年判決は、この区別を前提に、当該事例の特約を請求時喪失特約と解した。②の場合の消滅時効の起算点について、学説は対立しており、期限の利益喪失特約は債権者の利益のためのものであり、不履行があったときに残債務全額について実際に期限を到来させるかどうかは債権者の自由であって、債権者は本来の弁済期を一方的に変更しうる形成権を取得するにとどまるから、1 回の不履行によって全額の消滅時効が進行することはないとして判例を支持するもの（請求時説）と、1 回の不履行があれば、債権者はその意思により自由にいつでも期限を到来させて全額を請求できるのだから、権利の行使に法律上の障害はないとして、②についても、不履行のときから全額について消滅時効が進行するとするもの（遅滞時説）とがある（学説のまとめについては、森島昭夫・注民(5)285 頁以下を参照）。1 回の不履行があれば、それ以降、債権者はその意思により自由に全額を請求できるのだから、理論上は、期限の定めのない債務と同様に、「権利を行使することができる」と解さざるを得ないだろう（遅滞時説）。請求時説に対しては、遅滞時説から、短期消滅時効の不都合を起算点の操作によって補おうとしたものとの評価もある（内池・後掲 124 頁）。

【参考文献】　森綱郎・最判解民昭和 42 年度 305 頁、平井宜雄・法協 85 巻 6 号 97 頁、内池慶四郎・民商 58 巻 1 号 114 頁、山中康雄・判評 107 号 25 頁、金山正信・法時 39 巻 14 号 137 頁、吉原省三・百選 I 3 版 102 頁。

原田昌和

73 物権的請求権行使の相手方(1)——侵害物件の所有者の変更

大審院昭和 12 年 11 月 19 日判決　民集 16 巻 1881 頁

【199 条、207 条】

論点　妨害物の所有者は、自らが妨害発生またはその虞を作出した場合でなくても妨害排除・予防の義務を負うか

事実の要約

Aは畑を水田に変換した際に隣地であるB所有宅地との境界線より垂直に掘り下げたためB（死亡によりXが相続）所有宅地と水田との境界に直高約 70 cm の断崖が生じた。Yは上の掘下げ後Aから右水田を買受けた。現在、両土地の境界線における断崖の一部は斜面になり一部は下部で窪んで洞窟状になっている。過去にはX所有宅地の土砂がY所有水田へ崩落していた。一方、X所有宅地上には境界線から約 2 m 距てて居住家屋があり、宅地は将来Y所有の水田に自然崩壊の危険があった。Xが宅地の所有権に基づいてYに対して右危険を予防するため特定の設備の設置を求めた。

裁判の流れ

1 審（八日市場区裁判決年月日不詳）：請求認容。2 審（千葉地裁判決年月日不詳）：請求認容（ただし「特定の設備」をやや小規模にした）大審院：上告棄却

Yは、本件は所有権に基づき損害賠償を求めたものであるところ、民法上将来発生するかもしれない損害に対し予め予防設備を命じるが如きは占有の訴えを以って主張すべきであり、所有権の訴えとしてこれを許容する明文の規定はないなどとして上告した。

判　旨

〈上告棄却〉「凡そ所有権の円満なる状態が他より侵害せられたるときは所有権の効力としてその侵害の排除を請求し得べきと共に所有権の円満なる状態が他より侵害せらるる虞あるに至りたるときは又所有権の効力として所有権の円満なる状態を保全する為現に此の危険を生ぜしめつつある者に対し其の危険の防止を請求し得るものと解せざるべからず。然り而して土地の所有者は…其の土地を占有保管する付ては法令に基く事由なき限り隣地所有者に侵害又は侵害の危険を与えざる様相当の注意を為すを必要とするものにして其の所有にかかる土地の現状に基き隣地所有者の権利を侵害し若くは侵害の危険を発生せしめたる場合に在りては該侵害又は危険が不可抗力に基因する場合若くは被害者自ら右侵害を容認すべき義務を負ふ場合の外該侵害又は危険が自己の行為に基きたると否とを問はず又自己に故意過失の有無を問はず此の侵害を除去し又は侵害の危険を防止すべき義務を負担するものと解するを相当とす」。

判例の法理

本判決は、①「土地を占有保管するについては隣地所有者に危険を与えないように相当をなす必要がある」ことを根拠に②妨害状態が妨害物の現所有者の前主が作出したものであっても、妨害されている所有者は「所有権の効力として」（妨害者の費用負担で）妨害の除去・妨害の危険の防止を講じることを請求できる、③①の義務は自己の行為に基づくものであると又は自己に故意過失の有無を問はずに負う、④ただし、侵害が「不可抗力に起因する」場合および被害者が侵害を容認する義務を負う場合には妨害排除・予防の義務は発生しない、とするものである。

判例を読む

●先例との関係

大審院昭和 7 年 11 月 9 日判決は、すでに本件と同様第三者による崖の掘削（妨害土地の前主の承諾を得て土砂採掘をしていたが、前主が現所有者に土地を譲渡後も採掘を続けていた）による土地崩落の危険に対して、危険状態の原因が少なくとも人の行為による場合には、「行為者の何人たるとを問わず、現在の土地の所有者は妨害予防の積極的義務を負う」旨判示していた（民集 11 巻 2277 頁、その他に損害賠償が求められた事例ではあるが大判昭 5・10・31 民集 9 巻 1009 頁（→ 75 事件）も同様の立場によっていた）。しかし、この判決については、「その根拠とするところは必ずしも明瞭ではない」との疑問が提示されていた（例えば、近藤英吉・法学論叢（京都大学）30 巻 1 号 128 頁）。判例の法理①②は妨害予防請求が認められる根拠について正面から応えるものであり、③は先例に従うものである。④は「不可抗力に起因する場合について」昭和 7 年判決では必ずしも明瞭でなかった射程を明瞭にしたといえる。

●判決の射程

判例の法理④によれば、ここでの判示は「不可抗力による場合」には妥当しない。しかし、この判示をめぐっては 2 つの点が問題となった。1 つは不可抗力による場合には、そもそも妨害排除・妨害予防請求権は発生しないのか、また発生するとして、その内容は「人の行為による場合」と異なるのか、である。

しかし近時では、本判決は、不可抗力による侵妨害発生一般に妥当するのではなくて、高位の土地の一部が低位にある土地へと崩落することにより生じる所有権侵害に限定されると把握すべきとの見解が有力である（根本・後掲 95 頁、更に限定的に解するものとして吉田Ⅲ 1633 頁以下）。

●学説

妨害物の所有者は、自らが妨害発生またはその虞を作出した場合でなくても物権的請求権の相手方たりうることに異論はない。このことは、しばしば「物権的請求権の相手方（被告）は現在の侵害者である」と表現されている（例えば、七戸・物権Ⅰ 22 頁）。しかし、判決の射程で示した 2 つの問題をめぐっては学説では妨害排除に要する費用を妨害者・請求権者のいずれが負担するべきかという問題として議論されている。この問題については 75 事件を参照されたい。

【参考文献】　本判決の評釈・解説として、近藤英吉・民商 7 巻 6 号 503 頁、川島武宜・判民昭和 12 年度 483 頁、田島順・法学論叢 38 巻 5 号 1001 頁、根本尚徳・百選Ⅰ 194 頁。水津太郎『START UP 民法② 物権判例 30！〔第 2 版〕』（有斐閣、2023）5 頁。その他に本書 75 事件で挙げた文献。

田中康博

74 物権的請求権行使の相手方(2)——侵害建物の所有権譲渡

最高裁平成6年2月8日判決　民集48巻2号373頁

【177条、200条】

論点 建物譲渡後も登記名義を保有する者に対する建物収去土地明渡請求は認められるか

事実の要約

　Xは本件土地を平成2年11月5日に、競売による売却により取得した。本件土地上にはYを所有名義人とする本件建物が存しているが、この建物はYの夫Aが所有していたものをYが相続により昭和58年5月4日に取得し同年12月2日に登記を経由したものだった。XはYに対して、土地所有権に基づき本件建物の収去と本件土地を明け渡すことを求めた。他方、Yは、本件建物は、昭和58年5月17日に訴外Bに売り渡し所有権を失ったので、本件土地を占有していないと主張する。

裁判の流れ

　1審（宇都宮地判平1・8・30民集48巻2号384頁）：請求棄却　2審（東京高判平1・12・17民集48巻2号386頁）：請求棄却　最高裁：破棄自判

　1審、2審ともに請求を斥けた。X上告。

判　旨

　〈破棄自判〉「1　土地所有権に基づく物上請求権を行使して建物収去・土地明渡しを請求するには、現実に建物を所有することによってその土地を占拠し、土地所有権を侵害している者を相手方とすべきである。…」。

　「2　もっとも、他人の土地上の建物の所有権を取得した者が自らの意思に基づいて所有権取得の登記を経由した場合には、たとい建物を他に譲渡したとしても、引き続き右登記名義を保有する限り、土地所有者に対し、右譲渡による建物所有権の喪失を主張して建物収去・土地明渡しの義務を免れることはできないものと解するのが相当である。けだし、…土地所有者としては、地上建物の所有権の帰属につき重大な利害関係を有するものであって、土地所有者が建物譲渡人に対して所有権に基づき建物収去・土地明渡しを請求する場合の両者の関係は、土地所有者が地上建物の譲渡による所有権の喪失を否定してその帰属を争う点で、あたかも建物についての物権変動における対抗関係にも似た関係というべく、建物所有者は、自らの意思に基づいて自己所有の登記を経由し、これを保有する以上、右土地所有者との関係においては、建物所有権の喪失を主張できないというべきであるからである。…」。

判例の法理

　最高裁は、①未登記建物の所有者が未登記のままこれを第三者に譲渡した後に、譲渡人の意思に基づかずに譲渡人名義に所有権取得の登記がされている場合（最判昭35・6・17民集14巻8号1396頁）、②建物の所有名義人が実際には建物を所有したことがなく、単に自己名義の所有権取得の登記を有するにすぎない場合（最判昭47・12・7民集26巻10号1829頁。なお、いずれの判決にあっても反対意見があった）には、建物登記名義人は建物収去義務を負わないとしてきた（判旨1では①②が引用されている）。このような者は、「現実に建物を所有することによってその土地を占拠し、土地所有権を侵害して」いないからである。以上から最高裁は、「建物の実質的所有

者」が収去義務を負うと考えている（「実質的所有者責任説」）と理解されてきた（大審院もかかる立場であった）。本判決は、他人の土地上の建物の所有権を取得した者が、自らの意思に基づいて所有権取得の登記を経由した後に建物を他に譲渡したが、引き続き右登記名義を保有していた場合について、登記名義人と土地所有者の関係を「対抗関係にも似た関係」であることを理論上の根拠として登記名義人が収去義務を負うとした。

判例を読む

●学説

　当初の学説は、**実質的所有者責任説**もこれに反対する**登記名義人責任説**もともに177条の問題としてこれを論じていた。その後は両説ともに177条の問題ではないことを前提にするようになった。前説は責任関係は対抗問題とは別個の法領域を形成し、不法占拠者であるかどうかは事実上の観念であって登記の有無には直接には関係しないことなどを根拠とするようになった。後説は実質的所有者探求の困難さを根拠として（本判決もこのことを根拠の一つに挙げている。各自判文で確認されたい）有力に主張されるようになった。しかし、法的根拠は必ずしも一致せず、登記名義人は無権利者であるとの前提に立って177条の類推適用を説くもの・公信力説によるものと、登記名義人はいまだ無権利者ではないとして登記名義人を土地の不法占拠者として扱うものなどが主張されていた。

●先例との関係

　本判決は、先例の射程を限定することによって、「実質的所有者責任説」との整合性を図ろうとした。しかし、「対抗関係にも似た関係」は本件の事例だけではなく、例えば、①の事例でもそのような評価は可能であること、また、本判決のあげる「実質的所有者探求の困難」も同様に本判決だけに妥当するものではないこと（①②判決における少数意見参照）などから、（実質的な）判例変更と見る見解（例えば、後掲・山本、松岡、良永、田中）がある。他方、あくまで先例を維持した上で、例外的に本件の事例についてのみ「登記名義人」に対する請求を認めたものであるとする立場（田尾・後掲）がある（なお、吉田III 1594頁以下も参照）。

【参考文献】　本判決の評釈・解説として、西謙一・最判解民平成6年度163頁、松岡久和・法教168号148頁、山本豊・NBL560号57頁、鎌田薫・平成6年度重判68頁、田中康博・京都学園法学16号1頁。石田剛・法教392号117頁。横山美夏・百選I 96頁、同・法学論叢154巻4=6号351頁、田尾桃二・司法研修所論集創立50周年記念号民事編I 124頁以下、良永和隆・川井傘寿187頁、原田昌和・立教法学68号1頁、水津太郎『START UP 民法② 物権判例30！〔第2版〕』（有斐閣、2023）8頁。

田中康博

物権的請求権の内容——行為請求権

大審院昭和 5 年 10 月 31 日判決　民集 9 巻 1009 頁

論点 妨害物の所有者は帰責事由の有無にかかわらず自己の費用での妨害物撤去の義務を負うか

事実の要約

訴外AはXから建物を賃借し、当該家屋にYから賃借した砕石機を据付けて事業を営んでいたところ、建物賃貸借契約が解除された。AはXに建物を返還したが，砕石機がそのままであった。そこでXはYに対して賃貸借契約終了の旨を通知し、機械の撤去の交渉をしたが、Yがこれに応じないので、半年ほど機械は撤去されなかった。Xはその間家屋の使用収益が妨げられたとして、Yに対して損害賠償を請求。これに対して、Yは賃貸借終了によって機械類をX所有の家屋から収去してこれを原状に回復する義務を負うのはAであると主張した。

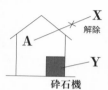

裁判の流れ

1 審（郡山区裁判決年月日不詳）は請求棄却、2 審（福島地裁判決年月日不詳）はXの請求を認容。Y上告。

判旨

〈上告棄却〉「家屋の賃借人が他人より賃借したる機械類を該家屋に据付けたる場合に其の家屋の賃貸借終了したるときは、賃借人に於て其の据付けたる機械類を撤去して原状に復して家屋の返還を為す義務あること論なしと雖、賃借人に於て之を撤去せず家屋内に放置したる場合に、賃貸人が賃貸借終了を事由とし所有者に対し其の撤去を求めたるとき、所有者は賃借人に対する関係如何に拘らず之を撤去することを要するものにして若し所有者之に応ぜず其の放置することに因りて賃貸人の家屋の使用を妨ぐるに至りたるときは、所有者は之に因りて生じたる損害を賠償すること要するものと為さざるべからず。蓋し其の撤去を為さざることに因りて所有者は家屋賃貸人の所有者として有する権利を侵害したるものと為るを以てなり」。

判例の法理

判決は、Yの砕石機がXの家屋所有権を妨害していることから出発する。つまり、機械が放置された状態では、家屋所有者はその権利を侵害されるからYはXに対して損害賠償義務を負うとするのである。本件では砕石機の撤去自体は求められなかったので、撤去についてのYの具体的な義務内容——Xが撤去するのを妨害してはならないのか、Y自身が自らの費用で撤去しなければならないのか——については明らかにはされていない。しかし、本件での見解を推し進めれば、妨害物の所有者は妨害状態の惹起についての故意過失のいかんにかかわらず、妨害物を自己の費用で撤去しなければならないということになろう。

判例を読む

●判例——大審院

本判決後、大審院は、まず昭和 7 年 11 月 19 日判決（民集 11 巻 2277 頁）で土砂の採掘による土地の崩壊の危険の予防義務について「土砂を堀採し隣地の崩壊を来たす虞ある危険なる状態を作為したるときは」「現所有者が其の危険なる状態を其の儘に放置して顧みざるは隣地の所有権を侵害する」ものであるから、妨害予防の義務を負い、その際工事費用が比較的多額に上るという一事によっては義務を免れないと判示し、相手方の故意過失を全く問うことなく、相手方の費用をもって請求権内容を実現すべきとした。ついで、昭和 12 年 11 月 9 日判決（→ **73 事件**）で、隣地を侵害し又は侵害する危険ある土地の所有者は、不可抗力による妨害発生の危険の場合を除き、故意過失を問うことなく妨害予防義務を負うことを明らかにした。上の 2 つの大審院判決は（特に昭和 12 年判決は明示的に）、不可抗力の場合を除外しているものの、妨害状態の惹起又はその虞についての故意過失を問うことなく、妨害物の所有者がその費用によって妨害停止の措置を講じなければならないとしていて、本判決とその基本的な立場は連続しているといえる。

●判例——最高裁

その後最高裁に至ってもこの立場は維持されている（これと異なる下級審判決もあるが、これについては最後に触れる）。最判昭和 35 年 6 月 17 日（民集 14 巻 8 号 1396 頁、本書 **79 事件**も参照）、最判平成 6 年 2 月 28 日（→ **74 事件**）、最判平成 21 年 3 月 10 日（→ **80 事件**）も直接には物権的請求権の相手方が問題となったものではあるが、妨害惹起についての故意過失を問うことなく妨害物の所有者がその費用によって妨害排除の措置を講じなければならないとするのを前提とする。この立場によれば、所有者は請求原因として妨害されている物の所有者であることと、被告による妨害状態の維持を主張立証すれば足りる。

●学説

判例学説ともに物権的請求権の発生に妨害者の故意過失が必要でないことは一致している。しかし、上の 2 つの大審院判決が「不可抗力」による妨害の発生の場合を除外したことから、不可抗力による妨害発生の場合には、そもそも妨害排除請求権は発生しないのか、また、発生するとしてその内容は「人の行為による場合」と異なるのか——具体的には、内容実現のための費用負担を当事者でどのように配分するか——について学説で激しく争われてきた。

かつての通説は判例に賛成し、返還請求権については常に妨害者である占有者が自己の費用で返還を為す積極的な行為義務を負い、また妨害状態の惹起またはその虞れについての故意過失のいかんにかかわらず、妨害物所有者がこれを自己の費用で撤去するという積極的な行為義務を負うとする（**行為請求権説**）。

しかし、これに対して学説から有力な疑問が提示された。つまり①不可抗力の場合を除外する理由のないこと、②不可抗力によって妨害が生じた場合でも被侵害者である物権者が除去を求め得ることになると、これは甚だしく被侵害者の保護に厚く妥当衡平な結論であるか疑問である③もし不可抗力の場合に物権的請求権が生じないと

すれば、例えば地震で建物が隣地に倒壊した場合には建物所有者の引取りを隣地所有者が認めるという忍容請求権が認められなければ不都合ではないか④不可抗力の場合でも行為請求権としての物権的請求権が発生するとすれば、③の例でいえば所有者はあくまでも追及力を有する故に建物所有者は隣地所有者の費用での返還を請求でき、土地所有者は建物所有者の費用での除去を請求できることになり（これを「**物権的請求権の衝突**」という本件に即していえば、砕石機の所有者であるYが、建物所有者Xに対して返還請求権を行使できることになる（七戸・物権I 27頁）。）、この場合にはどちらか先に原告になった方が相手方の費用で物権的請求権の実現を図ることができるが、これは民法の過失責任主義に反することになる、というのがそれである。そして、このような疑問に基づき不可抗力による妨害発生またはその虞の場合も物権的請求権は発生するとした上で、相手方に故意過失などの帰責事由がある場合に限り（返還請求権については妨害者の占有取得についての善意・悪意によるとするものもある）、相手方は物権的請求権の実現——物の返還や妨害の排除、予防——に要する費用を負担すべきであり、相手方にそのような帰責事由がない場合には、請求者が自己の費用で内容を実現し、相手方の義務は実現を単に認めるという忍容請求権——例えば、返還請求権にあっては、所有者が相手方の領域内に立ち入って自己の物を引取ることを認める——に止まるべきであると主張した（**忍容請求権説・責任説**）（この立場によれば、所有者が相手方の費用での妨害排除を求める場合には、先に示した事実と並んで、相手方の帰責事由を主張立証する必要がある（内田＝大村編・新争点89頁〔山本和彦〕）。

これに応じて、通説は、返還請求権について占有者自らが占有を取得したのではない場合（具体的にはボールが相手方の家に飛び込んだ場合、第三者から奪取された物が相手方の家に放置された場合などが想定されている）については、忍容義務に止まるとして行為請求権に対する例外を設けることで対処した（**通説修正説**）。

その後さらに、不可抗力による妨害の場合については原告被告が費用を折半すべきとする見解（**費用平分説**）が主張された。これは忍容請求権説の立場によりつつも忍容請求権説によれば不可抗力による妨害の場合には（上述③の例）、ともに相手方に物権的請求権の内容実現のために費用の負担を求め得ない故に、先に行動を起こした者が常に費用を負担するのは妥当ではないとして費用平分を説くものと、行為請求権説の立場によりつつ、物権的請求権の衝突の場合は、返還請求権と妨害排除請求権が相対立すると考えて、行為請求権の立場を修正し、費用平分を説くものとがある。

また、妨害者が妨害状態を維持していることに責任の根拠を求め、原則として物権的請求権は行為請求権であるとの立場によりつつ、忍容請求権説が提起した「物権的請求権の衝突」については一つの社会事象に対する客観的判断によることを主張する見解（この見解を佐久間・民法の基礎II 314頁は「侵害基準説」と名付けている）も主張されている。この見解は「物権的請求権の衝突」の発生をそもそも否定する。ボールが他人の土地に飛び込んだ場合には、ボールが土地の所有権を侵害しているのであって、ボールの所有権は侵害されていない。しかし、ボール所有者が土地に立ち入っての引取りを請求した場合には、土地所有者はこれに応じるという消極的な忍容義務を負うに止まるが、土地所有者がボール所有者の立入を拒絶した場合には、土地所有者がボールの占有を取得し、積極的な返還義務を負うことになるとする。

近時は最後の「侵害基準説」が有力であるといってよい（この立場に拠りつつも問題点を指摘するものとして、松岡・物権37頁、佐久間・前掲316頁を挙げておく。）

● **相隣法規定の類推適用**

すでに述べたように、最高裁は行為請求権説によっているといえる。しかし、下級審判決には、土地の崩落に対する妨害予防請求権については予防措置の実施に対して、両当事者の「共同の費用」による実施を説く例が見られる。学説においてはおおむね好意的に評価されている（例えば、山野目2 151頁、佐久間・前掲315頁、松岡・38頁など）。

東京高判昭51年4月28日（判タ340号172頁）は、被告土地の土砂が風雨により隣地原告所有地に崩落した事例について、被告所有地が崩壊の蓋然性の存する土地であったことから不可抗力に基づいて生じた妨害状態とは言えないとして土砂の撤去請求は認めた（この限りでは行為請求権説に拠っている）ものの、将来の土地崩壊を予防することは原告・被告の双方の土地にとって等しく存すること、予防工事に莫大な費用を要することから、民法223、226、229、232条等の規定を類推適用し原告被告が「共同の費用（通常は平分と解する）をもって妨害予防のための擁壁を設置すべき」とした。

上記東京高判昭和51年は、妨害状態の出現が不可抗力による場合には別に考える余地を残していたが、東京高判昭和58年3月17日（判タ497号117頁）は物権的請求権の内容実現のための費用は相手方の故意過失を論じることなく相手方が負担すべきとしつつも「右の危険が相隣地の関係にある場合に、それが土地崩落を内容とするものであり、しかも隣地土地所有者の人為的作為に基づくものでないときには前記の請求〔相手方の費用をもってする危険防止措置の請求〕をなし得ない」としている（同旨横浜地判昭61・2・21判時1202号97頁。また静岡地浜松支判昭37・1・12下民集13巻1号1頁は、当事者双方に過失がある場合について費用を折半とした。なお、216条に基づくため池の擁壁設置請求に対してこれを否定した例として京都地判昭63・9・21判例地方自治605号58頁がある）。

また、東京地判平成30・8・9LEX/DB25556914は、妨害予防のための土留め擁壁等の築造の訴えを、請求内容が特定されていないとして却下したものの、「念のため」として、225条1項により共同費用での設置ができるものの「原告らは、被告に対して、まず崩落予防設備及び境界塀の築造を求めることができない」と述べている（この判決の評価も含め、吉田III 1651頁以下も参照）。

【参考文献】　本判決について、江川英文・判民昭和5年度353頁、林ほか編『注解判例民法物権法』（青林書院、1999）22頁以下〔田中康博〕、根本尚徳『差止請求権の理論』（有斐閣、2011）、山田晟・法協百年3巻1頁、奥田昌道・法教198号7頁、小川保弘『物権法研究』（法律文化社、1985）、**78事件**で挙げた文献も参照。

田中康博

76 慣習法上の物権——湯口権【鷹の湯事件】

大審院昭和15年9月18日判決　民集19巻1611頁

【175条】

論点　民法その他の法律に規定されていない「温泉権」は物権と認められるか

事実の要約

AはYから金員の貸付けを受けるに当たり、その所有地に抵当権を設定し、「湯口権」（源泉より湧出する温泉を引湯使用する権利）について質権を設定した。Aが債務を弁済しないので、Yが本件湯口権を差し押さえた。ところが、Aから湯口権をその源泉地所有権とともに譲り受け、源泉地につき所有権移転登記を経由していたXがこれに対して強制執行異議の訴えを提起した。

裁判の流れ

1審（長野地松本支判年月日不詳）：Xの異議認容　2審（東京控判年月日不詳）：Xの異議認容　大審院：破棄差戻
1審、2審ともにXの異議を認容。

判旨

〈破棄差戻〉「本件係争の温泉専用権即所謂湯口権に付ては、該温泉所在の長野県松本地方に在ては右権利が温泉湧出地（原泉地）より引湯使用する一種の物権的権利に属し、通常原泉地の所有権と独立して処分せらるる地方慣習法存するは上掲の如く原審の判定せる処にして、而も叙上の湯口権は…即所謂原泉権自体に外ならざることは…明白なりとす。然れども既に地方慣習法に依り如上の排他的支配権を肯認する以上、此の種権利の性質上民法第177条の規定を類推し、第三者をして其の権利の変動を明認せしむるに足るべき特殊の公示方法を構ずるに非ざれば、之を以て第三者に対抗し得ざるものと解すべきことは敢て多言を俟た」ない。原審は、この公示方法について考慮すべきである。この地方では「例へば温泉組合乃至は地方官庁の登録等にして右公示の目的を達する」のか「尠くとも立札其の他の標識に依り若くは事情に依りては温泉所在の土地自体に対する登記のみに依り」て権利変動を第三者に明認せしむるに足りるかを改めて審理する必要がある。

判例の法理

本判決は、「地方慣習法」が排他的支配権を認めてることを根拠に、175条との関係を示さずに「湯口権」を「物権的権利」であるとした。物権的権利であることの意味について本判決は、①「湯口権」が地盤所有権と独立して処分の対象となること、②その権利変動について177条が類推適用され、公示を具備すれば第三者対抗力が認められること、③民法上の物権と同様の妨害排除権能が認められること（執行異議は物権的請求権の一形態である）を明らかにしている。しかし、排他的支配権を認める「地方慣習法」のないところでは物権的な権利とは認められないことには注意を要する（東京地判昭54・12・17判時966号60頁、東京高判令元・10・30判時2485号12頁など）。

判例を読む

●先例・その後の判例

本判決は初めて民法その他の法律により物権とは認められていない温泉利用権（「湯口権」）を「物権的権利」と認めたものである。本判決以前は地盤所有権から独立した地表部分のみの権利である「上土権」、農地の地盤所有権から分離独立し地盤所有者の承認なしに自由に譲渡・転貸できる「鍬先権」については物権的効力を否定していた（大判大6・2・10民録23輯138頁、大判昭11・4・24民集15巻790頁。反対、富山地判昭31・12・27下民集7巻12号3888頁）。大審院は流水使用権・温泉使用権については法的保護を認めていたものの、権利の性質については明言していなかった（大判明38・10・11民録11輯1326頁、大判昭7・8・10新聞3453号15頁など）。本件は、慣習法上の利用権を「物権的権利」と明言した点にその意義が認められる。本判決以降、判例は、水利権（農業用潅漑用水、日常生活用水のための公流水の使用権）（徳島地判昭39・4・24下民集15巻4号935頁など、奈良地葛城支判平11・3・24判タ1035号190頁）・墓地使用権（墳墓の所有者がその目的を達成するために他人の土地を固定的、永続的かつ支配的に使用する物権的性質を備える権利、山形地判昭39・2・26下民集15巻2号384頁など）についてこれを慣習法上の物権的権利であるとして、民法上の物権と同様の効力を認めている。地方権の性質を有する「蔭打」の慣行について吉田Ⅲ1333頁も参照。

●理論的根拠

175条との関係で慣習法上の物権が認められるか否か、認められるとしたら法律規定との関係はいかん、との問題については諸説ある（中尾・参考文献参照）ものの、叙上の大審院の態度はその後広く学説においても是認されている。慣習法上の物権を認めてもそれが近代的所有権を中心とする物権の体系にさからうものでない限り法の理想に反するものでない、あるいは、「社会の慣行によって生成存続した物権的関係はそれが物権法定主義の根拠を排除する性質のものではなく、且つある種の公示方法を有するときに限り例外的に民法175条の制約を受けずに慣習法による物権の成立が認められる」（前掲山形地判昭39・2・26）というわけである。

●公示の方法

温泉権の公示方法については、本判決は、「温泉組合乃至は地方官庁の登録」を例示し、これに従うものも多数みられた。しかし、近時「源泉権者が温泉の採取、利用、管理のための施設によって現実に源泉を継続して管理・支配しているという客観的事実」が公示方法にほかならないとするとする例も多く（仙台高判昭63・4・25判時1285号59頁など）、また、温泉台帳への登録は温泉の権利関係を公示する目的も機能も有しないと明言する例もある（釧路地判平11・3・16判タ1039号131頁）。水利権について人工的な水利施設、墓地利用権については墓石が公示の役割を果たす。

【参考文献】　本件の解説として、松尾弘・百選Ⅰ92頁、中尾英俊「物権法定主義」民法講座2、武川幸嗣・民事判例24（2021年後期）号98頁、宮崎淳・新判例解法WATCH27号77頁。

田中康博

77 所有権移転の時期

最高裁昭和 33 年 6 月 20 日判決　民集 12 巻 10 号 1585 頁

【176 条】

論点　特約ない場合の特定物売買における所有権移転の時期はいつか

事実の要約

　Ｘ Ｙ間で昭和 27 年 7 月 17 日にＹ所有の甲乙丙の土地・建物を 163 万円余でＸに売り渡す売買契約が締結された。Ｘは契約に従い、数回にわたり代金 120 万円余を支払い、最終期限に残代金を持参し、Ｙに契約の履行を求めたところ、Ｙが明渡しの準備もせず、その後も契約の履行に応じない。そこで、ＸがＹに対して、残代金との引換えに甲乙の所有権移転手続、丙建物がＸの所有に属することの確認並びに乙丙建物の明渡しを求めた。

裁判の流れ

　1 審（名古屋地岡崎支判民集 12 巻 10 号 1587 頁）：Ｘの請求認容　2 審（名古屋高判昭 31・9・21 民集 12 巻 10 号 1592 頁）：Ｘの請求認容　最高裁：上告棄却

　Ｙは「売買契約は債権的行為であって物権的行為ではない。故に、売買契約は必然的に所有権移転の効力を発生するものとは限らない」として上告。

判旨

　〈上告棄却〉「売主の所有に属する特定物を目的とする売買においては、特にその所有権の移転が将来なされるべき約旨に出たものでないかぎり、買主に対し直ちに所有権移転の効力を生ずるものと解するを相当とする（大判大 2 年 10 月 25 日民録 19 輯 857 頁参照）。そして原審は、所論の建物については、Ｙの引渡義務とＸの代金支払義務とは同時履行の関係にある旨を判示しているだけであって、右建物の所有権自体の移転が、代金の支払または登記と同時になさるべき約旨であったような事実を認めていないことは、原判文上明白である。それ故、原判決には、所論のような違法はなく、論旨は採用できない」。

判例の法理

　本判決は大審院以来の判例法理である、特定物の売買においては所有権移転時期についての特約がない限り売買契約成立と同時に所有権が移転するという「**契約時移転説**」（判旨引用の判決の他に大判大 6・12・27 民録 23 輯 2262 頁、大判大 10・6・9 民録 27 輯 1122 頁など）を最高裁として初めて抽象的なレベルで確認したものである（土井・後掲。ただし具体的な事案との関係でかかる説示が意味をもつかは問題である。後掲・奥田、鈴木、藤澤参照）。最高裁は、学説からの種々の理論的な問題の提起にもかかわらず、抽象的な原則としては、「契約時移転説」を維持して現在に至っている（近時の判決も含めて概略的には松岡・物権 88 〜 89 頁）。

判例を読む

●債権的意思表示か物権的意思表示か：戦前の学説状況

　判例法理は 176 条の意思表示を「**債権的意思表示**」とすることを理論的な根拠にしていた。判例法理に対して、ドイツ民法の形式主義を採りいれて 176 条の意思表示を「**物権的意思表示**」と解し登記または引渡時に所有権が移転するとする立場（**物権行為独自性説**）が一時有力になった。しかし、日本民法のもとでは「当事者が債権的効力を欲する法律行為に於て同時に物権変動の発生までも欲する場合があり得る」ことが論証され（末弘嚴太郎

『物権法上巻〔20 版〕』（有斐閣、1931）77 頁以下。最判昭 23・2・10 裁判集民 1 号 73 頁も参照）、判例法理を支持する学説が通説となった。これに対して物権行為独自性説からは代金支払・登記・引渡などの「外部的徴表」があった時に「物権的意思表示」があったとみるべきであるする見解（末川博・民商 2 巻 4 号 206 頁以下）が有力に主張されていた（本件Ｙの上告理由はこの理論を前提とする）。

●戦後の学説状況

　判例理論に賛成する通説の他、末川説に基礎を置く物権行為独自性説も根強く支持されていたところ、物権行為の独自性を否定しつつ「**有償性原理**」を根拠に原則として代金支払時（例外的に登記・引渡時）に所有権が移転すると説く見解（川島武宜『所有権法の理論』（岩波書店、新版、1987）222 頁以下（初版は 1949 年））が主張され、このような考え方に基本的に賛成する見解（例えば、原島重義ほか『民法（2）』物権（有斐閣双書、3 版、1988）49 頁以下（初版は 1970 年））も含めて「有償性説」が有力化した。その結果、所有権移転の時期に関しては、「契約時説」と「代金支払・登記・支払時説」とが大きく対立することとなった。本判決は、このような理論状況の中で示されたものであった。

　以上の諸説は―判例も含めて―所有権移転時期をある一点に画することでは一致するところ、物権変動の時期を論じること自体を批判し、所有権を種々の権能の束と捉え、売買契約の始めから完全にこれが完了する迄の果実収取権・損害賠償請求権・物権的請求権等の権能がなし崩し的に売主から買主に移転し、最終的に全ての権能が買主に移転すると唱える「**なし崩し的移転説（段階的移転説）**」があらわれた（鈴木禄弥『物権法の研究』（創文社、1976 年）109 頁以下（初出は 1962 年））。

●近時の学説の状況

　近時での、契約時移転説が再び支持を集めているといつてもいいだろう（なお、なし崩し移転説・物権行為時説に対する問題点等については例えば、松岡 物権 92 頁以下））。しかし、近時の契約時移転説は、当事者の意思解釈や取引慣行を通じて契約の成立を慎重に認定することを主張する（滝沢聿代『物権法』（三省堂、2013）54 頁・同参考文献、横山美夏・参考文献、佐久間 民法の基礎Ⅱ 42 頁、山野目 2 40 頁など）。その結果、実際の結論は有償性説（および物権行為時説）と大差はなくなつているといつてもよい。しかし、有償性説からは、このような意思解釈による処理に対して強い疑問が提示されていて、有償性説も有力に主張されている（松岡・物権 93 頁、安永・37 頁も「有償性説と同趣旨」である）。

【参考文献】　本判決については、土井王明・最判解民昭和 33 年度 176 頁、奥田昌道・不動産取引判例百選 3 版 66 頁、鈴木禄弥・百選Ⅰ初版 104 頁、原島重義・民法の判例 3 版 51 頁、横山美夏・百選Ⅰ 98 頁、藤澤治奈『START UP 民法②物権 判例 30 !〔第 2 版〕』（有斐閣、2023）14 頁。

田中康博

78 所有権移転時期についての合意

最高裁昭和 38 年 5 月 31 日判決　民集 17 巻 4 号 588 頁

【176 条】

論点　売買契約における所有権移転時期の特約の効力

事実の要約

　Xは、Y₁に対して、その所有する本件土地・甲建物を賃貸していたところ、Y₁は建物を増築し、既存のX名義で登記済みの甲建物も含めてあたかも自ら所有する乙建物として保存登記し、さらにY₂Y₃のために根抵当権設定登記を経由した。その後、Xは、訴外Aとの間で代金完済・所有権移転登記完了までは所有権を留保するとの特約つきで売買契約を締結した。しかるに、Y₂が競売開始決定を得たので、XがYらに対して、各々の登記抹消手続を求めるとともに、Y₁に対して、賃料不払により賃貸借契約を解除したとして本件土地所有権に基づいて増築建物の収去・土地明渡しを求めた。

裁判の流れ

　1 審（福岡地判昭 34・12・2 民集 17 巻 4 号 592 頁）：Xの請求認容　2 審（福岡高判昭 35・6・6 民集 17 巻 4 号 599 頁）：Xの請求認容　最高裁：上告棄却

　ここでの問題に関していえば、Yらは訴外Aとの売買契約により、所有権はAに移転していて、Xは所有者ではないと主張しているようである（判例集ではこの点の上告理由は省略されている）。

判　旨

　〈上告棄却〉「原判決…は、挙示の証拠に基づき、Xは昭和 29 年 8 月 30 日頃訴外Aとの間に本件土地並びに判示甲建物（以下単に甲建物という）の売買契約を締結したが、代金の完済、所有権移転登記手続の完了までは、なおその所有権を買主に移転しない趣旨であった旨を認定しているのであって、所論のように常に売買契約締結と同時に売買物件の所有権が買主に移転するものと解さなければならないものではない…。所論は、原審適法の事実認定を争うか、または、独自の見解を述べるものであって、採用するに足りない（違憲の論旨は、その前提を欠き、理由がない）」。

判例の法理

　判例は、特定物の売買における所有権移転の時期について特約なき限り契約時としてきた（→ **77 事件**）が、このことは特約あればそれに従うことを意味する。例えば、再売買の予約において代金支払と所有権移転登記手続を同時に履行しなければ本契約である売買は完結しない旨の特約ある場合について大判大 7・9・11 民録 24 輯 1675 頁、特定物の売買において月賦代金完済までは売主が所有権を留保する旨の特約がある場合について大判昭 9・7・19 刑集 13 巻 1043 頁、各々の特約に従うとするものがそうである。また、「特約」をめぐっては最判昭 35 年 3 月 22 日が、期限までに代金を持参しない場合には売買契約が当然に失効する旨の特約（それ故、所有権移転時期についての明確な特約とはいえない）がある場合に関して、「それ故に特段の事情の存しない本件では、右売買の目的物…の所有権は右契約により当然…〔買主〕に移転することはなかったものと解するのが相当である」（民集 14 巻 4 号 501 頁）と判示していた。この判決に

ついては、契約時移転という判例の原則を否定するものではないとの評価と（柚木馨＝高木多喜男『判例民法論第 4 巻（判例物権法総論）〔補訂版〕』（有斐閣、1972）106 頁）、判例に反対する立場に一歩近付いたものといえないことはない（川添利起・最判解昭和 35 年度 98 頁）との評価があった。本判決は、「売買契約を締結したが代金の完済、所有権移転登記手続の完了までは、なおその所有権を買主に移転しない趣旨であった旨」の特約がある場合には「常に売買契約締結と同時に売買物件の所有権が買主に移転するものと解さなければならないものではない」として「特約」ある場合について最高裁として特約が優先することを正面から認めた点に意義が見出される。

判例を読む

●意思主義

　所有権移転時期について特約ある場合に特約が優先することは、**77 事件**で述べた全ての学説が認める。日本民法が登記・引渡時に物権の変動が生じるという形式主義ではなくて意思表示のみで物権が変動する旨規定しているのは、当事者の意思によって変動の時期を自由に決定し得ることを意味するのである。かかる意思主義の意味から指摘されている問題に最後に触れておく。まず、もし、代金支払・登記・引渡時に所有権が移転するというのが取引慣行であるならば、明示の特約がなくても「契約の解釈」を通じて、成立時移転を回避することも困難ではない（内田Ⅰ3 版 428 頁）との指摘である（横山・新争点 91 頁も参照）。これは日本の取引慣行に基礎を置く「物権行為独自性説」に対する問題提起である（慣習の効果としての物権変動の時期については、滝沢聿代「物権変動の時期」民法講座 2 40 頁、山野目 2 41 頁）。さらに、判例が「契約時移転説」をとっているという評価に対して「具体的事案に即して判例を見直す」と「特約を原則の例外として位置づけることがおかし」く「物権変動の時期は取引内容によって判定されるのであり」〔契約成立と同時に所有権が移転するとの〕「抽象論は退けられるべきであろう」（吉原節夫・百選Ⅰ3 版 109 頁：参考文献）という指摘や「意思主義の原則に立つ以上」「物権変動時期について特約があれば特約に従うのが原則である」（松岡・物権 89 頁）との主張がある。しかしながら、所有権移転時期を取引慣行や当事者の意思から導き出せるとは限らない（滝沢聿代・百選Ⅰ5 版 109 頁）からそのような場合に備えての基準を明らかにする必要があろう（**77 事件**参照）。

【参考文献】　本判決については、真舟孝允・最判解昭和 38 年度 174 頁、石田喜久夫・民商 50 巻 1 号 109 頁がある。ただし、これらでは、本項目で問題とした「所有権移転時期についての合意」に関しては、触れられていない。吉原節夫・民商 48 巻 6 号 827 頁。

田中康博

登記を要する物権変動の範囲

大審院明治 41 年 12 月 15 日連合部判決　民録 14 輯 1301 頁

【177 条】

論点　意思表示によらない物権変動にも民法 177 条は適用されるべきか

事実の要約

　Xは先代Aの隠居により家督を相続し、相続財産の一部である係争地の所有権を取得した。ところが、その後Aは係争地をYに贈与し、所有権移転登記を経由したので、XがYに対して抹消登記手続を請求した事案のようである（事実関係については原審判決も参照）。

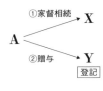

裁判の流れ

　1審（浦和地判（判決年月日および出典不明））：請求棄却　2審（東京控判明41・5・1新聞503号23頁）：控訴棄却　大審院：上告棄却

　1審判決の内容および事実の詳細は不明である。2審は、生前相続にあっては、死亡相続の場合と異なり、隠居者が生存しているため、第三者が隠居の事実を知らずに隠居者を戸主と信じて、または隠居の事実を知っていても係争不動産を留保財産と信じて、隠居者と不動産に関する法律行為をする可能性があり、もし相続人が、係争不動産が相続財産に属するものと主張して、法律行為の効力を否定できるとすれば、第三者は意外の損害を被るから、隠居による不動産物権の取得にも 177 条が適用されるべきものとして、控訴を棄却した。そこで、Xらは、同条が意思表示による物権変動のみに関する規定であり、相続による物権変動には適用がないとする先例を引用して、上告した。

判旨

　〈上告棄却〉「…民法第 176 条に物権の設定及び移転は当事者の意思表示のみに因りて其効力を生ずとありて、当事者間に在りては動産たると不動産たるとを問わず、物権の設定及び移転は単に意思表示のみに因りて其効力を生じ、他に登記又は引渡等何等の形式を要せざることを規定したるに止まり、又其第 177 条には、不動産に関する物権の得喪及び変更は登記法の定むる所に従い、其登記を為すに非ざれば之を以て第三者に対抗することを得ずとありて、不動産に関する物権の得喪及び変更は其原因の如何を問はず総て登記法の定むる所に従い、其登記を為すに非ざれば之を以て第三者に対抗するを得ざることを規定したるものにして、右両条は、全く別異の関係を規定したるものなり。之を換言せば、前者は物権の設定及び移転に於ける当事者間の関係を規定し、後者は物権の得喪及び変更の事為に於ける当事者と其得喪及び変更に干与せざる第三者との関係を規定したるものなり。故に偶第 177 条の規定即ち物権の得喪及び変更に付ての対抗条件の規定が前顕第 176 条の規定の次条に在るとの一事を以て第 177 条の規定は独り第 176 条の意思表示のみに因る物権の設定及び移転の場合のみに限り之を適用すべきものにして、其他の場合即ち意思表示に因らずし

て物権を移転する場合に於て之を適用すべからざるものとするを得ず。何となれば、第 177 条の規定は同一の不動産に関して正当の権利若くは利益を有する第三者をして登記に依りて物権の得喪及び変更の事状を知悉し以て不慮の損害を免るるを得せしめんが為めに存するものにして、畢竟第三者保護の規定なることは其法意に徴して毫も疑を容れず、而して右第三者に在りては物権の得喪及び変更が当事者の意思表示に因り生じたると将た之に因らずして家督相続の如き法律の規定に因り生じたるとは毫も異なる所なきが故に、其間区別を設け前者の場合に於ては之に対抗するには登記を要するものとし、後者の場合に於ては登記を要せざるものとする理由なければなり。加之家督相続の如き法律の規定に因り物権を取得したる者に於ては意思表示に因り物権を取得したる者と均しく、登記法の定むる所に従い、登記を為し以て自ら其権利を自衛し第三者をも害せざる手続を為し得べきは言を俟たざる所なれば、其間敢て区別を設け前者は登記を為さずして其権利を第三者に対抗し得るものとし、後者のみ登記なくして其権利を第三者に対抗し得ざるものとするの必要を認むるに由なければなり…」。

判例の法理

●意思表示制限説の否定

　177 条は、旧民法（旧民法財産編第 348 条・350 条）と異なり、登記をしなければ第三者に対抗できない物権変動の範囲について特に限定をしていない。その趣旨は、不動産に関する権利関係を可能な限り登記を通じて一元的に公示しようとする政策的配慮に基づき、変動原因の側面から 177 条の適用を制限しない立場を明確化することにあったと考えられる（梅謙次郎『訂正増補民法要義巻之二物権編』（和佛法律学校、1900）14 頁および富井政章『民法原論第 2 巻物権上』（有斐閣、1907）69 頁）。ところが、民法典施行後しばらくの間、大審院は、177 条が 176 条の直後にあるという規定の位置関係からしても、前者は後者の特則と見るべきであり、意思表示に基づく物権変動のみを対象とする規定であるという解釈を採用していた（**意思表示制限説**）（大判明 38・12・11 民録 11 輯 1736 頁）。

　本判決は、このような考え方を明確に否定して、177 条が広く意思表示以外の変動原因に基づく物権変動をも対象とすることを宣言し、その後の判例法の礎石となった点において極めて重要な意義を有する。大審院は、本判決並びに同日付の著名な第三者制限判決によって（→ 88 事件）、177 条の適用範囲に関して、変動原因レベルでは特に限定をしない一方で、「第三者の範囲論」において、すなわち、第三者が「登記欠缺を主張する正当の利益」を有するか否かという判断を通して、177 条が機能すべき範囲を制限する立場へと踏み出したものと評価されている（我妻・講義Ⅱ 93 頁）。

●本判決の射程

　もっとも、理由付けが一般的な説示であることに加え

て、事実関係が不明確なこともあり、本判決の射程については、広狭いくつかの理解のしかたがあり得る（原島重義・法政研究（九州大学）30巻3号255頁）。

第1に、最も狭く射程を捉えるならば、①本判決は、「生前相続による物権取得を、被相続人（隠居者など）から不動産の処分を受けた者等に対抗するには登記を要する」、という意味で理解しうる（大判大4・10・2民録21輯1541頁）。次に、①よりはやや広いものの、②相続による物権変動について177条の適用を認める限りで先例性を承認するという考え方もあり得る。これらの見解によれば、戦後の相続法改正によって、相続制度が死亡による遺産相続に一本化されたこと、並びに共同相続における法定相続分については登記なしに対抗できるという最高裁の立場（最判昭38・2・22民集17巻1号235頁（→82事件））が確立したことにより、本判決は先例としての意義を失ったと考えられなくもない。

しかしながら、判決理由は、(1)176条は物権変動の当事者間の関係、177条は第三者との関係を規律するものであって、後者が前者の直後にあることは意思表示制限説の論拠とならないこと、(2)177条は第三者保護規定であり、第三者の立場からすれば変動原因が意思表示であるか否かによって未登記物権変動の対抗力が区別されるべきではないこと、(3)登記手続上も、家督相続による物権変動は、意思表示による場合と同様に、登記をなし得るのであり、両者を区別する必要がないこと、を主たる論拠としている。この理由付けからすれば、上記①②いずれの理解もやや狭すぎると見るべきであり、本判決は、③意思表示以外の他の原因に基づく物権変動一般に広く同条の適用可能性を認める趣旨であった、と読むのが素直である。時効取得を完成後の第三者に対抗するには登記を要するものとし（大連判大14・7・8民集4巻412頁）、更には取消後の第三者との関係でも177条を適用するに至った大審院は（大判昭17・9・30民集21巻911頁（→80事件））、③説の理解を前提とするものといえる。

判例を読む

●変動原因論から第三者の範囲論へ

本判決の後、時効・取消し・解除・相続や遺贈等の様々な変動原因ごとに判例が積み重ねられた。その結果、同一不動産につき物的支配を争う関係にある第三者が出現する可能性がある限り、その変動原因が意思表示であるか否かを問わず、遡及的消滅も含めて、物権変動と評価可能なものは基本的に民法177条の定める「得喪変更」として民法177条の土俵にのることとなった。そのうえで、未登記物権変動の効力を主張しようとする者が登記を備えなかったことに対する非難可能性と第三者の要保護性とを比較考量し、具体的な第三者との関係で未登記が懈怠に基づくと評価できる場合にのみ、当該物権変動との関係で当該第三者を177条の「第三者」に含めるとする解釈論が定着した（半田正夫・民研340号19頁）。

すなわち「第三者」該当性は、その法的地位を抽象的なカテゴリーにおいて捉えるに留まらず、未登記物権変動の効力を主張する者の未登記が登記を怠ったと非難しうる場面であるかどうかを、第三者が目的物に利害関係を持つに至った時期も考慮にいれて判断されている（時間区分論）。さらには、法的利害関係を持つにいたった者に登記欠缺を主張することが信義に反するような具体

的事情が認められる場合には、背信的悪意者又は登記欠缺を主張することが信義則に反する者として、「第三者」から除外される仕組みが形成されている（→89事件、水野謙ほか『〈判旨〉から読み解く民法』（有斐閣、2017）98頁［石田剛]）。

●平成30年相続法改正の影響

平成30年相続法改正により、不動産物権変動の対抗要件に関しては、899条の2第1項が新設された。

共同相続に関して特別の規律が設けられたことに伴い、177条と899条の2の関係をどう位置づけるべきかという新たな課題が生じている。両者は異質の問題を規律しており、登記がそれぞれの条文において持つ意味も異なるという整理も可能であるが、対抗可能という同じタームが用いられている以上、両者は同質の問題を扱っており、民法177条が一般原則を、899条の2が共同相続に関する特則を定めるという見方も自然に導かれる。さらには、899条の2は、177条の制度趣旨から導出される内容を確認的に規定するものに留まり、創設的意義はないとする見方もできなくはない。899条の2の解釈にあたって生ずる具体的な解釈問題の精緻化と共に、177条の解釈論全体への影響可能性にも留意すべきであろう。

●176条と177条の関係性

両条文の関係性をめぐっては、判例法理と異なり、176条を意思表示に基づく物権変動の原因行為（ex.売買・贈与等）に関する規範（変動原因規範）、177条を、その原因行為（権原）を第三者に対抗して、物権の排他的帰属を確定する規範（排他的帰属確定規範）と捉える見解（「規範構造説」）も主張されている。すなわち、177条は、同一主体を起点として競合する変動原因行為相互の優劣を決定すべき場面において、変動原因規範である176条が内包する優劣決定規範（先行する契約が後行の契約に優先する）に置き換えて、登記の先後という外在的基準により物権の排他的帰属を確定するものだという。そのため、意思表示以外の物権変動原因に関しては、(A)二重譲渡に類比されるような隠れた先順位の権原によって後発の第三者の権利取得が阻止される事態が生じうるか、(B)生じうる場合に第三者保護が必要か、(C)それを177条の枠内で行うべきか、という観点から177条適用の可否を決すべきだとされる（後掲・新版注民(6)554頁）。

もっとも、先行する権原に基づく物権変動が優先するのは、176条よりも上位にある物権の優先性原則の帰結であるとも解される。そうだとすれば、177条の趣旨は意思表示以外の変動原因にも妥当しうる。また、規範構造説は、176条・177条の淵源であるフランス法が前提とする対抗要件制度の理解に沿うものとはいえ、ドイツ法的な不動産登記制度を採用した日本法における登記の公示力を競合する権原相互間の優劣決定機能に限定すべき理由も明らかではない。

【参考文献】　変動原因論全般をコンパクトにまとめたものとして、鎌田・民法ノート物権法46頁および、松岡・物権140頁、七戸克彦・百選Ⅰ102頁。規範構造説については、「Ⅳ登記がなければ対抗しえない物権変動」新版注民(6)554頁以下［原島重義＝児玉寛]、水津太郎・法時94巻2号129頁。

石田　剛

80 法律行為の取消しと登記

大審院昭和 17 年 9 月 30 日判決　民集 21 巻 911 頁

【94 条、96 条、177 条】

論点
① 96 条 3 項の第三者の意義
② 法律行為が詐欺を理由として取り消された後に出現した第三者との関係

事実の要約

　Xの先代AはBに騙されて自己が所有する甲乙地をBに売却する契約を締結し、わずかな前金と引換えに登記名義をBに移転した。その後Aは詐欺を理由に売買契約を取り消したものの、すでにBは、自己のYに対する債務を担保するために、甲上にYを抵当権者とする(ⅰ)抵当権設定登記を、さらに(ⅱ)代物弁済予約による所有権移転請求権保全の仮登記をしていた。また、取消しの意思表示後に、Bは、甲につき、さらに(ⅲ)条件付賃借権設定仮登記を、乙については、同じくYに対する貸金債務を担保するため、(ⅳ)抵当権設定登記、並びに(ⅴ)代物弁済による所有権移転請求権保全の仮登記をした。Aを相続したXは、Bに対し訴訟を提起し、A→Bの売買に基づく所有権移転登記の抹消登記請求が認容され、勝訴判決が確定した。そこでXはYに対して、(ⅰ)～(ⅴ)の各登記の抹消登記手続を求めて本訴に至った。

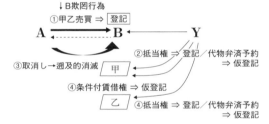

裁判の流れ

　1 審（東京民事地方裁判所）：一部請求認容　2 審（東京控訴院）：一部請求認容　大審院：破棄差戻

　1・2 審ともに、(ⅰ)(ⅱ)に関してYは 96 条 3 項の「善意の第三者」に当たるとして、Xの請求を棄却する一方、(ⅲ)～(ⅴ)については、取消しの意思表示後に利害関係をもつに至ったYは、たとえ詐欺の事実につき善意でも保護されないものとして、請求を認容した。

判旨

　〈破棄差戻〉「凡そ民法第 96 条第 3 項に於て詐欺に因る意思表示の取消は之を以て善意の第三者に対抗することを得ざる旨規定せるは、取消に因り其の行為が初より無効なりしものと看做さるる効果即ち取消の遡及効を制限する趣旨なれば、茲に所謂第三者とは、取消の遡及効に因り影響を受くべき第三者即ち取消前より既に其の行為の効力に付利害関係を有せる第三者に限定して解すべく、取消以後に於て始めて利害関係を有するに至りたる第三者は、仮令其の利害関係発生当時詐欺取消の事実を知らざりしとするも右条項の適用を受けざる…と雖、右条項の適用なきの故ををを以て直ちに斯かる第三者に対しては取消の結果を無条件に対抗し得るものと為すを得ず。

　「…本件売買の取消に依り土地所有権はX先代に復帰し、初よりBに移転さりしものと為るも、此の物権変動

は民法第 177 条に依り登記を為すに非ざれば、之を以て第三者に対抗することを得ざるを本則と為すを以て、取消後Bとの契約に依り権利取得の登記を為したるYに之を対抗し得るものと為すには、取消に因る右権利変動の登記なきこと明かなる本件に於ては、其の登記なきも之をYに対抗し得べき理由を説明せざるべからず…」。

判例の法理

●取消前の第三者

　登記(ⅰ)(ⅱ)に関しては、AがBとの売買契約を取り消す前にYへの物権変動が生じている。取消しによりAB間の売買が遡及的に無効になると（121 条）、法律行為の目的である本件不動産に利害関係をもつ第三者Yが不測の不利益を被る。そこで、詐欺取消しの場合、取消前に出現した善意無過失の第三者は先行行為の遡及的無効に伴う失権を免れ、権利を取得できるものとされている（96 条 3 項）。同条の反対解釈により、強迫を理由とする取消しの場合には、取消権者の保護が貫徹される。このような区別は、騙された被詐欺者は軽率であるとの批難を免れず、被強迫者に比べて帰責性の程度が相対的に大きい、という論拠で正当化されている（佐久間・民法の基礎Ⅰ 177 頁）。

　AYの関係は物権変動の前主と後主の関係にあり、典型的な対抗関係ではない。96 条 3 項は法律行為の遡及的無効から詐欺の事実につき善意無過失の第三者を保護する規定であるから、Yが権利を取得するために論理必然的に登記は要求されない。しかし、Yが保護を享受するための資格要件（**権利保護資格要件**）として登記を備える必要があるか否かが議論されている。判例・通説は不要説に立つが（→ **34 事件**）、有力な反対説も存在する。

●取消後の第三者

　これに対して、登記(ⅲ)～(ⅴ)はいずれも取消後に行われた物権変動に基づくものである。遡及効による影響が問題にならない取消後の第三者との関係は、96 条 3 項の射程外と考えられる。このため、判例は、この場面では取消しの遡及効を制限して、B→Aの復帰的物権変動ないし遡及的消滅を観念し、これとB→Yの物権変動が二重譲渡類似の関係になると捉えて、登記を先に備えた方を優先させる。取消権を行使したAは速やかに移転登記を抹消することができ、かつそうすべきであったのに、これを怠った以上は、二重譲渡の未登記第一譲受人と同等の帰責性をAに見出し得るからである。同様のことは、詐欺取消しに限らず、錯誤、強迫及び制限行為能力の場合にも妥当するので、これらの場合も、取消後の第三者との関係は同様に 177 条により規律されると考えられる。

判例を読む

●判例法理の問題点

　判例法理に対しては、第一に、取消前の第三者との関

係では遡及的無効を貫徹する一方、他方で取消後の第三者との関係でこれを制限するのは首尾一貫しないという批判がある。Ｙが取消前後の第三者のいずれに位置付けられるかは、自己の関知しない偶然の事情に左右されるのであり、それによって第三者保護に落差が生じること自体望ましくないとも考えられる。

第二に、実質的公平の観点からも問題がある。取消前の第三者は、錯誤の場合は詐欺と同様に善意無過失であれば保護されるものの（95条4項）、強迫・制限行為能力の場合は全く保護される余地がない。ところが、取消後の第三者には一律に177条が適用される結果、177条に関して背信的悪意者排除論に立つ判例・通説によれば取消しの事実を知る悪意のＹまで保護されうることになる。仮にＡＹ間の利益状況が取消しの前後によって異なるとしても、このような法的保護の大きな落差を「取消後は登記が可能であるのに怠った」という論拠のみで正当化できるのか、疑問があるとされる。

● 取消しの遡及効

学説は判例法理の問題点を克服するために、大別して二つの異なる方向からこの問題にアプローチする。一方は、取消後の第三者との関係においても遡及効を貫徹し、無権利の法理を前提に善意者のみを保護する考え方である（**遡及効貫徹説**）。有力なのは、登記の公信力欠如を補充する機能を果たしている94条2項類推適用の法理を利用するものであるが（Ｉ説）、改正前96条3項の趣旨を遡及的無効に対する保護のみならず、詐欺の事実を過失なく知らない全ての第三者を保護する趣旨の制度と捉えて、取消後の第三者にも適用ないしは類推適用する説もあった（Ⅱ説）（川島・総則301頁）。Ｉ説は取消前後における問題状況の差異を認めるのに対して、Ⅱ説はこれが取消の前後を通じて変わらないという理解を前提とする。また、民法典が詐欺以外の場合には取消前の第三者を保護する規定を置いていないことを法の「不備」と捉えたうえで、取消権者が取消原因の存在を知りまたは知り得た時点＝登記の抹消・移転などの処置を期待し得る時点（登記除去可能時）以降に出現した第三者との関係にも94条2項類推適用の射程を拡張する説（Ⅲ説）も（幾代・後掲53頁）、取消時を基準として保護の在り方を一刀両断することに懐疑的である。

逆に取消しの遡及効を制限する方向で徹底し（**遡及効制限説**）、取消前であっても、取消可能時以降に現れた第三者には177条を適用する考え方がある（Ⅳ説）。177条によると、悪意の第三者も保護する結果になり妥当でないという批判に対しては、同条の第三者とは登記欠缺の主張が信義に反するために正当な利益を有しないと認められる者を含まないと捉えるなど背信的悪意者排除論を柔軟に適用することで対処すればよく、たとえば、取消しの事実・取消原因を知りまたは知り得た者を背信的悪意者と評価することで、実質的には善意無過失の第三者のみを保護すればよい、との反論が可能である（佐久間・民法の基礎Ⅱ86頁は、取消しの事実を知る者は取消しによる所有権回復を妨げうる地位にないとして、登記の不存在を主張する正当な利益を有しないとする）。

● 基準時の問題

次に、取消しの前後で適用法理を区別すること自体の是非も問題になる。というのも、Ａが、取消原因の存在に気づいて追認・取消が可能になったにも関わらず速やかに取消権を行使しなかった場合と、取消権は行使した

ものの、それに続く登記の抹消・移転を怠った場合とは、自己の権利保全措置に十分意を尽くさなかった点において帰責性において大差はないとも考えられるからである。それゆえに、取消可能時（追認可能時）や登記除去可能時などといった別の基準時を導入する議論も考慮に値する。もっとも、意思表示を取り消すかどうかは本来取消権者の自由であり、取消後の登記懈怠と取消権の行使自体が緩慢であった場合の帰責性を単純に同一平面上で論じてよいのか、慎重な検討を必要とする（広中・後掲52頁）。曖昧な基準時の設定は実際の法適用における認定の困難という厄介な問題を残すことにもなる。

● 善意者保護法理の活用

Ａ→Ｂ→Ｙと所有権が承継された場合のＡＹ間は本来物権変動の前主と後主の関係にあり、ＡＢ間の先行契約の瑕疵・無効によって後続の権利取得者Ｙに不測の影響が及ばないよう保護することが本問の要諦である。取消後の第三者保護はむしろ不実登記に対する信頼＝登記の公信力が問われる場面に酷似するのであり、原則として第三者の主観的態様を不問とする177条適用説は迂遠かつ過剰な構成と評することができる（もっとも177条に関する公信力説を是認するのであればこのような批判はあたらない。鎌田・民法ノート物権法119頁以下）。その意味で判例の立場には再検討の余地があるとはいえ、取消しの前後で利益状況が異なることを直視し、別個の判断枠組みを適用する限りにおいて、その発想自体は支持できる（その意味でⅡ説・Ⅲ説・Ⅳ説に与することはできない。もっともⅡ説をベースとしながら、独自の「権利保護資格の法理」を構想し、取消前後の法律関係を統一的に処理する見解もある（松尾弘・慶應法学13号197頁））。

登記の公信力を正面から認めないわが民法の下では、Ｙの信頼対象が取消しの前後で微妙に異なることには注意を要する。すなわち、取消前は取消原因＝詐欺の事実、取消後は取消しの事実の不存在に対する信頼保護が問題になっており、取消権行使の遅滞と取消後の登記懈怠とは帰責性の点でも区別されるべきである。また強迫・制限行為能力による取消前の第三者を改正前96条3項類推適用等で保護すべきかという問題も古くから議論されてきた（原島・後掲286頁）。

【参考文献】　問題点を概観するには金子敬明・百選Ⅰ104頁。松尾弘『叢書民法総合判例研究』（一粒社、2000）88頁。Ｉ説につき、下森定「『民法96条3項にいう第三者と登記』再論」『民法学の諸問題』（総合労働研究所、1977）99頁、四宮和夫「遡及効と対抗要件」同・民法論集（弘文堂、1990）1頁。Ⅱ説につき、原島重義・注民(6)286頁、川島・総則301頁、平野・物権116頁。Ⅲ説につき、幾代通「法律行為の取消と登記」『民法学の基礎的課題　上』（有斐閣、1971）57頁。Ⅳ説につき、鈴木禄弥『物権変動と対抗問題』（創文社、1997）95頁並びに、広中俊雄「法律行為の取消と不動産取引における第三者の保護」法時49巻6号48頁。

石田　剛

81 契約の解除と登記

最高裁昭和 35 年 11 月 29 日判決　民集 14 巻 13 号 2869 頁、裁判集民 46 号 55 頁

【177 条、545 条】

論点　契約解除後に出現した第三者に解除による所有権復帰を対抗するのに登記は必要か

事実の要約

Xは、所有する不動産をAに売り渡し、Aへの所有権移転登記もすませた。Aが売買代金の一部を支払わなかったので、Xは債務不履行を理由として契約を解除した。そして、XがAを相手取り、所有権移転登記の抹消登記および引渡請求の訴訟を提起したため、係争不動産につき予告登記がなされた。その後、両者間に和解が成立し、Aは係争不動産がXの所有であることを認め、1週間以内に抹消登記をすることを約束した。ところが、上記解除後に係争不動産につき、AからY₁Y₂への所有権移転登記、Y₃を権利者とする抵当権設定登記と所有権移転請求権保全の仮登記、Y₄を権利者とする抵当権設定登記がなされた。Y₁については解除の事実に対する悪意が認定されている。Xは、Y₁Y₂への所有権移転登記の抹消と、権限なく占有しているY₃に対して不動産の明渡しを求めて提訴した。

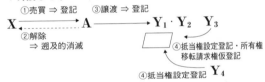

①売買 ⇒ 登記　③譲渡 ⇒ 登記

$$X \xrightarrow{\quad} A \xrightarrow{\quad} Y_1 \cdot Y_2 \quad Y_3$$

②解除
⇒ 遡及的消滅

④抵当権設定登記・所有権
移転請求権仮登記

④抵当権設定登記 Y₄

裁判の流れ

1審（大阪地判・判決年月日および出典不明）：請求棄却
2審（大阪高判昭 33・6・9 民集 14 巻 13 号 2879 頁）：控訴棄却　最高裁：上告棄却

2審は、先例を踏襲して（大判昭 14・7・7 民集 18 巻 11 号 748 頁）、未登記のXは不動産に関する権利の回復を第三者に対抗できず、Yらが 177 条の「第三者」に当ることはいうまでもない、としたので、Xが上告。

判旨

〈上告棄却〉「不動産を目的とする売買契約に基づき買主のため所有権移転登記があった後、右売買契約が解除せられ、不動産の所有権が買主〔売主の誤記か？〕に復帰した場合でも、売主は、その所有権取得の登記を了しなければ、右契約解除後において買主から不動産を取得した第三者に対し、所有権の復帰を以って対抗し得ない」…（この理は）「第三者が善意であると否と、右不動産につき予告登記がなされて居たと否とに拘らない…」。

判例の法理

●545 条 1 項の意義

545 条 1 項は、解除の効果として、各当事者がその相手方を原状に回復させる義務を負う一方、「第三者」の権利を害することができないと定めている。その趣旨は、解除により契約は遡及的に消滅し、物権変動の効果も最初から生じなかったことになる（直接効果説）ところ、契約の目的に法的な利害関係を有する第三者の権利を保護するため、遡及的消滅の効果を第三者との関係で制約することにあると一般的に理解されている。

●545 条 1 項ただし書の「第三者」の保護要件

そのため、同条の「第三者」とは解除前に契約の目的に法的利害関係を形成した第三者のみを意味し、しかも第三者が対抗要件を備えている場合に限り、同条の保護を享受しうるものと解されている（大判大正 10・5・17 民録 27 輯 929 頁）。96 条 3 項や 95 条 4 項のように第三者の主観的態様（善意・無過失）は問題とされていない。第三者が他人間の契約について債務不履行の有無を知るのは困難であり、仮に債務不履行があっても解除されるかどうかは不確定であるからである（松岡・物権 163 頁）。

●本判決の意義

他方で、解除後に契約の目的に法的利害関係を形成した第三者については、遡及効を貫徹して 94 条 2 項類推適用等の外観法理により善意者を保護する考え方（内田 I 450 頁）と、原状回復の効果としての遡及的消滅または復帰的な物権変動を観念し、これに 177 条を適用する考え方（大判昭和 14・7・7 民集 18 巻 748 頁）の両方が成り立ちうる。この点、本判決は、参照条文に 177 条を掲げ、YX間の関係を対抗問題として処理する大判昭和 14 年を踏襲し、かつ第三者の善意悪意を不問とすることを明言した。解除前の第三者との関係と異なり、解除後速やかに所有権回復登記のための措置をとることを解除権者に期待することができるから、二重譲渡の場合と同様に対抗関係と扱っても大きな問題は生じない。

判例を読む

●登記を備えることの意味—解除の効果論

解除により物権変動が遡及的に消滅するという解釈は自明のものではなく、条文の文言に忠実に解除の効果は原状回復義務の発生（債権的効果）と解する余地もある。この見方による場合、第三者が登場する時点が解除前・解除後のいずれであろうが、177 条の対抗関係として処理する可能性が開かれる。また 545 条 1 項ただし書の「第三者」についても、解除前後で区別する必然性はなくなり、解除後の第三者にも同条を適用する解釈の余地もある。この場合は解除権者の原状回復請求権の効果を阻止するための特別の保護要件としての登記具備が求められるとみることになる。

●双方未登記の場合

177 条を適用するか、それとも 545 条 1 項ただし書における保護要件として登記を要求するかにより結論に差異が生じるのは、登記が中間者Aにとどまり、XY双方未登記の状態である。第三者が片面的に登記具備を求められると考えるならば、Xは未登記でもYに勝訴する。しかし、未登記の解除権者を勝訴させた裁判例はなく、双面的に登記具備が要求されていると考えられる。

【参考文献】　本判決につき、鶴藤倫道・百選 I 106 頁、物権変動の遡及的消滅の観点から総合的分析につき、『新版注民(6)〔補訂版〕』595 頁〔原島重義＝児玉寛〕、松尾弘・慶應法学 13 号 202 頁、解除につき詳しく検討するものとして、武川幸嗣・法学研究 79 巻 1 号 61 頁などがある。

石田　剛

82 共同相続と登記

最高裁昭和 38 年 2 月 22 日判決　民集 17 巻 1 号 235 頁、判時 334 号 37 頁

【177 条、249 条、255 条】

 ①共同相続による持分権の取得を第三者に対抗するのに登記は必要か？
②共有持分に基づく全部抹消登記請求の可否

事実の要約

　Aが死亡し、係争不動産につき、X_1～X_3 および Y_1 の 4 名が共同相続により（持分は、X_1 が 3 分の 1、X_2 X_3 Y_1 は各 9 分の 2）その所有権を取得した。ところが Y_1 の夫Bが、X_1～X_3 の名義を冒用して偽造文書を作成して Y_1 の単独相続による(i)所有権移転登記をした上で、係争不動産を Y_2 に売却し、Y_2 は(ii)所有権移転請求権を保全する仮登記を経由した。そこで、X_1～X_3 は、Aから Y_1 への本登記(i)、Y_1 から Y_2 への仮登記(ii)は無効であると主張して、抹消登記手続を請求した。

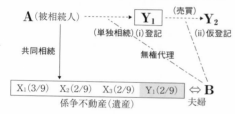

裁判の流れ

　1 審（名古屋地判（判決年月日不明）民集 17 巻 1 号 240 頁）：請求認容　2 審（名古屋高判昭 35・7・30 下民集 11 巻 7 号 1614 頁、民集 17 巻 1 号 243 頁）：一部認容・一部棄却　最高裁：上告棄却

　1 審は、Bが Y_1 の印鑑証明を偽造して無権限で係争不動産を売却したものと認定し、Y_1 の持分についても処分につき同意がなかったとして、全部抹消登記請求を認容した。ところが 2 審は、少なくとも Y_1 の持分については処分に対する追認があったとして、cの共有持分についてまで仮登記の抹消をすることは容認できず、一部抹消（更正）登記手続を命じた。Xが上告。

判　旨

　〈上告棄却〉「…相続財産に属する不動産につき単独所有権移転の登記をした共同相続人中の乙ならびに乙から単独所有権移転の登記を受けた第三取得者丙に対し、他の共同相続人甲は自己の持分を登記なくして対抗しうるものと解すべきである。けだし乙の登記は甲の持分に関する限り無権利の登記であり、登記に公信力なき結果丙も甲の持分に関する限りその権利を取得するに由ないからである。…この場合に甲がその共有権に対する妨害排除として登記を実体的権利に合致させるため乙、丙に対し請求できるのは、各所有権取得登記の全部抹消登記手続ではなくして、甲の持分についてのみの一部抹消（更正）登記手続でなければならない。…けだし右各移転登記は乙の持分に関する限り実体関係に符号しており、また甲は自己の持分についてのみ妨害排除の請求権を有す

るに過ぎないからである。したがって、本件において、共同相続人たるXらが本件各不動産につき単独所有権の移転登記をした他の共同相続人である Y_1 から売買予約による所有権移転請求権保全の仮登記を経由した Y らに対しその登記の全部抹消登記手続を求めたのに対し、原判決が、Y_1 が有する持分 9 分の 2 についての仮登記に更正登記手続を求める限度においてのみ許容したのは正当である」。

判例の法理

●本判決の意義

　本判決は、共同相続において法定相続分の取得に関しては、各共同相続人は登記なくして第三者に対抗することができることを明らかにした点に最大の意義が認められる。加えて、相続人の 1 人が他の共同相続の相続放棄申述書を偽造し、単独で相続したかのような外観を整えて目的不動産を第三者に売却した場合、法定相続分の範囲で目的不動産の共有持分を有する限りにおいては実体関係を正しく公示していることから、他の共同相続人は所有権移転登記の抹消登記手続ではなく、更正登記手続によるべきことを判示した点にもその意義が認められる。

●相続という権利変動原因

　相続は人の死亡という事実の発生のみを要件とする（882 条）。相続の効果として、被相続人の権利・義務は、一身専属性のあるものを除き、包括的に相続人に承継される（896 条）。このように相続という権利変動原因は、人の意思に基づかないことと包括承継の性質を有するという点に特色がある。

　死因贈与や遺贈も人の死亡を契機とする権利変動という限りにおいて相続と類似する。しかし、死因贈与＝契約、遺贈＝単独行為という違いはあるにせよ、いずれも意思表示に基づく変動原因であり、これらの変動原因に基づく物権変動には 177 条が適用され、登記をしないと第三者に対抗することができない（最判昭 39・3・6 民集 18 巻 3 号 437 頁）。

●相続と対抗問題

　家督相続制度が廃止され、相続制度が遺産相続に一本化されている現行法のもとで、被相続人の権利義務を単独で承継した相続人が、相続による物権変動を第三者に対抗する場面は限られる。たとえば、被相続人が生前に自己所有の不動産を譲渡したが登記をしていなかったところ、被相続人を単独で相続した者が同じ不動産をさらに別人に譲渡した場合の譲受人相互間には 177 条が適用される（最判昭 33・10・14 民集 12 巻 14 号 3111 頁）。

　他方、共同相続においては、1 人の相続人が他の相続人の相続放棄申述書を偽造し、あたかも被相続人を単独

相続したかのような外観を整えて、外観上取得したようにみえる権利を第三者に処分する場合、あるいは相続欠格（891条）や推定相続人の廃除（892条）などの事由の存在により相続当初から相続人の資格を得なかった共同相続人の法定相続分を第三者がその事実を知らずに差し押さえる場合などが考えられる。

　共同相続における目的不動産に対する共有権相互の関係を所有権と制限物権の関係に類比して法定相続分の取得にも対抗要件の具備を求める考え方もかつては主張されたことがある（我妻・講義Ⅱ111頁）。共同相続人が遺産を構成する各財産にどのような権利を具体的に有するに至るかは遺産分割がされるまで不確定であり、結果的に法定相続分を遵守しない分割も（少なくも協議に基づく場合は）有効とされていることから、このように暫定的で流動的な性質を持つにすぎない法定相続分の取得に確固たる効力を承認して無権利の法理を適用すべきでない、というものである。しかし共有権相互の関係を所有権と制限物権との関係に類比する考え方は大方の賛同を得られず、本判決も、こうした学説の趨勢に沿った判断を下したものである。

判例を読む

●共同相続に関する規定の新設

　本判決については、二通りの読み方が示されている（水津・後掲66頁）。一つは、相続に伴う法定相続分の承継に対抗要件を具備する必要がないことを示すものであり、177条の適用範囲を変動原因の観点から制限したものと捉える見解である（松岡・後掲142頁）。もう一つは、変動原因に関する無制限説を前提として、共同相続による承継にも対抗要件主義が適用されるものの、法定相続分を超える承継について第三者は無権利者に当たることを根拠として、対抗要件と無関係に承継を対抗できるとする見解である（佐久間・97頁、吉田Ⅱ・842頁）。

　平成30年相続法改正により、共同相続による法定相続分を超える権利の承継については、登記、登録その他の対抗要件を備えなければ第三者に対抗することができないとし（899条の2 第1項）、債務の承継に関して、債権者は各相続人に対して法定相続分に応じて権利を行使することができるとする（902条の2本文）規定が設けられた。これにより、899条の2は、相続の包括承継としての性質から、権利の承継一般につき、法定相続分を超える処分に対して無権利の法理を適用すべきことを明らかにしたものといえる。

　899条の2と177条との関係をどう理解するか（→79事件「判例を読む」）、法定相続分の取得に限り対抗要件の有無にかかわらず確定的に保護される根拠が何か、は残された課題である。後者については、人の死亡に伴う財産の承継を安定的に図るために、共同相続人の一人が行った不正登記により他の相続人の権利が容易に失われないようにする必要があること、相続による承継には被相続人の財産上の実質的な持分清算的な機能が認められることから、相続人の権利保障という観点も加味すべきであると指摘されている（佐久間・107頁）。

●法定相続分を超える取得が問題となる場合

　899条の2は、「遺産の分割によるものかどうかにかかわらず」と定めている。ここでは相続人が法定相続分と異なる割合で遺産を構成する個別財産に関する権利を取得する原因として遺産分割、特定財産承継遺言、指定相続分のケースなどが想定されている。他方、相続人への遺贈に関しては、法定相続分を超える遺言つまり被相続人の意思に基づく権利変動の対抗が問題となっていることから、177条が適用されるものと解される。

　特定財産承継遺言は、遺産分割方法の指定の一形態であり、被相続人の死亡と同時に何らの行為を要することなく、当然に受益相続人に当該財産に関する権利が帰属するものと解されている（最判平3・4・19民集45巻4号477頁）。かつては指定相続分および特定財産承継遺言を第三者に対抗する場面にも無権利の法理が妥当し、登記なしに第三者に対抗できると解されていた。しかし、これでは、相続債権者が法定相続分による権利の承継があったことを前提として相続財産に属する債権の差押えおよび取立てを行い、被相続人の債務者がその取立てに応じても、遺言に抵触する部分は空振りとなり、遺言の有無や内容を知る手段を有していない相続債権者または被相続人の債務者に不測の損害を与えるおそれがある。また、受益相続人が登記等の対抗要件を備えようとするインセンティブが働かず、実体的な権利と公示の不一致が生じる場面が増え、取引の安全が害され、不動産登記制度に対する信頼を害する恐れがある。そこで遺産分割による取得と平仄をあわせて、法定相続分を超える取得に限り、対抗要件を備えないと第三者に対抗不能とされた（堂薗＝野口・後掲160頁）。

●相続登記の義務化

　令和3年民法・不動産登記法改正により、所有者不明土地の発生を防止するため、相続による不動産の所有権取得につき相続人に登記申請義務が課されることになった。すなわち所有権の登記名義人について相続の開始があったときは、当該相続により所有権を取得したことを知った者は、3年以内に登記申請をしなければならない（不登76条の2第1項前段）。正当な理由なく申請を行った場合には10万円以下の過料に処される（不登164条）。簡易な義務履行の方法として相続人申告登記という制度も新設され（不登76条の3）、相続登記はこうした公法上の義務を通じて促進されることが期待されている。

【参考文献】　本判決の解説・評釈として、瀬戸正二・最判解民昭和38年度53頁、占部洋之・百選Ⅲ156頁、平成30年改正の概要につき、堂薗幹一郎、野口宣大著『一問一答・新しい相続法　第2版』（商事法務、2020）、詳細な議論の経緯については、七戸克彦・法政研究87巻1号190頁、87巻2号226頁、片山直也ほか編『民法と金融法の新時代』（慶應義塾大学出版会、2020）21頁［松尾弘］、水津太郎・法時92巻4号62頁。

石田　剛

83 相続放棄と登記

最高裁昭和42年1月20日判決　民集21巻1号16頁、家月19巻5号69頁、判時476号34頁、判タ204号109頁

【177条、939条】

論点　相続放棄後に放棄した共同相続人の法定相続分に従った相続不動産の共有持分を仮差押えした債権者に対して、他の共同相続人は放棄を前提とした持分取得を登記なしに対抗することができるか

事実の要約

　Aが死亡し、7名の共同相続人のうち、Aの妻Bと長男X以外の者は熟慮期間内に家庭裁判所で相続放棄を申し述べ、同申述べは受理された。ところが、放棄を前提とした共同相続登記は行われなかった。放棄した相続人Cに対して債権を有すると主張するY₁およびY₂が、Cを含む7名が本件不動産を共同相続したものとして、Cの持分（9分の1）につき、仮差押決定を得て、Cに代位して所有権保存登記をし、これに基づきCの持分につき仮差押登記をした。そこでXは、Y₁およびY₂を相手取り第三者異議の訴えを提起した。

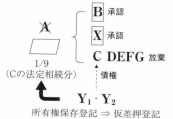

B 承認
X 承認
A
1/9
（Cの法定相続分）
C DEFG 放棄
債権
Y₁・Y₂
所有権保存登記 ⇒ 仮差押登記

裁判の流れ

　1審（名古屋地判昭40・7・20民集21巻1号26頁）：請求棄却　2審（名古屋高判昭41・1・27民集21巻1号32頁）控訴審：控訴棄却　上告審：破棄自判

　1審は、相続放棄は民法177条にいう物権の「得喪変更」に該当し、Yらが同条の「第三者」に当たるとして、請求を棄却した。その後昭和40年11月5日に相続放棄をふまえた共同相続登記が行われ、Bが一旦相続した本件不動産の持分を放棄した結果、本件不動産はXの単独所有となり、同月10日にその旨の登記がされた。2審も控訴を棄却したので、Xが上告した。

判　旨

　〈破棄自判〉「民法939条1項（昭和37年法律第40号による改正前のもの）『放棄は、相続開始の時にさかのぼってその効果を生ずる。』の規定は、相続放棄者に対する関係では、右改正後の現行規定『相続の放棄をした者は、その相続に関しては、初から相続人とならなかったものとみなす。』と同趣旨と解すべきであり、民法が承認、放棄をなすべき期間（同法915条）を定めたのは、相続人に権利義務を無条件に承継することを強制しないこととして、相続人の利益を保護しようとしたものであり、同条所定期間内に家庭裁判所に放棄の申述をすると（同法938条）、相続人は相続開始時に遡ぼって相続開始がなかったと同じ地位におかれることとなり、この効力は絶対的で、何人に対しても、登記等なくしてその効力を生ずると解すべきである。」

判例の法理

●相続放棄の遡及効

　相続開始後、熟慮期間内に、相続人は相続放棄をすることで、相続による権利義務の承継を拒絶することができる。相続放棄により、相続人は初めから相続人にならなかったものとみなされ、かかる相続放棄の遡及効に制限がないことから（939条）、本判決は、放棄の効果は絶対的であり、何人に対しても放棄を前提とする物権変動を登記なしに対抗できるものとした。相続放棄が身分関係に伴う特別の財産的行為であり、取引の敏速性ないし安全性を多少犠牲にしても、相続人の放棄の意思を尊重する立場を採用したものと考えられる。

　相続人が相続財産の全部または一部を処分したときは法定単純承認（921条）が生じ、放棄の意思表示をした相続人がその後持分を処分することは通常考え難い。相続放棄との関係では差押債権者が第三者の典型例として想定されることになる。相続人が相続不動産上の法定相続分を取得することへの期待すなわち責任財産増加に対する相続人債権者の期待利益は相続債務者の利益に比して、要保護性が弱いという指摘もされてきた（星野・後掲162頁）。さらに差押債権者の「第三者」該当性一般につき変動原因の特性も加味しつつ緻密に検討する余地があることも指摘されている（松岡・物権152頁）。

判例を読む

●相続放棄後の第三者保護

　相続放棄がされても、遺産分割が終了するまでは、相続不動産に関する権利関係は不確定であり、速やかに共同相続登記を備えることが期待できない場合もあると考えられる（鎌田・民法ノート物権法146頁）。しかし、放棄により単独相続になる場合はこの理由付けでは不十分となる（武川・後掲209頁）。むしろ相続の効果を全面的に拒絶したい相続人の意思を尊重することが最優先の考慮事由であるとの判断に基づく。

　そこで、放棄の遡及効を貫徹したうえで、登記に対する正当な信頼を94条2項（＋110）類推適用法理等により保護する可能性も考えられる。

●平成30年相続法改正

　899条の2が新設され、相続分の指定、特定財産承継遺言、遺産分割のいずれであれ、法定相続分を超える取得については登記をしないと第三者に対抗できない。

　放棄をした相続人は遡及的に無権利者となり、当該相続人の債権者の差押えは空振りとなり、無権利者として899条の2の「第三者」に含まれないと解することができる（水津・後掲52頁）。

　相続放棄により遡及的に他の共同相続人が取得することになった法定相続分は、登記なしに対抗可能な法定相続分に含まれると解することにより、本判決と同様の結論を導くこともできる（佐久間・民法の基礎Ⅱ100頁、山本・後掲161頁）。

【参考文献】　899条の2の解釈につき、水津太郎・ジュリ1532号48頁、本判決の解説・評釈として、鈴木重信・最判解民昭和42年度24頁、星野英一・法協85巻2号218頁。山本敬三・百選Ⅲ160頁、武川幸嗣『実務精選120離婚・親子・相続事件判例解説』（第一法規、2019）208頁などがある。

石田　剛

84 遺産分割と登記

最高裁昭和 46 年 1 月 26 日判決　民集 25 巻 1 号 90 頁、判タ 259 号 153 頁、判時 620 号 45 頁
【177 条、909 条】

論点
① 909 条ただし書の「第三者」の意義
② 遺産分割による物権変動を分割後に出現した第三者に対抗するのに登記は必要か

事実の要約

Aの死亡により、Aの妻子（子の代襲相続人を含む）X_1 ～X_7 および B_1 ～B_4 計 11 名が相続した。Xらが Bらに対して申し立てた遺産分割の調停において、Aの遺産中甲乙丙 3 筆の未登記不動産を Xら 7 名の共有（持分各 7 分の 1）とする皆の合意が成立した。ところが遺産分割調停から 7 年余り経過後、甲乙につき、第三者のための仮差押登記の嘱託に基づき、法定相続分に従い X_1 の持分を 3 分の 1、X_2 ～X_7 および B_1 ～B_3 の持分を各 27 分の 2 とする所有権保存登記がされ、丙につき、X_1 の債権者による代位申請に基づき、X_1 の持分を 3 分の 1、X_2 ～X_7 および Bらの持分を各 30 分の 2 とする所有権保存登記がされた。そこで X_2 ～X_7 は X_1 および Bらに対して更正登記手続を請求し、請求認容判決が確定した。他方、X_1 X_2 の債権者 Y_1 ～Y_3 は、甲乙丙につき登記に表示されたとおりの X_1 X_2 の各持分に対する仮差押決定を得たうえで、その旨の登記をした。Xらが Yらに対し、前記更正登記に対する承諾を請求した。

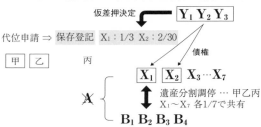

X2～X7⇒Y 更正登記手続請求 ⇒ 請求認容（確定）

裁判の流れ

1 審（山口地宇部支判昭 43・4・16 民集 25 巻 1 号 95 頁）：請求棄却　2 審（広島高判昭 45・1・28 判タ 244 号 174 頁）：控訴棄却　最高裁：上告棄却

2 審は、遺産分割による物権変動を第三者に対抗するには登記を要するとして、未登記のXらの分割による取得の対抗力を否定した。そこでXらは、909 条本文の趣旨は 939 条と同じであり、かつ、同条は一般取引とは本質的に異なる特別の場合に関する規定である、また同条は、遺産分割の事実につき善意の第三者のみを保護する規定である、等と主張して、上告した。

判旨

〈上告棄却〉「遺産の分割は、相続開始の時にさかのぼってその効力を生ずるものではあるが、第三者に対する関係においては、相続人が相続によりいったん取得した権利につき分割時に新たな変更を生ずるのと実質上異ならないものであるから、不動産に対する相続人の共有持分の遺産分割による得喪変更については、民法 177 条の適用があり、分割により相続分と異なる権利を取得した相続人は、その旨の登記を経なければ、分割後に当該不動産につき権利を取得した第三者に対し、自己の権利の取得を対抗することができない…」。「…民法 909 条但書の規定によれば、遺産分割は第三者の権利を害することができないものとされ、その限度で分割の遡及効は制限

されているのであって」、同規定「にいう第三者は、相続開始後遺産分割前に生じた第三者を指」す。

判例の法理

● 909 条 1 項ただし書の「第三者」

本判決は、909 条 1 項ただし書の「第三者」の意義につき、**遺産分割の遡及効により影響を受ける者に限られる**旨を明らかにした。つまり遺産分割前に共同相続人の共有持分を譲り受け、または差し押さえた者がその典型例であり、Yらのように遺産分割後に法定相続分に応じた共有持分につき仮差押えをした第三者は同条の「第三者」としては保護されない。Yらの保護につき、法律行為の取消しや契約の解除の場面と同様に、遺産分割の遡及効を貫徹したうえで 94 条 2 項類推適用等の外観法理による考え方と遡及効を制限して共同相続人間の持分交換または贈与という物権変動を観念して 177 条を適用する考え方の双方が理論上は成り立ちうる。

● 本判決の意義

本判決は、遺産分割後に相続人の法定相続分につき差押えをした差押債権者との関係で法定相続分を超える部分について登記を備えないと第三者に対抗できないとした。遺産分割の遡及効が制限される結果、177 条が適用され、登記の先後関係により優劣が決せられる。遺産分割は相続による権利承継の終結を意味し、遺産の最終的帰属が確定した以上、速やかに登記を備えなかった共同相続人は登記を怠ったものとして登記欠缺を主張する正当な利益を有する第三者に劣後してもやむをえない。

判例を読む

● 相続放棄との対比

遺産分割協議において一部の相続人の取得する財産がゼロとされる場合もある。このような事実上の相続放棄については、適式にされた相続放棄と異なり（→83 事件）、第三者に対抗するために遺産分割協議をふまえた登記を備える必要がある。

本判決は、相続放棄と遺産分割を比較して、(i)遺産分割は放棄と異なり遡及効が制限されていること、(ii)相続開始を知ってから 3 か月間の熟慮期間内に行われ、かつ相続財産を処分した後には不可能となる放棄（921 条 1 号）に比べて、遺産分割前に相続財産に対して利害関係をもつ第三者の出現可能性は高く、第三者保護の要請が放棄に比べて強いこと、(iii)遺産分割後の第三者保護の要請も同様に放棄後のそれに比べて強いことを理由として挙げている。

なお、平成 30 年相続法改正により、遺産分割後の第三者に対して法定相続分を超える権利取得を対抗すべき場面は 899 条の 2 第 1 項により規律される（→82 事件「判例を読む」参照）。

【参考文献】　学説を鳥瞰するには、鎌田・民法ノート物権法 142 頁がある。本判決の解説・評釈として野田宏・最判解民昭和 46 年 28 頁、作内良平百選Ⅲ 158 頁、相続放棄と遺産分割を詳細に比較するものとして、星野英一・法協 90 巻 2 号 155 頁がある。

石田　剛

取得時効と登記

最高裁昭和35年7月27日判決　民集14巻10号1871頁、判時232号20頁

【144条、162条、177条】

論点　①時効による物権変動を第三者に対抗するのに登記は必要か
②時効の起算点は任意に選択することができるか

事実の要約

甲乙の土地は下図のように隣接している。甲は従来X₁の夫Aが所有していたが、昭和22年5月19日にAが死亡したのに伴い、X₁が3分の1、X₂〜X₄がそれぞれ9分の2の持分割合で相続により取得した。他方、Yは、乙を昭和28年9月に前主Bより買い受け、その旨の所有権移転登記をした。甲乙土地の境界につき争いが生じたので、XらはYに対して境界線の確定を求め、所有権確認請求訴訟を提起した。

Xらは図の(ロ)—(ハ)—(ニ)を結ぶ線、Yは(ホ)—(チ)を結ぶ線を甲乙の境界線であると主張したが、裁判所は(イ)—(ヘ)—(ホ)を結ぶ線を境界線と認定した。Xらは、予備的に、(イ)—(ロ)—(ハ)—(ニ)—(ホ)—(ヘ)—(イ)で囲まれた部分について、土地上にも檜苗を植え、以来これを管理し、Yが乙を買い受けるまで、平穏公然に自主占有してきたので、遅くとも大正15年9月1日から起算して、20年の経過により、昭和21年8月31日限りで、Xらの先代Aが右土地の所有権を時効取得したと主張した。

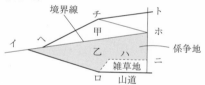

裁判の流れ

1審（横浜地小田原支判昭30・10・4民集14巻10号1879頁）：請求一部認容・一部棄却　2審（東京高判昭32・1・30民集14巻10号1890頁）：控訴棄却　最高裁：上告棄却

1審は、係争地をAが時効取得したことを認めたが、時効の起算点を「時効の基礎たる事実の開始された時」とする先例（大判昭14・7・19民集18巻856頁）を引用しつつ、時効完成後にYがBよりこれを買い受けて所有権移転登記を経由したから、未登記のXらは時効取得をYに対抗できないとして、Xらの予備的請求を棄却した。これに対して、Xらは、取得時効の起算点は時効援用者が自由に選択でき、昭和28年10月6日から遡り20年間の占有により時効取得したので、完成時の所有者であるYに登記なしに対抗し得る、などと主張したが、2審もXらの控訴を棄却した。Xらが上告。

判　旨

〈上告棄却〉「…時効による権利の取得の有無を考察するにあたっては、単に当事者間のみならず、第三者に対する関係も同時に考慮しなければならぬのであって、この関係においては、結局当該不動産についていかなる時期に何人によって登記がなされたかが問題となるのである。そして時効が完成しても、その登記がなければ、そ

の後に登記を経由した第三者に対しては時効による権利の取得を対抗しえない（民法177条）のに反し、第三者のなした登記後に時効が完成した場合においてはその第三者に対しては、登記を経由しなくとも時効取得をもってこれに対抗しうる…」。

「しからば、結局取得時効完成の時期を定めるにあたっては、取得時効の基礎たる事実が法律に定めた時効期間以上に継続した場合においても、必ず時効の基礎たる事実の開始した時を起算点として時効完成の時期を決定すべきものであって、取得時効を援用する者において任意にその起算点を選択し、時効完成の時期を或いは早め或いは遅らせることはできないものと解すべきである」。

判例の法理

●時効完成前後による区別

時効による物権変動と登記について、判例は5つの準則を確立している。すなわち、時効は原始取得であるというのが民法典の建前であるが、判例によれば、承継取得の場合と同様に、(i)時効完成時の占有者と真の権利者はちょうど物権変動の当事者の関係に類比される（**当事者の法理**、大判大7・3・2民録24輯423頁）。したがって、(ii)時効完成前に出現した第三者は時効の「当事者」とみなされ、時効取得者は登記なしに物権変動を対抗できる（最判昭41・11・22民集20巻9号1901頁）。しかしながら、(iii)時効完成後の第三者との関係には177条が適用される（**第三者の法理**、大連判大14・7・8民集4巻412頁）。完成前の場合とは異なり、完成後であれば、少なくとも理論的には登記が可能であるから、未登記の時効取得者に対し、二重譲渡の場合と同様の登記懈怠の責めを問えるからというのが理由である。

●起算点の固定

上に述べたように、(ii)と(iii)を分けるとすれば、時効の起算点が重要な意味を持つ。それゆえに当事者が起算点を自由に選択できるという考え方（時効逆算説）は時効取得を第三者に対抗することの可否が問題となる局面においては、否定される。本判決は、(iv)「**時効の基礎たる事実**」の開始時に起算点を固定すべきことを確認した。もっとも、時効取得を対抗できずにいったん失権した占有者も、(v)第三者が登記を経由した時点からさらに時効に必要な期間占有を継続すれば新たな時効取得の効果として対抗可能となる（→86事件）。なお、162条は「他人の物」の占有を要件とするため、**自己の物の時効取得**は認められるかという問題もある。すなわち、二重譲渡における未登記第一譲受人が時効取得を主張する際、他人物として係争不動産を占有するのは第二譲受人の登記具備時点以降であり、それまで時効の要件を充足しないのではないかという問題点が争われたが、現在では所有権に基づき占有する者も同条は包含すべきものと解されている（最判昭42・7・21民集21巻6号1643頁）。

このように、判例は、平穏公然の自主占有のみを要件

とする時効取得の制度趣旨を尊重しつつ、同時に取引安全の要請から177条の登記要求にも応じるために、非常に技巧的な折衷を行って両者のバランスをとっている。

判例を読む

●判例法理の問題点

上記の判例法理に対しては、主として以下のような批判がある。

①時効制度はもともと長期間の占有を法的状態にまで高める趣旨に立つものであるのに、判例の考え方によれば、占有期間が長期に及ぶほど時効取得者が不利になるという不都合が生じる。②たとえばAの占有開始時から15年後にBからYへの譲渡がなされ、21年後にA（X）Y間で紛争が生じたと仮定した場合、Aが善意無過失であれば(iii)が適用され、登記なしにYに対抗できないが、悪意・有過失であれば逆に(ii)が適用され、登記なしにAは自己の所有権取得を主張し得ることになり、善意無過失の方が不利になるという問題点もある。③時効の完成を意識していないのが通常である善意占有者に、占有開始時から起算した期間経過後に迅速な登記を期待するのは現実的に無理であり（**期待不可能性**）、逆にこれが可能な悪意占有者のみを保護する結果となりかねない。④**遡及効**（144条）との関係では、時効期間進行中のBから譲り受けたYは、たとえ完成前に現れても、A（X）との関係で「当事者」ではなく、「第三者」なのであって、判例の(ii)準則の正当性には疑問の余地がある。⑤時効の効果発生に関する援用時説を前提にするならば、期間経過時でなく援用時を問題にすべきである。そこで、相対立する2つの方向から(ii)と(iii)の区別を廃する学説が主張されている。

●占有尊重説

占有のみを要件とする取得時効制度の趣旨を尊重する考え方である。1つは、**時効期間逆算説**であり、「一定期間以前の事実を裁判上主張することを禁ずる」という制度趣旨から期間の逆算を認め、その結果時効取得者と第三者の関係は常に(ii)の問題に帰着するとみる。もう1つは、177条に関する対抗問題限定説に基づき、時効による原始取得には対抗問題が生じ得ないから、177条の適用はなく、結果的に時効取得が常に優先するという考え方である。もっとも、いずれのアプローチをとるにしても、占有尊重説によると、不動産に関する権利関係が永遠に登記により公示されなくなるおそれがある。

そこで、取引の安全に対する要請をも加味して、（ア）勝訴判決確定時以降に登記を要求する説（舟橋・物権172頁）、（イ）援用時以降の登記を要求する説（滝沢昔代・成城法学22号25頁）、（ウ）登記名義を不当に放置した場合に94条2項を類推適用する説（加藤II・137頁）、などが折衷説として唱えられるに至っている。

●登記尊重説

取引の安全を保護するため公示の要請を前面に出す考え方である。完成前の第三者との関係でも登記尊重を徹底する方向で、(ii)(iii)準則の区別が撤廃されることになる。とりわけ二重譲渡未登記事例を念頭に置きつつ、（エ）登記に**時効中断効**（現行法上は「更新」効）を認めるもの（我妻・講義II 118頁）、（オ）独自の登記法定証拠説から結果的に登記に時効中断効を認めるのと同じ帰結を導くもの（石田喜久夫編『民法I判例と学説(2)』（日本評論社、1977）204頁〔安達三季生〕）、（カ）ドイツ法の議論

を参考にしつつ、登記の保全力という考え方によるもの（良永・後掲264頁）、（キ）**時効の遡及効**に基づき完成前後を問わずに時効取得者と譲受人との関係を対抗問題と構成し、背信的悪意者排除論の弾力的運用により悪質な第三者の登記欠缺の主張を封じようとするもの（広中・物権156頁）、などがある。

●類型論

取得時効は二重譲渡における未登記第一譲受人が登記を備えた第二譲受人等の第三者に対して所有権取得を対抗する際に（二重譲渡未登記型）主張されることが多い。これに対して、本件のような境界紛争において越境部分につき時効取得が主張される場面（境界紛争型）では、時効取得者に登記を期待することは実際上困難であるという点を考慮して、類型ごとに分けて対処する考え方も主張された。たとえば、（ク）制度の沿革に照らし、取引安全のための制度であると解される短期取得時効の主張を二重譲渡紛争型では制限し、証明困難救済のための制度であると解される長期取得時効に関しては、長期の占有により登記による公示に代えうるまたは登記に時効更新的な機能を持たせる一方、境界紛争類型に原則として民法177条を適用しない考え方（星野・後掲334頁、山田・後掲130頁）や（ケ）取引安全のための短期取得時効は二重譲渡紛争型では援用不能とする一方、証明困難救済のための長期取得時効も援用権の行使を封じるという考え方（草野・後掲230頁）も主張された。

しかし、類型論は、二重譲渡型と境界紛争類型以外の諸類型（権原が無効の場合や前主が無権利の場合など）をどう扱うかなお不明確であり、類型論として未完成であるうえ、二重譲渡紛争型において短期取得時効の主張を一律に制約すべきとする判断に対する批判も根強い（松岡・物権178頁）。判例は、類型論というよりは、背信的悪意者排除論の柔軟化への志向を示しており（→ **91事件**）、今後の行方が注目される。

●再度の取得時効援用の可能性

時効完成後の抵当権者への対抗可能性が問題となった事案において、時効の援用により占有開始時に遡って不動産を原始取得し、その登記を有する者は、右援用により確定的に所有権を取得した以上、その後の別時点を起算点として再度取得時効の完成を主張し、援用して、抵当権の消滅を主張することはできないとされている（最判平15・10・31判時1846号7頁）。最判平24・3・16（→ **87事件**）との両立可能性が問題となるが、最判平成24年の事案では、当初占有を起算点とする時効の援用も、時効取得による所有権移転登記も当事者はしておらず、事案の違いとして整理することが可能とされているが（川畑・最判解民平成24年度195頁）、整理の仕方については見方が分かれる余地がある。

【参考文献】 考え方を鳥瞰するには、鎌田薫・民法ノート物権法151頁、良永和隆「取得時効と登記」『現代判例民法学の課題』（法学書院、1988）250頁、松久三四彦「取得時効と課題」鎌田薫ほか編『新・不動産登記講座②総論II』（日本評論社、1998）123頁。類型論の代表的文献としては、山田卓生「取得時効と登記」『民法学の現代的課題』（岩波書店、1972）103頁、星野英一『民法論集第4巻』（有斐閣、1978）315頁、草野元己『取得時効の研究』（信山社、1996年）などを参照されたい。

石田　　剛

86 再度の時効期間経過

最高裁昭和 36 年 7 月 20 日判決　民集 15 巻 7 号 1903 頁

論点　時効により不動産の所有権を取得した二重譲渡の未登記第一譲受人がその後に行われた同一不動産にかかる第 2 譲渡に基づく所有権移転登記後さらに時効完成に必要とされる占有を継続した場合、再度の時効取得を登記なしに第二譲受人に対抗することができるか

事実の要約

　明治 38 年 5 月 29 日に、A 村は自己所有の山林地（『係争地』）を B 神社に寄付し、B は同日係争地の引渡しを受け、以後所有の意思をもって平穏公然にその占有を継続した。B は占有開始時に善意無過失であった。B はその後社号を改め、宗教法人 X 神社となり、X は B の権利義務を包括的に承継した。ところが、A 村は、大正 15 年 8 月 26 日に係争地を Y にも寄付し、A から Y への所有権移転登記がされた。B と X は右登記が備えられた後も係争地の占有を従来同様に継続した。この間、係争地の公租公課を B と X が負担したことはなく、A から Y への所有権移転登記後は Y が負担していた。X は、B が時効取得した係争地の所有権を包括承継したとして、所有権確認と所有権移転登記手続の履行を Y に対して求めた。

② 所有権移転登記 （時効完成後の第三者）

裁判の流れ

　1 審（盛岡地一関支判年月日不明）：請求棄却　2 審（仙台高判昭 34・5・18 民集 15 巻 7 号 1903 頁）：請求認容　最高裁：請求認容

　2 審は、Y の登記具備に伴い、B は占有開始時に遡って他人物として係争地を占有してきたことになるが、同時に登記による時効中断を認めた。その上で、Y の登記時を起算点とする新たな時効取得を B は Y に登記なしに対抗できるとした。

判旨

　〈上告棄却〉「時効が完成しても、その登記がなければ、その後に登記を経由した第三者に対しては時効による権利の取得を対抗しえないのに反し、第三者のなした登記後に時効が完成した場合においては、その第三者に対しては、登記を経由しなくとも時効取得をもってこれに対抗しうる…。」

判例の法理

●起算点固定の原則

　長期間継続する占有の事実を法的な権利関係に高める取得時効制度の趣旨に照らすと、占有者は、時効完成に必要な期間を超える過去のある時点を選択して、その時点からの占有開始を主張することができてよい。

　もっとも、最判昭和 35 年によれば、取得時効を第三者に対抗できるか否かは、第三者の出現時期が時効完成前か後かで結論が異なり、起算点は客観的に定まる必要があるため、取得時効の起算点はその基礎となる事実つまり占有開始時により決定されるべきであり、時効援用者が任意に起算点を選択することはできない（→ **85 事件**）。

●「当事者」概念の活用

　本判決は X の当初の占有ではなく、Y の登記時を起算点とする再度の時効完成の主張を認めていることから、最判昭和 35 年と矛盾しないかが問題となる。この点、X の占有は明治 38 年以来継続する一つ占有とはいえ、同年を起算点とする時効は A X を「当事者」とし、Y が所有権移転登記を備えた大正 15 年 8 月 26 日を起算点とする時効は Y X を「当事者」とする別の占有と観念することが可能であり、X は後者の時効のみを援用しているのであるから、起算点を任意に選択したわけではない、という見方が可能である。

　原審は、X 勝訴の結論を導くため、占有者の時効は、原所有者から第三者への所有権移転登記によって中断され、登記以後 20 年間又は 10 年間の期間が経過するまでは完成しないと解した。この点、本判決は、X は当初占有を起算点とする時効を第三者 Y に対抗できないとしても、新たな時効完成の効果については当事者として扱われるものとし、「当事者」の解釈により同じ結論を導いた（右田・後掲 284 頁）。

判例を読む

●自己の物の時効取得との関係

　Y は再度の時効完成の主張が起算点固定の原則に反すると批判した。これに対し X は、162 条が「他人の物」を要件とすることから、自己物の時効取得は認められず、当初占有は自己物としての占有であり、同条の要件を充たさず、時効が進行することはなく、Y が所有権移転登記により確定的に所有権を取得した結果として他人物要件がはじめて充たされ、X が主張可能な起算点は大正 15 年 8 月 26 日だけであり、選択の余地はないと反論することもできた。ところが、その後、自己物の時効取得が容認され（最判昭 42・7・21 民集 21 巻 6 号 1643 頁）、二重譲渡の第一譲受人が短期取得時効を主張することも可能とされることから（→ **69 事件**）、2 つの起算点の任意選択の可能性に焦点があてられることとなった。

●再度の時効完成と「当事者」論

　再度の時効完成時に改めて時効取得の要件（特に「無過失」）の充足判断をする必要があるかどうか、については解釈が分かれる可能性がある。この点、再度の時効完成の効果により当事者として登記なしに対抗できるかどうかを判断する以上、Y の登記時における X の無過失を改めて判断する必要があるというのが判例の立場である（→ **87 事件**）。もっとも、「当事者」論の肝が、長期間継続する自主占有を保護するため、177 条の「第三者」の範囲を縮減することだけにあるとみれば、当初占有に対する評価が登記時の占有にも妥当し、過失の有無を再度認定する作業は無用とする考え方も可能になる。

【参考文献】　本判決の解説・評釈として、右田堯雄・最判解民事篇昭和 36 年度 284 頁、末川博・民商法雑誌 46 巻 2 号 138 頁、村上淳一・法協 80 巻 3 号 127 頁などがある。判例法理の全体につき、金子敬明・千葉大学法学論集 27 巻 3 号 18 頁。

石田　剛

87 再度の時効完成と抵当権の消滅

最高裁平成 24 年 3 月 16 日判決　民集 66 巻 5 号 2321 頁、判時 2149 号 68 頁、判タ 1370 号 102 頁
【177 条、397 条】

論点 不動産の所有権を時効取得した者が登記をしないでいたところ、登記名義人が当該不動産に抵当権を設定し、その設定登記後再度時効取得に必要な期間占有を継続した場合、登記なしに抵当権者に時効取得を対抗することができるか

事実の要約

昭和 45 年 3 月、A は所有する土地甲を X に代金 45 万円で売却し、遅くとも同月 31 日から X は甲の占有を開始したが、X への所有権移転登記はされなかった。昭和 57 年 1 月 13 日、A の子 B は、昭和 47 年 10 月 8 日相続を原因として、A から B への所有権移転登記を了し、昭和 59 年 4 月 19 日、C の Y に対する債務を担保するため甲に Y のために抵当権を設定し、同日付けで抵当権設定登記を了した。X は、以上の事実を知らないまま、甲を耕作し、その占有を継続した。X は、本件抵当権設定時において甲を所有すると信ずるにつき善意無過失であった。Y は、抵当権の実行としての競売を申し立て、平成 18 年 9 月 29 日、競売開始決定を得た。X が第三者異議訴訟を提起した。X は平成 20 年 8 月 9 日、B に対して甲につき所有権の取得時効を援用した。

①売却　S.45.3.31〜 占有
A ─────────→ X
②死亡　↓ 相続 S.47.10.8
③所有権移転登記　B　④抵当権設定登記 S.59.4.19
H.57.1.13　　　⇒⑦競売開始決定 H.18.9.29
　　　　　　Y

裁判の流れ

1 審（鹿児島地名瀬支判平 21・6・24 民集 66 巻 5 号 2330 頁）：請求認容　2 審（福岡高宮崎支判平 21・11・27 民集 66 巻 5 号 2341 頁）：控訴棄却　最高裁：上告棄却

1 審は本件抵当権設定登記時を起算点とする再度の時効取得を X は Y に登記なく対抗できるとし、2 審もこれを支持した。Y が上告受理申立てをした。

判　旨

〈上告棄却〉「…不動産の取得時効の完成後、所有権移転登記がされることのないまま、第三者が原所有者から抵当権の設定を受けて抵当権設定登記を了した場合において、上記不動産の時効取得者である占有者が、その後引き続き時効取得に必要な期間占有を継続したときは、上記占有者が上記抵当権の存在を容認していたなど抵当権の消滅を妨げる特段の事情がない限り、上記占有者は、上記不動産を時効取得し、その結果、上記抵当権は消滅すると解するのが相当である。」

判例の法理

●再度の時効完成による「当事者」論の射程

時効完成後の第三者が所有権移転登記を了した後に、占有者がさらに時効完成に必要な期間占有を継続した場合、再度の時効完成の効果として登記なしに所有権取得を対抗できるものと解されている（→ **86 事件**）。本判決は、時効完成後の第三者に対して登記なしに時効取得を対抗できないとする基本準則を画一的に適用すると不当な結果が生じる場合に「第三者」の範囲をさらに制限する同判決の趣旨を、第三者が抵当権者である場合にも及ぼし、抵当権設定登記後に再度時効に必要な期間占有を継続した場合は、所有権取得の反射として抵当権が消滅するものとした。長期間継続する占有の保護という時効

制度の趣旨に照らし、対抗利益が抵当権である場合にも所有権の場合と同様の保護が必要であること、抵当権設定登記時からの再度の時効完成により抵当権が消滅すると解すべき根拠としては、抵当権設定登記の時点において、被担保債権の債務不履行により抵当権が実行された場合における所有権の喪失可能性が生じており、その状態と占有者の所有権取得とは両立しえないため、その時点からの新たな時効の進行を観念できるとしたうえで、排他的全面的支配権である所有権をも消滅させる効果を時効が有しているとすれば、その部分権能である抵当権が消滅しないのは不均衡であると考えられるからである。

判例を読む

●対抗関係の成立時期

同一不動産上の所有権と抵当権の対抗関係は、本判決によれば、抵当権設定時に生じることになる。もっとも、所有権と異なり抵当権は同一の不動産に複数併存して設定しうることから、抵当権に特有の問題点が生じる。すなわち不動産に複数の抵当権が設定されている場合、再度の取得時効の起算点は最先順位の抵当権設定登記であると考えられる。最初に権利の対立関係が生じた時点を時効の起算点と考えるべきこと、すでに消滅した抵当権との間ではもはや権利の対立関係が生じる余地がないことが理由である（川添・後掲 422 頁）。

●抵当権消滅の根拠

本判決には再度の時効完成による抵当権の消滅を時効による所有権取得の反射ではなく、397 条により基礎づける可能性を示唆する意見も付されている。学説においても所有権の競合事例と異なり、抵当権のように占有に関わらない物権については個別に消滅すると解する余地があり、複数の担保権が存在する場合の調整やこれらの権利の消滅を防止手段などに関しても考慮する必要性が指摘されている（佐久間・民法の基礎 II 113 頁）。抵当権者が抵当権の消滅を防止する方法としては、原所有者の所有権に基づく明渡請求権の代位行使や抵当権に基づく妨害排除請求権の行使が考えられるものの、抵当権の保全手段として十分といえるかという問題が残る。

●抵当権の存在を容認していたと認められる特段の事情

占有者が抵当権の存在を容認していたと認められる特段の事情がどのような場合に認められるかも問題となる。抵当権設定登記の認識だけではおそらく足りず、時効更新ないし完成猶予の効果を生じさせるには、抵当権存在確認請求訴訟や抵当権の存在を容認する旨の意思表示を求める訴訟、抵当権に基づく妨害排除請求訴訟の提起、などの方法が想定されるが、各要件充足を判断する際の問題点につき慎重な検討が必要となる。

【参考文献】 判例法理全体の概観として、松岡・物権 166 頁、金子敬明「抵当権と時効」千葉大学法学論集 27 巻 3 号 1 頁、本判決につき、川畑正文・最判解民平成 24 年度 405 頁、石田剛・百選 I 112 頁等がある。

石田　剛

88 民法177条の第三者の客観的基準

大審院明治41年12月15日連合部判決　民録14輯1276頁

【177条】

📖 **論点**　民法177条により登記しなければ物権変動を対抗できない「第三者」は、どのような基準で決まるか

事実の要約

（川井・後掲31頁以下に依拠している）

訴外Aは、東京市（当時）より土地を賃借していたYからこの土地を転借し、その上に本件建物（倉庫らしい）を建築して所有していた。しかし、当時の「東京市基本財産河岸地貸渡規則」（昭和6年に廃止）によって転貸が禁じられていたため、本件建物の家屋台帳名義もしくは届出名義には、賃借人Yの名前を借用していた。その後、Aは本件建物をXに売却したが、本件建物については、保存登記も移転登記も行われていなった。かつて本件建物の所有者がXであることを認めていたYが、本件建物は自分が建築して所有していると主張するに至ったので、XがYに対して、本件建物の所有権の確認を求める訴えを起こした。

③売却・未登記　　A　①敷地転借・建物建築
X　　　　②Y名義で東京市に届出　Y

裁判の流れ

1審（東京地判明41・2・5（川井・後掲による））：請求認容　2審（東京控判明41・5・12新聞502号9頁）：請求棄却　大審院：破棄差戻　差戻審（東京控判明42・5・8新聞579号9頁）：請求認容

1審は、Yの主張には証拠がないとしたうえ、YによるXの所有権容認の事実から、登記がなくてもXはYに対抗できるとして、Xの請求を認容した。これに対し、2審は、権利容認の事実で登記の欠缺を補充しXが登記なくしてYに対抗できるとすれば、物権変動の効力が第三者の認否の有無に左右され、物権の効力が相対的なものとなって物権の本質を損なうから、Xは登記なくしてYに所有権取得を対抗できないとして、Yを勝たせた。大審院は、Xの上告に応えて原判決を破棄し、差し戻した。

なお、差戻審は、Yは建物所有権を有しないことで借地権を失う関係にあるも、それはYと東京市との契約に関するものであって、敷地に関する利益は建物には無関係であり、Yは建物に関する正当な利益を有するものではないとして、Xの請求を認容した。

判旨

〈破棄差戻〉「抑々、民法に於て登記を以て不動産に関する物権の得喪及び変更に付ての成立要件と為さずして之を対抗条件と為したるは、既に其絶対の権利たる性質を貫徹せしむること能はざる素因を為したるものと謂はざるを得ず。然れば則ち、其時に或は待対の権利に類す

る嫌あることは必至の理にして、毫も怪むに足らざるなり。是を以て、物権は其性質絶対なりとの一事は、本条第三者の意義を定むるに於て未だ必しも之を重視するを得ず。加之、本条の規定は、同一の不動産に関して正当の権利若くは利益を有する第三者をして、登記に依りて物権の得喪及び変更の事状を知悉し、以て不慮の損害を免るることを得せしめんが為めに存するものなれば、其条文には特に第三者の意義を制限する文詞なしと雖も、其自ら多少の制限あるべきことは、之を字句の外に求むること豈難しと言ふべけんや。何となれば、対抗とは彼此利害相反する時に於て始めて発生する事項なるを以て、不動産に関する物権の得喪及び変更に付利害関係あらざる者は本条第三者に該当せざること、尤著明なりと謂はざるを得ず。又、本条制定の理由に視て、其規定したる保障を享受するに直せざる利害関係を有する者は亦、之を除外すべきは蓋疑を容るるに非ず。由是之を観れば、本条に所謂第三者とは、当事者若くは其包括承継人に非ずして不動産に関する物権の得喪及び変更の登記欠缺を主張する正当の利益を有する者を指称す、と論定するを得べし」（原文はカタカナ。句読点・濁点・ふりがなは筆者が補った）。

本件の場合、Yの主張が真実でなければ、Yは本件建物に正当の権利や利益を有しないから、民法177条の「第三者」ではない。

判例の法理

● 制限説への統一と基準の提示

177条の立法趣旨は、当事者およびその包括承継人以外の第三者にはすべて登記がなければ物権変動を対抗できないとする無制限説をとり、初期の学説も文言を理由にこれに従っていた。判例は制限説を採るものが主流であったが、学説の影響もあって、無制限説に立つものも登場し、判例の統一が求められていた（本判決以前の状況については川井・後掲44頁以下が詳しい）。

本判決は、まず、登記を不動産物権変動の対抗要件として規定した以上、未登記物権の性質が相対権たる債権に近づくのはしかたがないとして、物権の絶対権としての性質論から無制限説を導く原審の見解を否定する。次いで、177条は、同一の不動産に正当な権利や利益を有する者に対して、登記により物権変動の事実を知らせて不測の損害から保護する趣旨である、と制度趣旨を説明する。こうした理由から、177条は利害対立が生じるときにのみ問題となるという限定が導かれる。さらに、物権変動におよそ利害関係を持たない者や177条による保護に値しない程度の利害関係しか持たない者は、177条の「第三者」ではなく、これらの者に対しては登記なくして物権変動を対抗できる、と帰結する。最後に、本判

決は、以上の趣旨をまとめて、登記（の）欠缺を主張する正当の利益を持つ者のみが 177 条の「第三者」だと一般的な定式を示している。

本判決は、177 条の制度趣旨から第三者制限説の採用を明確に示し、その後の判例・通説の展開の基礎となった。その射程は現在に及ぶきわめて息の長いものである。

●同一日の判決との関係

大審院は本判決と同じ日に、177 条は意思表示による不動産物権の得喪変更の場合に限らず、相続のような意思表示によらない場合を含めて、あらゆる物権変動について登記を要する趣旨である、との判決を行った（→79 事件。変動原因無制限判決）。この判決によって、大審院は、公信力制度が欠けていることによる取引安全の保護の不備を 177 条により補い、登記による紛争解決という原則を確保した。しかし、それだけでは未登記権利者の保護があまりにも弱くなりすぎる。そこで、大審院は、「第三者」を制限する本判決によって、登記を基準としない紛争解決の余地を認め、具体的妥当性を確保しようとした（鎌田・後掲 84 頁）。

判例を読む

●議論の深化と制限説の通説化

本判決に反対する無制限説（鳩山秀夫『債権法おける信義誠実の原則』（有斐閣、1955。論文の初出は 1915）37 頁以下）は、登記による物権関係の画一的な問題処理によって取引を促進するべきだとして、登記制度の根幹にかかわる議論を喚起した。さらに、具体的な利益衡量としても、例えば不法行為者も誰に対して損害賠償責任を負うかという点で所有者が誰であるかについて正当な利害関係を有するから、177 条の「第三者」に含めるべきである、と主張した。

しかし、登記慣行が定着せず、登記以外に対抗力を認める特別法（建物保護法 1 条および借家法 1 条（現在の借地借家法 10 条および 31 条に相当））が制定されたことで、登記による一元的な問題処理の理想は断念されざるをえなかった。また、制限説を支持する学説からは、登記名義人を損害賠償の受領権者としての外観を有する者（当時は債権の準占有者と呼ばれていた）と見て、478 条によって不法行為者が同人に対して善意無過失で行った賠償金の支払を有効と扱えば、不法行為者が負う損害賠償の二重払の危険は回避できる、との反論がされた。さらに、そもそも、当事者以外の者に対して物権変動を主張するのに常に登記を要するとすれば、登記を物権変動の成立要件としなかった 176 条・177 条の趣旨が損なわれる、との説得力のある指摘がされた。こうした論争を経て制限説が通説化し、現在に至っている。

●第三者制限の基準

判例は本判決を踏襲し、「登記欠缺を主張する正当の利益」の有無で 177 条の「第三者」に該当するか否かを判断する。これに対して、学説は、より明確な基準を示そうと、例えば「当該不動産に関して有効な取引関係に立てる者」（我妻・講義 II 154 頁）など様々な提案を行っているが、見解は一致しない。また、登記を要する物権変動の議論と登記の欠缺を主張する正当な利益を有する

「第三者」の議論を統合し、両立しえない物権変動相互の優先争いが生じている場合にのみ 177 条を適用すべきだとする対抗問題説（対抗問題限定説ともいう）では、「第三者」については、とくに制限を設けなくても当然にそのような物権変動を主張する者に限定されることになる。対抗問題説は論理的に明快である反面、その演繹的手法自体に強い批判がある（以上の各説の詳細は、吉原節夫・新版注民(6)659 頁以下）。

●第三者か否かの具体例

本判決は、引用部分に続き、具体例として、同一不動産に関して物権や賃借権を正当の権原によって取得した者、当該不動産の差押債権者・配当加入債権者を「第三者」に当たるとし、同一の不動産に関して正当の権原によらずに権利を主張する者（無権利者）、当該不動産に対する不法行為者を「第三者」に当たらないとする。現在ではこれらについてはほとんど異論がない（もっとも、差押債権者の第三者性は自明のものでないことにつき、松岡・物権 129 ～ 130 頁、平野・物権 91 ～ 93 頁を参照）。

これに対して、その後の判例は、賃貸中の土地を譲り受けた者が新しい賃貸人として地代を請求する場合、請求の相手方となる賃借人は土地所有権の得喪につき利害関係を有する「第三者」であるとした（最判昭 49・3・19 民集 28 巻 2 号 325 頁）。これに対する学説の賛否は分かれていたが、2017 年改正の 605 条の 2 第 3 項により譲受人が賃貸人の地位を賃借人に主張するには登記を要するとの規定が新設された。

●判例の 177 条の「第三者」適用の範囲と基準

判例は、背信的悪意者の排除（→89 事件）、未登記通行地役権の場合の善意・有過失者の要役地承継者の排除（→90 事件）など、「第三者」の客観的資格の問題にとどまらず、主観的態様の問題を含めて「登記欠缺を主張する正当の利益」という基準で論じている。また妨害建物を譲渡した後にその登記名義を残す者に建物収去責任を課すことも（→74 事件）、賃貸不動産の所有権を取得した者が賃借人に賃料を請求する場合も、対抗問題に似たものとして、広く 177 条による問題処理を行っている。

このように、判例の 177 条の適用とその基準は、きわめて柔軟で包括的なものである。その反面、「第三者」の客観的資格（物権変動の優劣を争う者か否か）という問題と、「第三者」の主観的態様（一般的には「第三者」に該当する者が他人の物権変動を知っていた場合にも登記を先に備えることで優先を主張できるか）という問題（→89 事件）の違いが不明確になってしまう。また、本来の対抗問題と 177 条を借用する処理の関係も曖昧になり、判断の動揺を生むおそれがある。

【参考文献】 川井健『民法判例と時代思潮』（日本評論社、1981）31 頁以下は、本件の事実関係、差戻後の判決を含む裁判の流れ、本判決前後の判例の変遷、本判決の時代背景を詳しく論じている。鎌田薫「対抗問題と第三者」民法講座 2 67 頁は、第三者論全般につき最も詳細で的確な整理である。

松岡久和

89 背信的悪意者の排除

最高裁昭和43年8月2日判決　民集22巻8号1571頁、判時533号36頁、判タ226号75頁

【177条】

論点 民法177条の「第三者」の主観的態様はどのように考慮されるか

事実の要約

　Yは昭和4年に訴外Aから山林を買い受けた際、あわせて本件山林をも同人から買い受けて、以後これを占有管理していたが、公図や境界が不明確で土地の範囲がはっきりしなかったため、登記漏れが生じた。他方、Xは、昭和28年頃、時価約120万円相当と判断した本件山林を、Aから代金3万5,000円（後に15万円を追加支払）で買い受け、X自身やBの名義で（中間省略登記）、所有権移転登記を得た。Xの買受け当時、すでにAは本件山林の所在位置を正確に認識せずYに売却済みかどうかも不明確だった。Xは、本件山林がYの永年占有管理していることの明らかな本件係争地域内にあり、Yがすでにこれを買い受けているものであることを知ったうえで、Yが登記を経ていないのを奇貨として、Yに対し110万円余りでこれを売りつけて利益を得る目的で、本件山林を買い受けるに至った。Xは、Yに対し本件山林を買い取るよう求めたが、これが拒絶されるとBに転売し、さらにBが所有権の確認を求める本件訴えを提起したことを知って本件山林をBから買い戻し、本件訴訟に参加した。Bは1審で訴訟から脱退した。

　②売買　Ａ　①売買。以後Yが20年以上占有管理
　Ｘ　←　　→　Ｙ
　④転売　③売付工作
　　　　⑥買戻し・訴訟参加
　Ｂ　⑤本訴提起

裁判の流れ

　1審（津地判昭40・7・20民集22巻8号1580頁）：請求棄却　2審（名古屋高判昭42・2・14民集22巻8号1594頁）：控訴棄却　最高裁：上告棄却

　1審は、法は正常な取引者にのみ177条の保護を与える趣旨であるから、Xは信義則に照らして民法177条の登記の欠缺を主張し得る第三者にはあたらない、としてXの請求を棄却した。2審も、XはYの登記の欠缺を主張することが信義則に反するいわゆる「背信的悪意者」だとして、Xの請求を退けた。

判旨

　〈上告棄却〉「実体上物権変動があつた事実を知る者において右物権変動についての登記の欠缺を主張することが信義に反するものと認められる事情がある場合には、かかる背信的悪意者は、登記の欠缺を主張するについて正当な利益を有しないものであって、民法177条にいう第三者に当らないものと解すべきところ（最高裁判所昭和29年（オ）第79号、同31年4月24日第3小法廷判決、民集10巻4号417頁。同昭和37年（オ）第904号、同40年12月21日第3小法廷判決、民集19巻9号2221頁参照）」、本件の「事実関係からすれば、XがYの所有権取得につい

てその登記の欠缺を主張することは信義に反するものというべきであって、Xは、右登記の欠缺を主張する正当の利益を有する第三者にあたらない」。

判例の法理

●登記による優劣決定の例外則

　177条の立法趣旨は、二重譲渡紛争など物権変動の優劣が争われる場合、登記の先後によって決着をつけるとしており、文言上も「第三者」の主観的態様を問わない。しかし、この原則によって先に登記を取得した「第三者」を勝たせるという結論が常に公平妥当なものとは言い難い。

　判例は、昭和30年頃までは「第三者」の悪意を問題にしないという原則を維持してきたが（最判昭30・5・31民集9巻6号774頁（ただし傍論））、このころから下級審裁判所は、不動産登記法4条・5条（現在の5条）の類推、権利濫用、公序良俗違反、信義則違反など様々な構成によって、その例外を認める判決を積み重ねてきた。最高裁も、ある税務署長が未登記買主の所有権取得を認めておきながら別の税務署長が登記名義人に滞納処分としての差押えをした事案で、国には登記の欠缺を主張する正当な利益がないとした判決（最判昭35・3・31民集14巻4号663頁。判旨で引用されている最判昭31・4・24民集10巻4号417頁の再上告審）や、第二譲渡契約を公序良俗違反とした判決（最判昭36・4・27民集15巻4号901頁）を経て、**背信的悪意者排除の理論**を採用した（最判昭40・12・21民集19巻9号2221頁）。もっとも、そこでは不動産登記法4条または5条に類する程度の背信的悪意者である必要があるとされ、昭和40年判決の具体的事案では背信的悪意者性は否定された（評釈の多くはこの結論に疑問を呈していた）。

　本判決は、一般的には「第三者」としての客観的資格を備えている者が物権変動の事実を知っていたことに加えて、登記の欠缺を主張することが信義に反する特段の事情があれば、背信的悪意者として177条の「第三者」から排除されるという定式を確認すると共に、実際の適用において背信的悪意者であると認定した最初の最高裁判例である。

　この定式は、事案の特殊性を超えて以後の判例の基礎となり、二重譲渡紛争以外にも多くの適用例を生むことになった。例えば、根抵当権者の根抵当権放棄の意思表示の受領に関与した債務者の代表者が後に被担保債権と根抵当権を譲り受けた事例（最判昭44・1・16民集23巻1号18頁）や、第三者に根抵当権の負担のない土地の譲渡担保権を設定取得させるために根抵当権を放棄する合意をしておきながら、後に放棄を合意解約して譲渡担保権者の登記の欠缺を主張した事例（最判昭45・2・24判時591号59頁）がある。背信的悪意者を「第三者」から排除する判例・裁判例は相当数にのぼり、少なくとも一般的定式から受ける印象ほどには稀な例外とはいえない。

● 背信的悪意者の認定基準

　背信的悪意者排除説では、登記具備者の悪意は１つの要素にすぎず、第二譲受人の行為態様をどう評価するかが鍵となる。この評価は、当該事案の具体的事実に左右されるので、その限界を一般的に示すのは難しい。

　そこで、判例・裁判例を分析して判断基準をより具体化しようとする試みがされている（北川弘治「民法177条の第三者から除外される背信的悪意者の具体的基準(1)～(4)」判評120～123号、吉原節夫・新版注民(6)686頁以下）。それによると、背信的悪意者排除の判例は、①第二譲受人が譲渡人の家族など近接した関係にある場合（最判昭63・12・1（公刊物未登載）民商100巻6号173頁がこれに当たろう）、②第二譲受人が未登記の権利取得を承認し、これを前提とする行動をとりながら後に矛盾する主張をする場合（例えば、最判昭43・11・15民集22巻12号2671頁）、③第二譲受人が加害目的や不当な利益取得目的で積極的に二重譲渡を教唆する場合（本件はこれに該当する）などに類型化される。さらに、第一譲受人の占有、第一契約の代金支払の有無、未登記の理由、第二譲渡の無償性や対価の著しい低さなどをも総合して背信性認定の要素とされる。

　なお、「実体上物権変動があった事実」という悪意の内容に関し、判例が176条につき契約時に直ちに物権変動が生じるとしていることには注意を要する（→ 77・78事件）。判例と異なって、引渡し・代金支払・移転登記のいずれかが行われる時点まで物権変動時期を遅らせる有力な見解（有償性の原理説や物権行為独自性説）では、契約の事実を知っていても物権変動についてまで悪意とはいえなくなるからである。

判例を読む

● 背信的悪意者排除の根拠・構成・射程

　背信的悪意者排除理論は、学説と判例の相互影響により確立された（鎌田・民法講座2 101頁以下、吉原・新版注民(6)674頁以下）。通説は判例を理論的に基礎づけ、177条は自由競争を認めているから善意悪意不問が原則であるが、その例外として、行為態様が社会生活上正当な自由競争の枠を踏み越えて許されないのが背信的悪意者である、とする基本枠組ではほぼ一致している（舟橋・物権183頁以下が提唱）。しかし、それ以外の点では、通説内部でも対立が目立つ。まず、背信的悪意者排除を177条とは別次元の信義則違反や権利濫用の問題と考えるか、177条の「第三者」の問題とするかなど、背信的悪意者排除を導く法的構成には様々な考え方があり、とりわけ背信的悪意者からの転得者の問題（→ 92事件）に影響する。また、背信的悪意者排除をあくまで例外則とみる者もいれば、善意重過失者まで緩やかに背信的悪意者概念に取り込もうとする見解もある（前者の例として鈴木・物権154～155頁、後者の例として広中・物権108頁）。

● 背信的悪意者排除説への批判

　昭和40年代に入ると、登記制度を善意者保護の観点から位置づけて、「第三者」に善意または善意無過失を必要とする公信力説が有力に説かれた。公信力説には、176・177条の沿革や基本構造にそぐわないなどとして、通説からの強い批判があるが、その後さらに、利益衡量論や立法過程研究の進展によって、公信力説とは距離を置きながらも「第三者」を善意者や善意無過失者に限定する見解が増えつつある（善意・有過失者を排除する例と

して内田I459頁、悪意者を排除する例として石田・物権211頁以下）。

　自由競争という背信的悪意者排除説の理論的基礎にも、第一買主の契約侵害の観点から強い批判が向けられた（磯村保「二重売買と債権侵害(1)～(3)」神戸法学雑誌35巻2号、36巻1号、2号、吉田邦彦『債権侵害論再考』（有斐閣、1991）570頁以下）。さらに、公序良俗論の柔軟化に対応して、第二契約の効力自体を問題にすべきだとの説も登場した（石田剛「不動産二重売買における公序良俗」『民事法理論の諸問題　下』（成文堂、1995）129頁以下）。

　また、当初から背信的悪意者概念が不明確であるとの批判があったが、判例に対しても異なる評価が主張されている。すなわち、限界となる事例では、第二譲受人が二重処分者と特殊な関係にあっていわば第一契約の当事者に準じる者であれば悪意か否かを問わず、そもそも「第三者」ではないとされ、それ以外の類型でも判例の実質は悪意者排除とみることができる、と（松岡・物権135頁。これに対する批判として、吉原節夫・注民(6)597頁

以下、金山ほか・後掲161頁以下〔七戸克彦〕）。

● 判例に残る問題点

　判例を額面通りに受け取るとしても、最近の展開では理論の位置づけと射程に整理するべき問題点が残る。判例は、場合によって、背信的悪意者という言葉を使わず、登記欠缺の主張が信義則違反や権利濫用に当たるとする（最判昭45・3・26判時591号57頁、最判昭52・3・31金法824号43頁）。のみならず、未登記通行地役権を否認する承役地の譲受人を背信的悪意者だとした原審を退け、善意有過失者をも「登記の欠缺を主張する正当な利益を有する第三者に当たらない」とする判決が現れた（→ 90事件）。

　とりわけ後者は、背信的「悪意者」排除説には包摂しにくく、背信的悪意者排除の問題とは異なった未登記地役権にかかわる特別な類型として、背信的悪意者排除説と並んで「登記の欠缺を主張する正当な利益を有しない者」に包括・統合されるという理解も考えられる。

　しかし、二重譲渡型紛争や対抗要件を欠く借地人と敷地譲受人の紛争でも、現地の占有利用に目をつぶって取引をした登記具備者を背信的「悪意者」でないとして勝たせてよいのか、きわめて疑問である。現地を十分に調査もせずに不動産を譲り受ける者は、むしろ一般的に保護に値しないのであり、**90事件**の判決は通行地役権の特殊性に尽きない影響を持つ可能性がある。時効完成後の第三者の悪意の認定を緩めた**91事件**判決もあわせて、悪意＋背信性という基本的枠組自体が揺らぐ可能性がある。

【参考文献】　本件判決の調査官解説として、野田宏・最判解昭和43年度573頁。金山直樹ほか「物権変動論の最前線」姫路法学20号149頁以下は、この問題を中心に物権変動論全般に対する立ち入った論争を行っている。

松岡久和

登記のない地役権と承役地の譲受人

最高裁平成 10 年 2 月 13 日判決　民集 52 巻 1 号 65 頁、判時 1633 号 74 頁、判タ 969 号 119 頁

【177 条、280 条】

論点　未登記通行地役権は背信的悪意者ではない承役地の譲受人に対抗できるか

事実の要約

Aは、所有地を宅地 6 区画と本件係争地を含む通路に造成し、その 1 区画をXに分譲した。Xが分譲を受けた土地の西側には里道があるが急勾配の部分があり幅も狭かった。XとAは通行地役権の設定を黙示的に合意し、Xは本件係争地部分を通路として公道への出入りに使用していた。一方、本件係争地及び 3 区画の土地はまとめて、AからBに売却された。BはXの通行地役権を黙示的に承継し、Xの使用にも異議を述べなかった。この土地をBから譲り受けたYは、Xの通路使用を認識していたが、Xに通行権の有無を確認せず、購入後Xの通行権を否認した。そこで、XがYに対し、主位的に①通行地役権の確認、②通行妨害の禁止、③地役権設定登記手続などを、予備的に囲繞地通行権の確認と通行妨害の禁止を求めた。

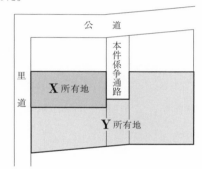

裁判の流れ

1 審（沖縄地判平 7・4・27 民集 52 巻 1 号 88 頁）：予備的請求認容　2 審（福岡高那覇支判平 9・1・30 民集 52 巻 1 号 99 頁）：①②請求認容（③は棄却）　最高裁：上告棄却

判　旨

〈上告棄却〉「通行地役権（通行を目的とする地役権）の承役地が譲渡された場合において、譲渡の時に、右承役地が要役地の所有者によって継続的に通路として使用されていることがその位置、形状、構造等等の物理的状況から客観的に明らかであり、かつ、譲受人がそのことを認識していたか又は認識することが可能であったときは、譲受人は、通行地役権が設定されていることを知らなかったとしても、特段の事情がない限り、地役権設定登記の欠缺を主張するについて正当な利益を有する第三者に当たらないと解するのが相当である」。

判例の法理

●登記のない通行地役権を保護する裁判例の傾向

通行地役権は明示的に合意されることが少なく、登記もないことが多い。しかし、未登記地役権が承役地の譲受人に対抗できないとすると、要役地所有者の生活利益を著しく損なう。そこで、下級審裁判例は、承役地の譲受人を 177 条の第三者でないとする例外を広く認め、未登記地役権を厚く保護する傾向にあった。ただ、その判

断基準として譲受人の主観的態様をどういう枠組みでどの程度考慮するかについて、裁判例も学説も分かれていた（詳細は岡本・後掲書）。

●背信的悪意者排除論か別系統の第三者論か

背信的悪意者排除論を採用する裁判例は、悪意や背信性の認定を緩やかに認めたが、それにも限界があり、通行地役権の保護を否定したものもあった。これに対して、より多数の裁判例は、譲受人の悪意を緩やかに推認し、諸事情をも考慮して、譲受人は地役権登記の欠缺を主張する正当な利益を有する第三者でないとしていた。この延長線上で、さらに善意有過失の譲受人も第三者でないとする裁判例もあった（東京地判平成 2・11・27 判時 1397 号 28 頁）。

本判決は、Yを背信的悪意者と認定した原審を否定し、①通路の継続的使用の事実が客観的に明らかで、②通行地役権の存在が譲受人に認識可能という基準を明示して、背信的悪意者以外に 177 条の第三者から除外される者の類型を新たに認めた。②は、承役地譲受人に現地調査義務を課して善意無過失者のみを保護する画期的な判断である。これにより、①の要件を満たす表現地役権は、特段の事情がなければ、原則として②もみたされ、登記なくして対抗できることになる。本判決の基準は、建物登記などの対抗要件（借地借家 10 条）を欠く借地権者と敷地譲受人が争う場合にも、同様に妥当しうる。

判例を読む

●背信的悪意者排除論への影響

しかし、本判決は、通行地役権に固有の判断であり、二重譲渡のような所有権対所有権の典型的対抗問題や、地役権が①の要件を満たさない場合には、従来どおりの背信的悪意者排除（→ 89 事件）にとどまる、と評釈の多くは解している（後掲・村田など）。しかし、二重譲渡類型でも、とりわけ第 1 譲受人が占有利用していれば、判例は背信的悪意者排除の建前とは裏腹に実質的には悪意者排除に近い（松岡・物権 136-137 頁）。また、本件で係争地が二重譲渡されていたら、背信的悪意者排除にとどまって、Xは善意有過失のYに敗訴するとしてよいのだろうか（→ 91 事件はそのように解決したと考えられる）。

●地役権設定登記の請求権

Xが上告しなかったため③の請求の当否は本件では判断されなかったが、同じ年の類似の事例で、最高裁は地役権者の登記請求を認めた（最判平 10・12・18 民集 52 巻 9 号 1975 頁）。妥当である。

【参考文献】　近藤崇晴・ジュリ 1134 号 112 頁、村田大樹・百選Ⅰ 120 頁、岡本詔治『隣地通行権の理論と裁判』（信山社、1992）164 頁以下。

松岡久和

91 取得時効完成後の譲受人と背信的悪意者

最高裁平成18年1月17日判決　民集60巻1号27頁、判時1925号3頁、判タ1206号73頁
【162条、177条】

論点　不動産の取得時効完成後にその不動産の譲渡を受けて所有権移転登記を備えた者はどういう場合に背信的悪意者に当たるか

事実の要約

　Xらは、1996年に鮮魚店を開業する目的で本件土地を含む数筆の土地を購入し、所有権移転登記を備えた。一方、隣地所有者Aは1973年以来、元ため池を埋め立てたもので境界線が明確でなかった本件土地の一部を所有地に含まれると信じて通路として使用していた。1986年にBが隣地と通路部分をAから買い受け、1987年にはコンクリート舗装し、以後、隣地上の建物の専用進入路として利用してきた。YはBからの現物出資によりこれを承継した者である。XらがYに対して、本件土地の所有権確認とコンクリート舗装の撤去を求めた。これに対して、Yは、反訴を提起し、通路部分は自らが買い受けた隣地に含まれる。仮にそうでないとしても、その所有権または通行地役権を時効取得した、などと主張した（事案の詳細な整理として、松並・後掲を参照）。

裁判の流れ

　1審（徳島地判平14・3・26民集60巻1号37頁）：本訴をほぼ認容、反訴をほぼ棄却　2審（高松高判平16・10・28民集60巻1号47頁）：本訴をほぼ棄却、反訴をほぼ認容　最高裁：一部上告棄却、一部破棄差戻

　1審は、Yの主張をほぼすべて退けたが、2審は、逆に、Yによる本件土地の時効取得を認めた。そのうえで、Xらは、Yが通路部分を専用進入路として利用していることや、通路部分を利用できないと公道からの進入路の確保が著しく困難となることを知っていたから、調査をすればYの時効取得を容易に知りえた。それゆえ、Xらは、Yが時効取得した所有権について登記の欠缺を主張する正当な利益を有しない、としてYを勝訴させた。Xらが、原審判決は、背信的悪意者排除に関する判例に違背するとして上告した。

判旨

　〈一部上告棄却、一部破棄差戻〉「Yが時効取得した不動産について、その取得時効完成後にXが当該不動産の譲渡を受けて所有権移転登記を了した場合において、Xが、当該不動産の譲渡を受けた時点において、Yが多年にわたり当該不動産を占有している事実を認識しており、Yの登記の欠缺を主張することが信義に反するものと認められる事情が存在するときは、Xは背信的悪意者に当たるというべきである。取得時効の成否については、その要件の充足の有無が容易に認識・判断することができないものであることにかんがみると、Xにおいて、Yが取得時効の成立要件を充足していることをすべて具体的に認識していなくても、背信的悪意者と認められる場合があるというべきであるが、その場合であっても、少なくとも、XがYによる多年にわたる占有継続の事実を認識している必要があると解すべきであるからである」。

判例の法理

●時効と登記の「第三者の法理」と「背信的悪意者排除の法理」の結合

　判例は、学説の批判を受けながらも、不動産の時効取得者と時効完成後に登記名義人から相容れない権利を取得した第三者との関係を対抗問題とする構成を維持し、時効取得者は登記を備えない限り、時効完成後の第三者には所有権の時効取得を対抗できないとしてきた（→85事件）。他方で、典型的な対抗問題においては、登記の先後による優劣決定の原則（177条）の機械的適用による不都合を緩和するため、判例・通説は、背信的悪意者を同条の「第三者」から除くとの法理を発展させてきた（→89事件）。下級審においては、この2つの法理を組み合わせ、時効取得後の第三者が背信的悪意者であるとして、登記のない時効取得者を勝たせた判決が何件も登場していた（笠井・後掲3頁以下、松並・後掲284頁以下、1993年8月末段階でもすでに、松岡・後掲196頁以下の一覧表の3、6、19、30、32、35、41、43の8件があった）。背信的悪意者排除の法理の形成途上には時効取得について明確に悪意の第三者でも登記の欠缺を主張できるとしたものがあったが（最判昭38・4・5裁判集民65号419頁）、逆に、本判決以前にも背信的悪意者排除の法理を用いた原審の判断を結果的に肯定した最高裁判決もあった（最判平6・9・13判時1513号99頁）。最高裁がこの点を明確に判示したのは本判決が最初であり、その点にまず意義がある。

●背信的悪意者の「悪意」要件の緩和と維持

　背信的悪意者の「悪意」は、判例によれば、「実体上物権変動があった事実を知っていること」とされている。これを取得時効による権利取得につきそのまま当てはめると、本件判決理由も指摘するように、取得時効の要件の充足の有無は容易に認識・判断することができないから、悪意の認定は難しくなり、背信性を問題にする前の段階で、悪意要件が充足しないため、背信的悪意者排除の法理は使えなくなってしまう。もっとも、判例の背信的悪意者の認定は、実際には悪意者排除に近く、場合によっては善意・有過失者をも排除している可能性があるとの分析があり、近時の学説ではさらに進んで悪意者排除説や善意・有過失者排除説も有力である（→89事件）。また、背信的悪意者排除説を支持しつつ、時効取得の場合には善意・有過失者の第三者をも背信的悪意者に含みうるとする見解がある（広中・物権157頁）。これ以外にも、背信的悪意者排除論では、「悪意」に重点があるのではなく、信義則違反の有無が重要であるとの理解が近時は増えている。吉原節夫・注民(6)600～604頁、加藤・Ⅱ120～121頁、近江・物権85～86頁など）。これに対して、本判決は、多年にわたる占有継続の事実を認識しているだけで悪意要件の充足を認める新たな定式を示して悪意要件を緩和しつつ（松岡・後掲196頁以下の8判決は、いずれも第三者が背信的悪意者であると認定しており、下級審裁判例では、すでに悪意要件が緩和されていたとみられる。本判決はこの傾向を追認したことになる）、背信的悪意者という評価を行うには、あくまで悪意が必要であるとの基本的立場を維持した。この点が本判決の中心的な意義である。

●未登記地役権に関する判例との関係

本件では、Yの長年にわたる通路の継続的使用の事実が客観的に明らかで、Yの何らかの権利の存在は、調査をすればXには容易に認識可能であったとも考えられる。原審は、明示はしていないが、利用の客観性と譲受人の認識可能性があれば未登記の通行地役権者が善意・有過失の所有権譲受人にも対抗できるとした最判平10・2・13民集52巻1号65頁（→90事件）により、Xが背信的悪意者であると認定せずにYを勝たせた。しかし、本判決はこのような考え方を明確に退け、背信的悪意者排除の法理による問題の処理を指示している。では、同じように通路としての利用が問題になった本件判決と平成10年判決の違いは何によって正当化されるのか。

この違いの根拠を地役権の特殊性に求める見解が多い。すなわち、地役権のように排他性のない権利と所有権の関係においては、地役権の主張を認めても所有権者にとって大きな負担ではないのに対し、地役権を否定すると生活に甚大な影響が出る。これに対して、本件にみられる所有権対所有権のような両立しない物権変動相互の関係で、平成10年判決にならって、広く未登記所有権の主張を認めるのは、登記を備えた過失のある善意者の権利を全面的に否定することになり妥当でない。また、通行地役権は黙示の合意で設定されることが多く登記を期待できない、などという（松並・後掲282〜283頁、笠井・後掲5頁、石田・後掲111頁、田口・後掲84頁。この論拠に批判的なのは、小山・後掲5(4)、池田・後掲43頁、野澤・後掲87頁）。

しかし、地役権によっても所有権者の利用は場合によって大きな制限を受けることがあるから、やはり両者は対抗問題となる。むしろ、この考え方では、全面的支配権である所有権の方が、所有権のごく一部の権能を有する通行地役権より保護が弱い、という奇妙な不均衡を招く。また、所有権の時効取得の場合には定型的に排他的占有があるから、排他的占有を欠く地役権よりも公示性に乏しいとはいえない。さらに、時効取得者にも、地役権者に対すると同じように、速やかな登記具備は期待できない（田口・後掲87頁は、公示性や登記具備の可能性につき、全く反対の評価をしている）。本件においても、むしろ平成10年判決に沿う原審判断の方が妥当だったのではないかとして、本判決に批判的な見解が少なくない（池田・後掲40頁以下、鎌田・後掲17頁）。

●本判決の射程

争いとなった物権の帰属が曖昧な状況にあった本件では、移転登記が終了して初めて土地所有権の帰属が確定するため、通常の背信的悪意者排除論による判断が妥当であるとする見解や、本件では通行権の背後に登記なくして対抗できる囲繞地通行権が潜在していなかった点が平成10年判決との違いであるとする読み方もある（前者は、松尾弘「不動産物権変動における対抗の法理と無権利の法理の交錯」川井健先生傘寿記念論文集刊行委員会編『取引法の変容と新たな展開──川井健先生傘寿記念論文集』（日本評論社、2007）174〜175頁、後者は野澤・後掲88頁）。こうした理解は、平成10年事案の特殊性を強調してその判決の射程を限定する。それは本判決の射程を取得時効という紛争類型に制限する理解（例えば、新井・後掲56〜57頁。これに対して、時効取得の類型論に対する疑問については、鎌田・後掲17頁末尾の記述を参照）とも親和

的であり、不動産取引一般への影響を小さく押さえることを志向するものと思われる。

しかし、両判決とも大きな影響を与える可能性を秘めている。現地検分が常識とされる不動産取引において、売主以外の者が占有や利用をしている事実を購入希望者が認識したとしても、その権原が地役権なのか、賃借権なのか、買い受けられた所有権なのか、あるいは時効取得された権利なのかはわからない。調査不足だと未登記地役権を対抗されるかもしれないし、調査の結果「多年にわたる占有継続」を知れば、未登記の所有権の主張に屈するかもしれない。他人の権利の存在がもっと明確にわかれば、それを知りながらあえて紛争覚悟で取引に入る姿勢は、背信的悪意と評価されるおそれがある。類型によって法理を使い分けるのは、すべての事実が長時間かけた裁判で明らかになった後には妥当しても、取引渦中にある者の行為指針としては役立たない。このように考える慎重な取引者は、相当の調査を経て安心と思わなければ、あえて取引を行おうとはしないだろう。両判決は、この意味で取引への参入を回避させる方向に作用し、不動産取引と対抗問題一般に影響を与える可能性がある（安永・79頁、松岡・物権138頁も、両者は類似した判断構造を有するとする。これに対して、石田・後掲111頁は、平成10年判決の射程を限定する一方、本判決の波及効果は広がりを持ちうると（警戒感を込めて）予測する）。

●本件の解決

本件の具体的な解決にはいろいろな可能性がある。本判決が緩和した「多年にわたる占有継続」についての悪意がどのような内容であるのか、またこうした悪意認定の緩和と背信性認定の緩和が連動するのかそれとも両者は別なのかが不明だからである。それゆえ、差戻審で、Xの悪意が認定されると同時に背信性も認められ、Yが勝つかもしれない。逆に、悪意が認定されなかったり、悪意ではあるが背信性がないとしてXが勝つかもしれない。さらに、所有権の争いではXが勝利を収めるとしても、Yの通行地役権の時効取得が認められ、平成10年判決同様、この通行地役権は善意・有過失のXにも対抗できるとして、通路をXYが共同利用する結果となることも考えられる（池田・後掲44頁、石田・後掲111頁、鎌田・後掲17頁。2審では所有権の時効取得という主位的主張が認められたので、予備的主張であった通行地役権の時効取得は判断されていない）。その後の現地のグーグル・ストリート・ビューを見ると最後の解決が採用されたと推測できる。ただし、その旨の判決があったのか、和解による解決だったのかはわからない。

【参考文献】　松岡久和「民法177条の第三者・再論」前田達明編『民事法理論の諸問題下巻──奥田昌道先生還暦記念』（成文堂、1995）185頁。本件の解説や評釈として、松並重雄・曹時61巻1号273頁、笠井修・金判1248号2頁、小山泰史・LEX／DB速報重要判例解説2006-003、池田恒男・判タ1219号38頁、田口勉・神奈川ロージャーナル1号79頁、野澤正充・速報判例解説vol.1・85頁、新井敦志・立正大学法制研究所研究年報12号49頁、鎌田薫・リマークス34号14頁、石田剛・百選I 110頁。

松岡久和

背信的悪意者からの転得者

最高裁平成 8 年 10 月 29 日判決　民集 50 巻 9 号 2506 頁、判時 1609 号 108 頁、判タ 947 号 185 頁

【177 条】

論点　背信的悪意者からの転得者はどのような要件のもとに保護されるか

事実の要約

XはAから本件土地を買い受けて市道として使用していたが未登記だった。その後、本件土地は、A→B→C→D→Yと転売されそれぞれ移転登記がされたが、B・C・Dはいずれも実質的には同一人Eが経営する会社であった。Yが本件土地は道路でない旨を主張して通行を妨害するので、Xは、①所有権移転登記手続と②道路管理権に基づく市道敷地であることの確認・妨害物の撤去等を請求した。なお、妨害物の撤去は仮処分により実現しており、Yは仮処分が違法だとして損害賠償の反訴請求をした。

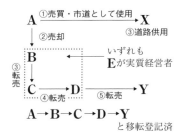

裁判の流れ

1 審（松山地判平 2・2・19 民集 50 巻 9 号 2532 頁）：請求②のみ認容　2 審（高松高判平 5・3・25 民集 50 巻 9 号 2550 頁）：請求全部認容　最高裁：請求①破棄差戻、請求②上告棄却

1 審は、Yは、背信的悪意者とは断じがたく、所有権取得をXに対抗できるが、道路管理権に服するとして②の請求を認容した。これに対して、2 審は、背信的悪意者Bが所有権の取得をXに対抗できない以上、YもXに対抗できないとして、①の請求も認容した。

判　旨

〈請求①につき破棄差戻〉「所有者甲から乙が不動産を買い受け、その登記が未了の間に、丙が当該不動産を甲から二重に買い受け、更に丙から転得者丁が買い受けて登記を完了した場合に、たとい丙が背信的悪意者に当たるとしても、丁は、乙に対する関係で丁自身が背信的悪意者と評価されるのでない限り、当該不動産の所有権取得をもって乙に対抗することができるものと解するのが相当である。けだし、(1)丙が背信的悪意者であるがゆえに登記の欠缺を主張する正当な利益を有する第三者に当たらないとされる場合であっても、乙は、丙が登記を経由した権利を乙に対抗することができないことの反面として、登記なくして所有権取得を丙に対抗することができるというにとどまり、甲丙間の売買自体の無効を来すものではなく、したがって、丁は無権利者から当該不動産を買い受けたことにはならないのであって、また、(2)背信的悪意者が正当な利益を有する第三者に当たらないとして民法 177 条の『第三者』から排除される所以（ゆえん）は、第一譲受人の売買等に遅れて不動産を取得し登記を経由した者が登記を経ていない第一譲受人に対してその登記の欠缺を主張することがその取得の経緯等に照らし信義則に反して許されないということにあるのであって、登記を経由した者がこの法理によって『第三者』から排

除されるかどうかは、その者と第一譲受人との間で相対的に判断されるべき事柄であるからである」（請求②は上告棄却。理由は略）。

判例の法理

●転得者と 177 条の適用

背信的悪意者に対しては登記なくして物権変動を対抗できることは確定判例となっている（→ **89 事件**）。しかし、背信的悪意者からの転得者をどう扱うかを判断した最高裁判決はなかった。第二契約が公序良俗違反で無効である（最判昭 36・4・27 民集 15 巻 4 号 901 頁）等の理由で背信的悪意者が無権利者だとすれば、転得者は権利を取得できない。原審はこの構成を採ったようである。これに対して、背信的悪意者も無権利者ではないと考えれば、転得者は権利を承継取得できる。

●背信的悪意の認定の相対性

背信的悪意者が未登記権利者の登記の欠缺を主張することが信義則違反と評価されるのが、両者の相対的な関係においてだとすれば、背信的悪意者から権利を承継取得している転得者を「第三者」でないとするには、この者自身が未登記権利者との関係で背信的悪意者と認定される必要がある。判旨は以上の 2 点を明らかにした。

判例を読む

●177 条の適用

背信的悪意者排除論より後に発展した 94 条 2 項類推適用論（→ **99 ～ 102 事件**）によれば、原審のように背信的悪意者を無権利者としても、この法理で転得者を救済する構成も考えられる。しかし、判例は 177 条を広く適用して取引の安全を考慮しており（→ **79 ～ 87 事件**）、本判決の 177 条の適用は判例理論として一貫している（七戸・後掲は反対）。

●転得者の登記の要否

判例・通説のように二重譲渡の譲受人同士は登記がなければ互いに対抗できないとするなら、背信的悪意者でない転得者が保護されるには登記を要することになろう（横山・後掲は登記不要説も成り立つとする）。

●背信的悪意者でない者からの転得者

この場合も未登記権利者との相対的関係で背信的悪意者か否かを判断するものがある（東京高判昭和 57・8・31 下民集 33 巻 5 ～ 8 号 968 頁）。しかし、善意者を藁人形とする事例を除き、原則として、背信的悪意者でない第二譲受人が対抗要件を備えた時点で未登記権利者の失権が確定するとする見解も有力である（松岡・物権 139 頁）。すなわち、いわゆる相対的構成が本判決とは親和性が高いが、相対的構成で統一するか否かは別問題である。

【参考文献】　大橋弘・最判解民平成 8 年度 831 頁。七戸克彦・民商 117 巻 1 号 104 頁は論点②についても詳しい。横山美夏「二重譲渡における転得者の法的地位」民研 521 号 12 頁。

松岡久和

93 手続要件に違反した登記の効力

最高裁昭和 41 年 11 月 18 日判決　民集 20 巻 9 号 1827 頁・判時 471 号 27 頁・判タ 202 号 105 頁

【110 条】

論点　①登記申請代理に、民法の法律行為の代理の規定の適用があるか
②手続要件を欠くが、実体要件に合致している登記に対する抹消請求の可否

事実の要約

X 所有の本件土地・建物には、X の兄 A の債権者 B のために根抵当権が設定されていた。A は X に対し、B への債務を返済して根抵当権設定登記を抹消すると述べて、X から実印を借り受け、B 名義の登記を抹消したが、その一方で、新たに Y から借財し、Y のために根抵当権設定登記を経由した。そのため X が、A の無権代理を理由に、Y 名義の根抵当権設定登記の抹消手続を請求。

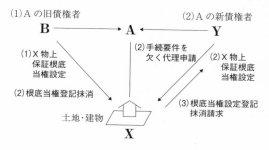

裁判の流れ

1 審（福岡地柳川支判昭 38・4・24 民集 20 巻 9 号 1836 頁）は X の請求を認容したが、2 審（福岡高判昭 38・10・16 民集 20 巻 9 号 1841 頁）は Y の表見代理の主張を容れて原判決を取り消し X の請求を棄却したため、X が上告。上告理由は、公法行為である登記申請行為については表見代理の適用はない、というものであった。

判旨

〈上告棄却〉「偽造文書による登記申請は不適法であり（不動産登記法 26 条、35 条 1 項 5 号〔現行不動産登記令 3 条 3 号、7 条 1 項 2 号〕）、公法上の行為である登記申請行為自体に表見代理に関する民法の規定の適用のないことは、所論のとおりである。しかしながら、偽造文書による登記申請が受理されて登記を経由した場合に、その登記の記載が実体的法律関係に符合し、かつ、登記義務者においてその登記を拒みうる特段の事情がなく、登記権利者において当該登記申請が適法であると信ずるにつき正当の事由があるときは、登記義務者は右登記の無効を主張することができないものと解するのが相当である。」

判例の法理

●登記申請代理と私法上の法律行為の代理

本判決は、民法の法律行為の代理の規定は、**公法上の行為**である登記申請行為の代理には適用されないとした。

しかし、A が行った**私法上の行為**である XY 間の根抵当権設定契約の代理については、民法の代理の規定の適用があるから、設定契約について表見代理が成立すれば、Y の根抵当権登記は実体関係に合致していることになる。

●登記の効力（有効・無効）の用語の 3 つの用例

登記の効力（有効な登記・無効な登記）の用語については、3 つの異なる使われ方がされる。①第 1 は、登記申請の側面において、**申請**が受理される登記を有効な登記、却下される登記を無効な登記と呼ぶ用例である。②第 2 は、すでになされてしまった登記について、**抹消**が認められない登記を有効な登記、抹消が認められる登記を無効な登記と呼ぶ用例である。③第 3 は、第三者との間で**対抗力**が認められる登記を有効な登記、対抗力が認められない登記を無効な登記と呼ぶ用例である。

本件は、このうちの②抹消請求の事案である。

●登記申請の実体要件と手続要件

一方、登記の有効要件は、⑦実体要件（登記が②現在の権利状態のほか、権利変動の⑤過程および©態様に合致していること）と、④手続要件（不動産登記法の要求する適式な手続を満たしていること）に分かれるが、権利に関する登記の①登記申請では、登記官は当事者から提供された資料の限りでしか審査を行わないため、⑦実体要件・④形式要件を欠く登記が生じてしまうことがある。

そのため、判例は、現行不動産登記法でいえば 25 条 1 号〜13 号の却下事由のうち、登記官の職権抹消という強力な是正措置が規定されていない**4 号〜12 号**の却下事由に該当する事案については、これを看過してなされてしまった登記が、⑦実体関係に合致している場合には、②当事者間での抹消請求は認められず、また、③第三者に対する対抗力を有するとしている（これに対して、**1 号〜3 号および 13 号**の却下事由を看過した登記については、登記官の職権抹消が認められるため、②当事者による抹消登記請求も認められ、また、③対抗力も否定される）。

判例を読む

本判決の事案は、現行法でいえば申請情報の代理人の記載（不動産登記令 3 条 3 号）および添付情報のうち代理権限証明情報（同令 7 条 1 項 2 号）が虚偽の事案であるが、これらは前不登法 25 条 4 号あるいは 9 号の却下事由に当たるため、登記が実体関係に合致している場合には②抹消請求は認められないところ、本件では**私法上の行為**である XY の根抵当権設定契約について A の表見代理が認定されているので、登記は⑦実体関係と②⑤©で完全合致している。

ただし、本判決は、「登記権利者〔Y〕において当該登記申請が適法であると信ずるにつき**正当の事由がある**」ことを、加重要件として要求している。これは、**公法上の行為**である登記申請代理に民法の表見代理の規定を適用したのと大差がない。

【参考文献】　下森定・法協 84 巻 11 号 92 頁、原島重義・民商 56 巻 5 号 134 頁、宮田信夫・最解民昭和 41 年度 497 頁、鈴木重信・登記先例解説集 10 巻 8 号 57 頁、池田恒男・不動産取引判例百選 3 版 118 頁。

七戸克彦

94 旧建物の登記の流用

最高裁昭和 40 年 5 月 4 日判決　民集 19 巻 4 号 797 頁・判時 414 号 20 頁・判タ 178 号 103 頁

【177 条】

論点　旧建物の取壊しと新建物の建築の際に、旧建物の登記について滅失登記と登記記録の閉鎖を行わず、表題部の変更登記によって、新建物の登記に流用することはできるか

事実の要約

Aは自己所有の旧建物を取り壊した跡地に新建物を建築したが、その際、新建物の登記を行わず、旧建物の登記の記載を新建物の構造・坪数等に修正する表示変更登記をした。その後、この建物登記にXの停止条件付代物弁済契約に基づく所有権移転請求権保全仮登記、Yの抵当権設定登記および停止条件付代物弁済契約に基づく所有権移転請求権保全仮登記が経由され、Xが自己の仮登記に基づく本登記を経由したうえで、Yに対してY名義の各登記の抹消を請求した。

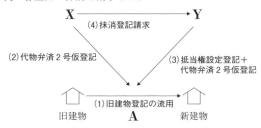

裁判の流れ

1 審（東京地判昭 35・10・4 民集 19 巻 4 号 805 頁）は欠席判決によりXが勝訴。しかし、2 審（東京高判昭 38・6・28 民集 19 巻 4 号 807 頁）は、Xの登記は第三者Yに対する対抗力がないとして 1 審判決を取り消しXの請求を棄却したため、X上告。Xは上告理由で、YもXと同じく旧建物の登記を経由しているから登記の流用を認めても不測の損害を被らない、旧担保権の登記の流用については判例も認めていると主張した。

判旨

〈上告棄却〉「建物が滅失した後、その跡地に同様の建物が新築された場合には、旧建物の登記簿は滅失登記により閉鎖され、新建物についてその所有者から新たな所有権保存登記がなさるべきものであって、旧建物の既存の登記を新建物の右保存登記に流用することは許されず、かかる流用された登記は、新建物の登記としては無効と解するを相当とする。けだし、旧建物が滅失した以上、その後の登記は真実に符合しないだけでなく、新建物についてその後新たな保存登記がなされて、一個の不動産に二重の登記が存在するに至るとか、その他登記簿上の権利関係の錯雑・不明確をきたす等不動産登記の公示性をみだすおそれがあり、制度の本質に反するからである。」

判例の法理

●旧建物の登記の流用が生ずる原因

登記の有効・無効という用語には 3 種類の用例があるが（①登記**申請**の可否、②**抹消**の可否、③民法 177 条の**対抗力**の存否）、本件では③対抗力が問題になっている。

判旨も述べるように「旧建物が滅失した以上、その後

の登記は真実に符合しない」ので、滅失した旧建物に関する登記用紙（登記簿が磁気ディスク化された現在では登記記録）にされたX・Yらの登記は、③対抗力をもたない無効な登記である。

にもかかわらず、旧建物の登記の流用が発生する原因はどこにあるかといえば、@建物の「滅失」の判断は難しい問題であることから、当事者が旧建物の大修繕の類いにすぎないと考えていた場合（たとえば土地区画整理事業に基づく建物の解体移築につき、最判昭 62・7・9 民集 41 巻 5 号 1145 頁は、移築の前後で建物の同一性はなく、旧建物の滅失と新建物の建築に当たるとしている）のほか、b旧建物の敷地利用権や担保権を存続させる意図や、c新築とされた場合の課税を免れる意図（登録免許税についていえば、新建物の所有権保存登記と異なり、旧建物の表示変更登記は非課税である）に基づく場合等がある。

●登記用紙（登記記録）の流用と登記事項の流用

なお、判旨は、旧建物の登記用紙（登記記録）にされた登記は、実体関係に符合しない「だけでなく、新建物についてその後新たな保存登記がなされて、一個の不動産に二重の登記が存在するに至る」点を問題にしている。

この点こそ、判例が、旧建物の登記の流用を否定し、旧担保権の登記の流用を容認する（→ **95 事件**）決定的な理由である。というのも、旧担保権の登記の流用は、同じ登記用紙（登記記録）の中の**登記事項の 1 つを流用**するにすぎない。だが、これに対して、旧建物の登記の流用は、旧建物の**登記用紙（登記記録）全部の流用**であることから、新建物についても二重の登記用紙（登記記録）が作成された場合の「登記簿上の権利関係の錯雑・不明確」による「不動産登記の公示性をみだすおそれ」は、一登記事項にすぎない旧担保権の登記の流用に比して、甚だしく深刻だからである。

判例を読む

もっとも、今日においては、表示に関する登記について登記官に認められた実質的審査の徹底により、二重登記が生ずる事態は避けられており、その結果、争点は、旧建物の「**滅失**」認定ないし旧建物と新建物の「**同一性**」認定の判断基準の問題に移行している（旧建物と新建物の間に同一性が認められれば、それは滅失→再築〔この場合には旧建物の登記記録を閉鎖して、新建物の登記記録を新たに作成する〕ではなく、旧建物の大修繕〔この場合には旧建物の登記記録が維持される〕にすぎない）。

【参考文献】　高津幸一・法協 83 巻 2 号 214 頁、田中整爾・民商 54 巻 1 号 54 頁、高津環・最判解民昭和 40 年度 140 頁、清水湛・百選 I 3 版 180 頁、寺田逸郎・百選 I 4 版 176 頁。

七戸克彦

95 旧担保権の登記の流用

最高裁昭和 49 年 12 月 24 日判決　民集 28 巻 10 号 2117 頁・判時 767 号 30 頁・判タ 319 号 127 頁
【177 条】

論点　弁済により消滅した旧担保権の被担保債権の譲渡を原因とする担保権登記移転の付記登記をする方法で、旧担保権の登記を、新担保権の登記に流用することはできるか

事実の要約

　AはBが有する貸金債権 500 万円の担保として、本件土地にB名義の売買予約を原因とする所有権移転請求権保全仮登記を経由した。AはBに対する債務を弁済したが、その一方で、AはCが有する補償金債権 500 万円を担保するため、B名義の仮登記につき、B→Cの 500 万円の債権譲渡を原因とするCへの請求権移転の付記登記をした。その後、AにXが 150 万円を貸し付け、本件土地にX名義の売買予約を原因とする所有権移転請求権保全仮登記が経由されたが、Aが債務を弁済しなかったため、Xは仮登記に基づく本登記を経由したうえ、Bの仮登記およびCの仮登記移転の付記登記の抹消を請求する本訴を提起、これに対して、Cの相続人Yは、Cの付記登記の方法で流用されたBの担保仮登記は、後順位であるXの仮登記に優先すると主張して、Xの仮登記および本登記の抹消を請求する反訴を提起した。

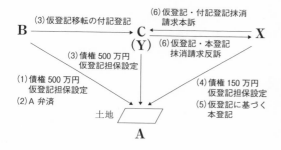

(3) 仮登記移転の付記登記　(6) 仮登記・付記登記抹消請求本訴

B → C ← X
　　　(Y)　(6) 仮登記・本登記抹消請求反訴

(3) 債権 500 万円仮登記担保設定

(1) 債権 500 万円仮登記担保設定
(2) A 弁済

(4) 債権 150 万円仮登記担保設定
(5) 仮登記に基づく本登記

土地　A

裁判の流れ

　1 審（大阪地判昭 45・3・19 民集 28 巻 10 号 2124 頁）は、Xの本訴請求を認容し、Yの反訴請求を棄却したが、2 審（大阪高判昭 47・2・15 民集 28 巻 10 号 2131 頁）は、Xの本訴請求を棄却し、Yの反訴請求を認容したため、X上告。

判　旨

　〈上告棄却〉「本来ならば、Bに対する債務の担保のためにされていた前記仮登記を抹消してCに対する新債務のための所有権移転請求権保全の仮登記をすべきであるのに、いわば、旧仮登記を権利移転の附記登記〔現行法では「付記登記」。以下同様〕により新仮登記として流用したという事案であるとみられるのであり、しかも、Cにおいて 500 万円の補償金債権とその担保としての代物弁済の予約又は停止条件付代物弁済契約上の権利を有する目的不動産は本件土地であるから、Cを権利者とする本件仮登記移転附記登記は現在の実体上の権利関係と一致するものであるということができる。

　このような経緯及び内容をもった事案にあっては、たとえ不動産物権変動の過程を如実に反映していなくとも、仮登記移転の附記登記が現実の状態に符合するかぎり、

当事者間における当事者はもちろん、右附記登記後にその不動産上に利害関係を取得した第三者は、特別の事情のないかぎり、右附記登記の無効を主張するにつき正当な利益を有しないものと解するのが、相当である。」

判例の法理

　判例は、**登記用紙（登記記録）全部**の流用（旧建物登記の流用につき **94 事件**）と異なり、登記事項の 1 つであるところの権利に関する登記の流用については、なされてしまった流用登記の効力を一定範囲で肯定する。なお、判例に現れた事案の多くは、いずれも旧担保権の登記の流用事例であり、結果的に根抵当と同様の機能を営んでいる。

● **流用登記の当事者間効力（抹消請求の可否）**

　最判昭 37・3・15 裁判集民 59 号 243 頁は、旧抵当権の登記の流用に合意した債務者が、合意の相手方である債権者に対して登記の抹消を請求した事案につき、「たとえ不動産物権変動の過程を如実に反映しなくても、登記が現実の状態に付合するかぎり、それを後の抵当権のために流用したからといって、第三者に対する関係はしばらく措き、**当事者間**においては、当事者みずからその無効を主張するにつき正当の利益を有しない」とする。

● **流用登記の第三者効力（対抗力の存否）**

　大判昭 11・1・14 民集 15 巻 89 頁は、旧抵当権の**流用後**に第三者が不動産を買い受けた事案につき、第三者は抵当権の存在を前提に被担保債権額を控除した額で不動産を買い受けているから、登記の欠缺を主張する正当な利益を有しないとしていた。

　同様に、本判決も、「たとえ不動産物権変動の過程を如実に反映していなくとも、……現実の状態に符合するかぎり、当事者間における当事者はもちろん、右〔流用〕後にその不動産上に利害関係を取得した第三者は、特別の事情のないかぎり、右〔流用〕登記の無効を主張するにつき正当な利益を有しない」としている。

判例を読む

　これに対して、第三者が**流用前**から存在していた事案につき、東京地判令 4・3・25 令 1(ワ)29354 号は、「実体のない登記の流用は、権利変動の過程を忠実に登記記録に反映させようとする不動産登記の原則に反するものであるから」との理由で、流用登記の対抗力を否定している（持分移転登記の原因である売買契約が解除された後、この登記を代物弁済契約に流用した事案）。

【参考文献】 薮重夫・判評 197 号 23 頁、徳本伸一・判タ 325 号 106 頁、倉田卓次・金法 760 号 12 頁、半田正夫・民商 74 巻 3 号 137 頁、石田穣・法協 93 巻 5 号 828 頁、井田友吉・最判解民昭和 49 年度 191 頁。

七戸克彦

96 中間省略登記の効力

最高裁昭和 35 年 4 月 21 日判決　民集 14 巻 6 号 946 頁

論点　実際の権利変動は A → B → C であるのに、中間者 B の存在を省略して、実際には存在しない A → C の売買を原因とする登記が経由された場合、中間者 B は登記の抹消を請求できるか

事実の要約

　A 住宅組合が建築した未登記建物を、組合員 B（相続人 X）が掛金完済により取得し、X は C に本件建物を売却し、C は本件建物を債権者 D のために譲渡担保に供し、債務未払いにより建物所有権は D に帰属した。ところが、その一方で、C は本件建物を債権者 Y のためにも譲渡担保に供し、Y は原所有者 A との合意により、まず A が所有権保存登記をしたうえ、A → Y の売買を原因とする所有権移転登記を経由したため、X が Y に対して登記の無効を理由に抹消を請求する本件訴訟を提起した。

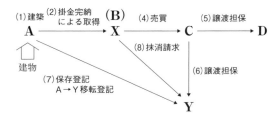

裁判の流れ

　1 審（名古屋地判年月日不明民集 14 巻 6 号 957 頁）は X の請求を認容したが、2 審（名古屋高判昭 30・9・17 民集 14 巻 6 号 959 頁）は X の請求を棄却したため、X 上告。

判　旨

　〈上告棄却〉「原審は、……、X は A より本件家屋を未登記のまま承継取得して自ら所有する期間これを登記しようとしたことなく、登記方を他人に依頼することもなく、未登記のまま何ら不満を感ぜず経過し、これを C に譲渡するに当っても、単に所有権を与えてその対価を収得することをもって満足し、不動産を何人の名をもって保有登記をなすや等既登記不動産とする点に関しては毫も関心なく、話題となすこともなかったこと及び X は自己名義を登記に登載することを要するがごとき利益もまた何らなかったことを認めるに十分であった旨を認定し、更に X の本訴を提起した動機についても、何ら自己自身の利益を守る目的に非ずして、ただ C が二重譲渡したことを聞知し、その譲受人の一人である D をもって正当の権利者と解し、これに責任ありと感じて D 名義の登記を実現するため Y 名義の登記を抹消しようとするにあることは、X 本人の供述により明らかである旨を認定している。そして右原審の認定は、挙示の証拠に照らしこれを是認することができる。かかる事実関係の下においては、原審が、Y と D といずれが法律上の保護に値するかどうかは同人らの訴訟の結果によるべきであり、X には本件登記の抹消を訴求するについての法律上の利益を認めがたく、本訴請求は失当であると判示したことは正当である。」

判例の法理

●旧々判例（無効説）

　公信力が認められないわが国の不動産登記制度においては、ⓐ現在の権利状態のみならず、物権変動のⓑ過程およびⓒ態様が正確に公示されている必要があるが、中間者を省略した登記は、物権変動のⓑ過程およびⓒ態様が実体関係に合致していない。そのため、かつての判例は、なされてしまった中間省略登記の効力を否定していた（大判明 44・5・4 民録 17 輯 260 頁）。

●旧判例（主観説―中間者の同意の有無）

　しかし、平成 16 年現行不動産登記法以前の旧法下では、登記原因証書の提出が必須でなかったため、主として租税回避目的から中間省略登記の申請は当然のように行われ、その結果、なされてしまった中間省略登記の効力を一律に否定すると、かえって混乱を来すおそれが生じた。そのため、判例は、**中間者の同意**のうえで行われた場合に限って、なされてしまった中間省略登記の効力を肯定するに至る（大判大 11・3・25 民集 1 巻 130 頁）。

●本判決（客観説―中間者の法律上の利益の有無）

　そして、本判決によって、判例の立場はさらに緩和された。すなわち、中間者の同意がない場合でも、中間者に「登記の抹消を請求するについての**法律上の利益**」が認められない場合には、なされてしまった中間省略登記の抹消を求めることはできないとされたのである。

　だが、その後の判例は、旧判例の主観説を支持する立場と（最判昭 40・9・21 民集 19 巻 6 号 1560 頁、最判昭 46・4・6・判時 630 号 60 頁）、本判決の客観説を支持する立場に分かれた（最判昭 44・5・2 民集 23 巻 6 号 951 頁）。

　一方、客観説を支持する学説は、中間者が「法律上の利益」を有する場合の典型例として、学説は、売買代金未払の場合に、登記移転との間の同時履行の抗弁権を行使できる利益を挙げているが、それ以外の場合については、見解が分かれる。

判例を読む

　平成 16 年現行不登法は、登記原因証明情報の提供を必須化したため（不登法 61 条）、実際の権利変動のⓑ過程およびⓒ態様に合致しない登記の申請は激減したといわれる。しかし、なされてしまった登記を有効とする（＝抹消登記請求は認められず、対抗力も認められるとする）判例理論については、変更には至っていない。

【参考文献】　右田尭雄・金法 245 号 13 頁、山崎賢一・法律論叢 34 巻 3 号 157 頁、幾代通・民商 43 巻 5 号 83 頁、長利正己・最判解民昭和 35 年度 142 頁、山本進一・不動産取引判例百選 2 版 98 頁。

七戸克彦

97 中間省略登記請求

最高裁昭和40年9月21日判決　民集19巻6号1560頁・判時425号30頁・判タ183号102頁

【登記請求権】

論点 不動産がA→B→Cと転々譲渡されたが登記はAに残っている場合に、中間者Bの同意がなくても、裁判所は、A→Cの中間省略登記の手続を命ずる判決を言い渡すことができるか

事実の要約

　Aは、Bからの借財の担保として、本件建物についてBのために代物弁済予約を原因とする所有権移転請求権保全仮登記をした。その後、Aは娘Yに本件建物を売却し、Yも父Aの借財を担保する目的で、Bとの間に停止条件付代物弁済契約を締結した。だが、期日までに貸金の弁済がなかったため、Bは、Aとの間の代物弁済予約について予約完結権を行使した一方、Yとの間の停止条件付代物弁済契約の条件成就により、BはYとの関係でも本件建物の所有権を取得した。その後、Bから本件建物を買い受け、Bの仮登記移転の付記登記を経由したXが、Yに対し、主位的請求としてY→B→Xの所有権移転を理由とするY→Xの中間省略登記を、予備的請求としてA→Xの仮登記に基づく本登記の申請に必要な登記上の利害関係を有する第三者（現行不動産登記法では109条1項）の承諾を求める本件訴訟を提起。

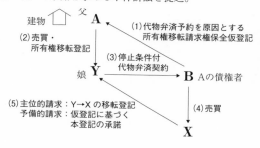

建物　父 **A**
(1)代物弁済予約を原因とする
　　所有権移転請求権保全仮登記
(2)売買・所有権移転登記
(3)停止条件付代物弁済契約
娘 **Y**　**B** Aの債権者
(4)売買
(5)主位的請求：Y→Xの移転登記
　予備的請求：仮登記に基づく
　　　　　　　本登記の承諾
X

裁判の流れ

　1審（神戸地判昭38・4・15民集19巻6号1504頁）はXの主位的請求を認容したが、2審（大阪高判昭39・5・22民集19巻6号1566頁）は主位的請求・予備的請求とも中間省略登記の請求であることを理由にXの請求を棄却したため、X上告。

判旨

　〈上告棄却〉「実体的な権利変動の過程と異なる移転登記を請求する権利は、当然には発生しないと解すべきであるから、甲乙丙と順次に所有権が移転したのに登記名義は依然として甲にあるような場合に、現に所有権を有する丙は、甲に対し直接自己に移転登記すべき旨を請求することは許されないというべきである。ただし、中間省略登記をするについて登記名義人および中間者の同意ある場合は別である。（論旨引用の当裁判所判決〔最判昭35・4・27民集14巻6号946頁→**96事件**〕は、すでに中間省略登記が経由された後の問題に関するものであって、事案を異にし本件には適切でない。）本件においては、登記名義人の同意について主張、立証がないというのであるから、上告人の中間省略登記請求を棄却した原判決の判断は正当であって、不動産登記法に違反するとの論旨は理由がない。また、登記名義人や中間者の同意がない以上、

債権者代位権によって先ず中間者への移転登記を訴求し、その後中間者から現所有者への移転登記を履践しなければならないのは、物権変動の経過をそのまま登記簿に反映させようとする不動産登記法の建前に照らし当然のことであって、中間省略登記こそが例外的な便法である。」

判例の法理

　判旨は、「登記名義人および**中間者の同意ある場合**」に限って中間省略登記の請求を認める。これは、Xが上告理由で引用した最判昭35・4・27（→**96事件**）の立場（中間者の「同意」ではなく「法律上の利益」の有無で決する立場）と異なるが、判旨は、同判決は「すでに中間省略登記が経由された後の問題に関するもの」であって、本件事案のように、**これから登記を行う場合**とは、事案を異にするという。

判例を読む

　さらに、これから登記を行う場合に関しても、当事者間における登記「**請求**」の問題と、登記所に対する登記「**申請**」の問題とを分けて考えなければならない。

　登記所に対する登記「**申請**」の場面では、通常の共同申請において、中間者の同意を証する情報を提供しても、申請は却下される（東京高判平20・3・27登記情報567号32頁「判例の説示は…甲乙丙と順次に所有権が移転したのに登記名義は依然として甲にあり、中間省略登記をするについて登記名義人及び中間者の同意がある場合において、上記の同意をした登記名義人ないし中間者が丙が提起した訴訟の当事者とされるときには、上記同意の法的効果として丙の登記請求に協力するべき債務を負担するという当然のことを前提とするものであって、登記所に上記のような中間省略登記の申請があった場合に、上記同意があることを理由に、登記官に中間省略登記の申請どおりの登記をする義務を負担させる趣旨のものでないことは明らかである。すなわち、登記所において、本件のような中間省略登記の申請がされた場合に、登記官としては、現行法においては、新不動産登記法第25条第8号の趣旨に従い、申請情報と登記原因証明情報が合致しないとして当該申請を却下するべきである」）。

　これに対して、本判決のように、当事者間の登記「**請求**」を認容する確定判決がある場合には、登記所は登記「**申請**」を受理するが、それはただ単に判決による登記（不登法63条1項）だからであって、判決内容が中間省略登記であるかどうかについて登記所は関知しない。

【参考文献】　幾代通・民商54巻4号549頁、瀬戸正二・最判解民昭和40年度372頁、鎌田薫・不動産取引判例百選3版132頁、小粥太郎・百選Ⅰ100頁。

七戸克彦

98 真正な登記名義の回復を原因とする移転登記請求

最高裁平成 22 年 12 月 16 日判決　民集 64 巻 8 号 2050 頁

論点　A → B → C の権利変動について、A → B、B → C の順次移転登記が容易である場合に、「真正な登記名義の回復」を登記原因として直接 A → C の所有権移転登記の請求ができるか

事実の要約

Xは先代から家督相続した本件土地を家の跡取りとなった弟Aに贈与したが、登記に関しては、贈与税の負担軽減の目的で、数回に分けてA一家（Aと妻Y₁および子Y₂・Y₃の計4名）に持分の贈与の登記をする方法をとっていたため、Xには10分の3の持分登記が残っている。その後、受贈者Aは死亡し、共同相続人Y₁・Y₂・Y₃の遺産分割協議により、本件土地はY₂が単独取得した。ところが、Xは、自分は持分10分の3の共有者であると主張して、Yらに対して共有物分割請求訴訟を提起し（本件本訴）、一方、Y₂はXに対してX名義の持分登記について真正な登記名義の回復を原因とするX→Y₂の持分移転登記請求訴訟を提起した（本件反訴）。

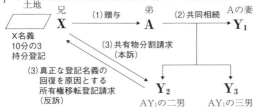

```
　土地　　　　兄　　　　　　　弟　　　　　　　　　Aの妻
　　　　　　　X ──(1)贈与→ A ──(2)共同相続→ Y₁
　X名義
　10分の3　　　(3)共有物分割請求
　持分登記　　　（本訴）
　　(3)真正な登記名義の
　　回復を原因とする
　　所有権移転登記請求
　　（反訴）　　　　　　Y₂　　　　Y₃
　　　　　　　　　　AY₁の二男　AY₁の三男
```

裁判の流れ

1審（和歌山地判平20・10・30民集64巻8号2054頁）はXの本訴請求を棄却・Yの反訴請求を認容し、2審（大阪高判平21・3・11民集64巻8号2063頁）は本訴・反訴ともXの控訴を棄却したため、X上告。

判旨

〈本訴上告却下・反訴破棄差戻〉「不動産の所有権が、元の所有者から中間者に、次いで中間者から現在の所有者に、順次移転したにもかかわらず、登記名義がなお元の所有者の下に残っている場合において、現在の所有者が元の所有者に対し、元の所有者から現在の所有者に対する真正な登記名義の回復を原因とする所有権移転登記手続を請求することは、物権変動の過程を忠実に登記記録に反映させようとする不動産登記法の原則に照らし、許されないものというべきである。」

判例の法理

●「真正な登記名義の回復」という登記原因

「真正な登記名義の回復」という奇妙な名前の登記原因は、戦後の昭和30年代に、「現にC名義に登記されている本件物件はAがBから売買により取得したものであることを確認する」「CはAに対し直に所有権移転登記をすること」とのACの**和解調書に基づく登記申請の登記原因**として登記実務が考案したものであった（昭36・10・27民甲2722号民事局長回答・先例集追Ⅲ704頁）。C

→Aの移転登記の登記原因を「B→A売買」としたのでは、つじつまが合わないからである。

●「判決による登記」以外への拡大

ところが、登記実務は、この登記原因による登記を、確定判決（調停調書・和解調書を含む）によらない登記＝**通常の共同申請による登記**にも拡大してしまう（昭39・2・17民三125号民三課長回答・先例集追Ⅳ10頁）。

●本判決の立場

①中間省略登記の「**請求**」が認められるためには、**中間者の同意**が必要であり（→ **97 事件**）、また、②中間省略登記の「**申請**」が認められるのは、裁判官による実体的な権利変動の過程および態様に関する実質的審査と事実認定が行われているところの、**判決による登記**の場合に限られる。そのため、真正な登記名義の回復を原因とする移転登記は、平成16年現行不動産登記法以前の旧法下において、中間省略登記に加えられた①・②の制約を免脱する手法として、盛んに利用されることとなった。

そこで、現行不登法施行後、この弊害に歯止めをかけたのが本判決であり、判旨は、順次の登記を経由することに特段の障害がないにもかかわらず、真正な登記名義の回復を原因とする直接の移転登記を請求することは、「物権変動の過程を忠実に登記記録に反映させようとする不動産登記法の原則に照らし、許されないものというべきである」とした。

判例を読む

平成16年現行不登法の立法担当官は、真正な登記名義の回復を原因とする移転登記が認められる場合＝**順次の登記を経由することに特段の障害がある場合**として、AがA→B→Cの移転登記を順次抹消しようとしたが、CがDのために抵当権を設定しており、Dが登記上の利害関係を有する第三者の承諾（不登68条）を拒絶した事案を例示している（河合芳光『逐条不動産登記令』（金融財政事情研究会、2005）70頁）。この場合のAは、まずはCに対して「真正な登記名義の回復」を原因とする移転登記請求権を行使して、所有名義を回復してから（＝登記簿上AはDの抵当権付き不動産の所有者たる地位をCから直接取得したことになる）、その後Dとの間で抵当権登記の抹消を争うことができるが、しかし、こうした場合以外に、この登記原因による登記は認められないだろう（本件Y₂にX→A→Y₂の順次の登記を経由することに特段の障害は認められない）。

【参考文献】　大場浩之・民商144巻4・5号536頁、野沢正充・民事判例3号148頁、永石一郎・ひろば64巻10号61頁、石田剛・平成23年度重判68頁、金子直史・最判解民平成22年度（下）773頁、加藤ほか編『実務に活かす判例登記法』（金融財政事情研究会、2021）154頁〔伊藤栄寿〕。

七戸克彦

99 民法 94 条 2 項の類推適用（1）——事後承認の場合

最高裁昭和 45 年 9 月 22 日判決　民集 24 巻 10 号 1424 頁、判時 609 号 40 頁、判タ 254 号 144 頁

【94 条 2 項】

論点　他人の専断的行為によって作出された不実登記につき、本人が事後的に承認したと認められる場合における民法 94 条 2 項類推適用の可否

事実の要約

　X 所有の本件不動産につき、X 不知の間に実印および登記済証を冒用した A によって同人への売買を原因とする所有権移転登記手続が行われた。X は後にこの事実を知るに至ったが、抹消登記手続のための費用の捻出が困難であったことや、A と婚姻したことから登記名義の回復を 4 年余にわたって見送るとともに、その間に本件不動産につき A 所有名義で登記されたままの状態に根抵当権を設定して登記手続を行うなどしていた。やがて X と A の関係が破綻して両者の間で離婚訴訟が提起されたため、A は本件不動産を Y に売却して所有権移転登記が経由された。そこで、X が Y に対してその抹消登記手続を求めて本件訴訟に及んだ。

$$X \xrightarrow{\text{事後的承認}} A \xrightarrow{\text{売却}} Y$$
所有者　　　　　　不実登記　　　　第三者

裁判の流れ

　1 審（新潟地判昭 40・6・11 民集 24 巻 10 号 1432 頁）：X の請求認容　2 審（東京高判昭 42・10・30 民集 24 巻 10 号 1442 頁）：Y の控訴棄却　最高裁：一部破棄差戻・一部上告棄却

　Y が A 所有名義の登記は虚偽表示によるものであると主張して争ったのに対して、1 審は Y が善意の第三者にあたらないとして、2 審は虚偽表示の存在を否定して、いずれも斥けたため、Y が上告。

判旨

　〈一部破棄差戻・一部上告棄却〉「不実の所有権移転登記の経由が所有者の不知の間に他人の専断によってされた場合でも、所有者が右不実の登記がされていることを知りながら、これを存続せしめることを明示または黙示に承認していたときは、右 94 条 2 項を類推適用し、所有者は、…その後当該不動産について法律上利害関係を有するに至った善意の第三者に対して、登記名義人が所有権を取得していないことをもって対抗することをえないものと解するのが相当である。けだし、不実の登記が真実の所有者の承認のもとに存続せしめられている以上、右承認が登記経由の事前に与えられたか事後に与えられたかによって、登記による所有権帰属の外形に信頼した第三者の保護に差異を設けるべき理由はないからである。」本判決は、本件不動産に関する A 所有名義の不実登記は X の承認のもとに存続せしめられていた旨を認定して、Y が善意であったか否かを審理させるために 2 審に差し戻した。

判例の法理

●民法 94 条 2 項類推適用法理の形成

　不動産の無権利者処分における第三者の取引安全につき、登記に公信力を認める明文規定がないため、判例は、**不実登記の作出または存続が真正権利者本人の意思に基づく場合**につき、**民法 94 条 2 項類推適用によって善意の第三者を保護する法律構成**を採用した。かかる構成は、94 条 2 項の趣旨を虚偽の権利外観を作出した本人の帰責性にかんがみて善意者保護を図る点に求める旨の理解に基づくものであり、登記を公示制度の目的外のために利用した本人に責任を負わせることによって、不実登記を信頼した第三者を保護するのが衡平に適うという基本的価値判断に合致する。以下に判例法理の形成について要約する（判例法理の整理につき、四宮＝能見・総則 237 頁以下）。

　第 1 に、不実登記の作出につき登記名義人の同意がなく、通謀虚偽表示が存しない場合でも、**不実登記を本人自ら作出したと認められるときは、94 条 2 項の趣旨に照らして、本人はかかる登記の無効をもって善意の第三者に対抗することができない**（①外形自己作出型）（最判昭 29・8・20 民集 8 巻 8 号 1505 頁→ **102 事件**、最判昭 45・7・24 民集 24 巻 7 号 1116 頁など）。

　第 2 に、**本人の承認なく他人の専断的行為によって不実登記が作出された場合であっても、本人がこれを事後的に明示または黙示に承認したと認められるときは、同じく 94 条 2 項類推適用により、本人は名義人が所有権を取得していないことをもって善意の第三者に対抗することができない**（②外形他人作出型・意思外形対応型）。本判決はこの②類型に関するリーディングケースである。この類型においては不実登記の「存続」が本人の意思に基づいており、本人自ら作出した場合に比して、本人の帰責性および第三者の要保護性において両者を区別すべき合理的理由はない、というのが本判決の評価であり、その後の判例もこれを踏襲する（最判昭 48・6・28 民集 27 巻 6 号 724 頁、最判昭 62・1・20 訴月 33 巻 9 号 2234 頁など）。

●民法 94 条 2 項類推適用法理の展開——94 条 2 項・110 条の法意との併用——

　判例はこの傾向をもう一歩進めて、不実登記の作出または存続に本人が直接関与していない場合であっても、94 条 2 項と 110 条の法意を併用する法律構成により、かかる登記を過失なく信頼した第三者の保護を図るに至った。

　すなわち、第 3 に、**本人の意思に基づいて虚偽の権利外観（第 1 外形）が作出されたか、または作出されようとした後、これを基礎として他人が本人の意図を超えて不実登記（第 2 外形）を作出した場合、「民法 94 条 2 項、**

同法110条の法意に照らし、外観尊重および取引保護の要請」に基づいて、本人は不実登記の無効をもって善意無過失の第三者に対抗することができない（③外形他人作出型・意思外形非対応型・本人与因型）（最判昭43・10・17民集22巻10号2188頁、最判昭45・6・2民集24巻6号465頁、最判昭45・11・19民集24巻12号1916頁〈→ **100事件**〉、最判昭47・11・28民集26巻9号1715頁など）。

不実登記が本人の意思に基づくものとは認められない以上、上記①②類型のいずれにも該当しないが、判例は110条の法意を用いて補充する。その理由は、代理人としてではなく自己の名による処分においても、本人が他人を信用して不実登記の原因を与え、かつ、他人がこれを基礎として本人が意図した範囲を逸脱する外観（不実登記）を作出したことにかんがみれば、善意無過失の第三者の取引安全を図るのが、94条2項のみならず110条の趣旨に適う、という理解に求められる。

なお、近年になって、**不実登記の作出が本人の著しい不注意によるものであり、「自ら外観の作出に積極的に関与した場合やこれを知りながらあえて放置した場合と同視し得るほどの重い帰責性」があると認められるときは、本人は、民法94条2項、110条の類推適用により、善意無過失の第三者に対して、名義人が所有権を取得していないことを主張することができない、と判示した最高裁判決が現れた**（最判平18・2・23民集60巻2号546頁→ **101事件**）。

判例を読む

●真正権利者本人の帰責性要件

民法94条2項類推適用法理の形成に際しては、その適用範囲の拡大化をどこまで認めるか、とくに本人側の帰責性要件をどの程度まで緩和できるかが問われる。本判決が明らかにした②類型は、虚偽表示に準じる非難可能性を認めて権利の喪失を根拠づける帰責事由の限界線を示したものとして位置づけられる。そのため、不実登記に対する「事後的承認」を認定するにあたっては、これを「放置」と同視してよいかをめぐり、虚偽表示との類似性の維持、および、本人を犠牲にして第三者を保護することの妥当性の観点から、学説上は慎重な見方も示されている（星野・後掲732頁、石田・後掲412頁、奥田・後掲284頁、磯村・百選Ⅰ6版45頁、内田・Ⅰ61頁、河上・総則講義341頁、安永・物権97頁、佐久間・民法の基礎Ⅰ140頁など）。

しかしながら、上述の通り最高裁は、①②類型と同視し得る程度の重い帰責性ありと評価し得る不注意も含まれる旨を示したため、94条2項類推適用法理の中核的要素を成す「意思関与」をさらに「重過失」へと緩和することの当否が問われるに至っている。この判決については **101事件**の解説において詳述する。

なお、③類型の94条2項・110条併用型については、不実登記の作出または存続のいずれにも本人の意思が直接関与していないため、その原因に対する関与が非難に値するか否かがポイントとなろう。

●第三者の保護要件

判例は、94条2項のみの類推適用（①②類型）につい

ては、その本来適用の場合と同じく第三者に善意のみを要求する一方、94条2項と110条併用構成（③類型）においては善意無過失を要件としている。このような要件の加重は、110条との整合性に加えて、本人の意図を超える権利外観について第三者を保護することに対する考慮によるものと解される。

これに対しては、94条2項が善意のみで足りるとしている理由を、虚偽表示を行った本人側の帰責性が大きい点に求める理解に照らせば、本判決のような②類型では本人の非難可能性が小さくなるため、これについても無過失要件を加重してバランスを取り直すべき旨を指摘する見解がある（星野・後掲731頁、奥田・後掲284頁、近江・Ⅰ208頁、加藤・Ⅰ254頁、中舎・総則199頁など）。

もっとも、代理の場合は他人に帰属する不動産であることを前提とする処分であるため、その権限の有無について相手方に慎重な確認が求められるのが通常であるのに対して、所有名義人が自己の名で行う処分については、登記の推定力により、占有状況や処分経緯に照らしてとくに疑念を抱くべき事情がない限り、その帰属につき調査確認義務が加重されないとすれば、無過失の要否を問う実質的意義は限られよう（四宮＝能見・総則241頁）。そうすると、帰責性要件による歯止めがより重要性を帯びることになる。

第三者の登記の要否につき、本判決の事案ではYが所有権移転登記を備えていたため争点とならなかったが、判例はこれを不要と解している（最判昭44・5・27民集23巻6号998頁）。これについては、94条2項類推適用における本人と第三者が対抗関係に立つか否かという理論的問題に加えて、不実登記につき責任を負うべき本人は第三者の未登記を主張するにつき正当な利益を有しない、と解すべきか、反対に、本人が公示の目的に反する登記手続に関与したことを未登記の第三者が非難することは許されない、とみるべきかが検討されるべきであろう。

●今後の検討課題

94条2項類推適用法理の拡大化傾向については、同項本来の判断枠組みと不実登記に対する信頼保護のあり方との関係をめぐり、虚偽表示との類似性を維持すべきか、それとも、不実登記に対する信頼保護のために新たに形成された判例法として独自に展開すべきかが、ますます問われることになろう。

さらに、同法理における本人の帰責性要件の緩和化は、177条における背信的悪意の意義に関する柔軟化傾向と相まって、両者の要件を接近させるため、その機能配分に関する再整理を促すものと思われる（鎌田・民法ノート物権法82頁以下）。

【参考文献】　本判決の解説・評釈として、横山長・最判解昭和45年度下664頁、星野英一・法協89巻6号726頁、石田喜久夫・民商65巻3号401頁、野々上敬介・百選Ⅰ42頁など。

武川幸嗣

100 民法 94 条 2 項の類推適用(2)——他人による外形の拡張の場合

最高裁昭和 45 年 11 月 19 日判決　民集 24 巻 12 号 1916 頁、判時 616 号 63 頁、判タ 256 号 120 頁

【94 条 2 項、110 条】

論点　不動産の第一譲受人が担保目的の登記（所有権移転請求権保全の仮登記と抵当権設定登記）を経由した場合における第三者（第二譲受人）の保護

事実の要約

Aから本件土地を購入して所有権を取得したYが、Aに対して所有権保全の仮登記手続を求めたところ、AおよびYが委任した司法書士により、YのAに対する本件貸金債権の担保を目的とする本件各登記（抵当権設定登記および停止条件付代物弁済契約を原因とする所有権移転請求権保全の仮登記）が経由された。その後、同地はAからB、さらにXへと売却され、所有権移転登記を経由したXがYに対し、本件貸金額等を代位弁済として提供したが受領拒絶されたため、これを供託したうえで、Yに対して本件各登記の抹消登記手続を求めて本件訴訟を提起し、Yは上記仮登記による所有権取得の保全を主張して争った。

```
      ①売買    ②売買    ③売買
   Y ◁------ A ──── B ──── X

担保目的の2号仮登記          所有権移転登記
抵当権設定登記
```

裁判の流れ

1 審（福岡地大牟田支判昭 41・9・21 民集 24 巻 12 号 1923 頁）：Xの請求棄却　2 審（福岡高判昭 43・3・25 民集 24 巻 12 号 1926 頁）：Xの請求一部認容　最高裁：破棄差戻

1 審は代物弁済によるYの所有権取得を認めたのに対し、2 審は実体と異なる抵当権設定登記を無効としつつ、所有権仮登記の有効性を認めたため、Xが代位弁済による本件貸金債権の消滅を主張して上告した。

判旨

〈破棄差戻〉　最高裁は、94 条 2 項と 110 条の法意の併用を認めた①判例（最判昭 43・10・17 民集 22 巻 10 号 2188 頁）および、停止条件付代物弁済と抵当権の併用を清算型担保と解する②判例（最判昭 42・11・16 民集 21 巻 9 号 2430 頁）を引用しつつ、①②判例の趣旨に照らすと、「Yは、善意無過失の第三者に対し、右登記が実体上の権利関係と相違し、Yが仮登記を経た所有者であり、抵当権者ないし停止条件付代物弁済契約上の権利者ではないと主張しえないものというべきである。その結果、…第三者は、登記にかかるAの債務の弁済供託をして、Yに対し抵当権設定登記および所有権移転請求権保全の仮登記の抹消を求めることができると解すべきである。」と判示して原判決を破棄し、Xが善意無過失であったか否か、およびXによる弁済供託が適法に行われたかどうか等につきさらに審理させるため、2 審に差し戻した。

判例の法理

●民法 94 条 2 項と 110 条の併用

真正権利者本人の意思に基づいて虚偽の権利外観（第 1 外形）が作出された後、これを基礎として他人が本人の意図を超える不実登記手続（第 2 外形）を専断的に行

った場合につき、民法 94 条 2 項と 110 条の法意の併用によって善意無過失の第三者を保護する旨の判例法理が確立されている（上記①判例）。本判決がこれを引用したのは、Yに虚偽の権利外観を作出する意思はなかったものの、Yの意図とは異なる外形が、同人が委任した司法書士によって作出されたことから、不実登記の原因に対する関与において共通点を見出したものと解される。

●本判決の特色

不動産の譲受人が担保権を取得したにすぎないかのような外観を備えた場合において、同人は所有者ではなく担保権者であると信頼して同不動産を譲り受けた第三者の保護を、民法 94 条 2 項・110 条の併用によって図った点に、本判決の特色がある。本件は不動産の二重譲渡事例であるが、この法律構成は、実体に合致しない担保仮登記であっても所有権取得に関する本登記の順位保全効を承認する判例の立場（最判昭 32・6・7 民集 11 巻 6 号 936 頁）を前提とする。そうすると対抗関係においてXはYに劣後するため、これをくつがえしてXを保護したのが本判決である。さらに、他人によって作出された外形が本人の意図よりも「小さい」点も特徴的である。

判例を読む

●第三者保護のための法律構成

94 条 2 項・110 条併用によりXが保護されると、Yは意図しない担保権を取得することになるが、担保権の負担付きの所有権を取得した旨のXの信頼通りの効果として認めざるをえないであろう。

これに対して、仮登記の効力につき上記の判例と異なり、そもそも担保仮登記を所有権保全の仮登記と同一視すべきでないとすれば、本登記を備えたXが 177 条によって優先する（幾代・後掲 16 頁、好美清光「物権変動論をめぐる現在の問題点」書斎の窓 299 号 25 頁）。この構成によれば、XがYによる所有権取得の事実を知り、本件各登記が実体に合致しない旨を主張することが信義に反すると認められる背信的悪意者でない限り、保護される。そしてYの担保権は発生しない。他方において、94 条 2 項・110 条の併用構成では、XにおいてYは担保権者にすぎないと過失なく信じたことが求められるため、Xを保護するための法律構成については、こうした要件・効果上の差異にも留意して考察すべきであろう。

【参考文献】　本判決の解説・評釈として、鈴木重信・最判解昭和 45 年度上 486 頁、幾代通・判評 148 号 14 頁、星野英一・法協 89 巻 7 号 858 頁、鈴木禄弥＝生熊長幸・判タ 260 号 97 頁、田中弘毅・民商 67 巻 6 号 1038 頁、伊藤進・百選 I 5 版補正 56 頁。

武川幸嗣

最高裁平成 18 年 2 月 23 日判決　民集 60 巻 2 号 546 頁、判時 1925 号 92 頁、判タ 1205 号 120 頁
【94 条 2 項、110 条】

論点

①不実登記の作出・存続が本人の意思に基づくものとはいえない場合であっても、民法 94 条 2 項・110 条の類推適用がありうるか
②不実登記に対する意思関与と「同視し得るほど重い帰責性」とはどのような態様を指すか

事実の要約

　XはAを通じて本件不動産を買い受けて所有権移転登記を経由した上で、これを他に賃貸するにあたり事務処理の一切をAに委ねたところ、本件不動産の管理のために必要であると称するAから言われるままに、①本件不動産の登記済証の交付および放置、②2 回にわたる印鑑登録証明書の交付、③本件不動産をXからAに売却する旨の売買契約書への署名押印、④実印の交付および、XからAへの売買を原因とする所有権移転登記申請書へのAの押印を傍観する、などしていた。Aは本件不動産につき自己所有名義の本件登記手続を行ったが、Xには当初より本件不動産をAに売却する意思はなく、本件登記手続の認容もしていなかった。Aは、以前に土地売却に関する相談を受けたことがあるYに対し、本件不動産を早急に売却して資金調達を図る必要が生じた旨を述べてこれを売却し、所有権移転登記が経由されたため、この事実を知ったXがYに対して抹消登記手続を求めた。

裁判の流れ

　1 審（大分地判平 14・4・19 判時 1842 号 79 頁）：Xの請求棄却　2 審（福岡高判平 15・3・28 判時 1842 号 72 頁）：控訴棄却　最高裁：上告棄却
　1 審・2 審ともにXの請求を棄却した。2 審は、XがAに対して本件不動産の購入・管理に関する代理権を授与していた点にかんがみ、民法 110 条類推適用によりYを保護した。Xは、①Aは自己の名で本件不動産を処分しており、110 条のみの類推適用になじまない、②自己名義の無権利者処分の場合は民法 94 条 2 項・110 条の併用によるべきところ、Xには不実登記に対する意思関与がなく適用要件に欠ける、などと主張して上告。

判　旨

　〈上告棄却〉「Aが本件不動産の登記済証、Xの印鑑登録証明書及びXを申請者とする登記申請書を用いて本件登記手続をすることができたのは、上記のようなXの余りにも不注意な行為によるものであり、Aによって虚偽の外観（不実の登記）が作出されたことについてのXの帰責性の程度は、自ら外観の作出に積極的に関与した場合やこれを知りながらあえて放置した場合と同視し得るほど重いというべきである。そして、…Yは、Aが所有者であるとの外観を信じ、また、そのように信ずることについて過失がなかったというのであるから、民法 94 条 2 項、110 条の類推適用により、Xは、Aが本件不動産の所有権を取得していないことをYに対し主張することができない」。

判例の法理

●民法 94 条 2 項類推適用法理

　登記に公信力がなく本人の静的安全を重視すべき不動産取引においては、**不実登記の作出・存続が本人の意思に基づく場合に善意の第三者を保護するのが衡平である**という価値判断が妥当する。これに適合する法律構成として、判例は民法 94 条 2 項の趣旨に根拠を見出し、その柔軟な運用によって無権利者取引における信頼保護を図ってきた。虚偽の権利外観（不実登記）を本人が積極的に作出した場合（外形本人作出型）、他人が専断的に作出した権利外観につき、本人が事後的に承認または知りながら放置していた場合（外形他人作出型）がこれにあたる（→ 99 事件）。

●民法 94 条 2 項・110 条の併用

　本人の意思に基づいて虚偽の権利外観（第一外形）が作出されたが（ex. 虚偽の仮登記申請）、これを基礎として他人がさらに異なる権利外観（第二外形）を作出した場合（ex. 虚偽の本登記手続）、判例は 94 条 2 項および 110 条の法意を併用することにより、善意無過失の第三者を保護する（→ 100 事件）。不実登記（第二外形）が本人の意思に基づくものでない以上、94 条 2 項のみの類推適用の限界を超えるが、①不実登記の原因・基礎が本人の虚偽の意思に基づいている点、②自己の名による無権利者処分である点において、なお適用の素地が残されている。他方、民法 110 条との類似点は、①本人が信用した他人による濫用・逸脱における第三者保護が問われている点、②第三者に善意無過失が要求されている点に見受けられる。このような両制度の法意ないし趣旨の併用は、94 条 2 項類推適用法理をさらに拡張して第三者を保護する機能を果たしている。

●判例法理のポイント

　94 条 2 項類推適用法理の拡大をどこまで認めるかについては、本人の帰責性要件の意義が要点となる。この点につき判例は、**不実登記の作出または存続あるいは、少なくとも不実登記の原因・基礎が本人の意思に基づくものであることを要求しており、そのような本人の意図ないし主観的態様の有無が、本人を犠牲にして第三者を保護すべきか否かに関する判断の決め手とされてきた。**

判例を読む

●本判決の意義

　本判決は、本人にはじめから不実登記を作出する意思がなく、事後的な承認も認定できない場合であっても、そのような**意思関与と「同視し得るほど重い帰責性」**ありと評価するに値する著しい不注意が認められるときは、**94 条 2 項と 110 条の類推適用**によって善意無過失の第三者を保護すべき旨を明らかにした。これは、これまで

の判例法理か維持してきた「本人の意思関与」要件の認定・評価につき、新たな展開を示唆するものといえる。

●本人の帰責性要件の意義

　それでは、本判決によって判例は不実登記に対する「本人の意思関与」要件をさらに緩和して、「本人の過失による与因」が認められるにすぎない場合においても積極的に第三者を保護する方向を示したものと評価してよいであろうか（中舍・後掲105頁）。そのような傾向に対しては、民法が予定していた信頼保護の範囲を逸脱して本人の静的安全を過度に脅かすものであるとの危惧感も示されている（安永・物権102頁、中舍・総則198頁）。

　この点は次のように理解すべきであろう。民事責任あるいは第三者保護に関する要件として「故意・悪意に準じる重過失」概念が用いられるが、これは主観的要件の緩和というより、故意・悪意に匹敵する非難可能性を客観的態様に照らして評価するための概念として把握すべきである。**本判決にいう本人の意思関与と「同視し得るほど重い帰責性」**も、意思関与に準じる非難を基礎づける客観的態様として捉えられるので、その意義は本人の帰責性に関する意思関与要件の客観化にあるというべきであろう。

●帰責性要件の認定

　したがって、その認定に際しては慎重を期すことが求められよう。本判決の事案は「外形他人作出型」で本人の承認がないケースであるが、Xは自己の不動産につき他人によって容易に処分されうる状況を作出・放置し、不実登記作出の全過程において決定的な関与を継続的に行っていた事実が認められる。このような客観的態様に照らせば、不実登記が自己の意思に基づくものではない旨を第三者に対して主張することがもはや許されない程度の非難を肯認することができよう。

●平成15年判決との比較

　最高裁はほぼ同時期において、本判決と類似の事案につき民法94条2項・110条の法意の適用を否定した（最判平15・6・13裁判集民210号143頁、判時1831号99頁）。この判決は、Xが自己所有の不動産を不動産業者Aに売却するにあたりその事務処理を同人に委任し、代金完済まで所有権移転および登記手続を留保する旨を約したが、Xは代金支払を受けないうちに、地目変更等の手続に必要と称するAから言われるままに白紙委任状・登記済証を交付し、事前に所有権移転する旨などが委任状に記載されたことを認識していたという事情の下で、Xに不実登記の作出につき積極的な関与はなく、これを知りながら放置していたともいえないとして同人を保護したものである。本人が他人を信用して自己の不動産が専断的に処分されうる状況を作出した点において本判決と共通しているが、平成15年判決の事案では、①不実登記作出に対するXの関与がごく短期間であったこと、②Xに不動産取引の経験がなかったこと、③Xは不実登記の危険性について度々問い合わせたがAが誠実に対応せず、不実登記の防止が困難な状況にあったこと、などが認められ、Xにおける非難の程度が本判決とは異なっていたと評価し得る。

　これに対して、両判決を区別すべき合理的理由につい

て疑問も示されている（磯村・後掲67頁・中舍・後掲105頁）。

●民法110条との併用の意義

　本判決が民法94条2項と110条の類推適用という法律構成を採用した根拠はどこに求められるであろうか。XはAに本件不動産の購入・管理に関する代理権を授与しており、この信用に基づいてさらに本件不動産がAに処分されうる状況を作出した点において、民法110条との類似性が見受けられる。原審が110条のみの類推適用という構成に拠ったのも、この点に着目したからであろう。もっとも、代理人としてではなく自己の名による処分であるため、本判決は本人自ら外観の作出に積極的に関与した場合やこれを知りながら放置した場合と同視し得るほど重い帰責性として、94条2項類推適用における意思関与に準じる態様を認定している。本人が他人を信用して重要書類などを交付した旨の事情は、かかる帰責性の考慮要素となり得るが、110条と併用する意義に乏しいとの見方もある（磯村・後掲67頁、佐久間・後掲45頁）。あるいは、第三者に無過失要件を加重することに110条の意義を見出しうるとも考えられるが、これに対しても、94条2項類推適用に無過失要件を組み込んで柔軟な適用を行えば足りるとの指摘がされている（伊藤進・民研601号8頁）。

　この問題については、94条2項類推適用法理の意義および機能と制度本来の構造との距離関係をどう理解するかにより、評価が異なってこよう。すなわち、類推適用の範囲をあくまで虚偽表示に類する態様が認められる枠内に限定すれば、本人の意的要素を維持すべきことになり、「不注意による虚偽表示」を観念できないとして、本判決のような客観化された帰責性要件を導くには110条との併用が必要となろう。これに対して、類推適用法理の形成をもって94条2項とは別個の新たな判例法が確立されたとして割り切れば、意的要素の有無に固執しなくてもよいといえよう。

　最後に、第三者側の保護要件について確認しておこう。無過失要件を加重して110条とのバランスを図るとしても、その意義・内容は表見代理の場合と異なる点に注意が必要である（佐久間毅・NBL834号22頁）。代理人による処分は、他人に属する不動産であることを前提とする取引であるため、相手方には行為者の処分権限（代理権）の有無につき慎重な注意が求められる。これに対して、自己の名による処分は、行為者の所有名義で登記されていれば、支配態様または処分経緯において特に疑念を抱くべき事情がない限り、その処分権限（所有権）の有無につき、相手方は前主に遡って取得経緯を調査確認する義務まで負わないといえよう。その意味で、本人の帰責性が小さい場合は第三者に無過失を要求すべしといっても、無過失要件の加重による調整には限界があり、帰責性要件の意義はなお大きいといわざるを得ない。

【参考文献】　本判決の解説・評釈として、中舍寛樹・不動産取引判例百選104頁、増森珠美・最判解平成18年度上298頁、磯村保・平成18年度重判66頁、佐久間毅・百選Ⅰ44頁。

武川幸嗣

102 民法 94 条 2 項と 177 条

最高裁昭和 42 年 10 月 31 日判決　民集 21 巻 8 号 2232 頁、判時 503 号 32 頁、判タ 214 号 155 頁
【94 条 2 項、177 条】

論点　虚偽表示における善意の第三者と真正権利者本人からの譲受人との優劣

事実の要約

　Aは自己所有の土地・建物（以下、「本件不動産」という）をBに売却したが、B・C間の通謀によりC名義で所有権移転登記手続が行われた。その後、一方においてBは本件不動産をXに対して負っていた債務の代物弁済として譲渡し、他方Cは死亡してY₁・Y₂が相続し、本件不動産について相続を原因とする所有権移転登記が経由された後、さらにY₃に売却され、引渡しおよび所有権移転登記手続が行われた。かかる売却の後Xは、Y₁・Y₂を被申請人として本件不動産につき処分禁止の仮処分を申請し、その旨の登記を了した。当該仮処分登記がされたのはY₃名義の所有権移転登記手続より先であった。Xは、本件不動産の所有権に基づいて、Y₁・Y₂に対して所有権移転登記手続を求めるとともに、Y₃に対してその明渡しおよび損害金の支払を求めて本件訴訟を提起した。

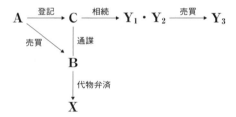

裁判の流れ

　1審（名古屋地判昭 40・7・31 民集 21 巻 8 号 2239 頁）：Xの請求をほぼ認容　2審（名古屋高判昭 41・9・27 民集 21 巻 8 号 2243 頁）：Xの請求棄却　最高裁：破棄差戻

　1審は、本件不動産の所有権を取得したのはXであり、Yらは無権利者であるとしてXの請求を認容したのに対して、2審は、Y₃は民法 94 条 2 項の第三者に当たるため、XはC名義の所有権登記の無効を主張することができないと判示してXの請求を棄却したため、Xが上告。

判旨

　〈破棄差戻〉「不動産の譲受人がいまだその取得登記をしない間に、その不動産について譲渡人を債務者として処分禁止の仮処分登記が経由された場合には、譲受人がその後に所有権取得登記をしても、譲受人は所有権取得そのものを仮処分債権者に主張することができないものと解すべきである。」その上で最高裁は、上記の仮処分が取り消されたか否かについてさらに審理を尽くさせるため、本件を 2 審に差し戻した。

判例の法理

　第 1 に、不動産の譲渡自体は虚偽表示によるものでなかったとしても、譲受人が他人と通謀して直接にその他人名義で所有権移転登記手続を行った場合は、いったん譲受人が登記を備えたうえでさらに他人に対して通謀虚偽表示に基づく不実登記を経由した場合と実質的に異ならないとして、民法 94 条 2 項類推適用によりかかる他人名義の不実登記を信頼した第三者を保護するのが、判例の立場である（最判昭 29・8・20 民集 8 巻 8 号 1505 頁）。本判決もこの理を前提としている。

　第 2 に、本判決により、虚偽表示における善意の第三者と真正権利者本人からの譲受人とは対抗関係に立ち、177 条によって両者の優劣が決定される旨の判例の見解が確認された。

判例を読む

　Aが所有する不動産が虚偽表示によりBに譲渡された場合において、Bから善意でこれを譲り受けたCが、民法 94 条 2 項により、虚偽表示を行った本人Aに対する関係において保護されるべきことは明らかである。それでは、Aから同不動産を譲り受けたDも同様に、虚偽表示の無効をもってCに対抗することができないというべきか。94 条 2 項における善意者保護を徹底するとともに、同項の適用によりAB間の譲渡が有効となってDは無権利者からの譲受人となるにすぎないと考えれば、このような見解も成り立ちうる。

　しかしながら、同項において善意の第三者を保護すべき根拠を本人Aの帰責性に求めるのであれば、虚偽表示の当事者でないDはこれに該当せず、Dに対する関係におけるCの保護については別途検討すべきことになる。すなわち、94 条 2 項に基づくCの権利取得はあくまでAとの関係におけるものにとどまり、Dの側において同条 1 項に基づくAB間の譲渡無効を主張したうえでAから有効に権利取得することを妨げないが、DもこれによってただちにCを害することまではできないというべきである。そうすると、CとDの権利取得は同一不動産に関する相容れない物権変動となり、両者は対抗関係に立つという法律構成が導かれる。本判決はこのような理解を確認したものといえよう。学説の多くがこれを支持する（川井・1 166 頁、四宮＝能見・総則 236 頁、近江・Ⅰ 201 頁、河上・総則講義 333 頁など）。

　94 条 2 項類推適用の場合も同様であり、第三者につき登記不要とする判例（最判昭 44・5・27 民集 23 巻 6 号 998 頁）の射程は本人に対する関係に限定されよう。

【参考文献】　本判決の解説・評釈として、瀬戸正二・最判解昭和 42 年度 504 頁、青山善充・法協 85 巻 10 号 1451 頁、松浦馨・民商 58 巻 6 号 903 頁。

武川幸嗣

103 明認方法とその存続

最高裁昭和 36 年 5 月 4 日判決　民集 15 巻 5 号 1253 頁、裁判集民 51 号 9 頁

【177 条】

論点　立木の譲渡に際して明認方法が施されたが後に消失した場合、立木の譲受人は、消失後に土地を譲り受けた第三者に対して、立木の所有権を対抗することができるか

事実の要約

明治 40 年頃、山林（以下「本件山林」とする）を共有する A らは、本件山林の立木（以下「本件立木」とする）を「伐採期間を満 20 年」として B に売り渡し、B はこれを C に売り渡した。当初、C は、山林に事務所や工場を建設し伐採事業に取り掛かり、C を標示した刻印または焼印を直接立木に押したり、板に押したものを立木に釘づけにしたりして、明認方法を施した。ところが、大正 14 年頃に工場が焼失すると、伐採事業は自然と中止され、C の標示もその頃には見られなくなっていた。その後、昭和 8 年 12 月、C は本件立木を第三者に譲渡し、輾転譲渡の後、Y が本件立木の譲渡を受けた。

一方、A らは、昭和 8 年 7 月、立木を含めた本件山林を D に譲渡した。その後、本件山林は、昭和 12 年 8 月に D から E へ、昭和 24 年 8 月に E から X へと順次譲渡がされ、その旨の登記が経由された。

Y が本件立木についての所有権を主張したため、X が立木の所有権の確認を求めて訴えたのが本件である。

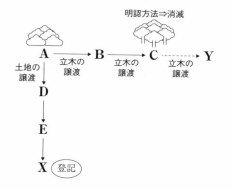

明認方法⇒消滅

裁判の流れ

1 審（福島地会津若松支判（判決年月日不明）民集 15 巻 5 号 1285 頁）：請求認容　2 審（仙台高判昭 32・1・23 民集 15 巻 5 号 1295 頁）：控訴棄却

1 審、2 審ともに本件立木の所有権が X にあることを認めた。1 審判決の理由の部分は公表されておらず、2 審の理由は、本判決とほぼ同一である。

判　旨

〈上告棄却〉「明認方法は、立木に関する法律の適用を受けない立木の物権変動の公示方法として是認されているものであるから、それは、登記に代るものとして第三者が容易に所有権を認識することができる手段で、しかも、第三者が利害関係を取得する当時にもそれだけの効果をもって存在するものでなければならず、従って、た

とい権利の変動の際一旦明認方法が行われたとしても問題の生じた当時消失その他の事由で右にいう公示として働きをなさなくなっているとすれば明認方法ありとして当該第三者に対抗できないものといわなければならない旨の原判決の見解は、当裁判所もこれを正当として是認する（なお、大判大 6・11・10 日民録 23 輯 1955 頁以下、大判昭 6・7・22 日民集 10 巻 593 頁以下、最判昭 35・3・1 日民集 14 巻 3 号 307 頁以下各参照）。そして、C が本件山林の買受当初判示のごとき明認方法を施したが大正 14 年頃かかる標示は既に見受けられなかったこと、C は昭和 10 年前後まで本件立木に対する明認方法につき無関心であり、結局 D が本件山林の立木を買い受ける昭和 8 年 7 月当時右立木につき C のためその権利取得を公示するに足りる明認方法は存在していなかったこと、並びに、D は本件山林買受後間もなく同山林の要所に同人の所有であることを明示する標杭を立てた外山林中の 4、5 箇所において立木を削って同様の標示をし、これらの標示は右山林を E が本件土地立木を買受ける当時も現存していた…。従って、D が、前示 A から取得した本件山林の立木の所有権は、C が先に取得した同立木の所有権に優先する…」。

判例の法理

●立木の譲渡と明認方法

土地に生立する樹木（立木）は、土地の定着物であり、土地と一体としてその所有者に帰属するのが通常である。しかし、立木だけが取引の対象とされることもある。

立木法に従って所有権保存登記をすると、立木は土地から独立した不動産とみなされ（立木法 2 条 1 項）、土地が処分されたとしても、その効力は立木には及ばない（同条 3 項）。

また、判例により認められた方法として、**明認方法**がある。立木法の適用のない立木を、土地とは別に譲渡する場合には、明認方法を施さなければ、第三者に対抗することができないとされている（大判大 9・2・19 民録 26 輯 142 頁）。明認方法とは、第三者からみて、立木が土地所有者とは別人に帰属することが分かるような手段を講じることを指し、木の皮を削って所有者名を墨書する（前掲大判大 9・2・19）、山林内に炭焼小屋を建てて伐採を行う（大判大 4・12・8 民録 21 輯 2028 頁）、といった方法が認められている。

●問題の所在

本件では、明治 40 年頃、立木を取得した C が明認方法を施していた。この時点では、C は立木の所有権を取得したことを第三者に対抗することができたはずである。

ところが、その後、明認方法が消失した後に、第三者

Dが本件土地を譲り受け、本件土地は、DからEへ、EからXへと転売されていった。本件では、このように**明認方法消失後に登場した第三者**に対して、立木の所有権を主張することができるか否かが問題となった。

●本判決の判旨

　本判決は、**第三者が利害関係を取得する時に、第三者が容易に所有権を認識することができるような明認方法が必要**であると判示した。したがって、本件のように、明認方法が消失するなどして、公示としての働きをなくしている場合には、第三者に対して、立木の所有権の取得を対抗することはできない。

　このような判断は、本判決が引用する大判昭和6・7・22日民集10巻593頁が既に示していたものであり、最高裁もこれを踏襲した（なお、本判決中に引用された判例のうち、大判大正6・11・10日民録23輯1955頁および最判昭和35・3・1日民集14巻3号307頁は、本件とは関係が薄いとの指摘がある（我妻栄・法協80巻3号404頁））。

判例を読む

●登記に関する一連の判例

　本判決は、明認方法を「登記に代るものとして第三者が容易に所有権を認識することができる手段」と位置付けている。明認方法イコール登記という図式を示したようにも読めるが、それにもかかわらず、本判決の判断は、**不動産登記の消滅**に関する一連の判例と整合しないのではないか、との疑問もある（徳本鎮・法政研究28巻4号453頁）。

　不動産登記については、まず、①登記官の過誤により登記が抹消された場合に関する判例がある。古い判例には、旧登記簿から新登記簿への移記に際して、登記官の過誤により登記が逸脱した場合に、対抗力が消滅するとしたものもあったが（大判大8・8・1民録25輯1390頁）、その後の判例は、登記官の過誤により登記が抹消されてしまった事案につき、対抗力が存続するとして、立場を変更した（大連判大12・7・7民集2巻448頁）。また、宅地の分筆のための転写の際に、登記が逸脱した場合についても、対抗力が存続するとされた（大判昭10・4・4民集14巻437頁）。

　また、②第三者の関与により不当に登記が抹消された場合に関する判例もある。登記名義人が知らない間に、第三者が、偽造の登記申請書によって抹消登記をした場合にも、登記の対抗力が存続するとされた（最判昭36・6・16民集15巻6号1592頁）。

　ただし、③登記名義人から登記事務を委任された司法書士の誤った申請により登記が抹消された場合については、対抗力は消滅するとされている（最判昭42・9・1民集21巻7号1755頁）。

●本判決への批判

　以上のように、登記に関する判例は、過誤により登記が抹消されたとしても、原則として対抗力は失われないとの立場を示している。これに対して、本判決は、明認方法の消失によって、対抗力が失われるとの判断を下したことから、その矛盾を批判する学説がある。登記に関

する判例の論理からすれば、明認方法によっていったん第三者に対抗できるようになった物権変動が、その後なんらの物権変動もないのに、対抗できなくなるのはおかしいというのである（末川・論叢29巻286頁）。また、明認方法に関する判例を是とするのであれば、登記についても、公示としての登記の記載がなくなれば対抗力が失われると解して、両者を統一すべきであるとの見解もある（金山正信・法時34巻4号86頁）。

●明認方法と登記との違い

　これに対して、本判決の結論自体には賛成する学説が多く、本判決と登記に関する一連の判例とを整合的に説明しようとする試みがある。

　第1に、登記に関する一連の判例のうち、①・②と③との差異に着目する考え方があり、これが現在の多数説であると評価されている（伊藤栄寿・百選Ⅰ125頁）。登記に関する判例においては、登記が登記名義人の帰責性なしに消滅してしまった場合には、対抗力が消滅しないとされる一方、登記名義人に帰責性がある場合（委任した司法書士の過誤による場合）には、対抗力が消滅するとされている（広中・物権73頁）。これを踏まえて本件についてみれば、明認方法は、時間の経過により消滅する可能性があるところ、それに対処する措置を講じなかったことについて、立木の所有者の帰責性が認められる。したがって、対抗力が消滅するとされてもやむを得ない場面であると解することができ、このように解することで、本判決を登記に関する判例と整合的に説明することができる（広中・物権211頁）。

　第2に、登記と明認方法との法律上の位置づけの差異に着目する考え方がある。登記の対抗力は、民法177条を根拠とするものであるから、いったん対抗要件が備えられた後は、法律の規定によらなければ対抗力は消滅しない。これに対して、明認方法の対抗力の根拠は、事実上第三者が立木の物権変動を認識しうることにあるため、明認方法が消滅し公示がなくなれば、対抗力も消滅するという（鈴木信次郎・法セ71号37頁）。

　第3に、明認方法は、対抗要件具備の手段にとどまらないとの指摘がある。というのも、立木は、明認方法が施されることによって初めて、土地から独立した不動産として取引の対象となり、反対に、明認方法が消滅すれば、再び土地の一部になる（鈴木・物権206頁）。本判決の理由付けとは異なった説明になるが、本件でいえば、Cによる明認方法が消滅した時点で、立木は独立性を失い、その所有権は付合によって消滅すると解する学説もある（松井宏興・百選Ⅰ6版127頁）。

【参考文献】　本文中に挙げたもののほか、原島重義・民商45巻6号890頁、来栖三郎「立木取引における『明認方法』について」『来栖三郎著作集Ⅰ』（信山社、2004）375頁参照。

藤澤治奈

104 立木の留保と明認方法

最高裁昭和 34 年 8 月 7 日判決　民集 13 巻 10 号 1223 頁、裁判集民 37 号 549 頁、裁時 286 号 2 頁、判時 205 号 4 頁

【177 条】

論点　土地の譲渡に際して立木の所有権を留保する場合、留保を第三者に主張するために対抗要件が必要か

事実の要約

　昭和 20 年 7 月、Y は、山林の土地（以下「本件土地」とする）を A に売却した。この際、Y は本件土地上の立木（以下「本件立木」とする）の所有権を留保したが、その旨の公示を行わなかった。

　A の相続人 B は、立木の所有権が Y に留保されていることを知らず、昭和 24 年 2 月、立木を含む本件土地を X に売却し、所有権移転登記を経由した。

　ところが、Y は、本件立木の所有権が自らにあると主張し、昭和 25 年から同 27 年にかけて立木を第三者に売却し、立木の買受人らがこれを伐採し搬出した。そこで、X が Y に対して、不法行為に基づく損害賠償を請求したのが本件である。

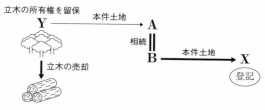

裁判の流れ

　1 審（福島地白河支判昭 27・9・24 民集 13 巻 10 号 1239 頁）：請求認容　2 審（仙台高判昭 30・3・12 民集 13 巻 10 号 1243 頁）：原判決取消、請求棄却

　1 審は、土地上の立木のみを譲渡対象とした場合に、公示なくして立木の物権変動を第三者に対抗することができないのと同様に、立木の所有権を留保して土地のみを譲渡した場合にも、立木所有権の土地所有権からの分離独立という物権変動があったとみて、これを第三者に対抗するためには公示が必要であるとした。

　これに対して、2 審は、立木の所有権が原所有者から移転していないことに着目し、「対抗の問題など起り得る筈がない」とした。これを受けて、X が上告した。

判旨

　〈破棄差戻〉「立木は本来土地の一部として一個の土地所有権の内容をなすものであるが、土地の所有権を移転するに当り、特に当事者間の合意によって立木の所有権を留保した場合は、立木は土地と独立して所有権の目的となるものであるが、留保もまた物権変動の一場合と解すべきであるから、この場合には立木につき立木法による登記をするかまたは該留保を公示するに足る明認方法を講じない以上、第三者は全然立木についての所有権留保の事実を知るに由ないものであるから、右登記または明認方法を施さない限り、立木所有権の留保をもつてその地盤である土地の権利を取得した第三者に対抗し得ない…」。

判例の法理

● 立木の所有権の留保の理解

　土地に生立したままの立木が譲渡された場合、譲受人は、明認方法等の公示方法を施さなければ、所有権の取得を第三者に対抗することができない（大判大 9・2・19 民録 26 輯 142 頁）。

　では、土地のみが譲渡され、**立木の所有権が譲渡人に留保された場合**はどうか。この場面では、立木の所有権は移転していないため、立木についての物権変動は生じておらず、対抗要件は問題とならないという捉え方もありうる。実際、本件の 2 審はそのような判断を下した。

　これに対して、本判決は、立木の所有権の「留保もまた物権変動の一場合」であるとして、立木法上の登記または明認方法を施さない限り、立木の所有権の留保を第三者に対抗することができないと判断した。

● 本判決の意義

　本判決は、この問題を扱った初めての最上級審裁判例であり、重要な意義を有する。

判例を読む

● 一筆の土地の一部譲渡の事例との関係

　しかし、本判決に対しては、他の判例と矛盾するのではないかとの指摘がある。

　過去の判例では、一筆の土地のうち北側のみが譲渡されたが、分筆の登記をしないまま、譲受人が一筆全体についての所有権移転登記を受け、その後、自らの所有物であるとして一筆全体を第三者に譲渡した場面が問題となった。南側の土地の買受人が、登記なくして第三者に所有権を主張できるか否かについて、大審院は、登記は実際の権利関係に合致していないものであるから、たとえ第三者が登記を信頼したとしても保護されないとの判断を下した（大判昭 13・7・7 民集 17 巻 1360 頁）。

● 学説の状況

　上記判決と本判決との関係をどのように解するべきか。背景には、立木を土地と一体とみるか、独立した物であるとみるかの問題もある（川島武宜・法協 77 巻 5 号 600 頁、道垣内弘人・不動産取引判例百選 3 版 202 頁）。

　本判決の調査官解説は、土地は必ずしも一筆を基準として売買されるものではないのに対して、立木は土地の構成部分であり、土地の譲渡には立木の譲渡を伴うのが通常であることから、両判決は、異なる問題を扱った判例として、整合的に説明できるとする（三淵乾太郎・最判解昭和 34 年度 188 頁）。

　これに対して、調査官解説に疑問を呈し、立木を土地から独立した物とみて、2 審の結論を支持する学説もある（川島・前掲 601 頁）。

【参考文献】　本文中に挙げたもののほか、石田喜久夫・民商 42 巻 2 号 198 頁、中尾英俊・民法の判例 3 版 71 頁、徳本鎭・不動産取引判例百選 2 版 182 頁等がある。

藤澤治奈 ●

105 間接占有と占有改定

最高裁平成 29 年 5 月 10 日判決　民集 71 巻 5 号 789 頁、裁時 1675 号 1 頁、金判 1518 号 8 頁、
1525 号 8 頁、金法 2075 号 64 頁、判時 2347 号 86 頁、判タ 1440 号 112 頁　　【183 条、184 条】

論点　動産を間接占有する譲渡担保権設定者が、占有改定により譲渡担保権者に当該動産を引き渡すことができるか

事実の要約

平成 24 年 9 月 5 日、服飾雑貨の輸入・販売業を営む Y は、取引銀行である X との間で、銀行取引約定、信用状取引に係る基本約定および輸入担保貨物保管に関する約定を締結した。これらの中では、①Y が X から信用状の発行を受けて輸入する商品につき、X は信用状条件にしたがって輸出業者の取引銀行等に対して補償債務を負担し、Y は X に対して償還債務等を負うこと、②Y は、上記償還債務等を担保するため、X に対し上記輸入商品に譲渡担保権を設定すること、③X は、Y に上記輸入商品の貸渡しを行い、その受領、通関手続、運搬および処分等を行う権限を与えることが合意された。

平成 26 年 12 月 25 日から平成 27 年 1 月 29 日までの間に、Y は、中国の売主 A から商品（以下「本件商品」とする）を購入するため、X から信用状 3 通の発行を受けた。その後、Y と A との間の輸入契約に基づき、本件商品は、中国から大阪南港へと輸送され、平成 27 年 1 月 5 日から同年 2 月 6 日までの間に、Y からの委託を受けた海貨業者 B が、本件商品を受領し通関手続を行った。Y は、遅くとも平成 27 年 2 月 6 日までには、本件商品の一部（以下「本件転売商品」とする）を、C に売却しており、B は、自らまたは運送会社に委託して、本件転売商品を C に納入した。

X は、平成 27 年 1 月 22 日から同年 2 月 19 日までの間に、信用状に基づく補償債務を弁済し、Y に対して償還債務履行請求権等を取得した。ところが、同年 2 月 20 日に、Y につき民事再生手続が開始した。

そこで、X は、同年 3 月 11 日、本件商品に設定された譲渡担保権に基づく物上代位権の行使として、Y が C に対して有する転売代金債権の差押えの申立てをした。執行裁判所は、同月 26 日、債権差押命令を発付したが、これに対して、Y が命令の取消しを求める執行抗告をした。Y は、物上代位権を行使するためには再生手続開始の時点で譲渡担保権につき対抗要件を備えている必要があるが、Y が本件商品を直接占有していない以上、X は占有改定の方法により本件商品の引渡しを受けることはできず、X は対抗要件を備えていない、と主張した。

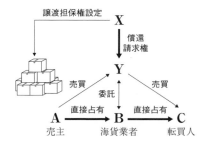

譲渡担保権設定

X

償還請求権

Y

売買　　委託　　売買

A　直接占有　B　直接占有　C
売主　　海貨業者　　転買人

裁判の流れ

1 審（大阪地決平 27・7・9 民集 71 巻 5 号 828 頁）：差押

命令取消　2 審（大阪高決平 28・3・30 民集 71 巻 5 号 839 頁）：原決定取消

1 審は、Y の主張を認め、債権差押命令を取り消した。譲渡担保権を行使するためには、再生手続開始の時点で、譲渡担保権につき対抗要件を備えている必要があるが、本件では、Y が本件商品を直接占有していないことから、占有改定による引渡しは認められない。また、B に対して X のために占有せよとの明示的な指図があったわけではないことから、指図による占有移転（184 条）による引渡しも認められず、X は対抗要件を備えていないとされた。これに対して、X が執行抗告をした。

2 審は、X の主張を容れて、1 審決定を取り消した。X の委託に基づいて B が本件各商品を受領し直接占有を取得した時点で、Y は、X を介して B らから本件各商品の間接占有を取得し、占有改定により本件譲渡担保権について対抗要件を具備したという。これに対して、Y が抗告許可を申し立てた。

決定要旨

〈抗告棄却〉「…Y は本件譲渡担保権の目的物である本件商品について直接占有したことはないものの、輸入取引においては、輸入業者から委託を受けた海貨業者によって輸入商品の受領等が行われ、輸入業者が目的物を直接占有することなく転売を行うことは、一般的であったというのであり、Y と X との間においては、このような輸入取引の実情の下、X が、信用状の発行によって補償債務を負担することとされる商品について譲渡担保権の設定を受けるに当たり、Y に対し当該商品の貸渡しを行い、その受領、通関手続、運搬及び処分等の権限を与える旨の合意がされている」。「一方、Y の海貨業者（B）に対する本件商品の受領等に関する委託も、本件商品の輸入につき信用状が発行され、同信用状を発行した金融機関が譲渡担保権者として本件商品の引渡しを占有改定の方法により受けることとされていることを当然の前提とするものであったといえる。そして、海貨業者（B）は、上記の委託に基づいて本件商品を受領するなどしたものである」。

「以上の事実関係の下においては、本件商品の輸入について信用状を発行した銀行である X は、Y から占有改定の方法により本件商品の引渡しを受けたものと解するのが相当である。そうすると、X は、Y につき再生手続が開始した場合において本件譲渡担保権を別除権として行使することができるというべきであるから、本件譲渡担保権に基づく物上代位権の行使として、本件転売代金債権を差し押さえることができる。」

判例の法理

●本決定の意義

本決定では、民事再生手続における動産譲渡担保権に基づく物上代位権の行使が問題となっている。そのため、

①動産譲渡担保権に基づき物上代位権を行使することができるか、②民事再生手続において動産譲渡担保権を別除権として行使するために対抗要件が必要か、といった論点も問題となる。しかし、これらの論点は、本件における主な争点ではないことから、ここでは割愛する（詳しくは、藤澤治奈・法教446号51頁以下、下村信江・近畿大学法科大学院論集14号122頁以下参照）。本決定は、Xが本件商品の引渡しを受けたことを認定し、そこから特段の説明なく、②本件譲渡担保権を別除権として行使することができること、①物上代位権の行使として本件転売代金債権を差し押さえることができることを導いている。

本決定で問題となったのは、本件の事案として紹介したように、Yは本件商品を一度も直接占有したことがない間接占有者であるが、占有改定によって本件商品をXに引き渡すことができるか否かである。

183条は、「〔占有〕代理人が自己の占有物を以後本人のために占有する意思を表示したとき」に占有改定が成立すると規定しているが、条文上は、「占有物」が直接占有物に限定されているわけではない。

●先例との関係

この問題に関係する先例としては、抗告理由が引用する大判大4・9・29民録21輯1532頁がある。この判決は、占有改定を定義するにあたって、占有代理人が本人のための直接占有者となるものであると述べた。しかし、ここでは、占有改定者が動産を直接占有している場面が問題となっており（動産の売主が動産を買主に交付せずに賃借人となった場合に、178条の引渡しがあったかどうかが争われた）、本件とは事案を異にし、本決定もその旨を指摘している。

また、本決定の調査官解説では、最判昭34・8・28民集13巻10号1336頁が取り上げられている。このケースでは、動産が差し押さえられている状態で、差押債務者が当該動産を処分し占有改定により引き渡した後、差押えが解除された場面が問題となった。後述するように、この判決の判例解説のなかには、間接占有者による占有改定に触れるものがあったものの、判旨はこの問題には言及しておらず、本決定との関連性は薄い。

●学説の状況

本決定以前には、間接占有者による占有改定について議論する学説は、ほとんどなかった。

上記大判大正4年と同様に、占有改定は直接占有者によるものである旨を述べるものはあるが、これらの学説が、間接占有者による占有改定を排除する趣旨であるかは明らかではない（星野・物権96頁、新版注民(7)37頁、松岡・物権265頁）。

他方、上記最判昭和34年の判例解説は、ドイツ法を引きつつ、間接占有者による占有改定を肯定していた（井口牧郎・最判解民昭和34年度211頁）。

●本決定の特徴

本決定は、間接占有者が占有改定により動産を引き渡すことができるか否かが問題となった初めての最上級審判例である。ただし、本決定は、事例決定である。

というのも、原決定は、間接占有者による占有改定を肯定するにあたって、「他人のために占有を取得する法律関係が複数牽連する場合において、中間者（双方の法律関係の当事者である間接占有者）を介して直接占有者からの占有（間接占有）の取得を認めることは、間接占有（代理占有：民法181条）の性質に反するものではない」

との一般論を述べていた。

これに対して本決定は、原決定の理由付けをあえて変更し、本件の事案の概要を説明したうえで、「以上の事実関係の下においては…占有改定の方法により本件商品の引渡しを受けたものと解するのが相当」とする。この点について、調査官解説は、「間接占有者からの占有改定の方法による引渡しの可否という問題は、従来十分な議論がされていたとは言い難い状況にあり、また、その範囲が実務に与える影響は大きいと考えられることから、本決定は一般論を述べることは」しなかったと解説している（大寄麻代・最判解民平成29年度261頁）。

判例を読む

●本決定の射程

では、本決定の射程は、どこまで及ぶのか。本決定が摘示した2つの要素が手がかりとなる。

第1は、決定要旨前半に登場する信用状取引の構造である。本件の譲渡担保権は、動産売買先取特権類似のものであることから、例外的に公示性の乏しい対抗要件具備方法が認められる、という見方がある（森田修・金法2075号15頁）。

第2は、本件商品の直接占有者であるBの認識である。抽象的にであれ、Bが金融機関（X）のために占有していることを認識していたことから、指図による占有移転類似の状況とみることができる（森田・前掲16頁、青木則幸・新判例解説WATCH22号92頁）。

また、本件の事実全体をみて、YとBとの関係は、単なる代理占有関係を越えて一体として把握することができ、Yを直接占有者とみることができるとの分析もある（粟田口太郎・金法2068号5頁、角紀代恵・リマークス56号21頁）。

●一般論としての間接占有者による占有改定

しかし、上記調査官解説が述べるように、本決定を事例決定にとどめた理由が、単に慎重を期すためであったとすれば、間接占有者による占有改定が認められるのは、本件のような場面に限られるわけではないとも考えられる。実際、本決定の評釈のなかには、間接占有者による占有改定の可否を一般的に論じるものがあり（水津太郎・民事判例16号78頁、和田勝行・金法2091号42頁以下）、①間接占有者による占有改定を認めても公示機能には差異がないこと、②本件のYに現実の引渡しを求めることが不合理であること、③取引関係の拡張を可能にすること等の理由から、間接占有者による占有改定も認められるべきであるとされている。

【参考文献】　本文中に挙げたもののほか、小山泰史・民商154巻1号173頁、生熊長幸・平成29年度重判71頁、遠藤元一・金融1540号16頁、阿部裕介・金法2097号29頁等の研究がある。

藤澤治奈

106　占有改定による引渡し

最高裁昭和 35 年 2 月 11 日判決　民集 14 巻 2 号 168 頁、裁判集民 39 号 385 頁、判時 214 号 21 頁

【192 条】

論点　占有改定によって動産の占有を取得した者は、当該動産を即時取得することができるか

事実の要約

　岡山県のある集落の住民のうち一定の範囲に属する者（まとめて「Y₁」とする）は、水車発電機およびそれに付属する一切の器具（以下「本件物件」とする）を共同で所有し、代表者数名がその管理にあたっていた。昭和 24 年 1 月 6 日、代表者の 1 人である A は、その他の代表者らを通じて、Y₁ から本件物件およびその他の物件を合わせて 41 万円で買い受ける旨の売買契約を締結し、内金として 10 万円を差し入れた。その際、①売買の目的物の所有権は、代金全額の支払があったときに初めて移転すること、②同年 4 月 30 日までに残代金 31 万円が支払われないときは、売買契約は何らの意思表示なくして当然に解除され、内金 10 万円は返還されないことが約定された。その後、A が期限までに残代金を支払わなかったため、売買契約は失効した。

　昭和 25 年 10 月 21 日、X は、A から本件物件を 27 万円で買い受けた。この際、A は、Y₁ の代表管理委員の委員長として本件物件等の収納してある倉庫の鍵を所持し、本件物件を直接占有しており、X は、占有改定の方法により引渡しを受けた。なお、X は、本件物件が A の所有物であると信じ、かつ、そう信じたことについて過失はなかった。

　他方、Y₁ は、昭和 26 年 3 月 10 日、本件物件を Y₂ に売り渡し、同月 14 日までに代金全額を受領し、本件物件の所有権を移転し、現実の引渡しをした。

　昭和 26 年 5 月、X が本件物件を持ち帰ろうとしたところ、Y₁ および Y₂ が共同して実力を行使してこれを阻止し、本件物件を大阪に運搬したことから、X が、①本件物件の所有権の確認、②本件物件の返還、③返還が不能である場合には損害賠償を求めて訴えたのが本件である。

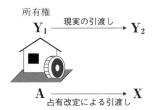

裁判の流れ

　1 審（岡山地勝山支判・判決年月日不明・民集 14 巻 2 号 173 頁）：請求棄却、2 審（広島高岡山支判昭 32・8・30 民集 14 巻 2 号 177 頁）：控訴棄却

　民法 192 条の即時取得の要件の 1 つである占有の取得について、2 審は、「一般外観上従来の占有事実の状態

に変更を生じて従前、占有を他人に一任して置いた権利者のその他人に対する追及権を顧慮しないでも、一般の取引を害する虞のないような場合をいうものであって、単に従来の占有者と新たに占有を取得した者との間に、その旨の意思表示があったのみで、一般外観上従来の占有事実の状態に何等の変更を来さない所謂占有の改定による占有の取得は、之に該当しない」として、X による即時取得を否定した。

判旨

　〈上告棄却〉「無権利者から動産の譲渡を受けた場合において、譲受人が民法 192 条によりその所有権を取得しうるためには、一般外観上従来の占有状態に変更を生ずるがごとき占有を取得することを要し、かかる状態に一般外観上変更を来さないいわゆる占有改定の方法による取得をもっては足らないものといわなければならない（大正 5 年 5 月 16 日大審院判決、民録 22 輯 961 頁、昭和 32 年 12 月 27 日第二小法廷判決、集 11 巻 14 号 2485 頁参照）」。

　「X は本件物件を A より買受けたが、A は当時右物件については全くの無権利者であったこと、当時 A より物件の引渡を受けはしたが、その引渡はいわゆる占有改定の方法によったものであることを証拠によって確定し、しかも一方において右物件は、……Y₂ に売却され、代金の完済とともにその所有権を譲渡し、かつその引渡が了されたというのであるから、原判決がこれらの事実関係から X の所論即時取得による所有権の取得を否定し、これを前提とする本訴請求を排斥したのは正当というべきである」。

判例の法理

● 即時取得の要件

　民法 192 条は、**即時取得の要件**の 1 つとして、取得者が「占有を始めた」ことが必要であると規定している。

　民法には、現実の引渡し（182 条 1 項）、簡易の引渡し（182 条 2 項）、占有改定（183 条）、指図による占有移転（184 条）の 4 つの占有の承継取得の方法が定められているが、このうち、現実の引渡しによる占有取得が、本条にいう「占有を始めた」に該当することに問題はない。これに対して、それ以外の方法による占有の取得は、外形的には動産の支配の状況に変化をもたらさないものであることから、これらの方法によって即時取得が認められるか否かにつき議論がある。

　本件で問題となったのは、**占有改定による占有の取得**についてである。

●即時取得の沿革と判例

　判例は、大審院以来一貫して占有改定による即時取得を否定してきた（大判大5・5・16民録22輯961頁、最判昭32・12・27民集11巻14号2485頁。**否定説**）。では、その理由はどこにあるのか。

　本判決の引用する上記大正5年大判は、本判決と同様、「一般ノ外観上従来ノ占有事実ノ状態ニ何等変更アリタルコト」が必要であるとしつつ、その根拠として、「法制ノ沿革」を挙げている。これは、即時取得制度の沿革の1つとされる、ゲルマン法の「手が手を守れ（Hand wahre Hand）」の原則のことであると考えられる。この原則によれば、動産の持ち主が相手方を信頼して動産を預けたり貸したりした場合には、その相手方に対して動産の返還を求めることができるが、相手方が信頼を裏切って第三者に動産の占有を移転してしまった場合には、第三者に対して返還を求めることはできない。つまり、元の持ち主の追及権が制限され、第三者が動産を手に入れることができる。ところが、第三者が占有改定により占有を取得しただけの場面では、動産の外観には何らの変化がないため、持ち主からすれば、信頼が裏切られたとは気づかない。このような状態では、持ち主の追及権が制限されることはない、というわけである。

　本件の2審判決も、このことを指摘して、占有改定による即時取得を否定した。また、本判決の調査官解説にも、否定説の根拠としてゲルマン法やドイツ民法が挙げられている（井口牧郎・最判解民昭和35年度28頁）。ただし、本判決の判旨には、192条の沿革や所有者の追及権への言及はなく、否定説の根拠は明示されていない。

●否定説への批判

　判例の示す否定説に対しては、学説からの批判もあった。192条の解釈にゲルマン法の沿革を持ち出すことが妥当ではないという批判である（我妻栄「占有改定は民法第192条の要件を充たすか」『民法研究Ⅲ物権』（有斐閣、1966年）149頁以下、川島武宜『総論・物権』（有斐閣、1960年）178～180頁）。即時取得制度が、取引の安全のための制度であることを突き詰めて考えれば、取得者が前主の占有を信頼したことがポイントであって、どのような方法で占有を取得したのかは関係ないはずである。このような考え方は、占有改定による即時取得を認めるという結論にもつながる（**肯定説**）。

　しかし、肯定説をとると、動産の二重譲渡において両譲受人が占有改定により対抗要件を具備している場合に、第2譲受人が即時取得により保護されること（遅い者勝ち）になる等、その帰結に疑問が生じる場合がある（新版注民(7)167頁以下）。

●否定説の理由づけの深化

　そのため、現在の学説の多数説は、判例と同様、否定説であるが、その理由づけとして、制度の沿革以外のものを挙げる場合が多い。上に挙げた肯定説による帰結の不当性のほかにも、取引の安全の要請と原権利者保護の要請とを衡量し、占有取得者が自身の権利を対外的に主張できるだけのことを行ったか、といった観点から、一

般外観上も占有が移転している必要があるとする学説もある（石田剛・法教398号129頁）。

判例を読む

●動産譲渡担保の場合

　なお、本件では、動産の真正譲渡が問題となっているが、占有改定により即時取得することができるかという論点は、動産譲渡担保の場面を念頭に置いて論じられることも少なくない。Aが所有する動産につきBが譲渡担保権の設定を受け、占有改定により対抗要件を具備した後、Cも同じ動産につき譲渡担保権の設定を受け、占有改定により対抗要件を具備したといった場面が問題となる。

　ここで、占有改定による即時取得肯定説に立てば、多くの場面で後から登場した譲渡担保権者が優先することになり、譲渡担保が意味をなさなくなる。反対に、否定説に立つと、占有改定による対抗要件具備を通常とする動産譲渡担保においては、担保権を実行して初めて即時取得できることになり、取引の安全に欠ける。そこで、占有改定による即時取得を認めるが、占有改定があっただけではその効力は確定的ではなく、その後、目的物の現実の引渡しを受けたときに確定的な効力が生じると解する考え方もある（**折衷説**：我妻・講義Ⅱ223～224頁、鈴木・物権213頁）。

●指図による占有移転の場合

　本判決の射程が、占有改定以外の占有取得方法、特に、指図による占有移転の場合にも及ぶかも問題となる。

　大審院判例は、AがBに動産の占有を委託していたところ、Bが勝手にCに売却し占有改定により引き渡し、さらに、CがDに売却し指図による占有移転によって引き渡した（動産はBが直接占有している）事案において、外観上従来の占有状態に変更がないとして、Dによる即時取得を否定した（大判昭12・9・16新聞4181号14頁）。

　これに対して、Aが所有する動産の引渡しを受けたBが、その占有をCに委託し、その後、動産をDに売却し指図による占有移転によって引き渡したという事案について、最高裁はDの即時取得を認めた（最判昭57・9・7民集36巻8号1527頁）。

　判例は、指図による占有移転に至る前の段階で、所有者から占有の委託を受けた者が、動産を直接占有しているか否かによって、結論を分けているようにみえる。

【参考文献】 乾昭三・法時32巻11号、鈴木禄弥・民商43巻1号、金山正信・法学論集62号、近江幸治・民法の基本判例〔第2版〕68頁、田中整爾・百選Ⅰ2版152頁、佐伯一郎・金法1581号144頁、大塚直・百選Ⅰ130頁。

　　　　　　　　　　　　　　　　　藤澤治奈

107 善意・無過失の認定

最高裁昭和42年4月27日判決　裁判集民87号317頁、判時492号55頁

【192条】

論点 即時取得の要件の1つである「善意・無過失」の認定にはどのような要素が影響するか

事実の要約

本件の事実関係は公表されていない。掲載誌（判時492号55頁）の解説や本判決の判旨によれば、建設機械販売会社Xが、建設会社Aに対して土木建設機械（本件物件）を割賦販売で売却し、その所有権を留保していたところ、Aが、古物商を営むYに本件物件を売却した事案であることが分かる。

Xからの本件物件の引渡請求に対して、Yが即時取得の主張をしたのが本件であろう。

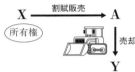

裁判の流れ

1審：裁判年月日不明　2審：高松高判昭41・9・13公刊物未登載

1審は、即時取得の成立を認めたが、これに対して、2審は、Yに過失ありとして、即時取得を否定した。

判旨

〈上告棄却〉「高知市附近では土木建設請負業者が土木建設機械をその販売業者から買い受けるについては、通常代金は割賦支払とし、代金完済のとき初めて所有権の移転を受けるいわゆる所有権留保の割賦販売の方法によることが多く、Yは、古物商であるが土木建設機械をも扱っていたから、右のような消息に通じているものであるなどの事実に徴すれば、Yが本件物件を買い受けるに当っては、売主がいかなる事情で新品である土木建設の用に供する本件物件を処分するのか、また、その所有権を有しているのかどうかについて、疑念をはさみ、売主についてその調査をすべきであり、少し調査をすると、Aが本件物件を処分しようとした経緯、本件物件に対する所有権の有無を容易に知りえたものであり、したがって、このような措置をとらなかったYには、本件物件の占有をはじめるについて過失があった…。」

判例の法理

●善意・無過失とは

192条は、即時取得の要件の1つとして、取得者の善意・無過失を挙げている。**善意・無過失**とは、判例によれば、「動産の占有を始めた者において、取引の相手方がその動産につき無権利者でないと誤信し、且つかく信ずるにつき過失のなかつたことを意味する」（最判昭26・11・27民集5巻13号775頁）。反対からいえば、善意ではない、つまり、悪意とは、前主の権利を信じていたとはいえないことをいう。ここには、前主の権利を知っていたことのほか、前主の権利を疑っていたことも含まれる。また、過失とは、取引上要求されるべきこと（照会や調査）をしなかったために前主の権利を誤信したことである（佐久間・民法の基礎Ⅱ155頁）。

では、具体的に過失の判断に影響を与えるのはどのような要素か。下級審には様々な例があるが、最上級審判例は少なく、本判決は、この問題につき最高裁が判断

を示した一事例としての意義を有する。

●目的物の特性

本件では、**土木建設機械の即時取得**が問題となっているが、本判決が指摘するように、建設機械の売買に際しては、売主に所有権を留保した割賦販売の方法がとられる場合が多い。そのため、建設機械の取得者が尽くすべき注意義務の内容としては、売主に前主との間の売買契約書や売買代金の領収書といった関係書類の提出を求めたり、物件のメーカーやディーラーに所有権の所在を確認したりといったものが考えられる（新注民(5)152頁）。本判決でも、Aが本件物件を処分しようとした経緯、本件物件に対する所有権の有無について、Yが調査を怠ったことが過失の認定に結びついている。

●取得者の特性

しかも、本件では、建設機械をも扱う**古物商による即時取得**が問題となっている。古物商は、古物営業法上、目的物の出所につき高い注意義務が課されている。それにもかかわらず、上記の調査・確認を怠った場合には、過失が認定されることになる。

【判例を読む】

●建設機械の登記

本件には該当しないが、建設機械は、抵当権の目的とすることができる（建設機械抵当法5条）。抵当権を設定するためには、建設機械につき所有権保存登記が行われるが、登記された建設機械については、その所有権の得喪および変更は建設機械登記簿に登記をしなければ、第三者に対抗することができない（同法7条1項）。登記された建設機械については、192条の適用を否定した裁判例がある（大阪地判昭41・4・28判タ191号184頁）。ただし、建設機械の登記件数は多くはない。

●譲渡証明書制度

むしろ、建設機械に関しては、譲渡証明書制度が権利者の確認手段として重要な役割を果たしている。本判決以降のことであるが、昭和46年から、建設機械の製造販売業者で組織される社団法人日本産業機械工業会（現在では、同会から分離独立した一般社団法人日本建設機械工業会）によって、譲渡証明書の制度が実施されている。上記社団法人加盟の建設機械販売会社は代金完済時に買主に対し所有権移転を証するための譲渡証明書を交付し、買主がさらに建設機械の所有権を譲渡する際にはこの譲渡証明書を交付することが業界の常識となっているという。そのため、現在では、建設機械の即時取得に関しては、取得者が譲渡証明書の確認を行ったか否かが、過失の認定に際しての重要な要素となっている。

【参考文献】　本文中に挙げたもののほか、新版注民(7)185頁以下参照。

藤澤治奈

108 民法 194 条の善意占有者の目的物使用収益権

最高裁平成 12 年 6 月 27 日判決　民集 54 巻 5 号 1737 頁、判時 1715 号 12 頁、判タ 1037 号 94 頁

【194 条、189 条 2 項、190 条】

論点　民法 194 条に基づき、目的物の回復とその代価の弁償が行われる場合、占有者は、回復請求訴訟提起後の使用利益を返還しなくてはならないか

事実の要約

Xは、土木機械（以下「本件物件」）を所有していたが、平成 6 年 10 月頃、これを盗取された。

一方、Yは、平成 6 年 11 月、無店舗で中古土木機械の販売業等を営むAから、本件物件を 300 万円で購入し、代金を支払って引渡しを受けた。この際、Yは、Aに本件物件の処分権限があると信じ、かつ、そのように信ずるにつき過失がなかった。

平成 8 年 8 月、XはYに対して、所有権に基づき本件物件の引渡しを求めるとともに、本件物件の使用利益として、訴状送達の日の翌日から本件物件の引渡しまで、1 カ月につき 45 万円の金銭の支払を求めた。これに対して、Yは、使用利益相当額の支払義務を争うとともに、194 条に基づき、Xが 300 万円の代価の弁償をしない限り本件物件は引き渡さないと主張した。

裁判の流れ

1 審（名古屋地判平 9・7・29 民集 54 巻 5 号 1750 頁）：一部認容、一部棄却　1 審判決は、Yに対して、①Xから 300 万円の支払を受けるのと引換えに本件物件を引き渡すよう命じるとともに、②本件訴え提起の時から本件物件の使用によって得た利益を不当利得としてXに返還する義務があるとして、平成 8 年 8 月から本件物件の引渡しまで、1 カ月につき 30 万円の金銭の支払を命じた。使用利益について、1 審判決は、「原所有者が回復を請求し得る期間、本件バックホーの所有権は原所有者であるXにあるのであるから、Yは、原所有者との関係において、無権限で本件バックホーを占有使用していることになる。しかも、民法 189 条 2 項により、善意で占有を開始した者といえども、本件の訴えで敗訴した場合は訴え提起の時から悪意の占有者とみなされ、同法 190 条により果実（果実には法定果実たる使用利益も含まれる。）を返還する義務を負う」と述べた。

これに対して、Yは控訴しつつ、使用利益の増大を避けるため、2 審係属中の平成 9 年に、代価の支払を受けないまま本件物件をXに引き渡した。これを受けて、Xは、本件物件の引渡請求に係る訴えを取り下げ、一方、YはXに対して、194 条に基づく代価弁償として 300 万円および遅延損害金の支払を求める反訴請求を提起した。

2 審（名古屋高判平 10・4・8 民集 54 巻 5 号 1756 頁）：一部認容、一部棄却

2 審は、Yに対して、本件物件の使用利益として、1 か月につき 22 万円の支払を命じた。一方、Xに対して

は、代価弁償として 300 万円および遅延損害金の支払を命じた。

判旨

〈一部破棄自判、一部棄却〉「盗品又は遺失物（以下「盗品等」という。）の被害者又は遺失主（以下「被害者等」という。）が盗品等の占有者に対してその物の回復を求めたのに対し、占有者が民法 194 条に基づき支払った代価の弁償があるまで盗品等の引渡しを拒むことができる場合には、占有者は、右弁償の提供があるまで盗品等の使用収益を行う権限を有すると解するのが相当である。けだし、民法 194 条は、盗品等を競売若しくは公の市場において又はその物と同種の物を販売する商人から買受けた占有者が同法 192 条所定の要件を備えるときは、被害者等は占有者が支払った代価を弁償しなければその物を回復することができないとすることによって、占有者と被害者等との保護の均衡を図った規定であるところ、被害者等の回復請求に対し占有者が民法 194 条に基づき盗品等の引渡しを拒む場合には、被害者等は、代価を弁償して盗品等を回復するか、盗品等の回復をあきらめるかを選択することができるのに対し、占有者は、被害者等が盗品等の回復をあきらめた場合には盗品等の所有者として占有取得後の使用利益を享受し得ると解されるのに、被害者等が代価の弁償を選択した場合には代価弁償以前の使用利益を喪失するというのでは、占有者の地位が不安定になること甚だしく、両者の保護の均衡を図った同条の趣旨に反する結果となるからである。また、弁償される代価には利息は含まれないと解されるところ、それとの均衡上占有者の使用収益を認めることが両者の公平に適うというべきである」。

判例の法理

●問題の所在

193 条は、即時取得（192 条）の例外として、目的物が盗品または遺失物であるときは、被害者または遺失者は、盗難または遺失の時から 2 年間、占有者に対して物の回復を請求することができると規定している。この規定からは、2 年の間、目的物の所有権が誰に帰属するのか明らかではない。

学説は、盗難の被害者または遺失者が所有権を持ち続けると解するもの（**原権利者帰属説**）と、即時取得の要件を満たした占有者が所有権を取得すると解するもの（**占有者帰属説**）とに分かれている。

本件のような事案について、原権利者帰属説からすれば、本件物件の所有権はXにあり、Yは善意占有者の果実収取権（189 条 1 項）を有するだけであることから、Xによる訴えの提起のときから悪意占有者とみなされ（同条 2 項）、その後の使用利益を返還しなくてはならな

いように思われる（190条1項）。これに対して、占有者帰属説からすれば、本件物件の回復まではその所有権がYに帰属することから、Yは本件物件を使用収益する権限を有し、使用利益の返還は問題とならない。

● かつての判例

大審院判例は、原権利者帰属説に立つことを明らかにしていた（大判大10・7・8民録27輯1373頁、大判大15・5・28刑集5巻192頁、大判昭4・12・11民集8巻923頁）。その理由は、①195条との平仄、②被害者または遺失者が、受寄者や賃借人のように所有権を有しない者であった場合の回復請求が、占有者帰属説からは説明しづらいことなどにあった。

しかし、上記の理由付けが決定的なものでなく、最高裁が立場を明らかにしてこなかったため、その判断が注目されていた。

本件1審は、本件物件の所有権はXにあり（原権利者帰属説）、Yは無権原占有者であるとして、189条2項および190条に基づき使用利益の返還を命じ、2審はこの判断を維持した。ところが、本判決は、2審の判断をくつがえし、使用利益の返還を認めなかった。

● 本判決の立場

では、その理由付けは、どのようなものか。

先述したように、使用利益の返還を認めないという結論は、占有者帰属説から説明しやすい。しかし、**本判決は、193条についての原権利者帰属説か占有者帰属説かという理論的な問題には立ち入らず、専ら194条の趣旨から結論を導いた。**

本判決は、194条を、占有者と被害者・遺失者との保護の均衡を図った規定であると位置付ける。このとき、被害者・遺失者は、代価を弁償して目的物を回復するか、目的物の回復をあきらめるか、の選択権を有しているところ、前者の場合に占有者が使用利益を返還しなくてはならないとすれば、占有者側が一方的に不安定な地位に置かれることになる。両者の保護の均衡が崩れることから、使用利益の返還を認めるべきではないとされている。また、194条に基づく代価の弁償には、利息が含まれないことから、それとの均衡からも、占有者は使用利益を返還する必要はないとされる。

判例を読む ▰▰▰▰▰▰

● 本判決の影響

以上のように、本判決は、193条の理論的な問題には立ち入らずに結論を導いたが、では、理論的な問題に何らかの影響はないのか。

本判決の評釈のなかには、本判決が占有者帰属説を補強する一事例であるといえないこともない、と評するものもある（中井美雄・リマークス2001下25頁）。

他方、調査官解説は、本判決の結論は、原権利者帰属説からも説明することができるとしている。原権利者帰属説からすれば、Xは無権原占有者であるが、194条の趣旨から特別の使用収益権が認められるというのである（小野憲一・最判解平成12年下572頁）。

このように、本判決は、原権利者帰属説か占有者帰属説かの議論について、決定的な影響をもつものではない。

● 本判決への批判

なお、本判決は、当事者間の保護の均衡を理由として結論を導いたが、当事者の保護の均衡の観点からみて、本判決の結論が妥当ではないとの批判もある。

第1に、占有者による占有開始時からの使用利益を返還させるべきであるとの主張がある（好美清光・民商124巻4=5号734頁）。そもそも、193条に基づき目的物が回復される場合には、占有者は何らの弁償を受けられないのであるから、194条に基づき代価の弁償を受けられる場合には、使用利益の返還をするべきであるという。また、占有者は使用によって価値の低下した目的物を返還すれば足りるが、被害者・遺失者は占有取得時の代価を弁償しなくてはならないことから、使用利益を返還させなければ、占有者側の「丸もうけ」が生じてしまう。

第2に、回復請求訴訟が提起された後は、使用利益を返還させるべきであるとの主張もある（松岡・物権207頁）。代価弁償については、履行の請求があったときから被害者・遺失者が遅滞の責任を負うことになるため（412条3項）、それとの均衡から、占有者の側も使用利益を返還するべきであるという。

● 194条の制度的課題

本判決の判旨や評釈にも指摘されているように、194条は、被害者・遺失者と占有者との保護のバランスを図った規定である一方、代価が目的物の現在価値を上回るか下回るかによって、当事者の利益状況が異なってくる。そして、代価を支払って目的物を回復するか否かの選択権を被害者・遺失者が有していることが、占有者の地位を不安定にしている。

このことを踏まえれば、立法論的な課題としては、回復に際して、被害者・遺失者が弁償すべき対象を、目的物の現在の価額とすることも考えられる。このような制度であれば、回復請求を行使するか否かによって、当事者の利得に与える影響は少なくなり（主観的な価値の問題は残る）、また、本件物件のように使用により減価する動産について、使用利益の返還を問題とする必要もなくなるからである。

● 代価弁償の法的性質

なお、194条の規定する代価弁償の法的性質については、動産の占有者に、①代価の弁償を求める請求権を与えたものなのか、それとも、②目的物の回復請求に対して「代価の弁償を受けるまでは目的物の回復を行わない」と主張できる抗弁権を認めたものに過ぎないのかが論じられていた。

かつての判例は、原権利者帰属説に立ちつつ、②の立場をとった（大判昭4・12・11民集8巻923頁）。すなわち、占有者が目的物を警察に任意提出し、警察が被害者にそれを仮下渡しした事案において、代価の弁償を否定した。

これに対して、本判決は、かつての判例の立場を変更し、占有者が任意に目的物を返還した後にも、代価の弁償を請求しうるとした。

【参考文献】 本文中に挙げたもののほか、野口恵三・NBL703号66頁、鳥谷部茂・判評505号9頁、佐賀徹哉・平成12年度重判57頁、安永正昭・百選I6版136頁、笠井修・百選I8版140頁、栗田昌裕・百選I132頁。

藤澤治奈 ⬤

109 法人の機関による所持と占有

最高裁昭和 32 年 2 月 15 日判決　民集 11 巻 2 号 270 頁、判時 104 号 18 頁、判タ 69 号 62 頁

【180 条、181 条】

論点 法人の代表者（機関）として土地を所持する者は占有権を有するか

事実の要約

X会社は、自己所有の本件土地をAに賃貸し、AはB会社に承諾転貸した。YはB社の委任によりB社の占有代理人として本件土地を所持していたが、X・A（相続人C）間で賃貸借を合意解約した。その後、YはB社の代表取締役として本件土地を所持している。XはYに対し本件土地の不法占有を理由として本件土地の明渡しを求めた。

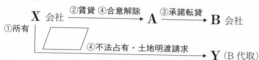

裁判の流れ

1 審（広島地判昭年月日不詳民集 11 巻 2 号 276 頁）：請求一部認容　2 審（広島高判昭 29・9・21 民集 11 巻 2 号 279 頁）：控訴棄却　最高裁：破棄差戻

2 審は、YがBの占有代理人として本件土地を直接占有しているとして、Yに本件土地の明渡義務を認定し、Yの控訴を棄却した。YはBの機関として所持するにすぎず、Bに占有権があるとして上告した。

判旨

〈破棄差戻〉「YはB株式会社の代表取締役であって同会社の代表機関として本件土地を占有している…。そうすると、本件土地の占有者はB会社であって、YはB会社の機関としてこれを所持するに止まり、したがって、この関係においては本件土地の直接占有者はB会社であって、Yは直接占有者ではないものといわなければならない。なお、もしYが本件土地を単にB会社の機関として所持するに止まらず、Y個人のためにも所持するものと認めるべき特別の事情があれば、Yは直接占有者たる地位をも有する」。

判例の法理

●法人の直接占有（原則）

占有機関・占有補助者による占有の性質について、通説は、「所持」（180 条）は本人について 1 つしか成立せず、法人の機関には占有権は成立しないとする（鳩山秀夫『民法研究第 2 巻物権』（岩波書店、1930）102 頁〔103 頁：機関による物の占有は法人自身の所持による直接占有〕、我妻・講義 II 466 頁、松岡・物権 29 頁、262 頁など）。判例も、初期は取締役の占有により企業は間接占有を有するとしたが（大判明 43・5・7 民録 16 輯 350 頁）、その後は通説に倣い、組合所有の土地について、理事は所持機関なので、返還請求の相手方は組合自身であるとし（最判昭 31・12・27 裁判集民 24 号 661 頁）、本件昭和 32 年最判もこれに倣っている（直後の最判昭 32・2・22 判時 103 号 19 頁も「法人の代表者の業務上なす物の所持は法人そのものの占有」とし、代表者は法人の占有代理人ではないという原則論において同旨）。

●占有機関・補助者の直接占有（例外）

他方、従業員は会社の占有補助者であり、占有訴権の相手方ではないが、退職後も占有を継続していれば、独立した占有者として、占有訴権の相手方になるとされた（最判昭 57・3・30 判時 1039 号 61 頁）。さらに、法人代表者が法人からその地位を解任されても、個人としての占有が残っていれば、占有権原が認められるとし、庫裏の占有を宗教法人に奪われた僧侶（住職）による当該法人に対する占有回収の訴えを認めた（最判平 10・3・10 判時 1683 号 95 頁。同様の事案につき最判平 12・1・31 判時 1708 号 94 頁も同旨）。この点は、少し事情を異にするものの、本件昭和 32 年最判が、「会社の機関として所持するに止まらず、個人のためにも所持するものと認めるべき特別の事情」を要件として、個人にも占有権を認めるとした点と軌を一にする。

判例を読む

●通説・判例

法人の代表者（機関）には所持がないので、占有権が成立しないという従来の通説は、「法人実在説」に基づいている。判例法理は、この原則に基づきつつ、「個人の所持が認められるべき特別の事情」があれば、機関による占有を超えた個人の占有を認めるという例外則を示している。

●有力説

他方、有力学説として、機関は実質的に法人の占有代理人という解釈に基づき、職務の内外を問わず、機関自身が自己占有を有するという説（舟橋・物権 291 頁：実質的には法定代理人が占有代理人として所持するのと異ならない。）、あるいは、機関が直接所持・直接占有し、法人自身が間接所持・間接占有するとして、両者に占有訴権を肯定する説（石田・物権 515 頁：これが起草者の見解〔民法議事速記録 6 巻 67 頁〕と言う。）などがある。

通説・判例の考え方が実質的に法人実在説の解釈を維持するためにのみ存在するのであれば、確かに有力説にも一理ある。

●判例（例外則）の位置づけ

しかし、例えば、土地明渡請求訴訟において、占有補助者にも独立の占有権があるとすると、本人に対してのみならず、占有補助者に対しても債務名義を取得し、同人を明渡請求訴訟の当事者としなければならない。だが、これでは余分な時間と労力が必要となり、妥当性を欠く（石口・物権 410 頁）。法人の機関も同様であり、占有機関と認定される限り、法人の代表者に独立した所持を考える必要はなく、原則を維持し、「特別の事情」を例外則として機能させれば、特に問題はない。

【参考文献】 小杉茂雄・百選 I 6 版 128 頁、山口敬介・百選 I 9 版 126 頁、青山義武・最判解民昭和 32 年度 40 頁、生熊長幸・判評 495 号 12 頁（判時 1703 号 193 頁）（平成 10 年最判評釈）、中島弘雅・リマークス 21 号 122 頁（平成 10 年最判評釈）、下村正明・リマークス 23 号 26 頁（平成 12 年最判評釈）。

石口　修

110 相続は「新たな権原」か？

最高裁昭和 46 年 11 月 30 日判決　民集 25 巻 8 号 1437 頁、判時 652 号 37 頁、判タ 271 号 179 頁
【162 条、185 条、186 条、187 条】

論点　相続人は民法 185 条にいう「新権原」により所有の意思をもって占有を始めた者か

事実の要約

Y は自己所有の本件賃貸不動産（土地建物）の管理を弟 A に委託し、A は、その地代・家賃を徴収しつつ、本件建物の南側半分に居住していた（分家）。A は 1949 年 6 月 15 日に死亡し、妻 X₁、子 X₂、X₃ が A を相続した。Y は、X らの生活援助の意味で、1963 年頃までX₁に賃料を取得させたが、1957 年から 1962 年まで、X₁ は居住家屋分の賃料を Y に支払った。X らは Y に対し、①A への贈与、②A による短期取得時効（162 条 2 項）の要件充足、X らによる占有承継とその継続を理由として、時効取得を原因とする所有権移転登記手続を求めた。Y は贈与・時効取得ともに否定し、反対に本件不動産の所有権確認反訴を提起した。

```
兄 Y ①所有 ──── ②管理委託 ──→ A 弟 ②家賃収受 ③死亡
    ↑↓ ──→ 賃貸物件          │
                            ③相続
                            ↓
                        X₁、X₂、X₃
                        ④占有継続
```

裁判の流れ

1 審（京都地判昭 43・3・26 民集 25 巻 8 号 1444 頁）：請求認容　2 審（大阪高判昭 44・9・29 民集 25 巻 8 号 1451 頁）：請求棄却　最高裁：上告棄却

1 審は、X らの主張②を認めて請求を認容し、Y の反訴請求を棄却した。2 審は、①贈与、②時効取得、いずれも退け、③X₁ の賃料支払から、X らの A 相続後の自主占有と時効取得の主張も退けた上で 1 審判決を取り消し、Y の本件不動産の所有権を確認し、X らの請求を棄却した。X らは上告し、原判決が相続を「新権原」と認めず、相続以外の「新権原」の主張・立証がないとの理由で時効取得を認めないのは、185 条の解釈適用を誤った違法があると主張した。

判旨

〈上告棄却〉「X らは、A の死亡により、本件土地建物に対する同人の占有を相続により承継したばかりでなく、新たに本件土地建物を事実上支配することによりこれに対する占有を開始したものというべく、したがって、かりに X らに所有の意思があるとみられる場合においては、X らは、A の死亡後民法 185 条にいう「新権原ニ因リ」本件土地建物の自主占有をするに至ったものと解するのを相当とする。これと見解を異にする原審の判断は違法というべきである。」しかし、「X₁ が前記の賃料を取得したのは、Y から A が本件土地建物の管理を委託された関係もあり、A の遺族として生活の援助を受けるという趣旨で特に許されたためであり、X₁ は昭和 32 年以降同 37 年まで Y に本件家屋の南半分の家賃を支払っており、X らが A の死亡後本件土地建物を占有するにつき所有の意思を有していたとはいえないというのであるから、X らは自己の占有のみを主張しても、本件土地建物を、時効により取得することができない。」

判例の法理

●他主占有から自主占有への転換

他主占有者が自主占有権を取得するには、内心の所有意思形成のみならず、①占有させた者に対する所有意思の表示、または、②新権原取得以後における所有意思による占有開始、を要件とする（185 条）。

本件の争点は、相続による占有承継でも、「新たな権原により更に所有の意思をもって占有を始める」こと（185 条後段）に該当し、所有の意思による占有（162 条）となるかであるが、その前提として、占有承継人の占有の二面性（187 条 1 項：自己固有の占有と前主占有の承継）は相続にも適用されるかという問題がある。

この問題について、大審院は、相続人と被相続人の地位が同一であるとして、相続人自身の占有を否定したが（①大判大 4・6・23 民録 21 輯 1015 頁、②大判大 6・2・28 民録 23 輯 322 頁）、最高裁は、相続人固有の占有を重視し、相続人を 187 条 1 項の「承継人」と認めた（③最判昭 37・5・18 民集 16 巻 5 号 1073 頁）。

●相続と 185 条の「新権原」

185 条後段の適用について、判例は、相続による占有権の承継は前主の占有権それ自体の承継であり、前主の占有が他主占有なら、相続人の占有も他主占有になるとして、相続は 185 条後段の新権原ではないとしたが（④大判昭 6・8・7 民集 10 巻 763 頁、⑤大判昭 14・9・15 評論 28 巻民法 875 頁）、本判決はこの問題を肯定した。

本判決は、傍論ではあるが、相続により他主占有が承継されても、相続を契機として、相続人が自己固有の占有を開始し（187 条）、相続人に所有の意思が認められれば、「新権原による自主占有の取得」（185 条後段）を認め、相続人の事実的支配の態様によっては自主占有になりうるとした最初の判例である。しかし、具体的な所有意思の認否要件の説示は、昭和 58 年最判（最判昭 58・3・24 民集 37 巻 2 号 131 頁：相手方からの他主占有事情の証明による所有意思否定事案）に始まり、平成 8 年最判（最判平 8・11・12 民集 50 巻 10 号 2591 頁〔→ 111 事件〕：相続人の自主占有事情の証明による所有意思認定事案）へと続いている。なお、学説の展開は本書 111 で述べる。

【参考文献】　四宮和夫・法協 91 巻 1 号 188 頁、中川淳・判タ 277 号 56 頁、中田裕康・百選 I 4 版 132 頁、柳川俊一・最判解民昭和 46 年度 394 頁、田中整爾『占有論の研究』（有斐閣、1975）、辻伸行『所有の意思と取得時効』（有斐閣、2003）。

石口　修

他主占有者の相続人と所有の意思

最高裁平成 8 年 11 月 12 日判決　民集 50 巻 10 号 2591 頁

【162 条、185 条、186 条】

論点　①他主占有者の相続人に独自の占有に基づく取得時効が成立するか
②①の場合における所有の意思の立証責任

事実の要約

Aは本件不動産（一部賃貸中の土地・建物）の所有者である。Bは父Aから委託されて本件不動産を管理し、賃料を生活費としていた。BはX₁と婚姻したが、1957年7月24日に死亡し、X₁と子X₂がBを相続して本件不動産の占有を承継した。Bの死亡後、X₁は本件不動産の登記済証を所持して、これを管理し、固定資産税を納付し続けた。その後、Aは死亡し、妻Y₁、子C、Y₂、D、Y₃および孫X₂がAを相続した。亡Aは所有不動産の評価額や賃料収入額等を記載した「覚ヘ」に本件不動産を「Bニ分与スルモノ」と記載していた。X₁は、1972年6月、Y₁に対し本件不動産のAからBへの贈与を原因とするXらへの所有権移転登記への協力を求めたところ、Y₁は「承認書」に署名押印した。X₁は、Y₂・Y₃にも同様の承認を求めたが、奏功しなかった。そこで、Xらは、Yらに対し、①AからBへの贈与・Bの自主占有開始、Xらへの占有承継・時効取得、または、②XらのB相続時からの所有の意思による本件不動産の固有の占有開始と時効取得を主張し、所有権移転登記手続を求めた。

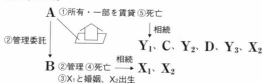

A ①所有・一部を賃貸 ⑤死亡
②管理委託
B ②管理 ④死亡 → X₁、X₂
③X₁と婚姻、X₂出生
相続
Y₁、C、Y₂、D、Y₃、X₂

裁判の流れ

1審（福岡地判平2・9・10民集50巻10号2642頁）：請求認容　2審（福岡高判平6・10・27民集50巻10号2650頁）：請求棄却　最高裁：破棄自判

1審は、贈与の事実とXらの承継取得を認めた。2審は、①Aの贈与意思は認めたが、贈与前にBが死亡した、②Bは本件不動産の管理受任者として占有していた、③Xらはどの他主占有を相続により承継した、④X₁はAの死亡による相続税修正申告書に本件不動産が「Aの相続財産」とされているのに格別の対応をしなかった、⑤X₁は1972年6月に初めて本件不動産の登記名義の獲得に乗り出した、などの事実から、Bの他主占有が相続を境にしてXらの自主占有に変わったとは認められないとして、Xらの請求を棄却した。Xらは上告し、論点①「覚ヘ」によるAの確定贈与意思の表示とXらの所有の意思、論点②相続による固有の自主占有の取得などを主張した。

判旨

〈破棄自判〉「（論点②）他主占有者の相続人が独自の占有に基づく取得時効の成立を主張する場合において、右占有が所有の意思に基づくものであるといい得るためには、取得時効の成立を争う相手方ではなく、占有者である当該相続人において、その事実的支配が外形的客観的にみて独自の所有の意思に基づくものと解される事情

を自ら証明すべきものと解する」。この場合には、「相続人が新たな事実的支配を開始したことによって、従来の占有の性質が変更されたものであるから、右変更の事実は取得時効の成立を主張する者において立証を要するものと解すべきであり、また、この場合には、相続人の所有の意思の有無を相続という占有取得原因事実によって決することはできないからである。」

（論点①）本件の事実関係によれば、「Xらは、Bの死亡により、本件土地建物の占有を相続により承継しただけでなく、新たに本件土地建物全部を事実上支配することによりこれに対する占有を開始したものということができる」。また、本件の各事情に照らせば、「Xらの本件土地建物についての事実的支配は、外形的客観的にみて独自の所有の意思に基づくものと」解される。原判決の挙げた、上記④と⑤の事情は、「XらとA及びその妻子らとの間の人的関係等からすれば所有者として異常な態度であるとはいえず、前記の各事情が存在することに照らせば、Xらの占有を所有の意思に基づくものと認める上で妨げとなるものとはいえない」。「Xらが本件土地建物の占有を開始した昭和32(1957)年7月24日から20年の経過により、取得時効が完成したものと認める」。

判例の法理

● 相続人と所有の意思（論点①）

取得時効の成立要件として「所有の意思」がある（162条）。相続財産は、相続人に包括的に承継されるところ（896条本文）、最高裁の判例は、相続人による占有承継における自己固有の占有取得（187条1項）を認め（①最判昭37・5・18民集16巻5号1073頁：前主の占有承継と自己固有の占有取得を選択しうる）、他主占有者の相続人でも、相続を契機として新たな権原により所有の意思に基づく占有（自主占有）を取得しうることを認めた（②最判昭46・11・30民集25巻8号1437頁〔→110事件〕、本判決も引用・踏襲）。したがって、他主占有者の相続人でも、事情によっては自主占有による時効取得（162条）が可能となった。

● 所有意思の推定と立証責任

占有者は所有の意思をもって占有するものと推定される（186条1項）。判例は、所有の意思とは、占有者の内心の意思ではなく、占有取得原因（占有権原）または占有事情により外形的客観的に定められるものとする（③最判昭45・6・18裁判集民99号375頁、④最判昭47・9・8民集26巻7号1348頁）。したがって、占有者の占有が自主占有ではないとして**取得時効の成立を争う相手方に占有者の他主占有権原または他主占有事情の立証責任があ**る（⑤最判昭54・7・31裁判集民127号315頁、本判決も引用・踏襲）。然るに、他主占有事情とは、「占有者が占有中、真の所有者であれば通常はとらない態度を示し、若しくは所有者であれば当然とるべき行動に出なかったなど、外形的客観的にみて占有者が他人の所有権を排斥して占有する意思を有していなかったもの」とされる事情

のことであり、これが証明されれば、占有者の所有の意思を否定しうる（⑥最判昭58・3・24民集37巻2号131頁、⑦最判平7・12・15民集49巻10号3088頁、本判決も引用・踏襲）。

● **他主占有者の相続人と所有意思の立証責任（論点②）**

本判決は、反対に、他主占有者の相続人が自己固有の占有に基づく時効取得を主張する場合には、占有者たる相続人自身が、その事実的支配につき、「外形的客観的にみて独自の所有の意思に基づくものと解される事情を自ら証明すべきもの」とした。

本判決は、具体的には、Xらは、AからBへ贈与がなされ、Bの死亡により本件不動産を相続したものと信じ、本件不動産の登記済証を所持し、固定資産税を継続して負担し、本件不動産の管理使用を専行してきたという事実から、Xらは、Bの地位を相続したのみならず、Xらが自ら新たに本件不動産の全部を事実上支配することにより、その占有を開始したものと認め、さらに、Xらが所有権移転登記手続を求めた際に、Aの相続人Y₁はこれを承諾し、同じくY₂・Y₃もこれに異議を述べていないという事情から、Xらの本件不動産についての事実的支配は、外形的客観的にみて独自の所有の意思に基づく占有として認め、Xらによる時効取得を認めた。前掲②判決は、一般論として他主占有者の相続人でも新権原により時効取得を主張しうると述べたにとどまり、相続人固有の占有に「所有の意思」を認めるべき要件については明らかにせず、この要件を定めた最高裁の判例は存在しなかった（三村・後掲927頁）。本判決は、相手方による他主占有事情の証明により相続人の所有意思を否定した⑥⑦判決を前提として、相続人による自主占有事情の証明により相続人の所有意思を認定した最初の最高裁判例である。

判例を読む

● **自主占有事情・他主占有事情**

他主占有者の相続人には所有意思の推定（186条1項）は適用されない（②判決）。また、所有の意思は、占有者の内心の意思ではなく、占有取得原因（占有権原）または占有事情により外形的客観的に決められる（③④⑥⑦判決）。それゆえ、当該相続人が相続を契機として新たな占有権原を取得したとして所有の意思による占有を証明しない限り、所有権の時効取得（162条）は成立しない（②判決からの帰結）。更に、占有者の所有の意思は、新たな権原のみならず、所有の意思ありと認めるべき自主占有事情、すなわち、「外形的客観的にみて占有者が他人の所有権を排斥して占有する意思」を有していたと思しき事情があれば、認められる（⑥⑦および本判決）。しかし、「占有者が占有中に真の所有者であれば通常はとらない態度を示し、若しくは所有者であれば当然とるべき行動に出なかった」という他主占有事情があれば、所有の意思は否定される（⑥⑦および本判決）。

● **自主占有事情の具体例と検討**

前掲②判決の基準により本判決が認めた自主占有事情は、①「覚へ」＝所有者Aの贈与意思、②相続人Xらの贈与への信頼、③Xらの登記済証の保持ならびに固定資産税の負担、④移転登記手続請求に対するYらの異議の不存在、である。因みに、移転登記を請求しないこと、固定資産税の負担を申し出ないことは、他主占有事情の判断にとって決定的ではないが（⑦判決）、移転登記を請求したこと、固定資産税を積極的に負担してきたこと

は、自主占有事情の認定につながる（本判決）。したがって、他主占有者の相続人でも、自主占有事情を立証すれば、取得時効の成立要件たる「所有の意思」が認められる。

● **学説の展開**

旧来の学説は、大審院の判例（大判昭6・8・7民集10巻763頁）と同様、相続に関して**185条適用否定説**もあったが（柚木馨『判例物権法総論』（有斐閣、1955）294頁、末川・物権194頁、川島・総則556頁など）、**185条適用肯定説**も有力であった。

肯定説には、①相続も185条の占有の性質を変更する一原因であるとし、相続人が所有の意思をもって遺産の占有を開始したときには、自己固有の自主占有を取得するという説もあるが（石田文次郎『物権法論』（有斐閣、1932）271頁、299頁）、他方、②相続は185条の「新権原」ではないとしつつ、相続を契機として客観的権利関係に変更を生じたときには、新権原による占有もありうるという説や（**新権原説**：我妻・講義Ⅱ〔1952年版〕319頁）、③同様の前提を取りつつ、相続人固有の占有が客観的態様の変更によって同条前段の「所有意思の表示」と見られるときには、自主占有に転換するという説がある（**表示説**：田中・後掲195頁以下、高木多喜男「相続人の占有権」民商46巻2号189頁（214頁）、石田・物権519頁、辻・後掲160頁以下など）。さらに、④表示説と関連し、判例（②判決）は自主占有の成否につき、「与えられた状況のもとで相続が自主占有を生じさせる可能性を（規範的観点も交えながら）測定することによって得られる『権原』的要素（185条後段）と、客観的・外形的な所持態様の変化に見られる『自主占有の意思の表示』的要素（同条前段）との相関関係に、判断基準を求めている」という説がある（四宮「評釈」法協91巻1号188頁〔194～195頁〕、同・民法総則〔4版〕300頁）。

● **「新権原」の発生要件と立証責任**

判例・通説によると、新権原の発生要件（185条後段）は、不確定的にでも、所有者と被相続人との間に贈与や売買など物の所有権を取得したと思しき自主占有事情、またはこれに類する事情、すなわち、相続人が所有権を相続したと信ずべき外形的・客観的な事情のあることが必要である。しかし、所有者の与り知らないところで他主占有者に「所有の意思」が成立し、取得時効が成立するのは不当である（辻・後掲198頁）。それゆえ、相続人は、①被相続人が新権原により所有の意思で占有したことを立証するか、または、②相続を契機として、相続人自身が新権原により所有の意思で占有を開始したことを立証する必要がある。この立証が所有者に対する所有意思の表示（185条前段）とされるのかは明確ではないが、表示説に立っても、本判決の論理に問題はないと思われる（しかし、辻・後掲160頁以下は本判決が自主占有事情のみにて性質変更を認めたとして反対する）。

【参考文献】 田中整爾『占有論の研究』（有斐閣、1975）、辻伸行『所有の意思と取得時効』（有斐閣、2003）、藤原弘道・リマークス16号131頁、本田純一・平成8年重判61頁、三村量一・最判例解説民平成8年度911頁、中田裕康・百選Ⅰ7版130頁、大場浩之・百選Ⅰ128頁。

石口　修

112 占有の承継

最高裁昭和 53 年 3 月 6 日判決　民集 32 巻 2 号 135 頁、判時 886 号 38 頁、判タ 362 号 208 頁

【162 条 2 項、187 条】

論点　占有の承継が主張された場合と民法 162 条 2 項にいう占有者の善意・無過失の判定時期

事実の要約

　Xらは先代Bから相続により本件土地の所有権を取得したが、登記名義は先々代Aのままであった。Y₁（国）は、本件土地を未墾地（旧農地 44 条）として買収しようとしたが、名義人Aが所在不明なので、買収令書を交付不能とし、代金を供託して買収処分を完了し、1958 年 3 月に本件土地の一部（甲）をCに、同年 11 月に本件土地の一部（乙）をEに売り渡したが、Y₁が甲をCから、乙をEから買い戻してDに売り渡し、Dは、1969 年 12 月にY₂（北海道）に甲と乙を譲渡した。Xらは、Y₁の買収処分の無効を主張し、本件土地の所有権確認、真正な登記名義の回復、引渡しを求めた。これに対して、Y₂は、買収処分の有効を主張し、予備的にY₁から善意・無過失のC（甲）、E（乙）への売却・引渡時を起算点とし、Y₂が取得（Y₁→C・E→Y₁→D→Y₂）するまでに 10 年の取得時効が完成したと主張した。

```
A ①所有・登記名義人   ⑤買収処分
│                          ⑦売却  C（甲）
│            土地 ───→ Y₁（国）⑥所有 ⇄
↓                              ⑧買戻し E（乙）
B ②家督相続      ⑨甲・乙        │
│                 売却          ↓
↓ ③死亡                         D
X ④相続・未登記                  │⑩譲渡
                                 Y₂
```

裁判の流れ

　1 審（東京地判昭 51・6・24 民集 32 巻 2 号 147 頁、判時 844 号 41 頁）：一部認容、一部棄却　2 審（東京高判昭 52・3・23 民集 32 巻 2 号 172 頁、金判 547 号 24 頁）：変更　最高裁：破棄差戻（Eの善意・無過失の再審理）

　1 審は、C・Eからの承継人Y₁が有過失者の場合には全体として瑕疵ある占有になるとして、Y₂の時効取得の抗弁を退けた。2 審は、D・Y₂の占有のみで甲の時効取得を認めたが、乙については 1 審判決を維持した。Y₂は、敗訴部分（乙）について上告し、162 条 2 項の善意・無過失は最初の占有者について判断すべき旨を主張した。

判旨

　〈破棄差戻〉「10 年の取得時効の要件としての占有者の善意・無過失の存否については占有開始の時点においてこれを判定すべきものとする民法 162 条 2 項の規定は、時効期間を通じて占有主体に変更がなく同一人により継続された占有が主張される場合について適用されるだけではなく、占有主体に変更があって承継された二個以上の占有が併せて主張される場合についてもまた適用されるものであり、後の場合にはその主張にかかる最初の占有者につきその占有開始の時点においてこれを判定すれば足りる。」

判例の法理

●占有権の二面性

　占有承継人は、①前主の占有と同一性を有する占有を承継するが、②自己固有の新たな占有を開始してもいる（**占有の分離・併合**：187 条 1 項）。占有者が前主の占有を併せて主張する場合には、前主の占有の瑕疵（悪意、過失）をも承継する（187 条 2 項）。前主が転々と数人ある場合には、前主の占有のみならず、前主より前の数人分の占有を併合する選択の自由があり（大判大 6・11・8 民録 23 輯 1772 頁）、187 条は特定承継と包括承継とを区別せず、包括的に適用しうる（最判昭 37・5・18 民集 16 巻 5 号 1073 頁）。例えば、Aが悪意・有過失で 15 年間占有し、善意・無過失のBが 10 年未満占有したときには、占有期間 5 年で合算 20 年となり、Bに取得時効が完成する。

●占有の選択による取得時効の成否

　Aが善意・無過失で 5 年間自主占有した後に悪意・有過失のBが承継して 5 年間自主占有した場合でも、10 年の時効取得を認めるのか。占有開始時における善意・無過失（162 条 2 項）につき、判例は、占有者の承継人が前主の占有を併せて主張する場合（187 条）でも異ならず、前主の善意・悪意のみで判断すれば足り、後主の善意・悪意は判断しないとした（**第一占有者基準説**：大判明 44・4・7 民録 17 輯 187 頁）。本判決は、この判例法理を肯定的に踏襲したものである。

判例を読む

●多数説（全占有者基準説）

　旧来、学説の多数は判例に反対し、全占有者基準説を主張してきた（我妻・講義Ⅱ 486 ～ 487 頁、四宮＝能見・総則 4 版 304 頁、幾代・総則 498 頁、石田（喜）・口述物権法 251 頁、内田・民法Ⅰ 414 ～ 415 頁など）。

●有力説（第一占有者基準説）

　しかし、「占有開始時における善意・無過失」（162 条 2 項）は占有者Aが善意・無過失で占有を開始した後に悪意・有過失に転じても適用されることから、有力説は悪意・有過失のBが善意・無過失のAから占有を承継した場合でも、Aの占有開始時を時効の基礎たる事実と評価することにより、判例の見解を正当とする（近江Ⅰ・374 ～ 375 頁、石田・物権 540 ～ 541 頁、松岡・物権 272 頁）。この場合、Bからの承継人Cの時効取得がBの占有瑕疵によって阻まれるのは公平とはいえない。BがAの占有を承継した場合に、Bの時効取得を認めないと、買主Bが売主Aの責任を追及しうることとなり（561 条〔権利移転義務（違反）〕、415 条〔履行不能に基づく損害賠償請求〕、542 条〔無催告解除〕、545 条 1 項〔原状回復〕など）、善意・無過失のAに酷な結果を招く（松久・後掲 95 頁）。したがって、取引安全の見地から、判例の見解を正当とすべきである。

【参考文献】　能見善久・法協 102 巻 9 号 137 頁、松久三四彦・百選Ⅰ 9 版 86 頁。

石口　修

交互侵奪の場合の占有訴権

大審院大正13年5月22日判決　民集3巻224頁

【200条】

論点 ①占有回収の訴えにおける損害賠償請求の範囲
②被害者による交互侵奪（奪還行為）に対する占有回収の訴えの可否

事実の要約

　Yはその所有する小丸船を自己の店舗裏の河岸に繋留していたが、Aがこれを盗取してBに売却し、BはXに売り渡し、Xは住所地の河岸に繋留した。Yは小丸船をCらに捜索させたところ、約半月後、Cらが発見し、これをY方に廻漕した。そこで、Xは、Yに対し、小丸船の引渡しと占有侵奪による小丸船の使用利益相当の損害金の支払を求め、引渡し不能のときにはその価格相当の損害賠償を支払うよう求めた。

裁判の流れ

　2審（東京地判大12・7・10評論13巻民137頁）：一部認容・一部棄却　大審院（上告棄却）

　2審の係属中に小丸船は滅失した。2審は、小丸船の滅失を理由として返還請求を棄却し、占有訴権に基づく価格賠償請求も棄却したが、小丸船の使用利益（月額40円）相当の損害を認めた。Yは上告し、Xは悪意占有者であり、果実収取権を有しないので（190条）、使用利益の損害賠償請求も認められないと主張した。

判旨

　〈上告棄却〉「（論点①）民法200条1項の規定に依れば、占有者がその占有を奪われたるときは占有回収の訴に依りその物の返還及び損害の賠償を請求することを得べく、その占有者の善意悪意は問うところに非ざるを以て、悪意の占有者と雖も、なお占有回収の訴を以て占有侵奪者に対し占有の侵奪に因りて生じたる損害の賠償を請求することを得るものと解せざるべからず。然らば、原判決がYを占有侵奪者なりと認め、これに損害の賠償義務ありと認むるに当たり、Xの占有の悪意なりや否やを判断せざりしは正当なり。而して、原判決は、Yの占有侵奪によりXが本件船舶を自ら使用することを得ざりしが為に、Xの蒙りたる損害の額を判定し、之が支払をYに命じたるものなること原判決理由に依り明らかにして、原判決は、Yの侵奪なかりせばXの得べかりし占有物の果実を基礎としてXの蒙りたる損害を計算し、之が賠償をYに命じたるものに非ざるを以て、原判決にはY所論の如き不法なく、論旨は理由なし。」

判例の法理

●損害賠償請求（論点①）

　占有回収の訴えによる損害賠償は、所有権に基づく請求ではないので、価格賠償は認められないが、本判決は占有者Xが購入した小丸船をYの奪還により使用しえなかった期間の損害を観念し、善意・悪意を不問として、Xの使用利益損害を認めた。

●自力救済（奪還）行為（論点②）

　占有訴権制度は、私力の行使による占有権の回復（自力救済）を禁ずるという前提を有するが、ドイツ民法は、占有を奪還された占有者が瑕疵ある占有者であり、奪還前1年以内に占有を取得したときには、奪還者に対し占有回収の訴えを行使しえないと規定する（BGB861条2項）。わが国の多数説もこの考え方を支持する（新注釈民法(5)〔金子〕303頁）。AがBから借りた自転車をCが盗んだ場合に、盗難から1年以内はAがCに占有回収の訴えを提起しうるのに、占有の安定していないCにも占有回収訴権を認めるのは不当かつ訴訟上不経済だからである（末川・物権262〜263頁、舟橋・物権325頁、松岡・物権278頁）。

判例を読む

●損害賠償請求

　占有訴権による損害賠償請求は、不法行為に基づく損害賠償請求とされるので（大判昭9・10・19民集13巻1940頁および通説）、侵害者Yの故意・過失が要件となるが（709条）、本判決では不問とされた。本判決の認めた**使用利益の損害賠償請求**はどうか。占有者が物権者や賃借人等の本権者であれば、**本権侵害による損害賠償請求**が認められるが、本権を有しない者には認められない。だが、無権利の善意占有者には果実収取権がある（189条1項）。そこで、占有侵奪の場合にも、使用利益の損害を観念しうるのかが問題となる。本判決は認め、有力説も認めるが、争いがある。189条を、善意占有者が本権者から賃料相当損害金の請求を受けた際に、善意期間中の使用料相当金額を免除する特別規定と解する限り、一般的な使用・収益権は観念しえないので（乾・後掲150頁）、本権侵害を観念しえない本件では使用利益の損害賠償請求は認められない。

●奪還行為の許容性

　判例は、一般の場合におけると同様、切迫した状況においてのみ、自力救済を認める（最判昭40・12・7民集19巻9号2101頁）。多数説は、奪還者の当初の占有はまだ継続しており、奪還行為は占有秩序の回復として保護すべきものという（我妻・講義II 510頁（1952版346頁）、舟橋・物権325頁〔最初の侵奪から1年以内に限る〕、近江・II 196頁、松岡・物権278頁など）。したがって、盗難船舶の転得者Xによる被害者・奪還者Yに対する占有回収の訴えは、本来的に認められない。交互侵奪事案に関する最高裁の判例はないが、下級審の裁判例は本判決に反対する（横浜地横須賀支判昭26・4・9下民集2巻4号485頁、東京高判昭31・10・30高民集9巻10号626頁：当初の占有侵奪者が社会の秩序と平和を濫すものである限り、占有奪還行為は許される）。この意味において、本判決は、事実上、改変されている。

【参考文献】　平野義太郎・法協43巻5号903頁、乾昭三・百選I 3版150頁、中田裕康・百選I 5版新法対応補正版146頁。

石口　修

114 占有訴権と本権に基づく訴え

最高裁昭和 40 年 3 月 4 日判決　民集 19 巻 2 号 197 頁、判時 406 号 50 頁、判タ 175 号 104 頁

【202 条 2 項、民訴 146 条】

論点　占有の訴えに対して本権に基づく反訴の提起は許されるか

事実の要約

本件土地は所有者AからB、BからYへと売買され、この三者により、中間省略登記を合意したが、緊急に金員を必要とするBは、代金の一部しか支払わないYに売買の合意解除を申し出る一方で、Aとの売買を合意解除した。その後、Aは本件土地をXに売却した。その頃、Yは既交付の登記書類を用いて中間省略による所有権移転登記をして、Bに残代金を支払った。Xは、Aから本件土地の引渡しを受け、地上に建物の移築工事を始めたが、YがXの工事を妨害した。そこで、XはYに対し本件土地への立入禁止・占有妨害禁止の仮処分を得て、占有権に基づく妨害停止請求本訴を提起した。これに対し、Yは所有権に基づく土地明渡請求反訴を提起した。

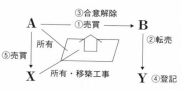

③合意解除
①売買
A → B
所有 ②転売
⑤売買
X → Y
所有・移築工事　④登記

裁判の流れ

1審（青森地判昭34・9・23民集19巻2号200頁）：請求棄却、反訴請求一部認容・一部棄却　2審（仙台高判昭38・3・11民集19巻2号207頁）：変更（請求認容、反訴請求認容）　最高裁：上告棄却

1審は、占有妨害事実なしとしてXの本訴を棄却し、Yの反訴を一部認容した。2審は、Xの本訴を占有保全の訴えとして、これを認容し、Yの反訴も認容した。Xは上告し、2審がYの本権に基づく反訴を適法としたのは、民法202条または旧民訴法239条（現行146条〔反訴〕1項の「関連」と同趣旨）の解釈に誤りがあると主張した。

判旨

〈上告棄却〉「民法202条2項は、占有の訴において本権に関する理由に基づいて裁判することを禁ずるものであり、従って、占有の訴に対し防禦方法として本権の主張をなすことは許されないけれども、これに対し本権に基づく反訴を提起することは、右法条の禁ずるところではない。そして、本件反訴請求を本訴たる占有の訴における請求と対比すれば、牽連性がないとはいえない。」

判例の法理

●202 条 2 項の趣旨と反訴

占有の訴えについては本権に関する理由に基づいて裁判しえない（202条2項）。例えば、占有者AがBに占有を奪われたとして占有回収の訴えを提起したのに対し、侵奪者Bが所有権者であると抗弁しても、侵奪者Bの所有権を理由として裁判してはならない。このケースで占有者を排除することは、占有という事実状態の保護を標榜する占有訴権制度の趣旨および存在理由を没却するからである（大判大正8年4月8日民録25輯657頁）。では反対に、本権に基づく訴えについて、占有を理由として裁判しうるのか。両制度が別個の目的を有することを顧慮すると、本権の訴えについても、占有を理由として裁判することは許されない。202条2項の趣旨からは、Aの占有の訴え（特に回収の訴え）の係属中にBが反訴として本権の訴えを提起することも、また、本権者Bによる別訴提起による占有の訴えとの併合も禁じられるのか。しかし、これを禁止する規定はない。本判決は、占有の訴えに対して本権に基づく反訴を認めた最初の最高裁判決である。

●反訴判例（肯定・否定）

本判決が現れる前の下級審裁判例では、**反訴肯定例**（大阪高判昭29・3・4下民集5巻3号287頁〔賃貸建物の占有回収の訴え本訴と賃貸借の終了に基づく本権による返還請求反訴事案〕、東京高判昭33・6・11下民集9巻6号1054頁〔建物の占有回収の訴え本訴と本権（賃借権）確認の訴え反訴事案〕）と、**反訴否定例**（高松高判昭26・3・24下民集2巻3号429頁〔漁業権の未登録賃借人の占有回収・保持請求本訴と漁業権の譲受人による物権的妨害排除（漁網撤去）請求反訴事案〕）とに分かれていた。**反訴肯定例**は、いずれも**反訴の独立性**（防御方法たることの否定、202条2項との不抵触）と**併合審理の許容性**を根拠とする。他方、**反訴否定例**は、占有の訴えに対する防御方法を理由として本権に基づく反訴を不適法却下とした。

●反訴肯定学説（通説）

学説は、本判決以後、反訴肯定説が圧倒的多数であるが、反訴を否定する有力説もある（星野・後掲785頁は占有回収・保持の訴えに対する本権反訴は許されないとし、船越・後掲107頁は別訴提起を主張する）。

判例を読む

●反訴の許容性

本件の事案（YがXに対抗しうる関係）が、対抗力のある土地占有者Xからの訴えと所有者Yからの土地明渡請求であれば、どのような問題になるのか。この場合には、請求と反訴請求との間に衝突があるものの、両訴には牽連性があることから、併合が認められるので、Xの占有認容か、Yの明渡請求認容かという二者択一の問題となる。また、占有の訴えが先行的に審理されるので、一部終局判決を出すことも可能である（民訴243条3項）。このように解すると、特に反訴を禁止する理由はない。

●別訴の許容性

反訴を禁じても、別訴を禁じえないので、本権者からの別訴による解決はやむを得ない。また、反訴も形式的には別訴と同じであり、別訴であれば、202条2項との抵触は生じえない。

【参考文献】 笠井正俊・百選Ⅰ8版142頁、西沢宗英・民訴百選5版74頁、島田禮介・百選Ⅰ5版補正148頁、大村敦志・民訴百選Ⅰ補正164頁、廣中俊雄・民訴百選2版140頁、船越隆司・続民訴百選106頁、星野英一・法協82巻6号782頁。

石口　修

美術著作物の所有権と著作権

最高裁昭和 59 年 1 月 20 日判決　民集 38 巻 1 号 1 頁、判時 1107 号 127 頁、判タ 519 号 129 頁
【206 条、著作権法 2 条 1 項 1 号】

論点　美術の著作物の原作品に対する所有権は、無体物である美術の著作物自体を排他的に支配する権能を含むか

事実の要約

　Ｘは、故Ａが収集した貴重な墨蹟類等を所蔵している。所蔵品の中に、中国唐代の著名な書家である顔真卿の「顔真卿自書建中告身帖」（以下「甲」という）があった。Ａは生前、Ｂに対し、甲の直接撮影による写真乾板の作成等を許諾していた。Ｂがこの許諾に基づいて作成した写真乾板は、Ｃを経てＹが承継取得した。Ｙはこれを用いて甲を複製し、その複製物の含まれた本件出版物を出版した。なお、甲は美術の著作物にあたり著作権の対象となるが、保護期間が満了しており、著作権は消滅している。Ｘは、Ｙによる複製が甲の所有権を侵害していると主張し、甲の所有権に基づき、Ｙに対し、本件出版物の販売禁止等を求めた。

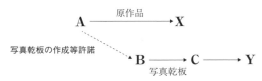

裁判の流れ

　1 審（東京地判昭 57・1・25 民集 38 巻 1 号 18 頁）：Ｘの請求棄却　2 審（東京高判昭 57・11・29 民集 38 巻 1 号 24 頁）：Ｘの控訴棄却　最高裁：上告棄却
　2 審は、無体物である美術の著作物の複製権等は著作者が専有しているところ、著作権の保護期間満了後は、その複製権等はパブリック・ドメインに帰すのであって、美術の著作物の原作品の所有者が、有体物に対する所有権の内容として、無体物である美術の著作物について排他的な利用・支配権能を取得することはないと判示して、Ｘの請求を否定した。Ｘから上告。

判旨

　〈上告棄却〉「美術の著作物の原作品は、それ自体有体物であるが、同時に無体物である美術の著作物を体現しているものというべきところ、所有権は有体物をその客体とする権利であるから、美術の著作物の原作品に対する所有権は、その有体物の面に対する排他的支配権能であるにとどまり、無体物である美術の著作物自体を直接排他的に支配する権能ではないと解するのが相当である。そして、美術の著作物に対する排他的支配権能は、著作物の保護期間内に限り、ひとり著作権者がこれを専有するのである。そこで、著作物の保護期間内においては、所有権と著作権とは同時的に併存するのであるが、…著作権の消滅後は、…著作物は公有（パブリック・ドメイン）に帰し、何人も、著作者の人格的利益を害しない限り、自由にこれを利用しうることになるのである。したがって、著作権が消滅しても、そのことにより、所有権が、無体物としての面に対する排他的支配権能までも手中に収め、所有権の一内容として著作権と同様の保護を与えられることになると解することはできないのであって、著作権の消滅後に第三者が有体物としての美術の著作物の原作品に対する排他的支配権能をおかすことなく原作品の著作物の面を利用したとしても、右行為は、原作品の所有権を侵害するものではないというべきである」。

判例の法理

　甲のような美術の著作物の原作品は、①**有体物の面**（書が書かれた紙）と、②**無体物である美術の著作物の面**（顔真卿の思想・感情の表現。著 2 条 1 項 1 号）を併せ持っている。所有権（206 条）の対象は有体物であるから（85 条）、原作品の所有者はあくまでも①を排他的に支配するにとどまり、②には及ばない。②については、著作権法の規定によって著作権者に排他的支配権が与えられており、原作品の所有者は複製等をすることができないという制限に服している（著 21 条等参照）。
　それでは、保護期間の満了によって著作権が消滅した後は、どうなるか。著作権法の規定が適用されなくなると、原作品の所有権に基づく有体物の面に対する排他的支配権（①）が②にも及ぶようになるとすれば、原作品の所有者が原作品の影像や写真についても排他的支配権を有しているのだから、他人による複製等を禁止することができるはずである。
　しかし、本判決は、このような解釈を採用せず、著作権消滅後も①は②に及ばないままであり、②は**パブリック・ドメインとして万人が自由に利用可能である**とした。したがって、Ｙが甲を複製した（②を利用した）としても、Ｘの①を侵害しない形で行われている限り、所有権に対する侵害がない以上、Ｘがこれを禁止することはできないとされた。

判例を読む

　著作権法が保護期間を設けた趣旨は、次のように説明される。あらゆる著作物は先人の業績の上に成り立つものであるから、その著作物を誰かに永久に独占させるのは妥当でないが、かといって、著作物を自由に利用してよいとすれば創作意欲が減退する。そこで、著作権法は、**一定期間は著作権による保護（ある者による独占）を認めるが、その期間経過後は万人がその著作物を自由に利用してよい（公共財＝パブリック・ドメインとする）という仕組み**を採用した。
　仮にＸの主張のように、著作権の保護期間満了後は上記①が②にも及ぶ（その結果、Ｘが著作物を独占できる）とすれば、以上の趣旨が達成されないことになってしまう（中山信弘・法協 102 巻 5 号 1048 頁）。このような配慮から、本判決は、判旨のように判断したわけである。

【参考文献】　本判決の評釈として、本文中に掲げたもののほか、清水利亮・最判解民昭和 59 年度 1 頁、半田正夫・民商 92 巻 3 号 382 頁、斉藤博・昭和 58 年度重判 244 頁、設樂隆一・著作権判例百選 6 版 4 頁等。

秋山靖浩

116 建築確認のための隣地通行権の拡幅

最高裁昭和 37 年 3 月 15 日判決　民集 16 巻 3 号 556 頁

【210 条、211 条、建築基準法 43 条】

論点 　土地と公道との接続が建築関係法規の定める幅員を満たしていない場合に、当該土地のために、その幅員を満たすべき内容の隣地通行権の成立が認められるか

事実の要約

　X の所有する甲土地は、2 メートル 28 センチの幅員で公道に接しており、Y 所有の乙土地と隣接している（図参照）。X は甲土地に建物（ダンス教習所）を所有しているが、その幅員でも甲土地の利用に支障はなかった。その後、X は、建物の増築を計画したが、建築基準法に基づき制定された東京都建築安全条例 3 条 1 項によれば、甲土地で建築をするには甲土地が幅員 3 メートルで道路に接しなければならず、現在の幅員が拡張されない限りは建築確認ができないとの通知を建築主事より受けた。そこで、X は、以上の状況により甲土地を用法に従って利用することができないから、甲土地は一種の袋地であり、隣接する乙土地の一部分（幅 72 センチ。図の斜線部分。以下「本件土地」という）が囲繞地にとって最も損害が少ない場所に当たると主張して、Y に対し、本件土地について隣地通行権（本判決の当時は「囲繞地通行権」と呼ばれていた）を有することの確認を求めた。

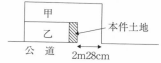

裁判の流れ

　1 審（東京地判年月日不明民集 16 巻 3 号 563 頁）：X の請求棄却　2 審（東京高判昭 34・8・7 高民集 12 巻 7 号 289 頁）：X の控訴棄却　最高裁：上告棄却

　1 審・2 審とも X の請求を棄却。ある土地が袋地に当たるかどうかを相対的に理解し（「相対的袋地」の考え。**117 事件**参照）、隣地の利用関係その他相隣関係における諸般の事情を考慮してその必要が認められる限り、既存通路を拡張開設して通行権を認めるべきであるとした。もっとも、本件では、X は現在の幅員でも既存の建物を支障なく利用しており、増築は甲土地をさらに高度に利用する目的であるのに対し、Y は乙土地をバス折り返し操車場として利用しているところ、バス路線の増加により操車場は既に狭くなっており、乙土地の利用を制限すれば Y の事業の遂行および保安上多大な障害が生じうることなどの諸事情を考慮すると、通路の拡張開設の必要はないと評価されるため、X 主張の隣地通行権は認められないとした。X が上告。

判旨

　〈上告棄却〉「このような事実関係の下で、X は民法 210 条の囲繞地通行権を主張するのであるが、その通行権があるというのは、土地利用についての往来通行に必要、欠くことができないからというのではなくて、その主張の増築をするについて、建築安全条例上、その主張の如き通路を必要とするというに過ぎない。いわば通行権そのものの問題ではないのである」。甲土地が 210 条の袋地に当たることを前提に通行権の確認を求める X の請求は、主張自体失当たるを免れない。

判例の法理

●接道義務

　都市計画区域および準都市計画区域内では、建築物の敷地は、建築基準法所定の道路に原則として 2 メートル以上接しなければならない（同法 43 条 1 項。以下「接道義務」という。同条 3 項は地方公共団体の条例によって制限を付加することを認めており、本件の東京都建築安全条例が幅員 3 メートルで道路に接しなければならないと規定しているのはこの付加に該当する）。そして、土地上の建築物の建築・増築等をするに当たり、接道義務を満たしていないと建築確認を受けることができない（同法 6 条）。

　そこで、ある土地が接道義務を満たしていない場合に、当該土地の所有者が、接道義務で要求された幅員を満たすべき内容の隣地通行権の成立を主張することができるかが論点となった。

●隣地通行権の成否・内容と接道義務

　隣地通行権の成否（ある土地が袋地に当たるかどうか）および内容（通路の位置・幅員や通行の方法）は、一般に、袋地所有者の通行の必要性、囲繞地所有者の負担の程度、付近の地理的状況その他の諸事情を考慮して判断するものとされている。そこで、本論点は、この判断において考慮されるべき諸事情の中に接道義務も含まれるか、という形で議論されてきた。

　本判決は、接道義務（本件では東京都建築安全条例の定める幅員）を満たすために隣地通行権を主張しても、それは「通行権そのものの問題ではない」として、**接道義務のような建築関係法規上の必要性を考慮しない立場**を明らかにした。その根拠は必ずしも明らかではないが、後掲最判平 11・7・13 が判示しているように、210 条は、「相隣接する土地の利用の調整を目的として、特定の土地がその利用に関する往来通行につき必要不可欠な公路に至る通路を欠き袋地に当たる場合に、囲繞地の所有者に対して袋地所有者が囲繞地を通行することを一定の範囲で受忍すべき義務を課し、これによって、袋地の効用を全うさせようとする」規定であるのに対し、接道義務は「主として避難又は通行の安全を期して…建築物の敷地につき公法上の規制を課している」規定であり、**両規定はその趣旨・目的を異にしている**ことから、隣地通行権の成否・内容を判断する際に接道義務を考慮することはできないと解しているようである。

判例を読む

●本判決の問題点

　本判決の立場によると、例えば、接道義務を満たしていない土地の所有者が建築物を建築するために接道義務を満たす必要があり、接道義務を満たすべき内容の隣地通行権を主張しても、「通行権そのものの問題ではない」として、その主張が全く考慮されないことになる。これでは、**その土地は建築物の建築等ができない結果となり、いわば「死んだ土地」になってしまう**だろう。

●学説

　多数説は、本判決とは異なり、隣地通行権の成否・内容の判断において、**接道義務も通路の幅員を決定する際に考慮されるべき事情の１つである**と解している。土地上の建築物の建築等のために接道義務を満たす幅員の通路を必要としている事情も、（隣地通行権の成否・内容の判断において考慮される）袋地所有者の通行の必要性に含まれるからである。

　もっとも、多数説の中でも、基本的な考え方には対立がみられる。一方で、用法に応じた袋地の利用を確保することは、袋地所有者の利益だけでなく社会経済的な観点からも望まれるとして、袋地所有者の利益を重視する見解がある。この見解は、接道義務を満たすべき内容の隣地通行権を積極的に認めようとする。他方で、袋地の利用を確保することの重要性は認めるとしても、それによって囲繞地に生じる損失（囲繞地上の建物を除去したり囲繞地の利用が制限されるなど）を無視することはできず、また、行政法規が適用されることによる不利益はその適用を受ける袋地所有者の側で負担するべきであるとして、囲繞地所有者の損失を回避することに重点を置く見解もある。この見解は、接道義務を満たすべき内容の隣地通行権を認めることに消極的である。

　このように、隣地通行権の成否・内容の判断において接道義務を考慮したからといって、接道義務を満たすべき内容の隣地通行権が当然に認められるわけではない。重要なのは、多数説の中にみられるように、**隣地通行権の成否・内容の判断においてどのような利益衡量をするか、その利益衡量において接道義務にどの程度のウエイトを置くか**である。

●その後の下級審裁判例

　本判決後の下級審裁判例も、多数説と同様に、接道義務も通路の幅員を決定する際に考慮されるべき事情の１つであるとしたうえで、その他の諸事情も考慮に入れて隣地通行権の成否・内容を判断している（詳しい分析は、岡本詔治『通行権裁判の現代的課題』（信山社、2010）287頁以下、安藤一郎『私道の法律問題〔第７版〕』（三省堂、2023）118頁以下、吉田Ｉ199頁以下等を参照）。

　裁判例の傾向をみると（隣地通行権を必要とする土地の所有者をＰ、通行される土地の所有者をＱとする）、①ＰがＱ所有地上の既存の通路を通行して公道に出入りしていたところ、Ｑが通路の全部または一部を廃止するなどしてＰの通行を妨害していることから、Ｐが隣地通行権を主張するケースでは、接道義務も考慮に入れつつ、Ｐ主張の隣地通行権が肯定されることが多い。これに対して、②Ｐの所有地上に建物が存在し、公道に出入りするための既存の通路がＱ所有地上に存在しているところ、既存の通路では接道義務を満たさないことから、Ｐが、接道義務を満たすために、隣地通行権に基づいて既存の通路の拡幅や別の通路の開設を主張するケース（本判決の事案はこれに当たる）では、Ｐの通行の必要性として接道義務を考慮しつつも、Ｐの主張を認めると、既存の通路の拡幅や別の通路の開設など現状を変更することが必要になり、Ｑが損失を被るなどの諸事情も考慮した結果、Ｐ主張の隣地通行権は否定されている。さらに、③Ｐの所有地がもともと空地である場合やＰ所有地上の既存建物を取り壊して空地になった場合に、Ｐが、Ｐ所有地上で建築を行うために接道義務を満たす必要があることから、隣地通行権に基づいてＱ所有地上の既存の通路の拡

幅や新たな通路の開設を主張するケースでも、接道義務の存在やＱの損失などの諸事情を考慮したうえで結論が導かれている（かつてはＰ主張の隣地通行権を肯定する例が多かったが、近時は否定例が増えている）。他方で、④Ｐ所有地とＱ所有地が元は一筆の土地であり、分割や一部譲渡によってＰ所有地が袋地、Ｑ所有地が囲繞地になったが、Ｐ所有地が未利用のままであったところ、ＰがＰ所有地上に建物を建築するにあたり、213条に基づく隣地通行権として接道業務を満たすべき内容の隣地通行権を主張するケースでは、Ｐ主張の隣地通行権が肯定されている。

　これらの裁判例によると、接道業務を満たすべき内容の隣地通行権が否定されているケース（②③）であっても、本判決のように、そのような隣地通行権を主張することが「通行権そのものの問題ではない」と切り捨てられているわけではない。**接道義務を含めた諸事情を利益衡量した結果として、隣地通行権を否定する結論が導かれている**。

●その後の最高裁判例

　しかし、最高裁はその後、210条と接道義務とでは趣旨・目的が異なること（〈判例の法理〉参照）を述べたうえで、本判決の立場を補強する論拠として、建築基準法が採用する一建築物一敷地の原則（１つの建築物ごとに１つの敷地が成立するという原則。建築基準法施行令１条１号参照）を新たに提示した。後者の一建築物一敷地の原則を本判決の事案に当てはめると、本件土地は既に、建築基準法上適法に乙土地におけるＹ所有建物の敷地の一部となっている。仮にＸ主張の隣地通行権を認めれば、本件土地が、今度は甲土地におけるＸ所有建物の敷地の一部として利用される。これでは、本件土地がＹ所有建物とＸ所有建物の敷地として二重使用されることになり、一建築物一敷地の原則と抵触するし、Ｙ所有建物が建築基準法の定める基準に適合しなくなるおそれもある。このような事情をも考慮すると、接道義務を満たすべき内容の隣地通行権の主張を直ちに認めることができないのは明らかであるとされた（最判平11・7・13判時1687号75頁）。

　しかし、最判平11・7・13が支持する本判決の立場に従うと、隣地通行権の成否・内容の判断において接道義務が一切考慮されないことになり、（上記①〜④のような）ケースに応じた柔軟な解決を図ることが難しくなる。そもそも、土地で建築等をするために接道義務を満たす必要があることは、通行の必要性を根拠づける事情の１つであり、これを考慮に入れるのは当然だろう（上述のように、考慮に入れたからといって、接道義務を満たすべき内容の隣地通行権が当然に認められるわけではない）。これらの点を踏まえると、本判決および最判平11・7・13は、接道義務を満たしていないことのみを主張しても接道義務を満たすべき内容の隣地通行権は当然には認められないことを述べたにとどまり、**隣地通行権の成否・内容の判断において接道義務を一事情として考慮すること自体は否定していない**、と読むべきだろう。

【参考文献】　本文中に掲げたもののほか、田中永司・最判解民昭和37年度96頁、沢井裕・民商47巻５号742頁、田高寛貴・不動産取引判例百選３版186頁等。

秋山靖浩

117 # 自動車通行のための隣地通行権の拡幅

最高裁平成18年3月16日判決　民集60巻3号735頁　判時1966号53頁、判タ1238号183頁

【210条、211条】

論点　自動車通行を前提とする隣地通行権の成否・内容はどのように判断されるか

事実の要約

　Xは、墓地を建設するにあたり、自己の所有する甲土地を墓参者用の駐車場などとして利用することを計画した。ところが、甲土地は公道に接続しているものの、その形状のため、軽自動車でも公道に出入りするのが困難な状況になっている。そこで、Xは、甲土地に隣接する乙土地を所有するYに対し、乙土地の一部分（本件土地。図の斜線部分）につき、自動車による通行を前提とする隣地通行権を有することの確認を求めた。

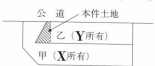

裁判の流れ

　1審（千葉地判平15・11・19民集60巻3号746頁）：Xの請求棄却　2審（東京高判平17・3・16民集60巻3号767頁）：Xの控訴棄却　最高裁：一部破棄差戻、一部却下
　2審は、甲土地は分割によって生じた袋地（213条1項）であるから、分割と無関係な本件土地について210条に基づく隣地通行権（210条通行権）を主張することはできないとした。Xは、甲土地は分割によって生じた袋地ではないこと、Xの自動車通行の必要性を重視すべきことなどを理由に上告受理申立。

判旨

　〈一部破棄差戻、一部却下〉本件には210条が適用されることを述べたうえで、次のように判示。Xは徒歩により公道に出入りできるから、本件では、本件土地について自動車通行を前提とする210条通行権の成否のみが問題となる。「現代社会においては、自動車による通行を必要とすべき状況が多く見受けられる反面、自動車による通行を認めると、一般に、他の土地から通路としてより多くの土地を割く必要がある上、自動車事故が発生する危険性が生ずることなども否定することができない。したがって、自動車による通行を前提とする210条通行権の成否及びその具体的内容は、他の土地について自動車による通行を認める必要性、周辺の土地の状況、自動車による通行を前提とする210条通行権が認められることにより他の土地の所有者が被る不利益等の諸事情を総合考慮して判断すべきである」。

判例の法理

●相対的袋地

　本判決は、甲土地が徒歩で公道に出入りできるとしても、自動車通行の点では袋地と評価されることを前提としている。これは、「相対的袋地」の考えを採用したものである。すなわち、**ある土地が既存の通路で公道に接続しているとしても、当該土地を用途に応じて利用するのにその接続では不十分な場合には、当該土地を袋地と評価して、別の通路の開設や既存の通路の拡幅を認めてよいという考え**である（大判昭13・6・7民集17巻1331頁

等）。ここでは、ある土地が袋地か否か（210条1項―隣地通行権の成否）を決めた後に通行の場所・方法（211条―隣地通行権の内容）を決めるのではなく、両者の判断が同時に行われているといえる（山野目章夫・平成18年度重判71頁）。

●隣地通行権と自動車通行の可否

　従来から、隣地通行権の成否・内容は、袋地所有者の通行の必要性、囲繞地所有者の負担の程度、付近の地理的状況その他の諸事情を考慮して判断されると解されていた（沢井裕『隣地通行権（第2版増補）』（一粒社、1987）52頁等）。

　本判決は、**自動車通行を前提とする隣地通行権の成否・内容が争われる場合にも、従来の判断の仕方が当てはまることを明らかにした**。本判決が挙げた考慮要素（「他の土地について自動車による通行を認める必要性…等の諸事情」）も、従来から挙げられていた考慮要素と変わらない。

判例を読む

　本判決が挙げた考慮要素を本件に当てはめると、本件では、①「自動車通行を認める必要性」として、Xが甲土地を墓参者用の駐車場などのために利用する計画を有していること、②「周辺の土地の状況」として、甲土地の形状では軽自動車でも通行が困難であること、以前は（Yの所有する）道路が自動車通行のために事実上使われていたところ、Yがこの道路を一方的に歩行者道路に変更したこと、③「他の土地の所有者が被る不利益」として、本件土地が乙土地の端のごくわずかな部分にすぎないこと、などの事情が存在していた。これらの事情を考慮して、本件の差戻審（東京高判平19・9・13判タ1258号228頁）では、Xは本件土地について自動車通行を前提とする隣地通行権を有すると判断された。

　もっとも、本件ではたまたま、Xの自動車通行を前提とする隣地通行権を認める方向に働く事情が多く存在していたからこそ、このような結論になったといえる（特に②の事情が結論に大きな影響を与えたと指摘されている。岡本詔治・民商135巻4・5号750頁）。したがって、自動車通行を前提とする隣地通行権を否定する方向に働く事情がより多く存在している事案であれば、反対の結論が導かれるだろう。例えば、自動車通行の必要性がそれほど大きくないにもかかわらず、自動車通行のためには囲繞地上の設備を撤去・移設しなければならないような場合には、「他の土地の所有者が被る不利益」が大きいことを理由に、自動車通行を前提とする隣地通行権は否定されると考えられる。

【参考文献】　本文中に掲げたもののほか、秋山靖浩・百選I6版142頁およびそこに掲げられた文献。

秋山靖浩

118 隣地通行権の対抗

最高裁昭和 47 年 4 月 14 日判決　民集 26 巻 3 号 483 頁、判時 667 号 25 頁、判タ 277 号 140 頁
【177 条、210 条】

論点　袋地の所有権を取得した者（袋地の新所有者）は、袋地につき所有権移転登記を経由していなくても、囲繞地の所有者に対し、隣地通行権を主張することができるか

事実の要約

甲・乙土地のうち、乙土地は公道に面しているが、甲土地は乙土地などの他の土地に囲まれて公道に接していない。甲土地は未登記の土地であり、X が A からこれを買い受けた。乙土地は B が所有し、Y が使用している。X は甲土地への出入りのため乙土地を通行していたが、Y が乙土地に溝を掘ったため、通行に支障が生じている。そこで、X は、Y に対し、主位的に乙土地につき有する通行地役権を根拠として、また、予備的に乙土地につき有する隣地通行権（本判決の当時は「囲繞地通行権」と呼ばれていた）を根拠として、通行妨害行為の禁止などを請求した。

甲土地 A → X
通行
妨害
乙土地 B所有・Y使用

裁判の流れ

1 審（青森地弘前支判昭 41・3・18 民集 26 巻 3 号 487 頁）：X の主位的請求認容　2 審（仙台高秋田支判昭 46・3・10 民集 26 巻 3 号 492 頁）：X の予備的請求認容　最高裁：上告棄却

2 審は、X の予備的請求について、諸般の事情を考慮すると甲土地は袋地と認められ、乙土地を通行することは X のために必要不可欠であり、囲繞地にとって損害が最も少ないとして、X は X の通行に必要と認められる限度で乙土地につき隣地通行権を有することを理由に、通行妨害行為の禁止請求を認めた。Y は、甲土地の所有権について未登記の X は甲土地のための隣地通行権を Y に主張できないなどと述べて上告。

判旨

〈上告棄却〉「袋地の所有権を取得した者は、所有権取得登記を経由していなくても、囲繞地の所有者ないしこれにつき利用権を有する者に対して、囲繞地通行権を主張することができると解するのが相当である」。209 条〜 238 条は「相隣接する不動産相互間の利用の調整を目的とする規定」であり、「210 条において袋地の所有者が囲繞地を通行することができるとされているのも、相隣関係にある所有権共存の一態様として、囲繞地の所有者に一定の範囲の通行受忍義務を課し、袋地の効用を完からしめようとしているためである。このような趣旨に照らすと、袋地の所有者が囲繞地の所有者らに対して囲繞地通行権を主張する場合は、不動産取引の安全保護をはかるための公示制度とは関係がないと解するのが相当であ」る。

判例の法理

隣地通行権は、通行地役権（用益物権）とは異なり、民法の定める要件を満たしていれば、袋地の所有者が囲繞地を当然に通行することができる権利である。それゆえに、隣地通行権は袋地所有権の内容となる（袋地所有権の内容が通行の分だけ法律上当然に拡張し、その反面、囲繞地所有権の内容が通行を受忍する分だけ制限される）。そのことを反映して、隣地通行権自体を登記する必要も方法もないため、隣地通行権者は、その登記なくして、囲繞地の新所有者に対して隣地通行権を主張することができる。

それでは、袋地の新所有者は、袋地につき所有権移転登記を経由していなくても、囲繞地所有者（ないし利用権者）に対して隣地通行権を主張することができるか。本判決は、この場面は「不動産取引の安全保護をはかるための公示制度とは関係がない」として、これを認めた。**隣地通行権の趣旨**（「相隣関係にある所有権共存の一態様として、囲繞地の所有者に一定の範囲の通行受忍義務を課し、袋地の効用を完からしめようとしている」）**を優先させた点**が重要である。

判例を読む

本判決が隣地通行権の趣旨を優先させたのは、次のような**実質的な価値判断**に基づくものと見られる（小倉顕・最判解民昭和 47 年度 23 頁、沢井裕『隣地通行権〔第 2 版増補〕』（一粒社、1987）21 頁、星野英一・法協 91 巻 1 号 150 頁、山野目章夫・百選 I 5 版補訂 122 〜 123 頁参照）。

袋地の新所有者は、公道に通じないために袋地の利用に支障が生じているにもかかわらず、袋地所有権につき未登記であることを理由に隣地通行権の主張が否定されると、袋地を現実に使えなくなる。これでは、袋地の効用を図ろうとする隣地通行権の制度の趣旨が果たされない結果となる。他方で、囲繞地所有者からみると、通行の場所・方法は囲繞地のために損害の最も少ないものとなるが（211 条 1 項）、これは一般に、袋地所有者の通行の必要性、囲繞地所有者の負担の程度、付近の地理的状況その他の事情から客観的に判断される。このような判断によると、袋地の所有者が変わっても、囲繞地の所有者等の負担が増えることは通常考えにくい（仮に負担が大きく増えるような場合には、211 条 1 項・212 条本文を柔軟に運用して通行の場所・方法や償金額を変更し、その負担を回避することも可能である）。

以上によると、袋地の新所有者が袋地所有権につき未登記であっても、隣地通行権の主張を認めてよいといえる。

また、177 条の適用範囲から考えても、隣地通行権が認められる場合には、袋地所有権は本来の内容に通行権の分を加えたものとなり、囲繞地所有権はその分を差し引いたものとなるから（判例の法理参照）、囲繞地所有者は通行権の分につきいわば無権利者であり、袋地所有権と囲繞地所有権との間に対抗問題が生ずる余地はないといえる（石田喜久夫・民商 67 巻 4 号 151 頁）。仮に本論点の登記を権利保護資格要件としての登記と捉えたとしても、上述の実質的な価値判断によれば、袋地の新所有者に登記の具備まで要求する理由はないだろう。

【参考文献】　本文中に掲げたもの。

秋山靖浩

119 210条と213条の隣地通行権

最高裁平成2年11月20日判決　民集44巻8号1037頁、判時1398号60頁、判タ768号62頁

【210条、213条】

論点 213条に基づいて成立した無償の隣地通行権は、その後に残余地に特定承継があっても存続し、残余地の特定承継人に対しても主張することができるか

事実の要約

Aは自己の所有地を甲土地と乙土地に分筆し、公道と接続していない甲土地をXに譲渡した。Aは、隣接するY所有の丙土地を賃借しており、甲土地をXに譲渡するに先立ち、丙土地の一部分（本件通路部分）を通路として整備したところ、Yと争いになり、YはAの用法違反を理由に丙土地の賃貸借契約を解除して、本件通路部分を通行できないようにした。他方で、乙土地はその後AからCに譲渡され、Cが乙土地に地盛りをして甲土地との間に石垣を設置し居宅を建てたため、Xは、本件通路部分を通行する以外に公道へ出入りする方法がなくなった。そこで、Xは、本件通路部分に210条に基づく隣地通行権（本判決の当時は「囲繞地通行権」と呼ばれていた）を有するなどと主張して、Yに対し、本件通路部分の通行権確認・通行妨害禁止等を求めた。

$$A \text{ 土地を分筆} \begin{cases} \text{甲土地 } A \rightarrow X \xrightarrow[\text{隣地通行権の主張}]{} \text{本件通路部分}（\text{丙土地の一部}）Y \\ \text{乙土地 } A \rightarrow C \end{cases}$$

裁判の流れ

1審（東京地判昭55・10・9民集44巻8号1046頁）：Xの請求棄却　2審（東京高判昭60・10・31民集44巻8号1057頁）：Xの控訴棄却　最高裁：上告棄却

Xは、Aから甲土地を譲渡された時点で、213条2項により、Aに留保された乙土地（残余地）のみを通行する権利を有する。そして、この通行権を受忍すべき義務は乙土地の属性としてその譲受人Cに承継されるので、Xが乙土地ではない本件通路部分に改めて210条に基づく隣地通行権を主張することはできないとした。Xは、本件には210条を適用すべきであるとして上告。

判旨

〈上告棄却〉「共有物の分割又は土地の一部譲渡によって公路に通じない土地（以下「袋地」という。）を生じた場合には、袋地の所有者は、民法213条に基づき、これを囲繞する土地のうち、他の分割者の所有地又は土地の一部の譲渡人若しくは譲受人の所有地（以下、これらの囲繞地を「残余地」という。）についてのみ通行権を有するが、同条の規定する囲繞地通行権は、残余地について特定承継が生じた場合にも消滅するものではなく、袋地所有者は、民法210条に基づき残余地以外の囲繞地を通行しうるものではないと解するのが相当である。民法209条以下の相隣関係に関する規定は、土地の利用の調整を目的とするものであって、対人的な関係を定めたものではなく、同法213条の規定する囲繞地通行権も、袋地に付着した物権的権利で、残余地自体に課せられた物権的負担と解すべきものであるからである。残余地の所有者がこれを第三者に譲渡することによって囲繞地通行権が消滅すると解するのは、袋地所有者が自己の関知しない偶然の事情によってその法的保護を奪われるという不合理な結果をもたらし、他方、残余地以外の囲繞地を通行しうるものと解するのは、その所有者に不測の不

益が及ぶことになって、妥当でない」

判例の法理

本論点をめぐっては、213条に基づいて成立した無償の隣地通行権（以下「213条通行権」という）は、その後に残余地の特定承継があっても存続し、残余地の特定承継人に対しても主張できると解する見解（**存続説**）と、残余地の特定承継があると213条通行権は消滅し、210～212条のルールに従って通行権の場所や償金支払の要否が決まると解する見解（**210条説**）とが対立していた。本件に当てはめると、存続説では、Xの213条通行権が乙土地（残余地）に存続するので、Y所有の本件通路部分（残余地以外の囲繞地）に210条に基づくXの隣地通行権が成立することはない。これに対し、210条説では、210～212条に従って判断される結果、その判断次第では、本件通路部分に210条に基づくXの隣地通行権が成立する場合もありうる（学説の状況については、秋山靖浩・百選I 136～137頁参照）。

本判決は、**存続説**を採用した。①213条通行権は袋地・残余地自体に付着する物権的権利・物権的負担であるから、残余地の所有者が変わっても存続すること、および、②残余地の特定承継という自己の関知しない偶然の事情によって、袋地所有者が213条通行権を失うのは不合理であるし、かといって、（210条説の言うように）袋地所有者が残余地以外の囲繞地を通行できるとするのでは、当該囲繞地の所有者が不測の不利益を被ることになり妥当でないこと、がその理由である（その後の最判平5・12・17判時1480号69頁も存続説を採用している）。

判例を読む

存続説によると、残余地の特定承継人は、213条通行権の負担（自己の所有地を袋地所有者に無償で通行されるという負担）を引き受けなければならない。この結論は酷にもみえるが、残余地の特定承継人は、残余地を譲り受ける際に現地を調査すれば、無償で通行する者の存在を知ることができ、そのことを見込んで売買代金額を低く設定するなどの対応をとることもできたはずである。仮に調査して分からなかったとしても、残余地の譲渡人（売主等）に対して契約上の責任を追及することが可能である。したがって、**残余地の特定承継人が不当な不利益を受けるわけではない**（松岡・物権25頁、佐久間・民法の基礎II 176～177頁等）。そうであれば、本判決の理由②にあるように、**袋地所有者や残余地以外の囲繞地の所有者が不利益を被らないようにする**ために、存続説を採用するのが妥当である（仮に具体的な事案において213条通行権をそのまま認めるのが妥当でない場合には、残余地の通行は認めるとしても償金の支払を必要とするなど、例外の余地を認めればよいだろう。秋山・前掲137頁参照）。

【参考文献】　秋山靖浩・百選I 136頁およびそこに掲げられた文献。

秋山靖浩

120 境界線付近の建築の制限

最高裁平成元年9月19日判決　民集43巻8号955頁、判時1327号3頁、判タ710号115頁
【234条、建基法63条】

論点　民法234条1項は建築基準法63条所定の建築物に適用されるか

事実の要約

X所有の甲土地とY所有の乙土地は隣接するところ、Yは、Xの了解を得ずに、乙土地上に、甲土地との境界線から50cmの距離を離すことなく丙建物の建築を始めた。Xは、Yの建築は民法234条1項に違反すると主張し、丙建物のうち、甲土地との境界線から50cm内にある部分の収去をYに請求した。これに対し、Yは、①乙土地は準防火地域内にあり、丙建物の外壁は耐火構造であるから、建築基準法（以下「建基法」という）63条（本判決の当時は65条。以下も同じ）により、丙建物は甲土地との境界線に接して建築することが許されるところ、②建基法63条は民法234条1項の特則として優先適用されるから、丙建物は民法234条1項に違反しないと反論した。

甲土地（**X**）　　乙土地（**Y**）

→ 境界線から50cm離さずに丙建物を建築

収去請求

裁判の流れ

1審（大阪地判昭57・8・30民集43巻8号968頁）：Xの請求認容　2審（大阪高判昭58・9・6民集43巻8号982頁）：Yの控訴棄却　最高裁：破棄自判

2審は、民法234条1項は相隣地所有者の採光・通風等の生活利益を保護しているところ、これを犠牲にして境界に接した建築を許すだけの合理的理由がある場合に初めて建基法63条が優先適用されるとしたうえで、本件では合理的理由が認められないので民法234条1項が適用され、丙建物は同項に違反するとして、Xの請求を認容した。Yから上告。

判旨

〈破棄自判〉建基法63条は「防火地域又は準防火地域内にある外壁が耐火構造の建築物について、その外壁を隣地境界線に接して設けることができる旨規定しているが、これは、同条所定の建築物に限り、その建築については民法234条1項の規定の適用が排除される旨を定めたものと解するのが相当である」。建基法63条は「耐火構造の外壁を設けることが防火上望ましいという見地や、防火地域又は準防火地域における土地の合理的ないし効率的な利用を図るという見地に基づき、相隣関係を規律する趣旨で、右各地域内にある建物で外壁が耐火構造のものについては、その外壁を隣地境界線に接して設けることができることを規定したものと解すべき」であり、「民法234条1項の特則を定めたもの」と解されるからである。丙建物は建基法63条所定の建築物に当たるから、甲土地の境界線から50cm内の建築が許され、民法234条1項に違反しない。

判例の法理

民法234条1項は、建物を築造するには境界線から50cm以上の距離を確保しなければならないと規定するのに対し、建基法63条は、防火地域・準防火地域内で外壁が耐火構造の建築物は境界線に接して設けることができると規定している。これらの規定によると、防火地域等で外壁が耐火構造の建築物を建築する場合に、民法234条1項により境界線から50cm以上の距離を確保する必要があるか、それとも、建基法63条により境界線に接して建築すること（以下「接境建築」という）が許されるかが問題となる。

本判決は、建基法63条所定の建築物には同条のみが適用され、民法234条1項の適用は排除されることを明らかにした。建基法63条は民法234条1項の特則に当たるからである（**特則説**）。特則に当たる理由として、**建基法63条の趣旨**（耐火構造の外壁を設けることが防火上望ましいこと、防火地域等における土地の合理的ないし効率的な利用を図ること）を強調した点に特徴がある（なお、本判決は、特則に当たる理由としてさらに、建基法には建築物の外壁と境界線との距離を直接規制する原則規定がなく、そこで、建基法63条に何らかの意味を持たせるためには、民法234条1項をその原則規定とし、建築法63条をその特則と解する必要があることも挙げている）。

判例を読む

本判決には、次のような反対意見（非特則説）が付されており、これを支持する見解も有力である。民法234条1項は、隣接地の所有者がお互いに建築物を境界線から50cm以上離すことによって、①建物の建築・修繕をするためのスペースを確保したり（接境建築を許すと、先に接境建築をしてしまえば、後から建物を建築・修繕する側が自分の土地内にスペースを確保せざるをえなくなる）、②日照・採光・通風・通行等の生活環境利益を確保することを目的とした規定である。これらの目的が、建基法63条によって一方的に犠牲にされる理由はない（2審も参照）。建基法63条は建築物について公法上の見地から規制を加えたものであり、私人間の相隣関係を規律する民法234条1項の特則を定めたものではないと主張する。

特則説と非特則説の背後では、**土地の合理的・効率的な利用の確保か、生活環境利益の確保か**、という今日の**都市における建築をめぐる基本的な価値判断が対立している**。両者の価値判断は二者択一のものではなく、どのように調整するかが重要である。その観点からすると、解釈で解決するよりも、都市における建築のあり方を規律する都市計画・建築法制によって根本的な解決を図るべきだろう（解釈としては、非特則説を採用し、民法234条1項が適用されるとした上で、一定の地域では、建基法63条の規律内容が民法236条の「慣習」になっており、民法上も接境建築が許されると解することが考えられる。山野目2 197頁参照）。

【参考文献】　吉岡祥充・百選I 6版144頁およびそこに掲げられた文献。

秋山靖浩

建物増築部分の付合

最高裁昭和 44 年 7 月 25 日判決　民集 23 巻 8 号 1627 頁、判時 568 号 43 頁、判タ 239 号 155 頁

【242 条】

論点 | 建物の賃借人が承諾を得て増築した場合の付合の成否とその基準

事実の要約

Aは、Xから本件土地を建物所有の目的で賃借し、その上に甲建物を建築して、その建物の一部をBに賃貸した。BはAの承諾を得て甲建物の屋上に乙建物を増築した。そこで、Xは乙建物は甲建物から独立した建物といえるため敷地部分の賃借権の無断譲渡または転貸に該当するとして、Aの相続人 Y₁〜Y₆ に対し本件土地賃貸借契約を解除する旨の意思表示をした。その後、乙建物はBの相続人Cらが区分所有権保存登記をするとともに Y₃ へ売買されたので、そこで、Xは Y₁〜Y₆、および、Y₃ に対し本件土地所有権に基づきそれぞれ甲建物、乙建物の収去および本件土地の明渡しを求めて訴えを提起した。

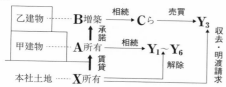

裁判の流れ

1 審（横浜地判昭 42・9・23 民集 23 巻 8 号 1631 頁）：請求認容　2 審（東京高判昭 43・11・29 民集 23 巻 8 号 1636 頁）：原判決取消・請求棄却　最高裁：上告棄却

1 審はYらが口頭弁論期日に出頭せず、また、別の共同被告は答弁書で本件争点を争わなかったため、Xの主張を全面的に認め請求認容となった。2 審は、乙建物は取引上の独立性を有さない物体である以上仮に建物所有者の承諾があったとしても 242 条ただし書の適用はないから敷地部分の賃借権の無断譲渡または転貸にならないとして、Xの請求を棄却した。そこで、Xは、①建物所有者の承諾を得て増築されたのであるから 242 条ただし書によって所有権は増築者に帰属している、②通行について建物所有者の承諾を得ており共同使用が可能であるから独立の建物として取引の対象たり得るし、現実に区分所有権保存登記を経由して売買取引をしている事実がこれを裏付けている、として上告した。最高裁はXからの上告を棄却した。

判　旨

〈上告棄却〉「本件乙建物は、甲建物の一部の賃借人Bが昭和 33 年以前に自己の費用で甲建物の屋上に構築したもので、その構造は、四畳半の部屋と押入各一箇からなり、外部への出入りは、甲建物内の六畳間の中にある梯子段を使用するほか方法がないものであることは、原審が適法に確定した事実である。そうとすれば、乙建物は、既存の甲建物の上に増築された二階部分であり、その構造の一部を成すもので、それ自体では取引上の独立性を有せず、建物の区分所有権の対象たる部分にはあたらないといわなければならず、たとえBが乙建物を構築

するについて右甲建物の一部の賃貸人Aの承諾を受けたとしても、民法 242 条ただし書の適用はないものと解するのが相当であり、その所有権は構築当初から甲建物の所有者Aに属したものといわなければならない。そして、乙建物についてBの相続人らであるCら名義の所有権保存登記がされていても、このことは右判断を左右するものではない。したがって、乙建物がBによって構築されたことをもって、他に特段の事情の存しないかぎり、その敷地にあたる部分の賃借権が同人に譲渡または転貸されたことを認めることができないものといわなければならず、右譲渡転貸の事実を認めることができないとした原判決の判断は相当である」。

判例の法理

●独立性がある場合に限り所有権の留保を認める

建物の賃借人が承諾を得て増築した場合にどのような条件を満たせばその部分に所有権を留保できるかにつき、判例は、増築部分に所有権が認められるためには区分所有権の成立が認められることが必要で、そのような取引上の独立性を満たさない以上はたとえ賃貸人の承諾を受けたとしても 242 条ただし書による所有権の留保は認められないとしている。大審院判決大正 5 年 11 月 29 日（民録 22 輯 2333 頁）以来の確定判例であり本判決も同じ立場に立つ。ところで、本件は、ストレートに増築部分の所有権の帰属が争われた事案ではなく、X側の賃貸借解除の主張が認められる前提としての敷地部分の賃借権の譲渡または転貸の有無を判断するにあたり、付合法理の適用の可否が論じられた事案である点に注意すべきである。

判例を読む

●区分所有権の成立が認められることを要する

民法は付合について次のように規定する。まず第 1 に、原則として、今まで別の所有者に属していた物体が不動産に付着して社会通念上 1 つの不動産と見られるようになった場合、不動産の所有者がその付合物の所有権を取得する（242 条本文）。この付合制度の目的について、通説（我妻・講義 II 304 頁）は、所有者の異なる複数の物が結合してその分離が社会的損失を意味するに至るときに所有権を一体化させ分離請求権を排除して社会経済的利益の保全を目的とする制度である、と理解する。そして、動産に関する 243 条の毀損を社会観念的なものに再構成して、分離復旧が事実上不可能あるいは社会経済上著しい減損をもたらす場合に付合が認められると解釈する（舟橋・物権 366 頁）。そうしたうえで、第 2 にこの付合の例外として、権原によって付属させた場合に所有権の留保を認める（242 条ただし書）。この例外が認められる要件に関して、不動産と一体となってもなお独立性を保持している場合（いわゆる弱い付合）に限りただし書の適用を認め、独立性を失っている場合（いわゆる強い付

合）にはただし書の適用はないとする（我妻・前掲309頁、舟橋・前掲368頁）のが通説である。独立性がない構成部分の上に独立の所有権を認めることは、実益に乏しいのみならず、取引秩序を著しく混乱させることになるからである。よって、取引上の独立性が認められる場合のみ、権原を有する者の所有権の保持が認められることになる。

判例も、以上と同じ理解に立った上でその独立性の基準につき増築部分に所有権が認められるためには区分所有権の成立が認められることが必要であるとしている。区分所有建物とは、区分所有法1条によると「一棟の建物に構造上区分された数個の部分で独立して住居、店舗、事務所又は倉庫その他建物としての用途に供することができるもの」とされ、法律上の要件として、建物の各部分に①構造上の独立性と②利用上の独立性があることが要求されている。前者①の「構造上の独立性」は、一定の厚さを有する壁により完全に遮断されていることや、外部との出入りが自由自在であること等をいい、後者②の「利用上の独立性」は、他の部分から独立したその空間だけで、当該の用途を果たすことをいう。例えば、住居であれば、その独立部だけで日常生活を機能的に送れることを意味する。外部へ直接通じる出入口がなく、別の甲建物の6畳間を通行しなければ出入りできないのでは建物区分所有法1条にいういわゆる構造上および利用上の独立性の各要件を満たさないといえるため、増築部分は未だ独立性がなく所有権の留保は認められないと判示した本判決の判断は正当である。このように判例が増築部分の独立性を問題とする際に、建物区分所有権の成立が認められることをその基準としていることは興味深い。判断基準が最も明快であるというメリットに加えて、不動産取引の安全を図ったものであると理解できるからである。

ところで、物権の客体たる物は、独立の物であることを要し、物の一部に対して物権を認めることは原則として許されない（一物一権主義の原則）。なぜなら、物は独立物の単位で社会的利用価値を有しその一部の上に独立の物権を認める社会的必要はないのが原則であり（例えば、家屋の構成部分だけでは独立した生活空間の利益を享受できない）、かつ、一部に対する公示方法の欠如あるいは困難性ゆえに取引の安全が害されるからである。その例外は、①社会的実益ないし必要性が高く、かつ、②何らかの公示が可能で、物権の存在と内容の調査が容易である場合に限り、認められる（舟橋・前掲11頁、我妻・前掲Ⅱ12頁）。立法や判例を通じて、一物一権主義の例外が認められてきた具体例として、土地の一部、建物区分所有、立木・未分離の果実などがある。社会的損失の観点から当事者の回復請求を阻止するべきか否かを検討する付合の成立要件の場面と異なり、242条ただし書の付合の例外として所有権の留保を認めるか否かを検討する場面においては、上記の一物一権主義の例外基準の議論が大いに参考になろう。

なお、本件乙建物につき独立の区分所有権登記がなされているが、それは実体と一致しない無効な登記であるから、付合の成否の判断に何ら影響をもたらすものではないとした判示は、もっとも正当である。

● **建物賃借権は242条ただし書の権原に当たらない**

242条ただし書は権原による付属の場合に所有権の留保を認めるが、建物賃借人の増築が問題となる場合の権原とは何か、また承諾はどのような意味を持つか、について次に検討する。

ここにいう権原とは、他人の不動産に自己の物を付属させてその不動産を利用する権利を意味する。地上権・永小作権・賃借権などがこれに当たる。建物賃借人は増築する権限を一般には持っていないのでここにいう権原はないと解すべきである。建物賃借人が家主から個別に特約ないし承諾を得れば権原が認められるというべきであるが、その際、増築部分の所有権の保有まで許容する内容の承諾であるか否かが重要となる点に注意すべきである。すなわち、増築に関して家主の承諾があったとしてもそれで全てただし書にいう権原が認められることにはならず、所有権の保有をも含めた承諾を得た場合に限り独立性ある増築部分の所有権の保有が認められることになるのである。

本件はそもそも増築部分に取引上の独立性が認められない事案であるためただし書の適用は考えられないが、もし増築部分に取引上の独立性が認められる事案であったとしても、ここにいう所有権の保有をも含めた承諾が他に要求されることになる。つまり、本判決が「たとえBが乙建物を構築するについて右甲建物の一部の賃貸人Aの承諾を受けたとしても」、と判示している部分は、そのような意味を含んで解釈することになる。

なお、以上に対して、242条ただし書を、法が自ら定める不動産利用権の内容を保障するための条文と捉え、独立性のない構成部分の所有権の保有を特別に認める制度であると解する少数説（参考文献欄参照）がある。すなわち、例えば、農地の賃借権の場合であれば、農地賃借人に農地の構成部分である種苗の所有権の保有を認める条文であると解するのである。もっとも、この立場は建物賃借人に同条ただし書の権原を認めず、承諾にも独自の意義を認めないので、独立性のない増築の場合についての結論は結果として判例・通説と同じになる。他方、独立性が認められる場合についてこの説は、あたかも建物がわが民法上土地とは別個の独立した不動産として取り扱われるのと同様に処理できるとし、付合法理とは離れて、そして、権原の有無とは無関係に、増築者にその所有権の帰属を認める。すなわち、権原や承諾は利用権限に影響するだけで所有権の帰属とは無関係とする。しかし、独立性がない構成部分の上に独立の所有権を認めることは取引秩序を大きく混乱させることになる。また、法が当初より制度的に別個独立の物として認めた建物の場合とは場面が異なり、あくまで全体として一体となっている不動産とみた上での取引上の独立性にすぎず本来的には物の一部なのであるから付合の制度が適用されるとみるべきである。よって、この立場には賛成できない。

【参考文献】 水津太郎・百選Ⅰ140頁、瀬川信久・百選Ⅰ6版148頁。本判決の調査官解説として、鈴木重信・最判解昭和44年度402頁がある。また、民法講座3Ⅰ頁、新田敏・百選Ⅰ5版補正160頁、新田敏・半田正夫ほか『現代判例民法学の課題』（法学書院、1988）304頁は、少数説の立場から付合と権原の関係を論じている。詳細は本文を参照のこと。

神田英明

122 植栽樹木の付合

最高裁昭和 35 年 3 月 1 日判決　民集 14 巻 3 号 307 頁、判時 216 号 19 頁

【177 条、242 条ただし書】

論点　①地盤につき移転登記をしないまま植栽した者が後に山林の二重買受人に登記を備えられたことを理由に地盤所有権を否定された場合の立木所有権の帰趨
②①で立木が植栽者の独立の所有権の客体となり得るとされた場合の二重買受人に対する対抗要件の要否

事実の要約

YはAから未植林状態の山を買い受けそこに杉苗を植栽したが、代金を完済しなかったため、Aは本件山林をBに売却し所有権移転登記も完了した。Bは本件山林をさらにX₁に売却し、X₁は持分の半分をX₂へ譲渡した。Yがその後X₁X₂の制止を振り切って杉立木を伐採したため、X₁X₂はYを相手に山林の所有権確認と損害賠償請求の訴えを提起した。

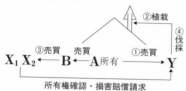

所有権確認・損害賠償請求

裁判の流れ

1 審（福島地白河支判昭 28・10・9 民集 14 巻 3 号 313 頁）：請求認容　2 審（仙台高判昭 32・1・12 民集 14 巻 3 号 321 頁）：控訴棄却　最高裁：上告棄却

1 審は、242 条ただし書を類推適用し立木は山林と分離してYの所有に属するものと解釈できるが、それをX₁X₂に対抗するためには、客観的な明認方法が第三取得者の取得時に存続している必要があるところ、本件事案においてはすでに明認方法が存続していないとして、X₁X₂の請求を認容した。2 審、最高裁ともにその判断を支持した。

判旨

〈上告棄却〉「Yはこの山林所有権につきXらに対抗できないのである。ただ本件立木はYが権原に基づいて植栽したものであるから、民法 242 条但書を類推すれば、この場合、右BXらの地盤所有権に対する関係では、本件立木の地盤への附合は遡って否定せられ、立木はYの独立の所有権の客体となりえたわけである。しかしかかる立木所有権の地盤所有権からの分離は、立木が地盤に附合したまま移転する本来の物権変動の効果を立木について制限することになるのであるから、その物権的効果を第三者に対抗するためには、少くとも立木所有権を公示する対抗要件を必要とすると解せられるところ、…Xらの山林取得当時にはYの施した立木の明認方法は既に消滅してしまっていたというのであるから、Yの本件立木所有権は結局Xらに対抗しえないものと言わなければならない」。

判例の法理

●立木所有権と対抗要件

判例は、立木の所有権の帰属につき 242 条ただし書の類推適用を認め立木は植林者の独立の所有権の客体となり得ると解したうえで、ただし、植林者がその立木所有権を第三者に対抗するためには少くとも立木についての対抗要件（明認方法の存続）が必要であるとの法理を採用している。

判例を読む

●242 条ただし書類推適用

本来であれば、二重譲受人の対抗要件具備により地盤所有権が遡及的に否定されるため植栽者に権原が認められず、よって、付合の効果を制限する 242 条ただし書が適用されず、立木は地盤に付合し植栽者の立木所有権の留保は認められないはずである。しかし、判例は 242 条ただし書を類推適用して立木は植栽者の独立の所有権の客体となり得るとしている。地盤所有権を取得して当然に権限ありと信じて植栽したのであるし、しかも、対抗関係の結果無権利となったにすぎず当初から全く無権限であったわけではないから、その判断は正当である。

●立木につき対抗要件を要する

判例・通説（我妻・講義Ⅱ 308 頁）は、上記のように立木は植林者の独立の所有権の客体となり得ると解したうえで、ただし、植栽者がその立木所有権を第三者に対抗するためには少なくとも立木についての対抗要件（明認方法の存続など）が必要であるとしている。これに対し、立木が植栽者の独立の所有権の客体となり得ると解する以上、地盤の原所有者は立木について無権利であり、そもそも対抗関係には立たず（中尾英俊・百選Ⅰ 3 版 134 頁）、取引の安全は 94 条 2 項類推適用によって図られるべき（広中・物権 218 頁、広中俊雄・法教 131 号 33 頁、丸山英気・百選Ⅰ 5 版補正 132 頁）とする反対説がある。しかし、242 条ただし書は本来の付合の効果を制限するものであるから対抗要件を要求しないとすると山林取引の安全を著しく害する結果となるし、理論的には本来の付合の結果を制限するところの但書の留保それ自体を立木に関する物権変動とみることにより両者は対抗関係に立つと説明することが可能である。よって、判例・通説の立場が妥当である。

立木の公示方法については、いわゆる明認方法による対抗力の取得が認められるが、第三者が利害関係を有するに至った時点において存在するものでなければ、その対抗力を認めないとするのが、判例・通説である。そうでないと第三者に対する公示の役割を徹底できないからである。本判決もこの立場に立ったうえで、Xらの山林取得当時には立木の明認方法は既に消滅していたとして、植栽者Yの立木所有権は結局Xらに対抗できないと判示した。

なお、植栽者の立木に関する利害の事後調整は、償金請求権の発生（248 条）と、これを被担保債権とする地盤の留置権（295 条）の問題として処理されることになる。

【参考文献】　本文に掲載したもの、および、倉田卓次・最判解民昭和 35 年度 49 頁。

神田英明

123 建物の合体と抵当権の帰趨

最高裁平成6年1月25日判決　民集48巻1号18頁、判時1492号89頁、判タ844号81頁
【244条、247条、369条】

論点
①互いに主従の関係にない2棟の建物が合体して1棟となった場合の旧建物を目的として設定されていた抵当権の消長
②①で抵当権の存続を認めた場合の新建物の賃借人に対する対抗力の有無

事実の要約

　Aはいわゆる縦割連棟式建物の隣接した2戸の旧建物（甲建物・乙建物）を所有し、債権者Xのために甲建物に、債権者Bのために乙建物に、それぞれ抵当権を設定し登記をした。その後、両建物間の隔壁が除去され甲乙両建物は合体し新建物（丙建物）となった。Aはその丙建物を Y_1 に賃貸し、Y_1 はAの承諾を得て Y_2 に建物の一部を転貸した。その後丙建物の強制競売手続において、Xが買受けその所有権を取得した。そこで、Xは $Y_1 Y_2$ に対し、抵当権が賃借権に優先していたとして、本件丙建物の明渡しを求めて訴えを提起した。

旧建物　甲	旧建物　乙	新所有者
所有者　**A**	所有者　**A**	**X**
抵当権者　**X**	抵当権者　**B**	（買受人）

合体　　　　　　　　　　　合体

新建物　丙
所有者　**A**
賃借権者　$Y_1 Y_2$

明度請求 →

裁判の流れ

　1審（神戸地尼崎支判平2・11・28民集48巻1号29頁）：請求棄却　2審（大阪高判平3・9・30民集48巻1号34頁）：原判決変更・請求認容　最高裁：上告棄却

　1審は、甲乙建物は合体により滅失しこれに伴い抵当権も消滅したとして、Xの請求を棄却した。これに対し、2審は、抵当権は丙建物に移行し旧建物相当分の持分の上に存続するとした上で、対抗力については次のように判断してXの請求を認容した。すなわち、丙建物につき抵当権設定登記がないのは合体による滅失登記手続によって失ったからである。一方Yらは合体の事実を知り、かつ、旧建物に対する抵当権設定登記があることを知り得た。してみれば、対応する共有持分に対する抵当権設定登記のないことを信頼して新たに取引関係に入った者でないから、Xは登記なくして抵当権を対抗できる、と判示した。そこで、$Y_1 Y_2$ は、①旧建物が新建物の構成部分となり独立性を喪失した以上、旧建物に設定されていた抵当権は当然消滅すべきである。また、②Yらは単に丙建物が合体によるものであることを知り、また旧建物に対する抵当権設定登記を知り得たにすぎない者であるから、これだけでは登記の欠缺を主張することが信義に反すると認められる背信的悪意者とはいえない、として上告した。最高裁は2審の判断を支持し、$Y_1 Y_2$ からの上告を棄却した。

判旨

　〈上告棄却〉「互いに主従の関係にない甲、乙二棟の建物が、その間の隔壁を除去する等の工事により一棟の丙建物となった場合においても、これをもって、甲建物あるいは乙建物を目的として設定されていた抵当権が消滅することはなく、右抵当権は、丙建物のうちの甲建物又は乙建物の価格の割合に応じた持分を目的とするものとして存続すると解するのが相当である。けだし、右のような場合、甲建物又は乙建物の価値は、丙建物の価格の一部として存続しているものとみるべきであるから、不動産の価値を把握することを内容とする抵当権は、当然に消滅するものではなく、丙建物の価値の一部として存続している甲建物又は乙建物の価値に相当する各建物の価格の割合に応じた持分の上に存続するものと考えるべきだからである。…Y_1 は、旧建物甲及び乙間の隔壁を除去する等の工事によりこれが本件丙建物となった後に所有者Aから右丙建物を賃借してその引渡しを受けたとしても、旧建物甲及び乙を目的として設定され登記された抵当権の権利者に対し、自らの本件建物の賃借及びその引渡しが右各抵当権の設定及び登記に先立つものである旨主張することは信義則上許されないとした原審の判断は、正当として是認することができる」。

判例の法理

●抵当権は新建物に移行する

　本判決は、抵当権は不動産の価値を把握することを内容とし、そして、旧建物の価値は新建物の価格の一部として存続しているものとみるべきである、との抵当権の価値支配性に着眼した論拠を述べて、抵当権は新建物の価値の一部として存続している旧建物の価値に相当する各建物の価格の割合に応じた持分の上に存続すると判示した。その論拠は明らかでないが、いずれにせよ判例が抵当権の価値支配性を論拠に掲げたことは注目に値する。

●対抗力と信義則

　このように抵当権の存続を認めたうえで、判例は、対抗力については信義則の問題として処理し、抵当権者の個別的救済を図っている。判決文に理由が書かれていないためその具体的理論構成は明らかではないが、後述するように、この問題特有の信義則の適用を論じたもの、つまり、本判決は対抗要件に関する法の欠缺を埋めるための代用法理として一般条項たる信義則を適用したものと評価できる。

判例を読む

●平成5年施行の不動産登記法一部改正と本判決の意義

　本判決は互いに主従の関係にない2棟の旧建物が合体して1棟の新建物となった場合の旧建物を目的とする抵当権の消長、および、対抗力について判断した最初の最高裁判決である。また、平成5年施行の不動産登記法の一部改正後の初の判決であり、新たな改正法に理論的根拠を付与する役割を果たすものとしても注目される。

　かつて不動産登記法の一部改正以前の登記先例は、2棟の旧建物が合体して1棟の新建物となった場合、旧建物について滅失登記をし、新建物について新たに表示登記をし抵当権等は移記しない、という取扱いであった。この処理について、実体法上も抵当権は消滅しそれを登記手続法上も反映していると理解するか、それとも実体法上は抵当権は消滅しないが登記手続法の不備によりやむを得ない処置として理解するかについて争いがあった。しかし、後者の立場に立ったとしても、抵当権を登記簿

上に公示する方法が存在しなければ、それを実行することも容易でない。また、新たに登記を具備した抵当権者や引渡しを受けた賃借人さらには差押債権者にこれを対抗することができない（177条、借地借家法31条）のであれば、結論において消滅説とほとんど差異がないことになってしまう。そのため、この登記実務を悪用して合体したとの申請をして抵当権を抹消させる、いわゆる「抵当権とばし」の弊害が多発し社会問題化するに至った。そこで、本判決の原審がこの問題に対処するため抵当権者の保護を図る判決を出し、続いて平成5年施行の不動産登記法の一部改正により立法による解決が図られた。すなわち、平成5年施行の改正法は、抵当権の新登記簿への移記の取扱いをし（旧不登法93条の12の2第2項）、また、合体後の建物の持分に関する抵当権者等の承諾書（または裁判の謄本）を要求し（同93条の4の2第4項）、抵当権者の保護を図った（なお、平成16年改正の不登法50条参照）。そのような経緯の中で、本件判決が出されたわけであるが、改正以前の事案に対する事件解決の他に、新たな改正法に理論的根拠と新しい解釈指針を付与する狙いもあったと推測されよう。

● **抵当権は新建物に移行する**

物権の客体は独立の物であることを要し、物の一部に対して物権を認めることは原則として許されない（一物一権主義）。物理的には旧建物部分に相当する部分がそのまま存在しているとしても、新建物の構成部分と化してしまった以上それに対する所有権や抵当権を観念することはできない。

問題となるのは、家屋の全体に対する所有権の持分を観念するなどして抵当権の存続を認め得るかである。抵当権の存続を否定する見解は、新建物と旧建物の法的同一性の欠如を理由とする。しかし、加工の場合と同様に新たに同一性のない物が生じた場合の所有権その他の権利の帰趨を含めて扱う法領域がまさに付合であるから、法的同一性の欠如だけで直ちにそのような結論を導くことはできないはずである。

この問題は、やはり付合の法理と混同の例外に関する法理を適用することによって、解決が図られるべきである。ところで、民法上の付合は異なる所有者の場合を前提としており、また、不動産の主従の区別ができないときの付合につき明文の規定がないため問題となる。しかし、民法が自明とする法理、あるいは、主従の区別のない動産の付合につき、価格の割合に応じて共有すると規定する244条の類推適用を認め、そこから各動産の上に存していた他の権利は共有持分の上に存続すると規定する247条2項の類推適用を認めて抵当権の割合的存続を認めることが正当と解すべきである。現在の学説（幾代通『不動産物権変動と登記』（一粒社、1986）187頁、石田喜久夫・判評431号228頁）の主流もこの立場に立つ。この他に、甲建物からみればこれに乙建物が付加されて一体となったので甲建物に対する抵当権は370条の適用により丙建物全体に及び、乙建物からみた場合も同様に処理し、両抵当権は準共有になるとする学説（山田晟・法協84巻8号1013頁、道垣内弘人・リマークス7号32頁）がある。ただ、この学説よる説明では乙建物に抵当権がない場合には丙建物全体に及ぶことになり過剰な保護となってしまうし、また、改正後の説明には残念ながら対処し得ない。

本判決は、抵当権は新建物の価値の一部として存続し

ている旧建物の価値に相当する各建物の価格の割合に応じた持分の上に存続すると論じ、肯定説に立つことを明らかにした。本判決が抵当権の価値支配性に基づく追及力に着目して肯定説を結論付けている点が注目に値する。244条・247条2項の類推適用構成の補充の趣旨にすぎないのか、それとも付合という物権一般の法理ではなくストレートに抵当権の法理から根拠付け得るとしたものなのかは明らかでないが、後者であるならば重要な意義を有する。その方向性に強い魅力を感じるが、今後の展開に期待したい。

なお、抵当権の存続を認めるとしても、次に述べる持分支配からくる限界は否定できない。すなわち、乙建物に対する抵当権が不存在であったり抵当権者の同意を得られない場合には、債務名義を取得して一般債権者として強制競売を申し立てる以外は、建物全体の競売はなし得ない。また、乙建物に対する抵当権が不存在あるいは存在しても賃借権に劣後するのであれば、乙建物の共有部分に関する賃借人の占有権原を否定できず明渡請求はできない。本件は幸いにも強制競売の事案であり乙建物にも賃借権に優先する抵当権が存在していたため明渡請求が認められた事案である。

● **対抗力と信義則**

抵当権の存続が認められるとした場合、かつての登記に価値相当の持分部分に対応する抵当権としての公示力を付与できるかが次に重要な問題となる。この点につき災害その他による登記簿滅失の場合に準じて公示力の維持を認めるべきとする学説（田山輝明・担保法の判例Ⅰ23頁、鹿野菜穂子・法セ483号25頁）がある。しかし、解釈論としてそこまで認めうるか疑問であるし、また、一律に肯定するという結論も行き過ぎであろう。その意味で本判決が、信義則の適用を通じて抵当権者の個別的救済を図る処理をしていることは注目に値する。2審の認定した事実、および、2審の判断を含めて総合的に考察した場合、本判決は対抗要件に関する法の欠缺を埋めるための代用法理として一般条項たる信義則を適用したものと評価することが可能、かつ、正当である。信義則の適用を認める結果として、抵当権者の怠惰性、第三者の善意無過失など177条の画一的処理とは異なる弾力的解決が可能となる長所を有することになる。なお、本判決を、単に背信的悪意者排除の法理が適用された一事案と把握する見解（岡林伸幸・名城法学44巻2号127頁、角紀代恵・法教174号別冊付録23頁、道垣内・前掲31頁）があるが、2審の認定した事実に鑑みても賛成できない（高林龍・最判解民平成6年度30頁、大西武士・判タ875号49頁、瀬川信久・百選Ⅰ5版補正159頁）。

なお、平成5年の不動産登記法の一部改正により対抗力の問題も含めて立法的にほぼ問題は解決されたが、改正以前の事案への適用はもとより、改正以後の事案に対しても合体登記がなされるまでの対抗力の扱いの解釈に影響を与えるため、本判決の有する意義は大きい。

【参考文献】 いわゆる「横の混同」があるとして179条1項ただし書の類推適用から抵当権の存続を根拠付ける立場として、鈴木禄弥・ジュリ1021号104頁。高木多喜男・リマースク10号22頁。その他は、本文中に掲げた文献を参照のこと。

神田英明

124 付合か加工か（建前の仕上げと所有権の帰属）

最高裁昭和54年1月25日判決　民集33巻1号26頁、判時921号87頁、判タ381号78頁

【243条、246条2項】

論　点

①未だ独立の不動産に至らない建前に、第三者が工事を施して独立の不動産に仕上げた場合の建物所有権の帰属（付合か加工か）

②加工の規定を適用し、建前の価格と施した工事および材料の価格とを比較する場合に、その判断時期は、建前が独立の不動産である建物に至った時点か、第三者の工事が終了した時点か

事実の要約

X（被相続人A）は、注文者Yから本件建物の建築工事を請け負った訴外建設会社Bから、さらに右工事の下請けをして建築に着手し、棟上げを終え、屋根下地板を張り終えた。しかし、Bが約定の請負報酬を支払わなかったため、Xはその後は屋根瓦も葺かず、荒壁も塗らず、工事を中止したまま放置した。そこで、Yは、Bとの請負契約を合意解除し、訴外建設会社Cに対し、工事進行に伴い建築中の建物の所有権はYの所有に帰する旨の特約を付して右建築の続行工事を請け負わせ、Cが、建物を完成した。ところが、Xは、本件建物の所有権は自己にあるとして、Yに対し、本件建物明渡とそれまでの賃料相当額の損害賠償を求めて訴えを提起した。

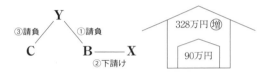

裁判の流れ

1審（神戸地尼崎支判昭51・3・31民集33巻1号37頁）：請求棄却　2審（大阪高判昭53・4・14民集33巻1号40頁）：控訴棄却　最高裁：上告棄却

Xは本件請求をするに当たり、所有権の取得原因を次のように主張する。すなわち、工事中止の時点で既に独立した不動産となっていたから本件建物の所有権をXは原始取得する。仮にその時点で未だ独立した不動産といえないとしても、荒壁が塗付され独立の不動産となった時点で、不動産になる直前の建前が主たる部分といえるから、243条の適用によりXが所有権を取得する。そして、いずれの場合も、その後の第三者の建築による増加分は242条によりXに帰属する、と主張する。これについて2審は、243条は動産の合成物にのみ適用される条文であること、第三者が自らも資材を供して工作を加え新たな不動産である本件建物を建築した場合には246条2項を類推適用して所有権の帰属を決すべきところ、第1の請負人Xが建築した建前の価値（90万円以下）と第2の請負人Cの続行工事による増加価値（328万円以上）との間に3.6倍以上の開きがある本件では、C（Y）への所有権帰属が認められるとして、Xの控訴を棄却した。そこで、Xは、243条の適用を動産に限るとする解釈は違法であること、Xは不動産となる直前まで建築しておりCは「新たな物」を作り出した、すなわち加工したとは言えないから246条は適用できない、として上告した。最高裁はXからの上告を棄却した。

判　旨

〈上告棄却〉「建物の建築工事請負人が建築途上において未だ独立の不動産に至らない建前を築造したままの状態で放置していたのに、第三者がこれに材料を供して工事を施し、独立の不動産である建物に仕上げた場合においての右建物の所有権が何びとに帰属するかは、民法243条〔動産の付合〕の規定によるのではなく、むしろ、同法246条2項〔動産の加工〕の規定に基づいて決定すべきものと解する。けだし、このような場合には、動産に動産を単純に附合させるだけでそこに施される工作の価値を無視してもよい場合とは異なり、右建物の建築のように、材料に対して施される工作が特段の価値を有し、仕上げられた建物の価格が原材料のそれよりも相当程度増加するような場合には、むしろ民法の加工の規定に基づいて所有権の帰属を決定するのが相当であるからである。…Cが行った工事は、単なる修繕というべきものではなく、Xが建築した建前に工作を加えて新たな不動産である本件建物を製造したものということができる。ところで、右の場合において民法246条2項の規定に基づき所有権の帰属を決定するにあたっては、Cの工事によりXが建築した建前が法律上独立の不動産である建物としての要件を具備するにいたった時点における状態に基づいてではなく、前記昭和40年11月19日までに仕上げられた状態に基づいて、Cが施した工事及び材料の価格とXが建築した建前のそれとを比較してこれをすべきものと解されるところ、右両者を比較すると前記のように前者か後者を遙かに超えるのであるから、本件建物の所有権は、Xにではなく、加工者であるC〔特約により結局Y〕に帰属するものというべきである」。

判例の法理

判例は、建築途上の建物（建前）を、土地に付合する土地の定着物ではなく、土地とは別個の動産であると捉え、その所有権は材料の提供者である請負人に帰属するという立場に立つことを前提としたうえで、建築途中の未だ独立の不動産に至らない建物（建前）に第三者が材料を提供して工事を施し、独立の不動産である建物に仕上げた場合における建物所有権の帰属は、243条の動産の付合の規定によるのではなく、動産の加工の規定である246条2項に基づいて決定すべきであるとしている。

そして、246条2項の規定に基づき所有権の帰属を決定するにあたっては、第2の請負人の工事により第1の請負人が建築した建前が法律上独立の不動産である建物としての要件を具備するに至った時点における状態に基づいてではなく、第2の請負人によって仕上げられた状態に基づいて、第2の請負人が施した工事および材料の価格と第1の請負人が建築した建前の価格とを比較すべきであるとしている。

●建物が独立の不動産となる時期

まず、本件を検討する前提問題として、建築中の建物が独立の不動産になる時期はいつかが問題となる。その時期は、一般に、屋根瓦と周壁を有し、風雨をしのげる程度に至った時点とされている（大判昭10・10・1民集14巻1671頁）。悪天時でも起臥寝食できる生活空間という住居の利用目的の観点からも妥当な基準といえよう。なお、不動産登記法111条において、建物とは、屋根および周壁またはこれに類するものを有し、土地に定着した建造物であって、その目的とする用途に供し得る状態にあるものとされ、外気分断性、定着性、用途性の三要素から整理されている点も参考になる。本判決は、荒壁が未塗付の段階の建造物は、独立の不動産としての建物とはいえないとし、従来の判例の立場を踏襲している。

●建前は動産か

次に、建築途上の建造物（建前）を法的にどうみるか問題となる。この点、一種の土地の定着物、すなわち不動産（86条）とみる見解もあるが（幾代・総則163頁）、判例は、組み立てられた建築材料、すなわち土地とは独立した動産とみている。思うに、土地利用権と結合すればそれ自体として一定の経済的価値を有し独立の取引の対象となることから、土地の所有権に吸収されると考えるのは適当でない。また、社会通念ないし取引観念上、建前は、臨時的一時的な存続状態（内山尚三・民商81巻6号71頁参照）であるから、相当期間の存続を前提とする定着物の概念に含める必然性もない。以上から、本判決のように、土地とは独立した動産として扱うのが適当である。

●建前の所有権の帰属

未だ独立の不動産に至らない建築中の建物は誰に帰属するかという問題を検討するにあたっては、建物建築請負における完成建物の所有権の帰属に関する議論との整合性を意識する必要がある。その議論については、判例は、まず、特約があればそれに従い、特約がない場合は、材料の提供者が誰であるかを基準としている（→**126事件**）。本判決は、材料の提供者である請負人に帰属するとの立場に立ち、両者間の整合性を図っている。

●付合か加工か

以上のことを前提に、未だ独立の不動産に至らない建前に、第三者が工事を施して独立の不動産に仕上げた場合の建物所有権の帰属が問題となる。所有者を異にする複数の物が結合した場合に、所定の要件の下、その復旧を許さず、所有権の一体化と帰属を決定し、当事者間の経済的公平は償金請求権によって最終調整するという制度を、民法（242条以下）は用意している。付合・混和・加工に区分され、これらを総称して講学上、添付という。そして、添付に関する規範のうち、所有権の一体化を定める部分は強行法規であるのに対し、誰に所有権を帰属させるかを決定する部分は任意法規であるため、この点に関する契約や約定があれば、まずは、それに従うことになる。約定がないときは、いかなる法理に従うべきか。付合か、それとも加工か。付合は、物と物との物理的合成を問題とするが、加工は、素材の価値と並んで、労働の価値にも比重を置く点に、その特徴がある。付合の法

理によれば建物所有権は主たる部分の所有者に帰属することになるのに対して、加工の法理によれば、材料価格に工作による価値増加分を加えたものとの対比によって決定される。本判決は、労働の価値、すなわち「そこに施される工作の価値」が「特段の価値を有し」ている点に着目して、加工の法理によるのが適合的であるとの判断を下しているが、制度の本質に適合するものとして正当に評価できよう。

●要件①新しい物が生ずることを要するか

加工とは、他人の物に工作を加えることをいうが、さらに加えて、新しい物あるいは独自の価値を有するに至ることを要するかが問題となる。否定説（舟橋・物権371頁、広中・物権414頁、瀬川信久・判評249号18頁。なお、我妻・講義Ⅱ312頁以下参照）も有力であるが、本判決は、その表現上、独立の不動産に仕上げた点に着目し、単なる修繕ではなく、新たな物が生じたものと判示している点が注目される（内山・前掲73頁参照。なお、石外克喜・判タ411号34頁は、新しい物でないものに対して類推適用した判決であるという）。

●要件②著しい価値の増加を要するか

本件は第2の請負人が自ら材料を提供した事案であったため、本判決は、246条1項ただし書ではなく、同条2項を適用している。すなわち、増加価値が建前の価値を「著しく超える」必要はなく、単純に「超える」ことで足りる。なお、判決文は、「相当程度増加」という表現を用いているが、これは「仕上げられた建物の価格」を対比の対象に置いたために過ぎず、それ以上に特別な意味はないものと解される。

●要件③動産の加工に限定されるか

工事中止の段階で既に独立の不動産となっていたケースに対しても、246条の適用は認められるか。この点、労働の価値を徹底して重視するのであれば、246条の適用対象を建物という不動産にまで拡大することも不自然ではない（舟橋・前掲370頁、瀬川・前掲注17頁、内田Ⅰ394頁）。しかし、判例・通説はこれを否定し、242条の適用場面とする。よって、第2の請負人がたとえ莫大な価値の増加を建物にもたらしたとしても、つねに原則として第1の請負人の所有に帰属することになる。

●要件④　判断の基準時

加工の規定を適用し、建前の価格と施した工事および材料の価格を比較する場合に、その判断時期が問題となる。建前が独立の不動産である建物に至った時点、すなわち屋根瓦や周壁が付された時点か、それとも第三者の工事が終了した時点か。加工は1つの目的に向けられた価値創造行為（広中・前掲417頁以下）であるから、続行工事の労働力を全体的に把握することが妥当である。本判決は、労働の価値に着目して、第2の請負人の工事全体を評価対象としており、正当な立場といえよう。

【参考文献】　本判決の解説・評釈として、本文に掲載したもののほかに、髙橋智也・百選Ⅰ8版146頁、坂本武憲・百選Ⅰ6版146頁、安永正昭・百選Ⅰ3版160頁、新田敏・昭和54年度重判72頁がある。

神田英明

125 金銭の所有権

最高裁昭和 39 年 1 月 24 日判決　判時 365 号 26 頁、判タ 160 号 66 頁

【206 条】

論点　騙取・横領された金銭の所有権の帰属

事実の要約

債権者Ｙが債務者Ａの財産に対して仮差押えをした際に、ＡはＸから騙取・横領した金銭を自己のものであると偽って執行吏に提出した。そこで、被害者であるＸがＹに対しその金銭は自己のものであると主張して第三者異議の訴えを提起した。

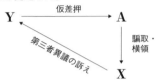

裁判の流れ

1 審（福岡地判）：不明　2 審（福岡高判）：Ｘ敗訴　最高裁：Ｘの上告棄却

具体的な裁判の流れは判決資料から不明である。2 審にてＸが敗訴したため上告。

判　旨

〈上告棄却〉「金銭は、特別の場合を除いては、物としての個性を有せず、単なる価値そのものと考えるべきであり、価値は金銭の所在に随伴するものであるから、金銭の所有権者は、特段の事情がないかぎり、その占有者と一致すると解すべきであり、また金銭を現実に支配して占有する者は、それをいかなる理由によって取得したか、またその占有を正当づける権利を有するか否かに拘わりなく、価値の帰属者即ち金銭の所有者とみるべきものである（昭和 29 年 11 月 5 日最高裁判所第二小法廷判決、刑集 8 巻 11 号 1675 頁参照）。本件において…、11 万円余はＸから交付をうけたとき、6 万余円は着服横領したとき、それぞれＡの所有に帰しＸはその所有権を喪失したものというべきである。これと同趣旨の原判決の判断は正当であ」る。

判例の法理

●金銭の所有は占有と一致する

金銭は物としての個性を有せず、単なる価値そのものと考えるべきであるから、金銭の所有権は占有とともに移転し、騙取・横領の被害者は金銭の所有権（優先効）を主張できないという立場に立つことを明らかにした。

判例を読む

●金銭の特殊性

金銭は動産であるとされるが（例えば、我妻・講義Ⅱ 37、185 頁）、極めて特殊な動産であるため、本来ならば独立の章を設けて規定しても不自然でない。にもかかわらず、所有権を代表とする物権と金銭債権などの債権をわが民法は財産法の二大支柱として扱い、それゆえ物権編、債権編、そして両者の共通法則を扱う総則編の三編

で財産法を構成し、それぞれに数多くの条文を置いたが、金銭そのものに関しては、これといった明文規定は置かなかった。よって、金銭そのものをめぐる法律問題を処理するに当たっては、金銭の本質ないし特殊性から独自の法理を導き出す必要がある。

さて、金銭には次に述べる特殊性がある。すなわち、第 1 に、金銭は、他の消費物とも異なり、物自体を物体的に使用して利益を上げるという性質を有さず、現実の引渡行為にのみその使用価値が認められる特殊な存在である。つまり、観念的な所有権をもってはその交換価値的機能を果たすことはできず、現実の占有ある場合以外には意味を見出すことができないという特殊性を有する。また、第 2 に、金銭は極度の没個性性を有し、いかなる金銭もその交換価値は等値であるから、権利の行使あるいは救済の場面において価値の移転がなされればそれだけで目的達成といえ、特定を要件とする物権法上の回復秩序で考察することはまず一次的には不適当といえる。よって、占有の訴えや物権的請求権による救済は原則として適用されない。そして、第 3 に、高度な流通性確保が要請される。すなわち、金銭はそれ自体が目的ではなく手段的存在であり、小切手や手形などの有価証券以上に高度な流通が予定されている。そのため即時取得制度（192、193 条）における 2 年間の回復請求や第三者の無過失要件の適用除外はもちろんのこと、その目的に従った独自の法秩序の確立が強く要請される。

これらの金銭の特殊性に鑑み、金銭の所有と占有は一致し、金銭に即時取得制度の適用はないとするのが通説的見解である。そのような中で、特に第 2 の金銭の没個性的性格から、金銭の所有と占有は一致し、騙取・横領の被害者は金銭の所有権（優先効）をもはや主張できないという立場を明言したのが本判決である。なお、この原則法理を徹底することによる不都合をいかに解決すべきかという問題が副次的に発生するが、これに関する判例と学説の動向については別項（判例講義民法Ⅱ債権 → 143 事件）を参照してほしい。

【参考文献】　田中整爾・争点Ⅰ 29 頁。遠藤浩・民研 466 号 207 頁。田髙寛貴・新争点 164 頁。川地宏行・百選Ⅰ 9 版 148 頁。

神田英明

126 持分権に基づく不実の持分登記の是正方法

最高裁平成 22 年 4 月 20 日判決　判時 2078 号 22 頁、判タ 1323 号 98 頁

【198 条、252 条】

論点　ＸＡの共有に属する不動産につきＸＡＹを共有者とする所有権保存登記がなされている場合に、Ｙの持分に関する部分の抹消登記手続請求は、抹消登記・更正登記のいずれの方法によるべきか

事実の要約

　平成 3 年に本件建物の所有者であるＣが死亡し、その相続人は、ＢおよびＹであったが、遺産分割協議により同建物はＢが取得した。その後、平成 9 年にＢが死亡し、本件建物は、Ｂの妻 X_1 が持分の 2 分の 1、Ｂの 2 人の子である X_2 と訴外Ａがそれぞれ持分の 4 分の 1 を相続した。ところが、本件建物については、Ｙの持分を 2 分の 1、X_1 の持分を 4 分の 1、X_2 とＡの持分をそれぞれ 8 分の 1 とする所有権保存登記がなされている。そこで、X_1 および X_2（以下、Ｘらという）は、Ｙに対し、共有持分権に基づき、本件建物の保存登記のうち、Ｙの共有持分に関する部分の抹消登記手続を求めた。

裁判の流れ

　1 審（高知地判平 21・2・10 金判 1356 号 21 頁）：請求認容　2 審（高松高判平 21・7・2 金判 1356 号 21 頁）：控訴棄却　最高裁：破棄自判（原判決一部変更、一部上告棄却）
　1 審は、「Ｙは、Ｘらに対し、本件建物につき、…所有権保存登記の抹消登記手続をせよ」と判示し、Ｘらの請求を全部認容した。Ｙ控訴。2 審も、「原判決の認定・判断を変更すべき点は見当たらない」として控訴を棄却した。Ｙ上告（以下の最高裁の判旨の(1)、(2)、(3)の付番は筆者）。

判旨

　〈破棄自判〉(1)「原審の上記判断は、Ｘらが本件登記部分のみの抹消登記手続を求めているにもかかわらず、Ｙに対し、これを超えて本件保存登記全部の抹消登記手続を命ずるものであって、当事者が申し立てていない事項についてまで判決をしたものといわざるを得ない。また、仮に、…原審は、Ｘらの本件登記部分の抹消登記手続請求を容認すべきものとしたにとどまると解し得るとしても、そのような判断は、一個の登記の一部のみの抹消登記手続を命ずるものであって、不動産登記法上許容されない登記手続を命ずるものといわざるを得ない。」
　(2)「Ｘらの本件登記部分の抹消登記手続請求が意図するところは、Ｙが持分を有するものとして権利関係が表示されている本件保存登記を、Ｙが持分を有しないものに是正することを求めるものにほかならず、Ｘらの請求は、本件登記部分を実体的権利に合致させるための更正登記手続を求める趣旨を含むものと解することができる。…」
　(3)「共有不動産につき、持分を有しない者がこれを有するものとして共有名義の所有権保存登記がされている場合、共有者の一人は、その持分に対する妨害排除として、登記を実体的権利に合致させるため、持分を有しない登記名義人に対し、自己の持分についての更正登記手続を求めることができるにとどまり、他の共有者の持分についての更正登記手続までを求めることはできない…。したがって、Ｘらの請求は、X_1 の持分を 2 分の 1、X_2 の持分を 4 分の 1、Ｙ及びＡの持分を各 8 分の 1 とする所有権保存登記への更正登記手続を求める限度で理由があるからこれを認容し、その余は理由がないから棄却すべきである。」

判例の法理

　1 審および 2 審は、本件建物につきＹの持分を 2 分の 1、X_1 の持分を 4 分の 1、X_2 とＡの持分をそれぞれ 8 分の 1 とする本件保存登記の全部の抹消登記手続を命じたが、この手続によると、Ｙの持分だけでなく、X_1 および X_2 の現登記名義の持分も抹消されてしまう。Ｘらが求めているのは、無権利者Ｙの 2 分の 1 の持分の登記の抹消のみである。しかし、このような一個の登記の一部のみの抹消登記手続は不動産登記法上許容されない（以上、判旨(1)）。これを許容すると共有持分の総計が 8 分の 8 にならないからである。）。そこで、Ｘらの請求は、Ｙが持分を有しないものに是正し、Ｙの登記部分を実体的権利に合致させるための更正登記手続を求める趣旨を含むものと解することができる（以上、判旨(2)）。ただ、Ｘらは、Ｙに対し、X_1 の持分を 2 分の 1、X_2 の持分を 4 分の 1 とする所有権保存登記への更正登記手続を求めることができるにとどまり、Ａの持分についての更正登記手続までを求めることはできない。したがって、ＹおよびＡの持分は各 8 分の 1 となり実体に符号しないことになるが（以上、判旨(3)）、そのことはやむを得ず、Ａは自ら訴えを提起することになる。

判例を読む

　判例は、無権利者名義型においては、共有者の一人が単独で所有権移転登記の全部の抹消を求めうるとし（最判昭和 31 年 5 月 10 日民集 10 巻 5 号 487 頁、最判昭和 15 年 7 月 11 日民集 57 巻 7 号 787 頁（→127 事件））、共有者名義型においては、勝手に単独名義にした共有者に対し、他の共有者は、自己の持分についてのみ一部抹消（更正）登記手続を求めうるとしてきた（最判昭和 59 年 4 月 24 日裁判集民 141 号 603 頁。→127 事件の解説参照）。後者の場合には、当該登記は、登記名義人の持分の限りで有効なので、抹消登記は認められず、もっぱら同一の登記の内部において更正登記の方法で一部訂正すべきというのである。本件では、Ｙは無権利者であるが、登記は、単独名義ではなく、共有持分権者 X_1、X_2、Ａと共有名義でなされているので、X_1 らの現在の共有名義を消去せずに同一登記内で更正すべしとして、共有者名義型として処理したのである（七戸・後掲 97 頁）。

【参考文献】　本件の評釈として、七戸克彦・速報判例解説 7 号 95 頁、渡部美由紀・法教別冊付録 366 号 28 頁、田山輝明・リマークス 2011（下）14 頁等がある。

鎌野邦樹

127 持分権に基づく登記請求

最高裁平成 15 年 7 月 11 日判決　民集 57 巻 7 号 787 頁、判時 1833 号 114 頁、判タ 1133 号 116 頁
【249 条、252 条】

論点　不実の持分移転登記を了している者に対し共有者の 1 人は同登記の抹消登記手続請求をすることができるか

事実の要約

Aの所有する本件土地は、Aの死亡によって、その子 X_1、X_2、B、Cの 4 名に共同相続されたが、Aの死亡は、Cによる殺害によるものであった。ただ、事実審口頭弁論終結時においては、Cの刑は確定しておらず、Cは相続欠格者にはなっていなかった（その後、上告審係属中に無期懲役刑が確定した）。Aの死亡直後に、Cは、本件土地につきAの相続人 4 名の持分を各 4 分の 1 とする相続登記をした上、Cの持分（以下、「本件持分」という）について、Cの債権者Yに対して代物弁済を原因として持分移転登記をした。その結果、登記簿上の持分割合は、Aの相続人 3 名（X_1、X_2、B）およびYが各 4 分の 1 となった。そこで、X_1、X_2（以下、両者を合わせてXらともいう）が、Yに対し、CからYに対する本件持分の代物弁済は虚偽表示または公序良俗違反により無効であるとして、持分移転登記の抹消登記手続を請求した。

裁判の流れ

1 審（名古屋地判平 12・2・18 民集 57 巻 7 号 798 頁）：請求認容　2 審（名古屋高判平 12・11・29 民集 57 巻 7 号 809 頁）：請求棄却　最高裁：破棄差戻

1 審は、CからYへの本件持分の代物弁済は虚偽表示または公序良俗違反により無効であるとし、Xらは、本件土地の共有持分権に基づく保存行為として、Yの経由した持分移転登記の抹消登記手続を請求することができるとした。Y控訴。2 審は、仮にCからYへの本件持分の譲渡が無効であり、Yが経由した持分移転登記が真実に合致しないものであるとしても、Xらの各 4 分の 1 の共有持分権はYの同不実の登記によって何ら侵害されていないから、持分権に基づく保存行為としてYに対し同登記の抹消を求めることはできないとして、Xらの請求を棄却した。Y上告。

判旨

〈破棄差戻〉「不動産の共有者の一人は、その持分権に基づき、共有不動産に対して加えられた妨害を排除することができるところ、不実の持分移転登記がされている場合には、その登記によって共有不動産に対する妨害状態が生じているということができるから、共有不動産について全く実体上の権利を有しないのに持分移転登記を経由している者に対し、単独でその持分移転登記の抹消登記手続を請求することができる（最高裁昭和 29 年（オ）第 4 号同 31 年 5 月 10 日第一小法廷判決・民集 10 巻 5 号 487 頁、最高裁昭和 31 年（オ）第 103 号同 33 年 7 月 22 日第三小法廷判決・民集 12 巻 12 号 1805 頁。なお、最高裁昭和 56 年

（オ）第 817 号同 59 年 4 月 24 日第三小法廷判決・裁判集民事 141 号 603 頁は、本件とは事案を異にする。）」。本判決は、このように判示して、原判決を破棄し、CからYへの本件持分の譲渡が無効かどうかにつき審理を尽くさせるために原審に差し戻した。なお、Cが相続欠格者となった事実は、事実審口頭弁論終結後の事実であるから、上告審がこれを考慮することはできない。

判例の法理

● 原審の法理と最高裁の法理

原審の判断は、次のようなものである。Cが相続欠格者ではない段階においてはAの相続人はCを含む 4 名であり、したがって、X_1、X_2 の各共有持分権は、Cの相続欠格が確定した場合には 3 分の 1 になるが、現在は 4 分の 1 であるから、たとえCの共有持分権 4 分の 1 が無効な譲渡によってYに移転し、Y名義の不実の移転登記がなされていても、このことによってXらの各 4 分の 1 の共有持分権には何らの侵害がないというのである。このような原審の法理に対して、最高裁は、次のような反論をしているものと解することができる。Cの共有持分権 4 分の 1 が無効な譲渡によってYに移転し、全く実体上の権利を有しないY名義の不実の移転登記がなされた場合には、共有者の一人であるXらは、共有不動産に対する不法占有等による物理的な侵害に対してその妨害を排除することができるのと同様に、Yの登記によって共有不動産に対する妨害状態が生じているということができるから、Yに対し、単独でその持分移転登記の抹消登記手続を請求することができると。思うに、最高裁の法理では、たしかにXらの 4 分の 1 という「共有持分権（共有物に対して有する所有権の割合）」自体には何らの侵害はないが、共有物全体に対し他の共有者と共にXらが有しているという意味での「共有持分権（共有物に対して有する所有権）」に対しては、Yの不実の持分移転登記が存することによる侵害が生じているというのである（Xらの上告受理申立理由では、相続税に関する物納申請が許可され、また遺産分割を円滑に行うためには登記名義の是正が必要であるとする）。

● 最高裁の引用判決

本最高裁判決は、上記のような判断をするに当たり、先例として最判昭和 31 年 5 月 10 日を引用している。同判決は、全く無権利の第三者が単独所有名義の登記をしている事案について、「ある不動産の共有者の一人がその持分に基き当該不動産につき登記簿上所有名義者たるものに対してその登記の抹消を求めることは、妨害排除の請求に外ならずいわゆる保存行為に属するものとい

うべく、従って、共同相続人の一人が単独で本件不動産に対する所有権移転登記の全部の抹消を求めうる」とするものである。他方、本最高裁判決が「本件とは事案を異にする」としてあえて引用している最判昭和59年4月24日は、「数名の者の共有に属する不動産につき共有者のうちの一部の者が勝手に自己名義で所有権移転登記又は所有権移転登記仮登記を経由した場合に、共有者の一人がその共有持分に対する妨害排除として登記を実体的権利に合致させるため右の名義人に対し請求することができるのは、自己の持分についてのみの一部抹消（更正）登記手続であると解するのが相当である」というものである（原告でない共有者の持分についての更正登記手続の部分は棄却された）。

判例を読む

●本判決の意義

共有不動産について実体上の権利に合致しない単独所有名義の登記がされている場合に、共有者の1人が単独でその不実登記の抹消または更正を求めることができるか否かという問題については、従来、無権利者名義型（全くの無権利の第三者が単独所有名義の登記をしている場合）と、共有者名義型（共有者の1人が単独所有名義の登記をしている場合）の類型の判例があり（前掲・最判昭和31年は前者に、前掲・最判昭和59年は後者に属する）、また、それに対応する形で学説が存在したが、本件のように、共有者の1人が各共有者の持分に応じた登記をした上で、自己の持分について無権利の第三者に移転登記を経由した事案については、これまで最上級審の裁判例はなく、また、学説上の議論もなかったとされている（鎌田・後掲14頁）。

●無権利者名義型・持分効果説

本判決の事案は、無権利の第三者の登記が、共有者の1人からの持分権譲渡を原因とするものであり、また第三者の登記は単独所有名義ではないが（Xら相続人は各持分権について登記を備えている）、基本的には、共有者名義型ではなく無権利者名義型に属するものである。本判決が、最判昭和31年5月10日等を先例として引用し、最判昭和59年4月24日については「本件とは事案を異にする」としているのは、この意味である。本判決は基本的にこれまでの判例の立場を踏襲するものであり、学説は本判決の結論に賛成している（後掲参照）。

ただ、本判決は、Xが自己の持分を超えて不実登記の抹消請求ができる根拠を、最判昭和31年5月10日等の従来の保存行為説ではなく、近時の多数説である持分権効果説に求めたものと解される。保存行為説によると、登記の抹消を行うことは、目的物の現状を維持する行為、すなわち保存行為（民252条5項）であり、これは共有物の保全に必要であり共有者全員の利益になるものであるから、共有者の一人が単独でできるとする（石田喜久夫「判批」民商34巻6号999頁、新田敏「共有の対外的主張としての登記請求」法務総合研究所編『不動産登記をめぐる今日的課題』（日本加除出版、1987）191頁等）。これに対し

て、持分権効果説は、まず、民法252条5項の保存行為は共有物の滅失・損傷を防止してその現状を維持する行為であるから、不実登記の抹消まで保存行為というのは同概念の広げすぎであるとして保存行為説を批判し、その上で、所有権としての持分権は共有物の全部についてその効力が及ぶから（民249条1項参照）、各共有者は、自己の持分権に基づき、その円満な状態を回復するために共有物全部について妨害排除請求として単独で抹消の登記を請求することができるとする（注民(7)313頁［川井健］、我妻・講義II 327頁等）。かつては、両説の相違は、前説では抹消登記手続を求める訴訟の判決の既判力は非訴訟当事者である他の共有者にも及ぶが、後説ではこれが否定されるとする学説も存在したが、今日では、一般に、両説の相違と既判力の問題とは必ずしも結びつかないと解されている（安達・後掲89頁、なお、山田・後掲99頁参照）。

●無権利者名義型の場合と共有者名義型の場合

それでは、本件の事案のような無権利者名義型に属する場合には各共有者が単独で第三者の不実登記部分の抹消請求ができるのに、共有者名義型に属する場合には、不実登記部分が共有物に対する侵害であることには変わりはないにもかかわらず、各共有者は、単独では共有者の不実登記の自己の持分に係る一部しか抹消することができないのか。この点については、共有者名義型における訴訟においては、原告の訴訟手続上ないし登記手続上の制約により、不実登記部分について抹消登記手続ではなく更正登記手続をしなければならないことから、当然に原告の持分を超える部分の請求を認めることはできないという説明が可能であろう（尾島・後掲167頁、安達・後掲90頁）。したがって、仮に、上記の手続上の制約がなく、不実登記部分を単に抹消登記により被相続人等の従前の名義に回復するだけの請求が認められるとするならば、原告が単独で自己の持分を超える他の共有者の部分まで抹消登記手続請求をすることが肯定されることになろう。

●本事案の事後的処理

本事件の差戻審で、「相続欠格者」Cからの譲渡の無効を理由にY名義の持分移転登記につき抹消登記手続が認められた場合には、確定判決による登記であるので、Yのみを登記義務者とし、Xらが抹消登記の権利者たる被相続人Aに代わって登記権利者として抹消登記を申請することができると解されている（63条1項、星野・後掲94頁、山田・後掲99頁。なお、小西・後掲79頁参照）。

【参考文献】　本件の評釈等としては、次のものがある。鎌田薫・リマークス29号14頁、尾島明・ジュリ1261号165頁、安達英司・NBL789号87頁、星野景子・法学（東北大学）69巻2号87頁、山田誠一・法教283号98頁、七戸克彦・百選I 8版152頁、小西飛鳥・市民と法30号74頁、関武志・判評545号（判時1855号）19頁。等。

鎌野邦樹

128 協議を経ない共有物の単独使用(1)——多数者による明渡請求

最高裁昭和41年5月19日判決　民集20巻5号947頁、判時450号20頁、判タ193号91頁　　【249条】

論点　共有物の持分の過半数を有する者は、共有物を占有する他の共有者に対し明渡請求権を有するか

事実の要約

指導師であるAは、その所有する土地上の建物に自己の営む業の後継者として次男Yを住まわせ、自己は妻X₁とともに別の所に住んでいた。Aの死亡によって、同土地・建物はX₁（持分3分の1）、その子X₂ら7名（持分各12分の1）およびY（持分12分の1）が共同相続した。X₁およびX₂ら（以下、Xらという）が、Yに対して、建物の明渡し等を求めた（以下では、建物の明渡請求についてのみ取り上げる）。

裁判の流れ

1審（東京地判昭36・3・6民集20巻5号971頁）：一部認容　2審（東京高判昭38・5・23民集20巻5号977頁）：変更　最高裁：一部上告棄却・一部破棄自判

1審では、Xらの建物明渡請求が認められた。Y控訴。2審では、AY間の建物使用貸借は相続開始前に終了したものと認定した上で、「共有者である共同相続人が持分の価格に従いその過半数をもって建物管理の方法として相続財産に属する建物を共同相続人の一人に占有させることを定める等かくべつの事情のない限り、持分の価格の過半数に満たない持分を有するにすぎない共同相続人は、その建物にひとりで居住しこれを占有するについて他の共同相続人に対抗できる正当な権原を有するものと解することはできない」として、Xらの建物明渡請求を認容した。これに対して、Yは、相続開始前10年も前から居住している相続人の一人に対し、その持分の価格が少ないということだけで、他の共有者に明渡しをしなければならないとするのは不当であるとして上告した。

判旨

〈一部上告棄却・一部破棄自判〉「思うに、共同相続に基づく共有者の一人であって、その持分の価格が共有物の価格の過半数に満たない者（以下単に少数持分権者という）は、他の共有者の協議を経ないで当然に共有物（本件建物）を単独で占有する権原を有するものでないことは、原判決の説示するとおりであるが、他方、他のすべての相続人らがその共有持分を合計すると、その価格が共有物の価格の過半数をこえるからといって（以下このような共有持分権者を多数持分権者という）、共有物を現に占有する前記少数持分権者に対し、当然にその明渡を請求することができるものではない。けだし、このような場合、右の少数持分権者は自己の持分によって、共有物を使用収益する権原を有し、これに基づいて共有物を占有するものと認められるからである。従って、この場合、多数持分権者が少数持分権者に対して共有物の明渡を求めることができるためには、明渡を求める理由を主張し立証しなければならないのである」。

本件では、このような主張・立証はなされていないとして、XらのYに対する明渡請求は棄却された。

判例の法理

●原審の判断と最高裁の判断

原審は、少数持分権者たる共同相続人には、共有物の占有について多数持分権者たる他の共同相続人に対抗できる正当な権原を有しないから、明渡請求に応じなければならないとしたが、最高裁は、少数持分権者は、共有物の単独の占有権原はないとしても、自己の持分による限りでの占有権原は有するから（2021（令和3）年改正前の249条）、多数持分権者が明渡しを求めることができるためには、明渡しを求める理由を主張し立証しなければならないとした。ただし、どのようなものが明渡しの理由となり得るかについては特に述べていない。

判例を読む

●学説

学説は、判例の結論には賛成する（後掲）。ただし、Xらが明渡しを求めることができるためには明渡しを求める理由を主張し立証しなければならないという点については疑問としている。すなわち、Xらの明渡請求については結局はその相続分の限度においてYと共同占有すべきことを求めることになるであろうとした上で、ただ、Yが被相続人の生前からその業を継ぐ者として建物に居住してきているという本件のような事情のもとにあっては、共同相続人による建物管理についての協議によってその者に居住せしめないという決定をしない限り、遺産分割までは、Yの居住を侵すことになるXらの多数持分権者の請求は信義則上許されないと説く（金山・後掲9頁）。また、判例にいう「明渡を求める理由」は共同相続人による多数決による決議を意味するのであろうかとしつつ、しかし、本件のような共同相続財産については、これだけでは足りず、全員一致（分割の手続または管理の手続）を要すると解したい、と説くものもある（星野・後掲96頁）。結局、本件のような事案の法的解決は、明渡請求によるのではなく、遺産分割によることになろう。

なお、2021（令和3）年改正後の249条2項は、「共有物を使用する共有者は、別段の合意がある場合を除き、他の共有者に対し、自己の持分を超える使用の対価を償還する義務を負う。」と定める。

【参考文献】　本件の解説としては、奈良次郎・最判解民昭和41年度244頁（曹時18巻7号142頁）があり、本件の評釈としては、金山正信・判評96号7頁、星野英一・法協84巻5号89頁、谷田貝三郎・民商56巻1号107頁、村田博史・百選Ⅰ6版150頁等がある。

鎌野邦樹

129 協議を経ない共有物の単独使用(2)──無償使用の合意の推認

最高裁平成8年12月17日判決　民集50巻10号2778頁、判時1589号45頁、判タ927号266頁

【249条、703条】

論点 遺産である建物に被相続人と同居し、被相続人死亡後も占有している相続人に対して、他の共同相続人らは、その占有について不当利得であるとして賃料相当額の支払を請求することができるか

事実の要約

Aの相続人Y₁およびY₂（Aの子と思われる。）は、Aの生存中、A所有の本件土地建物においてAと共に家業（二輪車の修理販売）を営んでいたが、Aの死亡後も、遺産である本件建物に居住を続けた。ところが、Aは、生前、本件土地建物を含む一切の財産につき公正証書により、相続人であるY₁、Y₂、Y₃、訴外Bには各16分の1（Bの持分は後にY₁に贈与）、X₁、X₂には各16分の3、X₃、X₄には各16分の2の相続分を指定し、受遺者X₅には16分の2を包括遺贈する旨の遺言をした。X₁～X₅（以下、Xらという。）は、Y₁～Y₃に対して本件土地建物につき共有物分割請求をすると共に、Y₁およびY₂（以下、Yらという。）に対して本件土地建物の無償使用につき不法行為ないし不当利得に基づいて賃料相当額の支払を請求した（以下では、基本的に後者の請求のみを扱う）。

裁判の流れ

1審（東京地判平4・12・24民集50巻10号2808頁）：請求認容　2審（東京高判平5・7・14民集50巻10号2817頁）：請求棄却　最高裁：破棄差戻

1審、2審共に、共有物分割請求については、本件土地建物は遺産分割前の共有状態にあり、家庭裁判所の審判による遺産分割によるべきであるから不適法として却下した。賃料相当額の支払請求については、1審はXらの請求を認容し、2審も、不法行為による請求は否定した上で、「共有持分権者といえども、共有物の占有、使用につき、自己の共有持分に相当する範囲を超える部分については、占有、使用していない他の共有持分権者の損失のもとに法律上の原因なく利得しているとみられるから、格別の合意がない限り、占有、使用していない他の共有者に対して、相応の不当利得返還義務を負担」するとして同請求を認容した。これに対し、Yらは、Aの生活等をみてきたYらにはAとの間において「格別の合意」が存在し、また、Aの死亡によりYらを突然不法占拠者とするのは法常識に反して納得できないなどとして争い、上告した。

判　旨

〈破棄差戻〉「共同相続人の一人が相続開始前から被相続人の許諾を得て遺産である建物において被相続人と同居してきたときは、特段の事情のない限り、被相続人と右同居の相続人との間において、被相続人が死亡し相続が開始した後も、遺産分割により右建物の所有関係が最終的に確定するまでの間は、引き続き右同居の相続人にこれを無償で使用させる旨の合意があったものと推認されるのであって、被相続人が死亡した場合は、この時から少なくとも遺産分割終了までの間は、被相続人の地位を承継した他の相続人等が貸主となり、右同居の相続人を借主とする右建物の使用貸借契約関係が存続すること

になるものというべきである。けだし、建物が右同居の相続人の居住の場であり、同人の居住が被相続人の許諾に基づくものであったことからすると、遺産分割までは同居の相続人に建物全部の使用権原を与えて相続開始前と同一の態様における無償による使用を認めることが、被相続人及び同居の相続人の通常の意思に合致するといえるからである。」

判例の法理

本件での相続人らXらの共有持分の合計は16分の12であるが、従来の判例によると、このような多数持分権者であっても共有物たる本件土地建物を現に占有する相続人たる少数持分権者Yら（持分合計16分の2）に対し、当然には明渡請求をすることはできない（最判昭和41年5月19日民集20巻5号947頁（→**128事件**））。本件では、明渡請求ではなく、本件土地建物を現に占有している相続人たる共有者に対し、無償使用を理由として不当利得等に基づく賃料相当額の支払請求が認められるかが争点となった。原審は、AとYらとの間には「格別の合意」が存在しないとして、Xらの不当利得返還請求を認めたのに対し、本最高裁は、AとYらとが本件建物に同居していた場合には、特段の事情のない限り、死亡後もYらを無償使用させる旨の合意が推認され、死亡後少なくとも遺産分割までの間は、Aの地位を承継したXらを貸主、Yらを借主とする使用貸借関係が存続すると判示した。

判例を読む

本判決後の判例においては、相続不動産（土地）の共有者は、当該不動産を単独で占有する他の共有者に対し、その「単独占有権原」が主張立証されない限り、自己の持分割合に応じて占有部分に係る地代相当額の不当利得金ないし損害賠償金の請求ができるとされた（最判平成12年4月7日判時1713号50頁、なお、2021（令和3）年改正後の249条2項参照）。しかし、本判決は、AとYらの「格別の合意」を推認し、また、XらとYらの使用貸借関係を擬制することによって、Yらの「占有権原」を認めた（この考え方は、最判平成10年2月26日民集52巻1号255頁に引き継がれる）。学説には、Aが生前に遺言か死因贈与以外の方法で使用貸借権の設定をするのは無理であり、Yらの居住利益は、遺産分割に際して、分割による取得価値から差し引くとか、せいぜい、管理費と相殺すべきであると説く見解（高木・後掲87頁）などがある。

【参考文献】 本件の評釈として、野山宏・最判解民平成8年度993頁、中川淳・判評463号（判時1606号）31頁、高木多喜男・平成8年度重判86頁、岡本詔治・リマークス1998（上）84頁等がある。

鎌野邦樹

130 共有物の管理行為の例

最高裁昭和39年2月25日判決　民集18巻2号329頁、判タ160号75頁

【252条、544条】

論点
①共有者が共有物を目的とする貸借契約を解除する場合には、民法544条1項が適用されるか、それともももっぱら民法252条が適用されるか
②上記において民法252条が適用されるとしたら、契約の解除は共有者の一人からすることができるか

事実の要約

　Y₁は、Aより本件土地を貸借していたところ、Aが死亡し、BとXが各2分の1の持分で同地を相続により取得した。その後、Y₁が土地の一部をXらに無断でY₂に使用させたため、Xは、このことなどを理由に貸借を解除した。Xは、Y₁に対して解除による賃貸借の終了を理由に土地の明渡しを訴求した（以下では、XのY₁に対する請求のみを取り上げる）。

裁判の流れ

　1審（大阪地判昭32・5・24民集18巻2号333頁）：一部認容　2審（大阪高判昭35・12・26民集18巻2号336頁）：一部認容　最高裁：棄却

　1審では、XのY₁に対する請求は認容された。Y₁控訴。2審では、「貸主が2人以上あるときは、契約解除の意思表示はその全員によりなすことを要する」として、本件ではXの共同相続人Bが解除の意思表示をしていないとして、1審の判断を取り消した。X上告。

判旨

　〈上告棄却〉「共有者が共有物を目的とする貸借契約を解除することは民法252条にいう『共有物の管理に関する事項』に該当し、右貸借契約の解除については民法544条1項の規定の適用が排除されると解すべきことは所論のとおりであるから、原審が、XおよびBの共有物である本件土地を目的とする貸借契約の解除についても同項の規定が適用されることを前提として、Xだけで右契約を解除することはできないとしたのは、法律の解釈を誤ったものというべきである」。「しかし、共有物を目的とする貸借契約の解除は民法252条但書にいう保存行為にあたらず、同条本文の適用を受ける管理行為と解するのが相当であり、前記確定事実によれば、Xは本件土地について2分の1の持分を有するにすぎないというのであるから、同条本文の適用上、Xが単独で本件貸借契約を解除することは、特別の事情がないかぎり、許されないものといわねばならない」。なお、上の民法252条については2021（令和3）年改正前の規定である。

判例の法理

●共有物の管理事項

　544条1項は、「当事者の一方が数人ある場合には、契約の解除は、その全員から又はその全員に対してのみ、することができる。」と定めているため、原判決は、共有者の一人が共有物を目的とする貸借契約を解除する場合にも、当然に同項が適用されるものとした。これに対して、最高裁は、解除事由（本件では612条の解除事由）が存するに至った時点で、共有物を共有者以外の者に引き続き使用させるか（613条参照）、それとも解除権を行使するかは、共有者間での252条にいう「共有物の管理に関する事項」と考えるべきものとして、544条1項の

規定が排除されるとした。

●共有物の管理行為

　それでは、貸借契約の解除が「共有物の管理に関する事項」に該当するとして、それは、保存行為か、それとも管理行為か。この点についても最高裁は管理行為とした。おそらく、貸借契約の解除が「保存行為」に当たるのか「管理行為」に当たるのかという一般的・抽象的な観点からだけではなく、その意思決定が単独でできるのか、それとも過半数での決定を要するのかといった観点も加味した上でそのような判断がなされたものであろう。

判例を読む

●学説

　学説は、判例の結論には賛成する（後掲・参考文献）。ただし、論点①に関して、共有物を目的とする貸借については、解除の不可分性を規定する544条1項の適用は排除され、共有物管理の規定である252条本文が優先的に適用されるとする見解（加藤・後掲133頁）（判例はこの立場と思われる）のほか、解除の意思決定の問題と解除の方式の問題とを分けて考えるべきであるとし、このような観点から本件での適用条文は前者に関する252条本文であるとする見解（星野・後掲174頁。ただし、解除の方式に関しては別個の実質的考慮を必要とするという）がある。下級審判決には、共有漁業権の賃貸借の解除について、共有物管理の決議方法の規定である252条本文と、544条1項の規定とは必ずしも相容れないものではないとするものがある（横浜地判大11・3・13高窪喜八郎『法律学説判例評論全集11巻民　上』（法律評論、1926）785頁）。

●私見

　それでは、両規定の関係について具体的に考えてみよう。例えば甲乙丙がその共有建物（持分は各3分の1）を丁に賃貸した場合に、甲乙丙の債務不履行のために丁が解除するには、甲乙丙全員に対してなすことが必要なのはもちろん、また逆に、丁の債務不履行を理由に解除するためには、甲乙丙全員よりなされる必要がある。たとえば甲だけは解除しないという法律状態を作り出すことは許されない。これが544条1項の趣旨である。ただ、甲乙丙のうち2名が過半数の決定により解除したら、他の1名もこれに拘束されるから（252条）、結局、甲乙丙の全員より解除がなされたことになる（新版注民(13)707頁〔椿寿夫〕）。なお、例えばABCが共同でDの建物を賃借した場合に、Dの債務不履行を理由に賃借人の側から解除する場合にも、ABCの関係を準共有関係と見て、基本的に上と同様に解すべきであろう。

【参考文献】　本件の評釈として、加藤正男・民商51巻5号127頁、星野英一・法協84巻5号171頁等がある。

鎌野邦樹

共有物分割——価格賠償による調整

最高裁昭和 62 年 4 月 22 日大法廷判決　民集 41 巻 3 号 408 頁、判時 1227 号 21 頁、判タ 633 号 93 頁

【258 条】

 論点
①各共有者の持分の価格に従い過半数をもってする分割請求以外の分割を禁止している森林法 186 条は憲法 29 条 2 項に違反するか
②民法 258 条で定める現物分割の方法としてどのような方法が許されるか

事実の要約

　4 ヵ所に分かれている合計 68 筆、100 数万平方メートルの面積をもつ本件森林を、兄弟である X と Y とがその父より生前贈与を受け 2 分の 1 ずつの持分で共有していた。森林の管理・育成は兄 Y が行ってきたところ、本件森林の立木が X の反対にもかかわらず Y により伐採された。そこで、X は、Y に対して、本件森林 4 ヵ所につき持分に応じた現物分割を請求し、あわせて、Y の立木伐採により自己の共有持分権が侵害されたとして損害賠償を請求した（以下では、主として前者の請求について取り上げる）。

裁判の流れ

　1 審（静岡地判昭 53・10・31 民集 41 巻 3 号 444 頁）：一部認容・一部棄却　2 審（東京高判昭 59・4・25 民集 41 巻 3 号 469 頁）：棄却　最高裁：破棄差戻
　1 審・2 審はともに、X の損害賠償請求については認めたが、分割請求については、共有森林につき持分価格 2 分の 1 以下の共有者からの分割請求は森林法 186 条により禁止されているとして、棄却された。X は、森林法 186 条は憲法 29 条に違反し無効であるとして上告した。

判　旨

　〈破棄差戻〉一「共有とは、複数の者が目的物を共同して所有することをいい、共有者は各自、それ自体所有権の性質をもつ持分権を有しているにとどまり、共有関係にあるというだけでは、それ以上に相互に特定の目的の下に結合されているとはいえないものである。そして、共有の場合にあっては、持分権が共有の性質上互いに制約し合う関係に立つため、単独所有の場合に比し、物の利用又は改善等において十分配慮されない状態におかれることがあり、また、共有者間に共有物の管理、変更等をめぐって、意見の対立、紛争が生じやすく、いったんかかる意見の対立、紛争が生じたときは、共有物の管理、変更等に障害を来し、物の経済的価値が十分に実現されなくなるという事態となるので、同条は、かかる弊害を除去し、共有者に目的物を自由に支配させ、その経済的効用を十分に発揮させるため、各共有者はいつでも共有物の分割を請求することができるものとし、…共有者に共有物の分割請求権を保障しているのである。このように、共有物分割請求権は、各共有者に近代市民社会における原則的所有形態である単独所有への移行を可能ならしめ、右のような公益的目的をも果たすものとして発展した権利であり、共有の本質的属性として、持分権の処分の自由とともに、民法において認められるに至ったものである」。
　二「更に、民法 258 条による共有物分割の方法について考えるに、(1)現物分割をするに当たっては、当該共有物の性質・形状・位置又は分割後の管理・利用の便等を考慮すべきであるから、持分の価格に応じた分割をす

るとしても、なお共有者の取得する現物の価格に過不足を来す事態の生じることは避け難いところであり、このような場合には、持分の価格以上の現物を取得する共有者に当該超過分の対価を支払わせ、過不足の調整をすることも現物分割の一態様として許されるものというべきであり、(2)また、分割の対象となる共有物が多数の不動産である場合には、これらの不動産が外形上一団とみられるときはもとより、数か所に分かれて存在するときでも、右不動産を一括して分割の対象とし、分割後のそれぞれの部分を各共有者の単独所有とすることも、現物分割の方法として許されるものというべきところ、かかる場合においても、前示のような事態の生じるときは、右の過不足の調整をすることが許されるものと解すべきである（最高裁昭和 28 年（オ）第 163 号同 30 年 5 月 31 日第三小法廷・民集 9 巻 6 号 793 頁、昭和 41 年（オ）第 648 号同 45 年 11 月 6 日第二小法廷判決・民集 24 巻 12 号 1803 頁は、右と抵触する限度において、これを改める。）。(3)また、共有者が多数である場合、その中のただ一人でも分割請求するときは、直ちにその全部の共有関係が解消されるものと解すべきではなく、当該請求者に対してのみ持分の限度で現物を分割し、その余は他の者の共有として残すことも許されるものと解すべきである」（文中の(1)(2)(3)の番号は筆者による）。
　三「以上のように、現物分割においても、当該共有物の性質等又は共有状態に応じた合理的な分割をすることが可能であるから、共有森林につき現物分割をしても直ちにその細分化を来すものとはいえないし、また、同条 2 項は、競売による代金分割の方法をも規定しているのであり、この方法により一括競売がされるときは、当該共有森林の細分化という結果は生じないのである。したがって、森林法 186 条が共有森林につき持分価格の 2 分の 1 以下の共有者に一律に分割請求権を否定しているのは、同条の立法目的を達成するについて必要な限度を超えた不必要な規制というべきである」。
　四「以上のとおり、森林法 186 条が共有森林につき持分価額 2 分の 1 以下の共有者に民法 256 条 1 項所定の分割請求権を否定しているのは、森林法 186 条の立法目的との関係において、合理性と必要性のいずれをも肯定することのできないことが明らかであって、この点に関する立法府の判断は、その合理的裁量の範囲を超えるものであるといわなければならない」。このように述べた上で、本判決は、森林法 186 条は憲法 29 条 2 項に違反するものであるとし、X の 258 条に基づく分割請求は認められるとした。なお、以上のような多数意見のほか、3 つの補足意見および 1 つの反対意見がある。

判例の法理

●本判決の意義

　本判決は、2 人で 2 分の 1 ずつの持分を有し共有している森林につき、一方が共有物分割請求を訴求した事案

につき、このような分割を禁止している森林法186条の規定を違憲とした点に第1の意義があり、それでは、どのような現物分割が可能であるかという点について、従来の最高裁判決の立場を変更して、判決文中の二(1)(2)(3)に示されたような多様で柔軟な分割方法を認めた点に第2の意義がある。

● 森林法186条の違憲性

本最高裁の違憲判決後に削除された森林法186条は、「森林の共有者は、民法(明治29年法律第89号)第256条第1項(共有物の分割請求)の規定にかかわらず、その共有に係る森林の分割を請求することができない。ただし、各共有者の持分の価額に従いその過半数をもって分割の請求をすることを妨げない」と規定していた。この規定が、憲法29条2項で定める公共の福祉に適合しているかが問題とされた。本最高裁判決は、判旨一～三のような検討を踏まえて、結論として、森林法186条の規定を憲法29条2項に違反するものとした(前掲・判旨四)。

● 現物分割の方法

上で見たように、本最高裁判決が258条の共有物の現物分割について柔軟で多様な方式を許容する判断を示したのは、当該事案でその方式をめぐって具体的に争いが生じたためではなく、本件事案との関連では、共有森林の現物分割を認めても、その方式次第では直ちに森林の細分化を来すものではないということをいうためであった。ただ、現物分割の方式を述べるにあたって、最高裁(大法廷)は、目的物を共有森林に限定せずに、共有物一般に通じるものとしており、また、従来の判例の変更を明示している。その詳細は、次で見ることにする。

判例を読む

● 裁判上の分割請求

共有物の具体的な分割の方法・仕方については、共有者間の協議で決められ、これが調わないときは裁判所に請求する(258条1項)。2021(令和3)年の改正前の同条では、裁判所は、現物分割を基本とするが、分割不能の場合や分割により著しくその価格を損うおそれがある場合には競売を命ずることができるとされていた(2項)。本判決は、この点について、従来の判例を変更して、次の3つの点から厳格性を緩和した。上記改正後の258条はこの立場を明確にしたものと解される。

● 一部価格賠償

本判決が引用する昭和30年判決は、価格賠償の方法を一切認めなかったが、本判決(判文中(1)部分)は、これを変更して、現物分割の一態様として、分割の結果生じた過不足分を金銭で調整するような分割方法も許されるとした。この方式の究極なものとして、共有者の一人または一部が現物を取得し、他の者は価格で賠償を受ける「全面的価格賠償」についても、後の最高裁平成8年10月31日判決(民集50巻9号2563頁)はこれも認めるに至ったが、本判決がその契機となったとみてよかろう。

● 一括分割

本判決が引用する昭和45年判決は、数個の建物が一筆の土地の上に建てられていて外形上一団の建物とみられる場合に、一団の建物を一括して分割の対象とし、分割後のそれぞれの部分を各共有者の単独所有とすることも許されるとしていたが、本判決(判文中(2)部分)は、これを補足・修正して、複数の不動産が数カ所に分かれ

て存在する場合にも、同様の方式が許されるとした。また、これと先の一部価格賠償を組み合わせることも可能であるとした。

● 一部分割

本判決は、判文中二(3)部分で、共有者が多数である場合、その中のただ一人でも分割請求するときは、直ちにその全部の共有関係が解消されるものと解すべきではなく、当該請求者に対してのみ持分の限度で現物を分割し、その余は他の者の共有として残す方式も許されるとの判断を示した。この点は、本判決が最高裁としては最初に示した判断である。

● 平成4年最高裁判決

本判決後、一括分割および一部分割が問題とされた最高裁判決がある(最判平4・1・24判時1424号54頁。評釈として、拙稿・法セ495号63頁)。この事案は、兄弟A、B、Cが4筆の土地を共有していたところ、CがD会社にその持分を譲渡したために、AおよびBがDに対して同土地の分割請求をしたもので、最高裁は、本判決を引用し、4筆の土地についての一括分割を認めた上で、分割請求をする原告が多数である場合においては、被告の持分の限度で現物を分割し、その余は原告らの共有として残す方法によることも許されると判示した。

本判決(昭和62年大法廷判決)は、共有者の一人が分割請求をしたときは、当該請求者のみの持分の限度で現物を分割し、その余は他の共有者の共有のままにしておくことも可能な、いわゆる一部分割の「脱落型」であるが、平成4年判決は、分割を請求する原告らは共有関係を維持し、被告のみが共有関係から離脱することになる一部分割の「除名型」を認めたことになる。

● 裁判上の分割と当事者の意思

最後に、以上の判例法理と関連する点を1つだけ指摘しておこう。裁判分割においては、以上見てきたように、客観的に合理性がある限りは、自由で多様な分割方法が認められるべきである。しかし、当事者(共有者全員)の意思に反してまでこれが許されるものはないと考える。例えば、当該共有物は客観的にみると分割によって著しくその価格を損するおそれがあるにもかかわらず、分割の請求者はあくまでも現物分割を主張し、相手方もこの点については争わない(相手方は、現物分割の具体的方法について争っている)ような場合に、裁判所は、競売を命じたり、全面的価格賠償を命じることは許されないと思われる。本件を含む判例法理は、あくまでも当事者の意思に即した自由で多様な分割方法を目指すものと思われる(鎌野・前掲注1)64頁)。

【参考文献】 本件の評釈として、特に論点①を中心に述べたものとして、中井美雄・法時59巻9号56頁、中尾英俊・ジュリ890号73頁等があり、特に論点②を中心に述べたものとして、荒川重勝・百選Ⅰ4版160頁、新田敏・昭和62年度重判73頁等がある。

鎌野邦樹

132 地役権の時効取得

最高裁昭和 30 年 12 月 26 日判決　民集 9 巻 14 号 2097 頁、判時 69 号 8 頁、判タ 54 号 27 頁

【283 条】

論点　承役地所有者が通路開設した場合、地役権取得時効の要件は満たされるか

事実の要約

　ＸＹの土地はもと同一の所有者に属していたところ、昭和 10 年頃、元所有者が、本件係争地上に通路を開設し、この通路を含む土地とこの通路に隣接する土地とを各々別人に分譲し、その後、通路を含む土地をＹが、これに隣接する土地をＸが取得した。ところがＹがこの通路での増築工事に着手したので、Ｘの申請によりＹに対して増築工事中止・通行妨害の禁止の仮処分がなされたところ、Ｙがこれに異議を申立てたのが本件であり、右仮処分の被保全権利の存否に関して、この通路についてのＸの通行地役権の時効取得の成否が問題になった。

裁判の流れ

　1 審（静岡地沼津支判昭 28・4・10 民集 9 巻 14 号 2106 頁）：異議認容（Ｘの時効取得を否定）　2 審（東京高判昭 28・10・28 民集 9 巻 14 号 2110 頁）：控訴棄却Ｘが上告。
最高裁：上告棄却

判旨

　〈上告棄却〉「民法 283 条による通行地役権の時効取得については、いわゆる『継続』の要件として、承役地たるべき他人所有の土地の上に通路開設を要し、その開設は要役地所有者によつてなされることを要するものと解すべくこれと同趣旨に出でた原審の判断は相当である」。

判例の法理

　本判決は地役権の時効取得（283 条）の要件の 1 つである「継続」に関するものである（なお、通路の開設された通行地役権は、「外形上認識することができる」地役権〔民法現代語化列は「表現地役権」といった〕にあたる。例えば、新注民〔5〕781 頁〔松尾弘〕参照）。本判決によれば、「継続」は①通路の開設があること、②通路開設は要役地所有者によってなされること、の 2 つの要件が満たされる必要がある。

判例を読む

●通路の開設の要否・開設主体

　上記の要件①については、判例は古くから、通行地役権については通路開設がないと「継続」の要件が満たされないとしてきた（大判昭 2・9・19 民集 6 巻 510 頁。この点については学説にも異論はない）。本判決はこのような立場をさらに進めて、要役地所有者による通路開設でない場合には、通行地役権の時効取得は認められない（上記要件②）ことを初めて明らかにしたものであり、最判昭和 33 年 2 月 14 日（民集 12 号 2 号 268 頁）でも確認されている（ただし、要役地所有者が自己のためにする意思をもって自ら当該通路を維持管理し、かつ引続き通行して来た場合には「継続」の要件が満たされるとする補足意見があった）。しかし、昭和 33 年判決でも最高裁は要役地所有者による通路開設を求める根拠を特に示しておらず、昭和 33 年判決調査官解説では「地役権の時効取得制度が屢々隣人の好意の悪用その他の弊害を生み易いことに鑑み表現継続の要件をできるだけ厳格に解釈しようとする」（川添・後掲 22 頁。その後東京高判昭 49・1・23 東高民報 25 巻 1 号 7 頁も同旨述べている）と説明されていた。

●学説

　学説においては、判例とは反対に、誰が通路を開設したかは時効制度の趣旨からいって問題とすべきではないとして要役地所有者による開設を要件とするのは適当ではないとする見解がすでに早くから表明されていた（例えば、末川博・物権法 356 頁）。その後昭和 33 年判決で補足意見が述べられた後はこれに賛成し要役地所有者が通路の維持管理をしていればよいとする「維持管理説」が有力となった（例えば、甲斐・後掲 477 頁。学説の詳細については、岡本詔治『隣地通行権の理論と裁判』（信山社、1992）187 頁以下、安藤一郎『私道の法律問題〔6 版〕』（三省堂、2013）290 頁以下）。

●その後の判例

　このような理論状況をうけて、下級審では、要件②を「あまりに強調すると通行地役権の時効取得を全面的に否定するに等しくな」るとして要役地所有者による通路開設を緩く捉えて時効取得を認めたもの（東京地判昭 48・11・30 判時 743 号 67 頁）や、有力説に従い、分譲宅地に分譲業者が通路を開設した事案について、通路があってはじめて土地の分譲ができ、その後も要役地所有者によって道路として維持されているとして時効取得を認めるもの（名古屋地判昭 57・8・25 判時 1056 号 161 頁）なども見られた。

　しかし、最高裁は平成 6 年 12 月 16 日判決（判時 1521 号 37 頁）において、本判決・昭和 33 年判決の準則に従いつつ、時効取得を認める判断を示した。この判決は、通路部分を他の承役地所有地部分から外形的に区別すること自体は直接には承役地所有者Ｙが行っていた事例について、通路の開設に至る要役地所有者Ｘの関与を理由として、Ｘによって通路が開設されたとした。「好意性の悪用の阻止」との実質的根拠から、要役地所有者による通路開設を柔軟に認定した態度は注目に値しよう。

●通行地役権の黙示的設定との関係

　通行地役権の「黙示的設定」との関係で「通行地役権の時効取得が問題となるのは、通行地役権の黙示の設定が難しく、しかしながら承役地所有者の単なる好意を超えた通行利用が行われている場合」であるとして、「そのような場合をカヴァーする設定要件としては、維持管理説が適切」であろうとする説も主張されている（吉田Ⅲ・1331 頁）。

【参考文献】　本判決の解説・評釈として、大場茂行・最判解民昭和 30 年度 265 頁、林良平・民商 34 巻 4 号 661 頁。昭和 33 年判決の解説・解釈として、川添利起・最判解民昭和 33 年度 21 頁、甲斐道太郎・民商 38 巻 3 号 477 頁、山本進一・法律論叢（明治大学）32 巻 3 号 97 頁、加藤永一・法学（東北大学）22 巻 4 号 95 頁、児玉敏・百選Ⅰ 2 版 172 頁。平成 6 年判決の解説・評釈として、岡本詔治・判評 439 号 190 頁、田山輝明・リマークス 12 号 21 頁、田中康博・民商 114 巻 3 号 555 頁。

田中康博

133 入会権を有することの確認請求

最高裁平成 20 年 7 月 17 日判決　民集 62 巻 7 号 1994 頁、判時 2019 号 22 頁、判タ 1279 号 115 頁
【263 条、民訴 40 条】

論点　入会集団の一部構成員が入会権訴訟に同調しない構成員を被告に加えて提訴することの可否

事実の要約

　Y_1 は、本件土地 1 をその登記名義人である Y_2・Y_3 から、また、本件土地 2～4 をその登記名義人である Y_4・Y_5 からそれぞれ買い受けて、所有権移転登記手続を了した。そこで、Xら（26 名）は、上記の土地 1～4 がA部落の住民（62 名）を構成員とする入会集団の入会地であり、Xら・Y_2～Y_{37}（36 名）はその構成員であると主張して、Y_1～Y_{37} を相手に、Xら・Y_2～Y_{37} が本件土地につき入会権を有することの確認を求めた。

裁判の流れ

　1 審（鹿児島地判平 17・4・12 民集 62 巻 7 号 2002 頁）：却下　2 審（福岡高宮崎支判平 18・6・30 民集 62 巻 7 号 2008 頁）：控訴棄却　最高裁：破棄差戻

　1 審は入会権確認の訴えを固有必要的共同訴訟とした最判昭 41・11・25 民集 20 巻 9 号 1921 頁（以下「昭和 41 年判決」という）を引用してXらの訴えを却下した。2 審も同様にXらの当事者適格を認めなかったため、Xらが上告受理の申立てをした。

判　旨

　〈破棄差戻〉昭和 41 年判決は、「土地の登記名義人である村を被告として、入会集団の一部の構成員が当該土地につき入会権を有することの確認を求めて提起した訴えに関するもの」であり、入会集団の一部の構成員が、非同調者を被告に加える形式で、「当該土地につき入会集団の構成員全員が入会権を有することの確認を求める訴えを提起することを許さないとするものではない」と解した上で、「特定の土地が入会地であるのか第三者の所有地であるのかについて争いがあり、入会集団の一部の構成員が、当該第三者を被告として、訴訟によって当該土地が入会地であることの確認を求めたいと考えた場合において、訴えの提起に同調しない構成員がいるために構成員全員で訴えを提起することができないときは、上記一部の構成員は、訴えの提起に同調しない構成員も被告に加え、構成員全員が訴訟当事者となる形式で当該土地が入会地であること、すなわち、入会集団の構成員全員が当該土地について入会権を有することの確認を求める訴えを提起することが許され、構成員全員による訴えの提起ではないことを理由に当事者適格を否定されることはないというべきである」と判示して、Xらの当事者適格を認めた。

判例の法理

● 個別提訴が許される入会訴訟

　判例は、入会地に対する使用収益権能は、入会権そのものについての管理処分権能とは異なり、入会権者各自が単独で行使できるものであることを理由に、入会権者の一部による使用収益権の確認または使用収益権に基づく妨害排除の請求を認めてきているが（最判昭 57・7・1 民集 36 巻 6 号 891 頁）、入会権そのものの確認については、入会権者全員が共同してのみ提起できる固有必要的共同訴訟であることを、昭和 41 年判決が要求していた。ま

た、判例は、村落住民が入会団体を形成し、これが権利能力のない社団に当たる場合には、当該団体には当事者適格が認められるとも解してきた（→ **134 事件**）。

● 境界確定訴訟と必要的共同訴訟

　一方、判例は、隣接する土地の一方または双方が共有に属する場合の境界確定の訴えは固有必要的共同訴訟であるとしつつも（最判昭 46・12・9 民集 25 巻 9 号 1457 頁）、土地の共有者の中に、境界確定訴訟の提起に同調しない者が存する場合には、その余の共有者は、隣地所有者と訴訟提起の非同調者とを被告として、当該訴訟を提起することができる旨を判示していた（最判平 11・11・9 民集 53 巻 8 号 1421 頁）。もっとも、これは境界確定の訴えの非訟性という特殊性に由来する便法であって、他の必要的共同訴訟に直ちに類推適用できるものではないとする補足意見があっただけでなく、かように限定した取扱いを支持する学説も少なくなかった（徳田・後掲 430 頁、田邊・後掲 117 頁など）。

判例を読む

　管理処分権能を基準に当事者適格の有無を決するならば、入会権の管理処分権能は入会権者全員に専属するため、入会権確認の訴えは固有必要的共同訴訟となるのが素直な解釈である。しかし、固有必要的共同訴訟とすれば、多数当事者による紛争の抜本的な解決は可能になる反面、入会権者全員の把握が困難である場合には適法な訴えの提起は保障されなくなる。そこで、これをどう調整して解釈すべきかについて学説は分かれていた（学説状況については我妻・後掲 60 頁以下を参照）。

　固有必要的共同訴訟を要求した昭和 41 年判決は、入会部落民の一部が第三者を被告として入会権確認の訴えを提起した事案であり、本件のような、入会権者の内部間で入会権が入会権者に帰属するかが争われたものではなかった。本判決は、かかる昭和 41 年判決の判断は、本件のような非同調者を被告に加える形式の場合にまで及ぶものではないとし、非同調者を被告として入会権確認の訴えを提起した一部の入会権者に原告適格を認めた、初めての最高裁判決である。これより、**入会権の帰属を主張する入会権者の一部に、入会権の帰属に関する本案について裁判を受ける途が拓かれたことになる。**

【参考文献】　本判決の評釈等（一部）に、徳田和幸・民商 123 巻 3 号 419 頁、田邊誠・リマークス 22 号 114 頁、我妻学・ひろば 62 巻 9 号 57 頁、川島四郎・法セ 646 号 124 頁、松尾弘・速報判例解説 4 巻 69 頁、名津井吉裕・同 4 巻 127 頁、松尾弘・判タ 1291 号 58 頁、鶴田滋・平成 20 年度重判 143 頁、八田卓也・リマークス 39 号 106 頁、髙橋譲・最判解民平成 20 年度 404 頁などがある。

関　武志

入会権(1)——総有権確認請求

最高裁平成6年5月31日判決　民集48巻4号1065頁、判時1498号75頁、判タ854号62頁

【33条、263条、民訴28条・29条・37条】

論点 入会権確認訴訟における法人格なき入会団体の原告適格と、その代表者の訴訟追行における授権の要否

事実の要約

A村落の住民は本件土地を含む不動産を入会地として管理してきたが、昭和年代に規約を制定して入会団体であるX₁組合を設立した。のちに同組合の代表者は、本件土地につき共有持分の名義人であったBの相続人Y₁とY₂を被告として、本件土地がX₁組合の構成員全員の総有に属する旨の確認訴訟を提起した（なお、全構成員一致の決議で本件土地の登記名義人とされたX₂〔構成員であるが代表者でない〕も、Yら他1名を相手に移転登記手続等を請求したが、この点については省略する）。

裁判の流れ

1審（名古屋地判平1・3・24民集48巻4号1075頁）：請求認容　2審（名古屋高判平3・7・18民集48巻4号1095頁）：取消・訴え却下　最高裁：破棄差戻

控訴審は本件を非権利者に対する訴えと捉えた上で、総有権確認訴訟を権利者全員による固有必要的共同訴訟と解してX₁組合の原告適格を否定した。X₁組合が上告。最高裁は同組合とその代表者の当事者適格を認め、さらに本件を審理すべく原審に差し戻した。

判旨

〈破棄差戻〉入会権は「一定の村落住民の総有に属する」が、「村落住民が入会団体を形成し、それが権利能力のない社団に当たる場合」には、当該入会団体は総有権確認請求訴訟につき原告適格を有する。けだし、当事者適格は、特定の訴訟物について「誰が当事者として訴訟を追行」し、「誰に対して本案判決をするのが紛争の解決のために必要で有意義」か、という観点から決せられるべきであり、入会権は村落住民各自に持分権がなく、慣習等の規律に服する団体的色彩の濃い共同所有の権利形態であることに鑑みると、上記の「場合」に当事者適格を認めるのが、「このような紛争を複雑化、長期化させることなく解決するために適切」だからである。そして、権利能力のない入会団体の代表者が総有権確認請求訴訟を原告の代表者として追行するには、「当該入会団体の規約等において当該不動産を処分するのに必要とされる総会の議決等の手続による授権」を要する。けだし、確認判決の効力は構成員全員に対して及ぶため、「入会団体が敗訴した場合には構成員全員の総有権を失わせる処分をしたのと事実上同じ結果をもたらす」上に、代表権の範囲は団体ごとに異なり、「当然に一切の裁判上又は裁判外の行為に及ぶ」とは考えられないからである。

判例の法理

●法人格なき入会団体の当事者適格

すでに最高裁は、入会権が一定の村落民に総有的に帰属することを理由に、入会権確認訴訟は固有必要的共同

訴訟であると判示してきた（最判昭41・11・25民集20巻9号1921頁）。一部の入会権者による訴えが敗訴した場合に、その既判力が入会権者全員に及んでしまうからであるが（鈴木・後掲245頁）、当事者能力が認められる入会団体に、入会権確認訴訟の当事者適格が否定されることになれば、通常、入会権者全員による訴えの提起は煩雑となるばかりか、一部の入会権者が同調しない場合には訴え自体が困難となる（山本・後掲119頁）。それ故、上述した最高裁の結論は疑問視され（星野・物権187頁）、下級審裁判例には入会団体にその名で訴訟追行できるとしたものも存した（大阪高判昭48・11・16高民集26巻5号475頁、広島高松江支判昭52・1・26判時841号3頁）。**本判決は入会団体に原告適格を認めた最初の最高裁判例である。**

●団体代表者の当事者適格

下級審裁判例には、入会団体の代表者は、慣習上、共同権利者の全員から委託されて入会地の管理権限を有するときは、自己の名で登記手続訴訟を提起できるとしたものがあった（大阪地判昭61・7・14判時1225号82頁）。本判決は、こうした下級審にそって上記の代表者に当事者適格を認めるとともに、代表権の行使権限を問題にし、訴訟追行に要する授権の内容をも明らかにした。その結果、入会権者全員による固有必要的共同訴訟という手続に加えて、**明確な組織体としての（法人格なき）団体が設立されている場合に、当該団体について管理処分権限のある代表者に提訴できる途が拓かれたことになる。**

判例を読む

一般に、学説は代表者の定めがある入会団体に当事者適格を認めようとする（広中・物権507頁、我妻・講義Ⅱ446頁）。本判決は、入会団体に原告適格を認めるにあたり、村落住民各自には持分権がなく、団体的色彩の濃い権利形態に着目しているが、入会権は団体構成員の全員に総有的に帰属するということと、入会団体に当事者適格が認められるということをどう整合的に捉えるか。また、本判決は入会団体に原告適格を認める上で代表者への授権を必要としているが、ここにいう授権は構成員全員によることを要するか、それとも本判決がいうような、当該団体の規約等に則した授権でよいかなどの解明が問われることになる。

【参考文献】　本判決の評釈等（一部）に、鈴木経夫・平成6年度主判解説244頁、山本克己・平成6年度重判118頁、小島武司・リマークス11号129頁、山田誠一・百選Ⅰ8版158頁、名津井吉裕・百選Ⅰ150頁、福永有利・民商113巻6号912頁、田中豊・最判解民平成6年度394頁などがある。

関　武志

135 入会権(2)──入会権の成立

最高裁昭和40年5月20日判決　民集19巻4号822頁、判時413号54頁、判タ178号105頁

【263条】

論点　いわゆる分け地が入会地の性格を失わないとされた事例

事実の要約

本件山林を含む山林は釜山谷部落の住民（Aほか40数名）の共有として登記されてきたが、明治初年頃その一部が分け地として配分され、昭和3年には土地台帳上その配分に応じた分筆がされている（明治36年には再配分された）。Aを相続して共有名義を取得したB（再配分前にAとともに離村）の配分区域をY₁は自己の分け地と称し、Y₃がY₁（のちにY₂が相続）より立木伐採権を譲り受けて立木を伐採した。一方、XはAから共有持分を買い受けて移転登記をし、本件山林の所有権確認等請求訴訟を提起した。

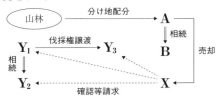

裁判の流れ

1審（広島地竹原支判昭34・9・20民集19巻4号829頁）：請求認容　2審（広島高判昭38・6・19民集19巻4号836頁）：原判決変更・請求棄却　最高裁：上告棄却

X・Yら間で本件山林が共有地か入会地かが争われ、1審は上記配分をもって共有物の分割とするXの主張を認めたが、控訴審ではYらが勝訴した。Xが上告。最高裁は控訴審の判断を正当とした。

判旨

〈上告棄却〉原判決の認定した事実によれば、本件分け地には「柴草の採取のため」の制限がなく、特定の禁止期間の終了後には「部落民一同はどこにでも自由に立入ることができた」し、部落民が部落外に転出したときはこの「共有林に対する一さいの権利を喪失」し、反対に、他部落から転入したり分家により一戸を構えたものは、組入りにより上記共有林について「平等の権利を取得するならわし」であったこと、この権利について「部落民又は部落民以外の者に対する売買譲渡その他の処分行為」は「少なくとも大正6年頃までは認められない」というのである。然からば、「原判決が右分け地の分配によって入会権の性格を失ったものということはできないとした判断は、正当であって是認できる」。

判例の法理

かつて最高裁は、入会地の一部が分け地と称して部落民のうちの特定個人に配分され、当該個人がこれを独占的に使用収益して自由に譲渡することが許される慣行が存するときは、特段の事情のない限り、分け地について入会権の存在は否定されると判示したことがあるが（最判昭32・9・13民集11巻9号1518頁）、この判決は入会権の内容を固定化した解決であるとの批判を受けていた（戒能通孝・民商37巻3号407頁、穂積忠夫・法協76巻1号164頁）。本判決は、分け地の利用形態、共同体的統制の

状況などを重視して分け地につき入会権の存在を肯定した。もっとも、前者の判決は、「特段の事情」があれば、分け地につき入会権が認められる余地を残していたため、形式論上は両判決が必ずしも矛盾する関係にあるわけではないが、前者は本判決によって実質的に変更されたと解されている（星野・後掲246頁）。

判例を読む

●入会権の内容

古典的な形態としての入会権は、入会集団が一定の山林原野などにおいて、伐木、採草など特定の収益行為に着目された共同利用できる権利を意味していたが、こうした形態はその後に解体していき、戦後に行われた広範な実態調査の結果、入会権の様々な形態が明らかになった。つまり、入会権の存否については入会地の利用形態を重視すべきでなく、むしろ、入会権者の資格要件、入会地の収益方法等が入会団体によって決定されているかどうか、という入会団体による統制の存在が重視されるようになった結果、**入会権とは、村落共同体（またはこれに準ずる共同体）が主として山林原野に対して総有的に支配するところの慣習上の物権**、などと説かれている（川島武宜・新版注民(7)510頁、内田I 352頁）。

●入会地の利用形態

明治に至るまでの入会の利用形態は、もっぱら日常生活に必要な、自然・自給経済的な目的による山林原野の共同利用であった。明治に入ってからの商品経済の発展に伴い、山林原野から産出される材木や薪炭などの商品化が進んだため、一般に、山林原野は地上産物の自給経済的利用の客体から、次第に貨幣収入を得るための利用客体へと変化していった。こうして古典的な形態としての入会は次第に解体されて、明治20年頃を期に、入会は新しい利用形態へと移行した。すなわち、①入会団体が全体として産物を取得する直轄利用形態、②入会地を分割して個々の入会権者に原則として平等に割り当てて、その個別的利用を許す分割利用形態、③入会団体が個々の入会権者または入会権者でない者と契約を締結して入会地の利用を許す契約利用形態、などへの変化である。いずれの形態も入会権の消滅を示すものではなく、入会権の1つの行使形態にすぎない。また、かつての入会紛争は、入会集団間において引き起こされるという外部的な特色を有していたが、戦後は主として入会内部における権利者間での紛争が顕著となった。こうした移り変わりも入会利用における上述した変化に起因すると言われている（我妻・講義II 436頁以下参照）。

【参考文献】　本判決の評釈等（一部）に、上谷均・百選I 5版164頁、潮見俊隆・ジュリ増刊（民法の判例）81頁、星野英一『民事判例研究第2巻総則・物権』（有斐閣、1971）238頁、瀬戸正二・最判解民昭和40年度148頁などがある。

関　武志

136 入会権の処分についての慣習の効力

最高裁平成 20 年 4 月 14 日判決　民集 62 巻 5 号 909 頁、判時 2007 号 58 頁、判タ 1269 号 121 頁
【92 条、251 条（旧 251 条）、263 条】

論点　共有の性質を有する入会地の処分につき入会権者全員の同意を要件としない慣習の効力

事実の要約

　XらとY₁らはS部落に居住する世帯主であり、本件土地はY₂（電力会社）が計画する原発の建設用地の一部である。S組はこの世帯主を構成員とする入会集団であり、本件土地は明治 24 年 10 月の時点で共有の性質を有する入会地であった（以下、ここでの入会権を「本件入会権」という）。一方、S区は区会条例によって設けられた権利能力なき社団であり、S部落民はS組とS区を同一のものと意識して本件土地の固定資産税を納付してきた。Y₁はS区の区長であり、平成 10 年 11 月 30 日付けで、財産の管理処分に関する慣行を含む、それまでのS区の慣行をS区規約として作成した。当時、S区の財産処分は同区役員会の全員一致の決議による旨の慣行があり、上記規約には財産処分はS区役員の総意により決する旨が記載された。翌月 12 日、Y₁は、S区役員会の全員一致の決議に基づき、Y₂との間で本件土地をY₂の所有地と交換する旨の契約を締結し、Y₂への所有権移転登記手続がなされた。そこで、Xらは、入会権者全員の同意なしになされた上記交換契約は無効であるなどとして、Yらに対し、使用収益権を有することの確認等を請求したのが本件訴訟である。

裁判の流れ

　1 審（山口地岩国支判平 15・3・28 民集 62 巻 5 号 936 頁）：一部認容、一部却下　2 審（広島高判平 17・10・20 民集 62 巻 5 号 984 頁、判時 1933 号 84 頁）：一部取消、控訴棄却　最高裁：上告棄却
　2 審は、S区の成立に伴い本件入会権は共有の性質を有しない入会権へと変化し、その後、この入会権は時効により消滅したと解した上で、S区において、その財産処分につき、同区役員会の全員一致の決議による旨の慣行の存在を認めて上記交換契約を有効とした。Xらが上告受理の申立て。

判旨

　〈上告棄却〉本件入会権はS部落の成立の前後を通じて共有の性質を有することで変わりがなく、また、S区規約が作成された平成 10 年ころには、本件土地の処分は「S区の役員会の全員一致の決議にゆだねる旨の慣習（以下「本件慣習」という。）が成立していた」と解した上で、「民法 263 条は、共有の性質を有する入会権について、各地方の慣習に従う旨を定めており、慣習は民法の共有に関する規定に優先して適用されるところ、慣習の効力は、入会権の処分についても及び、慣習が入会権の処分につき入会集団の構成員全員の同意を要件としないものであっても、公序良俗に反するなどその効力を否定すべき特段の事情が認められない限り、その効力を有するものと解すべきである」と判示し、本件慣習につき公序良俗に反するなど特段の事情の存在はうかがわれないとして、当該慣習の効力を認めた（法廷意見）。

判例の法理

●全員一致の原則

　入会権は入会部落の構成員全員の総有に属し、その内容である使用収益権能は、入会部落内で定められた規律に従わなければならないとはいえ、各構成員が単独で行使できる。これに対し、入会権の管理処分については、各構成員は入会部落の一員として参与し得るのみであって、この権能は入会部落に委ねられている（最判平 18・3・17 民集 60 巻 3 号 773 頁）。そして、入会財産に対する構成員の総有権そのものを失わせてしまうような処分行為は、本来、構成員全員の特別な合意がなければこれをすることができない（最判昭 55・2・8 判時 961 号 69 頁）。

●法源としての慣習

　しかし、入会権は慣習を第一次的法源とするため（263 条、294 条参照）、入会権の管理処分について慣習が生成され、その内容が入会権者全員の同意に基づかない処分を許すものであったならば、かかる内容の慣習に律せられることで構わないとも考えられ、実際、下級審裁判例には、多数決の採用を定めた当該会則が慣習の成文化であるとして、多数決決議の無効主張を認めなかったものが存した（岡山地倉敷支判昭 51・9・24 判時 858 号 94 頁など）。本判決は、S区の財産処分を同区役員会の全員一致の決議に委ねる旨の慣習を有効とした最高裁判決である。

判例を読む

　入会財産の処分については入会権者全員の同意を要するというのが、入会集団に認められる一般的な慣習である。それ故、構成員全員の授権を得ない慣習には法源性が認められず、たとえ団体代表者の合意に委ねる慣行があったところで、入会権の処分には構成員全員の同意を不要とする扱いは認められないとする見解がある（矢野・後掲 22 頁、野村・後掲 41、43 頁など）。しかし、**本判決は、公序良俗に反するなどの事情がない限り、入会権の処分につき入会集団の構成員全員の同意を要しない慣習の効力を認めた**。学説には、各地方において上述した一般的な慣習とは異なる内容の慣習が存する場合に、その法源性を例外的に認めて、本判決を支持するものが少なくない（石田・後掲 136 頁、古積・後掲 73 頁、後藤・後掲 16 頁など）。

【参考文献】　本件の評釈等（一部）には、本判決につき野村泰弘・島大法学 52 巻 1 号 23 頁、石田剛・判タ 1284 号 129 頁、古積健三郎・速報判例解説 3 巻 71 頁、上谷均・リマークス 39 号 14 頁、上原由起夫・判評 601 号 8 頁、中吉徹郎・最判解民平成 20 年度 181 頁、後藤元伸・判セ 342 号 16 頁などが、また、原判決までにつき松尾弘・判タ 1226 号 41 頁、矢野達雄・愛媛法学会雑誌 33 巻 3=4 合併号 1 頁、中尾英俊・西南学院大学法学論集 40 巻 3=4 合併号 125 頁などがある。

関　武志

137 留置権の成立要件──被担保債権と物との牽連関係

最高裁昭和 43 年 11 月 21 日判決　民集 22 巻 12 号 2765 頁、判時 544 号 37 頁、判タ 229 号 144 頁

【295 条 1 項】

論点 不動産の二重売買において、売主の履行不能を理由とする損害賠償請求権、または、不当利得による代金返還請求権をもって第一買主が主張した、当該不動産を目的物とする留置権の成否

事実の要約

　AはYの所有家屋を競落したが、のちにA・Y間で、Yはこの家屋を買い戻す旨の契約が成立した。B（Yの子）はYの代理人と称して同家屋につきXと売買契約を締結し、Xは代金を支払ったが、当該家屋の所有権はYに復帰しておらず、買戻代金も一部しか支払われていなかった。A・X間で、Xが買戻残金を支払うときはAはXに所有権移転登記をする旨が合意され、Xは、この合意に基づいて残金を支払うとともに所有権移転登記を了した。XがYに対して上記家屋の明渡と賃料相当の損害賠償を求めたところ、Yは、Aとの買戻契約が履行不能に帰したため被った損害の賠償請求権、または、不当利得による代金返還請求権を有する、として当該建物につき留置権を主張した。

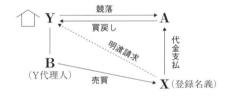

裁判の流れ

　1 審（神戸地判昭 41・2・23 民集 22 巻 12 号 2769 頁）：請求認容　2 審（大阪高判昭 43・3・21 民集 22 巻 12 号 2771 頁）：控訴棄却　最高裁：上告棄却

　控訴審は、AY間の買戻しとAX間の売買とが二重売買の関係にあると構成した上で、Yが主張する上記の請求権は「いずれも其物自体を目的とする債権がその態様を変じたものであり、かかる債権は其物に関し生じた債権とは云い得ない」、と判示した。Yが上告。最高裁はYが主張した留置権の存在を否定して上告を棄却した。

判旨

　〈上告棄却〉「Yら主張の債権はいずれもその物自体を目的とする債権がその態様を変じたものであり、このような債権はその物に関し生じた債権とはいえない旨の原審の認定判断は、原判決挙示の証拠関係に照らして首肯できる」。

判例の法理

●事案の特殊性

　控訴審は本件事案を二重売買のケースと認定し、最高裁もこの事実認定を前提に、Yが主張する留置権を否定したが、学説の中には、本件事案をA→Y→Xと不動産の所有権が輾転譲渡されて、登記がAからXへと移転したケースと捉えるものがある（伊藤・後掲 472 頁、吉田・後掲 166 頁）。かかる学説によれば、中間者YはXから代金を受領している限り、YがXに対して負担している売

買契約上の家屋引渡義務は不履行の状態であるにすぎず、留置権の成立問題は生じないこととなるが、以下では、前記認定のとおり、二重売買のケースとした本判決の立場を前提とする。

●判例の位置づけ

　不動産につき二重売買がなされ、一方買主が対抗要件を具備すると、社会通念上、他方買主に対する売主の義務は原則として履行不能になると解されている。かかる履行不能の効果として、ここにいう他方買主は損害賠償の請求をなし得るほか契約の解除も許されること、そして、この解除により、当該買主は、売買契約の履行として支払った代金の相当額を、売主に対して返還請求できることにも問題はない。すると、このような損害賠償請求権（ないし不当利得返還請求権）が履行されるまで、上記買主は自己が占有する売買物を留置できようか。

　この点、等しく二重売買の事案を対象とした、かつての下級審裁判例（朝鮮高院判大 14・6・26 評論 14 巻民法 726 頁）には、債権と物との間に要する「牽連」とは、「物が事実上債権発生の原因と為りたるとき」または「物が債権と同一の原因より生じたる債務の目的物たるとき」をいい、「契約不履行の場合に於ける損害賠償請求権と物との関係の如き」は、上記の「牽連」ありと言うことができない旨を判示して、本判決と同様に上述した買主の留置権行使を否定したものが存する。

　また、本件におけるXのYに対する引渡債権とYのAに対する損害賠償請求権とは、Xが所有権を確定的に取得したことで同時に発生しているという特色を看取できるため、必ずしも二重売買の事案ではなくても同様の特色を備えているケース、すなわち、留置権の被担保債権として主張された占有者の債権と、それから、この債権の債務者でない者が有する当該物の引渡請求権とが同時に発生しているケース（要するに、占有者が引渡義務を負担したことで取得した債権のために留置権を主張したケース）においても、裁判実務は、債権と物との間には牽連関係がないことを理由に、占有者に留置権の行使を許してきていない。たとえば、譲渡担保権者が契約に反して第三者に目的不動産を売却し、第三者が担保権設定者に対して当該不動産の明渡しを求めたところ、この設定者が担保権者の義務違反に基づく損害賠償請求権を被担保債権として留置権の存在を主張したとか（最判昭 34・9・3 民集 13 巻 11 号 1357 頁など）、買主の債務不履行を理由に不動産売買を解除した売主が買主からの転得者より明渡しを求められたので、解除により生じた、原状回復の現物返還不能による価格返還請求権を被担保債権とする留置権の確認請求をした（最判昭 62・7・10 金法 1180 号 36 頁）、などの事案においてである。

判例を読む

●学説

このように裁判実務は、上述した特色を有する債権（本件におけるYの損害賠償請求権など）については、一貫して留置権の成立を否定してきているが、そこでの法的根拠としては、当該債権が「物に関して生じた債権」に当たらない、という点のみを指摘するにとどまるのが通常であり、債権と物との間に求められる牽連関係の具体的な判断基準を必ずしも明示してこなかった。

この点、295条1項にいう「物に関して生じた債権」につき、学説の多くは、①物自体から生じた債権（物に支出した費用の償還請求権と物から受けた損害の賠償請求権）、または、②物の返還請求権と同一の法律関係（たとえば運送人の運送料金債権、請負人の修理代金債権など）、もしくは、同一の生活関係から生じた債権（交互に取り違えた物の返還請求権など）であることを要する、と説いてきた（我妻・講義Ⅲ28頁以下、安永・物権512頁以下など）。

しかし、こう表したところでその曖昧さを否定できないことは、上述した譲渡担保に関する裁判実務の結論をめぐって、学説の間で正反対の評価がなされたことからも明らかである。すなわち、ある学説（柚木馨・民商42巻3号365頁）は、そこでの損害賠償請求権と引渡請求権とが、不動産の売却行為という「同一の法律関係」から発生しているとして留置権の成立を認めたのに対し、別な学説（我妻・前掲33頁）は、上記の「同一の法律関係」には、一個の行為（事実）から一方で債務が生じ、他方で引渡請求権が生じたものの、一個の法律関係としては存在していないような場合は含まれない、と解して留置権の成立を否定したのであった。

このように「物に関して生じた債権」を上述した①及び②の債権に言い換えたところで、その曖昧さを否定できず、結局、この「物に関して生じた債権」であるかどうかの具体的な判断は、「留置権という制度の存在理由たる公平の原則と、これを引渡拒絶を内容とする物権としたわが民法の態度とを標準として行なうべきである」（我妻・前掲28、29頁）、とも説かれてきた。そして、学説上、留置権を否定した本判決の結論を支持するのが多数説であるものの、そこでの根拠については、もしもYに留置権の行使を許すと、不動産物権変動における対抗要件主義の原則が蹂躙されるという点に求めたり（鈴木（禄）・後掲22頁、鈴木・後掲1319頁など。裁判例としては、大阪高判平7・10・9判時1560号98頁）、占有者の債権は「返還を請求する者に対して存することを要する」（伊藤・後掲476頁）とか、債権者・債務者間における留置権の成立と所有者に対する留置権の主張とを区別した上で、売買当事者である甲・乙間では留置権の成立を認めるが、買主乙は所有権を取得した第三者丙に対しては留置権を対抗できないと解するなど（道垣内・担保物権17頁）、独自の解釈を展開することで本判決の結論を正当化している。また、「他人の物」を債務者所有の物に限定する少数説によっても（薬師寺志光『留置権論』（信山社・1990復刻）60頁）、本件におけるYには留置権の主張が許されない結論となる。

なお、学説の中には、「物に関して生じた債権」を上述した①の債権に限定し、たとえば②の債権のうち「同一の法律関係から生じたもの」については、同時履行の抗弁（または、これに準ずる抗弁）を占有者に認めることで解決を図ろうとするものも存するが（鈴木（禄）・後掲23頁）、こうした学説によれば同時履行の抗弁と留置権との関係が問われることとなろう。

いずれにせよ、これまで学説にみられた態度としては、当該事案における占有者の債権と占有物との牽連関係に関し、有益な判断指標としての解釈を提示できないままに、上述した①と②の定式を繰り返すことで苦慮してきたと言うことができる。そしてまた、具体的な事案における結論の妥当性という観点から、留置権によって担保されるに相応しい債権と言い得るかを個別に衡量することで対処してきた、というのが今日までの学説における解釈姿勢であった。

●問題の本質

留置権制度が公平の原則を基礎とする法定の担保物権であるため、留置権の成立要件が具備するかどうかの判断は、公平性の実現を直接に左右する。ところが、債権と物との間に求められる牽連関係は法文上すこぶる概括的であり、これまで多くの学説は、上述したように、牽連関係が存する場合を、上記①の債権のような、物との関係に着目された債権だけでなく、上記②におけるように、対立した債権の間にも関連性を問うことで、物の引渡拒絶が許されてよい被担保債権の定式化を試みてきた。その一方で、種々の事情を勘案して牽連関係の有無を決しようともしてきたため、牽連性という成立要件の解釈は、単に債権と物との関連にとどまらず肥大化してしまっている。つまり、債権と物との間に牽連関係が存するかどうかの問題を、これまで、もっぱら公平性の実現と直結させた形で解釈してきた学説の態度は、結局のところ、上記の成立要件をすこぶる曖昧なものにさせてしまった。

しかし、こうした曖昧さは望ましいものではない。というのも、占有物の引渡拒絶が許されてよいかどうかの判断は、契約の当事者間で物の引渡拒絶が問題になる場合と、かかる拒絶が契約関係にない者の間で争われる場合とでは、必ずしも一律に論じ得ないからである（たとえば前者と違って後者の場合に属する二重譲渡ケースでは、不動産物権変動における対抗要件主義に照らしたとき、対抗要件を備えた譲受人に対する他方譲受人の引渡拒絶は許されるべきでない）。

とはいえ、本判決のように、「物に関して生じた債権」の解釈を通して公平性の実現が図られてきた以上、今後も裁判実務では、ここにいう解釈の中で諸事情が勘案されて留置権の存否が決せられることになろう（関武志・新争点132、133頁）。

【参考文献】　関武志『留置権の研究』（信山社、2001）1〜29頁。なお、本判決の評釈等（一部）に、伊藤高義・民商61巻3号469頁、吉田邦彦・百選Ⅰ4版166頁、清水元・百選Ⅰ5版170頁、鈴木禄彌・判タ496号21頁、鈴木重信・最判解民昭和43年度下1310頁、荒木新五・担保法の判例Ⅱ141頁などがある。

関　武志

138 留置権の不成立——不法行為による占有開始

最高裁昭和 51 年 6 月 17 日判決　民集 30 巻 6 号 616 頁、判時 821 号 114 頁、判タ 339 号 260 頁

【295 条 2 項】

論点　土地の買収・売渡処分が買収計画取消判決の確定により失効した場合に、被売渡人から同地を買い受けた者の有益費償還請求権に基づく土地留置権の行使

事実の要約

　Xが所有地を国に買収され、Aが昭和 26 年にその売渡しを受けた。Aは昭和 34 年に同地をY_1に売却し、Y_1がその一部をY_2に転売した。しかし、昭和 23 年にXは買収計画の取消訴訟を提起し、Xの勝訴判決が昭和 40 年に確定した。一方、Xは、昭和 35 年、買収売渡処分の無効を理由に、Yらに対し、当該土地の明渡し等を求めて訴えを提起したところ、①Y_1は、昭和 36、37 年頃、本件土地に工事費用を支出したため有益費償還請求権を有する、②Y_2はAの義務不履行により填補賠償債権を有すると主張して、占有地につき留置権を主張した。以下は上記①に関してである。

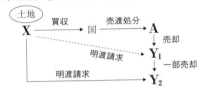

裁判の流れ

　1 審（大阪地判昭 43・7・12 民集 30 巻 6 号 622 頁）：請求認容　2 審（大阪高判昭 50・7・29 民集 30 巻 6 号 646 頁）：控訴棄却　最高裁：上告棄却

　控訴審は 295 条 2 項の適用を認めたのでY_1が上告。最高裁も同項を類推適用してY_1の留置権を否定した。

判旨

　〈上告棄却〉国が買収して売り渡した土地を被売渡人から買い受けて、その引渡しを受けた者が、被買収者から買収・売渡処分の無効を理由に所有権に基づく土地返還訴訟を提起されたのち、同地につき有益費を支出したとしても、「その後右買収・売渡処分が買収計画取消判決の確定により当初に遡って無効とされ、かつ、買主が有益費を支出した当時右買収・売渡処分の無効に帰するかもしれないことを疑わなかったことに過失がある場合」には、買主は、295 条 2 項の類推適用により、有益費償還請求権に基づく土地の留置権を主張できないとの一般論を述べた上で、Y_1に上記の過失を認めて留置権の成立を否定した原審の判断を正当とした。

判例の法理

● 無権原占有者の場合

　295 条 2 項にいう占有が「不法行為」によって「始まった場合」としては、債権者が強取または窃取した物を留置するなどの場合が典型例であるが、これまで裁判実務は同項を広く適用してきた。たとえば、占有開始時には適法占有であったが、のちに無権原となった不法占有者が費用償還請求権を取得したとか（大判大 10・12・23 民録 27 輯 2175 頁、最判昭 42・1・20 判時 481 号 107 頁など）、濫用的な短期賃貸借（平成 15 年改正前の 395 条参照）の借主が費用償還請求権を被担保債権とする留置権を主張した（東京地判昭 63・8・29 判時 1308 号 128 頁、山口地下関

支決平 1・12・27 判時 1347 号 109 頁など）、などの場合である。本判決は、占有者が占有開始時に遡って占有権原を失ったが、この占有者には無権原に帰する可能性の認識につき過失があった、という場合にまで同項の類推適用を認めたものである。

● 有益費償還請求権の場合

　裁判例の中には、196 条 2 項ただし書を根拠に、期限を許与することで悪意占有者の留置権を認めなかったものが存在する（函館地判昭 27・4・16 下民集 3 巻 4 号 516 頁、東京高判昭 35・3・14 下民集 11 巻 3 号 521 頁など）。一方、公刊裁判例に限っていえば、期限許与の請求がなされたにもかかわらず、あえて 295 条 2 項を適用して留置権を否定した裁判例は見当たらないから、**裁判実務としては、有益費償還請求権を有する悪意占有者の事案において、期限許与の請求がなされたならば、これに応ずることで、また、295 条 2 項の適用可能性が当該占有者と引渡請求権者の間で争われたならば、同項の適用を広く認めることで留置権の不成立を導いてきている。**

判例を読む

● 学説との関係

　295 条 2 項の適用について学説の立場は大凡 3 つに分けられる。すなわち、①占有の違法性（不法性）、占有者の主観的事情（悪意性、過失の有無）、占有行為の不信性などを説いて同項の適用を認める説、②悪意占有者が有益費償還請求権を有する場合には 196 条 2 項ただし書（または 608 条 2 項ただし書）を適用し、期限の許与により留置権を否定する説、③ 295 条 2 項を留置権が否定される代表的な場合として捉え、当事者双方の事情を勘案して留置権の成否を決する説、などである。本判決は①説に属する。

● 各説の検討

　①説によれば 295 条 2 項と 196 条 2 項ただし書の関係をどう調整すべきかが問われるところ、同説の論者は両規定とも留置権の排除に関して定めているとしつつも、もっぱら前者の適用をもって対処しようとする。一方、無権原占有につき悪意であった占有者が占有中に必要費を支出したという場合に、②説が、この占有者に留置権の行使を認めないための根拠を 295 条 2 項の適用に求めるならば、同説は有益費償還請求権を有する悪意占有者の留置権に関してのみ①説と異なるにすぎない。なお、③説は留置権の成立いかんが曖昧であると批判されている。

【**参考文献**】　裁判例と学説の状況につき、関武志『留置権の研究』（信山社、2001）467 ～ 472 頁。なお、本判決の評釈等（一部）に、東條敬・最判解民昭和 51 年度 248 頁、米倉明・法協 95 巻 2 号 420 頁などがある。

関　武志

139 債務者の承諾による留置物の使用

最高裁平成9年7月3日判決　民集51巻6号2500頁、判時1614号68頁、判タ950号103頁

【177条、298条】

論点　留置物の使用等につき承諾がされた後に留置物の譲受人がした留置権消滅請求の可否

事実の要約

　Y会社はAから本件建物の建築を請け負って完成させたが、請負代金の約半額が未払のまま同建物をAに引き渡した。Aはこの建物に根抵当権を設定したが、のちに事実上倒産した。Y会社はAより本件建物の引渡しを受け、同時に包括的な利用の承諾を得て同建物を使用している。一方、本件建物は競売に処せられ、Xがその所有権を取得してY会社に対し本件建物等の明渡訴訟を提起した。Y会社は請負残代金債権を被担保債権とする留置権を主張したので、Xは自らの承諾がないと主張して、298条3項を根拠に留置権の消滅請求をした。

裁判の流れ

　1審（福島地会津若松支判平4・1・21民集51巻6号2510頁）：請求認容　2審（仙台高判平6・2・28民集51巻6号2517頁、判時1552号62頁）：一部認容　最高裁：上告棄却

　1審はXの留置権消滅請求を認めたのでY会社が控訴したところ、控訴審はこの消滅請求を排斥し、請負残代金の支払と本件建物との引換給付を命じた。Xが上告。最高裁は控訴審の判断を是認して、Y会社による留置権の主張を認めた。

判　旨

　〈上告棄却〉「留置物の所有権が譲渡等により第三者に移転した場合において、右につき対抗要件を具備するよりも前に留置権者が民法298条2項所定の留置物の使用又は賃貸についての承諾を受けていたときには、留置権者は右承諾の効果を新所有者に対し対抗することができ、新所有者は右使用等を理由に同条3項による留置権の消滅請求をすることができないものと解するのが相当である」。

判例の法理

　298条2項によれば、留置権者は原則として「債務者」の承諾がないと留置物の使用等ができない。そして、留置権者がこの承諾なくして留置物の使用等をした場合には、留置物の所有者が留置権につき消滅請求し得ることを最高裁判決は承認してきた（最判昭38・5・31民集17巻4号570頁、最判昭40・7・15民集19巻5号1275頁）。では、留置権者が承諾を得て使用等をしていたが、のちに留置物の所有者が交替したならば、新所有者の承諾を改めて得ないと新所有者は留置権の消滅を請求できるのか、それとも、留置権者は、ひとたび「債務者」の承諾を得たならば、この承諾の効果を新所有者にも対抗できるのか。これについては裁判例がなく、学説も明確に論じてこなかったところ、本判決は新所有者に対する承諾

の効果を認めたものである。

判例を読む

●本判決に対する評価

　留置物の使用等に対する承諾は297条が留置権者に認めている果実収取権を確定的なものにすると捉えて、本判決の結論を支持する見解がある（八木・後掲828頁）。また、承諾の効力が当事者限りであるならば、留置権者が所有者の交替という事実を知らなかった場合、そこでの使用等は目的物が譲渡された途端に承諾のないものとなって留置権者に酷である。一方、留置権者が承諾による使用等を新所有者に対抗できるとされた場合の新所有者は、当該使用等が承諾されたものであることを知らなかったところで、単なる留置の場合と比べてさほど不利益を被るわけではない。その上、弁済により使用等は直ちに終了すべきものであり、果実から優先弁済されて被担保債権が減少したならば、留置権は消滅に近づくと期待できることから本判決は一般に支持されている。

●298条2項の「債務者」

　同項は留置物の使用等について承諾することができる主体を「債務者」と定めている。これを字義どおりに解すると、被担保債権の債務者は留置物の所有権を譲渡した後も使用等について承諾ができるかのようである。しかし、留置物の使用等に対する承諾を留置権者は新所有者に対抗でき、したがって、**債務者の承諾は留置物に関する処分行為の1つであることを前提とする本判決によれば、債務者は、第三者との関係で確定的に留置物に関する処分権原を失った後は、もはや使用等につき承諾できないことになると解されている**（八木・後掲829、830頁、中村・後掲45頁）。

●現実に使用等がない場合の承諾の効力

　本判決は、新所有者が対抗要件を具備する前になされた承諾の効力を留置権者は新所有者に対抗できる、とする。この点、譲渡前または譲渡後に使用等について承諾がなされたところで、いまだ現実に使用等がない場合であれば、ここでの留置権を約定担保化して捉え、新所有者に対する承諾の効力については、使用等の開始時点と新所有者の対抗要件具備との先後関係で決すべしと解する学説がある（清水・後掲16頁）。しかし、この学説に対しては、こう解するには実定法上の根拠づけが困難であるとか、承諾がある使用等の場合を単に留置されているにすぎない場合と比べたとき、前者の場合が殊さら新所有者に付加的な不利益をもたらすとは考えがたい、などの疑問が提示されている（八木・後掲837頁、安永・後掲51頁）。

【参考文献】　本判決の評釈（一部）に、八木一洋・最判解平成9年度中823頁、中村愼・平成9年度主判解説44頁、清水元・リマークス17号14頁、安永正昭・金法1524号48頁などがある。

関　武志

140 一般債権者の差押え後の物上代位権行使

最高裁昭和 60 年 7 月 19 日判決　民集 39 巻 5 号 1326 頁、判時 918 号 2 頁、判タ 571 号 68 頁、
金法 1105 号 6 頁、金判 729 号 3 頁　　　　　　　　　　　　　　　　　　　【304 条】

論点　動産先取特権者は、一般債権者が差押命令を取得した後であっても、物上代位権を行使する
ことができるか

事実の要約

　X は、A に溶接用材等を売り渡し、A は、代金未払いのまま、それを B に転売した（以下、この転売に係る債権を「本件債権」という）。A の一般債権者 Y が本件債権の仮差押えをした後、X が動産売買先取特権の物上代位権の行使として本件転売代金債権につき差押命令と転付命令を取得した。B が本件債権の全額を供託したところ、執行裁判所は、X と Y の債権額に応じて配分する内容の配当表を作成した。X が、自らの差押えと転付命令は物上代位権に基づくものであるから、Y に優先して配当を受けることができるはずであるとして、配当表の変更を求める訴えを提起した。

②物上代位？
先取特権者　　　　　　債務者　　　　　　　第三債務者
X ───売買代金債権─── **A** ──転売代金債権── **B**
　　　　　　　　　第三者
　　　　　　　　　Y　　　①差押え

裁判の流れ

　1 審（大阪地判昭 58・5・12 民集 39 巻 5 号 1342 頁）：請求棄却　2 審（大阪高判昭 58・10・12 民集 39 巻 5 号 1349 頁）：控訴棄却　最高裁：破棄自判

　1 審は、304 条 1 項ただし書の「差押え」は、第三者に対して物上代位権の存在を公示し、これをもって第三者の保護に資するところ、「差押え」がされる前に第三者が物上代位の目的債権に（仮差押えその他の方法で）関与するときは、同項ただし書の「払渡し又は引渡し」があったと解し、先取特権者による物上代位権の行使は認められないと判断した。2 審は、これを支持した。X 上告。

判旨

　〈破棄自判〉「民法 304 条 1 項但書において、先取特権者が物上代位権を行使するためには物上代位の対象となる金銭その他の物の払渡又は引渡前に差押をしなければならないものと規定されている趣旨は、先取特権者のする右差押によって、第三債務者が金銭その他の物を債務者に払い渡し又は引き渡すことを禁止され、他方、債務者が第三債務者から債権を取立又はこれを第三者に譲渡することを禁止される結果、物上代位の目的となる債権（以下「目的債権」という。）の特定性が保持され、これにより、物上代位権の効力を保全せしめるとともに、他面目的債権の弁済をした第三債務者又は目的債権を譲り受け若しくは目的債権につき転付命令を得た第三者等が不測の損害を被ることを防止しようとすることにあるから、目的債権について一般債権者が差押又は仮差押の執行をしたにすぎないときは、その後に先取特権者が目的債権に対し物上代位権を行使することを妨げられるものではないと解すべきである（最判昭 59・2・2 民集 38 巻 3 号 431 頁参照）。」

判例の法理

●本判決の意義

　先取特権者が物上代位権を行使するには、「払渡し又は引渡しの前に差押えをしなければならない」（304 条 1 項）。目的債権が債務者に弁済され、消滅した場合に物上代位権を行使できないことは明らかである。問題は、目的債権自体は残存するが、第三者の関与等がある場合において、なおも物上代位権の行使が許されるかにある。

　本判決が引用する最判昭 59・2・2 民集 38 巻 3 号 431 頁は、傍論で、一般債権者が差押命令を取得した後であっても動産先取特権者は物上代位をすることができると述べていた。本判決はこの立場を確認する。

●差押えの意義

　本判決は、差押えの意義として、①目的債権の特定性の保持とこれによる物上代位権の効力の保全、②第三債務者の保護、③第三者の保護を列挙する。①は、差押えの処分禁止効（民執 145 条 1 項）により、第三債務者による債務者への目的債権の弁済を禁止して、物上代位の目的債権が消滅することを防ぐこと、つまり、物上代位権の行使が可能な状態を維持することをいう。②は、第三債務者が二重弁済によって不利益を受けることの防止をいう（この意義に関する詳細は、→ **149 事件**）。③は、差押えによって先取特権の効力が目的債権に及ぶことを公示することで、第三者が当該債権につき利害関係をもって不利益を受けることを防止すべきことをいう。

判例を読む

　本判決に連なる重要な判例が 2 つある。

　最判平 10・1・30 民集 52 巻 1 号 1 頁（→ **149 事件**）は、抵当権の効力が物上代位の目的債権にも及ぶことは設定登記によって公示されているから、抵当権者による物上代位のための差押えに③の意義はないという。ここから、③は、動産先取特権という公示のない担保物権に限り差押えに要請される機能であることが明らかとなった。

　本判決は傍論で、⑦第三者が目的債権を譲り受けた場合や、④転付命令を得た場合には先取特権者は物上代位権を行使できないという。その後、最判平 10・1・30 前掲が抵当権者による物上代位権の行使は⑦' 債権譲渡後であっても可能であると判断したにもかかわらず、⑦の結論は最判平 17・2・22 民集 59 巻 2 号 314 頁（→ **142 事件**）で維持された。動産先取特権者による物上代位権の行使は目的債権の差押後であっても認められるのに、⑦④の場合に認められないことの根拠は、動産先取特権に追及効がないこと（物上代位の目的債権が第三者に移転すると追及不可）にあるとされる。

【参考文献】 石井彦壽・最判解民昭和 60 年度 314 頁。多くの評釈があるが、本判決後の判例を踏まえるものとして、道垣内弘人・百選 I 158 頁。このほか、**142・149 事件**の解説で引用されているものを参照。

鳥山泰志

141 動産買主が取得する請負代金債権に対する動産売主の物上代位権

最高裁平成 10 年 12 月 18 日決定　民集 52 巻 9 号 2024 頁、判時 1663 号 107 頁、判タ 992 号 90 頁

【304 条】

論点　請負工事に用いられた動産の売主は、請負代金債権に対して動産売買の先取特権に基づく物上代位権を行使して優先弁済を受けることができるか

事実の要約

Aは、平成 9 年 7 月に、Bからターボコンプレッサー（空気圧縮機）TX-210 キロワット型（本件コンプレッサー）の設置工事を代金 2080 万円で請け負い、この債務の履行のために代金 1575 万円で本件コンプレッサーをXに発注した。XはAの指示に基づいて本件コンプレッサーをBに引き渡した。この工事の見積書によれば、2080 万円の請負代金のうち 1740 万円は本件コンプレッサーの代金に相当した。

Aは平成 10 年 1 月 30 日に事実上倒産した。そこで、Xは、動産売買先取特権の物上代位権の行使として、AがBに対して有する上記設置工事の請負代金債権を 1575 万円の限度で仮に差し押さえる旨の仮差押えを申請し、同年 2 月 12 日に本件仮差押決定を得た。

平成 10 年 2 月 13 日に本件仮差押決定正本の送達を受けたBは、同月 20 日に、仮差押債権額 1575 万円に遅延損害金 1 万 0356 円を付した 1576 万 0356 円を供託した。

Aは、平成 10 年 2 月 27 日に自己破産を申請し、同年 3 月 27 日にAに対する破産宣告（当時）がされ、破産管財人としてYが選任された。

Xは、平成 10 年 5 月 28 日に、動産売買先取特権の物上代位権の行使として、Yが国に対して有する供託金還付請求権についての差押えおよび転付命令を申請し、同年 6 月 2 日に、Xの申請どおりの債権差押えおよび転付命令（原原審決定）が発令された。そこで、この決定に対してYが執行抗告を申し立てた。

裁判の流れ

原原審（大阪地決平 10・6・2）　原審（大阪高決平 10・7・6 民集 52 巻 9 号 2038 頁）：抗告棄却　最高裁：抗告棄却

原審は、「BがAに対して負担する請負債務は合計 2080 万円であるが、そのうち 1740 万円はXがAに対して売却したターボコンプレッサー（TX-210kw 型）の代金であることが認められ、これは上記機械の転売代金であるといえる」として、抗告を棄却した。そこで、Yは、これに対して、民事訴訟法 337 条の許可抗告制度に基づき、原審裁判所の許可を得て最高裁判所に抗告した。

決定要旨

〈抗告棄却〉「動産の買主がこれを他に転売することによって取得した売買代金債権は、当該動産に代わるものとして動産売買の先取特権に基づく物上代位権の行使の対象となる（民法 304 条）。これに対し、動産の買主がこれを用いて請負工事を行ったことによって取得する請負代金債権は、仕事の完成のために用いられた材料や労力等に対する対価をすべて包含するものであるから、当然にはその一部が右動産の転売による代金債権に相当するものということはできない。したがって、請負工事に用いられた動産の売主は、原則として、請負人が注文者に

対して有する請負代金債権に対して動産売買の先取特権に基づく物上代位権を行使することができないが、請負代金全体に占める当該動産の価額の割合や請負契約における請負人の債務の内容等に照らして請負代金債権の全部又は一部を右動産の転売による代金債権と同視するに足りる特段の事情がある場合には、右部分の請負代金債権に対して右物上代位権を行使することができると解するのが相当である」。

判例の法理

●問題の所在

民法 304 条は、物上代位権の目的債権として、目的物の売却代金債権、賃料債権、滅失・損傷によって債務者が取得する債権、目的物に設定した物権の対価請求権を挙げるにとどまる。したがって、物権法定主義（175 条）や取引安全の観点から安易な拡張解釈を避けるのであれば、請負工事に用いられた動産の売主は、請負代金債権に対して動産売買の先取特権に基づく物上代位権を行使して優先弁済を受けることは許されないということになりそうである。

しかし、いわゆる「製作物供給契約」のように、請負人がもっぱら自己の材料を用いて製作した物を供給する場合、仕事の完成（物の製作）を目的とするという点では「請負」（632 条）だが、請負人が所有する物の所有権を移転するという点では「売買」（555 条）である。このような契約に基づく代金債権が果たして「売却代金債権」なのか「請負代金債権」なのかを截然と区別することは必ずしも容易ではない。

●原則否定説

本決定が引用する大判大 2 年 7 月 5 日（民録 19 輯 609 頁）は、「請負契約ハ其目的タル仕事完成ノ為メニ請負人ヨリ材料ヲ供スルトキハ売買契約ニ酷似スルコトアルヲ以テ一概ニ之ヲ論スルコトヲ得サル」との留保を付しつつ、問題となった建築工事の請負代金は、その建築工事の完成に要する一切の労務材料等に対する報酬を包含するものであって、その建築工事に用いられた材木のみを直接代表するものということはできないから、その建築工事の請負人に材木を供給した者の先取特権は請負人が注文者より受けるべき報酬金に対してはこれを行うことができないと判示した。

本決定も、動産の買主がこれを用いて請負工事を行ったことによって取得する請負代金債権は、仕事完成のために用いられた材料や労力等に対する対価をすべて包含するものであり、当然にはその一部がその動産の転売による代金債権に相当するもということはできないとして、**請負工事に用いられた動産の売主は、原則として、請負人が注文者に対して有する請負代金債権に対して動産売買の先取特権に基づく物上代位権を行使することができない**とした。これは、最高裁判所が初めて、大審院と同様、原則否定説を採ることを宣明したものである。

ただし、この原則否定説は、先取特権は目的物の価値支配権であるから、目的物の価値が現実化したと評価できる債権に対しても先取特権の効力が及ぶとすべきであるという、物上代位の制度趣旨にまでさかのぼって根拠づけられているのであって、物権法定主義や条文の厳格解釈といったことがその根拠になっているわけではなく、解釈により物上代位の目的物の範囲を拡張することを全く否定するものではない。

判例を読む

●物上代位が肯定される場合

そもそも動産売買の先取特権は、従前あまり重要視されてこなかったが、昭和50年ころから債権回収の有力な手段として注目されるようになり、裁判例も増加した。そして、請負代金債権に対する物上代位に関しても、大阪高決昭56年9月21日（判タ465号108頁）を嚆矢に、10を数える下級審裁判例が現れた。その大部分は、例えば「請負人に建築材料を売却供給した者は、請負人が注文者から受けるべき報酬、即ち請負代金に対し先取特権を行使できないことはそれが民法304条の目的物の売却、滅失又は毀損によるものではないことから明らかである」（大阪高決昭60・10・2判タ583号95頁）として、前掲大判大正2年7月5日同様、物上代位を否定するものであるが、その中には、結論的には物上代位を否定するものの、「たとえば提供した材料に僅かな労務を加えてこれを現場に設置したにすぎず、その物の種類を変更することなくまた他の主物に附合しないでもとの物のまま特定性を維持して存在するとき」（大阪高決昭61・9・16判タ624号176頁）には肯定の余地を残すもの、さらには、結論的にも物上代位を肯定するもの（前掲大阪高決昭56・9・21の他に、東京高決昭59・10・3判時1134号85頁、福岡高決平8・11・18判時1599号94頁がある）まで現れた。

学説においては、「請負代金には実質的に材料代金が含まれている」（我妻・講義Ⅲ61頁）のだから、請負代金債権に対する物上代位を肯定する方が、公平を旨とする物上代位制度の趣旨に合致するのであり、「目的物の価値代表者を含むものの上に及ぶものであって、それ以外のものがその中に含まれているか否かをとわない、と解さなければ物上代位の効用は著しく減殺せられることとなろう」（柚木馨＝高木多喜男『担保物権法3版』（有斐閣、1982）46頁）との見解がむしろ優勢である。物上代位権の行使が認められるためには、売買目的物の価値代表部分が買主の特定の債権の中の一部として特定されることが必要であり、目的物件が加工等により同一性を失ったり、目的動産が主物に付合したりした場合には、もはや動産売買先取特権を行使することができなくなるとする見解は少数にとどまっていた。

そのような状況の下で本決定は、例外として、「請負代金全体に占める当該動産の価額の割合や請負契約における請負人の債務の内容等に照らして**請負代金債権の全部又は一部を右動産の転売による代金債権と同視するに足りる特段の事情**」がある場合には、請負工事に用いられた動産の売主は、その部分の請負代金債権に対して動産売買の先取特権に基づく物上代位権を行使することができるとした。

●特段の事情の有無の判断基準

最高裁判所は、この「特段の事情」の有無の判断に当たって考慮すべき要素として、請負代金全体に占める当該動産の価額の割合と請負契約における請負人の債務の内容を挙げている。すなわち、本決定の判断基準は、物の同一性にはこだわらず、①請負代金債権全体に占める当該動産の価額の割合が高いこと、②請負契約において当該動産の代金が特定されていたことの2つである。このことは、動産が加工の結果社会通念上価値の異なる他の物に転化したことにより当初の売買契約の目的物とみなし得なくなったか否かを決し、両者の価値的同一性が肯定される場合に限り物上代位権の行使を肯定する見解（動産同一性説）や、売買動産の加工により他の物に転化した場合でも、先取特権が把握していた価値支配は何ら影響を受けず、「転化した物に対しても、被担保債権の範囲内においてその価値を支配しうる」とする見解（割合的物上代位説）を採用しなかったことを意味する。

こうして最高裁判所は、304条の拡張解釈を認めたものの、その拡張はかなり限定的である。そしてこのように厳格に解釈されることもまた物上代位の趣旨によって根拠づけられている。

●本決定後の裁判例

東京高決平12年3月17日（金法1600号91頁）は、第三債務者が債務者に発注した本件装置の製作が債権者にさらに発注された場合において、本件装置は、ほぼ代替物であり、その製作に要した期間や労力、製品のオリジナル性が少ないことなどからみて、それぞれの間で締結された本件装置の製作・供給を目的とする契約は、請負的性格よりも売買的色彩が強いとして、債権者が、債務者の第三債務者に対する代金債権に対して、動産売買先取特権に基づく物上代位権を行使することができるとしたが、これは、製作物供給契約に基づく代金債権を転売代金債権と同視し得るような場合に、供給者の物上代位権行使を認める点で、本決定の判断枠組を超えるものではない（下村信江〔判批〕判タ1059号39頁）。

東京高決平20年5月26日（判タ1287号261頁）は、事務所新築工事を請け負った会社に事務用家具を販売した売主が、工事注文者に直接納入し据付作業も自ら行ったにもかかわらず、家具の納入・設置が工事全体の完成・引渡し前にされたこと、家具工事が工事全体に占める価格割合は約2.48％であること等を認定して、請負代金債権に対する動産売買先取特権による物上代位権の行使を否定したが、これは、本決定が示した、請負代金債権に対する物上代位権の行使が認められるために必要な「特段の事情」の判断に当たって考慮すべき2つの要素のうちの、「①請負代金債権全体に占める当該動産の価額の割合が高いこと」が決定的であるとしたものと評価できる（副田隆重・判タ1298号62頁）。

【参考文献】 本判決の評釈として、孝橋宏・最判解民平成10年度1045頁、直井義典・百選Ⅰ156頁、菅野佳夫・判タ999号85頁、今尾真・法教226号128頁、下村信江・判タ1004号72頁、石田喜久夫・リマークス20号30頁、池田雅則・行政社会論集12巻4号234頁（福島大学行政社会学会編、2000年3月）等がある。

占部洋之

動産の先取特権に基づく物上代位権の行使——差押えの意義

最高裁平成 17 年 2 月 22 日判決　民集 59 巻 2 号 314 頁、判時 1889 号 46 頁、判タ 1175 号 140 頁

【304 条】

論点　動産売買の先取特権者は、物上代位の目的債権が譲渡され、第三者に対する対抗要件が備えられた後においても、目的債権に対して物上代位権を行使して優先弁済を受けることができるか

事実の要約

　A社は、B社に対し、商品を売り渡し、同社は、Y社に対し、これを転売した。

　B社は、平成 14 年 3 月 1 日、東京地方裁判所において破産宣告〔当時〕を受け、Cが破産管財人に選任された。

　Cは、平成 15 年 1 月 28 日、破産裁判所の許可を得て、Xに対し、本件転売代金債権を譲渡し、同年 2 月 4 日、Y社に対し、内容証明郵便により、上記債権譲渡の通知をした。

　A社は、東京地方裁判所に対し、動産売買の先取特権に基づく物上代位権の行使として、本件転売代金債権について差押命令の申立てをしたところ、同裁判所は、平成 15 年 4 月 30 日、本件転売代金債権の差押命令を発し、同命令は同年 5 月 1 日にY社に送達された。

　そこで、Xが、Y社に対し、本件転売代金債権について支払を求めた。

裁判の流れ

　1 審（東京地判平 15・10・24 民集 59 巻 2 号 335 頁）：請求棄却　2 審（東京高判平 16・4・14 民集 59 巻 2 号 347 頁）：請求認容　最高裁：上告棄却

判　旨

　〈上告棄却〉「民法 304 条 1 項ただし書は、先取特権者が物上代位権を行使するには払渡し又は引渡しの前に差押えをすることを要する旨を規定しているところ、この規定は、抵当権とは異なり公示方法が存在しない動産売買の先取特権については、物上代位の目的債権の譲受人等の第三者の利益を保護する趣旨を含むものというべきである。そうすると、動産売買の先取特権者は、物上代位の目的債権が譲渡され、第三者に対する対抗要件が備えられた後においては、目的債権を差し押さえて物上代位権を行使することはできない」。

判例の法理

●「差押え」の意義と物上代位権の行使可能期間

　動産の売買において、売主が買主に売買の目的物を引き渡したにもかかわらず、買主が代金を支払わない場合、買主は、動産売買の先取特権に基づき、売買の目的物の競売を申し立て、その換価金から優先的に売買代金債権を回収することができる（311 条 5 号、321 条）。売買の目的物が既に転売されているときには、転売代金債権に対して物上代位権を行使して優先弁済を受けることができる（304 条 1 項本文）が、その「払渡し又は引渡し」の前に「差押え」をしなければならない（同ただし書）。

　物上代位権の行使に「差押え」が要件とされている理由について、従来、(a)特定性維持説と(b)優先権保

全説が対立していた。(a)説は、代位物が債務者の一般財産に混入してしまうと、一般財産のどの部分に担保権の効力が及んでいるのかわからなくなるので、特定性を保持するために「差押え」が要件とされているとする。これに対し、(b)説は、物上代位制度を、本来なら目的物の消滅により担保権も消滅するところを法がとくに担保権者を保護するものであるとして、差押えによる公示によって対第三者関係で保全される必要があるとする。

　そして、このような理解の相違は、物上代位権の行使可能期間の相違に結びついていた。すなわち、(a)説は、実際に代位物が債務者の一般財産に混入する以前、すなわち、実際に支払がされるまでは、物上代位権を行使することができるとしていた。これは起草者の考え方に従ったものであり、従来の通説であった。これに対し、(b)説は、差押え以前に第三者が登場すれば最早物上代位権は行使することができないとしていた。かつて大審院は、「差押え」を「其ノ優先権ヲ保全スルニ欠クベカラザル要件」であるとしていた（大連判大 12・7・7 民集 2 巻 209 頁）ことから、(b)説をとるものと理解されていた。

　ところが、①最判昭 59 年 2 月 2 日（民集 38 巻 3 号 431 頁）は、「差押え」が要求される理由として、「特定性の維持」と「物上代位権の保全」とを並べ、あわせて「第三者の不測の損害の防止」を挙げて、債務者が破産宣告〔破産手続開始決定〕を受けた場合であっても、なお物上代位権を行使することができるとし、さらに、②最判昭 60 年 7 月 19 日（民集 39 巻 5 号 1326 頁）は、①判決を引用した上で、他の債権者が目的債権について差押え・仮差押えの執行をした段階ではなお、物上代位権を行使することができるとした。これは(a)説と(b)説を融合したものと評価できる。しかしこのような理解は同時に、物上代位権の行使可能期間を「差押え」の意義と関連づけて決定することは最早できないということをも意味する。この点、①②判決は、「なお物上代位権を行使することができる」との結論を、上記のような「差押え」の意義で説明付けようとするが、必ずしも説得力のあるものとはいえない。

●「払渡し又は引渡し」の意義（保護すべき第三者の範囲）

　304 条 1 項ただし書により、先取特権者が物上代位権を行使するためには「払渡し又は引渡し」の前に目的債権の差押えをしなければならないのであるが、逆にいえば、**「払渡し又は引渡し」がされていなければ、なお物上代位権を行使することができる**ことになる。したがって、物上代位権の行使可能期間の問題は、「払渡し又は引渡し」の具体的な意味内容の確定と捉えることもできる。

　債務の「弁済」がこれに当たることは文言上明らかである。かつて大審院は、抵当権に基づく火災保険金請求

権に対する物上代位につき、目的債権が「転付」されれ
ば、最早物上代位権の行使は許されないことを明言した
（前掲大連判大12・4・7）。

これに対し、①判決は、目的債権につき「差押え」が
されたにとどまる場合には、なお物上代位権の行使を妨
げられないとの一般論を提示した上で、債務者が破産宣
告［破産手続開始決定］を受けただけでは、なお物上代
位権を行使できるとした。さらに②判決は、①判決の一
般論を、「仮差押え」も含め、正面から確認した。

しかし、かつての大審院の判断と①②判決との間に、
矛盾は存在しない。「保護すべき第三者の範囲」という
観点からは、これらを次のようにまとめることができる。
すなわち、差押・転付命令を得た債権者は保護すべき第
三者であるが、転付命令を得ていない差押債権者、仮差
押債権者、および破産管財人は保護すべき第三者ではな
い。このように、①②判決は、大審院判例が不明であっ
た点について判断を加えただけであって、これまでの判
例を変更するものではないというべきであろう。

判例を読む

本判決は、「担保権者は、物上代位の目的債権が第三
者に譲渡され、第三者に対する対抗要件が備えられた後
においても、目的債権に対して物上代位権を行使して優
先弁済を受けることができるか」という問題について、
担保権が動産売買先取特権の場合にこれを否定すること
を最高裁判所として初めて明言したものである。ただ、
①判決が既に、物上代位の目的債権が差し押さえられた
にとどまる場合には、「第三債務者による弁済又は債務
者による債権の第三者への譲渡の場合とは異なり、」先
取特権者はなお物上代位権を行使できるとしていたので、
本判決は、①判決のいわば傍論を維持しただけであると
もいえよう。

本判決は、一見すると、「抵当権者は、物上代位の目
的債権が譲渡され第三者に対する対抗要件が備えられた
後においても、自ら目的債権を差し押さえて物上代位権
を行使することができる」とした③最判平10年1月30
日（民集52巻1号1頁、→**149事件**）と矛盾しそうである。
しかし、先取特権はその公示が不十分であるのに対して、
抵当権の存在は設定登記によって公示されているから、
304条の差押えの趣旨が、先取特権の場合と抵当権の場
合とで異なり、したがって、譲渡された目的債権に対す
る物上代位の可否についても、先取特権の場合と抵当権
の場合とで異なると理解することも可能である。ただ、
このことは、同じ条文の「払渡し又は引渡し」という文
言の理解が、先取特権の場合と抵当権の場合とで異なる
ことを意味する（これに対し、下村・後掲92頁は、債権譲
渡が「払渡し又は引渡し」に該当すると解するならば、対抗
関係の問題として処理する必要はないと考えられるから、③
判決と同様の解釈を前提とするものと思われる、とする。ま
た、山野目・後掲50頁は、論理的な推論の順序として、「払
渡し又は引渡し」に債権譲渡が含まれないと考えて初めて、
公示の有無ということを指標として抵当権と動産売買先取特
権とに異なる扱いをするという議論の地平が用意される関係
にあり、まさに、それを本判決が問題としている、とする）。
本判決は、③判決の論旨が動産先取特権には及ばない

旨を明らかにしたが、それは、とりあえず抵当権につい
ては、③判決が維持されていることを前提にしていると
いえる。そうであるなら、抵当権の物上代位に関する一
連の最高裁判決は、③判決が明らかにした「登記時基準
説」に支えられている（→**149事件**「判例を読む」参照）
わけだから、これら判決の枠組みも維持されることにな
ろう。

そしてこのことは、物上代位に関しては、先取特権の
場合と抵当権の場合とで異なるルールが妥当することを
意味するが、372条の解釈としても、十分に成り立ちう
るし、かつ、適切な解決を導くものといえよう。

したがって、例えば、④最判平13年3月13日（民集
55巻2号363頁、→**151事件**）が、物上代位の目的債権を
受働債権として第三債務者がする相殺と抵当権に基づ
く物上代位の優劣について、物上代位により抵当権の効
力が及ぶことは抵当権設定登記により公示されていると
みることができるから、抵当権設定登記の後に取得した
抵当不動産所有者に対する債権と物上代位の目的債権と
を相殺することに対する第三債務者の期待を物上代位権
の行使により目的債権に及んでいる抵当権の効力に優先
させる理由はないとして、第三債務者の反対債権の取得
と抵当権設定登記の先後によって決するとしたが、この
枠組みは、動産売買先取特権の場合には妥当しない、す
なわち、動産売買先取特権の場合には民法511条が適用
され、⑤最判昭45年6月24日（民集24巻6号587頁）
の判旨（いわゆる無制限説）が妥当することになろう（同
旨、松岡久和・金判1215号1頁、山本・後掲15頁）。

このように、本判決は、動産売買の先取特権に基づく
物上代位については、物上代位の目的債権の譲受人を
「第三者」として保護したが、これは、先取特権が目的
動産について追及効を有しない（333条）ことと対応し
ていると理解できる。同条の趣旨については、先取特権
は公示方法の存在しない法定担保物権であるから、取引
の安全との調和を図るために、追及効が否定されたのだ
と説明するのが一般的である。そうすると、この趣旨は、
転売代金債権に対する物上代位にもあてはまり、物上代
位の目的債権についても、目的動産についてと同様に、
追及効を否定する必要がある。つまり、民法333条の趣
旨が物上代位の局面にも及ぶことで、目的債権が債務者
の一般財産から逸出した場合に、動産売買先取特権者は
物上代位権を行使することができなくなる。以上からす
れば、本判決は、「公示方法の不存在」を指摘したうえ
で第三者の利益保護を判示したのは、動産売買先取特権
に基づく物上代位の追及効を否定することを意味してい
たものと考えることができる（倉橋・後掲231〜232頁）。

【参考文献】　本判決の評釈として、志田原信三・最判解民平
成17年度133頁、原田剛・法セ606号118頁、中山知己・
法教301号80頁、遠藤研一郎・銀法650号72頁、下村信
江・判タ1197号89頁、山野目章夫・金法1748号49頁、角
紀代恵・平成17年度重判75頁、堀龍兒・リマークス32号
18頁、高橋眞・リマークス33号22頁、山本克己・NBL809
号12頁、倉橋雄作・法協126巻1号225頁、武川幸嗣・受
験新報654号16頁等がある。

占部洋之

143 抵当権に基づく動産の返還請求

最高裁昭和 57 年 3 月 12 日判決　民集 36 巻 3 号 349 頁、判時 1039 号 63 頁、判タ 468 号 99 頁、
金法 999 号 40 頁、金判 645 号 3 頁

【工場抵当法 2 条、5 条】

論点　工場担当法 2 条の規定により担当権の目的とされた動産が工場から搬出された場合、抵当権者は、その動産を工場に戻すよう請求することができるか

事実の要約

　Aは、Bから金銭の貸付を受ける際にXの保証を受けた。Xは、XB間の保証契約に基づいてXがAに対して将来取得しうる求償金債権を担保するため、Aが所有する本件工場とともにトラックスケール（以下「本件物件」という）その他機械類に工場抵当法 2 条の本件根抵当権の設定を受けた。本件根抵当権については、設定登記がされたが、その申請時に作成された同法 3 条の目録には、本件物件もA所有の目的物件として記載されていた。その後、Aの代表者Cは、Xの同意を得ないで本件物件を自己の所有物として古物商Yに売却した。Yは、本件物件を工場から搬出し、占有している。そこで、Xは、Yに対して、本件物件の処分等の禁止と本件工場への搬入を求めて訴えを起こした。

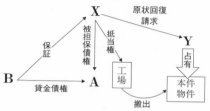

裁判の流れ

　1 審（青森地鰺ケ沢支判昭 54・1・30 民集 36 巻 3 号 356 頁）：Xの請求棄却　2 審（仙台高秋田支判昭 56・5・25 民集 36 巻 3 号 359 頁）：請求認容　最高裁：上告棄却

　1 審は、本件物件を即時取得したというYの主張を認めてXの請求を棄却した。これに対して、2 審は、Yが古物商であったことから過失を認定し、Yによる即時取得を認めず、Xの請求を認容した。Yは、Xには本件物件を元の所在場所に戻すよう請求する権限はないとして、上告。

判旨

　〈上告棄却〉「工場抵当法 2 条の規定により工場に属する土地又は建物とともに抵当権の目的とされた動産が、抵当権者の同意を得ないで、備付けられた工場から搬出された場合には、第三者において即時取得をしない限りは、抵当権者は搬出された目的動産をもとの備付場所である工場に戻すことを求めることができるものと解するのが相当である。けだし、抵当権者の同意を得ないで工場から搬出された右動産については、第三者が即時取得をしない限りは、抵当権の効力が及んでおり、第三者の占有する当該動産に対し抵当権を行使することができるのであり（同法 5 条参照）、右抵当権の担保価値を保全するためには、目的動産の処分等を禁止するだけでは足りず、搬出された目的動産をもとの備付場所に戻して原状を回復すべき必要があるからである。」

判例の法理

　工場抵当法によると、工場抵当権の効力は、工場の付加一体物だけでなく、工場に備え付けられた機械、器具その他の供用物に及ぶ（同法 2 条）。工場抵当権の設定登記を申請するには、本判決の当時は、供用物につき目録を提出する必要があり、この目録は登記簿の一部とみなされ、その記載は登記とみなされた（同法旧 3 条 1 項、旧 35 条）が、現在は直接に登記がされる（同法現 3 条 1 項）。工場所有者は、抵当権者の同意を得れば、抵当権の負担がない供用物を第三者に譲渡することができる（同法 6 条 2 項）が、同意を得ずに譲渡したときは、その譲受人のもとで工場抵当権を行使することができる（同法 5 条 1 項〔追及効〕）。しかし、民法 192 条の即時取得が成立すると、工場抵当権の効力は当該供用物に及ばなくなる（工場抵当法 5 条 2 項）。

　このように、工場抵当法上、供用物は、抵当不動産である工場から分離・搬出された後も、その効力および対抗力が存続するのが原則である。そして、工場抵当権には追及効があるから、本来、抵当権者による原状回復の請求を認める必要はない。しかし、本判決は、抵当権の担保価値を保全する必要上、抵当権者は、これを請求することができるとする。

判例を読む

●原状回復の必要性

　供用物は、動産であるから即時取得によって工場抵当権の効力が及ばなくなる危険がある。それが譲受人の手元にあると、その危険はいっそう高い。本判決が原状回復請求まで認めたことには十分な理由がある。

●民法上の抵当権に関する議論

　民法上の抵当権の効力は、抵当不動産の付加一体物に及ぶ（370 条）。付加一体物が抵当不動産から分離・搬出されたとき、抵当権者は、原状回復を求めることができるか。判例はない。分離・搬出された物につき抵当権の対抗力が存続していることが、その前提となるが、この点について見解が分かれている。一方で、民法上の抵当権の効力が及ぶ付加一体物は、－工場抵当権の効力が及ぶ供用物と異なり－抵当不動産本体の登記によって公示され、それ自体が直接に登記されるわけではない（最判昭 44・3・28 民集 23 巻 3 号 699 頁参照）。ゆえに、抵当不動産から搬出された後は、抵当権の対抗力は失効する（抵当権者は悪意の譲受人に対しても対抗できない）と考える立場がある。他方で、悪意の第三者を保護する必要はないとの理由から、搬出後も抵当権の対抗力は存続するとして、工場抵当権に関する本判決の立場と同様に、第三者が即時取得をしない限り、抵当権者は原状回復を求めうるとする立場もある。

【**参考文献**】　青木則幸・百選 I 176 頁、石田剛「抵当不動産から分離搬出された動産への抵当権の追及効」水野謙ほか『〈判旨〉から読み解く民法』（有斐閣、2017）163 頁。

鳥山泰志

144 抵当権に基づく転々借人に対する明渡請求

最高裁平成 17 年 3 月 10 日判決　民集 59 巻 2 号 356 頁、判時 1893 号 24 頁、判タ 1179 号 180 頁、
金法 1742 号 30 頁、金判 1218 号 29 頁　　　　　　　　　　　　　　　　　　　【369 条、709 条】

論点
①抵当権者は、競売手続を妨害する目的で抵当不動産につき占有権原の設定を受けた者に対して
　自己に抵当不動産を明け渡すよう請求することができるか
②抵当権者は、抵当不動産の占有者に対して損害賠償を請求することができるか

事実の要約

　Xは、Aの注文により、Aが所有する土地に本件建物を建築した。請負代金の大部分が支払われないままであったが、Aは、本件建物の引渡しを受けるため、Xとの間で、本件建物および敷地につき、請負残代金債権を被担保債権とする本件抵当権を設定し、その実行としての競売が申し立てられることを停止条件とする賃借権を設定し、本件建物を他に賃貸するときにはXの承諾を得る旨の合意をした。後日、抵当権設定登記と停止条件付賃借権設定仮登記がされ、本件建物はAに引き渡された。ところが、Aは、Xに債務を一切弁済することなく、Xに無断でBに本件建物を賃貸（期間 5 年、賃料月額 100 万円〔適正賃料額の 1/6 程度〕、敷金 1 億円〔＝賃料の 100 か月分〕）して引き渡し、その約 4 か月後、Bは本件建物を自身が借り受けた際と同一の条件でYに転貸して引き渡した。なお、BとYの代表取締役は同一人であり、Aの代表取締役は過去にYの取締役の地位にあった。

　その後、Xは、本件抵当権の実行としての競売を申し立てたが、買受けを希望する者は現れず、売却の見込みは立っていない。そこで、Xは、Yに対し、本件建物の占有によって停止条件付賃借権が侵害されたとして、賃借権に基づく本件建物の明渡しと賃料相当額の賠償金の支払を求めた。

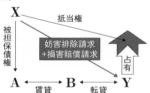

裁判の流れ

　1 審（東京地八王子支判平 11・5・26 民集 59 巻 2 号 363 頁）：Xの請求棄却　2 審（東京高判平 13・1・30 民集 59 巻 2 号 368 頁）：Xの請求一部認容　最高裁：上告一部破棄自判、一部棄却

　1 審は、Xの賃借権は、不動産の用益を目的とする真正な賃借権とはいえないとして、その侵害を理由とするXの各請求は認められないと判示した。そこで、Xは、抵当権の侵害を理由とする抵当権に基づく本件建物の明渡しと賃料相当額の損害金の支払を求めたところ、2 審はこれを認めた。Yが上告受理申立てをした。

判旨

　〈上告一部破棄自判、一部棄却〉①「所有者以外の第三者が抵当不動産を不法占有することにより、抵当不動産の交換価値の実現が妨げられ、抵当権者の優先弁済請求権の行使が困難となるような状態があるときは、抵当権者は、占有者に対し、抵当権に基づく妨害排除請求として、上記状態の排除を求めることができる（最大判平

11・11・24 民集 53 巻 8 号 1899 頁）。そして、抵当権設定登記後に抵当不動産の所有者から占有権原の設定を受けてこれを占有する者についても、その占有権原の設定に抵当権の実行としての競売手続を妨害する目的が認められ、その占有により抵当不動産の交換価値の実現が妨げられて抵当権者の優先弁済請求権の行使が困難となるような状態があるときは、抵当権者は、当該占有者に対し、抵当権に基づく妨害排除請求として、上記状態の排除を求めることができるものというべきである。なぜなら、抵当不動産の所有者は、抵当不動産を使用又は収益するに当たり、抵当不動産を適切に維持管理することが予定されており、抵当権の実行としての競売手続を妨害するような占有権原を設定することは許されないからである。」

　②「また、抵当権に基づく妨害排除請求権の行使に当たり、抵当不動産の所有者において抵当権に対する侵害が生じないように抵当不動産を適切に維持管理することが期待できない場合には、抵当権者は、占有者に対し、直接自己への抵当不動産の明渡しを求めることができるものというべきである。」

　③ 2 審は抵当権侵害による賃料相当損害金の支払請求を認容したが、「抵当権者は、抵当不動産に対する第三者の占有により賃料額相当の損害を被るものではないというべきである。なぜなら、抵当権者は、抵当不動産を自ら使用することはできず、民事執行法上の手続等によらずにその使用による利益を取得することもできないし、また、抵当権者が抵当権に基づく妨害排除請求により取得する占有は、抵当不動産の所有者に代わり抵当不動産を維持管理することを目的とするものであって、抵当不動産の使用及びその使用による利益の取得を目的とするものではないからである。」

判例の法理

●併用賃借権の否定

　平成 15 年改正前 395 条によると、抵当権設定登記に後れる賃貸借であっても、602 条の期間を超えないものは、抵当権の実行としての競売がされても消滅せず、買受人がこれを引き受けなければならなかった（短期賃貸借の保護制度）。これを濫用する者への対策として、かつて抵当権の設定を受けた者は、抵当権と併せて賃借権の設定を受け、その仮登記をしておくことがあった。これを併用賃借権という。これは、後に短期賃貸借がされた場合に仮登記を本登記にしてその消滅をもたらすことで、抵当権による目的不動産の交換価値を維持することを企図して設定された。ところが、併用賃借権は賃借権の実体を欠く。このため、その効力は、最判平元・6・5 民集 43 巻 6 号 355 頁により否定された。1 審判決は、この判例の立場を基礎とする。

●抵当権に基づく不法占有者の排除の可否

　2 審と本判決は、抵当権に基づく妨害排除請求を認め

る。Xがこれを1審で求めず、2審から請求するように
なったことには理由がある。最判平3・3・22民集45巻
3号268頁が抵当権は非占有担保であるから、抵当不動
産を第三者が不法占有する場合であっても、抵当権者は
これに口出しをすることはできないとの立場を明らかに
していた。しかし、最大判平11・11・24民集53巻8号
1899頁（以下「平成11年判決」という）が態度を改める。
この（1審判決後の）判例変更が、Xが訴訟戦略を見直
すきっかけとなったのである。

平成11年判決で直接に争われたのは、抵当不動産の
所有者の所有権に基づく妨害排除請求権を抵当権者が代
位行使して不法占有者を排除することの可否であった。
平成11年判決は、抵当権者は抵当不動産の使用収益に
口出しをすることができないという前掲最判平3・3・
22の立場を原則に留め、例外を認める。すなわち、Ⓐ
不法占有によって抵当不動産の交換価値の実現が妨げら
れ、抵当権者の優先弁済請求権の行使が困難となるよう
な状態があるときは、抵当権の侵害がある。Ⓑ抵当権者
は、抵当不動産の所有者に対して、その状態を是正する
よう請求する権利をもち、その保全の必要があるときは、
423条の法意に従い、所有者の妨害排除請求権を代位行
使することができる。そして、Ⓒ（傍論ではあるが）Ⓐ
の場合には抵当権に基づく妨害排除請求として不法占有
者の排除を求めることができる、という。

●抵当権に基づく権原占有者の排除の可否

本件のYは権原占有者であるから抵当不動産の所有者
Aは、所有権に基づく妨害排除請求権を行使することが
できない。被代位権利となるものがない以上、抵当権者
Xによるその代位行使も考えられない。このため、Xは、
正面から抵当権に基づく妨害排除請求権を行使すること
で権原占有者Yの排除を求める必要があった。

本判決は、判示事項①にあるように、㋐競売手続を妨
害する目的で占有権原の設定（＝賃貸借契約や転貸借契約
の締結）をしたという主観的要件と、㋑その権原占有に
より抵当不動産の交換価値の実現が妨げられ、抵当権者
の優先弁済請求権の行使が困難となるような状態がある
という客観的要件の双方が満たされるときに抵当権の侵
害があり、占有者の排除を求めうるという。㋐を課すこ
とで、抵当権者が正常な賃借人の排除まで請求すること
を封じる。

本件においては、Aが債務を一切弁済せず、合意に反
してBに賃貸し、その4か月後にはYに転貸し、ABY
が密接な人的関係にあり、賃料が低額であり、敷金・保
証金が著しく高額であったこと等から賃貸借契約と転貸
借契約のいずれの締結についても競売手続の妨害目的が
認められるとされる（上述のように、短期賃貸借の賃借人
の地位は買受人によって承継されていた。このため、買受人
は、抵当不動産の所有者と賃借人との間で合意されていた低
額の賃料しか受け取れないことに甘んじ、高額の敷金の返還
義務を負わされかねなかった。そのような物件の買受希望者
は現れにくい。低額の賃料と高額の敷金が競売手続の妨害目
的で占有権原が設定されたという事実の認定につながる所以
である。ただし、本件は賃貸期間が5年なので短期賃貸借
には当たらなかった。また、改正後の法制は、競売によって、
短期・長期を問わず賃借権が消滅することを前提とする〔395
条、民執59条2項参照〕）。

●抵当権者自身への明渡しの可否

抵当権は非占有担保である。このため、抵当権者が妨
害排除請求によって抵当不動産上の占有者を追い出した
として、自ら抵当不動産を占有することは当然には認め
られない（抵当権者がするのは妨害排除請求であって返還請
求ではない）。抵当権の効力が及ぶ動産が搬出された場合
であれば、抵当権者はそれを元の所在場所に戻すよう請
求することしか認められてこなかった（→143事件）。

しかし、判示事項②は、抵当不動産の返還を受けた所
有者によるその適切な維持管理を期待できないときは、
抵当権者は直接に自己に抵当不動産を明け渡すことも求
めることができるという。これが認められなければ、妨
害排除請求後に所有者が新たな占有者を抵当不動産上に
招き入れることで、抵当権者が占有者を排除した意味を
失わせかねないからである。

●第三者の占有による損害の有無

第三者が抵当不動産を占有することで、抵当権者に賃
料相当額の損害が生じるか。判示事項③は、抵当権が非
占有担保であり、物上代位や担保不動産収益執行によら
なければ、抵当権が抵当不動産の使用収益に及ぶことは
ないとの理由から、それを否定する。

判例を読む

本判決は、抵当権に基づく妨害排除請求を正面から認
めた。不法占有者の排除についても、現在、債権者代位
の転用という迂回をする必要はない。

権原占有者の排除について、判示事項①は㋐の主観的
要件を課す。これを不要とする見解もある（松岡・後掲
78〜79頁）。㋐を積極的に評価する論者には、それを詐
害行為取消権（や平成15年改正前395条ただし書の解除請
求権）の要件に相当するものとみる者がいる。占有権原
を否定し、権原占有者の事例を不法占有者の事例と等し
く扱う意義を㋐に認めようというのである（片山・後掲
48頁、森田・後掲21〜25頁等）。私見もこの立場に与する。

判示事項②の射程は、抵当権の効力が及ぶ動産が搬出
された事案にも及ぶことが予想される。すなわち、動産
を元の所在場所に戻したのでは所有者による適切な維持
管理を期待できないときには、抵当権者は自己への引渡
しを求めることができるだろう。

判示事項③は、理論的に正しい（松岡・後掲79頁）。
第三者の占有から直ちに抵当権者の損害を認めるのは難
しい。とはいえ、Yは、ABらと共に、Xが物上代位権
を行使したとしても、僅かな賃料・転貸賃料（転貸賃料
への物上代位の可否につき→150事件）しか得ることがで
きない状態を作出しており、Xによる権利行使の機会を
事実上奪っていることは軽視できない。平成15年改正
後371条に徴し、被担保債権の不履行後の賃料相当額の
賠償を認める余地はあるように思われる。

【参考文献】　道垣内弘人・リマークス32号20頁、片山直
也・金法1748号45頁、田高寛貴・法教301号82頁、森田
修・金法1762号18頁、松岡久和・平成17年度重判77頁。

鳥山泰志

145 物上保証人による事前求償権行使の可否

最高裁平成 2 年 12 月 18 日判決　民集 44 巻 9 号 1686 頁、判時 1370 号 58 頁、判タ 748 号 118 頁
【372 条、351 条、460 条】

論点　委託を受けた物上保証人は、あらかじめ求償権を行使することができるか

事実の要約

本件不動産を所有していた X は、昭和 53 年 7 月 12 日、Y が A 信用保証協会に対して負担する保証委託取引による一切の債務を担保するために、本件不動産について本件根抵当権を設定した。しかし、Y は、上記債務の支払を怠ったので、A は本件根抵当権に基づき、本件不動産の競売を申し立て、昭和 58 年 3 月 30 日、競売開始決定がなされた。

そこで、Y の委託を受けて本件根抵当権を設定したと主張する X が、Y に対して、460 条 2 号に基づく事前求償権の行使として、本件根抵当権の被担保債権の一部である 700 万円の支払を求めた。

裁判の流れ

1 審（神戸地裁社支判昭 61・5・28 民集 44 巻 9 号 1693 頁）：請求棄却　2 審（大阪高判平 2・2・28 民集 44 巻 9 号 1698 頁）：控訴棄却　最高裁：上告棄却

判　旨

〈上告棄却〉「債務者の委託を受けてその者の債務を担保するため抵当権を設定した者（物上保証人）は、被担保債権の弁済期が到来したとしても、債務者に対してあらかじめ求償権を行使することはできないと解するのが相当である。けだし、抵当権については、民法 372 条の規定によって同法 351 条の規定が準用されるので、物上保証人が右債務を弁済し、又は抵当権の実行により右債務が消滅した場合には、物上保証人は債務者に対して求償権を取得し、その求償の範囲については保証債務に関する規定が準用されることになるが、右規定が債務者に対してあらかじめ求償権を行使することを許容する根拠となるものではなく、他にこれを許容する根拠となる規定もないからである。」

判例の法理

民法は、主たる債務者の委託を受けて保証をした保証人については、一定の場合に、あらかじめ主たる債務者に対して求償権を行使することを認めている（459 条、460 条）。他方、民法は、他人の債務を担保するために抵当権を設定した者（物上保証人）が、その債務を弁済し、または、抵当権の実行により抵当不動産の所有権を失ったときは、保証債務に関する規定に従って債務者に対して求償権を有するとしている（372 条、351 条）。それでは、債務者の委託を受けてその者の債務を担保するために抵当権を設定した物上保証人は、あらかじめ債務者に対して求償権を行使することができるか。**本判決は、372 条が準用する 351 条は、物上保証人が「債務を弁済し」たとき、又は抵当権の「実行によって」抵当不動産の「所有権を失ったとき」に求償権を有するとしているに過ぎず、「債務者に代わって弁済をし、その他自己の財産をもって債務を消滅させるべき行為を」する前に、あ**らかじめ求償権を行使することは、法文上これを許容する根拠がないことを理由に否定説をとった。

判例を読む

保証債務（第 3 編第 1 章第 3 節第 5 款）を負う保証人（446 条 1 項）と異なり、物上保証人は債務を負わない点で、両者の法的立場には相違があるが、自己の財産でもって他人の債務の履行を担保するという点では共通する。両者の機能的類似性に鑑みると、保証人に認められる事前求償権を物上保証人に認めないのは、合理的ではない。

本判決も、「民法 372 条の規定によって抵当権について準用される同法 351 条の規定は、物上保証人の出捐により被担保債権が消滅した場合の物上保証人と債務者との法律関係が保証人の弁済により主債務が消滅した場合の保証人と主債務者との法律関係に類似することを示すものであるということができる」としつつ、それでもなお、委託を受けた物上保証人の事前求償権を否定する実質的理由として、「保証の委託とは、主債務者が債務の履行をしない場合に、受託者において右債務の履行をする責に任ずることを内容とする契約を受託者と債権者との間において締結することについて主債務者が受託者に委任することであるから、受託者が右委任に従った保証をしたときには、受託者は自ら保証債務を負担することになり、保証債務の弁済は右委任に係る事務処理により生ずる負担であるということができる。これに対して、物上保証の委託は、物権設定行為の委任にすぎず、債務負担行為の委任ではないから、受託者が右委任に従って抵当権を設定したとしても、受託者は抵当不動産の価額の限度で責任を負担するものにすぎず、抵当不動産の売却代金による被担保債権の消滅の有無及びその範囲は、抵当不動産の売却代金の配当等によって確定するものであるから、求償権の範囲はもちろんその存在すらあらかじめ確定することはできず、また、抵当不動産の売却代金の配当等による被担保債権の消滅又は受託者のする被担保債権の弁済をもって委任事務の処理と解することもできないのである」とするが、保証人についても保証人の弁済等より前には求償権の範囲は厳密にはあらかじめ確定することができず（459 条 2 項によって準用される 442 条 2 項参照）、抵当不動産の売却代金の配当等により行われる出捐もまた、委任事務の処理に必要な費用に当たる（山田・後掲 54 頁）ので、説得的ではない。

【参考文献】　本判決の評釈として、富越和厚・最判解平成 2 年度 501 頁、山野目章夫・法教 131 号 104 頁、伊藤進・民商 105 巻 1 号 84 頁、山田誠一・金法 1304 号 52 頁、石田喜久夫・京都学園法学 5 号 63 頁、高橋眞・リマークス 4 号 42 頁、米倉明・法協 109 巻 4 号 701 頁、川井健・平成 2 年度重判 70 頁、國井和郎・法時 63 巻 6 号 28 頁等がある。

占部洋之

146 抵当権の効力の及ぶ目的物の範囲

最高裁昭和44年3月28日判決　民集23巻3号699頁、判時555号43頁、判タ234号126頁

【370条】

論点 ①抵当権の効力は抵当不動産の従物にも及ぶか
②抵当権者は、抵当不動産の従物の譲渡・引渡しを妨げることができるか

事実の要約

Aの一般債権者であるYは、Aに対する金銭消費貸借契約公正証書の執行力ある正本に基づき、A所有の本件宅地上にある庭木・庭石・石灯篭等（本件物件）に対し本件強制執行をした。しかし、Xは、Aから既に、本件宅地および同宅地上の建物につき本件根抵当権の設定を受け、その旨の登記を経由していた。また、本件物件は、本件根抵当権設定前に、本件宅地の所有者であるAがその宅地に附設したものであり、本件根抵当権設定当時、本件物件のうち、取外しの困難な庭石・庭石等は既に本件宅地に付加してこれと一体をなしており、取外しのできる石灯篭・庭石等は、なお本件宅地の常用に供するためこれに附属させられている従物であり、本件根抵当権設定契約には、本件物件を抵当権の効力が及ぶ範囲から除外する別段の定め（370条ただし書）もなかった。

そこで、Xは、執行債権者であるYに対し、本件強制執行の排除を求めるため、本件訴訟を提起した。

裁判の流れ

1審（福岡地直方支判昭43・2・21民集23巻3号702頁）：請求認容　2審（福岡高判昭43・7・29民集23巻3号708頁）：控訴棄却　最高裁：上告棄却

1審は、強制執行の目的となった本件物件は、本件根抵当権設定前に、Aが本件宅地に庭園としての風致を与え常時鑑賞の用に供するためにその宅地に附設した物件であり、本件根抵当権設定当時、本件宅地の従物ないし構成部分となり、これを取り除くときは本件宅地の経済的価値を著しく損じる状況で、総じて本件宅地に付加してこれと一体をなしていた物であって、本件根抵当権設定契約には、これらを抵当権の効力の及ぶ範囲から除外する別段の定めもないから、抵当権の効力はこれらの物件にも及び、Xは、本件根抵当権により、その妨害排除として、本件物件が、本件宅地との付加一体関係を解消せしめられ、独立の動産として抵当権の効力外に逸出するのを防止する権利、すなわち、本件物件の譲渡もしくは引渡しを妨げる権利があるものというべきであり、この権利によって執行債権者たるYに対し、本件物件についての強制執行の排除を求めることができるとして、Xの請求を認容した。2審も、本件物件が、抵当権の登記を備えた本件宅地の従物ないし付加物である以上、これにつき明認方法を講ずる必要は全くないとして、控訴を棄却した。Y上告。

判旨

〈上告棄却〉「本件石灯篭および取り外しのできる庭石等は本件根抵当権の目的たる宅地の従物であり、本件植木および取り外しの困難な庭石等は右宅地の構成部分である」。「本件宅地の根抵当権の効力は、右構成部分に及ぶことはもちろん、右従物にも及び（大判大正8年3月15日、民録25輯473頁参照）、この場合右根抵当権は本件宅地に対する根抵当権設定登記をもって、その構成部分たる右物件についてはもちろん、抵当権の効力から除外する等特段の事情のないかぎり、民法370条により従物たる右物件についても対抗力を有する」（論点①）。「Xは、根抵当権により、右物件等を独立の動産として抵当権の効力外に逸出するのを防止するため、右物件の譲渡または引渡を妨げる権利を有するから、執行債権者たるYに対し、右物件等についての強制執行の排除を求めることができる」（論点②）。

判例の法理

●抵当権と従物（論点①）

抵当権の効力は、抵当不動産に「付加して一体となっている物に及ぶ」（370条）。この「付加一体物」の中に、抵当不動産に附属することにより物としての独立性を喪失し、抵当不動産の所有権自体に完全に吸収される「付合物」（242条）が含まれることに異論はない。しかも、このことは、抵当権の効力が当該目的物に及ぶことの必然的結果でもあるので、その限りにおいて、抵当不動産への附属が抵当権設定時の前か後かは意味をもたない。それでは、抵当不動産の常用に供するためにこれに附属させられているがなおその独立性を失わない「従物」（87条1項）も含まれるか。「付加一体物」の文言からは必ずしも明らかでない。一方、従物は主物の処分に従う（同2項）。この「処分」の中に、抵当権設定が含まれることには異論がない。

大審院は当初、動産は代替可能で移動も容易であるから、担保の目的を達成し難く、当事者間で紛争が生じやすいために、369条は動産を目的とする抵当権の設定を許していないのであり、抵当不動産の従物も、依然動産として存在する以上は、これを抵当権の目的物とすることを許せば、紛争が生じやすいとの弊害に陥ることに変わりはないとして、動産である従物には、その効力は及ばないとしたが、その後、大連判大8年3月15日（民録25輯473頁）は、87条2項の趣旨を「処分当時における主物の利用価値を減損せずその経済上の効用を充実させる」ことに求めた上で、抵当権設定の場合も、主物である不動産の利用価値を標準として担保価値を定めるのが通常であるから、抵当権の効力は抵当権設定当時目的不動産に備え付けられていた従物にも及ぶとして、従来の見解を改めた。しかし、これだけでは、従物も動産である以上抵当権の効力を及ぼすことにより紛争が生じやすくなるとする危惧に対する解答にはなっていない。

本判決も、この大審院判決を引用して「抵当権の効力は抵当不動産の従物にも及ぶ」とするが、その一方で、**抵当権は設定登記をもって 370 条により抵当不動産の従物についても対抗力を有する**としており、抵当不動産の従物に抵当権の効力が及ぶ根拠を 370 条に求めているようにも読める。

● **第三者異議の可否（論点②）**

抵当不動産の従物に抵当権の効力が及び、かつ、これを第三者に対抗することができるとしても、抵当権者が抵当不動産の従物についてなされた差押えを排除することができるかは、別の問題である。これは、抵当権の効力が及ぶということは何を意味するのかという問題でもある。抵当権は抵当不動産を換価して一定の金額を優先的に取得する権利にすぎないのであるから、抵当不動産につき強制執行がされた場合、抵当権者は強制執行による抵当不動産の換価や引渡しを妨げる利益を有せず、したがって、第三者異議の訴えを提起できない（通説）。問題は、抵当不動産の従物について強制執行がされた場合にもこのことが妥当するかどうかである。

通説は、一体として担保価値を有する目的物の一部のみに対して強制執行がされたときには、その強制執行は抵当権の担保価値を損傷するので、抵当権者は第三者異議の訴え（民執 38 条）を提起できるとする。抵当不動産自体が差し押さえられて競売されたとしても、抵当権者の利益はその売却代金から優先弁済を受けることによって保持されるが、抵当不動産の従物だけが差し押さえられて競売された場合には、その売却代金から優先弁済を受けるだけでは、抵当不動産と従物の経済的一体性の破壊によって生ずる価値の下落を補うことができないから、両者の別異取扱いは妥当であろう。

工場抵当権に関してであるが、すでに大審院は、工場建物に備え付けられた動産に対して個別的に執行が行われる場合に、抵当権者による第三者異議の訴えを認めていた（大判昭 6・3・23 民集 10 巻 116 頁）。本判決は、これを一般の抵当権についても肯定する。

判例を読む

● **抵当権設定後の従物**

本判決が引用する前掲大審院連合部判決の論理構造は、抵当権設定時以降に附属させた従物については抵当権の効力が及ばないという解釈を導くことにもなり、現に学説上もこのような見解が一時通説化した。しかし、そうすると、例えば、抵当家屋の畳が入れ替えられると、新しい畳には抵当権の効力が及ばないことにもなりかねないが、その結論は必ずしも妥当とはいえない。その後、我妻栄「抵当権と従物の関係について」（『民法研究Ⅳ（2）』（有斐閣、1967）所収）が、370 条の付加一体物は従物を包含する概念であるとすることによって、抵当権設定後の従物にも抵当権が及ぶと主張して以来、学説はこの問題に議論を集中している。ただ、「**いかなる時点で従物となったかを問わず主物の抵当権の効力が従物にも及ぶ**」との結論自体はほぼ異論なく承認されており、学説の対立点は、その条文上の根拠を 370 条とするか、それとも、なお 87 条 2 項に求めるかというところにある。両説の間に実質的な差異は存在しないというべきであろう。

本判決の事案では、抵当権設定当時既に抵当不動産上に存在していた従物しか問題にならなかったので、設定

後に設置された従物にも抵当権の効力が及ぶかについて、最高裁の態度は明確でない。ただ、本判決は、先述のように、抵当不動産の従物に抵当権の効力が及ぶ根拠を 370 条に求めているともとれるので、将来最高裁が、判例を変更して、抵当権設定後の従物についても抵当権の効力が及ぶことを認める可能性は十分にある。

● **従物の高額化**

抵当権の効力を抵当不動産の従物にまで及ぼすことにより、不動産を中心とする「企業体」を担保として利用することが可能となり、さらに、この「企業体」を一体として一括売却した場合に抵当権者に配当すべき金額の算定も容易になる。しかしその一方で、現代においては動産の財貨的価値が格段に高揚した（最判平 2・4・19 判時 1354 号 80 頁、東京高判昭 53・12・26 下民集 29 巻 9 ～ 12 号 397 頁参照）ため、抵当権の効力を切断する一般的な社会経済的要請もある（近江・Ⅲ 136 頁）。すなわち、**設定者には、設定後にある物を従物として備え付けて利用しつつ、その担保価値については抵当権の効力を排除して、他の債権者、とりわけその従物の調達を可能にした者のためにこれを担保として利用するという利益が存在する**（磯村・後掲 34 頁）。近時、抵当権の効力の及ぶ従物を、取引上合理的と認められるような当事者の予期の及ぶ範囲に制限し、とりわけ設定後の巨額の従物について、特別の表示がなくても当事者に排除の意思を認めて、これに対しては抵当権の効力が及ばない（370 条ただし書）とする学説が現れた（林良平『金融法論集―金融取引と担保』（有信堂高文社、1989）183 頁以下）。しかし、この黙示の排除特約を買受人等の利害対立者に対抗するためには、登記が必要である（不登 88 条 1 項 4 号）から、その実効性にはやや疑問が残る。

さらに関連問題として、「住宅ローン」のような「消費信用型抵当取引」においても、抵当権の効力は常に抵当不動産の従物に及ぶのかどうかも、再検討の余地があろう（鎌野邦樹「『抵当権と従物』論」早稲田法学 64 巻 3 号 79 頁）。

● **従物への効力拡張と従物処分権**

抵当権の実行の際には、抵当不動産とその従物を一体として売却することが、経済的に望ましいといえる。これを可能ならしめ、且つ、その換価金の配当を簡明にするためには、抵当権の効力を抵当不動産の従物にまで拡張しなければならない。しかしその結果、抵当不動産所有者の経済活動が徒に制約されることになれば、抵当不動産の使用を設定者に委ねてその活動によって得られた利潤で債務を弁済していくことを可能にする抵当制度の特質を没却することにもなりかねない。したがって、抵当権の効力を抵当不動産の従物に拡張しつつ、抵当不動産所有者の経済活動の自由を確保するためには、抵当不動産所有者に一定の「従物処分権」を認める必要がある。

【参考文献】 本判決の評釈として、鈴木重信・最判解昭和 44 年度 141 頁、西沢修・民商 62 巻 1 号 137 頁、磯村保（ジュリ増刊）担保法の判例Ⅰ 31 頁、古積健三郎・百選Ⅰ 164 頁等がある。学説については、山崎寛・新版注民（9）40 頁以下が詳しい。

占部洋之

147 抵当権の効力の及ぶ範囲——従たる権利

最高裁昭和40年5月4日判決　民集19巻4号811頁、判時415号19頁、判タ179号120頁

【370条】

論点 借地上建物に設定された抵当権の効力は、その敷地利用権にも及ぶか

事実の要約

Xは、Aから本件土地を普通建物所有の目的で賃借し、その地上に本件建物を所有していた。Xは本件建物につきBのため第一順位、Cのため第二順位、Dのため第三順位、Yのため第四順位の各抵当権を設定し、Cの申立てによる競売の結果、Yにおいて本件建物を競落してその所有権を取得した。ところが、XはAに本件土地についての従前の滞納賃料およびその後の賃料を支払い、Aも依然Xを本件土地の賃借人と認めており、本件土地の賃借権の譲渡または転貸を承諾していなかった。

そこで、XはYに対し、本件土地所有者であるAに代位して、本件建物の収去および本件土地の明渡しを求めて、本件訴えを提起した。

裁判の流れ

1審（函館地判昭38・10・9民集19巻4号816頁）：請求棄却　2審（札幌高函館支判昭39・5・28民集19巻4号820頁）：控訴棄却　最高裁：上告棄却

判旨

〈上告棄却〉「土地賃借人の所有する地上建物に設定された抵当権の実行により、競落人が該建物の所有権を取得した場合には、民法612条の適用上賃貸人たる土地所有者に対する対抗の問題はしばらくおき、従前の建物所有者との間においては、右建物が取毀しを前提とする価格で競落された等特段の事情がないかぎり、右建物の所有に必要な敷地の賃借権も競落人に移転するものと解するのが相当である（原審は、択一的に、転貸関係の発生をも推定しており、この見解は当審の執らないところであるが、この点の帰結のいかんは、判決の結論に影響を及ぼすものではない。）。けだし、建物を所有するために必要な敷地の賃借権は、右建物所有権に付随し、これと一体となって一の財産的価値を形成しているものであるから、建物に抵当権が設定されたときは敷地の賃借権も原則としてその効力の及ぶ目的物に包含されるものと解すべきであるからである。したがって、賃貸人たる土地所有者が右賃借権の移転を承諾しないとしても、すでに賃借権を競落人に移転した従前の建物所有者は、土地所有者に代位して競落人に対する敷地の明渡しを請求することができないものといわなければならない」。

判例の法理

本判決は、**借地上の建物に設定された抵当権の実行によって建物が競売された場合、その敷地利用権（地上権・賃借権）も抵当権の効力の及ぶ目的物に含まれるから、建物の買受人に移転する**ことを、最高裁判所として初めて明らかにした判決である。「敷地利用権は建物の買受人に移転する」との結論自体は、すでに大審院も認めていたが、その根拠を、信義則（大判昭12・3・13判決全集4輯7号18頁）や当事者の意思解釈（大判昭7・3・7

民集11巻285頁、大判昭13・2・12民集17巻119頁）に求めるなど、法的構成は必ずしも明確ではなかった。本判決は、このような状況の下で、従来からの結論を踏襲することを明らかにしたとともに、その法的構成を明確にしたものとして意義がある。

判例を読む

本判決は、建物抵当権の効力が敷地利用権に及ぶことを認め、その根拠を、敷地利用権が建物所有権に付随しこれと一体となって1つの財産的価値を形成している点に求めた。これは、敷地利用権の問題を、競売による売却の際の合理的意思の問題としてではなく、抵当権設定時からの問題とするものであり、しかも、設定当事者の合理的意思からではなく、客観的な経済的統一性の見地から、建物抵当権が敷地利用権にも及ぶとするものである。

本判決の考え方は、敷地利用権が建物抵当権に服し、それゆえ競売の対象となるのであるから、敷地利用権の移転のみが問題となりえて、転貸借は問題となりえない（＝抵当権設定者は敷地利用関係から離脱する）という点で、優れている。さらに、現行法では、賃借権に抵当権を設定することができないので、建物抵当権の効力が及ぶとして扱わないと不都合が大きいという点も、この考え方を正当化しよう。

ただ、本判決は、建物抵当権の効力が敷地利用権に及ぶことを、87条2項の類推適用によって説明するのか、370条の類推適用によって説明するのか、あるいはこの両条によるのかについては明らかにしておらず、通説である87条2項の類推適用を積極的に認めたわけではないことに注意する必要がある。しかし、敷地利用権は建物所有を目的としてそれに奉仕する関係に立っていることに鑑みれば、少なくとも、敷地利用権を建物に従たる権利として取り扱うことは認められよう。

建物抵当権の効力が敷地利用権に及ぶということは、さらに、競売の場合に敷地利用権の価額を含む売却代金全額について、抵当権者が優先弁済権を有することも意味する。そしてこのことは、借地権価格が敷地の更地価格の9割に及ぶ場合もある今日においては、借地上建物の所有者が、建物自体の価格のみならず借地権価格分まで融資を受けられることを意味する。このように本判決の考え方は、借地上建物の担保化を促進するためにも役立つものであるといえよう。

【参考文献】 本判決の評釈として、高津環・最判解民昭和40年度165頁、槙悌次・判評85号（判時422号）12頁、鈴木禄弥・民商54巻1号60頁、加藤一郎・法協83巻2号220頁、徳本伸一・担保法の判例I（ジュリ増刊）78頁、占部洋之・百選I 166頁がある。

占部洋之

148 買戻代金債権に対する物上代位

最高裁平成 11 年 11 月 30 日判決　民集 53 巻 8 号 1965 頁、判時 1695 号 70 頁、判タ 1018 号 208 頁
【372 条、304 条、579 条】

 論点　買戻特約付売買の買主から目的不動産につき抵当権の設定を受けた者は、買戻権の行使により買主が取得した買戻代金債権に対して、物上代位権を行使して優先弁済を受けることができるか

事実の要約

昭和 62 年 6 月、A 町は、その所有する本件土地を B に期間を 5 年とする買戻特約付きで売り渡し、その旨の所有権移転登記と買戻特約登記を経由した。平成 1 年 7 月、Y は B から本件土地につき本件根抵当権の設定を受けてその旨の登記を経由した。平成 2 年 4 月、X も本件土地につき根抵当権の設定を受けてその旨の登記を経由した。平成 4 年 3 月、A は B に対し買戻権を行使した。平成 8 年 3 月、X は、B に対する債務名義に基づき、本件買戻代金債権を差し押さえ、同年 4 月、Y も、本件根抵当権に基づく物上代位権の行使として、本件買戻代金債権を差し押さえた。そこで、A 町は、買戻代金を供託した。執行裁判所は、Y が X に優先して弁済を受ける権利があるとして配当表を作成したため、X が Y に対して配当異議の訴えを提起した。

裁判の流れ

1 審（神戸地尼崎支判平 9・3・25 民集 53 巻 8 号 1975 頁）：請求認容　2 審（大阪高判平 10・7・31 民集 53 巻 8 号 1982 頁）：請求棄却　最高裁：上告棄却

判旨

〈上告棄却〉「買戻特約付売買の買主から目的不動産につき抵当権の設定を受けた者は、抵当権に基づく物上代位権の行使として、買戻権の行使により買主が取得した買戻代金債権を差し押さえることができると解するのが相当である。けだし、買戻特約の登記に後れて目的不動産に設定された抵当権は、買戻しによる目的不動産の所有権の買戻権者への復帰に伴って消滅するが、抵当権設定者である買主やその債権者等との関係においては、買戻権行使時まで抵当権が有効に存在していたことによって生じた法的効果までが買戻しによって覆滅されることはないと解すべきであり、また、買戻代金は、実質的には買戻権の行使による目的不動産の所有権の復帰についての対価と見ることができ、目的不動産の価値変形物として、民法 372 条により準用される 304 条にいう目的物の売却又は滅失によって債務者が受けるべき金銭に当たるといって差し支えないからである。」

判例の法理

本判決は、抵当権に基づく物上代位（372 条、304 条）の目的債権の中に、「抵当不動産の買戻しによる代金債権」も含まれることを、最高裁判所として初めて明言（既に、最判平 9・2・25 判時 1606 号 44 頁が、肯定説を前提にした判断を示していた）したものである。

それまでの下級審裁判例の中には、買戻権の行使により売買契約は遡及的に消滅し（581 条 1 項参照）、買主により設定された抵当権もまた初めからなかったことになるから、買戻代金債権に対する物上代位が生じる余地はないとするもの（東京高判昭 54・8・8 判時 943 号 61 頁、

仙台高決昭 55・4・18 判時 966 号 58 頁）があり、また、将来取得すべき買戻代金債権を担保化する法的手段として質権ないし譲渡担保が考えられるのであるから、これに対する物上代位を認める必要はないとする学説（新田宗吉「物上代位に関する一考察（四）——抵当権の物上代位を中心として——」明治学院論叢 350 号 67 頁）もあった。

これに対して、本判決は、①買戻権行使によっても、それまでに抵当権が有効に存在していたことにより生じた法的効果が覆滅されるものではないこと、②買戻代金は、実質的には目的不動産の所有権の復帰についての対価であるから、目的不動産の価値変形物といえること、を根拠に、これら否定説を退けた。**物上代位の制度趣旨は、担保物権の消滅により生ずる不公平を是正するところにあると捉えれば、抵当権が遡及的に消滅することを根拠に物上代位を否定することはそもそも許されないと**いえよう。

判例を読む

372 条が準用する 304 条は、「目的物の売却」によって生じた「売買代金債権」も物上代位の目的債権であるとするが、近時の多数説は、304 条が目的物の売買代金債権に対する物上代位を規定しているのは、目的物に対する追及権のない先取特権（333 条参照）の物上代位を念頭に置くものであり、しかも、売買代金から優先弁済を得たい抵当権者のために代価弁済制度（378 条）が用意されているから、抵当権においては物上代位権を否定すべきであるとする。「買戻代金債権」に対する物上代位を肯定する本判決は、このような近時の多数説と矛盾するものではない。なぜなら、売買においては、目的不動産そのものについて抵当権を行使できるのに対して、目的不動産について抵当権設定前から存在する買戻権が行使されると、抵当権は消滅し、目的不動産そのものについては抵当権を行使しえなくなるからである。

本判決の射程は、抵当権設定登記後に設定者を買主とする売買契約がその締結の意思表示の無効・取消しを理由として遡及的に消滅した場合の不当利得（代金相当額）返還請求権に対する物上代位にも及ぶと考えるべきである（反対、道垣内・担保物権 151 頁）。なぜなら、自らが設定した抵当権の負担を免れながら、その目的不動産の売買代金を自由に処分できるとするのは、不公平だからである。

【参考文献】　本判決の評釈として、豊澤佳弘・最判解民平成 11 年度 953 頁、生熊長幸・金法 1588 号 39 頁、太矢一彦・独協法学 52 号 151 頁、吉田邦彦・判評 501 号 26 頁、山野目章夫・民商 123 巻 3 号 431 頁、工藤祐巌・NBL706 号 61 頁、角紀代恵・リマークス 22 号 26 頁、道垣内弘人・平成 11 年度重判 75 頁、同・百選 I 5 版 184 頁等がある。

占部洋之

149 賃料債権に対する物上代位

最高裁平成元年 10 月 27 日判決　民集 43 巻 9 号 1070 頁、判時 1336 号 96 頁、判タ 717 号 106 頁
【372 条、304 条】

論点　抵当権者は、抵当不動産の賃料債権に対して、物上代位権を行使して優先弁済を受けることができるか

事実の要約

Aは、その所有する本件建物をBに賃貸した後、Yとの間で、本件建物について根抵当権設定契約を締結し、その旨の登記を経由した。昭和 54 年 4 月 19 日、Aは、Xに本件建物を譲渡した。昭和 57 年 11 月 30 日、本件建物に対するYの先順位抵当権者の申立てにより、競売開始決定がなされた。昭和 58 年 7 月 19 日、Yは、Bが供託していた賃料についての還付請求権を、根抵当権に基づく物上代位権の行使として差し押さえ、転付命令を得た。そこで、Xは、Yに対して転付命令によって得た金銭の支払いを求めて、本件訴えを提起した。

裁判の流れ

1 審（名古屋地判昭 59・4・23 民集 43 巻 9 号 1078 頁）：請求棄却　2 審（名古屋高判昭 60・7・18 民集 43 巻 9 号 1081 頁）：控訴棄却　最高裁：上告棄却

判　旨

〈上告棄却〉「抵当権の目的不動産が賃貸された場合においては、抵当権者は、民法 372 条、304 条の規定の趣旨に従い、目的不動産の賃借人が供託した賃料の還付請求権についても抵当権を行使することができるものと解するのが相当である。けだし、民法 372 条によって先取特権に関する同法 304 条の規定が抵当権にも準用されているところ、抵当権は、目的物に対する占有を抵当権設定者の下にとどめ、設定者が目的物を自ら使用し又は第三者に使用させることを許す性質の担保権であるが、抵当権のこのような性質は先取特権と異なるものではないし、抵当権設定者が目的物を第三者に使用させることによって対価を取得した場合に、右対価について抵当権を行使することができるものと解したとしても、抵当権設定者の目的物に対する使用を妨げることにはならないから、前記規定に反してまで目的物の賃料について抵当権を行使することができないと解すべき理由はなく、また賃料が供託された場合には、賃料債権に準ずるものとして供託金還付請求権について抵当権を行使することができるものというべきだからである。」

判例の法理

本判決は、直接には、抵当不動産の賃借人が供託した賃料の還付請求権に対して、抵当権者は物上代位権を行使することができると判示するものである。しかし、その論理構成は、まず、**賃料債権そのものに対する物上代位権の行使を認め、供託金還付請求権はそれに準じるので、同様に物上代位権を行使することができる**、というものになっている。したがって、本判決は、賃料債権に対する物上代位権の行使の可否という、従来から議論の多い問題につき、最高裁判所が初めてその立場を明らかにしたものということができる（道垣内・後掲 590 頁）。

抵当権は、その実行までは、目的不動産の使用収益を設定者に委ねておく制度であるから、抵当権が実行されて、目的不動産が差し押さえられるまでは、その賃料債権に対して物上代位権を行使できないとするのが、本判決までの多数説であった。また、物上代位を肯定する学説も、「信用危機が生じたこと」や「抵当権設定後に目的不動産が賃貸されたこと」を、物上代位権を行使するための条件としていた。これに対して、本判決は、抵当権が実行されて、目的不動産が差し押さえられたかどうかにかかわらず、無条件で、抵当権者は賃料債権に対して物上代位権を行使できるとした。しかし、「抵当不動産の賃料は抵当権の把握した交換価値の一部実現である」という点を論拠として取り上げることはなく、実質的な理由付けをせず、形式論理によって、その結論を導いている（道垣内・後掲 594 頁）。

判例を読む

本判決に対しては、①後順位の抵当権者が、賃料債権に対する物上代位により、先順位の抵当権者に先立って優先弁済を受けることは妥当か（道垣内・後掲 595 頁）、②抵当不動産の第三取得者が取得する賃料債権に対しても物上代位権を行使できることは妥当か（道垣内・後掲 596 頁）、という疑問が提起されている。しかし、①については、賃料債権に対する物上代位に限らず、物上代位全般で生じうる問題であり、少なくとも、賃料債権に対する物上代位だけを否定する根拠にはなり得ない。さらに、②についても、賃料債権の取引の安全を考えると、債権者が設定者か第三取得者かで区別するのは合理的でない。

本判決の後、賃料水準の上昇と建築密度の稠密化も相俟って、抵当権に基づく賃料債権に対する物上代位の申立てが大幅に増加しており、抵当権者の債権回収手段の一つとして完全に定着しているといえる。平成 15 年に、従来からの担保不動産競売に加わる新たな抵当権の実行方法として、担保不動産収益執行制度が新設された（民執 180 条 2 号）。これは、賃料債権に対する物上代位と同様、抵当権者が抵当不動産の賃料から優先弁済を受ける手段であるが、賃料債権に対する物上代位は、「簡便な回収方法」として新制度と併存しうる（民執 188 条が準用する 93 条の 4 はこれを前提とする）。

【参考文献】　本判決の評釈として、小田原満知子・最判解平成元年度 351 頁、高橋眞・龍谷法学 23 巻 2 号 306 頁、鎌田薫・リマークス 2 号 31 頁、同・法時 63 巻 6 号 10 頁、道垣内弘人・民商 102 巻 5 号 587 頁、副田隆重・法セ 426 号 128 頁、大窪誠・法学 55 巻 1 号 212 頁、小林資郎・平成元年度重判 73 頁、半田正夫・担保法の判例 I（ジュリ増刊）133 頁、高木多喜男・金法 1581 号 154 頁、中山知己・百選 I 168 頁、生熊長幸・判セ 1990 年 21 頁等がある。

占部洋之

150 転貸賃料に対する物上代位

最高裁平成 12 年 4 月 14 日決定　民集 54 巻 4 号 1552 頁、判時 1714 号 61 頁、判タ 1035 号 100 頁
【372 条、304 条】

論点　抵当権者は、抵当不動産の賃借人が取得する転貸賃料債権についても物上代位権を行使して優先弁済を受けることができるか

事実の要約

　Ｘは、昭和 63 年 6 月 21 日、Ａとの間で、同人のＢ銀行に対する金銭消費貸借契約に基づく債務について保証委託契約を締結し、同年 10 月 21 日、ＸのＡに対する求償債権等を被担保債権として、Ａ所有の本件建物（3 階建店舗兼共同住宅用建物）について根抵当権を取得し、その旨の登記を経由した。その後Ｘは、平成 9 年 10 月 28 日、上記保証委託契約に基づき、ＡのＢ銀行に対する債務を弁済し、Ａに対する求償債権を取得した。

　一方Ｃは、上記同日、Ａから本件建物を買い受け（同月 30 日所有権移転登記）、同月 31 日、Ｙに本件建物を賃貸し（同年 11 月 17 日賃借権設定仮登記）、Ｙは、Ｄらに対し、本件建物の部屋のうち 7 室を転貸している。

　Ｘは、翌年 9 月 10 日、本件根抵当権に基づく物上代位権の行使として、ＹのＤらに対する転貸賃料債権について差押命令を申し立て、同月 16 日、本件債権差押命令（原原審決定）が発せられた。そこでＹは、本件債権差押命令に対し、執行抗告をした。

裁判の流れ

　原原審（横浜地裁川崎支平 10・9・16 民集 54 巻 4 号 1552 頁）　原審（東京高決平 11・4・19 民集 54 巻 4 号 1561 頁）：抗告棄却　最高裁：破棄差戻

　原審は、「民法 304 条 1 項の『債務者』には、抵当不動産の所有者及び第三取得者のほか、抵当不動産を抵当権設定の後に賃借した者も含まれ」るとして、Ｙの執行抗告を棄却した。そこでＹは抗告許可の申立て（民訴 337 条）をし、原審は抗告を許可した。

決定要旨

　〈破棄差戻〉「民法 372 条によって抵当権に準用される同法 304 条 1 項に規定する『債務者』には、原則として、抵当不動産の賃借人（転貸人）は含まれないものと解すべきである。けだし、所有者は被担保債権の履行について抵当不動産をもって物的責任を負担するものであるのに対し、抵当不動産の賃借人は、このような責任を負担するものではなく、自己に属する債権を被担保債権の弁済に供されるべき立場にはないからである。同項の文言に照らしても、これを『債務者』に含めることはできない。また、転貸賃料債権を物上代位の目的とすることができるとすると、正常な取引により成立した抵当不動産の転貸借関係における賃借人（転貸人）の利益を不当に害することにもなる。もっとも、所有者の取得すべき賃料を減少させ、又は抵当権の行使を妨げるために、法人格を濫用し、又は賃貸借を仮装した上で、転貸借関係を作出したものであるなど、抵当不動産の賃借人を所有者と同視することを相当とする場合には、その賃借人が取得すべき転貸賃料債権に対して抵当権に基づく物上代位権を行使することを許すべきものである」。

判例の法理

　本件では、抵当不動産賃借人がさらに目的不動産を転貸している場合に、転貸料債権に対しても抵当権者は物上代位権を行使できるかが、問題となった。原賃貸借の賃料が相場に比べてかなり低く、抵当不動産賃借人が安価な賃料と高額の転貸料の差額を収取している場合や、すでに抵当不動産賃借人が原賃貸借の賃料を前払している場合には、賃料債権に対する物上代位のみでは抵当権者の当初の期待が害される結果となり、これを保護するためには、さらに転貸料債権に対する物上代位をも肯定する必要性が生じてくる。

　最高裁判所は、原則として転貸料債権に対する物上代位を否定する。その実質的根拠として、転貸借関係は正常な取引により成立することもあるにも関わらず、物上代位を原則的に肯定すると、この場合の転貸人の利益をも不当に害することを指摘する。

判例を読む

　「正常な取引による転貸借関係」としては、近時とりわけ都心部のオフィスビルの需要増加に伴って締結されるようになった、いわゆる「サブリース」契約（サブリース契約が抱えている問題については金山直樹「サブリース契約の法的性質」民研 508 ～ 512 号（同『現代における契約と給付』（有斐閣、2013）所収）参照）があげられる。これは、都心のビルを他に転貸することを目的として不動産会社が一括して借り受ける契約で、これにより、不動産会社は賃借料と転貸料との差額を利得できるとともに、ビルの所有者も空き部屋に悩まされることなく安定した賃料収入を確保でき、双方にメリットがある。本決定は、抵当不動産賃借人である不動産会社が取得する転貸料への抵当権者の追及を阻止することによって、不動産に抵当権を設定した後もなおその抵当不動産をサブリースにより有効活用する余地を認めたものとも理解できよう。

　ただし、本決定の理論構成には問題がある。転貸料債権に対する物上代位が認められないのは、より端的に、原賃貸料債権と転貸料債権の双方同時に物上代位を認める必要はないからとすれば足りるのであり、これは、物上代位の根拠を抵当不動産賃料と抵当利息との間の経済的関連性に求めることで、合理的に説明できよう。

【参考文献】　本決定の評釈として、春日通良・最判解平成 12 年度 466 頁、渡辺達徳・法セ 549 号 106 頁、占部洋之・法教 242 号 154 頁、平井一雄・金判 1102 号 55 頁、松岡久和・民商 124 巻 2 号 226 頁、安永正昭・金法 1620 号 29 頁、内田貴・法協 119 巻 6 号 1201 頁、鎌田薫・平成 12 年度重判 59 頁、古積健三郎・判セ 2000 年 19 頁等がある。

占部洋之

151 物上代位——賃料債権への物上代位と賃借人による相殺

最高裁平成13年3月13日判決　民集55巻2号363頁、判時1745号69頁、判タ1058号89頁

【372条、304条】

論点　抵当不動産の賃借人が賃貸人に対して有する債権と賃料債権とを相殺した場合にも、抵当権者は賃料債権に対して物上代位権を行使して優先弁済を受けることができるか

事実の要約

　X銀行は、A所有の本件建物について本件根抵当権を取得し、昭和60年9月27日、その旨の登記を経由した。

　その後、同年11月14日、AとYとの間で、本件建物について賃貸借契約が締結され、YはAに対し、保証金3150万円を預託した。平成9年2月3日、AとYは、従前の賃貸借契約を、同年8月31日限りで解消し、同年9月1日以降あらためて保証金330万円の約定で賃貸借契約を締結すること、この保証金は従前の賃貸借契約における保証金の一部を充当し、残額2820万円は同年8月31日までにAがYに返還することを約した。しかし、Aがこの 2820万円の返還債務を期限までに履行できなかったことから、AとYは、平成9年9月27日、同返還債務のうち1651万3500円を同年末日までにAがYに支払い、残りの返還債務は、AのYに対する平成12年9月分までの賃料債権（1カ月30万円）とそれぞれ各月の前月末日に対当額で相殺することなどを合意した。

　他方、Xは、本件根抵当権の物上代位権に基づき、Aが本件建物についてYに対して有する賃料債権のうち差押命令送達時以降支払期にあるものから900万円にみつるまでのものについて債権差押命令を申し立て、執行裁判所はこれを認めて本件債権差押命令を発し、その正本はAに対して平成10年1月28日に、Yに対して同月24日にそれぞれ送達された。

　そこで、Xは、Yに対し、本件債権差押命令による取立権（民執155条1項）に基づき、平成10年2月1日から同年6月30日までの賃料合計150万円の支払を求めて本件訴訟を提起した。

裁判の流れ

　1審（京都地判平11・2・15民集55巻2号387頁）：請求認容　2審（大阪高判平11・7・23民集55巻2号391頁）：控訴棄却　最高裁：上告棄却

判　旨

　〈上告棄却〉「抵当権者が物上代位権を行使して賃料債権の差押えをした後は、抵当不動産の賃借人は、抵当権設定登記の後に賃貸人に対して取得した債権を自働債権とする賃料債権との相殺をもって、抵当権者に対抗することはできないと解するのが相当である。けだし、物上代位権の行使としての差押えのされる前においては、賃借人のする相殺は何ら制限されるものではないが、上記の差押えがされた後においては、抵当権の効力が物上代位の目的となった賃料債権にも及ぶところ、物上代位により抵当権の効力が賃料債権に及ぶことは抵当権設定登記により公示されているとみることができるから、抵当権設定登記の後に取得した賃貸人に対する債権と物上代位の目的となった賃料債権とを相殺することに対する賃借人の期待を物上代位権の行使により賃料債権に及んでいる抵当権の効力に優先させる理由はないというべきで

あるからである。

　そして、上記に説示したところによれば、抵当不動産の賃借人が賃貸人に対して有する債権と賃料債権とを対当額で相殺する旨を上記両名があらかじめ合意していた場合においても、賃借人が上記の賃貸人に対する債権を抵当権設定登記の後に取得したものであるときは、物上代位権の行使としての差押えがされた後に発生する賃料債権については、物上代位をした抵当権者に対して相殺合意の効力を対抗することができないと解するのが相当である」。

判例の法理

　かつて判例・学説とも争いのあった、抵当権に基づく賃料債権に対する物上代位の可否について、①最判平成元年10月27日（民集43巻9号1070頁）がこれを無条件に肯定した以降、抵当権者が賃料から優先弁済を受けるための賃料債権差押事件が急増した。その一方で、賃料債権について利害関係を有する者との衝突も見られるようになった。一つは、賃料債権を譲り受けた者とのそれであり、もう一つは、賃貸人に対して反対債権を有する賃借人とのそれである。前者については、②最判平成10年1月30日（民集52巻1号1頁、→149事件）が、「抵当権の効力が物上代位の目的債権についても及ぶことは抵当権設定登記により公示されている」との考え方（登記時基準説）に立って、「抵当権者は、物上代位の目的債権が譲渡され第三者に対する対抗要件が備えられた後においても、自ら目的債権を差し押さえて物上代位権を行使することができる」とした。本判決は、後者に関するもので、賃料債権に対する抵当権者の物上代位権の行使と賃借人による相殺の優劣が問題となる。

　この問題は、本判決まで下級審裁判例・学説とも多岐に分かれ、議論が重層的に錯綜していた（下級審裁判例と学説の整理は、松岡久和「賃料債権に対する抵当権の物上代位と賃借人の相殺の優劣（1）〜（3・完）」金法1594〜6号が詳しい）。その最大の原因は、いわゆる「差押えと相殺」、すなわち、相殺（民505条）をする前に、受働債権が相手方の債権者によって差し押さえられた場合でも、両債権とも弁済期が到来すれば、なお相殺することができるかという問題をめぐり、これまで積み重ねられてきた数多くの議論が既に存在しており、これとの整合性の問題が不可避なことである。この「差押えと相殺」について、③最大判昭和45年6月24日（民集24巻6号587頁）は、債権が差し押さえられた場合において、第三債務者が債務者に対して既に反対債権を有していたときは、両債権の弁済期の前後を問わず、両債権が相殺適状に達しさえすれば、第三債務者はなお、反対債権を自働債権として被差押債権と相殺することができる（いわゆる「無制限説」）とし、これが平成29年民法改正によって採用されており、この考え方が、本件のような、抵当権者による物上代位権の行使としての差押えの場合にも及ぶか

が、問題となる。例えば、東京地判平成10年6月25日（金法1542号69頁）は、「第三債務者は、その債権が差押後に取得したものでないかぎり、自働債権及び受働債権の弁済期の前後を問わず、相殺適状に達しさえすれば、これを自働債権として相殺をなしうるものと解すべき理由すなわち民法511条の文言及び相殺制度の本質からすれば、抵当権の物上代位に基づく差押を、強制執行による差押ひいては滞納処分としての差押などと別異に解すべき理由はない」として、物上代位に基づく差押えも、③判決の射程内と捉え、物上代位に基づく差押え後に自働債権を取得したのでない限り、原則として相殺を優先させる（差押時基準説）。

しかし、差押時基準説の問題点として、「抵当権設定者に対して債権を有する第三債務者は、賃貸借契約を締結して抵当物件の賃借人となり、抵当権者による差押え前に相殺予約の合意をすることだけによって容易に抵当権者からの物上代位権の行使を免れ、債権の満足を得ることになる」（東京地判平成10年3月19日金法1527号55頁。本件第1審、第2審も同旨）ことが指摘される。

そこで、本件第1審、第2審のように、②判決の登記時基準説を根拠に、賃貸借契約の締結（保証金の授受）と抵当権設定登記の先後で優劣を決定する考え方が現れたが、②判決に対する批判が、そのままこの考え方にも当てはまることになる。すなわち、抵当権者が差押えをするまでは、賃借人は賃料を自由に支払うことができる（民304条1項ただし書）のであり、そうであるなら、相殺という手段で賃料債務を履行することも自由なはずであるが、これが説明できない。

本判決は、賃借人の自働債権の種類を分けず（賃借人の自働債権が「敷金（保証金）返還請求権」の場合について、最判平14・3・28民集56巻3号689頁（→ 153事件）は、抵当権者が物上代位権の行使として賃料債権の差押えをしても、その後に賃貸借契約が終了し、目的物が明け渡されたときは、賃料債権は敷金の充当によりその限度で当然に消滅するから、その部分は差押えが効果を有しなくなるとした）、一般的に、物上代位と相殺の優劣を、「抵当権設定登記時」と「自働債権取得時」の先後で判断し、これまでの「登記時基準説」を徹底した（山野目章夫「抵当権の賃料への物上代位と賃借人による相殺（上）」NBL713号6頁）。この意味で、本判決は、②判決、一般債権者の差押えとの優劣を「抵当権設定登記時」と「差押命令送達時」の先後で判断した④最判平成10年3月26日（民集52巻2号483頁）に続くものといえる。しかし、その一方で本判決は、抵当権設定登記後に取得した債権であっても、物上代位権行使としての差押えのされる前であれば、これを自働債権として相殺することができるとした。ここからは、賃料債権についてなされた差押え前の相殺は民法304条1項ただし書の「払渡し又は引渡し」に該当するとの理解が窺える。すなわち、これら最高裁三判決が認めた抵当権設定登記による対抗力は、差押えを条件とするものにすぎず、抵当権設定登記後であっても差押え前であれば、賃料債権の処分は禁止されていないのであって、抵当権設定登記によって公示されているものは、将来の賃料債権への優先権そのものではなくて、「将来の差押えにより優先弁済請求権を取得しうる地位（権利）」にとどまるということになろう。「登記時基準説か差押時基準説か」という対立構造の中に本判決の論理を位置づけるのは困難である（杉原・後掲271頁参照。清原・後掲80頁の

図式も参照）。

判例を読む ▰▰▰▰▰▰▰▰▰▰▰

本判決は、物上代位権行使としての差押えの後は、相殺をもって抵当権者に対抗できないとし、さらに、**将来発生する賃料債権との相殺をあらかじめ合意した場合であっても、物上代位権の行使としての差押えがされた後に発生する賃料債権については、相殺の効力を抵当権者に対抗できない**とする。差押えまでになされたのであれば、いかなる相殺の効力も対抗できるとなると、とりわけ収益物件の場合に目的物件の交換価値をも公示なく奪うことになり、その後の抵当権取得者の価値把握の期待を裏切ることになるので、これを否定する本判決の結論自体は妥当であるといえよう。しかし、問題はその根拠である。本判決は、「上記に説示したところ」によるとしているので、「将来の賃料債権との相殺の合意がなされても、相殺の効力が具体的に発生するのは、将来の賃料債権の各弁済期である」とする考え方に立った上で、そのような相殺の合意が差押え前になされても、その効力は差押え後に生じるから、抵当権者に対抗できないとしているようである。しかし、賃借人が、将来の使用収益期間に対応する賃料をあらかじめ支払うこと（いわゆる賃料の前払い）を、第三者にも主張できるかどうかはさておき、とりあえず賃貸借契約当事者間でなし得ることに問題がないように、将来の賃料債権を受働債権とする相殺の効力が相殺合意時に発生することを、少なくとも契約当事者間で否定する理由はない。したがって、これとは別の根拠を摸索する必要がある。

この問題の本質は、**将来の賃料債権の処分権限は誰に帰属するのか**にある。賃料を収受すべきは、賃貸不動産の所有者であり、賃貸不動産に設定された抵当権に基づく物上代位権が行使されれば、抵当権者であろう。したがって、将来の賃料債権について相殺の合意がなされても、差押え時以降の部分については抵当権者に、所有権移転時以降の部分については買受人に、それぞれ対抗できない（他人の権利の無権限処分にすぎない）と解すべきである（生熊長幸「将来にわたる賃料債権の包括的差押え・譲渡と抵当権者による物上代位（下）」金法1609号31頁（同『物上代位と収益管理』（有斐閣、2003）所収））。

【参考文献】 本判決の評釈として、杉原則彦・最判解民平成13年度257頁、田高寛貴・法セ559号109頁、清原泰司・銀法592号76頁、道垣内弘人・金法1620号（金融判例研究11号）33頁、占部洋之・法教254号115頁、能登真規子・法時74巻2号101頁、下村信江・阪大法学51巻5号997頁、鳥谷部茂・リマークス24号30頁、山野目章夫・平成13年度重判70頁、角紀代恵・民商128巻2号221頁、藤沢治奈・法協121巻10号1720頁、松岡久和・判セ2001年17頁等がある。

占部洋之 ◉

152 担保不動産収益執行——賃料債権と賃借人の賃貸人に対する債権との相殺の可否

最高裁平成 21 年 7 月 3 日判決　民集 63 巻 6 号 1047 頁、判時 2057 号 16 頁、判タ 1308 号 120 頁

【371 条、505 条】

論点　抵当不動産の賃借人は、担保不動産収益執行の開始決定の効力が生じた後においても、抵当権設定登記の前に取得した賃貸人に対する債権を自働債権とし賃料債権を受働債権とする相殺をもって管理人に対抗することができるか

事実の要約

　平成 9 年 11 月 20 日、A は、その所有する本件建物の 1 区画を、賃料月 700 万円、敷金 1 億 3500 万円、保証金 3 億 1500 万円で Y に賃貸した。平成 10 年 2 月 28 日、A は、B のために本件建物に本件抵当権を設定し、その旨の登記をした。平成 18 年 2 月 14 日、A は保証金の返還について期限の利益を喪失した。同年 5 月 19 日、本件抵当権に基づく担保不動産収益執行の開始決定があり、X がその管理人に選任された。Y が、保証金返還債権との相殺を根拠に、賃料を支払わないので、X が、賃料の支払を求めて本件訴訟を提起した。

裁判の流れ

　1 審（甲府地判平 18・12・20 民集 63 巻 6 号 1066 頁）：請求棄却　2 審（東京高判平 19・6・28 民集 63 巻 6 号 1076 頁）：請求認容　最高裁：破棄自判（請求棄却）

判　旨

　〈破棄自判〉「抵当権に基づく担保不動産収益執行の開始決定の効力が生じた後において、担保不動産の賃借人が、抵当権設定登記の前に取得した賃貸人に対する債権を自働債権とし、賃料債権を受働債権とする相殺をもって管理人に対抗することができるかという点について検討する。被担保債権について不履行があったときは抵当権の効力は担保不動産の収益に及ぶが、そのことは抵当権設定登記によって公示されていると解される。そうすると、賃借人が抵当権設定登記の前に取得した賃貸人に対する債権については、賃料債権と相殺することに対する賃借人の期待が抵当権の効力に優先して保護されるべきであるから（最高裁平成 11 年（受）第 1345 号同 13 年 3 月 13 日第三小法廷判決・民集 55 巻 2 号 363 頁〔→ 151 事件〕参照）、担保不動産の賃借人は、抵当権に基づく担保不動産収益執行の開始決定の効力が生じた後においても、抵当権設定登記の前に取得した賃貸人に対する債権を自働債権とし、賃料債権を受働債権とする相殺をもって管理人に対抗することができるというべきである。」

判例の法理

　担保不動産収益執行は、2003 年の担保・執行法改正（平成 15 年法律第 134 号）で導入された。その基本的な仕組みは強制管理とほぼ同じである（民執 188 条による同 93 条以下の準用）。**担保不動産収益執行も賃料債権に対する物上代位も、抵当権者が抵当不動産の賃料から優先弁済を受ける手段という点では共通するから、実体法的な権利関係や問題処理は、取扱いを異にすべきでない**（松岡・後掲 169 頁）。

　抵当不動産の賃借人が抵当不動産所有者に対して有する債権と抵当不動産の賃料債権とを相殺した場合にも、抵当権者は、抵当不動産の賃料から優先弁済を受けることができるか。この問題について、本判決も引用する、

①最判平成 13 年 3 月 13 日（民集 55 巻 2 号 363 頁、→ 151 事件）は、原則として、「抵当権設定登記時」と「自働債権取得時」の先後で判断する。そして、本判決の事案においては、抵当不動産の賃借人が自働債権を取得した時点（平成 9 年 11 月 20 日）が、抵当権の設定登記時（平成 10 年 2 月 27 日）よりも先であるから、抵当不動産の賃借人は、相殺をもって、賃料の支払を拒むことができるとした。したがって、賃料債権に対する物上代位の場合においても、抵当不動産の賃借人は、物上代位権に基づく差押えの効力が生じた後においても、抵当権設定登記の前に取得した賃貸人に対する債権との相殺をもって、賃料の支払を拒めるということになろう。

判例を読む

　本判決や①判決によると、不動産の賃借人が既に賃貸人に対して債権を有している場合に、その賃貸不動産を目的とする抵当権の設定を受けても、抵当権者はその賃料債権から優先弁済を受けられない可能性が生じる。したがって、テナントビルや大型賃貸マンションといった収益不動産を目的とする抵当権の設定を受ける場合には、その賃借人が賃貸人に対して債権を有していないかどうかを調査しなければ、抵当権者は思わぬ不利益を受けることになる。しかし、このような調査は、賃借人に回答義務がない限り、殆ど不可能である。かりにこれが可能であったとしても、とくに賃借人が多数いる賃貸用ビルの場合、その負担は非常に大きい（占部洋之「賃料債権の理論的意義——譲渡などの処分と差押え」松尾弘＝山野目章夫編『不動産賃貸借の課題と展望』（商事法務、2012）405 頁以下）。さらに、抵当権を実行して抵当不動産の競売が実施されたところで、買受人に対して相殺を対抗できるとなると、買受人があらわれなくなるが、このとき抵当権者が被る損害は尋常でない（占部洋之・法教 216 号 101 頁）。

　この観点からは、本判決や①判決、さらには、所有する不動産を他に賃貸している者が自己の債権者からその賃料債権を差し押さえられた場合、差押えの効力発生後に第三者に不動産を譲渡し、賃貸人の地位が不動産譲受人に移転したとしても、譲受人は不動産の賃料債権を取得したことを差押債権者に対抗できないとした、最判平成 10 年 3 月 24 日（民集 52 巻 2 号 399 頁）は、再検討する必要があろう（占部洋之・民商 147 巻 6 号 578 頁以下）。

【参考文献】　本判決の評釈として、田中秀幸・最判解民平成 21 年度 499 頁、生熊長幸・民商 141 巻 4 ＝ 5 号 485 頁、松岡久和・民事判例 1 号（2010 年前期、日本評論社、2010）168 頁等がある。

占部洋之

賃料債権への物上代位と敷金充当

最高裁平成 14 年 3 月 28 日判決　民集 56 巻 3 号 689 頁、判時 1783 号 42 頁、判タ 1089 号 127 頁

【372 条、304 条】

論点　抵当権者が物上代位権を行使して抵当不動産の賃料債権を差し押さえた後でも、抵当不動産の賃借人はなお、抵当不動産を明け渡して、敷金をその債務の弁済に充てることができるか

事実の要約

Aは、X信託銀行に対し、自己所有の本件建物につき、債務者をAとする本件根抵当権を設定し、その旨の登記を了した。Aは、Bに対し、本件建物を賃貸して引き渡した。Bは、Yに対し、本件建物の一部（本件建物部分）を月額 100 万余円の賃料で転貸して引き渡し、Yは、Bに対し、本件保証金として 1000 万円を預け渡した。その際、契約が終了し本件建物部分が明け渡された後に、Bは、保証金額から、その 20％ に相当する金額を「契約終了金」として差し引き、Yに未払費用があるときはこれをも差し引いたうえ、その差額をYに返還することが合意された。

その後にXは、本件根抵当権に基づく物上代位権の行使として、BがYに対して有する賃料債権を 4 億 6000 万円に満つるまで差し押さえた。

他方でYは、平成 10 年 3 月 30 日、Bに対し、同年 9 月 30 日をもって契約を解約する旨を通知し、同日限り本件建物部分から退去した。そして、同年 10 月 8 日、本件保証金の返還請求権をもって同年 4 月分から 9 月分までの賃料債権とその対当額において相殺する旨の意思表示をした。

Xは、Yに対し、取立権（民執 155 条）に基づき平成 10 年 7 月分から 9 月分までの賃料の支払を請求した。これに対し、Yは、上記相殺により賃料支払義務はないと主張して争った。

裁判の流れ

1 審（東京地判平 11・5・10 民集 56 巻 3 号 714 頁：請求認容　2 審（東京高判平 12・3・28 民集 56 巻 3 号 721 頁）：請求棄却　最高裁：上告棄却

1 審が、Yの保証金返還請求権は、Yが差押命令の正本の送達を受けた日の後に発生した債権であるから、Yは、これを自働債権とする相殺をもってXに対抗することはできないとして、Xの請求を認容したので、Yは、敷金が授受されている賃貸借においては、いったんは支払期に発生した賃料債権であっても、そのまま常に必ず存続するものではなく、建物明渡時には、敷金によって当然に充当され消滅すると主張を変更し、2 審はこれを容れた。そこで、Xが上告した。

判旨

〈上告棄却〉「敷金返還請求権は、目的物の返還時において、」「被担保債権を控除し、なお残額があることを条件として、残額につき発生することになる」。「これを賃料債権等の面からみれば、目的物の返還時に残存する賃料債権等は敷金が存在する限度において敷金の充当により当然に消滅することになる。」

「また、抵当権者は、物上代位権を行使して賃料債権を差し押さえる前は、原則として抵当不動産の用益関係に介入できないのであるから、抵当不動産の所有者等は、

賃貸借契約に付随する契約として敷金契約を締結するか否かを自由に決定することができる。したがって、敷金契約が締結された場合は、賃料債権は敷金の充当を予定した債権になり、このことを抵当権者に主張することができる」。

判例の法理

① 最判平成 13 年 3 月 13 日（民集 55 巻 2 号 363 頁、→ 151 事件）は、「抵当権者が物上代位権を行使して賃料債権の差押えをした後は、抵当不動産の賃借人は、抵当権設定登記の後に賃貸人に対して取得した債権を自働債権とする賃料債権との相殺をもって、抵当権者に対抗することはできない」とした。これを本件に当てはめると、敷金返還請求権は「賃貸借が終了し、かつ、賃貸物の返還を受けたとき」に発生する（622 条の 2 第 1 項 1 号。本判決も引用する最判昭 48・2・2 民集 27 巻 1 号 80 頁の明文化）ため、これを自働債権とする賃料債権との「相殺」は抵当権者Xに対抗することはできないことになる。しかし、本件でYはXに賃料を支払わなければならないとする結論は、（少なくとも 4 億 6000 万円の債務を負う）Bに対する敷金返還請求権は事実上無価値であるため、敷金を提供したYにとって酷であり、妥当ではない。

そこで、本判決は、**賃料債権は「相殺」により消滅したのではなく、「敷金の充当により当然に消滅」した**とすることで、**敷金返還請求権の保護を図った。**

判例を読む

本判決は、①判決を維持しつつ、**敷金を提供した賃借人を保護する**ものと評価できる。「賃料債権は敷金の充当により当然に消滅する」との考え方は、民法が、賃貸人は、賃借人の金銭「債務の額を控除した残額を返還しなければならない」（622 条の 2 第 1 項）とすることとも一致する。

ただ、敷金の金額によっては、抵当権者の期待を著しく害する可能性があることは否定できない。

【参考文献】　本判決の評釈として、中村也寸志・最判解民平成 14 年度 358 頁、道垣内弘人・平成 14 年度重判 65 頁、中山知己・判評 528 号 16 頁、下村信江・リマークス 26 号 22 頁、安永正昭・金法 1684 号 37 頁、生熊長幸・民商 130 巻 3 号 530 頁等がある。

占部洋之

154 法定地上権の成立要件——建物と敷地同一所有の時期

最高裁平成2年1月22日判決 民集44巻1号314頁、判時1349号56頁、判タ727号210頁

【388条】

論点 建物と敷地の所有者が同一であることが求められる時期

事実の要約

Aは、BおよびBの子であるCとの間において抵当権の設定契約を成立させた。この抵当権の目的物は、Bが所有する本件土地およびCが所有する甲建物である。甲建物は、本件土地上に所在していた。これらのいずれの抵当目的不動産についても、Aのための抵当権設定登記がなされた。この抵当権設定ののち、Bが死亡しCが相続により本件土地を承継取得した。このあとでCは、甲建物を取り壊して本件土地上に乙建物を築いた。そのうえでCは、本件土地を目的とするDのための抵当権を設定し、その旨の登記をした。

このような状況のもと、Xは、競売により本件土地の所有権を取得した。しかし、この競売手続の進行中に乙建物が一部焼失したのに伴い、Cは、乙建物を取り壊し、Y₁に本件土地を賃貸した。そこでY₁は、本件土地上に丙建物を築き、これをY₂に貸している。

こうした事実経過を辿ったところで、Xが、Y₁に対しては丙建物の収去と本件土地の明渡しを、また、Y₂に対しては丙建物からの退去と本件土地の明渡しを請求したのが本件である。

裁判の流れ

1審（浦和地熊谷支判昭60・9・6民集44巻1号320頁）：Xの請求認容　2審（東京高判昭61・12・25民集44巻1号325頁）：請求棄却　最高裁：破棄自判・請求認容

1審は、法定地上権の成立を否定してXの請求を認容した。Y控訴。2審は、法定地上権の成立を肯定し、1審判決を取り消してXの請求を棄却した。そこでX上告。最高裁判所は、裁判官の全員一致の意見により、法定地上権の成立を否定する解釈を採り、原判決を破棄し、1審判決に対する控訴を棄却した。

判旨

〈破棄自判・請求認容〉「土地について1番抵当権が設定された当時土地と地上建物の所有者が異なり、法定地上権成立の要件が充足されていなかった場合には、土地と地上建物を同一人が所有するに至った後に後順位抵当権が設定されたとしても、その後に抵当権が実行され、土地が競落されたことにより1番抵当権が消滅するときには、地上建物のための法定地上権は成立しないものと解するのが相当である。けだし、民法388条は、同一人の所有に属する土地及びその地上建物のいずれか又は双

方に設定された抵当権が実行され、土地と建物の所有者を異にするに至った場合、土地について建物のための用益権がないことにより建物の維持存続が不可能となることによる社会経済上の損失を防止するため、地上建物のために地上権が設定されたものとみなすことにより地上建物の存続を図ろうとするものであるが、土地について1番抵当権が設定された当時土地と地上建物の所有者が異なり、法定地上権成立の要件が充足されていない場合には、1番抵当権者は、法定地上権の負担のないものとして、土地の担保価値を把握するのであるから、後に土地と地上建物が同一人に帰属し、後順位抵当権が設定されたことによって法定地上権が成立するものとすると、1番抵当権者が把握した担保価値を損なわせることになるからである」。

判例の法理

法定地上権の成立が認められるためには、「土地及びその上に存する建物が同一の所有者に属する」こと（388条）が要件として必要である。この要件を充足しているかどうかは、何時を基準時として判断されるべきか。土地を目的とする抵当権の設定があった場合において、この問題について、本件判決は、**土地抵当権設定時が判断の基準時であり、また、同一土地を目的とする複数の抵当権が設定されていたときには、順位一番の抵当権が設定された時が基準時になる**とする解釈を提示する。その結果として、順位一番の抵当権が設定された時に土地と建物の所有者が異なっていた場合は、そののち土地と建物を同一人が所有するに至り、そのうえで後順位抵当権が設定された、というときには、法定地上権は成立しないものとされる。その理由としては、順位一番の抵当権者は、法定地上権の負担のないものとして土地の担保価値を把握したものと考えられるから、のちに土地と地上建物が同一人に帰属したことを理由として法定地上権が成立するものとするならば、順位一番の抵当権者が把握した担保価値を損なわせることになる、ということを指摘する。

判例を読む

1 法定地上権の成立要件に関する一般論の中での位置づけ 土地を目的とする抵当権の実行に伴い法定地上権が成立するかどうかに関する要件の存否を判断する基準時は、抵当権設定時であるとされることが原則である。

例えば「土地〔の〕上に存する建物」があるかどうかということも、抵当権設定時が判断の基準時であるとされるところから、いわゆる更地事例について法定地上権の成立を原則として否定する判例の解釈が引き出される。その背景にあるのは、抵当権者の予測の保護という考え方である。本件判決は、土地・建物が「同一の所有者に属する」ことという要件の存否について、同様の手法による判断をするものであるが（次述2）、抵当権者が複数である場合の処理という論点（後述3）が加わるところに、特色がある。

2　土地建物同一所有者要件の有無を判断する基準時　ひとまず抵当権者が一人である簡略な事例場面を想定して考察をしておくこととし、問題となる場面を細かく分けるならば、①土地について抵当権が設定された時に土地とその上の建物の所有者が同一であったが後日に所有者を異にするに至った場合、②建物について抵当権が設定された時に建物とその敷地の所有者が同一であったが後日に所有者を異にするに至った場合、③土地について抵当権が設定された時に土地上の建物は別の者が所有していたが後日に所有者が同一となるに至った場合、および④建物について抵当権が設定された時に敷地は別の者が所有していたが後日に所有者が同一となるに至った場合がある。抵当権者の予測の保護という考え方を当てはめてゆくならば、まず①の場合は、抵当権者が法定地上権の負担を予想していたということができるし、法定地上権の成立を認めなければ建物の存立が困難となるから、法定地上権の成立が肯定される。②の場合は、抵当権者が法定地上権の負担を期待していたということができるし、法定地上権の成立を認めなければ建物の存立が困難となるから、法定地上権の成立が肯定される。③の場合に建物のために対抗力ある約定の土地利用権の設定があったときには、この土地利用権をもって抵当権者に対抗することにより建物の存立を図ることが可能であるし、また、対抗力ある約定の土地利用権の設定がなかったときは建物所有者が建物存続を期待し得べき状況になかったというべきであるから、いずれにしても法定地上権の成立を否定すべきである。そして、④の場合に建物のために譲渡可能な約定の土地利用権の設定があったときには、この利用権に、建物の〈従たる権利〉として建物抵当権が及んでいると考えられるから、のちに建物と土地の所有者が同一となっても利用権は消滅せず（179条1項ただし書、520条ただし書）、この土地利用権を建物の買受人が譲り受けることにより建物の存立を図ることが可能であるし、また、譲渡可能な約定の土地利用権の設定がなかったときは抵当権者は建物存続を期待し得べき状況になかったというべきであるから、いずれにしても法定地上権の成立が否定される（最判昭44・2・14民集23巻2号357頁（奈良次郎・最判解昭和44年度（下）956頁））

3　抵当権者複数の場合の処理　本件は、この四場面の中の③に、抵当権者が複数いるという事情が添えられたものである。そして、この特殊事情の点の処理ついても、抵当権者の予測の保護という考え方を当てはめるならば、順位一番の抵当権の設定があったのち後順位抵当権の設定があるまでの間の状況の変化が法定地上権の成否を左右することは、順位一番の抵当権権者の予測を裏切ることになる半面、後順位抵当権者は、順位一番の抵当権者が前提としていた状況を知り得るのであるから、要件存否判断の基準時は、特別の事情のない限り、順位一番の抵当権の設定時とすることが適当である。法定地上権の他の成立要件についても、1で指摘した更地事例の問題について、同様の処理が判例上なされている（最判昭45・7・16民集24巻7号921頁（横山長・最判解昭和45年度（下）987頁））。

4　隣接場面の検討　本件論点と隣接する場面である①・②・④のうち、とくに興味ある論議の展開が見出されるのは、①である。①について判例は、はじめ法定地上権の成立を否定したが、後に、これを肯定する解釈に転ずる。すなわち、まず、大判明治40年3月11日民録13輯258頁は、建物の所有権が売買などにより移転する場合においては「建物の所有者と土地の所有者との間には……地上権設定其他建物の存在を許すべき借地関係を生ずる」のが普通であることを指摘して、法定地上権の成立を否定した。しかし、そののち大審院は、大正12年12月14日の民事連合部判決（民集2巻676頁）において、明治40年判決の解釈に従った原判決に対する上告を容れ、「同条〔338条〕に依り地上権を有すべき者は競売の時に於ける建物所有者ならざるべからず。其の抵当権設定者たると否とは問う所に非ず」と判示し、「当院も従来原院と同一の見解を採りたる」ところを変更するとした。

あらためて考えると、建物所有権の移転の際に設定されるであろう利用権は、土地抵当権設定後に設定されたものであり、抵当権に対抗することができないから、抵当権の実行によって消滅することが避けられない。半面において、土地を抵当に取る債権者については、「もともと法定地上権の負担の生じ得る土地…に抵当権の設定を受けていた」（生熊・担保物権77頁）と考えられるから、法定地上権の成立を肯定する判例の到達点を妥当とみるべきである。

【参考文献】　本件判決の調査官解説として、小田原満知子・最判解民平成2年度34頁（曹時43巻4号184頁）。評釈として、高木多喜男・民商81巻2号（同『金融取引の法理』第3巻所収）、水津太郎ほか『START UP 民法②物権判例30！』（有斐閣、2017）88頁（水津）。

山野目章夫

155 法定地上権の成否——建物敷地所有者異別時の先順位抵当権と同一時の後順位抵当権があるとき前者消滅後の抵当権実行

最高裁平成 19 年 7 月 6 日判決　民集 61 巻 5 号 1940 頁、判時 1982 号 78 頁、判タ 1251 号 141 頁

【388 条】

論点　競売時までに先順位抵当権の消滅があった場合の 161 事件の問題の処理

事実の要約

　本件土地は Y_1 が所有していた。また、その上に存する本件建物は、Y_1 の夫である A が所有していた。昭和 44 年 5 月 29 日、本件土地および本件建物について、A を債務者、B を根抵当権者とする共同根抵当権が設定され、同月 30 日、その旨の登記がされた。A は昭和 53 年 9 月 26 日に死亡し、Y_1 および A の子である Y_2～Y_5 は、A を相続して本件建物の共有者となった。

　平成 4 年 10 月 12 日、本件土地について、C を債務者、D を根抵当権者とする根抵当権が設定され、同月 15 日、その旨の登記がされた。その後、B とのあいだの上記本件一番抵当権の設定契約は、平成 4 年 10 月 30 日に解除され、同年 11 月 4 日に根抵当権設定登記の抹消登記がされている。

　このような状態でDの有する抵当権が実行され、平成 16 年 7 月 2 日、X が本件土地を競売により買い受け所有権を取得した。そこでXがYらに対し、建物収去土地明渡を請求したのが本件である。

裁判の流れ

　1 審（仙台地判平 17・12・20 民集 61 巻 5 号 1948 頁）：X の請求認容　2 審（仙台高判平 18・5・16 民集 61 巻 5 号 1952 頁）：控訴棄却　最高裁：破棄自判

　1 審が請求を全部認容したことから、Yら控訴。原審は控訴棄却。Yら上告受理申立て。最高最判所は、原判決を破棄し、1 審判決を取り消し、Xの請求をいずれも棄却した。

判　旨

　〈破棄自判〉「土地を目的とする先順位の甲抵当権と後順位の乙抵当権が設定された後、甲抵当権が設定契約の解除により消滅し、その後、乙抵当権の実行により土地と地上建物の所有者を異にするに至った場合において、当該土地と建物が、甲抵当権の設定時には同一の所有者に属していなかったとしても、乙抵当権の設定時に同一の所有者に属していたときは、法定地上権が成立するというべきである。…乙抵当権者の抵当権設定時における認識としては、仮に、甲抵当権が存続したままの状態で目的土地が競売されたとすれば、法定地上権は成立しない結果となる…ものと予測していたということはできる。しかし、抵当権は、被担保債権の担保という目的の存する限度でのみ存続が予定されているものであって、甲抵当権が被担保債権の弁済、設定契約の解除等により消滅することもあることは抵当権の性質上当然のことであるから、乙抵当権者としては、そのことを予測した上、その場合における順位上昇の利益と法定地上権成立の不利益とを考慮して担保余力を把握すべきものであったというべきである。したがって、甲抵当権が消滅した後に行われる競売によって、法定地上権が成立することを認めても、乙抵当権者に不測の損害を与えるものとはいえない。そして、甲抵当権は競売前に既に消滅しているのであるから、競売による法定地上権の成否を判断するに当たり、甲抵当権者の利益を考慮する必要がないことは明

らかである。そうすると、民法 388 条が規定する『土地及びその上に存する建物が同一の所有者に属する』旨の要件…の充足性を、甲抵当権の設定時にさかのぼって判断すべき理由はない」。

判例の法理

　同一の土地に複数の抵当権が設定されており、最先順位の抵当権が設定された当時に当該土地とその上に所在する建物の所有者が異なっていたものの、次順位の抵当権が設定された当時には土地の所有者と建物の所有者の全部または一部（「一部が」というのは、建物の共有者の一人が土地の所有者であって、同人が土地に抵当権を設定した場合は、本件のような特別の事情がない限り法定地上権の成立が認められるからである。最判昭 46・12・21 民集 25 巻 9 号 1610 頁）が同一であるに至った場合において、その土地の競売に際し、法定地上権は、最先順位の抵当権設定時を基準にし、成立が否定されることが原則であることは 114 事件の判例の判示するとおりであるが、その最先順位の抵当権が競売の時に消滅しているときは、競売時に存在する抵当権のなかで最も先の順位のものが設定された時を基準にして成否が定められる。

判例を読む

　この判例の主題となった事項については、本件判決のとおり、競売時に存在する抵当権のなかで最も順位の高いものを基準にして法定地上権の成否を定めるべきであるとする甲説がありうる半面において、消滅した抵当権で順位が上であったものの設定された時がなお基準にされるべきであるとする乙説も成立可能である。甲説の論拠としては、何よりも〔甲 – 1〕消滅した抵当権の権利者のした担保評価を考慮に入れる必要はない、ということが強調される。また、〔甲 – 2〕抵当権が設定され、そして消滅するということが繰り返される実態に鑑みるならば、登記が抹消された抵当権についてまで調査を関係者に強いることは相当でないということも指摘される。

　これに対し乙説からは、〔乙 – 1〕もとは敷地を所有していなかった建物の所有者にとって、その当時に設定された抵当権が消滅しない限り法定地上権の成立が否定されることは覚悟していたところであり、たまたま当該抵当権が消滅したことによる利益に浴させる必要はない、〔乙 – 2〕次の順位で抵当権の設定を受ける者は、順位が上昇しない半面で法定地上権は成立しないという組み合わせと、順位は上昇するものの法定地上権が成立するという組み合わせとの比較考量という複雑・困難な利害計算を強いられるという甲説への批判がありうる。

【参考文献】　池田雅則・金法 1844 号 37 頁、小沢征行・金法 1813 号 4 頁、原田昌和・法セ 635 号 106 頁、松本恒雄・ジュリ 1354 号 72 頁、山野目章夫「2007 年民事判例 10 撰」『日弁連研修叢書・平成 20 年度研修版／現代法律実務の諸問題』（第一法規、2009）。

山野目章夫

156 建物の再築と法定地上権の成否

最高裁平成9年2月14日判決　民集51巻2号375頁、判時1597号3頁、判タ936号171頁　【388条】

論点　建物とその敷地に共同抵当権が設定された後に建物の取壊・再築がなされた場合の法定地上権の成否

事実の要約

　Y₁とXとの間においては、Y₁が所有する本件土地とその上に所在する旧建物を目的として、共同抵当権を設定する旨の契約が成立した。この旧建物が取り壊されたのちに、Y₁とY₂との間においては、Y₁がY₂に本件土地を貸す旨の賃貸借が成立し、これに基づいてY₂は、本件土地の上に新建物を建築した。このような経過のもと、Xが当時の395条に基づき、Y₁とY₂に対して本件土地の賃貸借の解除を訴求するのが、本件である。Yらが、本件は、土地上の新建物のために法定地上権が成立する場合であるから、この賃貸借がXに損害を及ぼすものではないと主張したことから、法定地上権の成否が争点となった。

裁判の流れ

　1審（大阪地判平5・11・8民集51巻2号390頁）：Xの請求認容　2審（大阪高判平6・9・7民集51巻2号395頁　原審）：控訴棄却　最高裁：上告棄却

判　旨

　〈上告棄却〉「所有者が土地及び地上建物に共同抵当権を設定した後、右建物が取り壊され、右土地上に新たに建物が建築された場合には、新建物の所有者が土地の所有者と同一であり、かつ、新建物が建築された時点での土地の抵当権者が新建物について土地の抵当権と同順位の共同抵当権の設定を受けたとき等特段の事情のない限り、新建物のために法定地上権は成立しないと解するのが相当である。けだし、土地及び地上建物に共同抵当権が設定された場合、抵当権者は土地及び建物全体の担保価値を把握しているから、抵当権の設定された建物が存続する限りは当該建物のために法定地上権が成立することを許容するが、建物が取り壊されたときは土地について法定地上権の制約のない更地としての担保価値を把握しようとするのが、抵当権設定当事者の合理的意思であり、抵当権が設定されない新建物のために法定地上権の成立を認めるとすれば、抵当権者は、当初は土地全体の価値を把握していたのに、その担保価値が法定地上権の価額相当の価値だけ減少した土地の価値に限定されることになって、不測の損害を被る結果になり、抵当権設定当事者の合理的な意思に反するからである。なお、この

ように解すると、建物を保護するという公益的要請に反する結果となることもあり得るが、抵当権設定当事者の合理的意思に反してまでも右公益的要請を重視すべきであるとはいえない」。

判例の法理

　本件判決で問題となっているのは、いわゆる再築事例、すなわち、建付地への抵当権設定後に建物が取り壊され、新しい建物が抵当権実行前に築かれた場合の法定地上権の成否である。もっとも、本件判決の位置づけを適確に行うためには、**等しく再築事例といっても、問題の局面は、ひとまず2つに分けて検討することが適当であろう**。1つは、土地のみに抵当権が設定された場合（再築事例①）であり、もう1つは、当初は建物も抵当に供されており、つまり土地とその上の建物が共同抵当の目的とされた場合（再築事例②）である。この二者は当初あまり区別が意識されなかったが、そのような状況の中で再築事例②に固有の利益衡量の必要を指摘し、論議の契機を提供したのが、東京地方裁判所が採用した執務取扱指針である。同裁判所は平成4年6月8日（判タ785号198頁）に作成した物件明細書で取扱指針を詳細に示した。そこでは、再築事例②で法定地上権の成立を否定することを原則とし、ただし、「新建物に土地と同一順位内容の抵当権が設定される場合、または抵当権者がそのような抵当権の設定を受ける利益を放棄する場合」には、例外として法定地上権が成立すると言う。その根拠は、再築建物に抵当権の設定を受けなかった土地抵当権者に「土地建物を共同担保にとっている場合とは、担保の内容に明らかな格差が生じる」ことへの配慮にある。このような取扱指針を最上級審として支持したのが本件判決である。

判例を読む

　1　再築事例の①と②の間に、利益状況の異なる面があることは、本件判決の説くとおりである。再築事例②において新建物に抵当権が設定されない場合に、新建物のために法定地上権の成立を認めるとすれば、抵当権者が、再築事例①とは異なり、おそらく当初は土地全体の価値を把握していたのにかかわらず、その担保価値が法定地上権の価額相当の価値だけ減少した土地の価値に限定さ

れることになり、不測の不利益を被るということにほかならない。そこで、本件判例が説くように「抵当権者が土地全体の価値を把握していた」経過を重視し、原則として法定地上権の成立を否定する考え方が現れる。この考え方を全体価値考慮説とよび、これが、上記の経過を特に重視しない個別価値考慮説と対峙する。

2 半面、本件判決の採る解決に対する疑問として提起される問題は、本件判決も指摘するとおり、建物の存続を図り得なくなる、というところにある。その問題への応接として、本件判決の言うように、「建物を保護するという公益的要請に反する結果となることもあり得るが、抵当権設定当事者の合理的意思に反してまでも右公益的要請を重視すべきであるとはいえない」ということでよいか、ということが、問われるであろう。建物で営まれてきた居住や事業を覆す結果は重大であるし、とりわけ、そのような現実的利用の主体が、建物所有者かれ自身である場合のみならず、建物賃借人である場合もあり得る。これらのことを考慮しながら、本件判決とは異なる解決を模索する際の考え方の糸口としては、次の3・4のようなことが考えられる。

3 まず、そもそも「建物を保護するという公益的要請」を考慮する必要のない局面は、それを除外するための法的構成を用意することにより対処することとし、そのようにすることにより、考察の視野から除くことが可能である。もともと再築事例②は、設定者が、わざと建物を取り壊して再築する執行妨害のなかで問題となることが、少なくない。そうした場合において、執行妨害を策する意図が明らかであるときは、1条3項により法定地上権成立の主張を許さないものとしてよいであろう。

執行実務も本件判決の前にあっては、全てが東京地方裁判所と同様の取扱指針に拠っていたものではなく、例えば大阪地方裁判所は、これに与しないで、法定地上権の成立を認める「従来の通説によるべき」という取扱いであり、同庁の裁判官は、個人的見解とことわりつつ、例外的に執行妨害事例は「権利濫用の法理の適用等で処理し得る」と述べていた（富川照雄「民事執行における保全処分の運用」判タ809号4頁）。

また、客観的に著しく簡易な建物が再築された場合は、一時使用目的の宅地利用に対し存続保障を拒む借地借家法25条の趣旨に鑑み、建物所有者は、土地買受人からの建物収去請求に屈せざるを得ないと解することも、可能であると思われる。

4 こうした執行妨害事例でない局面において、抵当権者の利益と建物存続の要請を調和させる方策としては一括競売の活用も検討に価する。そこでは、388条と389条が土地と建物の一体的な利用を慮る規定であるとすることを強調し、両条が互いに有機的な関連を伴って運用されるべきであるとする見地から、法定地上権の成立可能性を広く認め、それによる減価を嫌う土地抵当権者に一括競売の途を開いておくことが、問題処理の基本的方向となる。一括競売が行われるならば、抵当権の目的である敷地と、そうではない新建物を競売により同一の買受人が買い受けることとなり、建物と敷地の所有者が異なるところから生ずる困難が回避される。

もっとも、そこで抵当権者の利益保護が十全であるためには、389条1項ただし書の「土地の代価」として抵当権者に配当される価額が、法定地上権による減価を伴わないものである必要があり、そのような運用を執行実務に求めてゆくことが、課題となる。

5 学説上の論議を見ておくと、本件判決以来実務上定着している判示解釈の取扱いに対しては、それぞれ着眼点に差異はあるにせよ、その説得力を疑問視する学説が多い。野村秀敏・金法1340号10頁や長谷川貞之・ジュリ1015号282頁、また、高木多喜男・金法1349号13頁などが、それらである。

これらのうち、野村・上掲11頁は、法定地上権の成立を否定する結論それ自体は概ね妥当であるとし、より説得力のある理由づけを求める見地から、「土地上に建物が建築されると、そこには……潜在的な自己地上権」という観念により捉え得る価値部分が生じ、抵当権者は、これを担保として把握したうえで「建物がある場合には、それに対する抵当権が実行される際に、自己地上権上の抵当権もそれとともに実行され……建物がない場合には、自己地上権を除いた土地の価値部分に対する抵当権の実行とともに、自己地上権上の抵当権も実行され［なければならないから、法定地上権の成立は認められない］」という構成を探求する。

長谷川・前掲論文は、再築事例①・②間の両者の「論理整合性という観点」から法定地上権の成立を原則として肯定し、ただし執行妨害に当たると認められる事例では「正義・公平の理念」から反対の結論を導く。

【参考文献】 本判決の調査官解説として、春日通良・最判解民平成9年度（上）197頁。評釈として、生熊長幸・判セ'97（法教210号）18頁、角紀代恵・法教206号98頁、滝澤孝臣・金法1548号17頁、山田誠一・金法1492号40頁、道垣内弘人・百選Ⅰ6版184頁、水津ほか『START UP 民法②物権判例30！』（有斐閣、2017）84頁［水津太郎］。

山野目章夫

土地・建物が共有である場合と法定地上権

最高裁平成 6 年 12 月 20 日判決　民集 48 巻 8 号 1470 頁、判時 1519 号 73 頁、判タ 873 号 84 頁

【388 条】

論点　土地・建物が共有である場合に土地に設定された抵当権の実行と法定地上権の成否

事実の要約

本件土地は、Y_1 とその妻子である A_1・A_2・A_3 が共有していた。本件建物は、本件土地上に所在し、B_1 が所有していたが、昭和 56 年 1 月 11 日に B_1 が死亡し、Y_1・Y_2・B_2〜B_8 が相続した。Y_1 および A らは、昭和 58 年 12 月 23 日、本件土地を目的として、Y_1 を債務者とし、国民金融公庫のために抵当権を設定し、同月 27 日に登記を了した。国民金融公庫は、昭和 60 年 12 月 7 日に上記抵当権に基づく競売を申し立て、その手続が開始されて、これを X が買い受けた。

なお、本件土地および本件建物は、もともと B_1 が Y_1 に贈与する意向であったにもかかわらず、土地については、Y_1 に単独で贈与税を支払う資力がないことから、Y_1 と A らとに贈与し、建物については、Y_1 が事業に失敗し債権者から差押えを受けるおそれがあったことから、B_1 の所有名義のままにしてあった。本件は、X が Y らに対し本件建物を収去して本件土地を X に明け渡すことを請求するものであり、Y らは、法定地上権が成立しているとして争った。

裁判の流れ

1 審（札幌地判昭 63・11・30 民集 48 巻 8 号 1485 頁）：X の請求認容　2 審（札幌高判平 2・1・23 民集 48 巻 8 号 1493 頁）：X の請求棄却　最高裁：控訴棄却、破棄自判

1 審が X の請求を認容したところから Y らが控訴。原審は、法定地上権の成立を肯定して 1 審判決を取り消し、X の請求を棄却。X 上告。最高裁判所は、原判決を破棄し、控訴を棄却した。

判旨

〈破棄自判〉「共有地全体に対する地上権は共有者全員の負担となるのであるから、土地共有者の一人だけについて民法 388 条本文により地上権を設定したものとみなすべき事由が生じたとしても、他の共有者らがその持分に基づく土地に対する使用収益権を事実上放棄し、右土地共有者の処分にゆだねていたことなどにより法定地上権の発生をあらかじめ容認していたとみることができるような特段の事情がある場合でない限り、共有土地について法定地上権は成立しないといわなければならない。…本件土地の共有者らは、共同して、本件土地の各持分について Y_1 を債務者とする抵当権を設定しているのであり、Y_1 以外の本件土地の共有者らは Y_1 の妻子であるというのであるから、同人らは、法定地上権の発生をあらかじめ容認していたとも考えられる。しかしながら、土地共有者間の人的関係のような事情は、登記簿の記載等によって客観的かつ明確に外部に公示されるものではなく、第三者にはうかがい知ることのできないものである…。土地共有者らが共同して本件土地の各持分について本件建物の 9 名の共有者のうちの 1 名である Y_1 を債務者とする抵当権を設定しているという…事実のみから Y_1 以外の本件土地の共有者らが法定地上権の発生をあらかじめ容認していたとみることはできな

い。…その事実のみから右土地共有者らが法定地上権の発生を容認していたとみるならば、右建物のために許容していた土地利用関係がにわかに地上権という強力な権利に転化することになり、ひいては、右土地の売却価格を著しく低下させることとなる…」。

判例の法理

本件判決は、土地とその上に所在する建物が共有者の一部を共通にする場合において、土地の共有者らが土地に抵当権を設定したときであっても、建物の共有者でない土地の共有者が法定地上権の発生を予め容認していたとみることができるような特段の事情がある場合でない限り、土地について法定地上権は成立しないとする解釈を提示する判例である。

判例を読む

本件事案とそれに隣接する場合を比べながら本件判決が提示する解釈の意義を明らかにするならば、まず、①土地も建物も P・Q が共有し、P・Q が土地に抵当権を設定した場合は、抵当権設定に P・Q の両者が関与していることに加え、抵当権実行後も法定地上権を成立させることを通じて建物を存立させ続けることについて P・Q に共通の利益があることが客観的にも肯定されるから、法定地上権の成立を認めてよい。本件判決の補足意見も言うように「共有者全員を束ねて一人とみる」こともできるからである（補足意見は、抵当権の担保するものが P・Q の債務であるならばなおさら、という要素を強調するが、ことさら債務者の如何を問題とする必要もないように感ぜられる）。これに対し、②土地も建物も P・Q が共有し、P が土地の持分に抵当権を設定した場合は、Q が抵当権設定に関与していないから、法定地上権成立を容認する Q の客観的な意思を看取することができる特別の場合（最判昭 44・11・4 民集 23 巻 11 号 1968 頁）を除いては法定地上権の成立を認めることができない。では、③土地は P・Q が共有し、建物は P・R が共有する場合において P・Q が土地に抵当権を設定したときに、Q が抵当権設定に関与している一事をもって法定地上権成立を容認する意思を認めてよいか、が問われたのが本件であり、ここでは、建物を存立させ続けることについて Q の利益が見出されず、容認意思を当事者の主観的事情のみで肯定することはできないと本件判決は判示した。そうであればなおさら、同じ場合において P が土地の持分に抵当権を設定した場合は、そもそも Q の関与すらなく法定地上権の成立は認められ難い（抵当権実行でなく P に対する強制競売の事案であるが、最判平 6・4・7 民集 48 巻 3 号 889 頁）。

【参考文献】　村田博史・法教 178 号 84 頁、山野目章夫・民事執行・保全判例百選 3 版 92 頁。

山野目章夫

158 共同抵当(1)

最高裁平成4年11月6日判決　民集46巻8号2625頁、判時1454号79頁、判タ814号124頁

【392条】

論点 共同抵当不動産の全てが同一の物上保証人所有のものである場合と392条2項後段の代位の成否

事実の要約

Yは、Aに対する債権の担保として、B所有の甲不動産と乙不動産を目的とする各順位一番の共同根抵当権の設定を受け、その旨の登記をした。Xは、Aに対する債権を担保するため、甲不動産を目的とする順位二番の抵当権の設定を受け、その旨の登記をした。二つの不動産のうち乙不動産の方をCがBから買い受けたのちに、Aは倒産した。Yは、Cの要請を受け、その債権の一部弁済をCから受ける際に、乙不動産を目的とする抵当権を放棄した。そのあとでYは、Aに対する債権のうち残部の弁済を受けるため、甲不動産に対する抵当権を実行し、売却代金から競売費用を控除した金額の配当を受けた。このためXは、その有する抵当権の担保する債権について全く配当を受けることができなかった。

このような経過のもと、Xが、Yが乙不動産に対する抵当権を放棄しなければ392条2項後段により乙不動産に代位することができたはずであるとして、不当利得返還請求権または不法行為による損害賠償請求権に基づいてYに対して金員の支払を訴求するのが本件である。原審は、392条2項後段は、共同抵当権の目的物全部が一人の物上保証人の所有に帰属している場合にも適用があるとし、Yが乙不動産に対する抵当権を放棄しなければ、Xは1,415万余円の範囲で乙不動産について抵当権を行使することができた計算になるとして、その限度でのXの不当利得返還請求を認容した。Y上告。

裁判の流れ

1審（盛岡地判昭62・12・25民集46巻8号2633頁）：Xの請求棄却　2審（仙台高判平1・9・18民集46巻8号2644頁）：Xの請求一部認容　最高裁：上告棄却

判旨

〈上告棄却〉「共同抵当権の目的たる甲・乙不動産が同一の物上保証人の所有に属し、甲不動産に後順位の抵当権が設定されている場合において、甲不動産の代価のみを配当するときは、後順位抵当権者は、民法392条2項後段の規定に基づき、先順位の共同抵当権者が同条1項の規定に従い乙不動産から弁済を受けることができた金額に満つるまで、先順位の共同抵当権者に代位して乙不動産に対する抵当権を行使することができると解するのが相当である。けだし、後順位抵当権者は、先順位の共同抵当権の負担を甲・乙不動産の価額に準じて配分すれば甲不動産の担保価値に余剰が生ずることを期待して、抵当権の設定を受けているのが通常であって、先順位の共同抵当権者が甲不動産の代価につき債権の全部の弁済

を受けることができるため、後順位抵当権者の右の期待が害されるときは、債務者がその所有する不動産に共同抵当権を設定した場合と同様、民法392条2項後段に規定する代位により、右の期待を保護すべきものであるからである。甲不動産の所有権を失った物上保証人は、債務者に対する求償権を取得し、その範囲内で、民法500条、501条の規定に基づき、先順位の共同抵当権者が有した一切の権利を代位行使し得る立場にあるが、自己の所有する乙不動産についてみれば、右の規定による法定代位を生じる余地はなく、前記配分に従った利用を前提に後順位の抵当権を設定しているのであるから、後順位抵当権者の代位を認めても、不測の損害を受けるわけではない」。

判例の法理

共同抵当が問題となる主要な場面には、次の三つがある。すなわち、YのAに対する債権を担保するために、甲・乙二つの不動産について抵当権が設定される場合において、(1)甲・乙の両方の不動産がAの所有に属する場合、(2)甲不動産はAに属するが、乙不動産上の抵当権は物上保証人であるBが設定したものである場合、(3)甲・乙の両方の不動産上の抵当権が、いずれも、同一の物上保証人であるBが設定したものである場合である。(1)について392条2項後段の後順位者の代位の規定の適用があることは、異論の余地がない。(2)については、すでに同項の適用を否定するべきことを明らかにした判例がある（最判昭44・7・3民集23巻8号1297頁）（杉田洋一・最判解民昭和44年度(下)782頁）。本件判決は、従来の判例において、扱いが明らかでなかった(3)について、同項の適用を肯定するものである。共同抵当に関する基礎的事項の確認および従来判例の推移は、**166事件**の解説を合わせて読むことを求める。

判例を読む

1　(3)の場面について392条2項の適用を肯定してよい理由は、(2)について反対の結論が採られる理由と関係がある。(2)において、乙不動産の所有権を失った物上保証人は、債務者に対する求償権を取得し、その範囲内で、499条・501条の規定に基づき、先順位の共同抵当権者が有していた甲不動産上の抵当権を代位行使することができる立場にあるのに対し、(3)においては、自身の所有する甲不動産について、これらの規定による法定代位が生じる余地はないから、後順位抵当権者の代位を認めても、不測の損害を受けるわけではない。本件判決も説くとおり、後順位抵当権者は、先順位の共同抵当権

の負担を甲・乙不動産の価額に準じて配分すれば甲不動産の担保価値に余剰が生ずることを期待して、抵当権の設定を受けているのが普通であり、先順位の共同抵当権者が甲不動産の代価につき債権の弁済を受けたことにより後順位抵当権者の期待が害されるときは、(1)の場合と同じように、392条2項後段に規定する代位により上記の期待を保護する必要がある。

2　後順位者の代位が認められるはずの(1)および(3)において、Yが乙不動産上の抵当権を放棄するならば、この代位ができないこととなり、後順位者の利益が脅かされる。そこで判例は、**担保保存義務違反**の場合の法律関係の取扱い(LがMに対し有する債権を担保するため、Mの所有する土地に抵当権が設定され、また、Nが保証人となった場合において、Nは、自身の負担する保証債務を弁済するときには、Mに対する求償に際し、LがMに対し有していた抵当権を代位して行使することを期待していたはずである。したがって、LがMとの間で抵当権設定契約を合意解除したうえでNに対し保証債務の履行を請求する際に、これにNが応じなければならないとすると、Nの利益は大きく損なわれる。そこで504条は、Mに対する求償が困難になった限度で保証の「責任を免れる」ものとする)を応用して、このような場合の甲不動産の競売において先順位の共同抵当権者は、代位の利益を認められる後順位者に対し優先権を主張することができないとする。その理論的根拠は504条の類推解釈に求めるべきである。同条それ自体は、499条に基づく弁済による代位を保護するためのものであるのに対し、ここでは、392条2項後段に基づく後順位者の代位の利益の保護が問題とされている。この点について、(1)の場面については既に判例がある(前掲昭和44年最判)が、本判決は、同様の理を(3)においても明らかにする意義がある。

3　複数の不動産につき根抵当権の設定を受ける場合に、両根抵当権が共同担保の関係にある旨を示す登記(共同担保の登記、不動産登記法122条以下)をなしたときには、それら複数の根抵当権は、次のような点において相互に密接な関連を持つ。第1、設定の際に定められる被担保債権の範囲基準と極度額は共通でなければならない(明文の規定はないが、398条の17の趣旨と、398条の16の「同一の債権の担保として」という文言の趣旨から、そのように解される)。第2、それらの事項の設定後における変更も、全ての根抵当権に共通の内容で行わなければならず、かつ、その内容を全ての不動産について登記しなければ効力を生じない(398条の17第1項)。第3、一つの根抵当権に元本の確定が生ずれば他も同時に元本が確定する(同2項)。第4、元本確定後の極度額減額請求権や根抵当権の消滅請求権は、一つの根抵当権について行使があれば、他についても同一の効果が生ずる(398条の21第2項、398条の22第2項)。第5、一つの根抵当権について実行があった場合には、後順位担保権者の代位が問題となる。本件においてYが甲不動産の根抵当権を先に実行する場合に、Yは、甲不動産の「代価から債権の全部の弁済を受けること」ができ(392条2項)、他方、Xは、

Yが乙不動産に有していた根抵当権を代位して行使することができるのでなければならないとされるのは、このことによる。

4　本件の考察からは離れるが、一般的な設例を用い、共同根抵当の基礎的事項を確かめておこう。LがMとの間で始める銀行取引により、およそ700万円ぐらいの融資を受けることが見込まれる場合においては、例えばMが、その所有する時価1,200万円の土地と時価900万円の建物とに、いずれも順位一番の根抵当権を設定し、いずれの極度額も700万円と定めるということが、よく行なわれる(①)。この場合には、実際にもLが貸し付けたのが700万円であって、かつ、その全部がMより未回収であるというときには、Lは、土地または建物のいずれか一方を競売に付して貸付金を回収することができる。他方、これと区別をしなければならない根抵当取引の方法は、Lが、Mの所有する1,200万円の土地と900万円の建物に根抵当権を取得し、いずれの極度額も700万円とするところまでは同じであるが、当事者であるLとMは、両者間での銀行取引による融資額をおよそ1,400万円と見込んでいるという場合である(②)。この場合において見込み通りの融資が行われたときには、Lが債権回収を達成するためには土地と建物の抵当権のいずれもを実行する必要がある。①の場合には、両者いずれかを実行すれば十分であるのと大きく異なる。

①が**純粋共同根抵当**であり、②が**累積根抵当**である。これらについての民法の取扱いは、累積根抵当を原則とし、例外的に純粋共同根抵当とするときには、そのことが明確なものとなるような登記をしなければならないものとする。本件は純粋共同根抵当の事案である。

同一の債権者のために複数の不動産に根抵当権の設定があった場合には、純粋共同根抵当であることを示す登記がない限り、債権者は、「各不動産の代価について、各極度額に至るまで優先権を行使すること」ができる(398条の18)。②の設例でいうと、Lは土地と建物のそれぞれから各700万円、合計1,400万円までの優先弁済を受け得る。392条の適用がない(398条の16参照)から、土地上の二番抵当権者が建物上のLの抵当権に代位することはあり得ない。Lが有する二つの根抵当権は、互いになんらの関連ももたない独立の抵当権であるから、被担保債権の範囲や極度額が同じである必要はないし、それらの事項を設定後に他方の根抵当権とは無関係に変更することも可能である。

【参考文献】　本判決の調査官解説として、滝澤孝臣・最判解民平成4年度451頁(曹時46巻9号148頁)。評釈として、生熊長幸・法教152号144頁、近江幸治・平成4年度重判74頁、大塚直・百選I6版190頁、後藤巻則・金法1387号97頁、高木多喜男・リマークス8号36頁、同『金融取引の法理〔第3巻〕』(成文堂、1997)所収。

山野目章夫

159 共同抵当(2)

最高裁昭和 53 年 7 月 4 日判決　民集 32 巻 5 号 785 頁、判時 907 号 55 頁、判タ 372 号 75 頁

【392 条】

論点　共同抵当不動産の一方が債務者所有であり他方が物上保証人所有である場合の法律関係

事実の要約

　AとBは、Aの債務を担保するため、Aの所有する甲不動産とBの所有する乙不動産を共同抵当の目的として、Cに対し順位一番の根抵当権を設定した。これらの不動産には、このほか、Y_1 のための順位二番の、Y_2 のために順位三番の、また、Xのために順位四番の根抵当権が順次に設定された。のちに、まず乙不動産が競売され、その競落代金をもってCはAに対する債権全額の弁済を受け、Y_1 もAに対する債権の一部弁済を受けた。その結果としてBは、Aに対し求償権を取得するとともに、代位によりCの甲不動産に対する順位一番の根抵当権をも取得するに至ったから、この根抵当権移転の附記登記を了したうえ、これら求償権と根抵当権をDに譲渡し、それに伴う附記登記を経由した。こののちXは、Dから求償権の一部と根抵当権の一部の譲渡を受けて、根抵当権一部移転の附記登記を了した。やがて甲不動産が競売されることとなり、その手続においては、Y_1・Y_2・Xが、この順序で配当に浴することができる旨の代金交付表が作成された。Xは代金交付期日において、Xが順位一番の根抵当権者として配当を受けるべき地位にあるものとして異議を述べたが、Yらはこれを認めなかった。このような経過ののち、XがYらに対し配当異議の訴えを提起したのが本件である。

裁判の流れ

　1 審（大阪地判昭 46・12・21 民集 32 巻 5 号 797 頁）：Xの請求棄却　2 審（大阪高判昭 49・10・24 民集 32 巻 5 号 804 頁）：Xの控訴棄却　最高裁：上告棄却

判　旨

　〈上告棄却〉「債務者所有の不動産と物上保証人所有の不動産とを共同抵当の目的として順位を異にする数個の抵当権が設定されている場合において、物上保証人所有の不動産について先に競売がされ、その競落代金の交付により一番抵当権者が弁済を受けたときは、物上保証人は債務者に対して求償権を取得するとともに代位により債務者所有の不動産に対する一番抵当権を取得するが、後順位抵当権者は物上保証人に移転した右抵当権から優先して弁済を受けることができるものと解するのが、相当である。けだし、後順位抵当権者は、共同抵当の目的物のうち債務者所有の不動産の担保価値ばかりでなく、物上保証人所有の不動産の担保価値をも把握しうるものとして抵当権の設定を受けているのであり、一方、物上保証人は、自己の所有不動産に設定した後順位抵当権に

よる負担を右後順位抵当権の設定の当初からこれを甘受しているものというべきであつて、共同抵当の目的物のうち債務者所有の不動産が先に競売された場合、又は共同抵当の目的物の全部が一括競売された場合との均衡上、物上保証人所有の不動産について先に競売がされたという偶然の事情により、物上保証人がその求償権につき債務者所有の不動産から後順位抵当権よりも優先して弁済を受けることができ、本来予定していた後順位抵当権による負担を免れうるというのは不合理であるから、物上保証人所有の不動産が先に競売された場合においては、民法 392 条 2 項後段が後順位抵当権者の保護を図つている趣旨にかんがみ、物上保証人に移転した一番抵当権は後順位抵当権者の被担保債権を担保するものとなり、後順位抵当権者は、あたかも、右一番抵当権の上に民法 372 条、304 条 1 項本文の規定により物上代位をするのと同様に、その順位に従い、物上保証人の取得した一番抵当権から優先して弁済を受けることができるものと解すべきであるからである」。

判例の法理

　CがAに対し有する債権を担保するため、甲不動産と乙不動産に抵当権が設定され、ただし、乙不動産の方はBの所有である（すなわちBは物上保証人である）という場合において、この乙不動産には順位一番のCの抵当権のほか、後順位のYの抵当権がある、というときに、乙不動産を目的とする抵当権を先に実行するCは、それにより債権額全額を配当として受領することにより債権の満足を受けることができる。この場合において、Bは、Aに対し求償権を取得し、この求償権を行使するため、Cが甲不動産に有していた抵当権に代位することができる。またYは、Bが代位により取得した甲不動産上の担保権をBに代わって行使することができる。

判例を読む

　1　「債権者が同一の債権の担保として数個の不動産につき抵当権を有する場合」（392 条 1 項）が、**共同抵当**である。共同抵当の法律関係を処理する際の最大の課題は、抵当目的物のいずれかに後順位の抵当権者など担保権者がいる場合におけるそれらの者の保護にほかならない。したがって、共同抵当の問題は、まず、後順位者がいる場合のほうが問題処理の難度が高い。さらに二点を加えるならば、数個の抵当目的物が同時に競売の対象となる場合（**同時配当**）よりも、時期を異にして競売にかけられる場合（**異時配当**）の方が難しく、また、共同抵当不

動産のすべてが債務者の所有物である場合よりも、そうでない場合の方が難しい。法律関係処理が最難関を極める局面は、まとめるならば、物上保証介在事例の異時配当における後順位者等の保護ということになり、それがまさに本件事案にほかならない。

2　本件とは異なり、ひとまず抵当不動産が全て債務者の所有に属する場合の異時配当の場面の法律関係を確認しておこう。共同抵当の目的である甲・乙二つの不動産のうち、まず甲不動産について抵当権を実行する順位一番の抵当権者は、それらにより「債権の全部の弁済を受けること」ができる（392条2項前段）。したがって、その抵当権者の債務者に対する債権は消滅する。そうすると形式論理を単純に当て嵌めるならば、この抵当権者が乙不動産に有する抵当権も附従性により消滅するはずのように思われる。ここで法律は擬制を用い（物上保証人や後順位者などとの利害の調整を達成するために法律が各種局面において多用するのが、代位という手法である。厳密に区別をするならば、三つの異なる代位が出てくる。すなわち、392条2項後段の代位、500条に基づく代位、372条が準用する304条と趣旨を同じくする代位である）、乙不動産の抵当権は消滅しないものとする。擬制を用いるのは、甲不動産に係る後順位抵当権者のためである。その後順位担保権者は、最初に競売の対象とされた甲不動産の競売で回収することができなかった債権の残額を、順位一番の抵当権者が乙不動産に有していた抵当権を代わって行使することにより回収することができる。これが、**392条2項後段が定める後順位者の代位**である。この代位には上限があり、同時配当の場合であったならば順位一番の抵当権者が乙不動産について「弁済を受けるべき金額を限度として」を限度とする。この制限は、乙不動産にも後順位の抵当権者などがいる場合に、その者らに不利益を及ぼさないためのものである。

3　本件のように、甲不動産のみならず、乙不動産にも抵当権が設定され、ただし、乙不動産の方はBの所有であり（すなわちBは物上保証人である）、この乙不動産には順位一番のCの抵当権のほか、後順位のYらの抵当権がある、という場合の法律関係は、どのように考えられるか。もし乙不動産が先に競売されたとすると、Cは、そこから債権額全額を配当として受領することにより債権の満足を受けることができる。そこでBは、Aに対し求償権を取得するところ、この求償権行使を実効あらしめるためBは、求償額の全部について、Cが甲不動産に有していた抵当権に代位する。これは、2に登場した392条2項後段の代位ではなく、**499条に基づく弁済による代位**にほかならない。そして、この場合にYは、Bが代位により取得した甲不動産上の抵当権をBに代わって行使することができる。これは、いわば代位の上への代位であり、その趣旨は物上代位と共通し、**372条・304条と同様の趣旨に基づく代位**であるということができるであろう。

4　3に登場した弁済による代位は、理論的にも実務的にも重要な制度である。共同抵当から離れ、LがMに対し有する債権を担保するため、Mの所有する不動産に抵当権の設定を受けるということに加え、Nが保証人になったという設例を用い、基礎的事項を確かめておこう。この場合にNは、Mが債務を履行しない場合に、代わってLへの弁済をする責任を負う（446条1項）。そこで、NがLへの弁済をしたとすると、Lは、債権を回収して満足を得るから、ここでの法律関係から退場する。あとはM・N間の法律関係処理が残る。NはMに対し求償ができる（459条など）が、それは法律上のことであるにとどまり、実際には、求償が奏功する見込みは小さい。Mには上記の不動産のほかには資産がない可能性が大きく（資産があったならばMが自身で弁済をしていたはずである）、そして上記不動産を差し押さえると、Mの他の債権者らが配当要求をしてくることが予想される。そこでNを保護するためには、Nが、Lの有していた抵当権を行使することができるようにすれば、Nは他の債権者に優先して弁済を受けることができる。このことを500条は、Lすなわち「債権者に代位する」という法律構成を用いて示す。

ここでも法的擬制が用いられており、NがLへの弁済をしたところで附従性により抵当権は消滅するはずであるのに、そのようには扱わず抵当権を存続させるという例外的な論理操作がなされる。何人のために抵当権を存続させるのか、といえば、それは、「弁済をするについて正当な利益を有する者」であり、これには、Nのような保証人のみならず、物上保証人も含まれる。

5　本件の検討に戻ろう。共同抵当においては、本件のような経過のほかに、甲不動産が先に競売されるということも考えられる。そこからCが満額の配当を受けた場合には、それにより乙不動産上のCの抵当権も終局的に消滅する。甲不動産上の後順位の抵当権者が392条2項後段により乙不動産について代位をすることはできない（最判昭44・7・3民集23巻8号1297頁）（杉田洋一・最判解昭和44年度（下）782頁）。本件判決と昭和44年の判決は、他人の債務のために財産を担保に供したBが、厚く扱われるべきものとする共通の利益考量を背景にもっている。結局のところ判例は、そのような利益考量を確保するために、共同抵当不動産の、あるものは債務者が所有し、あるものは物上保証人が所有する、という場合には、一貫して392条2項の適用がないという取扱いを採用していることになる。

【参考文献】　本判決の調査官解説として、時岡泰・最判解民昭和53年度242頁。評釈として、石田喜久夫・判評246号155頁、佐久間弘道「共同抵当の代価の配当に関する研究」第一勧銀総合研究所研究報告、高木多喜男・判タ390号64頁、平井一雄・金判568号48頁（同『民法拾遺第1巻』（信山社、2000）所収）。

山野目章夫

160 抵当権の時効消滅

最高裁平成 30 年 2 月 23 日判決　民集 72 巻 1 号 1 頁、判時 2378 号 3 頁、判タ 1450 号 40 頁、
金法 2095 号 104 頁、金判 1542 号 14 頁

【166 条、167 条、396 条】

［論点］ 抵当権の被担保債権が免責許可決定の効力を受けた場合に被担保債権・抵当権は時効消滅するか

事実の要約

平成 13 年 2 月 13 日、Xは、Yとの間で金銭消費貸借取引契約を締結し、これに係る債務を担保するため、その有する建物共有持分につき本件根抵当権を設定し、その仮登記をした。XとYとの間では貸付と返済が何度か繰り返されたが、平成 17 年 11 月 24 日、Xは破産手続開始決定を受けた。これにより本件根抵当権の担保すべき元本が確定した（以下、本件根抵当権の被担保債権を「本件貸金債権」という）。その後、Xは、免責許可決定を受け、この決定は平成 18 年 2 月 24 日に確定した。平成 27 年 12 月 18 日、Xは、Yに対して、本件貸金債権に関する消滅時効を援用し、本件根抵当権の設定仮登記の抹消登記手続を求めて提訴した。

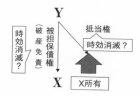

裁判の流れ

1 審（福岡地小倉支判平 28・7・27 民集 72 巻 1 号 9 頁）：Xの請求棄却　2 審（福岡高判平 28・11・30 民集 72 巻 1 号 13 頁）：Xの請求棄却　最高裁：上告棄却

1 審は、破産免責された債権については消滅時効の進行を観念することができなくなるとの理由からXの主張を認めなかった。2 審も同じ立場を採る。これに加えて、債務者が設定した根抵当権については 396 条により根抵当権自体が時効消滅することがないとも判示した。Xが上告受理申立てをした。

判　旨

〈上告棄却〉①「免責許可の決定の効力を受ける債権は、債権者において訴えをもって履行を請求しその強制的実現を図ることができなくなり、上記債権については、もはや民法 166 条 1 項〔現 166 条 1 項 2 号〕に定める「権利を行使することができる時」を起算点とする消滅時効の進行を観念することができないというべきである（最判平 11・11・9 民集 53 巻 8 号 1403 頁参照）。このことは、免責許可の決定の効力を受ける債権が抵当権の被担保債権である場合であっても異なるものではない」。

②「民法 396 条は、抵当権は、債務者及び抵当権設定者に対しては、被担保債権と同時でなければ、時効によって消滅しない旨を規定しているところ、この規定は、その文理に照らすと、被担保債権が時効により消滅する余地があることを前提としているものと解するのが相当である。そのように解さないと、いかに長期間権利が行使されない状態が継続しても消滅することのない抵当権が存在することとなるが、民法が、そのような抵当権の

存在を予定しているものとは考え難い。…そして、抵当権は、民法 167 条 2 項〔現 166 条 2 項〕の「債権又は所有権以外の財産権」に当たるというべきである。…したがって、抵当権の被担保債権が免責許可の決定の効力を受ける場合には、民法 396 条は適用されず、債務者及び抵当権設定者に対する関係においても、当該抵当権自体が、同法 167 条 2 項〔現 166 条 2 項〕所定の 20 年の消滅時効にかかると解するのが相当である。……以上のことは、担保すべき元本が確定した根抵当権についても、同様に当てはまるものである」。

本件においては「本件根抵当権を行使することができる時から 20 年を経過していないことは明らかであるから、Xの請求には理由がない」。

判例の法理

最判平 9・2・25 判時 1607 号 51 頁は、破産免責された債権は強制的に実現することができなくなるとする。そして、最判平 11・11・9 民集 53 巻 8 号 1403 頁は、破産免責された主債務は、もはや「権利を行使することができ」ない以上、消滅時効の進行を観念することもできないとして、（連帯）保証人が主債務の消滅時効を援用することはできないという。（1 審・2 審、さらに）本判決は、これらの判例を踏襲し、抵当権の被担保債権が破産免責された場合における被担保債権の消滅時効の進行も認めない（判示事項①）。

396 条は、債務者および抵当権設定者との間では抵当権は被担保債権と同時でなければ時効消滅しないと定める。では、被担保債権の時効が進行しなくなると、抵当権が時効消滅することはなくなるのか。2 審は、これを肯定し、抵当権が永続する可能性を認める。本判決は、それが民法の想定しない事態であるとし、財産権の消滅時効に関する原則規定である 167 条 2 項〔現 166 条 2 項〕の適用を指示する（判示事項②）。

判例を読む

本判決によると、被担保債権が破産免責されたかどうかで抵当権の存続期間が大きく変わる。この結論への批判はある。もっとも、免責債権について消滅時効の進行を認めない従来の見解を前提とする限り、他の結論を導くことは考えにくい。

【参考文献】　冨上智子・最判解民平成 30 年度 1 頁。

鳥山泰志

161 買戻特約付売買契約と譲渡担保

最高裁平成 18 年 2 月 7 日判決　民集 60 巻 2 号 480 頁、判時 1926 号 61 頁、判タ 1205 号 124 頁
【369 条】

論点　買戻特約付売買契約と譲渡担保の異同はどの点か

事実の要約

Y₁（被告、控訴人、上告人）の代表取締役 Y₂ は、X（原告、被控訴人、被上告人）から 1000 万円を、利息を月 3% とする約定で、借り受け（以下、別件貸付け）、その担保として X は A との間で A 所有の土地建物についての譲渡担保契約を締結した。Y₂ は、利息および遅延損害金を数回支払ったのみで弁済をしなかったために、X は少なくとも利息を回収するために Y₁ との間で Y₁ 所有の土地建物（以下、本件土地建物）について買戻特約付売買契約（以下、本件買戻特約付売買契約）を締結した。その内容は、当初、土地売買代金 700 万円、建物売買代金 100 万円、買戻期間 2 か月半であったものの、契約直後に合意によって、土地売買代金 650 万円、建物売買代金 100 万円、買戻期間 3 カ月とする内容に変更された。契約当日、売買代金 750 万円のうち 400 万円の支払が予定されていたが、Y₁ の了解のもとで、買戻権付与の対価 67 万 5000 円、別件貸付の利息 270 万円、費用など 41 万円を控除した 21 万 5000 円が X から Y₁ に支払われた。その翌日、残代金 350 万円が支払われた。

その後、Y₁ による買戻権の行使はなく、他方で本件土地建物については契約日以降も Y らが占有している。

X は、Y らに対して、本件買戻特約付売買契約に基づいて本件土地建物の所有権を取得したとして、建物の明渡しを求めた。これに対して、Y らは、本件買戻特約付売買契約は譲渡担保契約であって、X は所有権を取得していないとして争った。

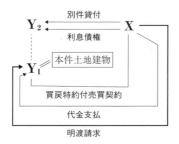

裁判の流れ

1 審（大分地判平 16・3・3 民集 60 巻 2 号 488 頁）：請求認容　2 審（福岡高判平 16・9・29 民集 60 巻 2 号 493 頁）：控訴棄却（請求認容）　最高裁：破棄自判

1、2 審は、本件買戻特約付売買契約に基づいて本件土地建物の所有権を X が取得したことを認め、その所有権に基づく建物明渡請求を認容した。これに対して、Y らが上告受理申立てをした。

判旨

〈破棄自判〉「真正な買戻特約付売買契約においては、売主は、買戻しの期間内に買主が支払った代金及び契約の費用を返還することができなければ、目的不動産を取り戻すことができなくなり、目的不動産の価額（目的不動産を適正に評価した金額）が買主が支払った代金及び契約の費用を上回る場合も、買主は、譲渡担保契約であれば認められる清算金の支払義務（最高裁昭和 42 年（オ）第 1279 号同 46 年 3 月 25 日第一小法廷判決・民集 25 巻 2 号 208 頁参照）を負わない（民法 579 条前段、580 条、583 条 1 項）。このような効果は、当該契約が債権担保の目的を有する場合には認めることができず、買戻特約付売買契約の形式が採られていても、目的不動産を何らかの債権の担保とする目的で締結された契約は、譲渡担保契約と解するのが相当である。

そして、真正な買戻特約付売買契約であれば、売主から買主への目的不動産の占有の移転を伴うのが通常であり、民法も、これを前提に、売主が売買契約を解除した場合、当事者が別段の意思を表示しなかったときは、不動産の果実と代金の利息とは相殺したものとみなしている（579 条後段）。そうすると、買戻特約付売買契約の形式が採られていても、目的不動産の占有の移転を伴わない契約は、特段の事情のない限り、債権担保の目的で締結されたものと推認され、その性質は譲渡担保契約と解するのが相当である」。

判例の法理

不動産を対象とする権利移転型担保には、従来、売渡担保と譲渡担保とがあるとされてきた（例えば、内田Ⅲ 608 頁など）。両者の区別は、被担保債権の存否によっており、さらに売渡担保は、債務者による目的不動産の取戻しの法形式によって、再売買の予約と買戻特約とに区別されてきた。しかし、本判決は、**買戻特約付売買契約を真正なものと債権担保目的の場合とに区別**し、前者では、買戻期間内に買戻しがなされなければ、売主は目的不動産の取戻しができなくなるだけではなく、目的不動産価額と支払代金額および契約費用との清算を要しないと判示している。他方で、買戻特約付売買契約が**債権担保目的である場合**には、以上の効果を伴わず、**買戻特約付売買契約の形式であっても、その性質は譲渡担保契約と解される**とした。そのうえで、債権担保目的であるのか真正な買戻特約付売買契約であるのかは、**売主から買主への目的不動産の占有の移転**がなされたか否かによって推認されるとする。

判例を読む

● 買戻特約付売買契約の 2 つの側面

この判決によって、債権担保目的で締結される買戻特約付売買契約は、譲渡担保契約の性質を有するとされることとなり、それとは別に、債権担保目的を有さない真正の買戻特約付売買契約が存在し（地方公共団体や公社などによる不動産分譲の際の用途制限や転売禁止などの売却条件を不動産購入者に遵守させるために用いられることになる。そのような例として、例えば、最判平 11・11・30 民集 53 巻

8号1965頁（直接には買戻代金債権に対する抵当権者の物上代位の可否が争われた。→ **148 事件**）などがある）、債権担保目的のものとは効果の点でも異なることが明らかとなった。そして、債権担保目的の有無は、目的不動産の占有移転の有無によって、推認されることになる。

この問題に関して、従前の学説は、上述のとおり、担保目的で行われる所有権移転を被担保債権の存否によって、それの存在しない「売渡担保」と存在する「譲渡担保」とに区別していた（例えば、我妻・講義Ⅲ 593頁などがある。また、この立場に立つ裁判例として、大判昭8・4・26民集12巻767頁などがある）。また、占有担保であるか非占有担保であるかによって両者が区別されるとの見解もあった（近江・Ⅲ 286～288頁などがある）。近時の学説は、本判決と同様に、債権担保目的の有無によって区別する（例えば、道垣内・担保物権303～304頁などがある）。すなわち、一方で債権担保目的の買戻特約付売買契約を売渡担保として理解し、他方で、債権担保目的ではない買戻特約付売買契約の存在を肯定している（例えば、生熊長幸「買戻・再売買予約の機能と効用」加藤一郎＝林良平編『担保法大系第4巻』（金融財政事情研究会、1985）451頁の指摘するところである）。このように理解する場合には、債権担保目的の有無の判断基準が問題となる。この点で、近時の下級審裁判例は、当事者間における契約締結に至る諸事情や代金額と目的物価額との不均衡、所有権移転登記費用の負担の有無などに着目して、総合的に考慮してきたとされる（生熊・前掲471頁、富永浩明「目的不動産の占有移転を伴わない買戻特約付売買契約の法的性質」NBL829号15頁など）。

●**債権担保目的の有無**

本判決は、債権担保目的の有無を基準に、買戻特約付売買契約を譲渡担保の性質を有するものとそうでないものとに区別している。債権担保目的の有無を基準とする点で、近時の下級審裁判例や学説と同様であるものの、その有無の判断基準は、近時の下級審裁判例とは異なる。本判決では、目的不動産の占有移転の有無が債権担保目的の有無を判断する基準である。つまり、債権担保目的である場合には、債権者である買主にとっては目的不動産を自ら占有する必要性も意図もないのが通例であって、したがって、目的不動産の占有を取得する必要がないからである。それに対して、債権担保目的を有しない場合には、買主が実際に目的不動産を使用するために、目的物の占有を取得することになると考えられるからである。もっとも、従前の学説が主張していたように、譲渡担保と買戻特約付売買契約とで法理的に最も異なるのは、被担保債権の有無である。しかし、目的不動産の占有が移転しない場合に、被担保債権の存否にかかわらず、譲渡担保の性質を有すると判断した本判決は、「売渡担保」概念を放棄したことになるとの指摘がある（占部洋之・民商135巻4＝5号128頁、片山直也・金法1780号40頁など）。また、占有移転の有無を債権担保目的の判断基準と解することによって、容易に立証が可能となり、目的物の丸取りを防ぐなど売主保護にも資することになると指摘されている（富永・前掲16頁）。すなわち、譲渡担保契約と買戻特約付売買契約との大きな相違は、当初の所有者に目的不動産の所有権が復帰しない場合に、目的物の価格と買戻価格との間で清算がなされるか否かという点にある。判例は、譲渡担保権者に清算義務を認めているから（例えば、最判昭46・3・25民集25巻2号208頁

→ **164 事件**など）、債権担保目的の買戻特約付売買契約が譲渡担保契約と判断されることは、結局、買戻価格と現在の目的物価額との清算を要することになるからである（例えば、角紀代恵・不動産取引判例百選3版169頁は、清算義務や受戻権を肯定する）。また、買戻特約付売買契約において定められた買戻期間の徒過と清算金の支払との関係についても、譲渡担保の場合と同様に解されることになろう。そうであるとすると、清算金の提供または清算金のないことを通知するまで、あるいは、目的不動産の第三者への処分までは、なお、当初の所有者は、買戻しが可能になると考えられる（小山泰史・百選Ⅰ 189頁）。

さらに、本判決においては、債権担保目的の有無を目的不動産の占有移転の有無によって判断しつつ、なお、特段の事情による留保を設けている。これには、占有移転はないものの債権担保目的を有しない場合が該当すると考えられ、具体的には、契約後しばらくの間は買主に使用予定がなく、売主に管理を委ねている場合などであるとの指摘がある（福田剛久・最判解平成18年度（上）252頁）。もっとも、占有移転の有無を基準とする際に、不動産の果実と代金の利息との相殺に言及している点については、買戻制度そのものの趣旨や利息制限法の脱法を防ぐという579条の趣旨からみて適切でないと指摘されている（生態長幸・リマークス35号25頁）。

本判決の法理は、再売買の予約においても妥当すると考えられる（占部・前掲128～129頁、片山・前掲40頁など）。例えば本判決の後、最高裁は、集合動産を対象とする再売買予約付きの売買契約を譲渡担保契約と判断している（最判平18・7・20民集60巻6号2499頁→ **170 事件**）。もっとも、この判決では、占有移転の有無によって債権担保目的を推認するのではなく、それ以外の要素をも考慮の対象としている。すなわち、当初の売買において現実の代金授受がないことや、第三者への転売に際していったん買戻し・加工後再売買されたうえで、転売され、加工代金と従前の債務とが相殺されることなどの諸事情である。この相違は、単に目的物の相違によるものではなく、本判決よりも、債権担保の目的を判断するための要素を精緻に示したものとの指摘がある（森田修・法協124巻11号219頁）。

【参考文献】　本判決に関する評釈・解説として、ほかに、永石一郎・金判1254号6頁、生熊長幸・平成18年度重判72頁などがある。また、担保としての買戻しについては、富田仁「買戻と譲渡担保に関する一考察(1)(2)」亜細亜法学43巻1号39頁、2号29頁や池田雄二「非典型担保における買戻(1)(2)」北大法学論集59巻5号348頁、6号526頁などがある。

池田雅則

162 不動産譲渡担保権の設定と火災保険契約の締結

最高裁平成5年2月26日判決　民集47巻2号1653頁、判時1459号124頁、判タ817号170頁
【369条、商法630条（保険法3条）】

論点　譲渡担保の目的物についての被保険利益は誰が有するか

事実の要約

　X（原告、被控訴人、被上告人）は、本件建物を建築し、昭和54年12月22日、Aから借り受けた資金の担保とする趣旨で本件建物をA名義で所有権保存登記をした。昭和55年1月10日、Aは本件建物についてB農協との間で建物更生共済契約（火災共済契約）を締結した。これは、Bより借り入れた金銭をAがXに貸し付けることを前提に、BのAに対する貸金債権の担保のために本件建物に抵当権を設定し、あわせて、Bの要望に応じて本件建物に火災共済を付けたものである。他方、Xも昭和57年7月13日にY（被告、控訴人、上告人）との間で本件建物について火災保険契約を締結した。本件建物は昭和57年12月15日に一部焼失し、AがBに対する残債務を控除して建物更生共済契約に基づく火災共済金を受領したところ、Xは、Yに対して本件火災保険契約に基づく火災保険金の支払を求めて、訴えを提起した。

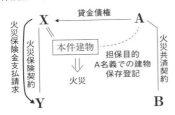

裁判の流れ

　1審（京都地判昭63・2・24民集47巻2号1669頁）：請求一部認容　2審（大阪高判平元・6・20民集47巻2号1679頁）：控訴棄却（請求一部認容）　最高裁：上告棄却

　1、2審は、いずれも、譲渡担保権者による換価処分の完結までは、設定者もまた被担保債権を弁済して目的物件についての完全な所有権を回復しうるので、被保険利益を有していると判示した。なお、具体的な支払額は、重複保険に関する火災保険約款の規定に基づいて算定された範囲でのみ認容したため、一部認容となった。

判旨

　〈上告棄却〉「譲渡担保が設定された場合には、債権担保の目的を達するのに必要な範囲内においてのみ目的不動産の所有権移転の効力が生じるにすぎず、譲渡担保権者が目的不動産を確定的に自己の所有に帰させるには、自己の債権額と目的不動産の価額との清算手続をすることを要し、他方、譲渡担保設定者は、譲渡担保権者が右の換価処分を完結するまでは、被担保債務を弁済して目的不動産を受け戻し、その完全な所有権を回復することができる…。このような譲渡担保の趣旨及び効力にかんがみると、譲渡担保権者及び譲渡担保設定者は、共に、譲渡担保の目的不動産につき保険事故が発生することによる経済上の損害を受けるべき関係にあり、したがって、右不動産についていずれも被保険利益を有すると解する

のが相当である」。

判例の法理

　本判決は、譲渡担保が設定され、所有権の帰属が確定していない間は、譲渡担保権者への所有権の完全な移転が清算手続を経る必要があることや、設定者も受戻可能であることを踏まえて、**両者が被保険利益を有すること**を明らかにした。しかし、本判決には、譲渡担保権者と設定者の有するそれぞれの被保険利益の内容とその相互の関係について特段の判示はない（上柳克郎・損害保険判例百選2版15頁は、本判決が両者の有する被保険利益の内容を明確に論じておらず、なお検討の余地があると指摘する）。

判例を読む

　譲渡担保の対象不動産に関して、譲渡担保権者が所有者として被保険利益を有することを肯定する判例（大判昭12・6・18民集16巻940頁）があるが、設定者の被保険利益については、譲渡担保の法律構成に応じて、所有者にのみ被保険利益があると解するもの、設定者にのみ被保険利益があると解するもの、実質的に所有権が分属しており、両者に被保険利益があると解するものに分かれていた。しかし、譲渡担保の法律構成に関しては、近年では、債務担保の目的での所有権の移転が生じるものの、その所有権移転は確定的なものではなく、譲渡担保権者による目的不動産の換価処分の完結までは、債務を弁済することで目的物の所有権を設定者が回復することができると解されている（例えば、最判昭62・2・12民集41巻1号67頁→**165事件**や最判平6・2・22民集48巻2号414頁→**166事件**など）。本判決も、この立場に立ったうえで、**譲渡担保権者と設定者のいずれもが将来所有権を取得しうる地位にあり、それぞれ被保険利益を有する**とした。つまり、譲渡担保権者は債務不履行により確定的に所有権を取得でき、設定者も弁済によって所有権の受戻しが可能だからである（例えば、山野嘉朗・判タ827号35頁は、この点で両者は「仮の所有者」ないし「暫定的所有者」であって、双方に被保険利益を認めうると指摘する）。

【参考文献】　本判決の評釈・解説として、安永正昭・判時1482号193頁、塩月秀平・最判解民平成5年度（上）319頁、山下友信・NBL550号81頁、洲崎博史・民商110巻6号143頁、遠藤美光・担保法の判例II19頁、出口正義・平成5年度重判115頁などがある。

池田雅則

163 動産譲渡担保権に基づく物上代位

最高裁平成 11 年 5 月 17 日決定　民集 53 巻 5 号 863 頁、判時 1677 号 45 頁、判タ 1003 号 155 頁
【304 条、369 条（譲渡担保）、破 65 条（旧破 92 条）】

論点　動産譲渡担保権に基づく物上代位権の行使が認められるか

事実の要約

　X 銀行は、A 社との信用状取引契約に従い、A に対する貸金債権の担保として、本件輸入商品について譲渡担保の設定を受けた。A は貸金債権の弁済のために、本件商品の貸渡し（T／R）を X に依頼した。X は本件商品の船積書類を A に貸し渡すとともに、本件商品の処分権限を授与した。A はこの権限に基づき本件商品を B に売却した。その後、A は破産宣告を受け、Y が破産管財人に選任された。X は、譲渡担保権に基づく物上代位として、A の B に対する本件商品の売買代金債権の差押えを申し立てた。

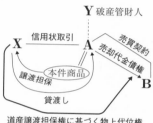

道産譲渡担保権に基づく物上代位権
行使としての差押え

裁判の流れ

　1 審（大阪地決平 9・12・10）：申立認容　2 審（大阪高決平 10・2・10 民集 53 巻 5 号 897 頁）：抗告棄却　最高裁：抗告棄却

　2 審では、抗告人 Y が、譲渡担保設定契約に特約がない以上物上代位権を認めることはできず、また、A に処分権限が授与されている本件では、売買代金債権について譲渡担保の予約をするなどの特別の保全措置を講じていない以上、追及権を放棄していたと解すべきであるなどと主張した。裁判所は、譲渡担保権が交換価値を支配する以上特約の有無を問わず物上代位が認められ、追及権の放棄もなかったとして、譲渡担保権は破産手続上別除権として取り扱われ、譲渡担保権者は破産宣告があった場合でも代金債権を差し押さえて物上代位できるというべきであると判示した。

判　旨

　〈抗告棄却〉「右の事実関係の下においては、信用状発行銀行である X は、輸入商品に対する譲渡担保権に基づく物上代位権の行使として、転売された輸入商品の売買代金債権を差し押さえることができ、このことは債務者である A が破産宣告を受けた後に右差押えがされる場合であっても異なるところはないと解するのが相当である」。

判例の法理

　本決定は、いわゆる事例決定であり、**動産譲渡担保に基づく物上代位をどのような根拠で認めたものであるの**かは必ずしも明らかではない。また、この点について本判決以前には公表裁判例はなく、不動産譲渡担保に関して火災保険金につき物上代位を認めたとされる大判昭 8・12・19 民集 12 巻 2680 頁があるが、これは売渡担保の事案であって、設定者に清算請求を認めたものであり、本件に適切な先例とはいえない（松岡久和・法教 232 号 112 頁）。もっとも、近年、集合動産譲渡担保に基づく物上代位は認められている（最決平 22・12・2 民集 64 巻 8 号 1990 頁→ 171 事件）。

判例を読む

　従来学説では、譲渡担保一般に関して物上代位を肯定する立場が通説であった（福地俊雄・新版注民(9)853 頁）。これに対して、物上代位を否定する見解も有力である（道垣内・担保物権 315 〜 316 頁）。それによれば、所有者は目的物が処分されても代金債権に物上代位できないのに、担保価値を把握するにすぎない譲渡担保権者が物上代位できるのは、所有者以上の権利を与えるものであるという。さらに、譲渡担保の法的構成が物上代位の可否を決定するとの立場から、所有権的構成をとる以上は物上代位は否定されるとの見解もある（近江幸治・平成 11 年度重判 77 〜 78 頁）。他方で、譲渡担保の法的構成はその効力をいかに定めるかに関わるのであり、物上代位の可否は法的構成と論理必然的に結びつくものではないとし、**実質的な利益衡量の観点から物上代位を肯定する見解**もある（松岡・前掲 112 〜 113 頁）。また、その取引形態に着目して**動産売買先取特権と類似の機能**を本件動産譲渡担保が果たしていると指摘する見解がある（吉田光碩・判タ 1014 号 50 頁、角紀代恵・金法 1588 号 45 頁など）。この立場からは、本件における物上代位はその事案の特殊性から肯定されよう。

　また、破産宣告や第三者の差押え後の物上代位権の行使が可能であることでは、動産売買先取特権に関する判例法理も、抵当権に関するそれも一致している。しかし、両者は、物上代位権行使のための差押えの意義に関する理解が異なり（道垣内・担保物権 68 〜 69 頁）、とりわけ債権譲渡との関係では結論が異なっている。動産譲渡担保の公示方法が不完全である点に着目すれば、動産売買先取特権と同様に、債権譲受人との関係において差押えを要求することになろう。

【参考文献】　T/R（トラストレシート）取引については、小島孝「トラスト・レシートの法的構成」加藤一郎ほか編『銀行取引法講座〈中巻〉』（金融財政事情研究会、1977）285 頁がある。なお、本判決に関しては、ほかに椿寿夫・リマークス 21 号 22 頁、山本克己「動産担保権に基づく物上代位の問題点」自正 50 巻 11 号 126 頁、徳田和幸・判時 1697 号 189 頁、河邉義典・最判解民平成 11 年度(上)439 頁などがある。

池田雅則

譲渡担保(1)——清算義務

最高裁昭和46年3月25日判決　民集25巻2号208頁、判時625号50頁、判夕261号196頁
【369条（譲渡担保）、482条】

論点
①譲渡担保において債権者は常に清算義務を負うか
②清算義務と目的物の明渡義務とは引換給付の関係に立つか

事実の要約

債権者Xは、債務者Yに対して売掛金等の債権を有しており、その担保として本件土地建物および建物内の機械器具について抵当権の設定を受けた。しかし、Yが弁済しないため、Xはこれらを処分して弁済することを求めた。しかし、なおもYが弁済しなかったため、Xは本件土地を坪当たり4,000円、他に調査費2,000円合計246万7,240円と評価し、Xがこの金額を代金額として本件土地をYから買い取り、代金はYの債務と対当額で相殺することとし、差額についてはXからYに現金で支払うこととした。また、Yがその代金額に相当する金員をXに支払えば、本件土地をYに返還するが、その支払がないときは本件土地はXが確定的に自己の所有とし、Yは本件建物を収去して本件土地を明け渡すべき旨を約した。この約定に従いXはYに差額を支払い、売買を原因とする所有権移転登記を了した。その後もYは代金額に相当する金員を支払わなかったため、XはYに対して本件土地の明渡しを求めた。これに対して、Yは本件土地は本来坪1万2,000円であり、坪4,000円で売却するはずがないなどとして本件売買が仮装行為であるかあるいはYの窮迫無経験に乗じた暴利行為であると主張した。

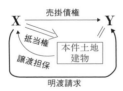

裁判の流れ

1審（静岡地浜松支判昭37・10・5民集25巻2号215頁）：請求認容　2審（東京高判昭42・8・30民集25巻2号228頁）：控訴棄却　最高裁：破棄差戻

2審は、通謀虚偽表示であるとのYの主張に対して本件売買契約が譲渡担保であると認定した後、以下のように判示した。すなわち、「本件土地は昭和35年12月末日までにYが前記債務を弁済しなかったことにより確定的にXの所有に帰したものというべく、Yが本件土地上に本件建物を所有することは当事者間に争なく、Yが右建物を所有することによって本件土地を占有するについてXに対抗すべき正権原を有することはYの主張立証しないところであるからYはXに対し本件建物を収去して本件土地を明け渡すべき義務があることが明らかであり、これを求めるXの本訴請求は理由がある」。これに対して、Yは、要するに本件譲渡担保は「流質型」ではなく「精算型」であり、本件土地が代物弁済のごとく確定的にXの所有に帰したと判断したことは誤りであると主張して、上告した。

判旨

〈破棄差戻〉「貸金債権担保のため債務者所有の不動産につき譲渡担保形式の契約を締結し、債務者が弁済期に債務を弁済すれば不動産は債務者に返還するが、弁済しないときは右不動産を債務の弁済の代わりに確定的に自己の所有に帰せしめるとの合意のもとに、自己のため所有権移転登記を経由した債権者は、債務者が弁済期に債務の弁済をしない場合においては、目的不動産を換価処分し、またはこれを適正に評価することによって具体化する右物件の価額から、自己の債権額を差し引き、なお残額があるときは、これに相当する金銭を清算金として債務者に支払うことを要するのである。そして、この担保目的実現の手段として、債務者に対し右不動産の引渡ないし明渡を求める訴を提起した場合に、債務者が右清算金の支払と引換えにその履行をなすべき旨を主張したときは、特段の事情のある場合を除き、債権者の右請求は、債務者への清算金の支払と引換えにのみ認容されるべきものと解するのが相当である（最高裁判所昭和43年（オ）第371号、同45年9月24日第1小法廷判決）」。

そして、原審においてYが本件土地の時価とその処分の容易性から坪単価4000円での所有権移転を否定し、Xの請求を争っており、「適切な釈明いかんによっては、Yにおいて前記のような主張及び立証をする余地があるにもかかわらず」、原審はこの点を配慮せずに請求を認容した点に審理不尽の違法があるとして、本件を原審に差し戻した。

判例の法理

●清算義務の確立

譲渡担保は、債権担保の目的で目的物の所有権を債権者に移転し、被担保債権が弁済されなかった場合には、その目的物の所有権を債権者に確定的に帰属させて、被担保債権の回収を図ることを目的とする非典型担保である。そして、譲渡担保の目的物の所有権によって被担保債権が回収される場合に、目的物価額と被担保債権額との間に差額を生じるときに、その差額を目的物の元の所有者（譲渡担保設定者）に返還すべきかが本判決以前は争われていた。古い判例は、譲渡担保の目的物の帰属と関連付けて、「内外共移転」型の場合には清算義務がないとする（大判大10・3・23民録27輯570頁ほか多数）。本判決は、「物件の価額から、自己の債権額を差し引き、なお残額があるときは、これに相当する金銭を清算金として債務者に支払うことを要する」と判示し、これによって**清算義務を確立**させている。さらに、本判決は、この清算義務に関して何らの要件も課していないことから、**清算義務が「常に」生じる**ことも認めている。

●引換給付

本件の論点②は、譲渡担保権者の清算義務により生じる清算金支払義務と設定者の目的物明渡義務との間に引換給付の関係が成立するかという点である。本判決は、

「この担保目的実現の手段として、債務者に対し右不動産の引渡ないし明渡を求める訴を提起した場合に、債務者が右清算金の支払と引換えにその履行をなすべき旨を主張したときは、特段の事情のある場合を除き、債権者の右請求は、債務者への清算金の支払と引換えにのみ認容されるべきものと解するのが相当である」と説示しており、**原則として、両者間の引換給付の関係を承認している**。この点は、譲渡担保を担保として理解すると、余剰価値を設定者が清算金として確保することを意味しており、当然のことである。逆に譲渡担保の所有権移転の側面を強調したとしても、帰属型の場合には、清算金の支払がいわば設定者に留保されていた価値の代金のごとき位置づけになるわけであるから、本判決のように両者の引換給付を承認することは妥当な結論であるといえよう。もっとも本件のような不動産譲渡担保では、債権者、すなわち譲渡担保権者への所有権移転登記手続を了しており、設定者に委ねられている目的不動産の占有を譲渡担保権者に移転することが清算金支払との間で引換給付の対象となる。なお、この引換給付は原則であって、「特段の事情」があるときは例外となることは本判決から明らかである。この「特段の事情」の内容は、本判決が引用する最判昭和45年9月24日を前提とすれば、「債権者が第三者への換価処分による売却代金を取得したのちにのみ清算金を支払えば足りると認められる客観的な合理的理由がある場合」となると考えられる。

判例を読む

●「常に」清算義務

不動産譲渡担保における清算義務の確立について、学説に異論はない。若干の争いがあると思われるのは、第1に「常に」清算義務が課されるのかである。すなわち、合理的均衡を失していない場合、あるいは、「非清算」特約が存している場合には、「非清算」を認める余地があるのではないかである。この点について、一方では合理的均衡を失している場合には特約は無効であるが、清算金がほんのわずかな金額にとどまるときにまで清算義務を課す必要はないとの見解がある（竹内俊雄『譲渡担保論』（経済法令研究会、1987）36頁、平井一雄「譲渡担保の対内的効力」金判737号27頁）。しかし、他方では、非清算特約については無効と解すべきであるとの見解（高木・担保物権347頁）や、本判決が清算義務に関して特段の事情がある場合を除外する文言を欠くことから、本判決の理解としては例外なしに清算義務が課されていると解する見解（山野目章夫・百選Ⅰ191頁）がある。これらの見解は、仮登記担保法3条3項が非清算を認めていないこととの均衡を考慮している。また、目的物の評価を弾力化することによりごくわずかな清算金の発生を抑えることが可能であり、この方法によって対処することを主張する見解もある（道垣内・担保物権324〜325頁）。

●帰属清算と処分清算

また第2に、帰属清算型と処分清算型のいずれが原則であるのかも見解の対立があった。すなわち、本判決が引用する最判昭45年9月24日（民集24巻10号1450頁）は、仮登記担保に関して、処分清算が例外であって、帰属清算が原則であると判示したと解しうることから、担保的性質を考慮すれば、譲渡担保においても帰属清算が原則であるとも解しうるからである。しかし、本判決は、帰属型の事案であったにもかかわらず、「目的不動産を

換価処分し、またはこれを適正に評価することによって」と説示しており、この点からみて、処分権取得型と帰属型との区別に拘泥していないと考えられた（米倉明・百選Ⅰ初版203頁、四宮和夫・法協90巻2号181頁）。この点に関して、従来の学説には、目的物評価の合理性を担保するためには市場価格による評価を経るべきであるとの見解（近江幸治・判時1250号186〜187頁）や、逆に、不動産の市場価格形成が客観的に適正かは疑問であって、第三者への処分が開かれた取引市場への放出に当たるかも疑問であるとの指摘（平井一雄・担保法の判例Ⅱ30頁）などがあった。そして、学説の大勢は、いずれが原則であるかは問わないとし、当事者の契約によって定まるとするもの（高木・前掲347頁）や、清算が確保されている限り換価方法は多様でよいとするもの（松岡久和・民商111巻6号83頁）などがある。なお、清算資金確保の観点からは処分清算に合理性がある（道垣内・前掲326頁）ものの、本判決以後の判例法理の展開を踏まえれば、帰属清算と処分清算については清算方式の相違であるにすぎず、当事者はどちらの方式をも選択できると解されている（道垣内・前掲327頁）。

●引換給付に関する特段の事情

本判決は、清算金支払と目的不動産の引渡との引換給付を原則としつつも、特段の事情がある場合には、不動産引渡しの先履行を認めている。この特段の事情については、引換給付によって設定者が譲渡担保権者の無資力の危険を避け得ることや清算金の支払が促されることによって清算義務の履行を求めて訴訟を提起せずともすむことを理由に、厳格に解すべきとの見解がある（山野目・前掲191頁）。しかし、帰属清算が原則であり、処分清算が例外である仮登記担保の場合とは異なり、譲渡担保は必ずしも帰属清算が原則とはいえず、また、清算資金の確保が重要だとするならば、「特段の事情」を厳格に解する必要はないといえよう。なお、処分清算の場合において、清算金支払前に目的不動産の引渡しが求められたという事案に関して、判例は、清算金支払請求権を被担保債権とする留置権の主張を認めるという方法で、設定者の保護を図っている（最判平9・4・11裁判集民183号241頁）。もっとも、学説には、清算金を設定者留保権の消滅の対価と捉えて、それが未払いである以上は、設定者留保権に基づいて目的不動産を占有できると解すべきとの見解も主張されている（道垣内・前掲329頁）。

●残された問題

本判決当時、残された問題として、清算金の支払時期や額の確定時期の問題などあったが、その後の判例によって解決されている（最判平6・2・22民集48巻2号414頁→**176事件**など）。他方、帰属清算方式の場合、譲渡担保権者が目的不動産をどのようにすれば適正に評価することができるのかはなお残された問題である。

【参考文献】 米倉明『譲渡担保の研究』（有斐閣、1976）、槇悌次『譲渡担保の効力』（叢書民法総合判例研究(18)、一粒社、1976）。なお、本判決の調査官解説として、鈴木重信・最判解民昭和46年度74頁がある。

池田雅則

165 譲渡担保の清算基準時

最高裁昭和 62 年 2 月 12 日判決　民集 41 巻 1 号 67 頁、判時 1228 号 80 頁、判タ 633 号 111 頁
【369 条（譲渡担保）】

論点　帰属清算型譲渡担保における清算金の有無およびその額の確定時期はいつか

事実の要約

Xは、Yとの間で金銭消費貸借契約を締結し、本件土地を譲渡担保として提供し、土地所有権移転請求権仮登記を了した。その後Xは、利息制限法超過利息を元本充当した上で、残債務の支払と引換えに本件仮登記の抹消を請求した。

裁判の流れ

1 審（横浜地小田原支判昭 49・9・17 民集 41 巻 1 号 76 頁）：請求棄却　2 審（東京高判昭 59・12・10 民集 41 巻 1 号 81 頁）：変更後の請求棄却　最高裁：破棄差戻

Xは、2 審で清算金支払請求に訴えを変更し、本件譲渡担保が処分清算型であり、Aへの本件土地の売却によってYの清算金支払義務が確定したと主張した。2 審は、本件譲渡担保を帰属清算型とした上で次のように判示した。すなわち、譲渡担保権行使の意思表示によって本件土地に関する権利は終局的にYに帰属しており、Aへの売却は譲渡担保権の行使ではない。また、XとYとの間の清算は、譲渡担保権行使の意思表示がXに到達した日を基準時とすべきであるが、その有無と額についてXによる主張立証がないとした。Xは、帰属清算型としての判断は当事者主義に反するとして上告した。

判旨

〈破棄差戻〉「帰属清算型の譲渡担保においては、債務者が債務の履行を遅滞し、債権者が債務者に対し目的不動産を確定的に自己の所有に帰せしめる旨の意思表示をしても、債権者が債務者に対して清算金の支払若しくはその提供又は目的不動産の適正評価額が債務の額を上回らない旨の通知をしない限り、債務者は受戻権を有し、債務の全額を弁済して譲渡担保権を消滅させることができるのであるから、債権者が単に右の意思表示をしただけでは、未だ債務消滅の効果を生ぜず、したがって清算金の有無及びその額が確定しないため、債権者の清算義務は具体的に確定しないものというべきである。もっとも、債権者が清算金の支払若しくはその提供又は目的不動産の適正評価額が債務の額を上回らない旨の通知をせず、かつ、債務者が債務の弁済をしないうちに、債権者が目的不動産を第三者に売却等をしたときは、債務者はその時点で受戻権ひいては目的不動産の所有権を終局的に失い、同時に被担保債権消滅の効果が発生するとともに、右時点を基準時として清算金の有無及びその額が確定されるものと解するのが相当である」。

そして、Xによる処分の時点での本件土地の適正な評価額ならびにその時点での清算金の有無およびその額を確定すべきであるとして、この点についてさらに審理さ

せるべく、本件を原審に差し戻した。

判例の法理

本判決は、帰属清算型譲渡担保における清算金の有無およびその額の確定時期を、債務者の受戻権および被担保債権の消滅時期と結びつけた。すなわち、清算金の有無およびその額の確定には、目的不動産を確定的に自己の所有に帰せしめる旨の債権者による意思表示だけでは足りず、その確定は、**清算金の支払もしくはその提供または目的不動産の評価額が被担保債権額を超過しない旨の通知をした時点**であり、その時点までは被担保債権は消滅せず、受戻権も行使できるとした。これにより、清算金の支払（もしくは提供または清算金がない旨の通知）、被担保債権の消滅および受戻権の消滅（と目的不動産の所有権の確定的喪失）が同時に生じることになる。さらに、清算金の支払等がなく、かつ、債務者の弁済がないまま、債権者が第三者に目的不動産を処分したときは、**その処分時点で清算金の有無等が確定する**。

判例を読む

譲渡担保における清算義務について、すでに最高裁は、帰属型譲渡担保の譲渡担保権者に清算義務を認め、この清算義務と債務者の目的物引渡義務とが引換給付の関係にあると判示した（最判昭 46・3・25 民集 25 巻 2 号 208 頁 → 164 事件）が、清算金の支払時期には言及していない。その後、代物弁済予約における清算金の支払時期について、最高裁は、帰属清算型の場合には目的不動産の評価清算によってその所有権を自己に帰属させる時であり、その時期までであれば、債務者は債務を弁済することで目的不動産を受け戻しうると判示した（最大判昭 49・10・23 民集 28 巻 7 号 1473 頁）。その後も、最高裁は、譲渡担保の受戻権への 167 条 2 項の適用に関わって同旨の判断を示した（最判昭 57・1・22 民集 36 巻 1 号 92 頁）。学説は、譲渡担保の担保的な性質を重視し、譲渡担保に仮登記担保法を類推適用して、清算期間経過時点を清算基準時とする見解（近江・Ⅲ 311-312 頁など）もあるが、通説は、清算金支払または提供時を清算基準時と解していた（柚木馨＝高木多喜男『担保物権法 3 版』（有斐閣、1982）569 頁、星野・物権 322 頁など）。その意味で、本判決は、従来の判例学説の示すところをより明確にしたといえる。

もっとも、本件では、XY双方とも処分清算であることを争っておらず、原審が帰属清算であるとして清算すべきとした点についてXは上告している。そして判旨によれば、本件での第三者への処分は弁済期後の処分であるから、清算金の支払等の前の処分であっても、Yは確定的に所有権を失うことになるため、実質的にみて、処分清算がされたと解することができよう。

【参考文献】　本判決に関して、平井一雄・担保法の判例Ⅱ 29 頁、宇佐見大司・法時 60 巻 1 号 100 頁、塩崎勤・金法 1179 号 10 頁、竹内俊雄・亜細亜 22 巻 2 号 35 頁などがある。

池田雅則

166 受戻権

最高裁平成 6 年 2 月 22 日判決　民集 48 巻 2 号 414 頁、判時 1540 号 36 頁、判夕 888 号 114 頁
【369 条（譲渡担保）】

論点 譲渡担保の被担保債権の弁済期後に債権者が目的不動産を譲渡し、その譲受人が背信的悪意者であるとき、債務者は残債務を弁済して目的不動産を受け戻すことができるか

事実の要約

　Yは、昭和 32 年 3 月から昭和 40 年 10 月 21 日まで 21 日限りで 5,000 円ずつ返済するとの約定で、同年 3 月 21 日までにAから 52 万円を借り受け、その担保のためにY所有の本件建物の所有権をAに移転し、贈与を原因とする所有権移転登記を了した。その後、Yが返済を怠ったため、Aは昭和 54 年 8 月 29 日本件建物をXに贈与し、同月 31 日所有権移転登記を了した。そこで、Xは、Yに対して、本件建物の明渡しを求め、本訴を提起した。他方Yは、昭和 56 年 8 月 20 日、残元金および同日までの遅延損害金を供託し、訴訟においてXが背信的悪意者である旨主張した。

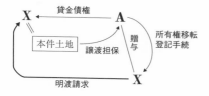

裁判の流れ

　1 審（松山地判昭 59・4・27 民集 48 巻 2 号 420 頁）：請求認容　2 審（高松高判昭 63・10・31 民集 48 巻 2 号 428 頁）：請求棄却　最高裁：破棄差戻
　2 審は、譲渡担保において目的不動産を取得した第三者が背信的悪意者である場合には、清算が行われない限り、債務者は債務を弁済して目的不動産を債権者から取り戻すことができ、取り戻した所有権をもって登記なくして背信的悪意者である第三者に対抗することができると判示した。

判　旨

　〈破棄差戻〉「不動産を目的とする譲渡担保契約において、債務者が弁済期に債務の弁済をしない場合には、債権者は、右譲渡担保契約がいわゆる帰属清算型であると処分清算型であるとを問わず、目的物を処分する権能を取得するから、債権者がこの権能に基づいて目的物を第三者に譲渡したときは、原則として、譲受人は目的物の所有権を確定的に取得し、債務者は、清算金がある場合に債権者に対してその支払を求めることができるにとどまり、残債務を弁済して目的物を受け戻すことはできなくなるものと解するのが相当である（最高裁昭和 46 年（オ）第 503 号昭和 49 年 10 月 23 日大法廷判決・民集 28 巻 7 号 1473 頁、最高裁昭和 60 年（オ）第 568 号昭和 62 年 2 月 12 日第 1 小法廷判決・民集 41 巻 1 号 67 頁参照）。この理は、譲渡を受けた第三者がいわゆる背信的悪意者に当たる場合であっても異なるところはない。けだし、そのように解さないと、権利関係の確定しない状態が続くばかりでなく、譲受人が背信的悪意者に当たるかどうかを確知し得る立場にあるとは限らない債権者に、不測の損害を被

らせるおそれを生ずるからである」。
　そして、Yらの清算金との引換給付を求める旨の主張等その余の抗弁について、さらに審理させるため、本件を原審に差し戻した。

判例の法理

　不動産譲渡担保における受戻権は、所有権的構成では、清算金の支払完了までは債務者が被担保債務の弁済によって目的不動産を取り戻し得るとするものであり、担保的構成では、譲渡担保権の消滅を意味する（なお、道垣内・担保物権 325 〜 326 頁は受戻権概念を不要とする）。この受戻権行使の限界については、第 1 に清算金の支払もしくはその提供または目的不動産評価額が被担保債権額を超過しない旨の通知の時点であり、第 2 に、そのような支払もしくは提供または通知以前に第三者に売却等がなされたときはその売却等の時点とするのが判例の立場であった（最判昭 62・2・12 民集 41 巻 1 号 67 頁 → 165 事件）。本判決は、この点で従来の判例法理を維持し、第三者への**譲渡によって受戻権は消滅し、譲受人が目的不動産の所有権を確定的に取得する**とした。そのうえで、この譲受人が背信的悪意者であったとしても、もはや受け戻し得ないと判示した。

判例を読む

　弁済期後の第三者への処分によって、受戻権は消滅し、当該第三者が確定的に所有権を取得するとする判例に対して、学説には第三者が悪意である場合には受戻権は消滅しないとの見解（高木・担保物権 366、326 〜 327 頁）や 94 条 2 項により清算金の負担のない所有権を取得したと扱われる場合を除き、清算金の提供まで受戻権を行使できるとの見解（内田Ⅲ 631 頁）などがある。しかし、本判決は、所有権的構成に立って、被担保債権の履行遅滞によって処分権能を取得した債権者が譲渡した以上、譲り受けた第三者の主観的態様にかかわらず、確定的に所有権が移転するとの構成をとる。その根拠は、権利関係の早期確定の要請と第三者の主観的態様を債権者が知りがたい点にある。しかし、学説はこの理由づけに対しても批判的である。本来清算金を支払ってから処分すべき債権者は、債務者の受戻権行使の結果を甘受すべきであること（道垣内弘人・法教 167 号 119 頁）や第三者による清算金の支払により法律関係は確定すること（安永正昭・金法 1428 号 51 頁）、さらに、本件は親族間の贈与であって例外的であること（山野目章夫・平成 6 年度重判 80 頁など）などを理由とする。

【**参考文献**】　本判決に関するものとして、道垣内弘人・法協 112 巻 7 号 145 頁、水上敏・最判解民平成 6 年度 208 頁、平井一雄・金判 994 号 46 頁、鳥谷部茂・リマークス 11 号 52 頁、松岡久和・民商 111 巻 6 号 73 頁などがある。

池田雅則

167 譲渡担保と差押債権者

最高裁平成 18 年 10 月 20 日判決　民集 60 巻 8 号 3098 頁、判時 1950 号 69 頁、判タ 1225 号 187 頁、
金判 1254 号 23 頁、金法 1794 号 49 頁　　　　　　　　　　　　　　　　　　　　　　　【369 条】

論点　弁済期経過後に譲渡担保権者の債権者が目的不動産を差し押さえた場合に、設定者は被担保
債務を弁済して行使した受戻権を差押債権者に対抗することができるか

事実の要約

平成 12 年 9 月 12 日、X は、訴外 A より 400 万円を弁済期平成 13 年 3 月 11 日、利息年 24％の約定で借り受け、その担保として自己所有の不動産（本件不動産）を A に譲渡し、譲渡担保を登記原因とする所有権移転登記手続を了した。

平成 14 年 6 月 28 日、Y の A に対する貸金債権 3 億 9247 万円余りを債務名義として本件不動産について行った強制競売の申立てに基づき、本件不動産について競売開始決定がされ、同年 7 月 1 日差押登記がされた。

これに対して、X は、被担保債務の弁済期経過後である平成 14 年 7 月 25 日に、元本 400 万円を A に返済し、同年 7 月 31 日、本件不動産について 7 月 30 日解除を原因とする所有権移転登記手続を了した。

平成 14 年 9 月 26 日、X は、本件不動産に対する Y の強制執行を排除するために、Y に対して第三者異議の訴えを提起した。なお、2 審認定事実によると、平成 13 年 6 月頃、X は A から、弁済期を定めず、期限の猶予を受けている。

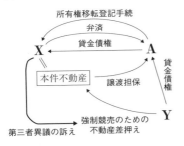

裁判の流れ

1 審（大阪地判平 15・2・15 民集 60 巻 8 号 3112 頁）：請求認容　2 審（大阪高判平 16・3・30 民集 60 巻 8 号 3116 頁）：原判決取消・請求棄却　最高裁：上告棄却

1 審は、譲渡担保権者が換価処分を完結するまでは、譲渡担保設定者が被担保債務を弁済して目的不動産を受け戻すことができるというべきであり、譲渡担保権者の債権者が目的不動産に対して強制執行した場合も同様に解すべきであるとし、また期限の猶予を得て、元本の支払をしていることを理由として、X の請求を認容した。そこで、Y が控訴したところ、2 審は、債務者が弁済期日に弁済をしない場合には債権者が目的物を処分する権能を取得し、この権能に基づいて目的物を第三者に譲渡したときは譲受人は原則として目的物の所有権を確定的に取得し、債務者は残債務を弁済して目的物を受け戻すことはできなくなるとしたうえで、この目的物の処分には、強制執行等を含むと解するのが相当であるとし、X が期限の猶予を得たことを認めたうえで、譲渡担保権者が処分権能を取得する弁済期日は譲渡担保権設定の際に定められた弁済期日を指すものというべきだとして、X

の請求を棄却した。そこで、X が、上告受理の申立てをした。

判旨

〈上告棄却〉「不動産を目的とする譲渡担保において、被担保債権の弁済期後に譲渡担保権者の債権者が目的不動産を差し押さえ、その旨の登記がされたときは、設定者は、差押登記後に債務の全額を弁済しても、第三者異議の訴えにより強制執行の不許を求めることはできないと解するのが相当である。なぜなら、設定者が債務の履行を遅滞したときは、譲渡担保権者は目的不動産を処分する権能を取得するから（最高裁昭和 55 年（オ）第 153 号同 57 年 1 月 22 日第 2 小法廷判決・民集 36 巻 1 号 92 頁参照）、被担保債権の弁済期後は、設定者としては、目的不動産が換価処分されることを受忍すべき立場にあるというべきところ、譲渡担保権者の債権者による目的不動産の強制競売による換価も、譲渡担保権者による換価処分と同様に受忍すべきものということができるのであって、目的不動産を差し押さえた譲渡担保権者の債権者との関係では、差押え後の受戻権行使による目的不動産の所有権の回復を主張することができなくてもやむを得ないというべきだからである。

上記と異なり、被担保債権の弁済期前に譲渡担保権者の債権者が目的不動産を差し押さえた場合は、少なくとも、設定者が弁済期までに債務の全額を弁済して目的不動産を受け戻したときは、設定者は、第三者異議の訴えにより強制執行の不許を求めることができると解するのが相当である。なぜなら、弁済期前においては、譲渡担保権者は、債権担保の目的を達するのに必要な範囲内で目的不動産の所有権を有するにすぎず、目的不動産を処分する権能を有しないから、このような差押えによって設定者による受戻権の行使が制限されると解すべき理由はないからである。」

判例の法理

本判決は、譲渡担保設定者が被担保債権の弁済期を経過後に、譲渡担保権者の債権者が目的不動産を差し押さえた場合には、譲渡担保設定者は、差押登記後に被担保債務を全額弁済しても、この差押えに対して第三者異議の訴えを提起することが許されないと判示し、その理由を、**被担保債務の弁済期経過によって譲渡担保権者が処分権能を取得した以上は、譲渡担保設定者は譲渡担保権者による換価処分を受忍すべき立場にあり、譲渡担保権者の債権者による強制競売による換価も同様である**という点に求めている。

なお、本判決は、傍論としてではあるが、被担保債権の弁済期の前に行われた差押えについては、譲渡担保設定者が被担保債権を弁済して受戻権を行使することを妨げるものではないとして、弁済期の前後によって差押債権者との関係での受戻権の行使を区別している。

● 譲渡担保権者の債権者による差押え

本判決は、従来、判断されていなかった譲渡担保権者の債権者により行われた差押え後に、被担保債権の弁済がされ、それに伴って生じる目的不動産の受戻しと差押えの優劣に関するものであり、重要な判断を含むものである。

従来の判例は、まず、弁済期の経過によって譲渡担保権者が「処分権能」を取得し、この処分権能に基づいて行なわれる換価処分の完結によって、設定者が被担保債務の弁済による目的物所有権の取戻しがかなわなくなるとしていた（最判昭和57・1・22民集36巻1号92頁）。また、換価処分の完結に関しては、帰属清算型譲渡担保の場合に、弁済期経過後、譲渡担保権者が清算金の提供または清算金のないことの通知をせず、かつ、被担保債務の弁済がないまま、第三者に目的不動産が売却等されたときに、その時点で設定者は目的不動産の所有権を終局的に失うとされている（最判昭和62・2・12民集41巻1号67頁→ **165事件**）。さらに、帰属清算型であれ、処分清算型であれ、弁済期経過によって譲渡担保権者が取得した「処分権能」に基づいて目的物を第三者に譲渡したときは、当該第三者はその主観的態様にかかわらず所有権を取得し、設定者は所有権を失うことになる（最判平成6・2・22民集48巻2号414頁→ **166事件**）。

本判決は、これらの判例と同様に、設定者の弁済期の経過によって、譲渡担保権者が目的不動産の「処分権能」を取得するとしたうえで、その処分権能に基づいて目的不動産を第三者に譲渡した場合と同様に、目的不動産が譲渡担保権者の債権者によって差し押さえられた場合にも、もはや設定者は被担保債務の弁済によって目的不動産を受け戻し、完全な所有者として第三者異議の訴えによって強制執行を排除し得ないとしたものである。この根拠として、本判決は、設定者が換価処分を受忍しなければならないのは、譲渡担保権者による場合も差押債権者による場合も同じだという点を挙げている。これは、弁済期経過によって譲渡担保権者が「処分権能」を取得することで、あたかも目的不動産が譲渡担保権者の責任財産を構成するかのようである（生熊長幸・民商136巻2号289頁、占部洋之・判時1993号184頁）。しかし、本件では差押えがされたにすぎず、第三者への所有権移転が完結しているわけではないのであるから、譲渡担保権者自身との関係においては、譲渡担保設定者が受戻権を行使して、目的不動産の所有権を取り戻すことはなお可能であるとも解しうる。もっとも、仮にそうであるとしても、すでに弁済期を経過した設定者の保護の必要性と、差押債権者やその差押えに基づく買受人の保護の必要性とが比較されるべきである。

また、そもそも弁済期の到来による処分権能の取得を基準とする判例の立場を前提とするとしても、対抗要件である不動産登記において弁済期の記載のない不動産譲渡担保の場合に、第三者がその弁済期をどのように調査・認識しうるかも検討すべきであるとの指摘がある（小林明彦「不動産・個別動産譲渡担保の効力」『実務に効く担保・債権管理判例精選』（有斐閣、2015）135頁）。それによれば、弁済期は当事者間ですら微妙なケースがあり第三者では把握しがたいこと、不動産譲渡担保における登記原因が売買であることが多いことも含め、数代前に譲渡担保を原因とする所有権移転登記が記録されている

場合などその所有権移転が弁済期前であったのか否かの調査や、そもそも弁済期到来の有無の調査は第三者にとって困難だからである。そのうえで、所有権移転登記を前提とした処分の場合については弁済期到来の有無にかかわらず、法形式を重視した解決を志向すべきであるとする。

なお、本判決の傍論は、被担保債権の弁済期の前に行われた差押えについては、譲渡担保設定者が被担保債権を弁済して受戻権を行使して、差押債権者に対して第三者異議の訴えにより強制執行の不許を求めることができるとする。この場合に、弁済期前の被担保債務の全額弁済が第三者異議の訴えの要件となるかについては争いがある。肯定するものもあるが（池田雄二・北法61巻3号897頁）、有力説は、所有権が回復する可能性や期限前弁済が強いられることなどを理由に否定する（安永・物権456頁、道垣内弘人・法協128巻7号254頁など）。

● 譲渡担保設定者の債権者による差押え

本判決の事実関係とは異なるが、譲渡担保設定者の債権者が譲渡担保の目的物に対して差押えを行うことは理論上ありうる。とりわけ、集合動産を含む動産譲渡担保の場合には、譲渡担保の目的物の直接占有は譲渡担保設定者にあるから、その債権者が差押えを行うことは事実上可能であり、この場合に、譲渡担保権者がその差押えを排除しうるかが問題となる。この場合には、譲渡担保権者は債権担保の範囲であるとはいえ、所有権の移転を受けていることから、第三者異議の訴えによって、その差押えを排除しうるとするのは通説・判例の立場である（最判昭和56・12・17民集35巻9号1328頁など）。もっとも、いわゆる担保的な構成に立つ学説の多くは、第三者異議の訴えではなく、譲渡担保権者に優先弁済を認めれば足りるとするが、民事執行法はそのような制度を直接は認めておらず、第三者異議の訴えの一部認容と構成する立場（三ヶ月章『民事執行法』（弘文堂、1981）152頁）や配当要求の類推適用を認める立場（高木・担保物権356頁など）などが主張されている。

これに対して、本判決と同様に不動産譲渡担保である場合には、その目的物である不動産を譲渡担保設定者が直接占有しているとしても、その対抗要件として目的不動産についての所有権移転登記手続がされていることから、目的不動産の登記記録上の所有名義は譲渡担保権者にある。したがって、この場合に、譲渡担保設定者に対する債権に基づいて当該不動産に対して不動産差押えを申し立てたとしても、その申立ては却下を免れない（民執規23条1号。道垣内・担保物権320頁、中野貞一郎＝下村正明『民事執行法（改訂版）』（青林書院、2021）300頁など）。

【参考文献】 本判決についての解説として、増森珠美・最判解民平成18年度（下）1098頁、田高寛貴・平成18年度重判74頁、小山泰史・金法1803号77頁などがあるほか、弁済期の経過などの事情を受戻権の制約・消滅原因と捉えて判例を整理・理解するものに、尾島茂樹「不動産譲渡担保に関する判例理論について」法政論集（名古屋大学）247号240頁以下がある。

池田雅則

受戻権行使と第三者

最高裁昭和62年11月12日判決　判時1261号71頁、判タ655号106頁、金判787号3頁、
金法1181号37頁　　　　　　　　　　　　　　　　　　　　　　　　　　　　【369条】

論点 被担保債権の弁済後に譲渡担保権者が目的不動産を第三者に処分した場合に債務者による受
戻権の行使は当該第三者に対抗できるか

事実の要約

　本件の事実関係はきわめて複雑であるが、最高裁の判旨との関係で事実関係を簡略に記述すると、以下の通りである。

　昭和41年5月14日、Aは、X₁のBに対する債務を担保するために本件土地を譲渡担保に供し、所有権移転登記を了した。また、同日、X₁は、Bに対する債務を担保するため本件建物を譲渡担保に供し、所有権移転登記を了した。なお、この各所有権移転登記における登記原因が売買であるのか譲渡担保であるのかは明らかではない。また、X₁のBに対する債務は、証書貸付け、手形割引きおよび手形貸付契約から生ずる債務であった。

　昭和43年4月26日、AおよびX₁とBとの間で被担保債務が253万円であることを確認し、これを弁済したときには、Bが本件土地および建物についての所有権移転登記の抹消登記手続をする旨の和解契約を締結した。同年6月5日、AはBに対して253万円を支払った。

　ところが、昭和44年8月8日、Bは、Yとの間で本件土地および建物について売買契約を締結し、同月9日、それぞれについて所有権移転登記請求権仮登記を了した。

　X₁およびX₂ら（いずれもAの相続人ら）は、Yに対し、本件土地および建物についての所有権移転登記請求権仮登記の抹消を求めて訴えを提起した。

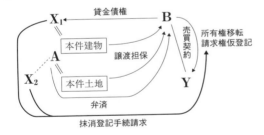

裁判の流れ

　1審（東京地判昭57・2・25金判787号16頁）：請求認容　2審（東京高判昭59・1・30金判787号9頁）：原判決取消・請求棄却　最高裁：上告棄却

　1審は、譲渡担保の目的物を譲り受けた者がその所有権を取得するためには、その物が譲渡担保に供されていることについて善意であることを要するところ、Yは善意とはいえないとして、Xらの請求を認容した。これに対して、Yが控訴したところ、2審は、譲渡担保が消滅した後に所有権を取得した第三者との関係では譲渡担保設定者は登記なしにはその所有権を対抗することができないとして、Xらの請求を棄却した。そこで、Xらは、被担保債務の弁済によって譲渡担保も消滅するから本来の所有者は登記なしに所有権を主張することができ、またそうでないとしても、Yが譲渡を受けた時点でAはBに対する訴訟を提起し、本件土地について予告登記もさ

れていたからYは譲渡担保が消滅したことについて悪意であったから、悪意のYとの関係において登記なしに所有権の取得を主張しうることなどを理由として上告した。

判旨

　〈上告棄却〉「不動産が譲渡担保の目的とされ、設定者から譲渡担保権者への所有権移転登記が経由された場合において、被担保債務の弁済等により譲渡担保権が消滅した後に目的不動産が譲渡担保権者から第三者に譲渡されたときは、右第三者がいわゆる背信的悪意者に当たる場合は格別、そうでない限り、譲渡担保設定者は、登記がなければ、その所有権を右第三者に対抗することができないものと解するのが相当である。」

判例の法理

　譲渡担保において、被担保債権が弁済されれば、目的物の所有権は設定者に復帰するのは、譲渡担保が担保の性質を有することからすれば、当然のことといえる。もっとも、抵当権の被担保債権が弁済された場合の抵当権設定登記が無効な登記とされるのと同様に、譲渡担保権者への所有権移転登記が無効とものとされるのかは直ちには明らかではなく、譲渡担保をどのように法律構成するのかにより異なりうる。この点に関して、いわゆる所有権的構成の立場からは、第三者との関係においては目的物の所有権は譲渡担保権者に帰属していると解されるから、**譲渡担保権者から第三者に目的物の所有権が譲渡されれば、当該第三者はその所有権を取得することができる。**他方で、**譲渡担保設定者も、被担保債権の弁済によってその所有権が復帰することになるから、当該第三者と譲渡担保設定者との間で、二重譲渡状態を生じることになる。**そして、この場合における譲渡担保権者からの譲受人と譲渡担保設定者との間の優劣について、本判決は、「譲渡担保設定者は、登記がなければ、その所有権を右第三者に対抗することができないものと解するのが相当」と判示した。なお、本判決の結論それ自体は、被担保債権の弁済後、1年以上後にYへの譲渡がされており、譲渡担保設定者が弁済後に登記の回復をする余地があり得たという本件の事実関係に照らせば、肯定的に評価しうる。

判例を読む

●被担保債権の弁済による所有権の復帰

　担保権は被担保債権との間に付従性があるから、被担保債権がその弁済によって消滅すれば、担保権も消滅する。譲渡担保もその経済的な実質という点では担保であるので、同様に、被担保債権が弁済によって消滅すれば、譲渡担保も担保としての役割を終えることになる。この点をどのように法的に構成するかは、譲渡担保をどのように理解するのかによって異なりうる。

　譲渡担保を所有権的に構成する立場からは、被担保債

権の弁済によって、譲渡担保権者に移転していた所有権が譲渡担保設定者に復帰することになる。これに対して、担保的構成のうち、いわゆる担保権設定的構成によれば、そもそも、譲渡担保権者は譲渡担保権の設定を受けたにすぎず、目的物の所有権は譲渡担保設定者に帰属したままである。したがって、この立場にあっては、被担保債権が弁済されたことによって譲渡担保権が消滅することになるにすぎず、所有権が譲渡担保権者から譲渡担保設定者に復帰するわけではないことになる。もっとも、同じ担保的構成であっても、いわゆる担保権移転的構成による場合には、譲渡担保権者には担保的な権利が移転し、譲渡担保設定者には所有権から担保的な権利を除いた権利、いわゆる設定者留保権が帰属すると解している。この場合には、被担保債権の弁済によって、譲渡担保権者に移転していた担保的な権利が復帰するので、譲渡担保設定者に所有権が帰属することになる（学説状況の詳細につき、たとえば生熊・担保物権282〜286頁、道垣内・担保物権304〜306頁など）。このようにさまざまな学説があるなかで、判例は、譲渡担保によって債権担保の範囲内で所有権が移転するとし、被担保債権の弁済によってそれが復帰すると解している（最判昭57・9・28判時1062号81頁など）。本判決も、判例の立場と同様に理解できよう。

　また、被担保債権を弁済することによって譲渡担保設定者が目的物のついての所有権を回復すると捉えて、これを譲渡担保設定者からみて、受戻権の行使というが、このような捉え方は、仮登記担保法11条の受戻権に影響を受けたものといわれている。そして、譲渡担保における受戻権についても同法11条を類推適用すべきであるとする見解も主張されている（高木・担保物権364〜365頁など）。これに対して、譲渡担保においては、いったん失った権利を設定者が取り戻す権利としての受戻権という特別な権利を観念する必要は必ずしもなく、設定者留保権の消滅時期はいつか、譲渡担保設定者がいつまで被担保債権を弁済して、譲渡担保権の消滅ないし所有権の復帰を求めることができるのかという問題にすぎないとの指摘がある（道垣内・前掲325〜326頁）。また判例にも、債務の弁済とそれによる目的不動産の返還請求権とが合体した一個の形成権として受戻権を構成する余地はないと判示したものがある（最判昭57・1・22民集36巻1号92頁）。しかし、学説には、被担保債権額を提供して意思表示することで、弁済受領等がなくとも設定者に直ちに権利の復帰が生じる形成権として受戻権を観念することは可能であり、それによって第三者との関係で設定者の保護を強化すべきであるとの見解も主張されている（松岡・担保物権331〜332頁）。

●受戻権の行使と行使後の第三者との関係

　受戻権という権利を認めるか否かも重要な問題ではあるものの、本判決において争われたのは、被担保債権を債務者が弁済した場合に、譲渡担保権ないし所有権の復帰が生じたにもかかわらず、債権者が目的不動産を第三者に譲渡したときに、この第三者と設定者との関係をどのように解すべきであるのかという点である。この点も、譲渡担保の法的構成をどのように理解するのかによって異なりうる。たとえば、所有権的構成による場合には、被担保債権の弁済によって譲渡担保設定者に所有権が復帰することになる。他方で、この所有権の復帰的移転の後に譲渡担保権者が第三者に不動産所有権を譲渡した場合には、譲渡担保設定者と当該第三者とは一種の二重譲渡類似の関係となる。したがって、この場合には、登記の有無によって両者の優劣が決定される。本判決は、この立場を示したものといえる。もっとも、本判決によれば、「いわゆる背信的悪意者に当たる場合は格別、そうでない限り、譲渡担保設定者は、登記がなければ、その所有権を右第三者に対抗することができないものと解するのが相当」であるというのであるから、背信的悪意者との関係では譲渡担保権者は登記なしに目的不動産の所有権が復帰したことを対抗できることになる。この場合、譲渡担保設定者は、第三者の背信的悪意を証明すれば、登記なしに第三者に対抗することができるが、この点に関して、学説には、譲渡担保権者の処分権限がないことについての第三者の悪意または過失の立証が求められるとするものもある（松岡・前掲343頁）。

　これに対して、担保権設定的な構成による場合には、そもそも所有権は譲渡担保権者に移転していないのであるから、被担保債権の弁済によって消滅した譲渡担保権に基づいて第三者に目的不動産を処分したことになる。そして、その譲渡担保権は所有権移転登記によって公示されているのであるから、当該第三者は譲渡担保権者の有する所有者としての権利の外観を過失なく信頼したのであれば、94条2項の類推適用によって保護されると解されよう（高木・前掲360頁など）。また、担保権移転的な構成による場合にも、譲渡担保権者は消滅した担保的な権利に基づいて目的不動産を処分し、それが所有権移転登記によって公示されていたのであるから、やはり処分の相手方である第三者は、譲渡担保権者の有する権利の外観に対する信頼に依拠して保護されることになろう（道垣内・前掲333頁）。なお、譲渡担保目的物が第三者に処分された場合における94条2項類推適用について、譲渡担保権者が所有者であるという権利の外観について譲渡担保設定者による明示または黙示の承認が必要であるとして、譲渡担保を登記原因とする所有権移転登記がされていれば、第三者の善意および譲渡担保設定者の帰責性のいずれもが否定され、第三者は保護されないとの指摘もある（安永・物権456頁）。これに対して、不動産譲渡担保が帰属清算方式で実行された後にもその登記原因が残っていることとの均衡から、第三者の悪意または有過失の可能性が高まるにすぎないとの批判もある（道垣内・前掲321〜322頁）。

【参考文献】　本判決についての評釈・解説として、半田吉信・不動産取引判例百選3版172頁、湯浅道男・百選I3版204頁、魚住庸夫・ジュリ903号74頁などがある。また、仮登記担保と譲渡担保における受戻権を比較しつつ、その意義を検討したものに、生熊長幸「仮登記担保および譲渡担保における弁済期到来後の受戻権の行使」立命館法学333=334号上巻59頁以下がある。

池田雅則

169 集合動産譲渡担保の成立と対抗要件

最高裁昭和62年11月10日判決　民集41巻8号1559頁、判時1268号34頁、判タ662号67頁
【183条、333条】

📖 **論点**　①集合動産譲渡担保の効力と法的構成　②成立要件としての目的物の範囲の特定
③対抗要件としての占有改定の効力　④動産売買先取特権との優劣関係

事実の要約

Xは、Aとの間で、次のような根譲渡担保権設定契約を締結した。

(1) Aは、Xに対して負担する現在および将来の商品代金、手形金、損害金、前受金その他一切の債務を極度額20億円の限度で担保するため、Aの倉庫などの特定の保管場所に存在する普通棒鋼、異形棒鋼等一切の在庫商品をXに譲渡し、占有改定の方法によってXに引き渡したものとする。

(2) Aは、将来、同種あるいは類似の物件を製造または取得したときには、原則としてその全てを前記保管場所に搬入し、当該物件も当然に譲渡担保の目的となることを予め承諾する。

XはAに対し、普通棒鋼、異形棒鋼、普通鋼々材等を継続して売り渡し、30億円程度の売掛代金債権を取得するに至った。他方で、Aは、Yから価格が585万円程度の本件物件（異形棒鋼）を買い受け、これを前記保管場所に搬入した。その後、Yは、動産売買の先取特権を有するとして、本件物件の競売の申立てをした。これに対して、Xは第三者異議の訴えを提起した。

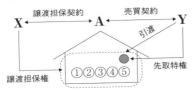

裁判の流れ

1審（福岡地判昭56・12・25民集41巻8号1571頁）：請求認容　2審（福岡高判昭57・9・30民集41巻8号1580頁）：控訴棄却　最高裁：上告棄却

1審は、構成部分が変動する集合動産も、目的物の範囲が特定される場合には1個の集合物として譲渡担保の客体となり得るが、本件では目的物の範囲は特定されている、とした。そして、集合物についてなされた占有改定の効力は将来加わった動産についても認められるために、Xは本件物件について所有権を取得し、かつ占有改定による引渡しも受けているから、Yは333条によりもはや先取特権を行使できないとした。2審、最高裁もこれを全面的に支持した。

判旨

〈上告棄却〉「構成部分の変動する集合動産であっても、その種類、所在場所及び量的範囲を指定するなどの方法によって目的物の範囲が特定される場合には、1個の集合物として譲渡担保の目的とすることができるものと解すべきであることは、当裁判所の判例とするところである（昭和53年（オ）第925号同54年2月15日第1小法廷判決・民集33巻1号51頁参照）。そして、債権者と債務者

との間に、右のような集合物を目的とする譲渡担保権設定契約が締結され、債務者がその構成部分である動産の占有を取得したときは債権者が占有改定の方法によってその占有権を取得する旨の合意に基づき、債務者が右集合物の構成部分として現に存在する動産の占有を取得した場合には、債権者は、当該集合物を目的とする譲渡担保権につき対抗要件を具備するに至ったものということができ、この対抗要件具備の効力は、その後構成部分が変動したとしても、集合物としての同一性が損なわれない限り、新たにその構成部分となった動産を包含する集合物について及ぶものと解すべきである。したがって、動産売買の先取特権の存在する動産が右譲渡担保権の目的である集合物の構成部分となった場合においては、債権者は、右動産についても引渡しを受けたものとして譲渡担保権を主張することができ、当該先取特権者が右先取特権に基づいて動産競売の申立てをしたときは、特段の事情のない限り、民法333条所定の第三取得者に該当するものとして、訴えをもって、右動産競売の不許を求めることができるものというべきである」。

本件契約は、目的動産の種類、量的範囲および所在場所を明確に特定しているから、1個の集合物を目的とする譲渡担保権設定契約として効力を有する。また、Aがその構成部分である動産の占有を取得したときは、Xが占有改定の方法によって、その占有権を取得する旨の合意に基づき、現にAが動産の占有を取得したということができる。したがって、Xは、集合物についての譲渡担保権をもって第三者に対抗することができ、また、集合物としての同一性も損なわれていないから、その後構成部分となった本件物件についても引渡しを受けたものとして譲渡担保権を主張することができる。

判例の法理

●集合物論と目的物の範囲の特定

構成部分が変動する集合動産の譲渡担保の有効性およびその法的構成について、最高裁は、本判決も引用する昭和54年判決で、動産の種類、所在場所および量的範囲を指定するなどの方法によって目的物の範囲が特定される場合には、1個の集合物の上に譲渡担保が成立するという立場（**集合物論**）を採用していた。ただし、当該事案では目的物の範囲が特定されていないとして譲渡担保の効力は認められなかった。本判決は、最高裁が初めて目的物の範囲が特定されているとして、実際に集合動産譲渡担保の効力を認めたものである。

●対抗要件の問題

すでに判例は、通常の動産譲渡担保の対抗要件は**占有改定**（183条）で足りると解しており（最判昭30・6・2民集9巻7号855頁）、それは一応集合動産譲渡担保にも妥当する。ただし、集合動産譲渡担保では、対抗要件の効力が個々の動産の変動によって影響を受けないかどうかが問題となる。この点について、本判決は、当初具備さ

れた集合物に関する対抗要件の効力は、その後構成部分が変動しても、集合物としての同一性が維持される限り、新たな構成部分を含む集合物についても認められる、と判断した。

●動産売買先取特権との関係

さらに、**動産売買先取特権**の目的物が集合物の構成部分となったならば、これにも譲渡担保の効力が及ぶと考えられるが、その際に先取特権の効力はどうなるのかが問題となる。この点につき本判決は、譲渡担保権者は333条の第三取得者に該当するため、先取特権の行使はもはや認められない、と判断した。

判例を読む

●集合物論と「特定」の問題

集合動産譲渡担保の特徴は、客体が商品群であり、譲渡担保権設定から実行までの間に個々の動産が変動する点にある。そこで、このような流動性にもかかわらず、個々の動産への譲渡担保の効力が認められるかが重要な問題となる。これを基礎づけるために我妻博士によって主張された説が集合物論（我妻栄「集合動産の譲渡担保に関するエルトマンの提案」『民法研究Ⅳ』（有斐閣、2001）188〜190頁参照）である。すなわち、ここでは物の集合（集合物）に1つの譲渡担保権が成立し、個々の動産に変動があっても、集合物の同一性が失われない限り、これを構成する個々の動産に対し譲渡担保権の効力は従前と変わらず及んでいるという。また、個々の動産が変動しうるのは、それが集合物に組み入れられ、あるいはこれより離脱することの当然の結果と説明される。本判決も、基本的にはこれと同様の見解と考えられる（なお、離脱の問題については、その後、→170事件が現れている）。

ただ、この譲渡担保では客体が広範となる可能性があるため、通常の譲渡担保権と同様の効力を認めればかえって第三者に不測の損害を与える可能性があるとして、集合物上に譲渡担保権が成立するという点は維持しつつ、譲渡担保権の実行段階までには個別の動産にはその効力は及ばないとする学説もある（道垣内・担保物権335頁）。

しかし、譲渡担保権の対象となる動産を明確に識別でき、しかもその範囲に一定の限定が付されている場合であれば、通常の譲渡担保権と同様の効力を否定する理由はないであろう。つまり集合動産譲渡担保の効力に関して問われるべきは客体の特定の問題といえる。本件のように一定の場所にある商品全部を担保に供するという場合、客体の識別およびその限定の双方において特に問題はないと思われる。本判決は、目的物の範囲を特定する方法として、動産の種類、所在場所および量的範囲の指定をあげているが、これらのすべてが詳細に指定されていない場合でも、譲渡担保権設定契約において目的物が他の財産から識別され、その範囲に一定の限定が付けられているならば、「特定」を肯定して譲渡担保の効力を認めてよいと考えられる。例えば、明確な限界づけを伴う場所が目的物の所在場所として指定されれば、通常他の点に関する指定は広範なものでも足りるであろう。

したがって、本判決が目的物の範囲が特定されているとして、個々の動産に対する譲渡担保権の効力を認めた点は穏当であろう。

ただし、個々の動産に対する譲渡担保の効力を基礎づけるために、物の集合を1つの客体と見る構成が必要であるかには疑問がある。物の集合を1つの物と見れば、

理論的には、それを構成する個々の動産は1個の物の一部になるから、その独立性を否定せざるを得ず、個々の動産に従前成立していた権利が当然に消滅するのか、という疑問も生じるからである。それゆえ、筆者自身は、この譲渡担保権の客体も個々の動産であり、ただ、譲渡担保権の設定契約が将来の動産も含めて一括してなされ、他方で、設定者には譲渡担保権者から通常の営業に必要な処分の権限が授与される、と解している（これを**分析論**という。古積健三郎『担保物権法』（弘文堂、2020））。

●占有改定の問題

譲渡担保権の対象が集合物であるならば、それに関する対抗要件としての占有改定の約定をすると、集合物の一部となる個々の動産に対する効力の対抗要件も当然に具備されるといえよう。ただ、個々の動産の変動した後の集合物が、当初の集合物と法的には同一ではないと判断されれば、そのような結論には至らない。本判決もそのことに配慮して、集合物の同一性の維持を要求している。ただ、この同一性とは、結局のところ、譲渡担保設定契約で指定された目的物の範囲に属する動産が問題になる限り、維持されることになるだろう。

これに対して、私見のように、譲渡担保権が個々の動産に成立すると考えると、譲渡担保権設定契約時に、将来の動産の譲渡担保の対抗要件として、予め占有改定の合意をすることの有効性が問われる。集合物論者は、このような占有改定の有効性が疑問である点をその論拠の1つにしていた（鈴木・物権385頁など参照）。しかし、集合物という形式論理によって、設定契約時の占有改定による対抗要件の具備を将来の動産にも認めるのは、現実には、将来の個々の動産に対する占有改定の効力を認めることと変わらない。それゆえ、対抗要件の問題を理由にして集合物論が優れているともいい難い。

●動産売買先取特権との優劣

個々の動産に対する譲渡担保権の効力を認めれば、当然これは他の担保権と衝突する。本判決は譲渡担保権者を333条の第三取得者に該当するとしているが、これは、譲渡担保の法的構成に関し**所有権的構成**をとる場合には一応素直な結論といえる。しかし、**担保権的構成**に従う場合には同様の結論をとることはできず、2つの担保権の競合・順位付けの問題が生じる。これに関しては、質権に関する334条を譲渡担保に類推適用する見解（角紀代恵・ジュリ854号120頁）などが主張されている。

334条の類推適用を肯定する見解は、動産上の典型担保物権の中で譲渡担保と同様に当事者の約定によって成立する担保物権が質権であることを重視し、質権と同様に譲渡担保を第1順位の動産先取特権と同等に扱う。これによれば、原則として、譲渡担保が動産売買先取特権に優先するが（330条1項参照）、譲渡担保権者が動産売買先取特権の存在を知っていたと判断されれば、先取特権が譲渡担保に優先する（330条2項参照）。

【参考文献】 主に学生向けの解説として、藤澤治奈・百選Ⅰ194頁、山野目章夫・基本判例2版97頁。調査官解説として、田中壯太・最判解民昭和62年度661頁。集合物論と分析論を比較・検討する、米倉明『譲渡担保の研究』（有斐閣、1976）113頁以下。

古積健三郎

集合動産譲渡担保目的物の設定者による処分

最高裁平成 18 年 7 月 20 日判決　民集 60 巻 6 号 2499 頁、判時 1944 号 105 頁、判タ 1220 号 90 頁

【369 条】

論点
①後順位の譲渡担保権者による譲渡担保設定者に対する目的動産の引渡請求の可否
②譲渡担保設定者が通常の営業の範囲を超えて目的動産を第三者に譲渡した場合、譲受人は当該動産の所有権を承継取得しうるか

事実の要約

魚の養殖、加工、販売などを業とする株式会社Yは、Aとの間で、養魚用配合飼料の売買取引によってAがYに対して現在および将来有する売掛債権等一切の債権を極度額 25 億円で担保するために、甲、乙ほかの漁場の生簀内に存在するY所有の養殖魚を全部Aに譲渡する契約を結び、目的物は占有改定によってAに引き渡された。当該契約では、Yが目的物を無償で使用・管理し、通常の営業のために第三者に適正な価格で譲渡することが認められ、Yが正当に譲渡した養殖魚は譲渡担保の目的物から除外されるが、このときにはYは速やかに養殖魚を生簀内に補充し、補充された養殖魚は当然に譲渡担保の目的物になるとされた。

ところが、Yは、B、Cとの間でも、それぞれ目的物件が重複する集合動産譲渡担保の契約を順次結んだうえ、さらには、Xとの間で次の 2 つの契約を締結した。

1 つは、Yが乙漁場の一部の生簀内の養殖ブリをXに売却し、その代金をYのXに対する債務の弁済に充当するが、なおXは目的物をYに預託し、期間を 1 年とするYによる目的物の買戻しを認めるというものであり、Yの資力の悪化といえる一定の事由があれば、Xは当該契約を解除し、かつ、目的物を第三者に売却できるとされていた（以下では、この契約を「本件契約 1」、その対象を「本件物件 1」という）。もう 1 つは、YがAらの譲渡担保権の対象となっている養殖ハマチをXに売却するが、Xが第三者に目的物を売却するまではこれをYがなお飼育するというものであった（以下では、この契約を「本件契約 2」、その対象を「本件物件 2」という）。

その後、Yについて民事再生手続の開始決定がなされた。そこで、XはYに対して、本件物件 1 および本件物件 2 の所有権を有するとして、その引渡しを請求した。

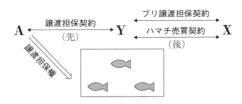

裁判の流れ

1 審（宮崎地日南支判平 16・1・30 民集 60 巻 6 号 2511 頁）：請求棄却　2 審（福岡高宮崎支判平 17・1・28 民集 60 巻 6 号 2527 頁）：請求認容　最高裁：一部破棄自判・一部破棄差戻

1 審は、本件各契約を売買契約と認定しつつ、目的物件が集合物から離脱していない本件ではXの所有権取得は認められないとしていたが、2 審は、集合動産譲渡担保契約においては、譲渡担保設定者には目的物の売却によりその所有権を第三者に確定的に移転させることができる物権的地位がとどめられているとして、Xによる本

件各物件の所有権の承継取得を認めた。そこで、Yが上告受理申立。

判旨

〈一部破棄自判・一部破棄差戻〉最高裁は、本件契約 1 が形式的には再売買を予定した売買とされているが、実質的には債権担保のためになされているとして、これを譲渡担保契約と解した。そして、Xの請求が譲渡担保の実行としての引渡請求であるとしても、それは以下の理由から認められないとした。

「本件物件 1 については、本件契約 1 に先立って、A、B及びCのために本件各譲渡担保が設定され、占有改定の方法による引渡しをもってその対抗要件が具備されているのであるから、これに劣後する譲渡担保が、被上告人のために重複して設定されたということになる。このように重複して譲渡担保を設定すること自体は許されるとしても、劣後する譲渡担保に独自の私的実行の権限を認めた場合、配当の手続が整備されている民事執行法上の執行手続が行われる場合と異なり、先行する譲渡担保権者には優先権を行使する機会が与えられず、その譲渡担保は有名無実のものとなりかねない。このような結果を招来する後順位譲渡担保権者による私的実行を認めることはできないというべきである。また、Xは、本件契約 1 により本件物件 1 につき占有改定による引渡しを受けた旨の主張をするにすぎないところ、占有改定による引渡しを受けたにとどまる者に即時取得を認めることはできないから、Xが即時取得により完全な譲渡担保を取得したということもできない」。

次に、最高裁は、本件契約 2 を真正の売買とみつつ、本件物件 2 の引渡請求については次のように判断した。

「構成部分の変動する集合動産を目的とする譲渡担保においては、集合物の内容が譲渡担保設定者の営業活動を通じて当然に変動することが予定されているのであるから、譲渡担保設定者には、その通常の営業の範囲内で、譲渡担保の目的を構成する動産を処分する権限が付与されており、この権限内でされた処分の相手方は、当該動産について、譲渡担保の拘束を受けることなく確定的に所有権を取得することができると解するのが相当である」。「他方、対抗要件を備えた集合動産譲渡担保の設定者がその目的物である動産につき通常の営業の範囲を超える売却処分をした場合、当該処分は上記権限に基づかないものである以上、譲渡担保契約に定められた保管場所から搬出されるなどして当該譲渡担保の目的である集合物から離脱したと認められる場合でない限り、当該処分の相手方は目的物の所有権を承継取得することはできないというべきである」。

本件物件 1 の引渡請求を棄却ししつつ、本件物件 2 の引渡請求に関しては、その売却処分がYの通常の営業の範囲内にあるかどうかを審理させるために、事件を原審に差し戻した。

判例の法理

便宜上、論点②、①の順で説明をすることにする。

●通常の営業の範囲での処分の問題

判例上、構成部分の変動する集合動産の譲渡担保は、目的物の範囲が特定される限り1個の集合物の上に有効に成立し、当初の占有改定による対抗要件具備の効力は新たな動産群を含む集合物についても認められる（→169事件）。もっとも、譲渡担保権の実行前には、設定者には少なくとも**通常の営業の範囲**では目的動産を処分する権限が認められ、この範囲で処分された動産は譲渡担保の効力から離脱すると解するのが一般的見解であったが（我妻・講義Ⅲ 664〜665頁、槇悌次『担保物権法』（有斐閣、1981）332、334頁、鈴木・物権385頁、高木・担保物権372頁参照）、従前の判例はこの点については何も語っていなかった。本判決の意義の1つは、通常の営業の範囲内での処分の有効性を認めつつ、これを超える処分がなされた場合には、目的物件が集合物から離脱したと認められない限り、処分の相手方はその所有権を承継取得しえないとした点にある。

●後順位譲渡担保の効力

次に、ＸＹ間でなされた本件契約1は、形式的には再売買の予約が付いた売買であったが、本判決はその実質的目的を重視してこれを譲渡担保契約と解釈した。すでに、判例は、不動産を目的物とするケースで、担保目的でなされる**買戻特約付き売買**を譲渡担保と解する立場をとっており（→161事件）、本判決は、目的物が動産の事例でこれと同様の判断を下したものといえよう。その結果、本件契約1によって同一動産に多重に譲渡担保の設定がなされたこととなり、後順位の譲渡担保権者による設定者に対する目的物の引渡請求が認められるかが問題となった。本判決のもう1つの意義は、多重譲渡担保の有効性の余地は残しつつも、結論的には、先順位の担保権者の優先権を害するおそれがあることを根拠に、後順位の担保権者による引渡請求を否定した点にある。

判例を読む

●通常の営業の範囲での処分の問題

譲渡担保権の実行まで設定者が通常の営業の範囲で目的動産を処分しうる権限の根拠は何か。本判決はおそらく、譲渡担保契約の趣旨からそのような権限が導かれるとするのであろう。ちなみに、集合動産譲渡担保の客体を集合物と見る通説によれば、個別の動産の処分権限は設定者に留保された集合物の利用権限から導かれるとされていた（我妻栄「集合動産の譲渡担保に関するエルトマンの提案」（初出、1930）同『民法研究Ⅳ』（有斐閣、2001）188頁参照）。

また、いかなる処分が「通常の営業の範囲」に当たるかについての基準も問題となる。これは、譲渡担保契約がなされた当時の設定者の営業の状況に照らして決定されることとなろう。設定者が商品販売を事業としているならば、目的動産の売買は、原則として「通常の営業の範囲」にあるというべきである。ただ、本件契約2の売買において、仮にその代金が売主の既存の債務の弁済に充当されることにでもなれば、それは実質上譲渡担保の目的物による代物弁済に等しく、もはや「通常の営業の範囲」にあるとはいえなくなる。それは、本来優先すべき譲渡担保権者の犠牲のもとに、他の債権者を満足させる行為といえるからである。

もっとも、代物弁済が新たな商品調達のために信用を高める手段としてされたなどの特別の事情があれば、なおその例外が認められる余地はあるかもしれない。

本判決は、通常の営業の範囲を超える処分がなされた場合でも、集合物からの離脱があれば、例外的に相手方が所有権を承継取得しうる余地を残している。この集合物からの離脱とは、基本的に従前の保管場所からの搬出を指している。この問題に関し、すでに我妻博士は集合物からの離脱によって目的動産は譲渡担保の効力から離脱する旨を説いていたが（我妻・講義Ⅲ 665頁参照。同旨、高木・担保物権372頁、道垣内・担保物権344頁）、単なる搬出という事実によってそのような効果を認めることには疑問がある。というのは、抵当権の目的たる山林の立木が抵当権者に無断で伐採された場合には、立木が土地とは別個の動産と化しても、なお判例上は伐採木に対する抵当権の効力が認められていること（当初の判例は抵当権の効力を否定する立場をとったが（大判明36・11・13民録9輯1221頁）、その後は、これを肯定する判例が現れている（大判昭7・4・20新聞3407号15頁））との権衡が問われるからである。もちろん、本判決は搬出によって譲渡担保の効力が消滅する可能性を示唆するにとどまり、この点に関する判例の立場はなお明らかではない。

●後順位譲渡担保の効力

集合動産譲渡担保の目的動産がさらに別の譲渡担保に供された場合、かかる譲渡担保設定の効力をどうみるべきか。まず、そのような譲渡担保の設定は「通常の営業の範囲」での処分には当たらず、これによって集合動産譲渡担保の効力は消滅しない。本判決はこの点に特に言及していないが、これを当然とみているのだろう。

そのうえで、本判決は、譲渡担保の多重設定の効力を一律に否定する立場はとらなかった。この点は、譲渡担保設定契約によって単純に目的物の所有権が債権者に移転するというより、むしろ設定者にはなお物権的な権利が留保されるという法的構成に親しむものである。しかし、仮に後順位担保権としての効力を認めるならば、少なくとも設定者に対する関係では後順位者による目的動産の引渡請求も容認するのが一貫する。それにもかかわらず、本判決は先順位者の利益を考慮してこれを否定した。確かに、後順位者の引渡請求を認めれば、**即時取得**の成立の可能性が高まり先順位者の利益が害されるおそれがあるから、この結論自体は穏当なものと思われる。その意味で、判例は、譲渡担保の法的構成について特定の立場を徹底するというより、むしろ、関係者の具体的利害状況に合致した結論を導いているといえよう（調査官解説も、この問題が譲渡担保の法的構成論と強く関連するとしながら、判例は法的構成論から機械的、演繹的に個別の法律問題を解決する手法をとっていないとする（宮坂・後掲850〜851頁参照））。

【参考文献】 主に学生向けの解説として、古積健三郎・法セ増刊速報判例解説1号81頁、千葉恵美子・平成18年度重判76頁、池田雅則・百選Ⅰ196頁。調査官解説として、宮坂昌利・最判解民平成18年度（下）838頁。

古積健三郎

集合動産譲渡担保に基づく物上代位

最高裁平成 22 年 12 月 2 日決定　民集 64 巻 8 号 1990 頁、判時 2102 号 8 頁、判タ 1339 号 52 頁
【304 条、369 条】

論点
①集合動産譲渡担保において集合動産を構成する動産が滅失した場合に、設定者が取得する保険金債権に対する物上代位は認められるか
②上記の場合に、物上代位権の行使のためにいかなる要件が求められるか

事実の要約

　魚の養殖業を営んでいた Y は、X との間で、X Y 間の取引によって X が Y に対して有する一切の債権を担保するために、特定場所の養殖施設とその中の養殖魚を目的物とする根譲渡担保権設定契約を締結した。この契約において、Y は前記の養殖施設内の養殖魚を通常の営業方法に従って販売できること、Y が養殖魚を販売した場合にはこれと同価値以上の養殖魚を補充することが定められていたようである。ところが、前記の養殖施設内の養殖魚が赤潮の発生のために死滅してしまった。これにより、Y は、Z との間で締結していた漁業共済契約に基づき、Z に対し養殖魚の滅失による損害を填補するための漁業共済金請求権を取得した。しかし、Y は、X から新たな貸付けを受けられなかったため、養殖業を廃止した。

　X は、譲渡担保権の実行として、前記の養殖施設およびそれらの中に残存していた養殖魚を売却し、その売却代金を Y に対する貸金債権の弁済に充当した。さらに、X は、熊本地方裁判所に対し、貸金残債権を被担保債権とし、譲渡担保権に基づく物上代位権の行使として、Y の Z に対する共済金請求権の差押えを申し立てた。

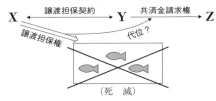

裁判の流れ

　1 審（熊本地決平 22・2・3 金判 1356 号 15 頁）：差押命令　2 審（福岡高決平 22・3・17 民集 64 巻 8 号 1997 頁）：抗告棄却　最高裁：抗告棄却

　1 審が X の申立てに基づき債権差押命令を発付したため、Y はその取消しを求める執行抗告をした。2 審は、本件では Y の廃業によって譲渡担保の目的物が固定化しているため、X の物上代位権の行使が認められるとして Y の抗告を棄却した。そこで、Y が許可抗告の申立。

決定要旨

　〈抗告棄却〉「構成部分の変動する集合動産を目的とする集合物譲渡担保権は、譲渡担保権者において譲渡担保の目的である集合動産を構成するに至った動産（以下「目的動産」という。）の価値を担保として把握するものであるから、その効力は、目的動産が滅失した場合にその損害をてん補するために譲渡担保権設定者に対して支払われる損害保険金に係る請求権に及ぶと解するのが相当である。もっとも、構成部分の変動する集合動産を目的とする集合物譲渡担保契約は、譲渡担保権設定者が目的動産を販売して営業を継続することを前提とするものであるから、譲渡担保権設定者が通常の営業を継続して

いる場合には、目的動産の滅失により上記請求権が発生したとしても、これに対して直ちに物上代位権を行使することができる旨が合意されているなどの特段の事情がない限り、譲渡担保権者が当該請求権に対して物上代位権を行使することは許されないというべきである。

　上記事実関係によれば、X が本件共済金請求権の差押えを申し立てた時点においては、Y は目的動産である本件養殖施設及び本件養殖施設内の養殖魚を用いた営業を廃止し、これらに対する譲渡担保権が実行されていたというのであって、Y において本件譲渡担保権の目的動産を用いた営業を継続する余地はなかったというべきであるから、X が、本件共済金請求権に対して物上代位権を行使することができることは明らかである」。

判例の法理

●集合動産譲渡担保における物上代位の可否

　譲渡担保は債権担保を目的とするものの、そこでは法形式上目的物の所有権が譲渡されるため、典型担保物権のように物上代位を容認することができるかが問題となる。とりわけ、集合動産譲渡担保においては、設定者に通常の営業の範囲で個別の動産を処分する権限が認められるため（→ **170 事件**参照）、目的動産の滅失によって設定者が取得する保険金債権に譲渡担保の拘束を直ちに認めることには疑問もなくはない。

　しかし、本決定は、譲渡担保権者が目的動産の価値を担保として把握するという見地から、物上代位を肯定する立場をとった。これは、物上代位の可否について典型担保物権と譲渡担保とを差別化する実質的要因はないという考量に基づくものといえ、同時に、集合動産譲渡担保の上記の特質も物上代位の障碍にはならないという判断を意味している。

●物上代位権の行使の障碍となる要素

　もっとも、本決定は、物上代位権の行使にとって、設定者が通常の営業を継続していることが障碍事由になるという命題を立てた。これは、集合動産譲渡担保において設定者に目的動産の処分権限が認められることに関連する。すなわち、目的物の滅失によって生じた保険金債権に譲渡担保権の効力が及ぶとしても、設定者は本来通常の営業のために目的動産を処分しえた以上、保険金債権についても同等の権限を認めなければならない。そのため、通常の営業の継続がなされている場面では物上代位権の行使を制限すべきとしたのであろう。

　ただ、当該事案では、設定者が営業を廃止し、譲渡担保権の実行もされていた点に鑑み、物上代位権の行使を容認したので、上記の命題の持つ具体的意味は必ずしもはっきりしていない。

判例を読む

●譲渡担保・集合動産譲渡担保における物上代位

　本決定の前にも、譲渡担保における物上代位を容認す

る判例はあった（→ 163 事件）。しかし、そこでは、**信用状取引**によって商品を購入した輸入業者が、その代金決済のための融資をした銀行に対して、融資債権の担保のために当該商品に譲渡担保権を設定していたところ、輸入業者がその商品を第三者に転売したことによって転売代金債権に対する物上代位の可否が問題になっていた。このケースでは、被担保債権と目的物との関連性から、物上代位を容認するのが特に公平と考えられるため、これによって判例が一般的に譲渡担保における物上代位を容認したとは断定しえなかった（河邉義典・最判解民平成11年度（上）461頁参照）。

これに対して、本決定は、動産譲渡担保において、少なくとも目的動産の滅失における保険金債権については一般的に譲渡担保に基づく物上代位を認める立場をとったといえる。ただし、たとえば、目的動産の売買の場合に代金債権に対する物上代位が認められるかは、なお明らかではない。特に、設定者が有する処分権限の範囲で目的動産が売却された場合には、その代金債権の取立ての自由も設定者に認めなければならない点をどのように評価すべきかが問われる。

従前の学説においては、譲渡担保における物上代位を容認するのが一般的見解であったが（我妻・講義Ⅲ 621頁、柚木馨＝高木多喜男『担保物権法 3版』（有斐閣、1982）561頁、高木・担保物権 343頁）、所有権移転という形式を重視してこれを否定する見解もある（道垣内・担保物権 315～316頁、308～309頁）。しかし、第三者の取引の安全が害される事情がない限り、物上代位の容認は担保としての実質に相応するだろう。本件における保険金債権は従前の目的物に代わる財産であるから、譲渡担保権者がこれに優先権を行使しうるというのは当事者の利益状況に合致するし、物上代位権の行使の要件として「払渡し又は引渡し」前に差押えが要求されることに鑑みれば、特に第三者の取引の安全が害されることもない（詳しくは、古積健三郎・民商145巻1号59頁以下参照）。

また、集合動産譲渡担保において設定者に目的動産の処分権限が認められていることも、物上代位の障碍にはならない。というのは、譲渡担保権の実行前の段階においてもその効力が集合動産を構成する個別の動産に及ぶとするならば、その効力は当該動産の代替財産にも及びうることになるからである。確かに、譲渡担保権の客体を集合物自体と解したうえで、譲渡担保権の実行段階にはじめて個別の動産にも効力が及ぶと考えるならば（道垣内・前掲335頁）、それ以前にその代替財産に対する効力を容認することは疑問となろう。しかし、もともと判例はそのような立場をとっているとはいえない（**169事件と170事件**は、譲渡担保権の実行前の段階でも個別の動産に対する効力を容認する前提をとっていると解することができる）。

● 物上代位権の行使の要件

ただ、本決定が、通常の営業の継続を物上代位権の行使の障碍事由として位置づけたことには疑問がある。確かに、設定者には目的動産を通常の営業の範囲で処分する権限が認められているが、被担保債権について不履行が生じ譲渡担保権が実行されれば、もはやそのような権限は否定される。とすれば、代替財産に対する物上代位権の行使に関しても、同様の事情が認められる限り、権利行使のために格別の要件を問う必要はないはずである。

本決定も言うように、譲渡担保権の効力は滅失によっ

て生じた保険金債権に直ちに及ぶとみることができる。しかし、かような効力が認められるからといって、譲渡担保権者が直ちに保険金債権から満足することができるわけではない。物上代位権の行使も譲渡担保権の行使である以上、その要件としては被担保債権の弁済期の到来、すなわち不履行があることが不可欠である。それゆえ、物上代位権の行使のための手続として要求される目的債権の差押えも、被担保債権の不履行があってはじめて容認されるはずである。そうだとすれば、そもそも物上代位権の行使の要件として被担保債権の不履行ないしは差押えが要求され、それまでは設定者に目的債権について処分や取立ての自由が認められるならば、設定者に本来的に認められている処分権限も十分に保障される以上、それ以外の事情を物上代位権の行使の特別の要件とする意味はない（古積・前掲62頁以下）。

しばしば、担保権の目的物の滅失やこれに準ずるケースにおいては、あたかも被担保債権の弁済期到来前においても担保権者が物上代位権を行使しうるかのように語られることがあるが（柴田・後掲736頁によれば、このように解する説が有力であるという）、それは、被担保債権の弁済期が到来してはじめて権利を行使しうるという担保権本来の効力を無視した立論といわざるを得ない。むしろ、物上代位一般において、被担保債権の弁済期の到来は権利行使の差押えの前提条件になるといわなければならない。したがって、それ以外の事情を集合動産譲渡担保における物上代位権の行使の要件とする必要はない。本決定では、「通常の営業の継続」は問題とはならなかったが、これが将来の判例において現実的な意味を持つことになるのかは疑問である。結局、債務不履行があれば物上代位権の行使は認められることになるのではないか（柴田・後掲737頁も、「通常の営業の継続」とは、結局、債務不履行がない状態を意味するという解釈もありうるとしている）。

● 残存物に対する譲渡担保権の実行との関係

本件では、養殖魚のほかに養殖施設も譲渡担保の対象とされており、譲渡担保権者は、物上代位権の行使に先立ち、譲渡担保権の実行として、残存する養殖魚と養殖施設を売却していた。そこで、この点が物上代位権の行使を正当化する要素になると解する余地もあるかもしれない。というのは、これによって設定者の営業は継続されないことが確定するからである。

しかし、目的物の一部が滅失した場合に、譲渡担保権者はあくまで目的物本体に対して先に権利を行使すべきとする理由もない。もともと譲渡担保権者は目的物全体に優先権を有している以上、一部の滅失によってこれに代わる財産に譲渡担保権の効力が及ぶならば、先にそちらに対して権利を行使し、なお満足されない被担保債権残額につき残存物に権利行使をすることも譲渡担保権者の自由であるからである。

【参考文献】 主に学生向けの解説として、古積健三郎・法セ増刊速報判例解説9号83頁、中川敏宏・法セ686号124頁、占部洋之・平成23年度重判72頁、直井義典・判セ〔2011〕17頁。調査官解説として、柴田義明・最判解民平成22年度（下）722頁。

古積健三郎

集合債権譲渡担保の対抗要件

最高裁平成 13 年 11 月 22 日判決　民集 55 巻 6 号 1056 頁、判時 1772 号 44 頁、判タ 1081 号 315 頁

【369 条、467 条 2 項】

論点　譲渡担保設定者に目的債権の取立権限が留保される集合債権譲渡担保においては、設定契約によって直ちに債権譲渡がなされたといえるのか、また、契約段階で第三債務者に対してなされた譲渡担保設定の通知には第三者対抗要件としての効力が認められるか

事実の要約

　平成 9 年 3 月 31 日、A 株式会社は、X との間で、B 株式会社が X に対して負担する一切の債務の担保として、A が C 株式会社との間の継続的取引契約に基づいて現に有している商品売掛代金債権および商品販売受託手数料債権と、同継続的取引契約によって A が同日から 1 年の間に取得する商品売掛代金債権および商品販売受託手数料債権を X に譲渡する旨の債権譲渡担保設定契約を締結した。当該契約においては、約定の担保権実行の事由が生じたことに基づき、X が C に対し譲渡担保権実行の通知をするまでは、A がその計算において C から目的債権の弁済を受けることができるものとされた。

　平成 9 年 6 月 4 日、A は C に対し、確定日付のある内容証明郵便をもって債権譲渡担保設定の通知をし、これは同月 5 日に C に到達した。当該通知には、X から C に対して譲渡担保権実行の通知がなされた場合には目的債権の弁済を X に対してするように指示する旨が記載されていた。

　平成 10 年 3 月 25 日、B は X に対する債務の期限の利益を喪失したため、X は C に対し、同月 31 日、書面をもって譲渡担保権実行の通知をしたが、当該書面に確定日付はなかった。他方で Y$_1$（国）は、平成 10 年 4 月 3 日付けおよび同月 6 日付けの差押通知書を C に送達して、同年 3 月 11 日から同月 20 日までおよび同月 21 日から同月 30 日までの商品売掛代金債権および商品販売受託手数料債権（以下「本件債権」という）について、A に対する滞納処分による差押えをした。

　平成 10 年 5 月 26 日、C は、本件債権について債権者を確知することができないことを理由に被供託者を A または X とする供託をした。平成 10 年 6 月 25 日に A は破産宣告を受け、Y$_2$ がその破産管財人となった。そこで、X は Y らに対し、かかる供託金の還付請求権が自己に属する旨の確認の訴えを提起した。

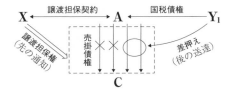

裁判の流れ

　1 審（東京地判平 11・2・24 民集 55 巻 6 号 1074 頁）：請求棄却　2 審（東京高判平 11・11・4 民集 55 巻 6 号 1084 頁）：控訴棄却　最高裁：破棄自判

　1 審は、譲渡担保権の実行の通知までに A に目的債権の取立権限があることに照らし、それまでは債権譲渡があったとはいえず、また当初の設定の通知にも対抗要件としての効力は認められないとした。2 審もおおよそこの考え方を支持した。そこで、X が上告受理申立。

判旨

　〈破棄自判〉「甲が乙に対する金銭債務の担保として、発生原因となる取引の種類、発生期間等で特定される甲の丙に対する既に生じ、又は将来生ずべき債権を一括して乙に譲渡することとし、乙が丙に対し担保権実行として取立ての通知をするまでは、譲渡債権の取立てを甲に許諾し、甲が取り立てた金銭について乙への引渡しを要しないこととした甲、乙間の債権譲渡契約は、いわゆる集合債権を対象とした譲渡担保契約といわれるものの 1 つと解される。この場合は、既に生じ、又は将来生ずべき債権は、甲から乙に確定的に譲渡されており、ただ、甲、乙間において、乙に帰属した債権の一部について、甲に取立権限を付与し、取り立てた金銭の乙への引渡しを要しないとの合意が付加されているものと解すべきである。したがって、上記債権譲渡について第三者対抗要件を具備するためには、指名債権譲渡の対抗要件（民法 467 条 2 項）の方法によることができるのであり、その際に、丙に対し、甲に付与された取立権限の行使への協力を依頼したとしても、第三者対抗要件の効果を妨げるものではない」。

　「本件契約は、A が、B の X に対する債務の担保として、X に対し、C との間の継続的取引契約に基づく本件目的債権を一括して確定的に譲渡する旨の契約であり、譲渡の対象となる債権の特定に欠けるところはない。そして、本件通知中の『A は、A が C に対して有する本件目的債権につき、X を権利者とする譲渡担保権を設定したので、民法 467 条に基づいて通知する。』旨の記載は、A が C に対し、担保として本件目的債権を X に譲渡したことをいうものであることが明らかであり、本件目的債権譲渡の第三者対抗要件としての通知の記載として欠けるところはないというべきである。本件通知には、上記記載に加えて、『X から C に対して譲渡担保権実行通知（書面又は口頭による。）がされた場合には、この債権に対する弁済を X にされたい。』旨の記載があるが、この記載は、X が、自己に属する債権について A に取立権限を付与したことから、C に対し、別途の通知がされるまでは A に支払うよう依頼するとの趣旨を包含するものと解すべきであ」る。

判例の法理

●将来債権譲渡の有効要件と対抗要件

　金銭債権の担保のために一定の範囲の債権群を一括して譲渡するという集合債権譲渡担保においては、将来発生する債権も譲渡担保の対象とされている。すでに判例は、目的債権の特定性が認められかつ公序良俗に反しない限り、将来債権の譲渡の有効性を認める立場を明らかにしており（最判平 11・1・29 民集 53 巻 1 号 151 頁）、その場合の対抗要件としての通知（旧 467 条 1 項）も当初の契約段階で一括してすることで足りるものと解されていた。新 466 条の 3 第 1 項・467 条 1 項は、このことを

明確にした。

●集合債権譲渡担保における取立権限の問題

　もっとも、集合債権譲渡担保では、営業の継続のために目的債権についての取立て・受領の権限を設定者に認めなければならない。本件では、このことによって、そもそも契約時点で譲渡が確定的にされているのか、さらには、当初の譲渡担保の設定の通知が対抗要件としての効力を有するのかが問題とされた。すなわち、2審は、譲渡担保権の実行としての通知があるまでは債権の移転はなく、それ以前の設定の通知によっては第三債務者に債権の帰属変動の認識を期待することができないから、当該通知には第三者対抗要件としての効力が認められないとした。これに対し、本判決は、この場合にも、すでに生じまたは将来生ずべき債権が契約によって確定的に譲渡され、ただそのうえでその取立権限が設定者に付与されているにすぎないとして、契約段階でされた譲渡担保設定の通知の対抗要件としての効力を認めた。その結果、集合債権譲渡担保と他の債権者による差押えが競合した本件においては、双方の優劣関係は譲渡の通知の到達時点と差押えの送達時点との前後関係によって決定され、通知の到達時点が先行する本件では譲渡担保の効力が差押えに優先する。

判例を読む

●集合債権譲渡担保の2つの型

　集合債権譲渡担保は大きく2つのタイプに分かれるとされてきた。すなわち、譲渡担保権実行時に現存する債権群につきその時点で譲渡の効力を生じさせる**予約・停止条件型**と、設定契約ないし目的債権発生時に直ちに譲渡の効力を生じさせる**本契約型**である。従前の実務では、直ちに債権譲渡をしてその対抗要件を具備することが譲渡人の資力悪化の疑いにも繋がりかねないことから、予約・停止条件型が用いられることが多かった（これについては、三村・後掲689～692頁参照）。

　2審は、譲渡担保権実行の通知時までに設定者に取立権限が留保されている点から、それまでは目的債権が移転しないとしたのだろう。しかし、債権の帰属主がその弁済受領・取立権限のみを他人に与えることは法的に可能であり（**取立授権**）、契約の文言に照らしても、本件契約は、目的債権を担保のために確定的に譲渡しつつ、譲渡担保権の実行時まではその取立権限を設定者に授与するという本契約型というべきである。このように現在および将来の債権が一括して確定的に譲渡されているならば、その通知を受けた第三債務者はこれによる債権の帰属の変動を十分に認識できるはずである。それゆえ、当初の譲渡担保設定の通知に対抗要件としての効力を認めた本判決は正当といえよう。

　これに対して、予約・停止条件型の譲渡担保契約がされている場合には、予約完結・条件成就前に第三債務者に対してされる通知には債権譲渡の対抗要件としての効力は認めらないと解すべきである。というのは、この場合には譲渡担保契約時点で債権が確定的に譲渡されているわけではなく、契約段階での通知によっては第三債務者がその後の債権の帰属変動を当然に認識することはできないからである。判例も、現存する債権の譲渡の予約に関して、債権譲渡予約の通知・承諾はその後の予約完結による譲渡の第三者対抗要件として認められないとしており（最判平13・11・27民集55巻6号1090頁）、この

論理は集合債権譲渡担保にも妥当するといえる。その意味で、予約・停止条件型によっては第三者に対する優先的効力を十分に確保できず、もはやこれは有用性に乏しい取引といわざるを得ない（予約完結ないし停止条件成就時には、債務者たる譲渡担保設定者が経済的に破綻しているのが常であるが、判例はそのような状況で効力が生ずる債権譲渡自体が危機否認（破162条参照）の対象になるともしている（最判平16・7・16民集58巻5号1744頁））。

●将来債権譲渡の効力発生時点

　本判決は、譲渡担保設定段階でされた通知に対抗要件としての効力を認め、譲渡担保はその後に送達された差押えに優先するという判断を示したが、なお明らかでないのが、譲渡担保設定契約後に発生した目的債権の譲渡の効力が何時生じているのか、という問題である。この点については、債権譲渡の効果は譲渡担保契約時点で直ちに生じているという説（以下ではこれを「**契約時説**」という。池田真朗「将来債権譲渡担保における債権移転時期と、譲渡担保権者の国税徴収法24条による物的納税責任」金法1736号8頁）と、目的債権の発生時点に初めて債権譲渡の効果が生じると解する説（以下ではこれを「**債権発生時説**」という。井上繁規「金銭債務の担保として既発生債権及び将来債権を一括して譲渡するいわゆる集合債権譲渡担保契約における将来債権の移転時期と譲渡担保権者の国税徴収法24条の物的納税責任」金法1765号38頁、1766号52頁）、に分かれている。

　将来債権譲渡の効力が契約時点に生じているとすれば、その対抗要件が具備されている以上、その後された差押え等の効力は当然否定されることになり、譲渡担保の優先的効力をより明快に基礎づけることができる。しかし、仮に債権発生時に譲渡の効力が発生すると解しても、確定的な譲渡行為がされているという公示の具備を根拠に、譲渡担保がその後の差押えに優先すると解することも十分に可能である（古積・後掲参照）。それゆえ、本判決の結論から判例が契約時説をとったと断定することはできない。

　本判決後、敗訴した国側は国税徴収法24条を根拠になお係争債権から国税の徴収を試み、それが新たな裁判へと発展した。最高裁は譲渡担保契約において将来債権も確定的に譲渡されていることを根拠に国側の主張を退けた（最判平19・2・15民集61巻1号243頁）。ただし、最高裁は債権譲渡の効果発生時については特に言及していない。新466条の6第2項も、この点については明示していない。

【参考文献】　主に学生向けの解説として、池田雅則・法教263号190頁、角紀代恵・平成13年度重判76頁、和田勝行・百選Ⅰ198頁。調査官解説として、三村晶子・最判解民平成13年度681頁。最判平19・2・15の解説として、古積健三郎・速報判例解説2号91頁。

古積健三郎

173 留保所有権の主張と権利濫用

最高裁昭和50年2月28日判決　民集29巻2号193頁、判時771号39頁、判タ320号158頁

【1条3項】

📖 **論点**　自動車のディーラーは、サブディーラーとの間でされた所有権留保の約定を根拠に、ユーザーに対して自動車の引渡しを請求することができるか

事実の要約

　自動車のディーラーであるXは、そのサブディーラーであるAと協力してユーザーに自動車を販売していた。ユーザーのYはAからX所有の本件自動車を買い受け、代金82万円を完済してその引渡しを受けた。この際、XはAY間の売買契約の履行に協力し、自らYのために車検手続、自動車税、自動車取得税などの納付手続および車庫証明手続などを代行し、そのために自社のセールスマンを2、3度Yのもとに赴かせたりした。

　AY間の売買の8日後に、Xは、本件自動車を、代金を分割払いとし、代金完済まで所有権をXに留保するという約定で、Aに売却した。ところが、その後、Aが割賦金の支払を怠ったため、Xは、その支払を催告したうえで、Aとの売買契約を解除し、留保していた所有権に基づいてYに対して本件自動車の引渡しを求めた。

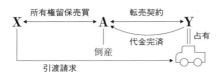

所有権留保売買　　転売契約
X ━━━━━━━━ A ⟷ Y 占有
　　　　　　　　代金完済
　　　　　　倒産
　　　引渡請求

裁判の流れ

　1審（神戸地判昭46・9・20民集29巻2号198頁）：請求棄却　2審（大阪高判昭49・6・28民集29巻2号201頁）：控訴棄却　最高裁：上告棄却

　1審は、Xが所有権留保を盾にとって自動車の引渡しを請求することは、自動車販売の目的を逸脱し、本来Xが負担すべき代金回収不能の危険をYに転嫁するものであって、正義と信義則に反し、権利濫用となるから許されない、とした。2審および最高裁もこれを全面的に支持した。

判　旨

　〈上告棄却〉「Xは、ディーラーとして、サブディーラーであるAが本件自動車をユーザーであるYに販売するについては、前述のとおりその売買契約の履行に協力しておきながら、その後Aとの間で締結した本件自動車の所有権留保特約付売買について代金の完済を受けないからといって、すでに代金を完済して自動車の引渡しを受けたYに対し、留保された所有権に基づいてその引渡しを求めるものであり、右引渡請求は、本来XにおいてサブディーラーであるAに対してみずから負担すべき代金回収不能の危険をユーザーであるYに転嫁しようとするものであり、自己の利益のために代金を完済したYに不測の損害を蒙らせるものであって、権利の濫用として許されないものと解するを相当とする」。

判例の法理

●流通過程における所有権留保の問題

　自動車生産・販売の業界では、ディーラー（以下ではDと略記する）の会社はサブディーラー（以下ではSDと略記する）の会社を通じて自動車を流通させていた。具体的には、DがSDに自動車を売却し、Dの了承のもとにSDがユーザー（以下ではUと略記する）にこれを転売するという方法がとられた（本件のように転売が先にされることもある）。ところが、DはSDに対する売買代金債権を担保するために、自動車の所有権を留保する特約をつけることが多かった。

　所有権留保の特約は、代金の完済までには売主に所有権が留保されるというものであり、これを素直に解釈すれば、この特約は代金完済を所有権移転の停止条件とするものと解することができる（**所有権的構成**）。本判決もこの立場を前提にしていると思われる。したがって、仮にUが転売代金を完済していても、SDがDに対する関係で債務不履行に陥ると、原則として、UはDの所有権による引渡請求に応じなければならない。しかし、DとSDは極めて密接に関連しており、SDの無資力によって生じるリスクをUに負わせるのは疑問である。そこで、Uをいかにして保護するかが問題となった。

●U救済のための法的構成

　本判決は、Dの引渡請求が権利濫用（1条3項）に該当するとしてUを保護した。この際、①Uが転売代金を完済している点、および②DがSDとUの売買に協力している点から、Dの引渡請求を、自ら負担すべき代金回収不能のリスクをUに転嫁し、これに不測の損害を及ぼすものと位置づけている。本件のような問題についてはその後も最高裁判例が出ているが、Uを救済するための法的構成としては、やはり「権利濫用」などの**一般条項**が援用されている（最判昭52・3・31金法835号33頁など）。ただし、一般条項の適用に際しては個々の事実関係に注意する必要がある。たとえば、そもそもUが全くSDに対して代金を支払っていないならば、Dの引渡請求も権利濫用とはならない。

　なお、本件のような場合に、**即時取得**（192条）によってUを保護しえないのかも問題となるが、判例は登録自動車についての即時取得を否定する立場をとっている（最判昭62・4・24判時1243号24頁）。

判例を読む

●権利濫用構成の是非

　権利濫用などの一般条項は、権利の存否という形式的判断によって不相当な結果が生じる局面をカバーするものであり、これを本件のような場合に適用するのは基本的に正当である。ただし、この構成では、あくまでDの権利行使が否定されるにとどまり、Uが終局的に所有権を取得することにはならない。また、一般条項による処理は個々の事実関係に左右されるため、明確性に欠ける

面もある。そのため、権利濫用に代わる構成が学説によって主張されている。

(1)代理人説　まず、SDをDの代理人として処理する説（中馬義直・判評199号19頁）がある。この説は、DがUに対してDとSDとの関連を明示することが代理権授与の表示に相当すると解し、SDとの取引によってUは直接Dから所有権を取得するとするものである。

しかし、DとSDが密接な関連を有するとしても、本件のSD（A）は、自動車の売買を自己の取引として行っているといわざるを得ない。それ故、SDが単にDの代理人として売買契約を締結しているとはいえないのではないか。

(2)転売授権説　そこで、多くの学説は、DはSDに転売・処分の授権をしており、これによってUは所有権を有効に取得する、という構成を提示している（森井英雄・民商73巻6号780頁、安永正昭「所有権留保における担保的機能の限界」金法1033号12頁など）。**処分授権**とは、代理と異なり、目的物の処分権を持たない者に対して所有者がその権限を与えるという行為であり、これに関して民法は明文の規定をもたないが、所有者が目的物の処分を認めた場合にその効果を否定する理由はない。この構成による場合、SDはまさに自分の売買として自動車をUに転売し、ただその処分権が授権によって補われるということになるから、代理人説における問題点は解消する。

しかし、DがSDによる転売を承認しているといっても、本件の場合、Dは転売の後も所有権留保の効力を保持する意思をもっているから、ここでの承認が、Uに直ちに所有権が移転するという意味での授権の意思表示に該当するとはいえないのではないか。このため、学説の中には、Dの意思に関わりなく、SDの無資力の危険をDとUのどちらに負わせるべきかという見地（条理）から、転売授権の効果を導く見解（米倉明・法協93巻8号1306頁）がある。けれども、条理という一般的・抽象的規範によって当事者が意図しない所有権移転の効果を認めることができるかには、やはり疑問が残る。これは契約の修正的解釈の一種といえるが、それには解釈の枠を超える疑いがある。

したがって、所有権が終局的にUに帰属しないという問題を残すものの、一応は、Dに所有権があり、その行使が一般条項によって制限されるという立場が穏当である。私的自治の原則のもとでは、権利者の欲しない権利変動を強制することはできないからである。なお、学説の中には即時取得によってUを保護しようとする立場もみられる（安藤次男・法学（東北大学）40巻4号437〜438頁）が、登録によって権利関係が公示されている自動車には、不動産と同様に即時取得を認めるのは困難であろう。

● **権利濫用の判断要素**

ただし、権利濫用の判断要素には注意を要する。本判決は、XによるAの転売への協力を重視しているが、DがSDを使って販売を拡大している関係（Dに従属しているSDがDの了承のもとに自動車を転売するという関係）があるだけで権利濫用とされる可能性はあるのではないか。実際にDの協力を特に問題としない判例（最判昭57・12・17判時1070号26頁など）も出ている。他方で、Uが所有権留保の存在を十分認識していた場合に権利濫用とはしなかった判例（最判昭56・7・14判時1018号77

頁）がある（ただし、その事案はDが転売を認めない地域でSDが転売をしたというもののようである）が、DとSDとの関連性が決定的に重要であるとすると、Uの主観的態様をあまり重視すべきではないのではないか。

したがって、①Dが転売を承認したこと、および、②自動車の引渡しを受けたUが代金を完済したこと、の2点が認められれば、Dの引渡請求は基本的に権利濫用になると解すべきである。ただ、Uが代金の大半を支払っているがまだ完済には至っていないような場合をどう扱うべきかが問題となろう。また、現実にはまずあり得ないケースであろうが、仮にUが代金を完済したのに引渡しを受けていない場合に、Dの所有権がどう扱われるべきかも問題になる。

● **所有権留保の法的構成との関係**

以上の説明は、代金の完済までは所有権が買主に移転しないという構成を前提にしているが、所有権留保の特約を、売買契約によって直ちに所有権は買主に移転するものの、それと同時に目的物に代金債権を担保する権利が売主のために設定される、という**担保権的構成**も考えられる。この構成をとる場合には、DとSDの売買契約によって自動車の所有権がSDに移転し、同時にDのために担保権が設定されることとなる。このさい、Dが代金の完済を受けるまでは、通常、自動車の登録名義はDにとどまるので、この登録を担保権設定の対抗要件として位置づけることができよう。

したがって、担保権的構成によれば、Uは一応自動車の所有権を取得するが、Dの担保権が追及効を有するため、Dはその担保権に基づいてUに対して引渡しを請求することになる。そこで、やはりこの請求を制限する法的構成が問題となる。このさい、転売授権説は少々これには相応しない側面を有する。というのは、授権とは、本来、所有者が無権利者に物の処分権限を与える行為であり、Dに所有権が帰属する場合を想定しているからである。そのため、転売授権説では、Dの権利を担保権と見る場合に、授権は担保権の放棄の意思表示に相当すると説明されることになる（米倉・前掲1306頁）。これに対し、権利濫用構成にはそのような問題はない。

● **流通過程の所有権留保のあるべき形式**

以上のように、所有権留保売主が買主の転売を容認しながら転得者の手元にある目的物に権利を行使することは、本来、適切な担保方法とはいいがたい。むしろ、この場合には、転売授権説が述べるように、売主は、買主に目的物の処分権限を正面から与えたうえで、代金債権の保全のためには買主が転得者に対して有する転売代金債権に対し権利を行使すべきである。その方法としては、所有権留保に基づく転売代金債権への物上代位や、転売代金債権自体を代金債権の担保のために買主から譲り受けるという約定（譲渡担保）をすることが考えられよう。

【参考文献】　主に学生向けの解説として、千葉恵美子・百選Ⅰ6版202頁、道垣内弘人・商法（総則・商行為）判例百選5版120頁。調査官解説として、田尾桃二・最判解民昭和50年度82頁。

古積健三郎

174 自動車所有権を留保する信販会社の責任

最高裁平成 21 年 3 月 10 日判決　民集 63 巻 3 号 385 頁、判時 2054 号 37 頁、金判 1314 号 24 頁
【関連条文なし】

論点 自動車購入代金の立替金債務の担保として自動車の所有権を留保した者は第三者所有地上に存在する当該自動車について撤去義務を負うか

事実の要約

Ｚは本件車両をＡ販売店から購入するに際して、Ｙ信販会社と右売買代金をＹが立替払いする旨の本件立替払契約を締結した。本件立替払契約によれば、ＹがＺ本件車両の代金を立替払いすることによって取得する本件車両の所有権は、本件立替金債務が完済されるまで同債務の担保としてＹに留保される。しかし、Ｙは、Ｚが本件立替金債務について期限の利益を喪失しない限り、本件車両を占有、使用する権原を有しないものの、Ｚが期限の利益を喪失して残債務全額の弁済期が経過したときは、Ｚから本件車両の引渡しを受け、これを売却してその代金を残債務の弁済に充当することができることになっていた。しかし、Ｚは原審口頭弁論終結時まで分割金の不払いを続けている。ところで、ＺはＸとの間でＸが所有する駐車場の賃貸借契約を締結し、これを利用していたが、Ｚが賃料（1 か月 5000 円）を支払わないので、Ｘは、右賃貸借契約の解除の意思表示をし、本件賃貸借は終了した。本件土地上には、本件車両がそのまま駐車されている。ＸがＹを相手方として本件車両の撤去と土地明渡しおよび使用料相当額の損害金の支払いを請求した（ＸはＺに対しても請求していて、これについては 1 審でＸの勝訴が確定している）。

裁判の流れ

1 審（千葉地判平 18・11・27 民集 63 巻 3 号 414 頁）：請求棄却　2 審（東京高判平 19・12・6 金判 1314 号 27 頁）：請求棄却

判旨

〈破棄差戻〉「動産の購入代金を立替払する者が立替金債務が完済されるまで同債務の担保として当該動産の所有権を留保する場合において、所有権を留保した者（以下、「留保所有権者」といい、留保所有権者の有する所有権を「留保所有権」という。）の有する権原が、期限の利益喪失による残債務全額の弁済期（以下「残債務弁済期」という。）の到来の前後で上記のように異なるときは、留保所有権者は、残債務弁済期が到来するまでは、当該動産が第三者の土地上に存在して第三者の土地所有権の行使を妨害しているとしても、特段の事情がない限り、当該動産の撤去義務や不法行為責任を負うことはないが、残債務弁済期が経過した後は、留保所有権者が担保権の性質を有するからといって上記撤去義務や不法行為責任を免れることはないと解するのが相当である。なぜなら、上記のような留保所有権者が有する留保所有権は、原則として、残債務弁済期が到来するまでは、当該動産の交換価値を把握するにとどまるが、残債務弁済期の経過後は、当該動産を占有し、処分することができる権能を有するものと解されるからである。もっとも、残債務弁済期の経過後であっても、留保所有権者は、原則として、当該動産が第三者の土地所有権の行使を妨害している事実を知らなければ不法行為責任を問われることはなく、上記妨害の事実を告げられるなどしてこれを知ったときに不

法行為責任を負うと解するのが相当である」。

判例の法理

判決は、本件を①所有権留保売買で、②留保所有権者の権原が債務者の期限の利益喪失による残債務全額の弁済期の到来の前後で異なるとき、であるとする。その上で、(ⅰ)弁済期前であれば留保所有権者は本件車両を占有、使用する権原を有しないので、「特段の事情がない限り」撤去義務・損害賠償義務を負わない。しかし、(ⅱ)弁済期到来後は留保所有権者は当該動産を占有し処分することができるから、撤去義務・損害賠償義務を負う、とするものである。

従って、判決によれば、弁済期が到来したか否かにより判断が分かれることになる。しかし、2 審では弁済期が経過したか否かなどについて検討されていないので、差戻審ではこの点について審理される。

判例を読む

●先例との関係

妨害物の所有者は、たとい彼が妨害状態を惹起したのではなくても、所有権に基づく妨害排除請求の相手方となる（大判昭 12・11・19 民集 16 巻 1881 頁→73 事件）。本件では妨害物たる自動車が所有権留保されていたがために、留保所有者であるＹが妨害物たる自動車の所有者といえるかが問題となった。判決は、期限の利益を喪失したときは、当然に目的物の引渡しを受けこれを売却し、残債務に充当できる旨の特約がある所有権留保では留保所有者の所有権は弁済期到来後は通常の所有権と異ならないと捉えている。この意味では、動産放置による不動産所有権の妨害というこれまでにも見られた事例と異ならず（大判昭 5・10・31 民集 9 巻 1009 頁→75 事件）、最判平 6・2・8（民集 48 巻 2 号 373 頁→74 事件）の事案とは全く別の事案といえる（小川・後掲 116 頁、藤澤・後掲 14 頁、水津太郎・後掲 11 頁など。これに対して平成 6 年判決との同一性を指摘する見解もある。例えば、古積健三郎・後掲 18 頁、占部・後掲 573 頁参照）。

なお、駐車場使用料相当額の損害金の支払に関する証示は、留保所有者は当然にはその責任を負わないとしている。本判決は、大判昭 5 年 10 月 31 日（民集 9 巻 1009 頁）と矛盾するものではない。不法行為の要件充足はより慎重に判断されるべきことが明らかにされたのである。また、本判決の射程については、藤澤・後掲 16 頁を参照。

【参考文献】　本判決の解説・評釈として柴田義明・最判解民平 21 年 201 頁、曹時 64 巻 8 号 2071 頁、安永正昭・平成 21 年度重判 89 頁、和田勝行百選Ⅰ 8 版 204 頁。古積健三郎・リマークス 40 号 18 頁、小山泰史・法時 92 巻 9 号 116 頁、占部洋之・民商 142 巻 6 号 553 頁、藤澤治奈・NBL909 号 9 頁、水津太郎『START UP 民法②物権 判例 30！』8 頁。

田中康博

175 信販会社による留保所有権の行使と対抗要件

最高裁平成29年12月7日判決　民集71巻10号1925頁、判時2385号63頁、判タ1452号51頁
【369条、499条（旧500条）、501条（旧501条）、破49条、破65条】

論点 弁済による代位により所有権留保売買の売主の権利を取得した者が、その権利を買主の破産手続の管財人に主張するためには、対抗要件が必要となるか

事実の要約

　ＡＢＸの三者は、ＢがＡに対し本件自動車を割賦払いの約定で売却し、売買代金債権を担保するためＢに本件自動車の所有権が留保され（この留保された所有権を「留保所有権」という）、さらに、ＸがＡの委託を受けてＡのＢに対する売買代金債務を連帯保証する、という内容の契約を書面により締結した。この契約では、ＡがＢへの売買代金の支払を怠れば、Ｘは直ちに保証債務の履行としてＢに売買代金残額を支払うことができ、その支払により、Ｘは当然にＢに代位して売買代金債権と留保所有権を行使することができることも確認された。

　本件自動車はＢからＡに引き渡されたが、その所有者の登録名義はＢにされた。Ａが売買代金の支払を怠ったため、ＸはＢに対し売買代金残額を支払った。その後、Ａに関して破産手続開始が決定され、Ｙが破産管財人に選任された。このため、Ｘは、留保所有権に基づき、Ｙに対して本件自動車の引渡しを請求した。

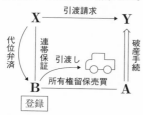

裁判の流れ

　1審（札幌地判平28・5・30民集71巻10号1934頁）：請求認容　2審（札幌高判平28・11・22民集71巻10号1953頁）：控訴棄却　最高裁：上告棄却

　1審は、Ｂはもともとその登録名義によって第三者にも所有権を対抗しえ、その権利をＸが当然に承継したとして、Ｘの請求を認容した。2審もこれを支持した。そこで、Ｙが上告・上告受理申立。

判　旨

　〈上告棄却〉「保証人は、主債務である売買代金債務の弁済をするについて正当な利益を有しており、代位弁済によって購入者に対して取得する求償権を確保するために、弁済によって消滅するはずの販売会社の購入者に対する売買代金債権及びこれを担保するため留保された所有権（以下「留保所有権」という。）を法律上当然に取得し、求償権の範囲内で売買代金債権及び留保所有権を行使することが認められている（民法500条（現499条）、501条（現501条））。そして、購入者の破産手続開始の時点において販売会社を所有者とする登録がされている自動車については、所有権が留保されていることは予測し得るというべきであるから、留保所有権の存在を前提として破産財団が構成されることによって、破産債権者に対する不測の影響が生ずることはない。そうすると、保証人は、自動車につき保証人を所有者とする登録なくして、販売会社から法定代位により取得した留保所有権を別除権と

して行使することができるものというべきである」。

判例の法理

　本判決より前に、所有権留保特約の付いた自動車売買の代金債務に関し、買主のためにクレジット業者が立替払いをするとともに、これによって業者が買主に対して取得する立替金等の債権を担保するために、売主に留保された自動車の所有権を譲り受けるという契約の扱いが、判例で問題になっていた。最判平成22年6月4日（民集64巻4号1107頁）は、業者の立替払いの後に買主の民事再生手続が開始したケースにおいて、業者は自動車の所有権を取得した旨の登録をあらかじめしなければ、その再生手続において所有権の取得を主張しえないという判断を下した。これは、業者への所有権の移転が1つの物権変動であり、その対抗要件を具備しなければ、契約当事者以外の第三者にはそれを対抗しえないという考え方といえる。

　これに対して、本判決は、弁済による代位による権利の取得は法律上の当然の扱いであり、これには対抗要件は不要であるとの立場をとったといえよう。

　平成22年判決の当時には、信販会社は立替払契約によって生ずる債権を直接に担保するために売主の所有権を譲り受けるという約定をしていたところ、最高裁は対抗要件なくしてその対外的効力は認められないとしたために、自動車の登録名義を保持していない信販会社の優先権が否定されることになった。しかし、同判決は、弁済による代位に基づく所有権留保売主の地位の承継については対抗要件を要求するものではなかったため、その後は、信販会社も弁済による代位により求償権を担保するという形式の約定を導入するようになっていた。そして、これに関しては対抗要件が不要であることを明らかにしたのが本判決である。

判例を読む

　弁済による代位における担保権の取得は一般の物権変動に関する177条の射程外にある、というのが一般的見解であり、代位の付記登記を要求していた2017年改正前の旧501条1号も、新法では削除されている。本判決は、この考え方を一貫させたものといえる。

　ただし、なお問題となるのが、所有権留保特約付きの売買の売主は、留保所有権を第三者に対抗するために、対抗要件を必要とするのかである。これについては、**176事件**を参照されたい。

【参考文献】　主に学生向けの解説として、石田剛・平成30年度重判68頁、手続法的観点からの解説として、伊藤眞・平成30年度重判131頁、和田勝行・倒産判例百選6版118頁。調査官解説として、堀内有子・最判解民平成29年度672頁。

古積健三郎

176 所有権留保と集合動産譲渡担保の優劣

最高裁平成 30 年 12 月 7 日判決　民集 72 巻 6 号 1044 頁、判時 2421 号 17 頁、判タ 1463 号 81 頁
【206 条、369 条、176 条】

論点　所有権留保の目的物が集合動産譲渡担保の対象とされた場合には、譲渡担保の効力は認められるか

事実の要約

平成 22 年 3 月、Y と A は、Y が A に対して金属スクラップ等を継続的に売却するという契約を締結した。この契約において、A は、定期的に引渡しを受けた物件を検収したうえで、その代金を翌月に Y に支払うこととし、また、目的物の所有権はこの代金の完済をもって Y から A に移転することとされた。ただし、Y は、A に対して、売り渡した目的物の転売を包括的に承諾しており、A は、Y から目的物の引渡しを受けた直後にこれを特定の業者に転売することを常としていた。

平成 25 年 3 月、X と A は、X が A に継続的に融資をする契約を締結し、これにより X が A に対して現在および将来有する債権を担保するため、集合動産譲渡担保設定契約を締結した。目的物は A の工場等で保管する現在および将来の A 所有の在庫商品等全部であり、その対抗要件として、占有改定および動産債権譲渡特例法 3 条 1 項の登記がされた。

Y は、平成 26 年 5 月 21 日から同年 6 月 18 日までに A に対し金属スクラップ等を売却したものの、これに相当する代金の支払を受けなかった。そのため、Y は、A の工場で保管されている金属スクラップ等につき仮処分命令を得たうえで、当該物件を引き揚げて第三者に売却した。ただ、その中にはすでに代金が支払われている物件も含まれていた。

X は、譲渡担保権の喪失を理由に、Y に対して、不法行為による損害賠償または不当利得の返還を請求した。このさい、X は、X と Y が同じ物件の権利取得について対抗関係にあり、対抗要件を具備していない Y は X に劣後すると主張した。

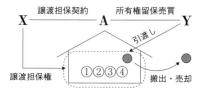

裁判の流れ

1 審（東京地判平 28・4・20 民集 72 巻 6 号 1064 頁）：請求棄却、2 審（東京高判平 29・3・9 民集 72 巻 6 号 1077 頁）：変更、最高裁：上告棄却

1 審は、代金完済までには A に所有権が移転しないとして X の請求を退けたが、2 審は、代金が弁済されている物件についてその請求を認めた。X が上告受理申立。

判旨

〈上告棄却〉「本件売買契約では、毎月 21 日から翌月 20 日までを一つの期間として、期間ごとに納品された金属スクラップ等の売買代金の額が算定され、一つの期間に納品された金属スクラップ等の所有権は、上記の方

法で額が算定された当該期間の売買代金の完済まで Y に留保されることが定められ、これと異なる期間の売買代金の支払を確保するために Y に留保されるものではない。上記のような定めは、売買代金の額が期間ごとに算定される継続的な動産の売買契約において、目的物の引渡しからその完済までの間、その支払を確保する手段を売主に与えるものであって、その限度で目的物の所有権を留保するものである。

また、Y は、A に対して金属スクラップ等の転売を包括的に承諾していたが、これは、Y が A に本件売買契約の売買代金を支払うための資金を確保させる趣旨であると解され、このことをもって上記金属スクラップ等の所有権が A に移転したとみることはできない」。

判例の法理

所有権留保特約付きの売買を、売買代金が完済されてはじめて目的物の所有権が売主から買主に移転するものと解すれば（**所有権的構成**）、それまでは買主は目的物を処分する権限を有しない。それゆえ、買主が目的物をさらに第三者に担保のために譲渡しても、譲渡担保の効力は生じない。本判決はこの立場をとった。このさい、Y A 間には物権変動がない以上、**対抗要件**は必要とならない。X は、所有権留保特約付きの売買では、目的物の所有権が直ちに買主に移転しつつ、売主には担保権が設定されると主張していたが（**担保権的構成**）、本判決はこれを退けた。

また、本件では買主 A に転売の権限が認められていたが、この権限に第三者への担保供与が含まれるとはいい難い。本判決はこの点も明らかにしている。

なお、譲渡担保権の設定を受けた X が即時取得（192 条）によって係争物件の所有権を取得しうるかも問題となる。しかし、A X 間の譲渡担保契約においては占有改定による引渡ししかされておらず、判例は即時取得の要件としての占有の取得に占有改定は含まれないとの立場をとっているので（最判昭和 35・2・11 民集 14 巻 2 号 168 頁）、これも認められない。

判例を読む

173 事件でも、判例は所有権留保に関して所有権的構成を前提にしていたようであったが、本判決によって判例が所有権的構成の立場にあることは明白になった。したがって、**175 事件**のような自動車売買の場合でも、売主自身は必ずしも自己の登録名義を有しなくても、所有権を第三者に主張しうることになるだろう。

【参考文献】　主に学生向けの解説として、秋山靖浩・法教 464 号 119 頁、田高寛貴・新・判例解説 WATCH25 号 57 頁、調査官解説として、松本展幸・最判解民平成 30 年度 322 頁、西内康人・百選 I 202 頁。

古積健三郎

177 代理受領の効力

最高裁昭和44年3月4日判決　民集23巻3号561頁、判時555号45頁、判タ234号121頁

【99条、709条】

論点 代理受領を承認した第三債務者が本来の債権者に支払った場合の責任

事実の要約

AはY（国）の一部局の函館開発建設部（以下では単に「建設部」という）との間で工事請負契約を締結し、Yに対し請負代金債権を取得した。他方で、XはAに対して手形金債権を有していたが、請負代金債権についてXがAを代理して弁済を受領し、これをXのAに対する手形金債権の弁済に充当する旨の合意がAX間でなされた。そして、代理受領の委任状（受任者の名義はXの代表者B）がAからXに交付され、Xはこの委任状を建設部に提出し代理受領の承認を求めた結果、建設部の長であるCはこれを了承した。

その後、Aは事実上倒産し、Dとの間でも同請負代金債権について代理受領の合意をしたが、建設部はXの代理受領を理由としてこれを了承しなかった。そして、建設部はAに対して代理受領の関係を明確にするよう要請し、Xへの支払も留保した。その結果、AはXに対する受領委任を解除する意思表示をし、これを建設部に通知して自己へ支払うよう請求したため、CはAに対して支払った。

これに対しXは、Cの行為によってAから弁済を受けられなくなり、これによって受けた損害をYを国家賠償法または民法715条に基づき賠償する責任があるとして、損害賠償請求の訴えを提起した。

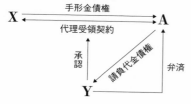

裁判の流れ

1審（東京地判昭39・3・30民集23巻571頁）：請求棄却　2審（東京高判昭41・3・7民集23巻3号581頁）：請求認容　最高裁：上告棄却

1審は、Aは正当な理由なくXへの受領の委任を解除できず、Aの解除の意思表示は無効であり、Aへの支払によってXは手形金債権の満足を得られなくなり損害を受けた、としつつ、Yは代理受領の承認によってXに対し債務を負担したのではなく、Cの支払は違法なものではないとして、Xの請求を棄却した。これに対し、2審は、代理受領の解除の通知があっただけでAに支払いをしたことには過失があるとして、Yの不法行為責任を認め、最高裁もこれを支持した。

判旨

〈上告棄却〉「本件請負代金債権は、XのAに対する本件手形金債権の担保となっており、函館開発建設部は、本件代理受領の委任状が提出された当時右担保の事実を知って右代理受領を承認したというのである。そして右

事実関係のもとにおいては、Xは、Bが同建設部から右請負代金を受領すれば、右手形金債権の満足が得られるという利益を有すると解されるが、また、右承認は、単に代理受領を承認するというにとどまらず、代理受領によって得られるXの右利益を承認し、正当の理由がなく右利益を侵害しないという趣旨をも当然包含するものと解すべきであり、したがって、同建設部としては、右承認の趣旨に反し、Xの右利益を害することのないようにすべき義務があると解するのが相当である。しかるに、原判決によれば、同建設部長Cは、右義務に違背し、原判示の過失により、右請負代金をAに支払い、Bがその支払を受けることができないようにしたというのであるから、右Cの行為は違法なものというべく、したがって、原審が結局Yに不法行為責任を認めた判断は正当である。そして函館開発建設部のAに対する支払が有効であるとしても、原審が、右支払のされたことのみによって直ちに原判示の過失を認めたものでないことは、原判文により明らかである」。

判例の法理

●代理受領の意義

Xが、Aに対する債権を担保・保全するために、AのYに対する債権についてAを代理して弁済を受領し、あるいは取立てることは、代理受領といわれる。これが担保の機能をもつのは、XがYから受け取った金銭をAに対する債権の弁済に充当することによって簡易に債権を回収できるからである。代理受領の合意は、AがXに弁済の受領ないし債権の取立てを委託する契約（656条）に該当するといえるが、ここではAの**解除の自由**（651条1項）は制限される。さもないと、代理受領の担保としての意義が喪失してしまうからである。代理受領で使われている委任状には通常これが明記されていたが、たとえこれが明示されない場合でも、代理受領の目的からは解約の自由は制限されると考えるべきだろう。本件でも、1審がこのように考え、2審および最高裁もこれを前提にしている。

従来、代理受領の取引が用いられた背景には、本件のような国等のする取引において、発生する**債権の譲渡禁止の特約**がされるために、その債権を担保のために第三者に譲渡することなどができなかった事情がある。これに対し、2017年の民法改正により、かかる譲渡制限の特約があっても、預貯金債権を除けば（新466条の5第1項）なお譲渡自体の効力は認められることになった（新466条2項）。ただし、特約について譲受人に悪意または重過失がある場合には、債務者は譲受人に対して弁済を拒絶しうるため（同条3項）、なお代理受領の意味は完全にはなくならないといえよう。

●第三債務者との関係

ただし、単にXA間で代理受領の約定がなされても、第三債務者たるYがこれを関知しなければ、原則として

Yはこれに拘束されることなく、依然としてAに有効に弁済をすることができると考えなければならない。自分が関わらない契約には拘束されないのが原則であるからである。そして、XのためにAのYに対する債権に質権が設定され（債権質）、あるいは担保のためにXに債権が譲渡された場合（債権譲渡担保）でも、対抗要件の通知・承諾がなければ、YはAに適法・有効に弁済をすることができる、という点に鑑みると、代理受領においても、少なくともその事実を知らないYはその影響を受けるべきではない。そのため、実務では、本件のようにYに代理受領の事実を通知し、その承認を得ることにしている。

それでは、代理受領を承認したYがXの承諾なしにAに弁済をしてしまった場合には、その効果はどうなるか。本判決は、Aへの弁済は有効であることを前提にしつつ、代理受領の承認によって、YにはXの利益を害することのないようにする義務があり、これに反したならば不法行為による損害賠償責任が生じるとした。その根拠は、Yの承認には、Xの利益を承認し正当な理由がない限りこれを害しないという趣旨も含まれる、という点に求められている。本判決の後も、YがXに無断でAに弁済しても、YはXに支払義務を負うわけではないから弁済自体は有効であるが、YはXに対し不法行為による損害賠償責任を負うとする最高裁判決が出ている（最判昭61・11・20判時1219号63頁）。

判例を読む
●承認の効果に関する3つの考え方

代理受領を承認したYがAに弁済をしてしまった場合には、主に、①弁済は有効でありYには何らの責任もない、②弁済は有効であるがこれによってXの被った損害をYは賠償する責任を負う（本判決の立場）、③そもそもYはXに対し弁済による債権の消滅を主張することができず、XはYにさらに支払を請求することができる、という3つの解釈が考えられる。

まず、①のような立場は以前の判例（最判昭43・6・20金法522号27頁など）にみられた（ただし、当該判例では、債権者が取立ての委任状の交付を受けた後にも債務者によって目的債権の取立てがなされ、債権者はこれに何らの関心も示さなかったという事実が重視されている）。しかし、これは少なくとも本件のような事実関係のもとでは妥当でない。確かに、代理受領の合意は第1にXA間でなされており、これだけではXA間の債権契約にすぎない。しかし、第三者による債権侵害の場合にも一定の要件のもとに不法行為が成立するというのが通説である（加藤一郎『不法行為〔増補版〕』（有斐閣、1974）115頁、四宮和夫『事務管理・不当利得・不法行為 中巻』（青林書院、1983）321頁など参照）。Yが代理受領の目的（担保）を認識しつつこれを承認すれば、これによってXの有する利益も認識しているといえる。したがって、その承諾なしにAに弁済すれば、少なくとも不法行為責任を問われる可能性は否定されない。

この意味で、代理受領を承認したYに責任を認める本判決は正当といえる。ただし、Xの保護を徹底するならば、より進んで、③の考え方（吉原省三「代金債権担保の問題点」金法452号22頁など）を採用することができないかが問題となろう。先に掲げた債権質や債権譲渡担保においては、対抗要件としての通知・承諾がされれば、

本来の債権者への弁済は質権者や譲渡担保権者に対抗しえず、質権者らはなお債務者に対して支払を請求しうることになっている。これと代理受領をパラレルに捉えることができるならば、そもそもYの損害賠償責任を論じる意味はない。

しかし、これは行き過ぎた解釈ではないだろうか。代理受領は、債権質や債権譲渡担保のように排他的な権利を設定・移転するものではなく、Xに与えられた受領・取立ての権限は債権者としてのAの権利と両立しないとまではいえないからである。これは、結局、代理受領の法的性質をどのように捉えるかという問題（その議論の詳細については、松本・後掲423号35～37頁参照）に関連するが、その効力を純然たる債権質などと同等に扱えば、代理受領の独自の意義がなくなってしまう。もちろん、Yの承認を単なる観念の通知ではなくXに支払義務を負う意思表示と解釈することができれば、XY間ではYがXに支払うという契約が成立し、これによってXはYにさらなる支払を請求しうるともいえよう。実際に、代理受領の委任状の文言を重視してこのように考える立場もある（篠田省二・金法1167号14～15頁など。なお、我妻栄『民法案内2民法総則〔全訂第1版〕』（一粒社、1984）244頁参照）。しかし、XとAがあえて受領・取立ての委任という方式を採用している以上、これに質権と同等、あるいはそれ以上の効力を認めるのはやはり疑問である。

●不法行為責任か債務不履行責任か

以上を要するに、本件のAへの弁済は有効であるが、YにはXの利益を害さない義務があるとして、これに違反すれば賠償責任を負うとするのが穏当であろう（なお、Aはさらにとも代理受領の約定をしているが、仮にYがこれを承認してDに支払ってしまった場合にも、弁済の効力は認め、XはYに損害賠償を請求し得るにとどまる、と解すべきであろう）。ただし、Yの責任を**不法行為責任**ではなく**債務不履行責任**と考える余地も残される点には注意が必要である。というのは、Yの承認を、Xの承諾なしにAには弁済しないという不作為の義務を負う意思表示と解することができれば、Yには契約上の責任が生じる可能性があるからである。しかし、判例は不法行為責任を認めるにとどまっており（前掲最判昭61・11・20）、代理受領と同じ機能を有する**振込指定**においても同様の立場がとられている（最判昭58・4・14判タ540号191頁）。

もっとも、Yの責任をあえて債務不履行責任として位置づける格別のメリットはないといえよう。2017年の民法改正前には、不法行為と債務不履行との間で損害賠償請求権の消滅時効期間には大きな差があり、債務不履行責任が権利者にとって有利になることが多かったが、改正後の民法では両者の差はほとんどなくなっているからである。また、損害賠償を根拠づける帰責の要件を不法行為の過失とするにせよ、債務不履行の義務違反とするにせよ、その実質的内容もほとんど変わらない。

【参考文献】 主に学生向けの解説として、加藤雅信・百選I5版210頁。調査官解説として、杉田洋一・最判解民昭和44年度133頁。判例・学説を詳細に検討したものとして、松本恒雄「代理受領の担保的効果」判タ423号32頁、424号32頁、425号33頁。

古積健三郎

判 例 索 引

タイトルの次の〔 〕内ゴシック数字は判例番号を示す。

大連判明 41・12・15 民録 14 輯 1276 頁　民法 177 条の第三者の客観的基準〔88〕‥‥‥‥‥‥‥123

大連判明 41・12・15 民録 14 輯 1301 頁　登記を要する物権変動の範囲〔79〕‥‥‥‥‥‥‥‥110

大判大 4・3・24 民録 21 輯 439 頁　出世払いの合意〔56〕‥‥‥‥‥‥‥‥‥‥‥‥‥‥‥‥‥‥‥81

大判大 10・6・2 民録 27 輯 1038 頁　慣習の効力【塩釜レール入事件】〔28〕‥‥‥‥‥‥‥‥38

大判大 12・6・11 民集 2 巻 396 頁　法定追認の要件〔52〕‥‥‥‥‥‥‥‥‥‥‥‥‥‥‥‥‥‥76

大判大 13・5・22 民集 3 巻 224 頁　交互侵奪の場合の占有訴権〔113〕‥‥‥‥‥‥‥‥‥‥‥158

大判昭 5・10・31 民集 9 巻 1009 頁　物権的請求権の内容——行為請求権〔75〕‥‥‥‥‥‥105

大判昭 7・6・6 民集 11 巻 1115 頁　実質的な利益相反行為〔39〕‥‥‥‥‥‥‥‥‥‥‥‥‥‥57

大判昭 7・10・6 民集 11 巻 20 号 2023　胎児の権利能力【阪神電鉄事件】〔4〕‥‥‥‥‥‥‥6

大判昭 7・10・26 民集 11 巻 1920 頁　現受利益の範囲〔54〕‥‥‥‥‥‥‥‥‥‥‥‥‥‥‥‥79

大判昭 9・2・26 民集 13 巻 366 頁　弁済として給付した額の些少な不足と信義則〔1〕‥‥‥1

大判昭 9・5・1 民集 13 巻 875 頁　暴利行為〔19〕‥‥‥‥‥‥‥‥‥‥‥‥‥‥‥‥‥‥‥‥‥26

大判昭 10・10・1 民集 14 巻 1671 頁　建築中の建物が独立の不動産になる時期〔17〕‥‥‥24

大判昭 10・10・5 民集 14 巻 1965 頁　権利の濫用【宇奈月温泉事件】〔3〕‥‥‥‥‥‥‥‥‥4

大判昭 12・11・19 民集 26 巻 1881 頁　物権的請求権行使の相手方(1)——侵害物件の所有者の変更〔73〕‥‥‥103

大判昭 13・3・30 民集 17 巻 578 頁　動機の不法〔18〕‥‥‥‥‥‥‥‥‥‥‥‥‥‥‥‥‥‥‥25

大判昭 15・9・18 民集 19 巻 1611 頁　慣習法上の物権——湯口権【鷹の湯事件】〔76〕‥‥‥107

大判昭 17・9・30 民集 21 巻 911 頁　法律行為の取消しと登記〔80〕‥‥‥‥‥‥‥‥‥‥‥112

大判昭 19・6・28 民集 23 巻 387 頁　内心の意思の不一致と契約の成立〔27〕‥‥‥‥‥‥‥37

最大判昭 29・10・20 民集 8 巻 10 号 1907 頁　住所——生活の本拠【星嶺寮事件】〔7〕‥‥‥10

最判昭 30・12・26 民集 9 巻 14 号 2097 頁　地役権の時効取得〔132〕‥‥‥‥‥‥‥‥‥‥183

最判昭 32・2・15 民集 11 巻 2 号 270 頁　法人の機関による所持と占有〔109〕‥‥‥‥‥‥153

最判昭 32・11・14 民集 11 巻 12 号 1943 頁　権利能力のない社団の財産の帰属〔13〕‥‥‥18

最判昭 33・6・14 民集 12 巻 9 号 1492 頁　売買目的物の性質の錯誤〔31〕‥‥‥‥‥‥‥‥43

最判昭 33・6・20 民集 12 巻 10 号 1585 頁　所有権移転の時期〔77〕‥‥‥‥‥‥‥‥‥‥108

最判昭 33・7・1 民集 12 巻 11 号 601 頁　強迫による意思表示〔35〕‥‥‥‥‥‥‥‥‥‥‥50

最判昭 34・8・7 民集 13 巻 10 号 1223 頁　立木の留保と明認方法〔104〕‥‥‥‥‥‥‥‥145

最判昭 35・2・11 民集 14 巻 2 号 168 頁　占有改定による引渡し〔106〕‥‥‥‥‥‥‥‥‥148

最判昭 35・2・19 民集 14 巻 2 号 250 頁　取引勧誘の代行権限と民法 110 条の基本代理権〔42〕‥‥‥62

最判昭 35・3・1 民集 14 巻 3 号 307 頁　植栽樹木の付合〔122〕‥‥‥‥‥‥‥‥‥‥‥‥‥169

最判昭 35・4・21 民集 14 巻 6 号 946 頁　中間省略登記の効力〔96〕‥‥‥‥‥‥‥‥‥‥134

最判昭 35・7・27 民集 14 巻 10 号 1871 頁　取得時効と登記〔85〕‥‥‥‥‥‥‥‥‥‥‥119

最判昭 35・10・21 民集 14 巻 12 号 2661 頁　名義の使用許諾と民法 109 条〔40〕‥‥‥‥‥58

最判昭 35・11・29 民集 14 巻 13 号 2869 頁　契約の解除と登記〔81〕‥‥‥‥‥‥‥‥‥114

最判昭 36・4・20 民集 15 巻 4 号 774 頁　意思表示の到達〔36〕‥‥‥‥‥‥‥‥‥‥‥‥‥51

最判昭 36・5・4 民集 15 巻 5 号 1253 頁　明認方法とその存続〔103〕‥‥‥‥‥‥‥‥‥‥143

最判昭 36・7・20 民集 15 巻 7 号 1903 頁　再度の時効期間経過〔86〕‥‥‥‥‥‥‥‥‥‥121

最判昭 37・3・15 民集 16 巻 3 号 556 頁　建築確認のための隣地通行権の拡幅〔116〕‥‥‥161

最判昭 37・8・10 民集 16 巻 8 号 1700 頁　無権利者の処分の追完〔53〕‥‥‥‥‥‥‥‥‥78

最判昭 38・2・22 民集 17 巻 1 号 235 頁　共同相続と登記〔82〕‥‥‥‥‥‥‥‥‥‥‥‥‥115

最判昭 38・5・31 民集 17 巻 4 号 588 頁　所有権移転時期についての合意〔78〕‥‥‥‥‥109

最判昭 39・1・24 判時 365 号 26 頁　金銭の所有権〔125〕‥‥‥‥‥‥‥‥‥‥‥‥‥‥‥‥174

最判昭 39・2・25 民集 18 巻 2 号 329 頁　共有物の管理行為の例〔130〕 ……………………………… 180

最判昭 39・5・23 民集 18 巻 4 号 621 頁　白紙委任状の濫用と民法 109 条〔41〕 ……………………… 60

最判昭 39・10・15 民集 18 巻 8 号 1671 頁　権利能力のない社団の成立要件〔12〕 ……………………… 16

最判昭 40・3・4 民集 19 巻 2 号 197 頁　占有訴権と本権に基づく訴え〔114〕 ……………………… 159

最判昭 40・5・4 民集 19 巻 4 号 797 頁　流用登記の無効〔94〕 ……………………………………… 132

最判昭 40・5・4 民集 19 巻 4 号 811 頁　抵当権の効力の及ぶ範囲——従たる権利〔147〕 …………… 203

最判昭 40・5・20 民集 19 巻 4 号 822 頁　入会権(2)——入会権の成立〔135〕 …………………… 186

最判昭 40・9・21 民集 19 巻 6 号 1560 頁　中間省略登記請求〔97〕 ………………………………… 135

最大判昭 41・4・20 民集 20 巻 4 号 702 頁　時効完成後の債務承認〔63〕 ……………………………… 89

最判昭 41・4・26 民集 20 巻 4 号 849 頁　農業協同組合の員外貸付けと法人の目的の範囲〔8〕 ……… 11

最判昭 41・5・19 民集 20 巻 5 号 947 頁　協議を経ない共有物の単独使用(1)——多数者による明渡請求〔128〕 ……… 178

最判昭 41・11・18 民集 20 巻 9 号 1827 頁　手続要件に違反した登記の効力〔93〕 ………………… 131

最判昭 42・1・20 民集 21 巻 1 号 16 頁　相続放棄と登記〔83〕 …………………………………… 117

最判昭 42・4・27 判時 492 号 55 頁　善意・無過失の認定〔107〕 ………………………………… 150

最判昭 42・6・23 民集 21 巻 6 号 1492 頁　消滅時効の進行〔72〕 ………………………………… 102

最判昭 42・10・31 民集 21 巻 8 号 2232 頁　民法 94 条 2 項と 177 条〔102〕 …………………… 142

最判昭 43・8・2 民集 22 巻 8 号 1571 頁　背信的悪意者の排除〔89〕 ……………………………… 125

最判昭 43・10・8 民集 22 巻 10 号 2145 頁　賃借権の取得時効〔68〕 ……………………………… 96

最大判昭 43・11・13 民集 22 巻 12 号 2510 頁　被告としての応訴〔64〕 …………………………… 90

最判昭 43・11・21 民集 22 巻 12 号 2765 頁　留置権の成立要件——被担保債権と物との牽連関係〔137〕 ……… 188

最判昭 44・2・13 民集 23 巻 2 号 291 頁　制限行為能力者の詐術〔6〕 ……………………………… 9

最判昭 44・2・27 民集 23 巻 2 号 511 頁　法人格の否認〔15〕 …………………………………… 22

最判昭 44・3・4 民集 23 巻 3 号 561 頁　代理受領の効力〔177〕 ………………………………… 247

最判昭 44・3・28 民集 23 巻 3 号 699 頁　抵当権の効力の及ぶ目的物の範囲〔146〕 ……………… 201

最高裁昭 44・7・4 民集 23 巻 8 号 1347 頁　クリーンハンズの原則〔2〕 …………………………… 3

最判昭 44・7・15 民集 23 巻 8 号 1520 頁　地上建物の賃借人による時効の援用〔61〕 …………… 87

最判昭 44・7・25 民集 23 巻 8 号 1627 頁　建物増築部分の付合〔121〕 ………………………… 167

最判昭 44・11・14 民集 23 巻 11 号 2023 頁　代理権濫用の相手方からの転得者〔38〕 …………… 55

最判昭 44・12・18 民集 23 巻 12 号 2476 頁　夫婦の日常家事代理権と民法 110 条の基本代理権〔44〕 …… 65

最大判昭 45・6・24 民集 24 巻 6 号 625 頁　会社による政治資金の寄付と法人の目的の範囲

【八幡製鉄政治献金事件】〔9〕 ………………………………………………………………… 12

最判昭 45・9・22 民集 24 巻 10 号 1424 頁　民法 94 条 2 項の類推適用(1)——事後承認の場合〔99〕 …… 137

最判昭 45・10・22 民集 24 巻 11 号 1599 頁　条件成就の妨害〔57〕 ……………………………… 82

最判昭 45・11・19 民集 24 巻 12 号 1916 頁　民法 94 条 2 項の類推適用(2)——他人による外形の拡張の場合〔100〕 … 139

最判昭 46・1・26 民集 25 巻 1 号 90 頁　遺産分割と登記〔84〕 …………………………………… 118

最判昭 46・3・25 民集 25 巻 2 号 208 頁　譲渡担保(1)——清算義務〔164〕 …………………… 226

最判昭 46・6・3 民集 25 巻 4 号 455 頁　登記申請の代理権と民法 110 条の基本代理権〔43〕 ……… 64

最判昭 46・11・5 民集 25 巻 8 号 1087 頁　二重譲渡の第一譲受人による時効取得〔69〕 ………… 97

最判昭 46・11・30 民集 25 巻 8 号 1437 頁　相続は「新たな権原」か？〔110〕 ………………… 154

最判昭 47・4・14 民集 26 巻 3 号 483 頁　隣地通行権の対抗〔118〕 ……………………………… 164

最判昭 47・9・7 民集 26 巻 7 号 1327 頁　取消しによる原状回復と同時履行〔55〕 ……………… 80

最判昭 48・6・28 民集 27 巻 6 号 724 頁　民法 94 条 2 項の「第三者」〔30〕 …………………… 41

最判昭 48・7・3 民集 27 巻 7 号 751 頁　本人による無権代理人相続〔49〕 ………………………… 73

最判昭 48・10・9 民集 27 巻 9 号 1129 頁　権利能力のない社団の債務についての構成員の責任〔14〕 …… 20

最判昭 49・9・26 民集 28 巻 6 号 1213 頁　民法 96 条 3 項の「第三者」の登記の要否〔34〕 ……… 48

最判昭 49・12・24 民集 28 巻 10 号 2117 頁　流用登記の有効〔95〕 ……………………………… 133

最判昭 50・2・28 民集 29 巻 2 号 193 頁　留保所有権の主張と権利濫用〔173〕 ………………… 242

最判昭 50・7・14 民集 29 巻 6 号 1012 頁　法人の代表者の不法行為〔11〕 ……………………………………14

最判昭 51・6・17 民集 30 巻 6 号 616 頁　留置権の不成立——不法行為による占有開始〔138〕 …………190

最判昭 51・6・25 民集 30 巻 6 号 665 頁　民法 110 条の「正当な理由」〔45〕 ………………………………66

最判昭 53・3・6 民集 32 巻 2 号 135 頁　占有の承継〔112〕 ……………………………………………………157

最判昭 53・7・4 民集 32 巻 5 号 785 頁　共同抵当(2)〔159〕 …………………………………………………219

最判昭 54・1・25 民集 33 巻 1 号 26 頁　付合か加工か（建前の仕上げと所有権の帰属）〔124〕 ………172

最判昭 56・3・24 民集 35 巻 2 号 300 頁　男女別定年制の公序良俗違反〔21〕 ……………………………28

最判昭 57・3・12 民集 36 巻 3 号 349 頁　抵当権に基づく動産の返還請求〔143〕 ………………………197

最判昭 58・3・24 民集 37 巻 2 号 131 頁　自主占有の推定に対する反証〔70〕 ……………………………99

最判昭 59・1・20 民集 38 巻 1 号 1 頁　美術著作物の所有権と著作権〔115〕 …………………………160

最判昭 60・7・19 民集 39 巻 5 号 1326 頁　一般債権者の差押え後の物上代位権行使〔140〕 …………192

最判昭 61・3・17 民集 40 巻 2 号 420 頁　時効の援用の効果〔62〕 …………………………………………88

最大判昭 61・6・11 民集 40 巻 4 号 872 頁　一般的人格権【北方ジャーナル事件】〔5〕 …………………7

最判昭 61・11・20 民集 40 巻 7 号 1167 頁　良俗違反〔20〕 …………………………………………………27

最判昭 61・11・20 判時 1220 号 61 頁　ホステスの保証〔23〕 ………………………………………………30

最判昭 61・12・16 民集 40 巻 7 号 1236 頁　海面下の土地〔16〕 ……………………………………………23

最判昭 62・2・12 民集 41 巻 1 号 67 頁　譲渡担保の清算基準時〔165〕 ……………………………………228

最判昭 62・2・20 民集 41 巻 1 号 159 頁　修正的解釈〔29〕 …………………………………………………39

最大判昭 62・4・22 民集 41 巻 3 号 408 頁　共有物分割——価格賠償による調整〔131〕 …………………181

最判昭 62・7・7 民集 41 巻 5 号 1133 頁　無権代理人の責任〔46〕 …………………………………………68

最判昭 62・11・10 民集 41 巻 8 号 1559 頁　集合動産譲渡担保の成立と対抗要件〔169〕 ………………234

最判昭 62・11・12 判時 1261 号 71 頁　受戻権行使と第三者〔168〕 ………………………………………232

最判昭 63・3・1 判時 1312 号 92 頁　第三者による無権代理人と本人の双方相続〔50〕 ………………74

最判平元・9・14 判時 1336 号 93 頁　動機（法律行為の基礎とした事情）の黙示の表示〔33〕 ………47

最判平元・9・19 民集 43 巻 8 号 955 頁　境界線付近の建築の制限〔120〕 ………………………………166

最判平 2・1・22 民集 44 巻 1 号 314 頁　法定地上権の成立要件——建物と敷地同一所有の時期〔154〕 ……211

最判平 2・11・20 民集 44 巻 8 号 1037 頁　210 条と 213 条の隣地通行権〔119〕 ………………………165

最判平 2・12・18 民集 44 巻 9 号 1686 頁　物上保証人による事前求償権行使の可否〔145〕 …………200

最判平 4・11・6 民集 46 巻 8 号 2625 頁　共同抵当(1)〔158〕 ………………………………………………217

最判平 4・12・10 民集 46 巻 9 号 2727 頁　親権者の代理権濫用〔37〕 ……………………………………53

最判平 5・1・21 民集 47 巻 1 号 265 頁　無権代理人による本人の共同相続〔47〕 ……………………70

最判平 5・2・26 民集 47 巻 2 号 1653 頁　不動産譲渡担保権の設定と火災保険契約の締結〔162〕 …224

最判平 6・1・25 民集 48 巻 1 号 18 頁　建物の合体と抵当権の帰趨〔123〕 ……………………………170

最判平 6・2・8 民集 48 巻 2 号 373 頁　物権的請求権行使の相手方(2)——侵害建物の所有権譲渡〔74〕 …104

最判平 6・2・22 民集 48 巻 2 号 414 頁　受戻権〔166〕 ………………………………………………………229

最判平 6・2・22 民集 48 巻 2 号 441 頁　消滅時効の起算点〔71〕 …………………………………………101

最判平 6・5・31 民集 48 巻 4 号 1029 頁　不正な条件成就〔58〕 …………………………………………58

最判平 6・5・31 民集 48 巻 4 号 1065 頁　入会権(1)——総有権確認請求〔134〕 ………………………185

最判平 6・9・13 民集 48 巻 6 号 1263 頁　後見人による追認拒絶〔51〕 …………………………………75

最判平 6・12・20 民集 48 巻 8 号 1470 頁　土地・建物が共有である場合の法定地上権〔157〕 ………216

最判平 8・3・19 民集 50 巻 3 号 615 頁　税理士会による政治資金の寄付と法人の目的の範囲〔10〕 …13

最判平 8・9・27 民集 50 巻 8 号 2395 頁　連帯保証債務の物上保証人に対する抵当権の実行〔66〕 …93

最判平 8・10・29 民集 50 巻 9 号 2506 頁　背信的悪意者からの転得者〔92〕 …………………………130

最判平 8・11・12 民集 50 巻 10 号 2591 頁　他主占有者の相続人と所有の意思〔111〕 ………………155

最判平 8・12・17 民集 50 巻 10 号 2778 頁　協議を経ない共有物の単独使用(2)——無償使用の合意の推認〔129〕 ……179

最判平 9・2・14 民集 51 巻 2 号 375 頁　建物の再築と法定地上権の成否〔156〕 ……………………214

最判平 9・7・3 民集 51 巻 6 号 2500 頁　債務者の承諾による留置物の使用〔139〕 …………………191

最判平 9・9・4 民集 51 巻 8 号 3619 頁　損失保証契約の無効〔22〕 ······················· 29
最判平 10・1・30 民集 52 巻 1 号 1 頁　賃料債権に対する物上代位〔149〕 ················· 205
最判平 10・2・13 民集 52 巻 1 号 65 頁　登記のない地役権と承役地の譲受人〔90〕 ········· 127
最判平 10・6・22 民集 52 巻 4 号 1195 頁　詐害行為の受益者による時効の援用〔59〕 ········ 84
最判平 10・7・17 民集 52 巻 5 号 1296 頁　本人による追認拒絶後の無権代理人による本人相続〔48〕 ···· 72
最判平 10・11・24 民集 52 巻 8 号 1737 頁　仮差押え〔67〕 ···························· 95
最決平 10・12・18 民集 52 巻 9 号 2024 頁　動産買主が取得する請負代金債権に対する動産売主の物上代位権〔141〕
　·· 193
最判平 11・2・23 民集 53 巻 2 号 193 頁　任意の脱退を許さない組合契約〔25〕 ············· 33
最決平 11・5・17 民集 53 巻 5 号 863 頁　動産譲渡担保権に基づく物上代位〔163〕 ·········· 225
最判平 11・10・21 民集 53 巻 7 号 1190 頁　後順位抵当権者による時効の援用〔60〕 ·········· 85
最判平 11・11・30 民集 53 巻 8 号 1965 頁　買戻代金債権に対する物上代位〔148〕 ·········· 204
最決平 12・4・14 民集 54 巻 4 号 1552 頁　転貸賃料に対する物上代位〔150〕 ··············· 206
最判平 12・6・27 民集 54 巻 5 号 1737 頁　民法 194 条の善意占有者の目的物使用収益権〔108〕 ····· 151
最判平 13・3・13 民集 55 巻 2 号 363 頁　物上代位——賃料債権への物上代位と賃借人による相殺〔151〕 ····· 207
最判平 13・11・22 民集 55 巻 6 号 1056 頁　集合債権譲渡担保の対抗要件〔172〕 ············ 240
最判平 14・3・28 民集 56 巻 3 号 689 頁　賃料債権への物上代位と敷金充当〔153〕 ··········· 210
最判平 15・4・18 民集 57 巻 4 号 366 頁　公序良俗違反の判断基準時〔24〕 ················ 31
最判平 15・7・11 民集 57 巻 7 号 787 頁　持分権に基づく登記請求〔127〕 ················· 176
最判平 17・2・22 民集 59 巻 2 号 314 頁　動産の先取特権に基づく物上代位権の行使——差押えの意義〔142〕 ····· 195
最判平 17・3・10 民集 59 巻 2 号 356 頁　抵当権に基づく転々借人に対する明渡請求〔144〕 ····· 198
最判平 18・1・17 民集 60 巻 1 号 27 頁　取得時効完成後の譲受人と背信的悪意者〔91〕 ········ 128
最判平 18・2・7 民集 60 巻 2 号 480 頁　買戻特約付売買契約と譲渡担保〔161〕 ············· 222
最判平 18・2・23 民集 60 巻 2 号 546 頁　民法 94 条 2 項と民法 110 条の類推適用——承認がなく重過失がある場合
　〔101〕 ··· 140
最判平 18・3・16 民集 60 巻 3 号 735 頁　自動車通行のための隣地通行権の拡幅〔117〕 ······· 163
最判平 18・7・20 民集 60 巻 6 号 2499 頁　集合動産譲渡担保目的物の設定者による処分〔170〕 ····· 236
最判平 18・10・20 民集 60 巻 8 号 3098 頁　譲渡担保と差押債権者〔167〕 ················· 230
最判平 19・7・6 民集 61 巻 5 号 1940 頁　法定地上権の成否——建物敷地所有者別異時の先順位抵当権と同一時の後順
　位抵当権があるとき前者消滅後の抵当権実行〔155〕 ······························ 213
最判平 20・4・14 民集 62 巻 5 号 909 頁　入会権の処分についての慣習の効力〔136〕 ········· 187
最判平 20・7・17 民集 62 巻 7 号 1994 頁　入会権を有することの確認請求〔133〕 ··········· 184
最判平 21・3・10 民集 63 巻 3 号 385 頁　自動車所有権を留保する信販会社の責任〔174〕 ····· 244
最判平 21・7・3 民集 63 巻 6 号 1047 頁　担保不動産収益執行——賃料債権と賃借人の賃貸人に対する債権との相殺の
　可否〔152〕 ··· 209
最判平 22・4・20 判時 2078 号 22 頁　持分権に基づく不実の持分登記の是正方法〔126〕 ······· 175
最決平 22・12・2 民集 64 巻 8 号 1990 頁　集合動産譲渡担保に基づく物上代位〔171〕 ········ 238
最判平 22・12・16 民集 64 巻 8 号 2050 頁　真正な登記名義の回復を原因とする移転登記請求〔98〕 ···· 136
最判平 24・3・16 民集 66 巻 5 号 2321 頁　再度の時効期間経過と抵当権の消滅〔87〕 ········· 122
最判平 25・6・6 民集 67 巻 5 号 1208 頁　明示的一部請求〔65〕 ························ 92
最判平 28・1・12 民集 70 巻 1 号 1 頁　動機（法律行為の基礎とした事情）の錯誤〔32〕 ······· 45
最決平 29・5・10 民集 71 巻 5 号 789 頁　間接占有と占有改定〔105〕 ···················· 146
最判平 29・7・24 民集 71 巻 6 号 969 頁　非弁行為にあたる和解契約の効力〔26〕 ··········· 35
最判平 29・12・7 民集 71 巻 10 号 1925 頁　信販会社による留保所有権の行使と対抗要件〔175〕 ····· 245
最判平 30・2・23 民集 72 巻 1 号 1 頁　抵当権の時効消滅〔160〕 ························· 221
最判平 30・12・7 民集 72 巻 6 号 1044 頁　所有権留保と集合動産譲渡担保の優劣〔176〕 ········ 246

執筆者紹介 （執筆順）

西内康人	京都大学大学院法学研究科教授
鶴藤倫道	神奈川大学法学部教授
後藤元伸	関西大学政策創造学部教授
＊佐久間毅	同志社大学大学院司法研究科教授
山下純司	学習院大学法学部教授
竹中悟人	学習院大学法学部教授
大中有信	同志社大学司法研究科教授
野々上敬介	龍谷大学法学部准教授
岩藤美智子	岡山大学学術研究院法務学域教授
尾島茂樹	金沢大学大学院法学研究科教授
齋藤由起	北海道大学大学院法学研究科教授
大久保邦彦	大阪大学大学院国際公共政策研究科教授
原田昌和	立教大学法学部教授
田中康博	神戸学院大学法学部教授
石田　剛	一橋大学大学院法学研究科教授
＊松岡久和	立命館大学大学院法務研究科教授
七戸克彦	九州大学大学院法学研究院教授
武川幸嗣	慶應義塾大学法学部教授
藤澤治奈	立教大学法学部教授
石口　修	愛知大学大学院法務研究科教授
秋山靖浩	早稲田大学大学院法務研究科教授
神田英明	明治大学法学部専任講師
鎌野邦樹	早稲田大学名誉教授
関　武志	青山学院大学名誉教授
鳥山泰志	一橋大学大学院法学研究科教授
占部洋之	関西大学大学院法務研究科教授
山野目章夫	早稲田大学大学院法務研究科教授
池田雅則	成城大学法学部教授
古積健三郎	中央大学大学院法務研究科教授

＊は編者

判例講義 民法 I　総則・物権〔第3版〕

2002 年 5 月 1 日	第 1 版第 1 刷発行
2005 年 4 月 20 日	補訂版第 1 刷発行
2014 年 11 月 20 日	第 2 版第 1 刷発行
2024 年 5 月 20 日	第 3 版第 1 刷発行

編者　佐久間　毅
　　　松岡　久和

発行者　井村寿人

発行所　株式会社　勁草書房

112-0005 東京都文京区水道2-1-1　振替　00150-2-175253
（編集）電話 03-3815-5277／FAX 03-3814-6968
（営業）電話 03-3814-6861／FAX 03-3814-6854
本文組版 プログレス・理想社・中永製本

判例講義シリーズ◆◆◆◆◆◆◆◆◆◆◆◆◆◆◆◆◆◆◆◆◆◆◆◆◆◆◆◆◆◆◆◆◆

佐久間毅・松岡久和編
判例講義民法Ⅰ 総則・物権 第3版　　　　　本書

池田真朗・片山直也・北居功編
判例講義民法Ⅱ 債権 新訂第3版　　　　3,520円

奥田昌通・安永正昭編
法学講義民法総則 第3版　　　A5判 3,080円

小型でパワフル名著ダットサン！
通説の到達した最高水準を簡明に解説する。

ダットサン民法◆◆◆◆◆◆◆◆◆◆◆◆◆◆◆◆◆◆◆◆◆◆◆◆◆◆◆◆◆◆◆◆

我妻榮・有泉亨・川井健・鎌田薫
民法 1 総則・物権法 第4版　　四六判 2,420円

我妻榮・有泉亨・川井健・野村豊弘・沖野眞已
民法 2 債権法 第4版　　四六判 2,750円

我妻榮・有泉亨・遠藤浩・川井健・野村豊弘
民法 3 親族法・相続法 第5版　　四六判 2,750円

姉妹書◆◆◆◆◆◆◆◆◆◆◆◆◆◆◆◆◆◆◆◆◆◆◆◆◆◆◆◆◆◆◆◆◆◆◆◆◆◆◆

遠藤浩・川井健・民法判例研究同人会編
民法基本判例集 第五版　　四六判 2,750円

◆◆◆

現代によみがえる名講義

我妻榮著　遠藤浩・川井健補訂
民法案内 1 私法の道しるべ 第二版　　四六判 1,980円

我妻榮著　遠藤浩・川井健補訂
民法案内 3 物権法 上　　四六判 1,980円

我妻榮著　遠藤浩・川井健補訂
民法案内 4 物権法 下　　四六判 1,980円

我妻榮著　川井健補訂
民法案内 5 担保物権法 上　　四六判 2,200円

我妻榮著　清水誠・川井健補訂
民法案内 6 担保物権法 下　　四六判 2,420円

川井健著　良永和隆補筆
民法案内 13 事務管理・不当利得・不法行為　　四六判 2,220円

◆◆◆

はじめて学ぶ人に読んでもらいたい民法の名所案内の地図

我妻榮著・遠藤浩補訂　良永和隆著
民法 第11版　　四六判 2,530円

鎌野邦樹・花房博文・山野目章夫編
マンション法の判例解説　　B5判 3,850円

勁草書房刊

＊表示価格は2024年5月現在、消費税10％が含まれております。